社会保险费

征缴实务

丁正智◎著

SHEHUI BAOXIANFEI
ZHENGJIAO SHIWU

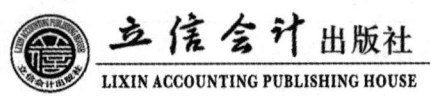

图书在版编目(CIP)数据

社会保险费征缴实务 / 丁正智著. —上海：立信会计出版社，2019.12
 ISBN 978-7-5429-6357-4

Ⅰ.①社… Ⅱ.①丁… Ⅲ.①社会保险—保险费—征收—法规—中国 Ⅳ.①D922.182.3

中国版本图书馆 CIP 数据核字(2020)第 003543 号

策划编辑　张巧玲
责任编辑　张巧玲

社会保险费征缴实务

出版发行	立信会计出版社			
地　　址	上海市中山西路 2230 号	邮政编码	200235	
电　　话	(021)64411389	传　真	(021)64411325	
网　　址	www.lixinaph.com	电子邮箱	lixinaph2019@126.com	
网上书店	http://lixin.jd.com		http://lxkjcbs.tmall.com	
经　　销	各地新华书店			
印　　刷	固安华明印业有限公司			
开　　本	787 毫米×1092 毫米	1/16		
印　　张	25.25	插　页	1	
字　　数	646 千字			
版　　次	2019 年 12 月第 1 版			
印　　次	2019 年 12 月第 1 次			
书　　号	ISBN 978-7-5429-6357-4/D			
定　　价	89.00 元			

如有印订差错，请与本社联系调换

前　言

现代社会保险制度的建立与发展,对于所有劳动者而言,都有至关重要的意义和重大的影响。在计划经济时期,我国面向所有的机关和企事业单位职工建立了一系列的社会保险制度,其中在广大农村地区实施的合作医疗制度,还曾被当作世界范围内解决农村医疗卫生问题的"典范"。然而,政府包揽一切的社会保险制度具有"致命"的缺陷,即财务方面的不可持续性。自改革开放以来,为了配合市场化取向的一系列经济改革,传统的社会保险制度也走上了改革的道路。尤其是2010年10月《中华人民共和国社会保险法》(以下简称《社会保险法》)的颁布,使得我国社会保险制度改革的方向更加明确。截至2017年年底,我国已经基本建立了包括养老、医疗、失业、工伤以及生育等项目在内的比较健全的社会保险体系。2018年《国务院机构改革方案》明确指出:改革国税地税征管体制,将省级和省级以下国税地税机构合并,具体承担所辖区域内各项税收、非税收入征管等职责。此外,2018年《国税地税征管体制改革方案》(以下简称《改革方案》)提出先合并国税地税机构再接收社会保险费和非税收入征管职责。《改革方案》明确从2019年1月1日起,将基本养老保险费、基本医疗保险费、失业保险费、工伤保险费、生育保险费等各项社会保险费交由税务部门统一征收。这意味着我国的社会保险制度建设与发展已经进入一个相对崭新的历史时期。

一、养老保险制度

中国的养老保险制度起步于20世纪50年代初,其保障对象是城镇机关、事业单位和企业的职工,其主要特征是由国家规定统一的基本保险待遇,各单位和企业支付养老费用,国有企业的经营由国家统负盈亏,这实际上是一种享受对象经限定的由国家统一管理并保证养老金发放的养老保险体系。从20世纪80年代起,为适应经济体制改革和生产力发展水平的要求,我国对企业职工养老保险制度进行了一系列的改革。

第一阶段:20世纪80年代。随着中国经济体制的不断深化和企业改革的推进,企业成为独立的经济单位,养老金"包袱"的轻重影响到企业的盈利水平,养老金向社会统筹方向发展势在必行。1991年颁布的《国务院关于职工养老保险制度改革的决定》(国发〔1991〕33号)标志着中国养老保险开始实行社会统筹,并在此后经历了一个扩大养老保险覆盖面和增加养老保险金来源的过程。接着,《国务院关于深化企业职工养老保险制度改革的通知》(国发〔1995〕6号)和《国务院关于建立统一的企业职工基本养老保险制度的决定》(国发〔1997〕26号)的颁布,确立了我国企业职工养老保险制度改革的目标和"社会统筹与个人账户"相结合的改革原则。所谓"社会统筹与个人账户相结合模式",是指基本养老金由两部分组成:一是社会统筹部分;二是个人账户部分。这两部分拼合在一起,共同组成我国城镇职工的基本养老保险制度。这是我国企业职工养老保险制度改革的第一个里程碑。

第二阶段:1997年以后。中国养老保险制度进入实质性改革阶段,各省市都相应地制定了养老保险制度改革方案,养老保险制度改革取得了一定的进展。然而,养老保险制度改革存在的一个突出问题是个人账户实际上只是名义账户,属于空账运行。为此,2000年12

月,国务院发布了《国务院关于印发完善城镇社会保障体系试点方案的通知》(国发〔2000〕42号),其中关于基本养老保险的调整内容主要有:统筹基金与个人账户实行两条线管理、个人缴费提高到8%且个人账户规模缩小为8%、基础养老金的比例由原先的20%调整到30%;公务员、财政供款事业单位现行养老保险制度维持不变。根据该文件精神,辽宁、吉林、黑龙江东北三省相继开始了完善城镇社会保障体系的试点,对养老保险制度进行调整和完善。

相对于城镇养老保险制度,我国农村地区的养老保险制度建设相对滞后,农村养老保险制度的变迁经历了以农民单方缴费为主的县级农村社会养老保险阶段、新型农村社会养老保险阶段、合并新型农村社会养老保险和城镇居民社会养老保险并建立全国统一的城乡居民基本养老保险制度三个阶段。

根据《国务院关于开展新型农村社会养老保险试点的指导意见》(国发〔2009〕32号)的目标,我国将于2020年前实现所有农民都享有新型农村社会养老保险。新型农村社会养老保险制度的全覆盖,将成为覆盖人数最多的养老保险制度。但目前仍有几千万符合参保条件的农民没有参保,这些人大多是年轻人,要进一步调动他们的参保积极性,还需进一步完善激励机制。此外,将城镇居民社会养老保险和新型农村养老保险进行合并,建立统一的城乡居民基本养老保险制度,意味着我国开始打破公共服务领域城乡二元制度,进入城镇居民社会养老保险和新型农村养老保险制度并轨的新阶段。

二、医疗保险制度

新中国成立以来,党和政府高度重视医疗保障制度建设。在计划经济时期,我国就建立了覆盖城镇的公费和劳保医疗及覆盖农村的传统合作医疗制度。这些制度在保障国民健康方面发挥了积极作用。1978年至今,医疗保险制度的发展经历了以下三个阶段:

第一阶段:传统医疗保障制度的转型探索阶段(1978—1992年)。1978年之后,我国正式进入计划经济向市场经济、农业经济向工业经济的双转型时期,宏观环境发生了巨大变化。一是经济体制改革、国有企业改革等使城镇医疗保障制度蜕变为"单位"保障。二是非公有制经济单位和从业人员快速增加,针对公有制和集体经济的制度保障功能逐步弱化。三是医疗机构财政支持逐步减少,加之1985年《关于卫生工作改革若干政策问题的报告》(国发〔1985〕62号)开始了以"放权让利,扩大医院自主权"为导向的改革,医疗机构强化服务提供。同时,民众收入快速增加,医疗服务需求不断上升。这一时期主要是针对旧有医疗保障制度微观设计缺陷,尝试引入需方费用分担机制。

第二阶段:新的基本医疗保险制度的探索和框架构建阶段(1993—2008年)。这一时期,城镇职工基本医疗保险制度基本建立起来,尤其是广东省深圳市率先开始了职工医疗保险制度改革。1993年,党的十四届三中全会通过的《中共中央关于建立社会主义市场经济体制若干问题的决定》明确"城镇职工医疗保险金由单位和个人共同负担,实行社会统筹和个人账户相结合"的制度模式。1996年,国务院出台了《关于职工医疗保障制度改革扩大试点的意见》(国办发〔1996〕16号),将试点扩大到58个城市。1997年《中共中央国务院关于卫生改革与发展的决定》(中发〔1997〕3号)对城镇职工医保制度改革提出了明确要求,要求"建立社会统筹与个人账户相结合的医疗保险制度","保险费用由国家、用人单位和职工个人三方合理负担"。1998年,国务院颁布《国务院关于建立城镇职工基本医疗保险制度的决定》(国发〔1998〕44号),正式确立了我国城镇职工医疗保险制度,形成了我国基本医疗保险制度的基本模式。2002年,《中共中央国务院关于进一步加强农村卫生工作的决定》(中发〔2002〕13号)明确提出,"逐步建立新型农村合作医疗制度""对农村贫困家庭实行医疗救助",同时承诺中央和地方财政对制度进行筹资支持。2003年,《国务院办公厅转发卫生部等部门关于建立新型农村合作医疗制度意见的通知》(国办发〔2003〕3号),标志着新型农村合作医疗制度(以下简称新农合)的逐步建立,针对农村户籍人口的基本医疗保险制度正式建立。2006年,原劳动保障部办公厅发布《关于开展农民工参加医疗保险专项扩面行动的通知》(劳社厅发〔2006〕11号)推动农民工参加职工医保制度。2007年,依据《国务院关于开展城镇居民基本医疗保险试点的指导意见》(国发〔2007〕20号),我国各地开始了城镇居民基本医疗保险试点工作,覆盖城镇非就业人口。

第三阶段:全民医疗保险制度的发展和完善阶段(2009年至今)。2009年,《中共中央国务院关于深化医药卫生体制改革的意见》(中发〔2009〕6号)拉开了新医改的帷幕。我国基本医疗保险制度在政策覆盖全人口的基础上,不断发展和完善,实现了全民医保,是基本医疗保险制度的集中改革期。2010年,《社会保险法》出台,规定了全民医疗保险制度的基本架构。2011年,人力资源和社会保障部等部门印发《关于领取失业保险金人员参加职工基本医疗保险有关问题的通知》(人社部发〔2011〕77号),将领取失业保险金人员纳入职工医保。同时,全面推开城镇居民医保制度。居民医保和新农合财政补助标准大幅提高,居民医保、新农合政策范围内住院费用报销比率从54%、48%提高到2011年的70%左右。2016年,整合城乡居民医保制度取得突破性进展。同年,国务院出台《国务院关于整合城乡居民基本医疗保险制度的意见》(国发〔2016〕3号),要求"推进城镇居民医保和新农合制度整合,逐步在全国范围内建立起统一的城乡居民医保制度"。目前,各地普遍按照覆盖范围、筹资政策、保障待遇、医保目录、定点管理、基金管理"六统一"要求整合了城乡居民医保。部分地区完成了基本医疗保险管理机构的整合,部分省份开始探索"三险整合"的医保一体化管理。截至2017年10月底,全国所有省级异地就医结算系统、所有统筹地区均已接入国家异地就医结算系统。经办流程不断简化,并借助移动互联、大数据等信息技术改善参保人体验。

三、工伤保险制度

工伤保险制度的建立起源于计划经济时期的劳动保险制度框架。1994年7月5日,第八届全国人民代表大会常务委员会第八次会议审议通过了《中华人民共和国劳动法》(中华人民共和国主席令第二十八号,以下简称《劳动法》),其中第七十三条规定:"劳动者在下列情况下,依法享受社会保险待遇:(一)退休;(二)患病;(三)因工伤残或者患职业病;(四)失业;(五)生育",这一基本法以国家法律的形式保障了工伤者及其亲属能够享受工伤保险待遇。1996年颁布的《企业职工工伤保险试行办法》(劳部发〔1996〕266号,以下简称《工伤保险试行办法》)规定,为了配合《劳动法》的贯彻与实施,工伤保险面向所有境内的企业及其职工。工伤保险实行的是社会统筹机制,工伤保险费由企业负责缴纳,职工在遭遇工伤和职业病以后,由工伤保险基金对职工提供经济补偿和社会化管理服务。这一文件第一次将工伤保险作为单独的保险制度统一组织实施,对沿用了40多年的企业自我保障的工伤福利制度进行了改革。2003年,国务院第五次常务会议讨论并原则通过了《工伤保险条例》,同年颁布了《工伤保险条例》(中华人民共和国国务院令第375号)。为切实推进农民工的参保工作,2004年6月,劳动保障部发布了《关于农民工参加工伤保险有关问题的通知》(劳社部发〔2004〕18号),提出了切实有效的政策措施。我国的工伤保险制度经过数十年的探索完善,已经基本定型,从2003年国务院颁布《工伤保险条例》,到2010年国务院公布《国务院关于修改〈工伤保险条例〉的决定》(中华人民共和国国务院令第586号)对工伤保险条例进行修订,我国基本建立起"赔偿—预防—康复"三位一体的工伤保险制度。

四、失业保险制度

失业保险制度的建立与发展在实质上反映了劳动力的市场化进程,同时也受制于劳动力的市场化程度,而劳动力的市场化则是经济体制转轨的重要内容。纵观我国失业保险制度的发展历程,制度的覆盖面经历了由窄到宽的演变过程。1986年《国营企业职工待业保险暂行规定》(国发〔1986〕77号)的颁布标志着我国开始探索建立失业保险制度。但是由于当时的经济和社会条件所限,该制度不可避免具有一定的历史局限性。1993年《国营企业职工待业保险规定》(中华人民共和国国务院令第110号)进一步扩大了保障的对象,覆盖人群由"四类"扩大到"七类"。1999年的《失业保险条例》(中华人民共和国国务院令第258号)为我国失业保险制度发展揭开了新的篇章,覆盖范围扩大到所有类型的企业,制度各方面也得到进一步规范。在失业保险的制度覆盖范围不断扩大的情况下,国家和政府各部门也大力推进失业保险的扩面工作,实际参保人数不断增长。

五、生育保险制度

我国生育保险制度在新中国成立初期就已经建立。1951年颁布的《中华人民共和国劳动保险条例》中就将生育保险作为劳动保险的一部分,由企业负担包括生育或流产的产假、工资、生育医疗费等劳动保险的各项费用。20世纪80年代,随着我国经济体制改革的推进,承担包括生育保障在内的种种劳动保障给企业带来了沉重的负担,不利于企业公平参与市场竞争。1994年颁布的《企业职工生育保险试行办法》(劳部发〔1994〕504号)开始以社会保险的形式提供生育保障,成为我国社会保障体系中的重要组成部分。但是从当时的情况来看,生育保障的覆盖范围和实际效果还存在一定的问题。2004年9月,国家劳动和社会保障部又发布了《关于进一步加强生育保险工作的指导意见》(劳社厅发〔2004〕14号),要求按照《中国妇女发展纲要(2001—2010)》提出的"城镇职工生育保险覆盖率达到90%以上"的目标,加快推进生育保险制度的建设。

此外,国务院办公厅2017年2月4日印发《生育保险和职工基本医疗保险合并实施试点方案》(国办发〔2017〕6号),在河北省邯郸市、山西省晋中市、辽宁省沈阳市、江苏省泰州市、安徽省合肥市、山东省威海市、河南省郑州市、湖南省岳阳市、广东省珠海市、重庆市、四川省内江市、云南省昆明市开展两项保险合并实施试点。未纳入试点地区不得自行开展试点工作。试点在2017年6月启动,试点期限为一年左右。试点方案要求,要遵循保留险种、保障待遇、统一管理、降低成本的总体思路,推进两项保险合并实施,合并实施试点工作不涉及生育保险待遇政策的调整,仅在管理运行层面合并实施。旨在通过整合两项保险基金及管理资源,强化基金共济能力,提升管理综合效能,降低管理运行成本。

试点的主要内容:一是参保登记,参加职工基本医疗保险的在职职工同步参加生育保险;二是统一基金征缴和管理,生育保险基金并入职工基本医疗保险基金,统一征缴;三是统一医疗服务管理,两项保险合并实施后实行统一定点医疗服务管理;四是统一经办和信息服务,两项保险合并实施后,要统一经办管理,规范经办流程;五是职工生育期间的生育保险待遇不变。生育保险待遇包括《社会保险法》规定的生育医疗费用和生育津贴,所需资金从职工基本医疗保险基金中支付。生育津贴支付期限按照《女职工劳动保护特别规定》(中华人民共和国国务院令第619号)等法律法规规定的产假期限执行。

2018年12月29日,第十三届全国人民代表大会常务委员会第七次会议决定对《社会保险法》做如下修改:一是将第六十四条第一款中的"各项社会保险基金按照社会保险险种分别建账,分账核算,执行国家统一的会计制度"修改为"除基本医疗保险基金与生育保险基金合并建账及核算外,其他各项社会保险基金按照社会保险险种分别建账,分账核算。社会保险基金执行国家统一的会计制度";二是将第六十六条中的"社会保险基金预算按照社会保险项目分别编制"修改为"除基本医疗保险基金与生育保险基金预算合并编制外,其他社会保险基金预算按照社会保险项目分别编制"。这些修改为生育保险和职工基本医疗保险基金合并提供了法律依据。2019年3月,国务院办公厅发布《国务院办公厅关于全面推进生育保险和职工基本医疗保险合并实施的意见》(国办发〔2019〕10号),目的是为保障职工社会保险待遇、增强基金共济功能、提升经办服务水平,正式全面推进生育保险和职工基本医疗保险合并实施。2019年4月1日,《国务院办公厅关于印发降低社会保险费率综合方案的通知》(国办发〔2019〕13号),从降低养老保险单位缴费比例,继续阶段性降低失业保险、工伤保险费率,调整社保缴费基数政策,加快推进养老保险省级统筹,提高养老保险基金中央调剂比例,稳步推进社保费征收体制改革,建立工作协调机制等几方面提出了指导意见,加快了社保费改革进程。

最后,感谢韩晓琴(国家税务总局税务干部进修学院教授)、卢艺(国家税务总局税务干部进修学院讲师)、邵凌云(国家税务总局税务干部进修学院副教授)等在写作过程中提供的诸多帮助与指导,在此表示衷心的感谢!

丁正智

2019年10月1日

目　录

第一章　基本政策 ... 1
一、社会保险制度 ... 1
1. 什么是社会保险制度 ... 1
2. 社会保险法何时立法 ... 1
3. 我国的社会保险制度 ... 1
4. 《社会保险法》的制定方针 ... 1
5. 参加社会保险的用人单位和个人享有的社会保险权利 ... 1
6. 参加社会保险的用人单位和个人应履行的社会保险义务 ... 2
7. 社会保险费的征收机关 ... 3
8. 用人单位如何进行社会保险登记 ... 4
9. 无雇工的个体工商户及灵活就业人员如何进行社会保险登记 ... 4
10. 无雇工的个体工商户及灵活就业人员如何进行社会保险缴纳 ... 4
11. 社会保险基金包括哪几种基金 ... 4
12. 社会保险基金如何核算 ... 4
13. 社会保险基金如何管理运营 ... 5
14. 社会保险基金如何监管 ... 5
15. 社会保险经办机构及其职能 ... 6
16. 各级政府有关部门的社会保险职责是如何划分的 ... 7

二、社会保险监督与救济 ... 7
1. 用人单位或个人在社会保险征缴过程中如何请求司法救济 ... 7
2. 职工与所在用人单位发生社会保险争议如何请求司法救济 ... 7
3. 用人单位因不可抗力造成生产经营出现困难,是否可以申请暂缓缴纳社会保险费 ... 7
4. 用人单位被批准暂缓缴纳社会保险费的情形是否影响职工享受社会保险待遇 ... 8
5. 在中国境内就业的外国人参加社会保险的相关规定 ... 8
6. 工会组织在社会保险中的职责 ... 10
7. 如何对缴费单位社会保险费征缴情况进行监督 ... 10
8. 社会保险费征缴监督检查的内容 ... 11
9. 受理社会保险费征缴举报的部门 ... 11
10. 劳动保障监察人员对缴费单位检查的权利与义务 ... 11
11. 缴费单位对劳动保障行政部门的行政处罚不服的司法救济 ... 12
12. 劳动保障行政部门和社会保险经办机构的工作人员在社保费征缴检查中可能承担的法律责任 ... 12

13. 用人单位如何向社会保险经办机构办理缴费申报 …………… 12
　　14. 用人单位如何办理社会保险费缴纳 …………………………… 13
　　15. 用人单位未按时足额缴纳社会保险费的处理 ………………… 14

第二章　具体政策 …………………………………………………… 17
一、基本养老保险 …………………………………………………… 17
　　1. 什么是职工基本养老保险制度 ………………………………… 17
　　2. 职工基本养老保险的适用范围 ………………………………… 17
　　3. 基本养老保险基金的组成 ……………………………………… 19
　　4. 用人单位如何缴纳基本养老保险费 …………………………… 20
　　5. 养老保险费的缴费基数 ………………………………………… 22
　　6. 职工如何缴纳基本养老保险费 ………………………………… 26
　　7. 灵活就业人员如何缴纳基本养老保险费 ……………………… 26
　　8. 职工养老保险视同缴费年限是如何规定的 …………………… 27
　　9. 视同缴费年限期间应缴纳的养老保险费谁来承担 …………… 27
　　10. 职工基本养老保险个人账户如何计息 ………………………… 27
　　11. 退休人员的养老金如何计发 …………………………………… 28
　　12. 职工基本养老保险个人账户余额是否可以继承 ……………… 29
　　13. 领取基本养老金必须符合的条件 ……………………………… 29
　　14. 缴费不足15年的个人如何享受养老保险待遇 ………………… 29
　　15. 参加基本养老保险的个人，因病或非因工死亡的，遗属待遇如何计发 …… 30
　　16. 病残津贴是如何领取和支付的 ………………………………… 31
　　17. 职工基本养老金水平如何调整 ………………………………… 31
　　18. 跨地区就业的个人如何领取养老金 …………………………… 31
　　19. 跨统筹地区流动就业人员的基本养老关系如何转移接续 …… 32
　　20. 跨统筹地区转移接续基本养老保险关系的，保险基金如何转移 … 33
　　21. 建立临时基本养老保险缴费账户人员如何转移养老保险关系和保险
　　　　基金 …………………………………………………………… 33
　　22. 如何确定跨地区就业人员的基本养老保险待遇领取地 ……… 33
　　23. 农民工中断就业或返乡没有继续缴费的养老保险关系如何处理 …… 34
　　24. 跨省流动就业人员的养老保险关系转移接续时视同缴费年限计算地如何
　　　　确定 …………………………………………………………… 34
　　25. 跨省流动就业人员的养老保险关系转移接续时缴费信息历史遗留问题
　　　　如何确定 ……………………………………………………… 34
　　26. 跨省流动就业人员的养老保险关系转移接续时临时基本养老保险缴费账户
　　　　如何管理 ……………………………………………………… 34
　　27. 跨省流动就业人员的养老保险关系转移接续时一次性缴纳养老保险费如何
　　　　转移 …………………………………………………………… 35
　　28. 跨省流动就业人员的养老保险关系转移接续时重复领取基本养老金如何
　　　　处理 …………………………………………………………… 35

29. 退役军人的养老保险关系转移接续如何处理 …………………………… 35
30. 城镇企业成建制跨省转移养老保险关系如何处理 …………………… 35
31. 跨省流动就业人员未在户籍地参保但在户籍地领取待遇养老保险关系
    如何转移接续 …………………………………………………………… 35
32. 职工在机关事业单位和企业单位之间流动养老保险关系如何处理 …… 36
33. 参加城镇企业职工养老保险的人员变动工作单位后如何继续参保 …… 36
34. 职工与企业解除或终止劳动关系后,职工养老保险关系如何处理 …… 36
35. 城镇个体工商户等自谋职业者以及采取各种灵活方式就业的人员参险后
    如何缴费 ………………………………………………………………… 37
36. 参加养老保险的农民合同制职工,在与企业终止或解除劳动关系后的
    养老保险关系如何处理 ………………………………………………… 37
37. 破产企业欠缴的养老保险费的企业缴费和个人缴费部分应如何处理 … 37
38. 因病、非因工致残丧失劳动能力并与用人单位终止劳动关系的职工如何
    处理 ……………………………………………………………………… 37
39. 城镇企业成建制跨省搬迁,企业和职工养老保险关系如何办理转移
    手续 ……………………………………………………………………… 37
40. 什么是企业年金制度 …………………………………………………… 37
41. 建立企业年金的企业要符合的条件 …………………………………… 38
42. 企业年金的协商制度是如何规定的 …………………………………… 38
43. 企业年金方案包括的内容 ……………………………………………… 38
44. 企业年金如何备案 ……………………………………………………… 38
45. 企业年金的筹资渠道及费率 …………………………………………… 38
46. 企业年金基金的组成及账户管理 ……………………………………… 38
47. 职工达到退休年龄或死亡年金如何领取 ……………………………… 39
48. 职工变动工作单位年金如何处理 ……………………………………… 40
49. 企业年金如何运营 ……………………………………………………… 40
50. 企业年金试行办法的执行情况如何监督 ……………………………… 41
51. 因履行企业年金合同发生争议的如何申请司法援助 ………………… 41
52. 参加企业基本养老保险统筹的单位是否可以实行年金制度 ………… 41
53. 社会组织专职工作人员如何参加养老保险 …………………………… 41
54. 宗教教职人员如何参加养老保险 ……………………………………… 42
55. 什么是新型农村社会养老保险制度 …………………………………… 43
56. 新型农村社会养老保险的基本原则 …………………………………… 43
57. 新型农村社会养老保险的任务目标 …………………………………… 43
58. 新型农村社会养老保险的参保范围 …………………………………… 44
59. 新型农村社会养老保险的基金筹集 …………………………………… 44
60. 新型农村社会养老保险的个人账户 …………………………………… 44
61. 新型农村社会养老保险的养老金待遇 ………………………………… 44
62. 新型农村社会养老保险的养老待遇领取条件 ………………………… 45

63. 新型农村社会养老保险的养老金计发标准及参保人死亡后账户处理 …… 45
64. 新型农村社会养老保险的社基金如何管理 …… 45
65. 新型农村社会养老保险的社基金如何监督 …… 45
66. 新型农村社会养老保险如何经办管理 …… 45
67. 新型农村社会养老保险相关制度如何衔接 …… 45
68. 新型农村社会养老保险相关制度的具体办法如何制定 …… 46
69. 城镇居民社会养老保险制度 …… 46
70. 城镇居民社会养老保险制度的基本原则 …… 47
71. 城镇居民社会养老保险制度的任务目标 …… 47
72. 城镇居民社会养老保险制度的参保范围 …… 47
73. 城镇居民社会养老保险制度的资金筹集 …… 47
74. 城镇居民社会养老保险制度的个人账户管理 …… 48
75. 城镇居民社会养老保险制度的养老金待遇 …… 48
76. 城镇居民社会养老保险制度的养老金待遇的领取条件 …… 48
77. 城镇居民社会养老保险制度的养老金待遇如何调整 …… 48
78. 城镇居民社会养老保险制度的养老基金如何管理 …… 48
79. 城镇居民社会养老保险制度的养老基金如何监督 …… 49
80. 城镇居民社会养老保险如何经办管理 …… 49
81. 城镇居民社会养老保险与相关制度如何衔接 …… 49
82. 城镇居民社会养老保险如何制定具体办法和实施方案 …… 49
83. 建立统一的城乡居民养老保险制度的任务目标 …… 50
84. 建立统一的城乡居民养老保险制度的参保范围 …… 50
85. 建立统一的城乡居民养老保险制度的基金筹集渠道 …… 50
86. 建立统一的城乡居民养老保险的个人账户管理 …… 51
87. 统一的城乡居民养老保险待遇及如何调整 …… 51
88. 统一的城乡居民养老保险待遇的领取条件和管理办法 …… 52
89. 统一的城乡居民养老保险如何转移接续和制度如何衔接 …… 52
90. 统一的城乡居民养老保险基金如何管理和运营 …… 52
91. 统一的城乡居民养老保险基金如何监督 …… 53
92. 统一的城乡居民养老保险制度如何经办管理 …… 53
93. 统一的城乡居民养老保险制度的具体实施办法如何制定备案 …… 53
94. 统一的城乡居民养老保险制度衔接适用范围 …… 53
95. 城镇职工养老保险和城乡居民养老保险如何互转 …… 54
96. 参保人员办理城镇职工养老保险和城乡居民养老保险互转如何确定待遇领取地 …… 54
97. 参保人员办理城镇职工养老保险和城乡居民养老保险互转如何确定缴费年限 …… 55
98. 参保人员是否可以同时领取城镇职工养老保险和城乡居民养老保险 …… 55
99. 参保人员办理城乡养老保险制度衔接手续的程序 …… 55

100. 负责城乡养老保险制度衔接的部门 ··· 56
101. 办理城乡居民养老保险转入城镇职工养老保险的程序和相关手续 ······· 56
102. 办理城镇职工养老保险转入城乡居民养老保险的程序和相关手续 ······· 57
103. 同时参加城镇职工养老保险和城乡居民养老保险的重复缴费清退的程序 ·· 57
104. 参保人员的参保信息如何查询 ··· 58
105. 机关事业单位工作人员养老保险制度适用的范围 ······················· 58
106. 机关事业单位工作人员养老保险的筹资渠道 ···························· 58
107. 机关事业单位工作人员养老保险的计发办法 ···························· 58
108. 机关事业单位工作人员养老保险制度下的基本养老金如何调整 ······ 59
109. 机关事业单位工作人员养老保险基金如何监管 ························· 60
110. 机关事业单位工作人员养老保险关系如何转移接续 ···················· 60
111. 机关事业单位如何建立职业年金 ··· 60
112. 机关事业单位基本养老保险关系如何转移接续 ························· 60
113. 机关事业单位基本养老保险关系转移接续后职业年金如何补记 ······ 61
114. 机关事业单位基本养老保险关系转移接续后待遇计发参数 ··········· 61
115. 机关事业单位基本养老保险关系转移接续后待遇领取地如何确定 ···· 62
116. 机关事业单位基本养老保险制度下如何处理多重养老保险关系 ······ 62
117. 机关事业单位职业年金如何转移接续 ····································· 62
118. 机关事业单位职业年金账户如何管理和待遇计发 ······················· 63

二、基本医疗保险 ··· 63
1. 什么是基本医疗保险制度 ·· 63
2. 职工基本医疗保险制度的适用范围 ··· 63
3. 城镇职工基本医疗保险的筹资渠道 ··· 64
4. 城镇职工基本医疗保险基金的账户管理 ··································· 64
5. 无雇工的个体工商户、灵活就业人员参加职工基本医疗保险如何缴费 ··· 65
6. 哪些人员可以参加新型农村合作医疗 ······································ 65
7. 进城务工的农村居民如何参加新型农村合作医疗 ······················· 66
8. 新型农村合作医疗的资金来源有哪些 ······································ 66
9. 哪些人员可以参加城镇居民基本医疗保险 ································ 67
10. 城镇居民基本医疗保险的筹资渠道 ······································· 68
11. 各种医疗保险的待遇标准如何执行 ·· 68
12. 参保人员医疗费用如何结算 ·· 70
13. 不纳入基本医疗保险基金支付范围的医疗费用有哪些 ················· 73
14. 个人跨统筹地区就业的,其基本医疗保险关系转移,缴费年限如何计算 ··· 74
15. 基本医疗保险费率如何确定 ·· 74
16. 城镇职工基本医疗保险的登记与缴费核定 ································ 74
17. 城镇职工基本医疗保险费的征集与收缴规定 ···························· 75
18. 城镇职工基本医疗保险费用的记录处理办法 ···························· 75

19. 城镇职工基本医疗保险费用的审核规定 …………………………………… 76
20. 城镇职工基本医疗保险待遇的支付规定 …………………………………… 77
21. 职工退休后后按照国家规定享受基本医疗待遇的法定条件是什么 ……… 77
22. 社会保险经办机构与医疗机构、药品经营单位签订的服务协议包括的
    内容 …………………………………………………………………………… 77
23. 申请基本医疗保险定点医疗机构应具备哪些条件 ………………………… 77
24. 医疗机构在基本医疗保险服务中有哪些法定义务 ………………………… 78
25. 职工在机关事业单位和企业单位之间流动医疗保险关系如何处理 ……… 78

三、工伤保险 ………………………………………………………………………… 78

1. 什么是工伤保险制度 ………………………………………………………… 78
2. 工伤保险的缴纳单位 ………………………………………………………… 79
3. 工伤保险的缴费依据如何确定 ……………………………………………… 79
4. 难以按工资总额计算缴纳工作保险费的企业，工伤保险缴费额如何计算
   确定 …………………………………………………………………………… 79
5. 工伤保险费费率如何确定 …………………………………………………… 79
6. 哪些情形下职工受到事故伤害可以认定为工伤 …………………………… 81
7. 提出工伤认定申请应当提交哪些材料 ……………………………………… 82
8. 社会保险行政部门应当自受理工伤认定申请多长时间内作出工伤认定
   决定 …………………………………………………………………………… 82
9. 什么是劳动能力鉴定 ………………………………………………………… 82
10. 劳动能力鉴定的主要程序是如何规定的 …………………………………… 83
11. 再次劳动能力鉴定和复查鉴定是如何规定的 ……………………………… 83
12. 哪些情况导致职工在工作中伤亡不认定为工伤 …………………………… 84
13. 职工因工伤发生的哪些费用由工伤保险基金支付 ………………………… 84
14. 工伤职工符合领取基本养老金条件的工伤补贴如何处理 ………………… 84
15. 职工因工作遭受事故伤害或患职业病进行治疗，如何享受工伤医疗
    待遇 …………………………………………………………………………… 84
16. 职工因工受伤或患职业病的停工留薪期有何规定 ………………………… 85
17. 因工致残的各级伤残都享受哪些待遇 ……………………………………… 85
18. 职工因工死亡，其近亲属享受哪些待遇 …………………………………… 86
19. 职工因工外出期间发生事故或在抢险救灾中下落不明的，如何处理 …… 87
20. 职工被派遣出境工作，如何参加工伤保险 ………………………………… 87
21. 如何界定"非法用工单位伤亡人员" ………………………………………… 87
22. 非法用工单位伤亡人员的一次性赔偿金标准如何规定 …………………… 87
23. 哪些情况下，有关单位和个人可以依法申请工伤行政复议或提起行政
    诉讼 …………………………………………………………………………… 87
24. 用人单位按规定缴纳了工伤保险，其职工工伤发生的所有费用是否都在
    工伤保险基金中支付 ………………………………………………………… 88

25. 用人单位未缴纳工伤保险费,职工发生工伤后又不支付工伤保险待遇
    如何处理 ··· 88
26. 由于第三人原因造成工伤的,其工伤医疗费用如何处理 ················ 88
27. 停止工伤职工享受工伤保险待遇的情况有哪些 ························· 88

四、失业保险 ··· 88
1. 什么是失业保险制度 ··· 88
2. 失业保险的缴费人 ··· 89
3. 失业保险制度的适用范围 ··· 89
4. 失业保险费的缴费依据 ·· 89
5. 失业保险费费率如何确定 ··· 89
6. 申领失业保险金要具备的哪些条件 ···································· 90
7. 职工失业后如何领取失业保险 ··· 90
8. 失业保险金的标准如何确定 ·· 91
9. 失业人员再就业后再失业,其领取失业保险金期限如何计算 ········ 91
10. 哪些情形不得领取失业保险 ·· 91
11. 失业保险金的领取期限是如何规定的 ································· 91
12. 失业保险基金可以用于哪些项目支出 ································· 91
13. 失业人员参加职工基本医疗保险,个人是否需要缴纳基本医疗保险费 ··· 92
14. 失业人员在领取失业保险金期间或期满后,是否可以享受城市居民最低
    生活保障 ··· 92
15. 失业人员在领取失业保险金期间死亡的,能否从失业保险基金中获得哪些
    补偿 ·· 92
16. 失业人员死亡且符合领取基本养老保险丧葬补助金、工伤保险丧葬补助金
    和失业保险丧葬补助金条件的,其遗属是否可以同时领取 ············ 92
17. 失业人员申领失业保险金的程序 ······································· 93
18. 跨地区就业的人员,失业保险关系如何接续 ··························· 93
19. 职工在机关事业单位和企业单位之间流动失业保险关系如何处理 ··· 93

五、生育保险 ··· 94
1. 什么是生育保险制度 ··· 94
2. 生育保险制度的缴费主体 ··· 94
3. 生育保险缴费标准 ··· 94
4. 职工享受生育保险待遇,应当具备哪些条件 ··························· 94
5. 哪些情形可以享受生育保险待遇 ······································· 94
6. 男职工是否缴纳生育保险 ··· 94
7. 生育保险待遇中的生育医疗费用都有哪些项目 ························ 94
8. 生育保险的报销标准 ··· 95
9. 生育险报销金额计算方式 ··· 95
10. 男性生育保险报销标准 ·· 96
11. 夫妻是否能双报销生育保险 ·· 96

12. 二胎生育险报销标准是多少 ··· 96

第三章　会计核算 ·· 97
一、企业会计准则的相关规定 ······································ 97
企业会计准则关于社会保险的相关规定 ····························· 97
二、计提社会保险费时的账务处理 ·································· 97
计提社会保险费时的会计分录 ··································· 97
三、缴纳保险费的账务处理 ······································· 98
1. 缴纳保险费的会计分录 ······································· 98
2. 缴纳保险费的账务处理案例 ···································· 98

第四章　税务征管规定 ·· 99
一、企业所得税 ·· 99
1. 用人单位为职工缴纳的"五险"是否可以税前扣除 ····················· 99
2. 用人单位为职工支付的补充养老保险、补充医疗保险是否可以扣除 ········ 99
3. 企业支付的社会保险费罚款是否可以税前扣除 ······················· 99
二、个人所得税 ·· 99
1. 个人取得的基本养老金是否交税 ································· 99
2. 单位和个人按规定实际缴付的"三险"是否计税 ······················· 99
3. 单位和个人超过规定比例和标准缴付的"三险"如何计征个人所得税 ······ 100
4. 企业以现金形式发给个人的医疗补助费如何计税 ···················· 100
5. 个人实际领取原提存的"三险一金"是否计税 ······················· 100
6. 个人取得生育津贴和生育医疗费是否纳税 ························· 100
7. 个人取得工伤保险待遇是否纳税 ································ 100
三、契税 ··· 101
对社会保险费征收机构承受用以抵缴社会保险费的土地、房屋权属是否征收
契税 ·· 101
四、印花税 ·· 101
1. 社会保障基金的印花税是如何规定的 ···························· 101
2. 国有股东向全国社会保障基金理事会转持国有股是否缴纳印花税 ········ 101
五、基本养老保险基金 ··· 101
基本养老保险基金有关投资业务的税收政策 ························ 101

第五章　减税降费——社会保险费最新政策 ························· 102
一、国家降低社会保险费率政策 ··································· 102
1. 缴费比例 ··· 102
2. 缴费基数 ··· 102
3. 征管方式 ··· 102
二、各地降低社会保险费率政策 ··································· 103
全国各省级基本养老保险费、失业保险费单位缴纳比例 ················ 103

第六章 风险防控 ···106

一、用人单位的风险 ···106

1. 用人单位不办理社会保险登记的法律责任 ···106
2. 用人单位未按规定申报应当缴纳的社会保险费如何处理 ···106
3. 缴费单位采取违法手段少计缴费基数的法律责任 ···106
4. 用人单位未按时足额缴纳应当缴纳的社会保险费如何处理 ···107
5. 用人单位不履行告知义务的风险 ···107
6. 缴费单位逾期拒不缴纳社会保险费、滞纳金的法律责任 ···107
7. 缴费单位及其人员违反《社会保险费征缴暂行条例》的法律责任 ···107
8. 用人单位未依法代扣代缴的法律责任 ···108
9. 用人单位在终止或解除劳动合同时拒不出具证明,导致职工无法享受社会保险的法律责任 ···108
10. 用人单位的法律救济途径 ···109
11. 暂缓缴纳社会保险费 ···109
12. 社会保险经办机构对用人单位未按时足额缴纳社会保险费情形的处理 ···109

二、社会保险服务机构的风险 ···111

1. 社会保险服务机构骗保的法律责任 ···111
2. 社会保险经办机构及其工作人员可能因哪些行为承担法律后果 ···111
3. 社会保险费征收机构擅自更改缴费基数、费率导致多征或少征的法律责任 ···111
4. 隐匿、转移、侵占、挪用社保基金或违规运营的法律责任 ···112
5. 社保相关部门及人员泄露用人单位和个人信息的法律责任 ···112
6. 医疗机构、药品经营单位等机构以欺诈、伪造证明材料等手段骗取社保基金支出的法律责任 ···112
7. 社保经办机构或者税务机关的工作人员滥用职权的法律责任 ···113
8. 劳动保障行政部门和社会保险经办机构的工作人员滥用职权、徇私舞弊、玩忽职守的法律责任 ···113
9. 社会保险行政部门及其工作人员违规划拨社会保险费的法律责任 ···113
10. 社会保险经办机构及其工作人员执法违法行为的法律责任 ···113
11. 可以申请人民法院强制执行的情形 ···113
12. 社会保险经办机构的义务 ···114

三、税务机关的风险 ···114

1. 税务机关擅自更改缴费基数、费率导致多征或少征的法律责任 ···114
2. 税务机关的工作人员滥用职权的法律责任 ···114
3. 税务机关及人员泄露用人单位和个人信息的法律责任 ···114
4. 税务机关的义务 ···114

第七章 社会保险费政策法规 ···115

一、基本规定 ···115

1. 中华人民共和国社会保险法
   中华人民共和国主席令第三十五号　2010年10月28日 …………… 115
2. 社会保险费征缴暂行条例
   中华人民共和国国务院令第259号　1999年1月22日 …………… 125
3. 实施《中华人民共和国社会保险法》若干规定
   中华人民共和国人力资源和社会保障部令第13号　2011年6月29日
   ……………………………………………………………………………… 128
4. 社会保险费征缴监督检查办法
   中华人民共和国劳动和社会保障部令第3号　1999年3月19日 …… 131
5. 关于单位外派职工在境外工作期间取得当地居民身份证后社会保险关系
   处理问题的复函
   劳社厅函〔2001〕115号　2001年4月24日 …………………………… 134
6. 关于职工在机关事业单位与企业之间流动时社会保险关系处理意见的通知
   劳社部发〔2001〕13号　2001年9月28日 …………………………… 134
7. 在中国境内就业的外国人参加社会保险暂行办法
   中华人民共和国人力资源和社会保障部令第16号　2011年9月6日
   ……………………………………………………………………………… 135
8. 社会保险费申报缴纳管理规定
   中华人民共和国人力资源和社会保障部令第20号　2013年9月26日
   ……………………………………………………………………………… 137
9. 国家税务总局关于发布《社会保险费及其他基金规费文书式样》的公告
   国家税务总局公告2015年第98号　2015年12月31日 ……………… 142
10. 人力资源社会保障部　财政部关于阶段性降低社会保险费率的通知
    人社部发〔2016〕36号　2016年4月14日 …………………………… 165
11. 人力资源和社会保障部办公厅关于做好企业"五证合一"社会保险登记
    工作的通知
    人社厅发〔2016〕130号　2016年8月22日 ………………………… 165
12. 人力资源社会保障部　财政部关于继续阶段性降低社会保险费率的通知
    人社部发〔2018〕25号　2018年4月20日 …………………………… 167
13. 国务院办公厅关于印发降低社会保险费率综合方案的通知
    国办发〔2019〕13号　2019年04月1日 ……………………………… 168
14. 人力资源社会保障部　财政部　税务总局　国家医保局关于贯彻落实
    《降低社会保险费率综合方案》的通知
    人社部发〔2019〕35号　2019年04月28日 ………………………… 169

二、养老保险 …………………………………………………………………… 172
1. 国务院关于建立统一的企业职工基本养老保险制度的决定
   国发〔1997〕26号　1997年7月16日 ………………………………… 172
2. 劳动和社会保障部关于完善城镇职工基本养老保险政策有关问题的通知
   劳社部发〔2001〕20号　2001年12月22日 ………………………… 174

3. 企业年金试行办法
   中华人民共和国劳动和社会保障部令第20号　2004年1月6日 ………… 175
4. 关于监狱企业工人参加企业职工基本养老保险有关问题的通知
   劳社部发〔2005〕25号　2005年11月1日 …………………………… 177
5. 国务院关于完善企业职工基本养老保险制度的决定
   国发〔2005〕38号　2005年12月3日 ………………………………… 179
6. 中华人民共和国劳动和社会保障部社会保险事业管理中心关于规范
   社会保险缴费基数有关问题的通知
   劳社险中心函〔2006〕60号　2001年11月15日 …………………… 182
7. 劳动和社会保障部　民政部关于社会组织专职工作人员参加养老保险
   有关问题的通知
   劳社部发〔2008〕11号　2008年3月18日 …………………………… 188
8. 国务院关于新农村社会养老保险试点的指导意见
   国发〔2009〕32号【文件失效】　2009年9月1日 ………………… 189
9. 国务院办公厅关于转发人力资源社会保障部　财政部城镇企业职工基本
   养老保险关系转移接续暂行办法的通知
   国办发〔2009〕66号　2009年12月28日 …………………………… 192
10. 关于妥善解决宗教教职人员社会保障问题的意见
    国宗发〔2010〕8号　2010年2月10日 ……………………………… 194
11. 国务院关于开展城镇居民社会养老保险试点的指导意见
    国发〔2011〕18号　2011年6月7日 ………………………………… 195
12. 国务院关于建立统一的城乡居民基本养老保险制度的意见
    国发〔2014〕8号　2014年2月21日 ………………………………… 198
13. 国务院关于机关事业单位工作人员养老保险制度改革的决定
    国发〔2015〕2号　2015年1月3日 ………………………………… 202
14. 人力资源社会保障部　财政部关于阶段性降低社会保险费率的通知
    人社部发〔2016〕36号　2016年4月14日 …………………………… 205
15. 人力资源社会保障部关于城镇企业职工基本养老保险关系转移接续
    若干问题的通知
    人社部规〔2016〕5号　2016年11月28日 …………………………… 205
16. 人力资源和社会保障部　财政部关于机关事业单位基本养老保险关系和
    职业年金转移接续有关问题的通知
    人社部规〔2017〕1号　2017年1月12日 …………………………… 206
17. 财政部　人力资源和社会保障部关于进一步完善企业职工基本养老保险
    省级统筹制度的通知
    人社部发〔2017〕72号　2017年9月14日 …………………………… 209
18. 人力资源和社会保障部　财政部关于建立城乡居民基本养老保险待遇确定
    和基础养老金正常调整机制的指导意见

人社部发〔2018〕21号　2018年3月26日 ·················· 210
19. 人力资源社会保障部　财政部关于继续阶段性降低社会保险费率的通知
人社部发〔2018〕25号　2018年4月20日 ·················· 212
20. 国务院办公厅关于印发降低社会保险费率综合方案的通知
国办发〔2019〕13号　2019年4月1日 ······················ 212

三、医疗保险 ··· 212

1. 国务院关于建立城镇职工基本医疗保险制度的决定
国发〔1998〕44号　1998年12月14日 ······················ 212
2. 劳动和社会保障部关于印发城镇职工基本医疗保险业务管理规定的通知
劳社部函〔2000〕4号　2000年1月5日 ····················· 215
3. 国务院办公厅转发卫生部等部门关于建立新型农村合作医疗制度意见的通知
国办发〔2003〕3号　2003年1月16日 ······················ 219
4. 劳动和社会保障部关于城镇灵活就业人员参加基本医疗保险的指导意见
劳社厅发〔2003〕10号　2003年5月26日 ··················· 221
5. 国务院关于开展城镇居民基本医疗保险试点的指导意见
国发〔2007〕20号　2007年7月10日 ······················· 223
6. 国务院办公厅关于将大学生纳入城镇居民基本医疗保险试点范围的指导意见
国办发〔2008〕119号　2008年10月25日 ·················· 226
7. 人力资源和社会保障部　卫生部　财政部关于印发流动就业人员基本医疗保障关系转移接续暂行办法的通知
人社部发〔2009〕191号　2009年12月31日 ················ 227
8. 人力资源和社会保障部　财政部　国家卫生和计划生育委员会关于进一步做好基本医疗保险异地就医医疗费用结算工作的指导意见
人社部发〔2014〕93号　2014年11月18日 ·················· 229
9. 人力资源和社会保障部　国家发展和改革委员会　财政部　国家卫生和计划生育委员会关于印发《关于做好进城落户农民参加基本医疗保险和关系转移接续工作的办法》的通知
人社部发〔2015〕80号　2015年8月27日 ··················· 231
10. 国务院关于整合城乡居民基本医疗保险制度的意见
国发〔2016〕3号　2016年1月3日 ·························· 233

四、工伤保险 ··· 237

1. 国务院关于修改《工伤保险条例》的决定
中华人民共和国国务院令第586号　2010年12月20日 ······· 237
2. 劳动和社会保障部　财政部　卫生部　国家安全生产监督管理局关于工伤保险费率问题的通知
劳社部发〔2003〕29号　2003年10月29日 ·················· 248
3. 劳动和社会保障部关于农民工参加工伤保险有关问题的通知
劳社部发〔2004〕18号　2004年6月1日 ···················· 250

4. 劳动和社会保障部　铁道部关于铁路企业参加工伤保险有关问题的通知

   劳社部函〔2004〕257号　2004年11月3日 …………………… 251

5. 劳动和社会保障部　建设部关于做好建筑施工企业农民工参加工伤保险有关工作的通知

   劳社部发〔2006〕44号　2006年12月5日 …………………… 251

6. 部分行业企业工伤保险费缴纳办法

   中华人民共和国人力资源和社会保障部令第10号　2010年12月31日 …………………………………………………………………… 252

7. 关于进一步做好事业单位等参加工伤保险工作有关问题的通知

   人社部发〔2012〕67号　2012年10月29日 …………………… 253

8. 人力资源社会保障部关于执行《工伤保险条例》若干问题的意见

   人社部发〔2013〕34号　2013年4月25日 …………………… 254

9. 人力资源社会保障部　财政部关于调整工伤保险费率政策的通知

   人社部发〔2015〕71号　2015年7月22日 …………………… 255

10. 人力资源社会保障部关于工伤保险待遇调整和确定机制的指导意见

    人社部发〔2017〕58号　2017年7月28日 …………………… 257

11. 人力资源社会保障部　财政部关于继续阶段性降低社会保险费率的通知

    人社部发〔2018〕25号　2018年4月20日 …………………… 259

12. 国务院办公厅关于印发降低社会保险费率综合方案的通知

    国办发〔2019〕13号　2019年4月1日 ……………………… 259

五、失业保险 ………………………………………………………………… 259

1. 失业保险条例

   中华人民共和国国务院令第258号　1999年1月22日 ……… 259

2. 劳动和社会保障部　财政部关于切实做好事业单位参加失业保险工作有关问题的通知

   劳社部发〔2000〕14号　2000年8月4日 …………………… 263

3. 劳动和社会保障部办公厅　人事部办公厅　解放军总后勤部司令部关于对军队机关事业单位职工参加失业保险有关问题的复函

   劳社厅函〔2002〕52号　2002年2月22日 …………………… 263

4. 劳动和社会保障部办公厅关于对不符合领取失业保险金条件人员原有缴费时间的处理意见

   劳社厅发〔2004〕11号　2004年8月13日 …………………… 264

5. 财政部　人力资源和社会保障部关于退役军人失业保险有关问题的通知

   人社部发〔2013〕53号　2013年7月30日 …………………… 264

6. 人力资源和社会保障部　财政部关于调整失业保险费率有关问题的通知

   人社部发〔2015〕24号　2015年2月27日 …………………… 265

7. 人力资源社会保障部　财政部关于阶段性降低失业保险费率有关问题的通知

    人社部发〔2017〕14号　2017年2月16日 …………………………………… 266
  8. 国家税务总局关于贯彻落实阶段性降低失业保险费率政策的通知
    税总函〔2017〕88号　2017年3月17日 …………………………………… 266
  9. 国家税务总局关于进一步贯彻落实降低失业保险费率有关工作的通知
    税总函〔2017〕310号　2017年7月11日 ………………………………… 267
  10. 财政部　人力资源和社会保障部关于调整失业保险金标准的指导意见
    人社部发〔2017〕71号　2017年9月20日 ………………………………… 268
  11. 人力资源社会保障部　财政部关于继续阶段性降低社会保险费率的通知
    人社部发〔2018〕25号　2018年4月20日 ………………………………… 269
  12. 人力资源社会保障部　财政部关于使用失业保险基金支持脱贫攻坚的通知
    人社部发〔2018〕35号　2018年6月26日 ………………………………… 270
  13. 国务院办公厅关于印发降低社会保险费率综合方案的通知
    国办发〔2019〕13号　2019年4月1日 …………………………………… 270

六、生育保险 ……………………………………………………………………………… 271
  1. 劳动部关于发布《企业职工生育保险试行办法》的通知
    劳部发〔1994〕504号　1994年12月14日 ………………………………… 271
  2. 财政部　人力资源和社会保障部关于适当降低生育保险费率的通知
    人社部发〔2015〕70号　2015年7月27日 ………………………………… 272
  3. 国务院办公厅关于印发生育保险和职工基本医疗保险合并实施试点方案
    的通知
    国办发〔2017〕6号　2017年1月19日 …………………………………… 273
  4. 人力资源和社会保障部　财政部　国家卫生计生委关于做好当前生育保险
    工作的意见
    人社部发〔2018〕15号　2018年3月5日 ………………………………… 275

七、各省发布文件 ………………………………………………………………………… 277
  1. 河南省人力资源和社会保障厅　河南省财政厅　国家税务总局河南省税务
    局　河南省医疗保障局关于降低社会保险费率有关问题的通知
    豫人社〔2019〕13号　2019年4月19日 …………………………………… 277
  2. 山西省人民政府办公厅关于印发山西省降低社会保险费率实施方案的
    通知
    晋政办发〔2019〕26号　2019年4月22日 ………………………………… 279
  3. 湖南省人民政府办公厅关于印发《湖南省降低社会保险费率实施方案》的
    通知
    湘政办发〔2019〕19号　2019年4月23日 ………………………………… 280
  4. 四川省人民政府办公厅关于印发四川省降低社会保险费率实施办法的
    通知
    川办发〔2019〕27号　2019年4月23日 …………………………………… 282
  5. 天津市人力资源和社会保障局　天津市财政局　国家税务总局　天津税务
    局关于降低社会保险费率的通知

　　　　津人社规字〔2019〕1号　2019年4月23日 …………………………………… 284
6. 江西省人民政府办公厅关于印发降低社会保险费率综合实施方案的通知
　　　　赣府厅字〔2019〕27号　2019年4月24日 ………………………………… 285
7. 河北省人民政府办公厅关于印发河北省降低社会保险费率实施方案的
　　通知
　　　　冀政办字〔2019〕38号　2019年4月24日 ………………………………… 287
8. 黑龙江人力资源和社会保障厅　黑龙江省财政厅　国家税务总局　黑龙江
　　省税务局关于降低全省城镇职工基本养老保险和失业保险费率的通知
　　　　黑人社发〔2019〕12号　2019年4月23日 ………………………………… 288
9. 辽宁省人民政府办公厅关于印发辽宁省降低社会保险费率综合实施方案
　　的通知
　　　　辽政办发〔2019〕14号　2019年4月25日 ………………………………… 289
10. 吉林省人民政府办公厅关于印发吉林省落实降低社会保险费率实施方案
　　 的通知
　　　　吉政办发〔2019〕26号　2019年4月26日 ………………………………… 291
11. 西藏自治区人民政府办公厅关于印发西藏自治区降低社会保险费率综合
　　 方案的通知
　　　　藏政办发〔2019〕27号　2019年4月24日 ………………………………… 293
12. 青海省人民政府办公厅关于印发青海省降低社会保险费率综合实施方案
　　 的通知
　　　　青政办〔2019〕56号　2019年4月26日 …………………………………… 294
13. 内蒙古人力资源和社会保障厅关于降低社会保险缴费率有关问题的通知
　　　　内人社发〔2019〕16号　2019年4月26日 ………………………………… 295
14. 重庆市人民政府办公厅关于印发重庆市降低社会保险费率综合方案的
　　 通知
　　　　渝府办发〔2019〕50号　2019年4月29日 ………………………………… 296
15. 甘肃省人民政府办公厅关于印发甘肃省降低社会保险费率综合实施方案
　　 的通知
　　　　甘政办发〔2019〕54号　2019年4月25日 ………………………………… 298
16. 安徽省人民政府办公厅关于印发安徽省降低社会保险费率综合方案的
　　 通知
　　　　皖政办〔2019〕12号　2019年4月24日 …………………………………… 299
17. 广西壮族自治区人力资源和社会保障厅　广西壮族自治区财政厅关于印
　　 发降低社会保险费率实施方案的通知
　　　　桂人社规〔2019〕9号　2019年4月25日 ………………………………… 301
18. 宁夏回族自治区人力资源和社会保障厅　宁夏回族自治区财政厅　宁夏
　　 回族自治区医疗保障局　国家税务总局　宁夏税务局关于降低社会保险

费率的通知

宁人社发〔2019〕42号　2019年4月28日 ·············· 302

19. 广东省人力资源和社会保障厅　广东省财政厅　国家税务总局广东省税务局关于印发广东省城镇职工基本养老保险单位缴费比例过渡方案的通知

粤人社规〔2019〕11号　2019年4月30日 ·············· 303

20. 海南省人力资源和社会保障厅　海南省财政厅国家税务总局海南省税务局　海南省医疗保障局　关于印发海南省降低社会保险费率综合方案的通知

琼人社发〔2019〕93号　2019年4月29日 ·············· 304

21. 贵州省人民政府办公厅关于印发贵州省降低社会保险费率综合方案的通知

黔府办函〔2019〕62号　2019年4月29日 ·············· 306

22. 北京市人力资源和社会保障局　北京市财政局　国家税务总局　北京市税务局　北京市医疗保障局关于降低本市社会保险费率的通知

京人社养发〔2019〕67号　2019年4月28日 ·············· 307

23. 上海市人力资源和社会保障局　上海市财政局关于降低本市城镇职工社会保险费率的通知

沪人社规〔2019〕14号　2019年04月30日 ·············· 308

24. 山东省人民政府办公厅关于印发山东省降低社会保险费率综合实施方案的通知

鲁政办发〔2019〕14号　2019年4月25日 ·············· 309

25. 江苏省人民政府办公厅关于印发江苏省降低社会保险费率实施方案的通知

苏政办发〔2019〕47号　2019年4月30日 ·············· 311

26. 福建省人民政府办公厅关于印发福建省降低社会保险费率综合工作方案的通知

闽政办〔2019〕29号　2019年4月28日 ·············· 312

27. 云南省人民政府办公厅关于印发云南省降低社会保险费率实施方案的通知

云政办发〔2019〕48号　2019年4月30日 ·············· 314

28. 湖北省人民政府办公厅关于印发湖北省降低社会保险费率综合实施方案的通知

鄂政办发〔2019〕33号　2019年4月29日 ·············· 316

29. 陕西省人民政府办公厅关于印发降低社会保险费率实施办法的通知

陕政办发〔2019〕18号　2019年4月30日 ·············· 317

30. 新疆维吾尔自治区人民政府办公厅关于印发《自治区降低社会保险费率实施方案》的通知

    新政办发〔2019〕54号 2019年4月24日 ……………………………… 319
  31. 浙江省人力资源和社会保障厅等3部门关于降低社会保险费率有关问题
    的通知
    浙人社发〔2019〕20号 2019年4月30日 ………………………………… 320
  32. 深圳市人民政府办公厅关于印发深圳市降低社会保险费率实施方案的
    通知
    深府办规〔2019〕5号 2019年5月9日 …………………………………… 321
附录1 国家税务总局关于降低社会保险费率综合方案问题解答 …………………… 323
附录2 部分省份社会保险费率热点问题 ……………………………………………… 326
附录3 关于全面推开划转部分国有资本充实社保基金工作的通知 ………………… 345
附录4 《税收征管规范2.0》中有关社会保险费的表单 …………………………… 348

第一章 基本政策

一、社会保险制度

1. 什么是社会保险制度

社会保险制度是指国家通过立法,按照权利与义务相对应原则,多渠道筹集资金,参保者在遭遇年老、疾病、工伤、失业、生育等情况下,有依法从国家和社会获得物质帮助的权利,使其享有基本生活保障、免除或减少经济损失的制度安排。

《中华人民共和国宪法》(以下简称《宪法》)第十四条第四款规定,国家要建立健全同经济发展水平相适应的社会保险制度。第四十五条第一款规定,中华人民共和国公民在年老、疾病或者丧失劳动能力的情况下,有从国家和社会获得物质帮助的权利。国家发展为公民享受这些权利所需要的社会保险、社会救济和医疗卫生事业。我国目前的社会保险制度包括基本养老保险、基本医疗保险、工伤保险、失业保险、生育保险五类。

2. 社会保险法何时立法

2010年10月28日,《中华人民共和国社会保险法》(以下简称《社会保险法》)经第十届全国人民代表大会常务委员会第十七次会议通过,由中华人民共和国主席令第三十五号公布,并于2011年7月1日起施行。

3. 我国的社会保险制度

《社会保险法》第二条规定,国家建立基本养老保险、基本医疗保险、工伤保险、失业保险、生育保险等社会保险制度,保障公民在年老、疾病、工伤、失业、生育等情况下依法从国家和社会获得物质帮助的权利。其中,基本养老保险制度包括职工基本养老保险制度、新型农村社会养老保险制度和城镇居民社会养老保险制度;基本医疗保险制度包括职工基本医疗保险制度、新型农村合作医疗制度和城镇居民医疗保险制度。

4. 《社会保险法》的制定方针

《社会保险法》第三条规定,社会保险制度坚持"广覆盖、保基本、多层次、可持续"的方针,社会保险水平应当与经济社会发展水平相适应。

"广覆盖"是指社会保险制度的覆盖面要广,尽可能让更多的人纳入社会保险制度中来,尽最大可能为城乡全体居民提供保障服务;"保基本"是指社会保险待遇以保障公民基本生活和基本需要为原则,使社会保险标准与我国现阶段的经济社会发展水平相适应;"多层次"是指除了基本保险之外,国家还鼓励和支持建立补充保险、商业保险,实现多层次的生活保障体系,以满足不同人群的需求;"可持续"是指社会保险制度应当长期稳定运行,建立可持续发展的长效机制。

5. 参加社会保险的用人单位和个人享有的社会保险权利

《社会保险法》规定,用人单位和个人在办理了社会保险登记并依法缴纳保险费后,可以享有相应权利。

1）用人单位的权利

（1）查询、核对缴费记录的权利。

（2）要求社会保险经办机构提供社会保险咨询等相关服务的权利。

（3）参与组成社会保险监督委员会，掌握、分析社会保险基金的收支、管理和投资运营情况，对社会保险工作提出咨询意见和建议的权利。

（4）对侵害自己合法权益的社保费经办、征收机构，可以依法申请行政复议或者提起行政诉讼的权利。

（5）对违反社会保险法律、法规的行为进行举报和投诉的权利。

2）参保个人的权利

（1）享受社会保险待遇的权利。

（2）监督本单位为其缴费的权利。

（3）查询、核对缴费记录的权利。

（4）要求社会保险经办机构提供社会保险咨询等相关服务的权利。

（5）对侵害自己合法权益的社保费经办、征收机构，可以依法申请行政复议或者提起行政诉讼的权利。

（6）对违反社会保险法律、法规的行为进行举报和投诉的权利。

（7）与所在单位发生社会保险争议的，可以依法申请调解、仲裁，提起诉讼的权利。

（8）对侵害个人社会保险权益的所在单位要求社会保险行政部门或者社会保险费征收机构依法处理的权利。

法律链接　《中华人民共和国社会保险法》

（主席令第三十五号）

第四条　中华人民共和国境内的用人单位和个人依法缴纳社会保险费，有权查询缴费记录、个人权益记录，要求社会保险经办机构提供社会保险咨询等相关服务。

个人依法享受社会保险待遇，有权监督本单位为其缴费情况。

第七十四条第四款　用人单位和个人可以免费向社会保险经办机构查询、核对其缴费和享受社会保险待遇记录，要求社会保险经办机构提供社会保险咨询等相关服务。

第八十条第一款　统筹地区人民政府成立由用人单位代表、参保人员代表，以及工会代表、专家等组成的社会保险监督委员会，掌握、分析社会保险基金的收支、管理和投资运营情况，对社会保险工作提出咨询意见和建议，实施社会监督。

第八十二条第一款　任何组织或者个人有权对违反社会保险法律、法规的行为进行举报、投诉。

第八十三条　用人单位或者个人认为社会保险费征收机构的行为侵害自己合法权益的，可以依法申请行政复议或者提起行政诉讼。

用人单位或者个人对社会保险经办机构不依法办理社会保险登记、核定社会保险费、支付社会保险待遇、办理社会保险转移接续手续或者侵害其他社会保险权益的行为，可以依法申请行政复议或者提起行政诉讼。

个人与所在用人单位发生社会保险争议的，可以依法申请调解、仲裁，提起诉讼。用人单位侵害个人社会保险权益的，个人也可以要求社会保险行政部门或者社会保险费征收机构依法处理。

6. 参加社会保险的用人单位和个人应履行的社会保险义务

《社会保险法》规定，用人单位和个人应履行相应的社会保险义务。

1) 用人单位应履行的社保义务

（1）向社会保险经办机构申请办理社会保险登记的义务,包括开业、变更、注销登记。

（2）用人单位有自行申报、按时足额缴纳社会保险费的义务。

（3）用人单位有代扣代缴职工应当缴纳的社会保险费的义务。

（4）用人单位有按月将缴纳社会保险费的明细情况告知本人的义务。

2) 参保个人应履行的社保义务

（1）登记义务。

（2）参保义务。

（3）缴费义务。

《中华人民共和国社会保险法》

（主席令第三十五号）

第十条 职工应当参加基本养老保险,由用人单位和职工共同缴纳基本养老保险费。

无雇工的个体工商户、未在用人单位参加基本养老保险的非全日制从业人员以及其他灵活就业人员可以参加基本养老保险,由个人缴纳基本养老保险费。

第二十三条第一款 职工应当参加职工基本医疗保险,由用人单位和职工按照国家规定共同缴纳基本医疗保险费。

第四十四条第一款 职工应当参加失业保险,由用人单位和职工按照国家规定共同缴纳失业保险费。

第五十七条 用人单位应当自成立之日起三十日内凭营业执照、登记证书或者单位印章,向当地社会保险经办机构申请办理社会保险登记。社会保险经办机构应当自收到申请之日起十五日内予以审核,发给社会保险登记证件。

用人单位的社会保险登记事项发生变更或者用人单位依法终止的,应当自变更或者终止之日起三十日内,到社会保险经办机构办理变更或者注销社会保险登记。

市场监督管理部门、民政部门和机构编制管理机关应当及时向社会保险经办机构通报用人单位的成立、终止情况,公安机关应当及时向社会保险经办机构通报个人的出生、死亡以及户口登记、迁移、注销等情况。

第五十八条 用人单位应当自用工之日起三十日内为其职工向社会保险经办机构申请办理社会保险登记。未办理社会保险登记的,由社会保险经办机构核定其应当缴纳的社会保险费。

自愿参加社会保险的无雇工的个体工商户、未在用人单位参加社会保险的非全日制从业人员以及其他灵活就业人员,应当向社会保险经办机构申请办理社会保险登记。

国家建立全国统一的个人社会保障号码。个人社会保障号码为公民身份号码。

第六十条 用人单位应当自行申报、按时足额缴纳社会保险费,非因不可抗力等法定事由不得缓缴、减免。职工应当缴纳的社会保险费由用人单位代扣代缴,用人单位应当按月将缴纳社会保险费的明细情况告知本人。

7. 社会保险费的征收机关

1999年1月22日发布的《社会保险费征缴暂行条例》(国务院令第259号)第六条规定,社会保险费实行三项社会保险费(基本养老保险费、基本医疗保险费、失业保险费)集中、统一征收。社会保险费的征收机构由省、自治区、直辖市人民政府规定,可以由税务机关征收,也可以由劳动保障行政部门按照国务院规定设立的社会保险经办机构征收。同时第十五条规定,省、自治区、直辖市人民政府规定由税务机关征收社会保险费的,税务机关应当及时向社会保险经办机构提供缴费单位和缴费个人的缴费情况；社会保险经办机构应当将有关情况汇总，报劳动保障行政部门。自此，我国的社保费征收机构存在两个，一个是税务机关，一个是社保经办机构，由于征收机构分属不同部门，在实际征收管理过程中存在不一致的地方，而且在信息传递上可能存在延迟或偏差。《社会保险法》第五十九条又对社会保险费的征收做了规定，社会保险费实行统一征收，实施步骤和具体办法由国务院规定。

2018年7月20日，中共中央办公厅、国务院办公厅印发了《国税地税征管体制改革方案》。方案中明确从2019年1月1日起，将基本养老保险费、基本医疗保险费、失业保险费、工伤保险费、生育保险费等各项社会保险费交由税务部门统一征收。

8. 用人单位如何进行社会保险登记

1999年，劳动和社会保障部令第1号公布的《社会保险登记管理暂行办法》和国务院令第259号公布的《社会保险费征缴暂行条例》对社保费的成立登记、变更登记、注销登记及登记证件做了具体规定。同时指出若是省、自治区、直辖市人民政府确定由税务机关征收社会保险费的，社会保险经办机构应当按月向税务机关提供当月缴费单位社会保险费登记、变更登记、注销登记的情况。2011年公布的《社会保险法》又对社会保险登记又进行了明确。

《社会保险法》第五十七条规定，用人单位应当自成立之日起30日内凭营业执照、登记证书或者单位印章，向当地社会保险经办机构申请办理社会保险登记。社会保险经办机构应当自收到申请之日起15日内予以审核，发给社会保险登记证件。

用人单位的社会保险登记事项发生变更或者用人单位依法终止的，应当自变更或者终止之日起30日内，到社会保险经办机构办理变更或者注销社会保险登记。

《社会保险法》第五十八条规定，用人单位应当自用工之日起30日内为其职工向社会保险经办机构申请办理社会保险登记。未办理社会保险登记的，由社会保险经办机构核定其应当缴纳的社会保险费。

9. 无雇工的个体工商户及灵活就业人员如何进行社会保险登记

《社会保险法》第五十八条第二款规定，自愿参加社会保险的无雇工的个体工商户、未在用人单位参加社会保险的非全日制从业人员以及其他灵活就业人员，应当向社会保险经办机构申请办理社会保险登记。

10. 无雇工的个体工商户及灵活就业人员如何进行社会保险缴纳

《社会保险法》第六十条第二款规定，无雇工的个体工商户、未在用人单位参加社会保险的非全日制从业人员以及其他灵活就业人员，可以直接向社会保险费征收机构缴纳社会保险费。

11. 社会保险基金包括哪几种基金

《社会保险法》第六十四条规定，社会保险基金包括基本养老保险基金、基本医疗保险基金、工伤保险基金、失业保险基金和生育保险基金。除基本医疗保险基金与生育保险基金合并建账及核算外，其他各项社会保险基金按照社会保险险种分别建账，分账核算。社会保险基金执行国家统一的会计制度。

社会保险基金专款专用，任何组织和个人不得侵占或者挪用。

基本养老保险基金逐步实行全国统筹，其他社会保险基金逐步实行省级统筹，具体时间、步骤由国务院规定。

12. 社会保险基金如何核算

《社会保险法》第六十五条、第六十六条、第六十七条、第六十八条对社会保险基金如何核算进行了规定,社会保险基金通过预算实现收支平衡,县级以上人民政府在社会保险基金出现支付不足时,给予补贴。社会保险基金按照统筹层次设立预算。除基本医疗保险基金与生育保险基金预算合并编制外,其他社会保险基金预算按照社会保险项目分别编制。社会保险基金预算、决算草案的编制、审核和批准,依照法律和国务院规定执行。社会保险基金存入财政专户,具体管理办法由国务院规定。

13. 社会保险基金如何管理运营

《社会保险法》第六十九条规定,社会保险基金在保证安全的前提下,按照国务院规定投资运营实现保值增值。

社会保险基金不得违规投资运营,不得用于平衡其他政府预算,不得用于兴建、改建办公场所和支付人员经费、运行费用、管理费用,或者违反法律、行政法规规定挪作其他用途。

《社会保险法》第七十条规定,社会保险经办机构应当定期向社会公布参加社会保险情况以及社会保险基金的收入、支出、结余和收益情况。

《社会保险法》第七十一条规定,国家设立全国社会保障基金,由中央财政预算拨款以及国务院批准的其他方式筹集的资金构成,用于社会保障支出的补充、调剂。全国社会保障基金由全国社会保障基金管理运营机构负责管理运营,在保证安全的前提下实现保值增值。

全国社会保障基金应当定期向社会公布收支、管理和投资运营的情况。国务院财政部门、社会保险行政部门、审计机关对全国社会保障基金的收支、管理和投资运营情况实施监督。

14. 社会保险基金如何监管

《社会保险费征缴暂行条例》第五条规定,国务院劳动保障行政部门负责全国的社会保险费征缴管理和监督检查工作。县级以上地方各级人民政府劳动保障行政部门负责本行政区域内的社会保险费征缴管理和监督检查工作。

《社会保险费征缴暂行条例》第二十二条规定,社会保险基金实行收支两条线管理,由财政部门依法进行监督。审计部门依法对社会保险基金的收支情况进行监督。

《社会保险法》第六条规定,国家对社会保险基金实行严格监管。国务院和省、自治区、直辖市人民政府建立健全社会保险基金监督管理制度,保障社会保险基金安全、有效运行。县级以上人民政府采取措施,鼓励和支持社会各方面参与社会保险基金的监督。

社会保险基金的监管主要包括以下几方面:

（1）人大常委会监督;
（2）社会保险行政部门监督;
（3）财政、审计机关的监督;
（4）行政部门监督;
（5）社会保险监督委员会的监督;
（6）其他监督。

 《中华人民共和国社会保险法》

（主席令第三十五号）

第七十六条 各级人民代表大会常务委员会听取和审议本级人民政府对社会保险基金的收支、管理、投资运营以及监督检查情况的专项工作报告,组织对本法实施情况的执法检查等,依法行使监督职权。

第七十七条 县级以上人民政府社会保险行政部门应当加强对用人单位和个人遵守社会保险法律、法规情况的监督检查。

社会保险行政部门实施监督检查时,被检查的用人单位和个人应当如实提供与社会保险有关的资料,不得拒绝检查或者谎报、瞒报。

第七十八条 财政部门、审计机关按照各自职责,对社会保险基金的收支、管理和投资运营情况实施监督。

第七十九条 社会保险行政部门对社会保险基金的收支、管理和投资运营情况进行监督检查,发现存在问题的,应当提出整改建议,依法作出处理决定或者向有关行政部门提出处理建议。社会保险基金检查结果应当定期向社会公布。

社会保险行政部门对社会保险基金实施监督检查,有权采取下列措施:

(一)查阅、记录、复制与社会保险基金收支、管理和投资运营相关的资料,对可能被转移、隐匿或者灭失的资料予以封存;

(二)询问与调查事项有关的单位和个人,要求其对与调查事项有关的问题作出说明、提供有关证明材料;

(三)对隐匿、转移、侵占、挪用社会保险基金的行为予以制止并责令改正。

第八十条 统筹地区人民政府成立由用人单位代表、参保人员代表,以及工会代表、专家等组成的社会保险监督委员会,掌握、分析社会保险基金的收支、管理和投资运营情况,对社会保险工作提出咨询意见和建议,实施社会监督。

社会保险经办机构应当定期向社会保险监督委员会汇报社会保险基金的收支、管理和投资运营情况。社会保险监督委员会可以聘请会计师事务所对社会保险基金的收支、管理和投资运营情况进行年度审计和专项审计。审计结果应当向社会公开。

社会保险监督委员会发现社会保险基金收支、管理和投资运营中存在问题的,有权提出改正建议;对社会保险经办机构及其工作人员的违法行为,有权向有关部门提出依法处理建议。

第八十二条 任何组织或者个人有权对违反社会保险法律、法规的行为进行举报、投诉。

社会保险行政部门、卫生行政部门、社会保险经办机构、社会保险费征收机构和财政部门、审计机关对属于本部门、本机构职责范围的举报、投诉,应当依法处理;对不属于本部门、本机构职责范围的,应当书面通知并移交有权处理的部门、机构处理。有权处理的部门、机构应当及时处理,不得推诿。

15. 社会保险经办机构及其职能

1)社会保险经办机构的概念

《社会保险法》第七十二条第一款规定,统筹地区设立社会保险经办机构。社会保险经办机构根据工作需要,经所在地的社会保险行政部门和机构编制管理机关批准,可以在本统筹地区设立分支机构和服务网点。

2)社会保险经办机构的经费保障

《社会保险法》第七十二条第二款规定,社会保险经办机构的人员经费和经办社会保险发生的基本运行费用、管理费用,由同级财政按照国家规定予以保障。

3)社会保险经办机构的职责

《社会保险法》第七十三条规定,社会保险经办机构应当建立健全业务、财务、安全和风险管理制度。社会保险经办机构应当按时足额支付社会保险待遇。

《社会保险法》第七十四条第二款规定,社会保险经办机构应当及时为用人单位建立档案,完整、准确地记录参加社会保险的人员、缴费等社会保险数据,妥善保管登记、申报的原始凭证和支付结算的会计凭证。

《社会保险法》第七十四条第三款规定,社会保险经办机构应当及时、完整、准确地记录参加社会保险的个人缴费和用人单位为其缴费,以及享受社会保险待遇等个人权益记录,定期将个人权益记录单免费寄送本人。

《社会保险法》第七十四条第四款规定,社会保险经办机构免费为用人单位和个人可提供查询、核对其缴费和享受社会保险待遇记录以及社会保险咨询等相关服务。

16. 各级政府有关部门的社会保险职责是如何划分的

《社会保险法》第七条规定,国务院社会保险行政部门负责全国的社会保险管理工作,国务院其他有关部门在各自的职责范围内负责有关的社会保险工作。

县级以上地方人民政府社会保险行政部门负责本行政区域的社会保险管理工作,县级以上地方人民政府其他有关部门在各自的职责范围内负责有关的社会保险工作。

这里所说的社会保险行政部门主要是指人力资源与社会保障部门,有关部门主要是指财政部门、卫生部门、税务部门和审计部门。

二、社会保险监督与救济

1. 用人单位或个人在社会保险征缴过程中如何请求司法救济

《社会保险法》第八十三条规定,用人单位或者个人认为社会保险费征收机构的行为侵害自己合法权益的,可以依法申请行政复议或者提起行政诉讼。

用人单位或者个人对社会保险经办机构不依法办理社会保险登记、核定社会保险费、支付社会保险待遇、办理社会保险转移接续手续或者侵害其他社会保险权益的行为,可以依法申请行政复议或者提起行政诉讼。

《社会保险费征缴暂行条例》第二十五条规定,缴费单位和缴费个人对劳动保障行政部门或者税务机关的处罚决定不服的,可以依法申请复议;对复议决定不服的,可以依法提起诉讼。

2. 职工与所在用人单位发生社会保险争议如何请求司法救济

《社会保险法》第八十三条第三款规定,个人与所在用人单位发生社会保险争议的,可以依法申请调解、仲裁,提起诉讼。用人单位侵害个人社会保险权益的,个人也可以要求社会保险行政部门或者社会保险费征收机构依法处理。

《实施〈中华人民共和国社会保险法〉若干规定》(中华人民共和国人力资源和社会保障部令第13号)第二十七条规定,职工与所在用人单位发生社会保险争议的,可以依照《中华人民共和国劳动争议调解仲裁法》《劳动人事争议仲裁办案规则》的规定,申请调解、仲裁,提起诉讼。

职工认为用人单位有未按时足额为其缴纳社会保险费等侵害其社会保险权益行为的,也可以要求社会保险行政部门或者社会保险费征收机构依法处理。社会保险行政部门或者社会保险费征收机构应当按照《社会保险法》和《劳动保障监察条例》等相关规定处理。在处理过程中,用人单位对双方的劳动关系提出异议的,社会保险行政部门应当依法查明相关事实后继续处理。

3. 用人单位因不可抗力造成生产经营出现困难,是否可以申请暂缓缴纳社会保险费

《实施〈中华人民共和国社会保险法〉若干规定》(中华人民共和国人力资源和社会保障

部令第 13 号)第二十一条规定,用人单位因不可抗力造成生产经营出现严重困难的,经省级人民政府社会保险行政部门批准后,可以暂缓缴纳一定期限的社会保险费,期限一般不超过一年。暂缓缴费期间,免收滞纳金。到期后,用人单位应当缴纳相应的社会保险费。

法律链接 《中华人民共和国社会保险法》

(主席令第三十五号)

第六十条 用人单位应当自行申报、按时足额缴纳社会保险费,非因不可抗力等法定事由不得缓缴、减免。

4. 用人单位被批准暂缓缴纳社会保险费的情形是否影响职工享受社会保险待遇

《实施〈中华人民共和国社会保险法〉若干规定》(中华人民共和国人力资源和社会保障部令第 13 号)第二十三条规定,用人单位按照《实施〈中华人民共和国社会保险法〉若干规定》第二十一条、第二十二条缓缴社会保险费期间,不影响其职工依法享受社会保险待遇。

政策链接 《实施〈中华人民共和国社会保险法〉若干规定》

(中华人民共和国人力资源和社会保障部令第 13 号)

第二十一条 用人单位因不可抗力造成生产经营出现严重困难的,经省级人民政府社会保险行政部门批准后,可以暂缓缴纳一定期限的社会保险费,期限一般不超过一年。暂缓缴费期间,免收滞纳金。到期后,用人单位应当缴纳相应的社会保险费。

第二十二条 用人单位按照社会保险法第六十三条的规定,提供担保并与社会保险费征收机构签订缓缴协议的,免收缓缴期间的滞纳金。

法律链接 《中华人民共和国社会保险法》

(主席令第三十五号)

第六十三条 用人单位未按时足额缴纳社会保险费的,由社会保险费征收机构责令其限期缴纳或者补足。

用人单位逾期仍未缴纳或者补足社会保险费的,社会保险费征收机构可以向银行和其他金融机构查询其存款账户;并可以申请县级以上有关行政部门作出划拨社会保险费的决定,书面通知其开户银行或者其他金融机构划拨社会保险费。用人单位账户余额少于应当缴纳的社会保险费的,社会保险费征收机构可以要求该用人单位提供担保,签订延期缴费协议。

用人单位未足额缴纳社会保险费且未提供担保的,社会保险费征收机构可以申请人民法院扣押、查封、拍卖其价值相当于应当缴纳社会保险费的财产,以拍卖所得抵缴社会保险费。

5. 在中国境内就业的外国人参加社会保险的相关规定

为了维护在中国境内就业的外国人依法参加社会保险和享受社会保险待遇的合法权益,加强社会保险管理,根据《中华人民共和国社会保险法》,人力资源和社会保障部在 2011 年 9 月 6 日公布《在中国境内就业的外国人参加社会保险暂行办法》,作为在中国境内就业的外国人参保事宜的规范性文件,自 2011 年 10 月 15 日起施行,相关内容如下。

1) 在中国境内就业的外国人

在中国境内就业的外国人,是指依法获得《外国人就业证》《外国专家证》《外国常驻记者证》等就业证件和外国人居留证件,以及持有《外国人永久居留证》,在中国境内合法就业的非中国国籍的人员。

2）参保范围

在中国境内依法注册或者登记的企业、事业单位、社会团体、民办非企业单位、基金会、律师事务所、会计师事务所等组织（以下称用人单位）依法招用的外国人，应当依法参加职工基本养老保险、职工基本医疗保险、工伤保险、失业保险和生育保险，由用人单位和本人按照规定缴纳社会保险费。

与境外雇主订立雇用合同后，被派遣到在中国境内注册或者登记的分支机构、代表机构（以下称境内工作单位）工作的外国人，应当依法参加职工基本养老保险、职工基本医疗保险、工伤保险、失业保险和生育保险，由境内工作单位和本人按照规定缴纳社会保险费。

用人单位招用未依法办理就业证件或者持有《外国人永久居留证》的外国人的，按照《外国人在中国就业管理规定》处理。

3）社保登记

用人单位招用外国人的，应当自办理就业证件之日起30日内为其办理社会保险登记。

受境外雇主派遣到境内工作单位工作的外国人，应当由境内工作单位按照前款规定为其办理社会保险登记。

依法办理外国人就业证件的机构，应当及时将外国人来华就业的相关信息通报当地社会保险经办机构。社会保险经办机构应当定期向相关机构查询外国人办理就业证件的情况。

社会保险经办机构应当根据《外国人社会保障号码编制规则》，为外国人建立社会保障号码，并发放中华人民共和国社会保障卡。

4）社会保险待遇

参加社会保险的外国人，符合条件的，依法享受社会保险待遇。

在达到规定的领取养老金年龄前离境的，其社会保险个人账户予以保留，再次来中国就业的，缴费年限累计计算；经本人书面申请终止社会保险关系的，也可以将其社会保险个人账户储存额一次性支付给本人。

外国人死亡的，其社会保险个人账户余额可以依法继承。

5）提供生存证明

在中国境外享受按月领取社会保险待遇的外国人，应当至少每年向负责支付其待遇的社会保险经办机构提供一次由中国驻外使、领馆出具的生存证明，或者由居住国有关机构公证、认证并经中国驻外使、领馆认证的生存证明。

外国人合法入境的，可以到社会保险经办机构自行证明其生存状况，不再提供前款规定的生存证明。

6）社会保险争议的解决途径

依法参加社会保险的外国人与用人单位或者境内工作单位因社会保险发生争议的，可以依法申请调解、仲裁、提起诉讼。用人单位或者境内工作单位侵害其社会保险权益的，外国人也可以要求社会保险行政部门或者社会保险费征收机构依法处理。

7）签订双边或多边协议的外籍人员参保办法

具有与中国签订社会保险双边或者多边协议国家国籍的人员在中国境内就业的，其参加社会保险的办法按照协议规定办理。

8）法律责任

社会保险行政部门应当按照社会保险法的规定，对外国人参加社会保险的情况进行监督检查。用人单位或者境内工作单位未依法为招用的外国人办理社会保险登记或者未依法为其缴纳社会保险费的,按照社会保险法、《劳动保障监察条例》等法律、行政法规和有关规章的规定处理。

6. 工会组织在社会保险中的职责

工会是职工自愿结合的工人阶级的群众组织。中华全国总工会及其各工会组织代表职工的利益,依法维护职工的合法权益。工会的基本职责是维护职工合法权益。《社会保险法》第九条规定,工会依法维护职工的合法权益,有权参与社会保险重大事项的研究,参加社会保险监督委员会,对与职工社会保险权益有关的事项进行监督。

法律链接　　　　　　　　《中华人民共和国工会法》
（主席令第十八号）

第六条　维护职工合法权益是工会的基本职责。工会在维护全国人民总体利益的同时,代表和维护职工的合法权益。

工会通过平等协商和集体合同制度,协调劳动关系,维护企业职工劳动权益。

工会依照法律规定通过职工代表大会或者其他形式,组织职工参与本单位的民主决策、民主管理和民主监督。

第二十五条　工会有权对企业、事业单位侵犯职工合法权益的问题进行调查,有关单位应当予以协助。

第二十六条　职工因工伤亡事故和其他严重危害职工健康问题的调查处理,必须有工会参加。工会应当向有关部门提出处理意见,并有权要求追究直接负责的主管人员和有关责任人员的责任。对工会提出的意见,应当及时研究,给予答复。

第三十八条　企业、事业单位研究经营管理和发展的重大问题应当听取工会的意见;召开讨论有关工资、福利、劳动安全卫生、社会保险等涉及职工切身利益的会议,必须有工会代表参加。

7. 如何对缴费单位社会保险费征缴情况进行监督

为了加强和规范社会保险费征缴工作,保障社会保险金的发放,缴费单位、缴费个人应当按时足额缴纳社会保险费。征缴的社会保险费纳入社会保险基金,专款专用,任何单位和个人不得挪用。国务院劳动保障行政部门负责全国的社会保险费征缴管理和监督检查工作。县级以上地方各级人民政府劳动保障行政部门负责本行政区域内的社会保险费征缴管理和监督检查工作。对缴费单位社保费征缴情况进行监督可以分为以下几方面：职工监督、劳动保障行政部门监督、社会保险经办机构或税务机关监督、社会监督。

《社会保险费征缴监督检查办法》(中华人民共和国劳动和社会保障部令第3号)对缴费单位进行了规定,社保费的缴费单位是指中华人民共和国境内的企业、事业单位、国家机关、社会团体、民办非企业单位和城镇个体工商户。这里所称企业是指国有企业、城镇集体企业、外商投资企业、城镇私营企业和其他城镇企业。

政策链接　　　　　　　　《社会保险费征缴暂行条例》
（国务院令第259号）

第十七条　缴费单位应当每年向本单位职工公布本单位全年社会保险费缴纳情况,接受职工监督。

社会保险经办机构应当定期向社会公告社会保险费征收情况,接受社会监督。

第十八条　按照省、自治区、直辖市人民政府关于社会保险费征缴机构的规定,劳动保障行政部门或者税务机关依法对单位缴费情况进行检查时,被检查的单位应当提供与缴纳社会保险费有关的用人情况、工资表、财务报表等资料,如实反映情况,不得拒绝检查,不得谎报、瞒报。劳动保障行政部门或者税务机关可以记录、录音、录像、照相和复制有关资料;但是,应当为缴费单位保密。

劳动保障行政部门、税务机关的工作人员在行使前款所列职权时,应当出示执行公务证件。

第十九条 劳动保障行政部门或者税务机关调查社会保险费征缴违法案件时,有关部门、单位应当给予支持、协助。

第二十条 社会保险经办机构受劳动保障行政部门的委托,可以进行与社会保险费征缴有关的检查、调查工作。

第二十一条 任何组织和个人对有关社会保险费征缴的违法行为,有权举报。劳动保障行政部门或者税务机关对举报应当及时调查,按照规定处理,并为举报人保密。

8. 社会保险费征缴监督检查的内容

《社会保险费征缴监督检查办法》(中华人民共和国劳动和社会保障部令第3号)第六条规定,社会保险费征缴监督检查应当包括以下内容:

(1)缴费单位向当地社会保险经办机构办理社会保险登记、变更登记或注销登记的情况;

(2)缴费单位向社会保险经办机构申报缴费的情况;

(3)缴费单位缴纳社会保险费的情况;

(4)缴费单位代扣代缴个人缴费的情况;

(5)缴费单位向职工公布本单位缴费的情况;

(6)法律、法规规定的其他内容。

9. 受理社会保险费征缴举报的部门

《社会保险费征缴监督检查办法》(中华人民共和国劳动和社会保障部令第3号)第七条规定,劳动保障行政部门应当向社会公布举报电话,设立举报信箱,指定专人负责接待群众投诉;对符合受理条件的举报,应当于7日内立案受理,并进行调查处理,且一般应当于30日内处理结案。

10. 劳动保障监察人员对缴费单位检查的权利与义务

《社会保险费征缴监督检查办法》(中华人民共和国劳动和社会保障部令第3号)规定,劳动保障监察人员在执行监察公务和社会保险经办机构工作人员对缴费单位进行调查、检查时,至少应当由两人共同进行,并应当主动出示执法证件。

劳动保障监察人员执行监察公务和社会保险经办机构工作人员进行调查、检查时,行使下列职权:

(1)可以到缴费单位了解遵守社会保险法律、法规的情况;

(2)可以要求缴费单位提供与缴纳社会保险费有关的用人情况、工资表、财务报表等资料,询问有关人员,对缴费单位不能立即提供有关参加社会保险情况和资料的,可以下达劳动保障行政部门监督检查询问书;

(3)可以记录、录音、录像、照相和复制有关资料。

劳动保障监察人员执行监察公务和社会保险经办机构工作人员进行调查、检查时,承担下列义务:

(1)依法履行职责,秉公执法,不得利用职务之便谋取私利;

(2) 保守在监督检查工作中知悉的缴费单位的商业秘密；

(3) 为举报人员保密。

11. 缴费单位对劳动保障行政部门的行政处罚不服的司法救济

《社会保险费征缴监督检查办法》（中华人民共和国劳动和社会保障部令第 3 号）第十八条规定，缴费单位或者缴费单位直接负责的主管人员和其他直接责任人员，对劳动保障行政部门作出的行政处罚决定不服的，可以于 15 日内，向上一级劳动保障行政部门或者同级人民政府申请行政复议。对行政复议决定不服的，可以自收到行政复议决定书之日起 15 日内向人民法院提起行政诉讼。行政复议和行政诉讼期间，不影响该行政处罚决定的执行。

12. 劳动保障行政部门和社会保险经办机构的工作人员在社保费征缴检查中可能承担的法律责任

《社会保险费征缴监督检查办法》（中华人民共和国劳动和社会保障部令第 3 号）第二十条规定，劳动保障行政部门和社会保险经办机构的工作人员滥用职权、徇私舞弊、玩忽职守，构成犯罪的，依法追究刑事责任；尚不构成犯罪的，给予责任人员行政处分。

13. 用人单位如何向社会保险经办机构办理缴费申报

为规范社会保险费的申报和缴纳管理工作，根据《社会保险法》和《社会保险费征缴暂行条例》，人力资源和社会保障部在 2013 年 9 月 26 日发布《社会保险费申报缴纳管理规定》（中华人民共和国人力资源和社会保障部令第 20 号），对社会保险费的申报缴纳进行了详细规定。规定中所称社会保险费，是指由用人单位及其职工依法参加社会保险并缴纳的职工基本养老保险费、职工基本医疗保险费、工伤保险费、失业保险费和生育保险费。具体申报规定如下。

1）用人单位申报事项

用人单位应当按月在规定期限内到当地社会保险经办机构办理缴费申报，申报事项包括：

(1) 用人单位名称、组织机构代码、地址及联系方式。

(2) 用人单位开户银行、户名及账号。

(3) 用人单位的缴费险种、缴费基数、费率、缴费数额。

(4) 职工名册及职工缴费情况。

(5) 社会保险经办机构规定的其他事项。

在一个缴费年度内，用人单位初次申报后，其余月份可以只申报前款规定事项的变动情况；无变动的，可以不申报。

2）代职工申报的事项

职工应缴纳的社会保险费由用人单位代为申报。代职工申报的事项包括：职工姓名、社会保障号码、用工类型、联系地址、代扣代缴明细等。

用人单位代职工申报的缴费明细以及变动情况应当经职工本人签字认可，由用人单位留存备查。

3）申报方式

用人单位到社会保险经办机构办理社会保险缴费申报有困难的，经社会保险经办机构同意，可以邮寄申报。邮寄申报以寄出地的邮戳日期为实际申报日期。

有条件的地区，用人单位也可以按照社会保险经办机构的规定进行网上申报。

4）社保经办机构核准

用人单位应当向社会保险经办机构如实申报《社会保险费申报缴纳管理规定》（中华人民共和国人力资源和社会保障部令第20号）第四条、第五条所列申报事项。用人单位申报材料齐全、缴费基数和费率符合规定、填报数量关系一致的，社会保险经办机构核准后出具缴费通知单；用人单位申报材料不符合规定的，退用人单位补正。

社会保险经办机构在开展社会保险稽核工作过程中，发现用人单位未如实申报造成漏缴、少缴社会保险费的，按照社会保险法第八十六条的规定处理。

5）申报时限

用人单位应当自用工之日起30日内为其职工申请办理社会保险登记并申报缴纳社会保险费。未办理社会保险登记的，由社会保险经办机构核定其应当缴纳的社会保险费。

6）未按规定申报的处理

用人单位未按照规定申报应缴纳的社会保险费数额的，社会保险经办机构暂按该单位上月缴费数额的110%确定应缴数额；没有上月缴费数额的，社会保险经办机构暂按该单位的经营状况、职工人数、当地上年度职工平均工资等有关情况确定应缴数额。用人单位补办申报手续后，由社会保险经办机构按照规定结算。

7）申请延期

用人单位因不可抗力，不能按期办理缴费申报的，可以延期申报；不可抗力情形消除后，应当立即向社会保险经办机构报告。社会保险经办机构应当查明事实，予以核准。

14. 用人单位如何办理社会保险费缴纳

《社会保险费申报缴纳管理规定》（中华人民共和国人力资源和社会保障部令第20号）对社会保险费缴纳做如下规定。

1）缴费方式

用人单位应当持社会保险经办机构出具的缴费通知单在规定的期限内采取下列方式之一缴纳社会保险费。

（1）到其开户银行或者其他金融机构缴纳。

（2）与社会保险经办机构约定的其他方式。

社会保险经办机构、用人单位可以与银行或者其他金融机构签订协议，委托银行或者其他金融机构根据社会保险经办机构开出的托收凭证划缴用人单位和为其职工代扣的社会保险费。

2）代扣代缴职工应缴保险费

职工应当缴纳的社会保险费由用人单位代扣代缴。用人单位依法履行代扣代缴义务时，任何单位或者个人不得干预或者拒绝。

3）未按时足额代缴社保费的责任

用人单位未按时足额代缴的，社会保险经办机构应当责令其限期缴纳，并自欠缴之日起按日加收0.5‰的滞纳金。用人单位不得要求职工承担滞纳金。

4）社会保险费的监督

用人单位应当按月将缴纳社会保险费的明细情况告知职工本人。

用人单位应当每年向本单位职工代表大会通报或者在本单位住所的显著位置公布本单

位全年社会保险费缴纳情况,接受职工监督。

政策链接 《社会保险费征缴暂行条例》

（国务院令第259号）

第十条 缴费单位必须按月向社会保险经办机构申报应缴纳的社会保险费数额,经社会保险经办机构核定后,在规定的期限内缴纳社会保险费。

缴费单位不按规定申报应缴纳的社会保险费数额的,由社会保险经办机构暂按该单位上月缴费数额的百分之一百一十确定应缴数额;没有上月缴费数额的,由社会保险经办机构暂按该单位的经营状况、职工人数等有关情况确定应缴数额。缴费单位补办申报手续并按核定数额缴纳社会保险费后,由社会保险经办机构按照规定结算。

法律链接 《中华人民共和国社会保险法》

（主席令第三十五号）

第六十条 用人单位应当自行申报、按时足额缴纳社会保险费,非因不可抗力等法定事由不得缓缴、减免。职工应当缴纳的社会保险费由用人单位代扣代缴,用人单位应当按月将缴纳社会保险费的明细情况告知本人。

15. 用人单位未按时足额缴纳社会保险费的处理

1）适用社会保险法第六十三条、第八十六条的前置条件

根据《社会保险费申报缴纳管理规定》第十六条的规定,用人单位有下列情形之一的,社会保险经办机构应当于查明欠缴事实之日起5个工作日内发出社会保险费限期补缴通知,责令用人单位在收到通知后5个工作日内补缴,同时告知其逾期仍未缴纳的,将按照社会保险法第六十三条、第八十六条的规定处理:

（1）未按规定申报且未缴纳社会保险费的;

（2）申报后未按时足额缴纳社会保险费的;

（3）因瞒报、漏报职工人数、缴费基数等事项而少缴社会保险费的。

2）未按规定期限补缴社会保险费如何处理

用人单位未按照规定向社会保险经办机构进行缴费申报或者未按照规定缴纳社会保险费的,社会保险行政部门应当依法查处。

用人单位未按时足额缴纳社会保险费的,由社会保险经办机构按照社会保险法第八十六条的规定,责令其限期缴纳或者补足,并自欠缴之日起按日加收0.5‰的滞纳金;逾期仍不缴纳的,由社会保险行政部门处欠缴数额1倍以上3倍以下的罚款。

用人单位在收到社会保险费限期补缴通知后,未按照规定时限补缴社会保险费,社会保险经办机构可以向用人单位开户行查询存款账户。根据不同查询结果分两种方式处理。

第一种,查询结果若余额大于应缴纳的社会保险费。

（1）社会保险经办机构可以提交相关材料向所属的社会保险行政部门申请划拨。

相关材料包括:用人单位名称、法定代表人、地址、联系方式;用人单位开户银行、户名及账号;申请划拨的事实、理由及依据;申请划拨的社会保险费数额;社会保险行政部门要求提供的其他材料。

（2）社会保险行政部门接到划拨申请后,应当按照《中华人民共和国行政强制法》的规定,及时作出划拨社会保险费决定,并书面通知用人单位开户银行或者其他金融机构予以划拨。

（3）社会保险行政部门作出的划拨社会保险费决定，应当按照《中华人民共和国行政强制法》的规定送达用人单位，并抄送社会保险经办机构。

第二种，查询结果若余额小于应缴纳的社会保险费或者划拨后用人单位仍未足额清偿社会保险费。

（1）社会保险经办机构可以要求用人单位以抵押、质押的方式提供担保。

（2）用人单位应当到社会保险经办机构认可的评估机构对其抵押财产或者质押财产进行评估，经社会保险经办机构审核后，对能够足额清偿社会保险费的，双方依法签订抵押合同或者质押合同；需要办理登记的，应当依法办理抵押登记或者质押登记。

（3）社会保险经办机构与用人单位签订抵押合同或者质押合同后，应当签订延期缴费协议，并约定协议期满用人单位仍未足额清偿社会保险费的，社会保险经办机构可以参照协议期满时的市场价格，以抵押财产、质押财产折价或者以拍卖、变卖所得抵缴社会保险费。

延期缴费协议期限最长不超过1年。

3）用人单位提供担保并签订延期缴费协议，延缴期间职工社待遇问题

用人单位提供担保并签订延期缴费协议的，其职工在延缴期间按照规定享受社会保险待遇。

4）可申请人民法院强制执行的情形及手续

用人单位经责令仍未补缴且有下列情形之一的，社会保险经办机构可以按照社会保险法第六十三条第三款的规定，向所在地有管辖权的人民法院申请扣押、查封、拍卖用人单位财产，以拍卖所得抵缴应缴纳的社会保险费、滞纳金：

（1）经查询，用人单位开户银行账户余额少于应缴纳的社会保险费数额且未签订担保合同的；

（2）经划拨，用人单位仍未足额清偿应缴纳的社会保险费且未签订担保合同的；

（3）延期缴费协议期满，因担保财产的市场价格或者权利状况发生变化，用人单位仍未足额清偿应缴纳的社会保险费的。

5）申请人民法院强制执行社会保险费应提供的材料

社会保险经办机构申请人民法院强制执行的，应当提供下列材料：

（1）强制执行申请书；

（2）用人单位欠缴社会保险费及加收滞纳金的事实、理由和依据；

（3）社会保险经办机构限期补缴通知；

（4）用人单位的意见；

（5）用人单位有本规定第二十五条所列情形时的相关材料；

（6）申请强制执行的用人单位财产情况；

（7）法律、行政法规规定以及人民法院要求的其他材料。

强制执行申请书应当由社会保险经办机构负责人签名，加盖社会保险经办机构的印章，并注明日期。

法律链接 《中华人民共和国社会保险法》

（主席令第三十五号）

第六十三条 用人单位未按时足额缴纳社会保险费的，由社会保险费征收机构责令其限期缴纳或者补足。

用人单位逾期仍未缴纳或者补足社会保险费的,社会保险费征收机构可以向银行和其他金融机构查询其存款账户;并可以申请县级以上有关行政部门作出划拨社会保险费的决定,书面通知其开户银行或者其他金融机构划拨社会保险费。用人单位账户余额少于应当缴纳的社会保险费的,社会保险费征收机构可以要求该用人单位提供担保,签订延期缴费协议。

用人单位未足额缴纳社会保险费且未提供担保的,社会保险费征收机构可以申请人民法院扣押、查封、拍卖其价值相当于应当缴纳社会保险费的财产,以拍卖所得抵缴社会保险费。

第八十六条　用人单位未按时足额缴纳社会保险费的,由社会保险费征收机构责令限期缴纳或者补足,并自欠缴之日起,按日加收万分之五的滞纳金;逾期仍不缴纳的,由有关行政部门处欠缴数额一倍以上三倍以下的罚款。

第二章

具 体 政 策

一、基本养老保险

基本养老保险是由国家通过立法强制实施的,在劳动者因年老丧失劳动能力后给予基本生活保障的社会保险制度,是社会保险制度中最为重要的一个制度。基本养老保险分为三个部分:职工基本养老保险、新型农村社会养老保险、城镇居民养老保险。2014年10月1日以后,又建立了机关事业养老保险制度。

1. 什么是职工基本养老保险制度

职工基本养老保险制度是指参保职工或以个人身份参保人员按规定缴纳法定年限的养老保险费并达到法定退休年龄,国家和社会为其提供一定的生活保障,以保证年老时仍具有稳定的、可靠的生活来源的一种社会保险制度。

2. 职工基本养老保险的适用范围

依据《社会保险法》及相关政策规定,职工基本养老保险的适用范围包括:国有企业、城镇集体企业、外商投资企业、城镇私营企业和其他城镇企业及其职工,实行企业化管理的事业单位及其职工、进城务工的农村居民、被征收农村集体所有的土地的农民、在中国境内就业的外国人、无雇工的个体工商户、未在用人单位参加基本养老保险的非全日制从业人员以及其他灵活就业人员,社会组织专职人员、宗教教职人员。

政策链接

《社会保险费征缴暂行条例》
(国务院令第 259 号)

第三条 基本养老保险费的征缴范围:国有企业、城镇集体企业、外商投资企业、城镇私营企业和其他城镇企业及其职工,实行企业化管理的事业单位及其职工。

省、自治区、直辖市人民政府根据当地实际情况,可以规定将城镇个体工商户纳入基本养老保险、基本医疗保险的范围,并可以规定将社会团体及其专职人员、民办非企业单位及其职工以及有雇工的城镇个体工商户及其雇工纳入失业保险的范围。

《国务院关于完善企业职工基本养老保险制度的决定》
(国发〔2005〕38 号)

三、扩大基本养老保险覆盖范围。城镇各类企业职工、个体工商户和灵活就业人员都要参加企业职工基本养老保险。当前及今后一个时期,要以非公有制企业、城镇个体工商户和灵活就业人员参保工作为重点,扩大基本养老保险覆盖范围。要进一步落实国家有关社会保险补贴政策,帮助就业困难人员参保缴费。城镇个体工商户和灵活就业人员参加基本养老保险的缴费基数为当地上年度在岗职工平均工资,缴费比例为20%,其中8%记入个人账户,退休后按企业职工基本养老金计发办法计发基本养老金。

《劳动和社会保障部 民政部关于社会组织专职工作人员参加养老保险有关问题的通知》

(劳社部发〔2008〕11号)

一、凡依法在各级民政部门登记的社会团体(包括社会团体分支机构和代表机构)、基金会(包括基金会分支机构和代表机构)、民办非企业单位、境外非政府组织驻华代表机构及其签订聘用合同或劳动合同的专职工作人员(不包括兼职人员、劳务派遣人员、返聘的离退休人员和纳入行政事业编制的人员),按属地管理原则,参加当地企业职工基本养老保险。

《关于监狱企业工人参加企业职工基本养老保险有关问题的通知》

(劳社部发〔2005〕25号)

一、从2006年1月1日起,监狱企业及其工人参加当地企业职工基本养老保险,执行当地统一的企业职工基本养老保险政策。

《国家宗教事务局 人力资源和社会保障部 财政部 民政部 卫生部关于妥善解决宗教教职人员社会保障问题的意见》

(国宗发〔2010〕8号)

一、适用范围

按照各宗教团体宗教教职人员认定办法认定并报政府宗教事务部门备案的宗教教职人员。

二、基本原则

(一)属地原则。宗教团体、宗教院校和宗教活动场所所在的地区,要按照属地管理原则,将宗教教职人员纳入当地社会保障覆盖范围。宗教团体、宗教院校和宗教活动场所可作为一个单位参加社会保障。

(二)自愿原则。在尊重宗教教义教规基础上,宗教教职人员自愿参加医疗、养老、失业、工伤、生育等社会保障。先行解决宗教教职人员的城乡低保和基本医疗保障问题,逐步解决养老保障问题。

(三)权利与义务对等原则。宗教教职人员应履行缴费义务,按时足额缴纳社会保险费,按国家有关规定享受社会保险待遇。

《国务院关于机关事业单位工作人员养老保险制度改革的决定》

(国发〔2015〕2号)

一、改革的目标和基本原则。以邓小平理论、"三个代表"重要思想、科学发展观为指导,深入贯彻党的十八大、十八届三中、四中全会精神和党中央、国务院决策部署,坚持全覆盖、保基本、多层次、可持续方针,以增强公平性、适应流动性、保证可持续性为重点,改革现行机关事业单位工作人员退休保障制度,逐步建立独立于机关事业单位之外、资金来源多渠道、保障方式多层次、管理服务社会化的养老保险体系。改革应遵循以下基本原则:

(一)公平与效率相结合。既体现国民收入再分配更加注重公平的要求,又体现工作人员之间贡献大小差别,建立待遇与缴费挂钩机制,多缴多得、长缴多得,提高单位和职工参保缴费的积极性。

(二)权利与义务相对应。机关事业单位工作人员要按照国家规定切实履行缴费义务,享受相应的养老保险待遇,形成责任共担、统筹互济的养老保险筹资和分配机制。

(三)保障水平与经济发展水平相适应。立足社会主义初级阶段基本国情,合理确定基本养老保险筹资和待遇水平,切实保障退休人员基本生活,促进基本养老保险制度可持续发展。

(四)改革前与改革后待遇水平相衔接。立足增量改革,实现平稳过渡。对改革前已退休人员,保持现有待遇并参加今后的待遇调整;对改革后参加工作的人员,通过建立新机制,实现待遇的合理衔接;对改革前参加工作、改革后退休的人员,通过实行过渡性措施,保持待遇水平不降低。

(五)解决突出矛盾与保证可持续发展相促进。统筹规划、合理安排、量力而行,准确把握改革的节奏和力度,先行解决目前城镇职工基本养老保险制度不统一的突出矛盾,再结合养老保险顶层设计,坚持精算平衡,逐步完善相关制度和政策。

二、改革的范围。本决定适用于按照公务员法管理的单位、参照公务员法管理的机关(单位)、事业单位及其编制内的工作人员。

法律链接　　　　　　《中华人民共和国社会保险法》
(主席令第三十五号)

第十条　职工应当参加基本养老保险,由用人单位和职工共同缴纳基本养老保险费。

无雇工的个体工商户、未在用人单位参加基本养老保险的非全日制从业人员以及其他灵活就业人员可以参加基本养老保险,由个人缴纳基本养老保险费。

第九十五条　进城务工的农村居民依照本法规定参加社会保险。

第九十六条　征收农村集体所有的土地,应当足额安排被征地农民的社会保险费,按照国务院规定将被征地农民纳入相应的社会保险制度。

第九十七条　外国人在中国境内就业的,参照本法规定参加社会保险。

3. 基本养老保险基金的组成

我国基本养老保险实行社会统筹与个人账户相结合的制度模式,基本养老保险基金由用人单位和个人缴费以及政府补贴等组成。基本养老金分为统筹养老金和个人账户养老金。

1)统筹账户

基本养老保险统筹养老金的来源主要是两部分,一是用人单位按照国家规定的本单位职工工资总额的比例缴纳基本养老保险费,二是无雇工的个体工商户、未在用人单位参加基本养老保险的非全日制从业人员以及其他灵活就业人员参加基本养老保险的,应当按照国家规定缴纳基本养老保险费,一部分记入基本养老保险统筹账户。

2)个人账户

基本养老保险个人账户养老金的来源也分为两部分,一是职工按照国家规定的本人工资的比例缴纳基本养老保险费记入个人账户,二是无雇工的个体工商户、未在用人单位参加基本养老保险的非全日制从业人员以及其他灵活就业人员参加基本养老保险的,按照国家规定缴纳基本养老保险费,一部分记入基本养老保险个人账户。

政策链接　　　　《实施〈中华人民共和国社会保险法〉若干规定》
(中华人民共和国人力资源和社会保障部令第13号)

第六条　职工基本养老保险个人账户不得提前支取。个人在达到法定的领取基本养老金条件前离境定居的,其个人账户予以保留,达到法定领取条件时,按照国家规定享受相应的养老保险待遇。其中,丧失中华人民共和国国籍的,可以在其离境时或者离境后书面申请终止职工基本养老保险关系。社会保险经办机构收到申请后,应当书面告知其保留个人账户的权利以及终止职工基本养老保险关系的后果,经本人书面确认后,终止其职工基本养老保险关系,并将个人账户储存额一次性支付给本人。

参加职工基本养老保险的个人死亡后,其个人账户中的余额可以全部依法继承。

 **《中华人民共和国社会保险法》**

（主席令第三十五号）

第十一条 基本养老保险实行社会统筹与个人账户相结合。

基本养老保险基金由用人单位和个人缴费以及政府补贴等组成。

第十二条 用人单位应当按照国家规定的本单位职工工资总额的比例缴纳基本养老保险费，记入基本养老保险统筹基金。

职工应当按照国家规定的本人工资的比例缴纳基本养老保险费，记入个人账户。

无雇工的个体工商户、未在用人单位参加基本养老保险的非全日制从业人员以及其他灵活就业人员参加基本养老保险的，应当按照国家规定缴纳基本养老保险费，分别记入基本养老保险统筹基金和个人账户。

第十三条 国有企业、事业单位职工参加基本养老保险前，视同缴费年限期间应当缴纳的基本养老保险费由政府承担。

基本养老保险基金出现支付不足时，政府给予补贴。

第十四条 个人账户不得提前支取，记账利率不得低于银行定期存款利率，免征利息税。个人死亡的，个人账户余额可以继承。

第十五条 基本养老金由统筹养老金和个人账户养老金组成。

基本养老金根据个人累计缴费年限、缴费工资、当地职工平均工资、个人账户金额、城镇人口平均预期寿命等因素确定。

4. 用人单位如何缴纳基本养老保险费

《社会保险法》第十二条第一款规定，用人单位应当按照国家规定的本单位职工工资总额的比例缴纳基本养老保险费，记入基本养老保险统筹基金。

我国最初在进行养老费用社会统筹试点时采用的是全部费用由单位缴纳，在1991年《国务院关于企业职工养老保险制度改革的决定》中首次提出建立单位与个人共缴的制度。到1997年初步确立了企业缴纳基本养老的比例，一般不超过企业工资总额20%，具体比例由省级人民政府确定，确需超过20%的，应报劳动部、财政部审批。

近年来，为降低企业成本，增强企业活力，根据《社会保险法》等有关规定，经国务院同意，在2016年和2018年分别进行了阶段性降低社会保险费率，其主要内容是：

从2016年5月1日起，企业职工基本养老保险单位缴费比例超过20%的省（区、市），将单位缴费比例降至20%；单位缴费比例为20%且2015年底企业职工基本养老保险基金累计结余可支付月数高于9个月的省（区、市），可以阶段性将单位缴费比例降低至19%，降低费率的期限暂按两年执行。

自2018年5月1日起，企业职工基本养老保险单位缴费比例超过19%的省（区、市），以及按照《人力资源社会保障部 财政部关于阶段性降低社会保险费率的通知》（人社部发〔2016〕36号）单位缴费比例降至19%的省（区、市），基金累计结余可支付月数高于9个月的，可阶段性执行19%的单位缴费比例至2019年4月30日。

自2019年5月1日起，降低城镇职工基本养老保险（包括企业和机关事业单位基本养老保险，以下简称养老保险）单位缴费比例。各省、自治区、直辖市及新疆生产建设兵团（以下统称省）养老保险单位缴费比例高于16%的，可降至16%；目前低于16%的，要研究提出过渡办法。各省具体调整或过渡方案于2019年4月15日前报人力资源社会保障部、财政部备案。

政策链接 《国务院关于企业职工养老保险制度改革的决定》

(国发〔1991〕33号)

二、随着经济的发展,逐步建立起基本养老保险与企业补充养老保险和职工个人储蓄性养老保险相结合的制度。改变养老保险完全由国家、企业包下来的办法,实行国家、企业、个人三方共同负担,职工个人也要缴纳一定的费用。

《国务院关于建立统一的企业职工基本养老保险制度的决定》

(国发〔1997〕26号)

三、企业缴纳基本养老保险费(以下简称企业缴费)的比例,一般不得超过企业工资总额的20%(包括划入个人账户的部分),具体比例由省、自治区、直辖市人民政府确定。少数省、自治区、直辖市因离退休人数较多、养老保险负担过重,确需超过企业工资总额20%的,应报劳动部、财政部审批。个人缴纳基本养老保险费(以下简称个人缴费)的比例,1997年不得低于本人缴费工资的4%,1998年起每两年提高1个百分点,最终达到本人缴费工资的8%。有条件的地区和工资增长较快的年份,个人缴费比例提高的速度应适当加快。

《人力资源社会保障部 财政部关于阶段性降低社会保险费率的通知》

(人社部发〔2016〕36号)

为降低企业成本,增强企业活力,根据《中华人民共和国社会保险法》等有关规定,经国务院同意,现就阶段性降低社会保险费率有关事项通知如下:

一、从2016年5月1日起,企业职工基本养老保险单位缴费比例超过20%的省(区、市),将单位缴费比例降至20%;单位缴费比例为20%且2015年底企业职工基本养老保险基金累计结余可支付月数高于9个月的省(区、市),可以阶段性将单位缴费比例降低至19%,降低费率的期限暂按两年执行。具体方案由各省(区、市)确定。

《人力资源社会保障部 财政部关于继续阶段性降低社会保险费率的通知》

(人社部发〔2018〕25号)

为进一步降低企业用工成本,增强企业发展活力,根据《中华人民共和国社会保险法》等有关规定,经国务院同意,现就继续阶段性降低社会保险费率有关事项通知如下:

一、自2018年5月1日起,企业职工基本养老保险单位缴费比例超过19%的省(区、市),以及按照《人力资源社会保障部 财政部关于阶段性降低社会保险费率的通知》(人社部发〔2016〕36号)单位缴费比例降至19%的省(区、市),基金累计结余可支付月数(截至2017年年底,下同)高于9个月的,可阶段性执行19%的单位缴费比例至2019年4月30日。具体方案由各省(区、市)研究确定。

《国务院办公厅关于印发降低社会保险费率综合方案的通知》

(国办发〔2019〕13号)

为贯彻落实党中央、国务院决策部署,降低社会保险(以下简称社保)费率,完善社保制度,稳步推进社保费征收体制改革,制定本方案。

一、降低养老保险单位缴费比例

自2019年5月1日起,降低城镇职工基本养老保险(包括企业和机关事业单位基本养老保险,以下简称养老保险)单位缴费比例。各省、自治区、直辖市及新疆生产建设兵团(以下统称省)养老保险单位缴费比例高于16%的,可降至16%;目前低于16%的,要研究提出过渡办法。各省具体调整或过渡方案于2019年4月15日前报人力资源社会保障部、财政部备案。

5. 养老保险费的缴费基数

《社会保险法》第十二条规定,用人单位应当按照国家规定的本单位职工工资总额的比例缴纳基本养老保险费,记入养老保险统筹基金。由此可见,养老保险费的缴费基数为本单位职工工资总额。《中华人民共和国劳动和社会保障部社会保险事业管理中心关于规范社会保险缴费基数有关问题的通知》(劳社险中心函〔2006〕60号)对缴费基数的核定依据、工资总额的计算口径、计算缴费基数的具体项目、不列入缴费基数的项目、如何统一缴费基数问题做了详细规定。

1) 缴费基数的核定依据

1990年,国家统计局发布了《关于工资总额组成的规定》(国家统计局令第1号),之后相继下发了一系列通知对有关工资总额统计做出了明确规定,每年各省区市统计局在劳动统计报表制度中对劳动报酬指标亦有具体解释。这些文件都应作为核定社会保险缴费基数的依据。凡是国家统计局有关文件没有明确规定不作为工资收入统计的项目,均应作为社会保险缴费基数。

2) 工资总额的计算口径

依据国家统计局有关文件规定,工资总额是指各单位在一定时期内直接支付给本单位全部职工的劳动报酬总额,由计时工资、计件工资、奖金、加班加点工资、特殊情况下支付的工资、津贴和补贴等组成。劳动报酬总额包括:在岗职工工资总额;不在岗职工生活费;聘用、留用的离退休人员的劳动报酬;外籍及港澳台方人员劳动报酬以及聘用其他从业人员的劳动报酬。

国家统计局《关于认真贯彻执行〈关于工资总额组成的规定〉的通知》(统制字〔1990〕1号)中对工资总额的计算做了明确解释:各单位支付给职工的劳动报酬以及其他根据有关规定支付的工资,不论是计入成本的还是不计入成本的,不论是按国家规定列入计征奖金税项目的还是未列入计征奖金税项目的,均应列入工资总额的计算范围。

3) 计算缴费基数的具体项目

根据国家统计局的规定,下列项目作为工资总额统计,在计算缴费基数时作为依据。

(1) 计时工资,包括:

① 对已完成工作按计时工资标准支付的工资即基本工资部分;

② 新参加工作职工的见习工资(学徒的生活费);

③ 根据国家法律、法规和政策规定,因病、工伤、产假、计划生育假、婚丧假、事假、探亲假、定期休假、停工学习、执行国家或社会义务等原因按计时工资标准或时工资标准的一定比例支付的工资;

④ 实行岗位技能工资制的单位支付给职工的技能工资及岗位(职务)工资;

⑤ 职工个人按规定比例缴纳的社会保险费、职工受处分期间的工资、浮动升级的工资等;

⑥ 机关工作人员的职务工资、级别工资、基础工资;工人的岗位工资、技术等级(职务)工资。

(2) 计件工资,包括:

① 实行超额累进计件、直接无限计件、限额计件、超定额计件等工资制,按劳动部门或主管部门批准的定额和计件单价支付给个人的工资;

② 按工作任务包干方法支付给个人的工资;

③ 按营业额提成或利润提成办法支付给个人的工资。

（3）奖金,包括:

① 生产(业务)奖包括超产奖、质量奖、安全(无事故)奖、考核各项经济指标的综合奖、提前竣工奖、外轮速遣奖、年终奖(劳动分红)等;

② 节约奖包括各种动力、燃料、原材料等节约奖;

③ 劳动竞赛奖包括发给劳动模范、先进个人的各种奖金;

④ 机关、事业单位各类人员的年终一次性奖金、机关工人的奖金、体育运动员的平时训练奖;

⑤ 其他奖金包括从兼课酬金和业余医疗卫生服务收入提成中支付的奖金,运输系统的堵漏保收奖,学校教师的教学工作量超额酬金,从各项收入中以提成的名义发给职工的奖金等。

（4）津贴,包括:

① 补偿职工特殊或额外劳动消耗的津贴及岗位性津贴,包括:高空津贴、井下津贴、流动施工津贴、高温作业临时补贴、艰苦气象台(站)津贴、微波站津贴、冷库低温津贴、邮电人员外勤津贴、夜班津贴、中班津贴、班(组)长津贴、环卫人员岗位津贴、广播电视天线工岗位津贴、盐业岗位津贴、废品回收人员岗位津贴、殡葬特殊行业津贴、城市社会福利事业岗位津贴、环境监测津贴、课时津贴、班主任津贴、科研辅助津贴、卫生临床津贴和防检津贴、农业技术推广服务津贴、护林津贴、林业技术推广服务津贴、野生动物保护工作津贴、水利防汛津贴、气象服务津贴、地震预测预防津贴、技术监督工作津贴、口岸鉴定检验津贴、环境污染监控津贴、社会服务津贴、特殊岗位津贴、会计岗位津贴、野外津贴、水上作业津贴、艺术表演档次津贴、演出场次津贴、艺术人员工种补贴、运动队班(队)干部驻队津贴、教练员培训津贴、运动员成绩津贴、运动员突出贡献津贴、责任目标津贴、领导职务津贴、岗位目标管理津贴、专业技术职务津贴、专业技术岗位津贴、技术等级岗位津贴、技术工人岗位津贴、普通工人作业津贴及其他为特殊行业和苦脏累险等特殊岗位设立的津贴。

② 机关工作人员岗位津贴,包括:公安干警值勤津贴、警衔津贴、交通民警保健津贴、海关工作人员岗位津贴、审计人员外勤工作补贴、税务人员的税务征收津贴(包括农业税收)、工商行政管理人员外勤津贴、人民法院干警岗位津贴、人民检察院干警岗位津贴、司法助理员岗位津贴、监察、纪检部门办案人员补贴、人民武装部工作人员津贴、监狱劳教所干警健康补贴等。

③ 保健性津贴,包括:卫生防疫津贴、医疗卫生津贴、科技保健津贴、农业事业单位发放的有毒有害保健津贴以及其他行业职工的特殊保健津贴等。

④ 技术性津贴,包括:特级教师津贴、科研课题津贴、研究生导师津贴、工人技师津贴、中药老药工技术津贴、特殊教育津贴、高级知识分子特殊津贴(政府特殊津贴)等。

⑤ 年功性津贴,包括:工龄工资、工龄津贴、教龄津贴和护士护龄津贴等。

⑥ 地区津贴,包括:艰苦边远地区津贴和地区附加津贴等。

⑦ 其他津贴,例如:支付给个人的伙食津贴(火车司机和乘务员的乘务津贴、航行和空

勤人员伙食津贴、水产捕捞人员伙食津贴补贴、汽车司机行车津贴、体育运动员和教练员伙食补助费、少数民族伙食津贴、小伙食单位补贴、单位按月发放的伙食补贴、补助或提供的工作餐等)、上下班交通补贴、洗理卫生费、书报费、工种粮补贴、过节费、干部行车补贴、私车补贴等。

(5) 补贴，包括：为保证职工工资水平不受物价上涨或变动影响而支付的各种补贴，如副食品价格补贴、粮、油、蔬菜等价格补贴，煤价补贴、水电补贴、住房补贴、房改补贴等。

(6) 加班加点工资。

(7) 其他工资，如附加工资、保留工资以及调整工资补发的上年工资等。

(8) 特殊项目构成的工资：

① 发放给本单位职工的"技术交易奖酬金"。

② 住房补贴或房改补贴。房改一次性补贴款，如补贴发放到个人，可自行支配的计入工资总额内；如补贴为专款专用存入专门的账户，不计入工资总额统计[国家统计局《关于房改补贴统计方法的通知》(统制字〔1992〕80号文)]。

③ 单位发放的住房提租补贴、通信工具补助、住宅电话补助[国家统计局《关于印发1998年年报劳动统计新增指标解释及问题解答的通知》(国统办字〔1998〕120号)]。

④ 单位给职工个人实报实销的职工个人家庭使用的固定电话话费、职工个人使用的手机费(不含因工作原因产生的通讯费，如不能明确区分公用、私用均计入工资总额)、职工个人购买的服装费(不包括工作服)等各种费用[国家统计局《关于印发2002年劳动统计年报新增指标解释及问题解答的通知》(国统办字〔2002〕20号)]。

⑤ 为不休假的职工发放的现金或补贴[国家统计局《关于印发2002年劳动统计年报新增指标解释及问题解答的通知》(国统办字〔2002〕20号)]。

⑥ 以下属单位的名义给本单位职工发放的现金或实物(无论是否计入本单位财务账目)[国家统计局《关于印发2002年劳动统计年报新增指标解释及问题解答的通知》(国统办字〔2002〕20号)]。

⑦ 单位为职工缴纳的各种商业性保险[国家统计局《关于印发2002年劳动统计年报新增指标解释及问题解答的通知》(国统办字〔2002〕20号)]。

⑧ 试行企业经营者年薪制的经营者，其工资正常发放部分和年终结算后补发的部分[国家统计局《关于印发2002年劳动统计年报新增指标解释及问题解答的通知》(国统办字〔2002〕20号)]。

⑨ 商业部门实行的柜组承包，交通运输部门实行的车队承包、司机个人承包等，这部分人员一般只需定期上交一定的所得，其余部分归己。对这些人员的缴费基数原则上采取全部收入扣除各项(一定)费用支出后计算[国家统计局《关于印发劳动统计问题解答的通知》(制司字〔1992〕39号)]。

⑩ 使用劳务输出机构提供的劳务工，其人数和工资按照"谁发工资谁统计"的原则，如果劳务工的使用方不直接支付劳务工的工资，而是向劳务输出方支付劳务费，再由劳务输出方向劳务工支付工资，应由劳务输出方统计工资和人数；如果劳务工的使用方直接向劳务工支付工资，则应由劳务使用方统计工资和人数。输出和使用劳务工单位的缴费基数以谁发工资谁计算缴费基数的原则执行[国家统计局《关于印发2004年劳动统计年报新增指标解释及问题解答的通知》(国统办字〔2004〕48号)]。

⑪ 企业销售人员、商业保险推销人员等实行特殊分配形式参保人员的缴费基数原则上由各地依据国家统计局有关规定根据实际情况确定。

4）不列入缴费基数的项目

根据国家统计局的规定，下列项目不计入工资总额，在计算缴费基数时应予剔除：

（1）根据国务院发布的有关规定发放的创造发明奖、国家星火奖、自然科学奖、科学技术进步奖和支付的合理化建议和技术改进奖以及支付给运动员在重大体育比赛中的重奖，债券利息以及职工个人技术投入后的税前收益分配。

（2）有关劳动保险和职工福利方面的费用。职工保险福利费用包括医疗卫生费、职工死亡丧葬费及抚恤费、职工生活困难补助、文体宣传费、集体福利事业设施费和集体福利事业补贴、探亲路费、计划生育补贴、冬季取暖补贴、防暑降温费、婴幼儿补贴（即托儿补助）、独生子女牛奶补贴、独生子女费、"六一"儿童节给职工的独生子女补贴、工作服洗补费、献血员营养补助及其他保险福利费。

（3）劳动保护的各种支出，包括：工作服、手套等劳动保护用品，解毒剂、清凉饮料，以及按照国务院 1963 年 7 月 19 日劳动部等七单位规定的范围对接触有毒物质、砂尘作业、放射线作业和潜水、沉箱作业，高温作业等五类工种所享受的由劳动保护费开支的保健食品待遇。

（4）有关离休、退休、退职人员待遇的各项支出。

（5）支付给外单位人员的稿费、讲课费及其他专门工作报酬。

（6）出差补助、误餐补助，指职工出差应购卧铺票实际改乘座席的减价提成归己部分；因实行住宿费包干，实际支出费用低于标准的差价归己部分。

（7）对自带工具、牲畜来企业工作的从业人员所支付的工具、牲畜等的补偿费用。

（8）实行租赁经营单位的承租人的风险性补偿收入。

（9）职工集资入股或购买企业债券后发给职工的股息分红。

（10）劳动合同制职工解除劳动合同时由企业支付的医疗补助费、生活补助费以及一次性支付给职工的经济补偿金。

（11）劳务派遣单位收取用工单位支付的人员工资以外的手续费和管理费。

（12）支付给家庭工人的加工费和按加工订货办法支付给承包单位的发包费用。

（13）支付给参加企业劳动的在校学生的补贴。

（14）调动工作的旅费和安家费中净结余的现金。

（15）由单位缴纳的各项社会保险、住房公积金。

（16）支付给从保安公司招用的人员的补贴。

（17）按照国家政策为职工建立的企业年金和补充医疗保险，其中单位按政策规定比例缴纳部分。

5）如何统一缴费基数问题

参保单位缴纳基本养老保险费的基数可以为职工工资总额，也可以为本单位职工个人缴费工资基数之和，但在全省区市范围内应统一为一种核定办法。

单位职工本人缴纳基本养老保险费的基数原则上以上一年度本人月平均工资为基础，在当地职工平均工资的 60%～300% 的范围内进行核定。特殊情况下个人缴费基数的确定，按原劳动部办公厅《关于印发〈职工基本养老保险个人账户管理暂行办法〉的通知》（劳办发〔1997〕116号)的有关规定核定。以个人身份参保缴费基数的核定,根据各地贯彻《国务院关于完善职工基本养老保险制度的决定》(国发〔2005〕38号)的有关规定核定。

《国务院办公厅关于印发降低社会保险费率综合方案的通知》(国办发〔2019〕13号)第三条规定,调整社保缴费基数政策。调整就业人员平均工资计算口径。各省应以本省城镇非私营单位就业人员平均工资和城镇私营单位就业人员平均工资加权计算的全口径城镇单位就业人员平均工资,核定社保个人缴费基数上下限,合理降低部分参保人员和企业的社保缴费基数。调整就业人员平均工资计算口径后,各省要制定基本养老金计发办法的过渡措施,确保退休人员待遇水平平稳衔接。

6. 职工如何缴纳基本养老保险费

《社会保险法》第十二条规定,职工应当按照国家规定的本人工资的比例缴纳基本养老保险费,记入个人账户。无雇工的个体工商户、未在用人单位参加基本养老保险的非全日制从业人员以及其他灵活就业人员参加基本养老保险的,应当按照国家规定缴纳基本养老保险费,分别记入基本养老保险统筹基金和个人账户。

《国务院关于建立统一的企业职工基本养老保险制度的决定》(国发〔1997〕26号)规定,个人缴纳基本养老保险费(以下简称个人缴费)的比例,1997年不得低于本人缴费工资的4%,1998年起每两年提高1个百分点,最终达到本人缴费工资的8%。有条件的地区和工资增长较快的年份,个人缴费比例提高的速度应适当加快。

《国务院关于完善企业职工基本养老保险制度的决定》(国发〔2005〕38号)规定,从2006年1月1日起,个人账户的规模统一由本人缴费工资的11%调整为8%,全部由个人缴费形成,单位缴费不再划入个人账户。同时,进一步完善鼓励职工参保缴费的激励约束机制,相应调整基本养老金计发办法。

7. 灵活就业人员如何缴纳基本养老保险费

《社会保险法》第十条第二款规定,无雇工的个体工商户、未在用人单位参加基本养老保险的非全日制从业人员以及其他灵活就业人员可以参加基本养老保险,由个人缴纳基本养老保险费。

《国务院关于完善企业职工基本养老保险制度的决定》(国发〔2005〕38号)规定,城镇个体工商户和灵活就业人员参加基本养老保险的缴费基数为当地上年度在岗职工平均工资,缴费比例为20%,其中8%记入个人账户,退休后按企业职工基本养老金计发办法计发基本养老金。

《中华人民共和国劳动和社会保障部社会保险事业管理中心关于规范社会保险缴费基数有关问题的通知》(劳社险中心函〔2006〕60号)中关于统一缴费基数问题做如下规定:

参保单位缴纳基本养老保险费的基数可以为职工工资总额,也可以为本单位职工个人缴费工资基数之和,但在全省区市范围内应统一为一种核定办法。

单位职工本人缴纳基本养老保险费的基数原则上以上一年度本人月平均工资为基础,在当地职工平均工资的60%~300%的范围内进行核定。特殊情况下个人缴费基数的确定,按原劳动部办公厅《关于印发〈职工基本养老保险个人账户管理暂行办法〉的通知》(劳办发〔1997〕116号)的有关规定核定。以个人身份参保缴费基数的核定,根据各地贯彻《国务院关于完善职工基本养老保险制度的决定》(国发〔2005〕38号)的有关规定核定。

《国务院办公厅关于印发降低社会保险费率综合方案的通知》(国办发〔2019〕13号)第三条规定,完善个体工商户和灵活就业人员缴费基数政策。个体工商户和灵活就业人员参加企业职工基本养老保险,可以在本省全口径城镇单位就业人员平均工资的60%～300%之间选择适当的缴费基数。

8. 职工养老保险视同缴费年限是如何规定的

职工养老保险视同缴费年限是指在实行养老保险制度以前,职工的连续工龄期间视为已缴纳养老保险费。

政策链接 《国务院关于深化企业职工养老保险制度改革的通知》

(国发〔1995〕6号)

为确保职工离退休后的基本生活,又能体现本人在职期间的贡献大小和个人缴费多少,实行基本养老保险金与个人缴费的年限和数额挂钩。

基本养老保险费由企业和职工个人共同缴纳。企业和职工个人共同缴纳养老保险费的年限,称为"缴费年限"。实行个人缴费制度前,职工的连续工龄可视同缴费年限。

《关于国家经贸委管理的10个国家局所属科研机构管理体制改革的实施意见》

(国科发政字〔1999〕143号)

转制后的在职人员实行企业职工基本养老保险制度。从1999年7月1日起,单位和个人按当地人民政府规定的比例缴纳基本养老保险费,建立基本养老保险个人账户。1999年7月1日前的连续工龄视同缴费年限,不再补缴养老保险费。

9. 视同缴费年限期间应缴纳的养老保险费谁来承担

《社会保险法》第十三条规定,国有企业、事业单位职工参加基本养老保险前,视同缴费年限期间应当缴纳的基本养老保险费由政府承担。

基本养老保险基金出现支付不足时,政府给予补贴。

10. 职工基本养老保险个人账户如何计息

《社会保险法》第十四条规定,个人账户不得提前支取,记账利率不得低于银行定期存款利率,免征利息税。

政策链接 《国务院关于建立统一的企业职工基本养老保险制度的决定》

(国发〔1997〕26号)

个人账户储存额,每年参考银行同期存款利率计算利息。个人账户储存额只用于职工养老,不得提前支取。职工调动时,个人账户全部随同转移。职工或退休人员死亡,个人账户中的个人缴费部分可以继承。

《国务院关于完善企业职工基本养老保险制度的决定》

(国发〔2005〕38号)

做实个人账户,积累基本养老保险基金,是应对人口老龄化的重要举措,也是实现企业职工基本养老保险制度可持续发展的重要保证。要继续抓好东北三省做实个人账户试点工作,抓紧研究制订其他地区扩大做实个人账户试点的具体方案,报国务院批准后实施。国家制订个人账户基金管理和投资运营办法,实现保值增值。

《财政部 国家税务总局关于住房公积金 医疗保险金 基本养老保险金 失业保险基金个人账户存款利息所得免征个人所得税的通知》

(财税字〔1999〕267号)

根据国务院《对储蓄存款利息所得征收个人所得税的实施办法》第五条"对个人取得的教育储蓄存款利息所得以及国务院财政部门确定的其他专项储蓄存款或者储蓄性专项基金存款的利息所得，免征个人所得税"的规定，为了保证和支持社会保障制度和住房制度改革的顺利实施，现明确按照国家或省级地方政府规定的比例缴付的下列专项基金或资金存入银行个人账户所取得的利息收入免征个人所得税：

一、住房公积金；

二、医疗保险金；

三、基本养老保险金；

四、失业保险基金。

11. 退休人员的养老金如何计发

《社会保险法》第十五条规定，基本养老金由统筹养老金和个人账户养老金组成。基本养老金根据个人累计缴费年限、缴费工资、当地职工平均工资、个人账户金额、城镇人口平均预期寿命等因素确定。

《实施〈中华人民共和国社会保险法〉若干规定》（中华人民共和国人力资源和社会保障部令第13号）对《社会保险法》第十五条规定的统筹养老金的计发办法做了规定，社会保险法第十五条规定的统筹养老金，按照国务院规定的基础养老金计发办法计发。

政策链接 《国务院关于完善企业职工基本养老保险制度的决定》

(国发〔2005〕38号)

六、改革基本养老金计发办法。为与做实个人账户相衔接，从2006年1月1日起，个人账户的规模统一由本人缴费工资的11%调整为8%，全部由个人缴费形成，单位缴费不再划入个人账户。同时，进一步完善鼓励职工参保缴费的激励约束机制，相应调整基本养老金计发办法。

《国务院关于建立统一的企业职工基本养老保险制度的决定》（国发〔1997〕26号）实施后参加工作、缴费年限（含视同缴费年限，下同）累计满15年的人员，退休后按月发给基本养老金。基本养老金由基础养老金和个人账户养老金组成。退休时的基础养老金月标准以当地上年度在岗职工月平均工资和本人指数化月平均缴费工资的平均值为基数，缴费每满1年发给1%。个人账户养老金月标准为个人账户储存额除以计发月数，计发月数根据职工退休时城镇人口平均预期寿命、本人退休年龄、利息等因素确定。

国发〔1997〕26号文件实施前参加工作，本决定实施后退休且缴费年限累计满15年的人员，在发给基础养老金和个人账户养老金的基础上，再发给过渡性养老金。各省、自治区、直辖市人民政府要按照待遇水平合理衔接、新老政策平稳过渡的原则，在认真测算的基础上，制订具体的过渡办法，并报劳动保障部、财政部备案。

本决定实施后到达退休年龄但缴费年限累计不满15年的人员，不发给基础养老金；个人账户储存额一次性支付给本人，终止基本养老保险关系。

本决定实施前已经离退休的人员，仍按国家原来的规定发给基本养老金，同时执行基本养老金调整办法。

12. 职工基本养老保险个人账户余额是否可以继承

《社会保险法》第十四条规定,个人死亡的,个人账户余额可以继承。

政策链接 《国务院关于建立统一的企业职工基本养老保险制度的决定》

(国发〔1997〕26号)

个人账户储存额,每年参考银行同期存款利率计算利息。个人账户储存额只用于职工养老,不得提前支取。职工调动时,个人账户全部随同转移。职工或退休人员死亡,个人账户中的个人缴费部分可以继承。

《职工基本养老保险个人账户管理暂行办法》

(劳办发〔1997〕116号)

五、个人账户的继承

27. 职工在职期间死亡时,其继承额为其死亡时个人账户全部储存额中的个人缴费部分本息。

28. 离退休人员死亡时,继承额按如下公式计算:

继承额＝离退休人员死亡时个人账户余额×离退休时个人账户中个人缴费本息占个人账户全部储存额的比例

29. 继承额一次性支付给亡者生前指定的受益人或法定继承人。个人账户的其余部分,并入社会统筹基金。个人账户处理完后,应停止缴费或支付记录,予以封存。

13. 领取基本养老金必须符合的条件

《社会保险法》第十六条第一款规定,参加基本养老保险的个人,达到法定退休年龄时累计缴费满15年的,按月领取基本养老金。按照这一规定可知,领取基本养老金要具体以下两个条件。

1）法定退休年龄

《国务院关于工人退休、退职的暂行办法》(国发〔1978〕104号)对法定退休年龄做如下规定:

全民所有制企业、事业单位和党政机关、群众团体的工人,符合下列条件之一的,应该退休:

(1) 男年满60周岁,女年满50周岁,连续工龄满10年的。

(2) 从事井下、高空、高温、特别繁重体力劳动或者其他有害身体健康的工作,男年满55周岁、女年满45周岁,连续工龄满10年的。

本项规定也适用于工作条件与工人相同的基层干部。

(3) 男年满50周岁,女年满45周岁,连续工龄满10年,同医院证明,并经劳动鉴定委员会确认,完全丧失劳动能力的。

(4) 因工致残,由医院证明,并经劳动鉴定委员会确认,完全丧失劳动能力的。

2）累计缴费满15年

《国务院关于建立统一的企业职工基本养老保险制度的决定》(国发〔1997〕26号)规定,国发〔1997〕26号文件实施后参加工作的职工,个人缴费年限累计满15年的,退休后按月发给基本养老金。

14. 缴费不足15年的个人如何享受养老保险待遇

在最初提出建立统一的企业职工养老保险制度时规定,缴费不足15年的个人退休后不享受基础养老金待遇,其个人账户的存储额一次性支付给职工本人。直到《社会保险法》的出台,确定了缴费不足10年的,可以延长缴费至满15年,也可以申请转入新型农村社会养老保险或者城镇居民社会养老保险,也可以终止职工基本养老保险关系,一次性提取个人账户储存额度。

法律链接 《中华人民共和国社会保险法》

(主席令第三十五号)

第十六条第二款,参加基本养老保险的个人,达到法定退休年龄时累计缴费不足15年的,可以缴费至满15年,按月领取基本养老金;也可以转入新型农村社会养老保险或者城镇居民社会养老保险,按照国务院规定享受相应的养老保险待遇。

政策链接 《实施〈中华人民共和国社会保险法〉若干规定》

(中华人民共和国人力资源和社会保障部令第13号)

第二条 参加职工基本养老保险的个人达到法定退休年龄时,累计缴费不足15年的,可以延长缴费至满15年。社会保险法实施前参保、延长缴费5年后仍不足15年的,可以一次性缴费至满15年。

第三条 参加职工基本养老保险的个人达到法定退休年龄后,累计缴费不足15年(含依照第二条规定延长缴费)的,可以申请转入户籍所在地新型农村社会养老保险或者城镇居民社会养老保险,享受相应的养老保险待遇。

参加职工基本养老保险的个人达到法定退休年龄后,累计缴费不足15年(含依照第二条规定延长缴费),且未转入新型农村社会养老保险或者城镇居民社会养老保险的,个人可以书面申请终止职工基本养老保险关系。社会保险经办机构收到申请后,应当书面告知其转入新型农村社会养老保险或者城镇居民社会养老保险的权利以及终止职工基本养老保险关系的后果,经本人书面确认后,终止其职工基本养老保险关系,并将个人账户储存额一次性支付给本人。

第四条 参加职工基本养老保险的个人跨省流动就业,达到法定退休年龄时累计缴费不足15年的,按照《国务院办公厅关于转发人力资源社会保障部 财政部城镇企业职工基本养老保险关系转移接续暂行办法的通知》(国办发〔2009〕66号)有关待遇领取地的规定确定继续缴费地后,按照本规定第二条办理。

《国务院关于建立统一的企业职工基本养老保险制度的决定》

(国发〔1997〕26号)

五、本决定实施后参加工作的职工,个人缴费年限累计满15年的,退休后按月发给基本养老金。基本养老金由基础养老金和个人账户养老金组成。退休时的基础养老金月标准为省、自治区、直辖市或地(市)上年度职工月平均工资的20%,个人账户养老金月标准为本人账户储存额除以120。个人缴费年限累计不满15年的,退休后不享受基础养老金待遇,其个人账户储存额一次支付给本人。

本决定实施前已经离退休的人员,仍按国家原来的规定发给养老金,同时执行养老金调整办法。各地区和有关部门要按照国家规定进一步完善基本养老金正常调整机制,认真抓好落实。

本决定实施前参加工作、实施后退休且个人缴费和视同缴费年限累计满15年的人员,按照新老办法平稳衔接、待遇水平基本平衡等原则,在发给基础养老金和个人账户养老金的基础上再确定过渡性养老金,过渡性养老金从养老保险基金中解决。具体办法,由劳动部会同有关部门制订并指导实施。

15. 参加基本养老保险的个人,因病或非因工死亡的,遗属待遇如何计发

《社会保险法》第十七条规定,参加基本养老保险的个人,因病或者非因工死亡的,其遗属可以领取丧葬补助金和抚恤金。所需资金从基本养老保险基金中支付。

法律链接 　　　　　　　　《中华人民共和国劳动法》
（主席令第二十四号）

第七十三条　劳动者在下列情形下,依法享受社会保险待遇:
（一）退休;
（二）患病、负伤;
（三）因工伤残或者患职业病;
（四）失业;
（五）生育。
劳动者死亡后,其遗属依法享受遗属津贴。
劳动者享受社会保险待遇的条件和标准由法律、法规规定。
劳动者享受的社会保险金必须按时足额支付。

16. 病残津贴是如何领取和支付的

《社会保险法》第十七条规定,参加基本养老保险的个人,因病或者非因工死亡的,其遗属可以领取丧葬补助金和抚恤金;在未达到法定退休年龄时因病或者非因工致残完全丧失劳动能力的,可以领取病残津贴。所需资金从基本养老保险基金中支付。

17. 职工基本养老金水平如何调整

《社会保险法》第十八条规定,国家建立基本养老金正常调整机制。根据职工平均工资增长、物价上涨情况,适时提高基本养老保险待遇水平。

政策链接 　　《国务院关于完善企业职工基本养老保险制度的决定》
（国发〔2005〕38号）

七、建立基本养老金正常调整机制。根据职工工资和物价变动等情况,国务院适时调整企业退休人员基本养老金水平,调整幅度为省、自治区、直辖市当地企业在岗职工平均工资年增长率的一定比例。各地根据本地实际情况提出具体调整方案,报劳动保障部、财政部审批后实施。

《国务院关于机关事业单位工作人员养老保险制度改革的决定》
（国发〔2015〕2号）

五、建立基本养老金正常调整机制。根据职工工资增长和物价变动等情况,统筹安排机关事业单位和企业退休人员的基本养老金调整,逐步建立兼顾各类人员的养老保险待遇正常调整机制,分享经济社会发展成果,保障退休人员基本生活。

18. 跨地区就业的个人如何领取养老金

《社会保险法》第十九条规定,个人跨统筹地区就业的,其基本养老保险关系随本人转移,缴费年限累计计算。个人达到法定退休年龄时,基本养老金分段计算、统一支付。具体办法由国务院规定。

政策链接 　　　《实施〈中华人民共和国社会保险法〉若干规定》
（中华人民共和国人力资源和社会保障部令第13号）

第五条　参加职工基本养老保险的个人跨省流动就业,符合按月领取基本养老金条件时,基本养老金分段计算、统一支付的具体办法,按照《国务院办公厅关于转发人力资源社会保障部　财政部城镇企业职工基本养老保险关系转移接续暂行办法的通知》(国办发〔2009〕66号)执行。

19. 跨统筹地区流动就业人员的基本养老关系如何转移接续

为切实保障参加城镇企业职工基本养老保险人员(以下简称参保人员)的合法权益,促进人力资源合理配置和有序流动,保证参保人员跨省、自治区、直辖市流动并在城镇就业时基本养老保险关系的顺畅转移接续,《国务院办公厅关于转发人力资源社会保障部 财政部城镇企业职工基本养老保险关系转移接续暂行办法的通知》(国办发〔2009〕66号)对跨统筹地区流动就业人员的基本养老关系转移接续问题做了具体规定,从2010年1月1日起施行。

1) 参保人员跨省流动养老保险转移的基本规定

(1) 参保人员跨省流动就业的,由原参保所在地社会保险经办机构开具参保缴费凭证,其基本养老保险关系应随同转移到新参保地。

(2) 参保人员达到基本养老保险待遇领取条件的,其在各地的参保缴费年限合并计算,个人账户储存额(含本息)累计计算。

(3) 未达到待遇领取年龄前,不得终止基本养老保险关系并办理退保手续;其中出国定居和到香港、澳门、台湾地区定居的,按国家有关规定执行。

2) 参保人员跨省流动就业,其基本养老保险关系转移接续的相关规定

参保人员跨省流动就业,分三种情况,其基本养老保险关系转移接续分别按下列规定办理:

(1) 参保人员返回户籍所在地(指省、自治区、直辖市,下同)就业参保的,户籍所在地的相关社保经办机构应为其及时办理转移接续手续。

(2) 参保人员未返回户籍所在地就业参保的,由新参保地的社保经办机构为其及时办理转移接续手续。但对男性年满50周岁和女性年满40周岁的,应在原参保地继续保留基本养老保险关系,同时在新参保地建立临时基本养老保险缴费账户,记录单位和个人全部缴费。

(3) 参保人员经县级以上党委组织部门、人力资源社会保障行政部门批准调动,且与调入单位建立劳动关系并缴纳基本养老保险费的,不受以上年龄规定限制,应在调入地及时办理基本养老保险关系转移接续手续。

3) 参保人员跨省流动就业,其基本养老保险关系转移接续的程序规定

参保人员跨省流动就业的,按下列程序办理基本养老保险关系转移接续手续:

(1) 参保人员在新就业地按规定建立基本养老保险关系和缴费后,由用人单位或参保人员向新参保地社保经办机构提出基本养老保险关系转移接续的书面申请。

(2) 新参保地社保经办机构在15个工作日内,审核转移接续申请,对符合《城镇企业职工基本养老保险关系转移接续暂行办法》规定条件的,向参保人员原基本养老保险关系所在地的社保经办机构发出同意接收函,并提供相关信息;对不符合转移接续条件的,向申请单位或参保人员作出书面说明。

(3) 原基本养老保险关系所在地社保经办机构在接到同意接收函的15个工作日内,办理好转移接续的各项手续。

(4) 新参保地社保经办机构在收到参保人员原基本养老保险关系所在地社保经办机构转移的基本养老保险关系和资金后,应在15个工作日内办结有关手续,并将确认情况及时通知用人单位或参保人员。

4）参保人员跨省流动就业的技术保障方面的规定

建立全国县级以上社保经办机构联系方式信息库，并向社会公布，方便参保人员查询参保缴费情况，办理基本养老保险关系转移接续手续。加快建立全国统一的基本养老保险参保缴费信息查询服务系统，发行全国通用的社会保障卡，为参保人员查询参保缴费信息提供便捷有效的技术服务。

20. 跨统筹地区转移接续基本养老保险关系的，保险基金如何转移

《国务院办公厅关于转发人力资源社会保障部　财政部城镇企业职工基本养老保险关系转移接续暂行办法的通知》（国办发〔2009〕66号）规定，参保人员跨省流动就业转移基本养老保险关系时，按下列方法计算转移资金：

（1）个人账户储存额：1998年1月1日之前按个人缴费累计本息计算转移，1998年1月1日后按计入个人账户的全部储存额计算转移。

（2）统筹基金（单位缴费）：以本人1998年1月1日后各年度实际缴费工资为基数，按12％的总和转移，参保缴费不足1年的，按实际缴费月数计算转移。

21. 建立临时基本养老保险缴费账户人员如何转移养老保险关系和保险基金

《国务院办公厅关于转发人力资源社会保障部　财政部城镇企业职工基本养老保险关系转移接续暂行办法的通知》（国办发〔2009〕66号）规定，参保人员未返回户籍所在地就业参保的，由新参保地的社保经办机构为其及时办理转移接续手续。但对男性年满50周岁和女性年满40周岁的，应在原参保地继续保留基本养老保险关系，同时在新参保地建立临时基本养老保险缴费账户，记录单位和个人全部缴费。参保人员再次跨省流动就业或在新参保地达到待遇领取条件时，将临时基本养老保险缴费账户中的全部缴费本息，转移归集到原参保地或待遇领取地。

22. 如何确定跨地区就业人员的基本养老保险待遇领取地

《国务院办公厅关于转发人力资源社会保障部　财政部城镇企业职工基本养老保险关系转移接续暂行办法的通知》（国办发〔2009〕66号）第六条规定，跨省流动就业的参保人员达到待遇领取条件时，按下列规定确定其待遇领取地：

（1）基本养老保险关系在户籍所在地的，由户籍所在地负责办理待遇领取手续，享受基本养老保险待遇。

（2）基本养老保险关系不在户籍所在地，而在其基本养老保险关系所在地累计缴费年限满10年的，在该地办理待遇领取手续，享受当地基本养老保险待遇。

（3）基本养老保险关系不在户籍所在地，且在其基本养老保险关系所在地累计缴费年限不满10年的，将其基本养老保险关系转回上一个缴费年限满10年的原参保地办理待遇领取手续，享受基本养老保险待遇。

（4）基本养老保险关系不在户籍所在地，且在每个参保地的累计缴费年限均不满10年的，将其基本养老保险关系及相应资金归集到户籍所在地，由户籍所在地按规定办理待遇领取手续，享受基本养老保险待遇。

第七条规定，参保人员转移接续基本养老保险关系后，符合待遇领取条件的，按照《国务院关于完善企业职工基本养老保险制度的决定》（国发〔2005〕38号）的规定，以本人各年度缴费工资、缴费年限和待遇领取地对应的各年度在岗职工平均工资计算其基本养老金。

23. 农民工中断就业或返乡没有继续缴费的养老保险关系如何处理

《国务院办公厅关于转发人力资源社会保障部 财政部城镇企业职工基本养老保险关系转移接续暂行办法的通知》(国办发〔2009〕66号)第九条规定,农民工中断就业或返乡没有继续缴费的,由原参保地社保经办机构保留其基本养老保险关系,保存其全部参保缴费记录及个人账户,个人账户储存额继续按规定计息。农民工返回城镇就业并继续参保缴费的,无论其回到原参保地就业还是到其他城镇就业,均按前述规定累计计算其缴费年限,合并计算其个人账户储存额,符合待遇领取条件的,与城镇职工同样享受基本养老保险待遇;农民工不再返回城镇就业的,其在城镇参保缴费记录及个人账户全部有效,并根据农民工的实际情况,或在其达到规定领取条件时享受城镇职工基本养老保险待遇,或转入新型农村社会养老保险。

农民工在城镇参加企业职工基本养老保险与在农村参加新型农村社会养老保险的衔接政策,另行研究制定。

24. 跨省流动就业人员的养老保险关系转移接续时视同缴费年限计算地如何确定

为了进一步做好城镇企业职工养老保险关系转移接续工作,较好地保障了参保人员的养老保险权益,在国务院办公厅转发的人力资源社会保障部、财政部《城镇企业职工基本养老保险关系转移接续暂行办法》(国办发〔2009〕66号)实施过程中出现了一些新情况和新问题,导致部分参保人员养老保险关系转移接续存在困难,2016年11月28日《人力资源社会保障部关于城镇企业职工基本养老保险关系转移接续若干问题的通知》(人社部规〔2016〕5号)对视同缴费年限计算的问题进行了规定。

参保人员待遇领取地按照国办发〔2009〕66号第六条和第十二条执行,即基本养老保险关系在户籍所在地的,由户籍所在地负责办理待遇领取手续;基本养老保险关系不在户籍所在地,而在其基本养老保险关系所在地累计缴费年限满10年的,在该地办理待遇领取手续;基本养老保险关系不在户籍所在地,且在其基本养老保险关系所在地累计缴费年限不满10年的,将其基本养老保险关系转回上一个缴费年限满10年的原参保地办理待遇领取手续;基本养老保险关系不在户籍所在地,且在每个参保地的累计缴费年限均不满10年的,将其基本养老保险关系及相应资金归集到户籍所在地,由户籍所在地按规定办理待遇领取手续。缴费年限,除另有特殊规定外,均包括视同缴费年限。

一地(以省、自治区、直辖市为单位)的累计缴费年限包括在本地的实际缴费年限和计算在本地的视同缴费年限。其中,曾经在机关事业单位和企业工作的视同缴费年限,计算为当时工作地的视同缴费年限;在多地有视同缴费年限的,分别计算为各地的视同缴费年限。

25. 跨省流动就业人员的养老保险关系转移接续时缴费信息历史遗留问题如何确定

《人力资源社会保障部关于城镇企业职工基本养老保险关系转移接续若干问题的通知》(人社部规〔2016〕5号)对缴费信息历史遗留问题的处理进行了具体规定,由于各地政策或建立个人账户时间不一致等客观原因,参保人员在跨省转移接续养老保险关系时,转出地无法按月提供1998年1月1日之前缴费信息或者提供的1998年1月1日之前缴费信息无法在转入地计发待遇的,转入地应根据转出地提供的缴费时间记录,结合档案记载将相应年度计为视同缴费年限。

26. 跨省流动就业人员的养老保险关系转移接续时临时基本养老保险缴费账户如何管理

《人力资源社会保障部关于城镇企业职工基本养老保险关系转移接续若干问题的通知》

（人社部规〔2016〕5号）规定,参保人员在建立临时基本养老保险缴费账户地按照社会保险法规定,缴纳建立临时基本养老保险缴费账户前应缴未缴的养老保险费的,其临时基本养老保险缴费账户性质不予改变,转移接续养老保险关系时按照临时基本养老保险缴费账户的规定全额转移。

参保人员在建立临时基本养老保险缴费账户期间再次跨省流动就业的,封存原临时基本养老保险缴费账户,待达到待遇领取条件时,由待遇领取地社会保险经办机构统一归集原临时养老保险关系。

27. 跨省流动就业人员的养老保险关系转移接续时一次性缴纳养老保险费如何转移

《人力资源社会保障部关于城镇企业职工基本养老保险关系转移接续若干问题的通知》（人社部规〔2016〕5号）对一次性缴纳养老保险费的转移进行了规定,跨省流动就业人员转移接续养老保险关系时,对于符合国家规定一次性缴纳养老保险费超过3年(含)的,转出地应向转入地提供人民法院、审计部门、实施劳动保障监察的行政部门或劳动争议仲裁委员会出具的具有法律效力证明一次性缴费期间存在劳动关系的相应文书。

28. 跨省流动就业人员的养老保险关系转移接续时重复领取基本养老金如何处理

《人力资源社会保障部关于城镇企业职工基本养老保险关系转移接续若干问题的通知》（人社部规〔2016〕5号）规定,《城镇企业职工基本养老保险关系转移接续暂行办法》（国办发〔2009〕66号）实施之后重复领取基本养老金的参保人员,由本人与社会保险经办机构协商确定保留其中一个养老保险关系并继续领取待遇,其他的养老保险关系应予以清理,个人账户剩余部分一次性退还本人。

29. 退役军人的养老保险关系转移接续如何处理

《人力资源社会保障部关于城镇企业职工基本养老保险关系转移接续若干问题的通知》（人社部规〔2016〕5号）对退役军人养老保险关系转移接续问题进行了规定,军人退役基本养老保险关系转移至安置地后,安置地应为其办理登记手续并接续养老保险关系,退役养老保险补助年限计算为安置地的实际参保缴费年限。

退役军人跨省流动就业的,其在1998年1月1日至2005年12月31日间的退役养老保险补助,转出地应按11%计算转移资金,并相应调整个人账户记录,所需资金从统筹基金中列支。

30. 城镇企业成建制跨省转移养老保险关系如何处理

《人力资源社会保障部关于城镇企业职工基本养老保险关系转移接续若干问题的通知》（人社部规〔2016〕5号）关于城镇企业成建制跨省转移养老保险关系的处理做如下规定,城镇企业成建制跨省转移,按照《城镇企业职工基本养老保险关系转移接续暂行办法》（国办发〔2009〕66号）的规定转移接续养老保险关系。在省级政府主导下的规模以上企业成建制转移,可根据两省协商,妥善转移接续养老保险关系。

31. 跨省流动就业人员未在户籍地参保但在户籍地领取待遇养老保险关系如何转移接续

《人力资源社会保障部关于城镇企业职工基本养老保险关系转移接续若干问题的通知》（人社部规〔2016〕5号）规定了关于户籍所在地社会保险经办机构归集责任,跨省流动就业人员未在户籍地参保,但按国家规定达到待遇领取条件时待遇领取地为户籍地的,户籍地社会保险经办机构应为参保人员办理登记手续并办理养老保险关系转移接续手续,将各地的养老保险关系归集至户籍地,并核发相应的养老保险待遇。

32. 职工在机关事业单位和企业单位之间流动养老保险关系如何处理

为促进职工在机关事业单位与企业之间合理流动,推进市、县、乡机构改革,根据《国务院关于印发完善城镇社会保障体系试点方案的通知》(国发〔2000〕42 号)和《中共中央办公厅 国务院办公厅关于市县乡人员编制精简的意见》(中办发〔2000〕30 号)的规定,职工在机关事业单位和企业单位之间流动,要相应转移各项社会保险关系,并执行调入单位的社会保险制度。经国务院同意,2001 年 9 月 28 日下发的《劳动和社会保障部 财政部 人事部 中央机构编制委员会办公室关于职工在机关事业单位与企业之间流动时社会保险关系处理意见的通知》(劳社部发〔2001〕13 号)对职工流动时社会保险关系的处理意见进行了规定:

职工由机关事业单位进入企业工作之月起,参加企业职工的基本养老保险,单位和个人按规定缴纳基本养老保险费,建立基本养老保险个人账户,原有的工作年限视同缴费年限,退休时按企业的办法计发基本养老金。其中,公务员及参照和依照公务员制度管理的单位工作人员,在进入企业并按规定参加企业职工基本养老保险后,根据本人在机关(或单位)工作的年限给予一次性补贴,由其原所在单位通过当地社会保险经办机构转入本人的基本养老保险个人账户,所需资金由同级财政安排。补贴的标准为:本人离开机关上年度月平均基本工资×在机关工作年限×0.3‰×120 个月。

职工由企业进入机关事业单位工作之月起,执行机关事业单位的退休养老制度,其原有的连续工龄与进入机关事业单位后的工作年限合并计算,退休时按机关事业单位的办法计发养老金。已建立的个人账户继续由社会保险经办机构管理,退休时,其个人账户储存额每月按 1/120 计发,并相应抵减按机关事业单位办法计发的养老金。

公务员进入企业工作后再次转入机关事业单位工作的,原给予的一次性补贴的本金和利息要上缴同级财政。其个人账户管理、退休后养老金计发等,比照由企业进入机关事业单位工作职工的相关政策办理。

33. 参加城镇企业职工养老保险的人员变动工作单位后如何继续参保

《劳动和社会保障部关于完善城镇职工基本养老保险政策有关问题的通知》(劳社部发〔2001〕20 号)规定,参加城镇企业职工养老保险的人员,不论因何种原因变动工作单位,包括通过公司制改造、股份制改造、出售、拍卖、租赁等方式转制以后的企业和职工,以及跨统筹地区流动的人员,都应按规定继续参加养老保险并按时足额缴费。社会保险经办机构应为其妥善管理、接续养老保险关系,做好各项服务工作。

34. 职工与企业解除或终止劳动关系后,职工养老保险关系如何处理

《劳动和社会保障部关于完善城镇职工基本养老保险政策有关问题的通知》(劳社部发〔2001〕20 号)规定,职工与企业解除或终止劳动关系后,职工养老保险关系应按规定保留,由社会保险经办机构负责管理。国有企业下岗职工协议期满出中心时,实行劳动合同制以前参加工作、年龄偏大且接近企业内部退养条件、再就业确有困难的,经与企业协商一致,可由企业和职工双方协议缴纳养老保险费,缴费方式、缴费期限、资金来源、担保条件及具体人员范围等按当地政府规定执行。失业人员实现再就业,新的用人单位必须与其签订劳动合同,并按规定参加养老保险。自谋职业者及采取灵活方式再就业人员应继续参加养老保险,有关办法执行省级政府的规定。

35. 城镇个体工商户等自谋职业者以及采取各种灵活方式就业的人员参险后如何缴费

《劳动和社会保障部关于完善城镇职工基本养老保险政策有关问题的通知》（劳社部发〔2001〕20号）规定，城镇个体工商户等自谋职业者以及采取各种灵活方式就业的人员，在其参加养老保险后，按照省级政府规定的缴费基数和比例，一般应按月缴纳养老保险费，也可按季、半年、年度合并缴纳养老保险费；缴费时间可累计折算。

36. 参加养老保险的农民合同制职工，在与企业终止或解除劳动关系后的养老保险关系如何处理

《劳动和社会保障部关于完善城镇职工基本养老保险政策有关问题的通知》（劳社部发〔2001〕20号）规定，参加养老保险的农民合同制职工，在与企业终止或解除劳动关系后，由社会保险经办机构保留其养老保险关系，保管其个人账户并计息，凡重新就业的，应接续或转移养老保险关系；也可按照省级政府的规定，根据农民合同制职工本人申请，将其个人账户个人缴费部分一次性支付给本人，同时终止养老保险关系，凡重新就业的，应重新参加养老保险。

37. 破产企业欠缴的养老保险费的企业缴费和个人缴费部分应如何处理

《劳动和社会保障部关于完善城镇职工基本养老保险政策有关问题的通知》（劳社部发〔2001〕20号）规定，破产企业欠缴的养老保险费，按有关规定在资产变现收入中予以清偿；清偿欠费确有困难的企业，其欠缴的养老保险费包括长期挂账的欠费，除企业缴费中应划入职工个人账户部分外，经社会保险经办机构同意，劳动保障部门审核，财政部门复核，报省级人民政府批准后可以核销。职工按规定的个人缴费比例补足个人账户资金后，社会保险经办机构要按规定及时记录，职工的缴费年限予以承认。

38. 因病、非因工致残丧失劳动能力并与用人单位终止劳动关系的职工如何处理

《劳动和社会保障部关于完善城镇职工基本养老保险政策有关问题的通知》（劳社部发〔2001〕20号）规定，对于因病、非因工致残，经当地劳动能力鉴定机构认定完全丧失劳动能力，并与用人单位终止劳动关系的职工，由本人申请，社会保险经办机构审核，经地级劳动保障部门批准，可以办理退职领取退职生活费。退职生活费标准根据职工缴费年限和缴费工资水平确定，具体办法和标准按省级政府规定执行。

39. 城镇企业成建制跨省搬迁，企业和职工养老保险关系如何办理转移手续

《劳动和社会保障部关于完善城镇职工基本养老保险政策有关问题的通知》（劳社部发〔2001〕20号）规定，城镇企业成建制跨省搬迁，应按规定办理企业和职工养老保险关系转移手续。在职职工个人账户记账额度全部转移，资金只转移个人缴费部分，转入地社保机构应按个人账户记账额度全额记账。企业转出地和转入地社会保险机构，要认真做好搬迁企业养老保险关系及个人账户的转移、接续工作，按时足额发放离退休人员基本养老金。如搬迁企业在转出地欠缴养老保险费，应在养老保险关系转出之前还清全部欠费。

40. 什么是企业年金制度

为建立多层次的养老保险制度，更好地保障企业职工退休后的生活，完善社会保障体系，根据劳动法和国务院的有关规定，劳动和社会保障部在2003年12月30日公布《企业年金试行办法》（中华人民共和国劳动和社会保障部令第20号）自2004年5月1日起施行企业年金制度。这里所称企业年金，是指企业及其职工在依法参加基本养老保险的基础上，自愿建立的补充养老保险制度。

41. 建立企业年金的企业要符合的条件

《企业年金试行办法》(中华人民共和国劳动和社会保障部令第20号)第三条规定,符合下列条件的企业,可以建立企业年金:

(1) 依法参加基本养老保险并履行缴费义务;

(2) 具有相应的经济负担能力;

(3) 已建立集体协商机制。

42. 企业年金的协商制度是如何规定的

《企业年金试行办法》(中华人民共和国劳动和社会保障部令第20号)第四条规定,建立企业年金,应当由企业与工会或职工代表通过集体协商确定,并制定企业年金方案。国有及国有控股企业的企业年金方案草案应当提交职工大会或职工代表大会讨论通过。

43. 企业年金方案包括的内容

《企业年金试行办法》(中华人民共和国劳动和社会保障部令第20号)第五条规定,企业年金方案应当包括以下内容:

(1) 参加人员范围。

(2) 资金筹集方式。

(3) 职工企业年金个人账户管理方式。

(4) 基金管理方式。

(5) 计发办法和支付方式。

(6) 支付企业年金待遇的条件。

(7) 组织管理和监督方式。

(8) 中止缴费的条件。

(9) 双方约定的其他事项。

企业年金方案适用于企业试用期满的职工。

44. 企业年金如何备案

《企业年金试行办法》(中华人民共和国劳动和社会保障部令第20号)第六条规定了企业年金的备案要求,企业年金方案应当报送所在地区县以上地方人民政府劳动保障行政部门。中央所属大型企业企业年金方案,应当报送劳动保障部。劳动保障行政部门自收到企业年金方案文本之日起15日内未提出异议的,企业年金方案即行生效。

45. 企业年金的筹资渠道及费率

《企业年金试行办法》(中华人民共和国劳动和社会保障部令第20号)第七条规定了企业年金的筹资渠道,企业年金所需费用由企业和职工个人共同缴纳。企业缴费的列支渠道按国家有关规定执行;职工个人缴费可以由企业从职工个人工资中代扣。

第八条规定了企业年金的费率标准,即企业缴费每年不超过本企业上年度职工工资总额的十二分之一。企业和职工个人缴费合计一般不超过本企业上年度职工工资总额的六分之一。

46. 企业年金基金的组成及账户管理

《企业年金试行办法》(中华人民共和国劳动和社会保障部令第20号)第九条规定,企业年金基金由下列各项组成：

（1）企业缴费。

（2）职工个人缴费。

（3）企业年金基金投资运营收益。

《企业年金试行办法》第十条规定了年金基金的管理运营方式，即企业年金基金实行完全积累，采用个人账户方式进行管理。企业年金基金可以按照国家规定投资运营。企业年金基金投资运营收益并入企业年金基金。

《企业年金试行办法》第十一条规定了企业年金的账户管理，即企业缴费应当按照企业年金方案规定比例计算的数额计入职工企业年金个人账户；职工个人缴费额计入本人企业年金个人账户。企业年金基金投资运营收益，按净收益率计入企业年金个人账户。

政策链接　**《财政部　人力资源社会保障部　国家税务总局关于企业年金职业年金个人所得税有关问题的通知》**

（财税〔2013〕103号）

一、企业年金和职业年金缴费的个人所得税处理

1. 企业和事业单位（以下统称单位）根据国家有关政策规定的办法和标准，为在本单位任职或者受雇的全体职工缴付的企业年金或职业年金（以下统称年金）单位缴费部分，在计入个人账户时，个人暂不缴纳个人所得税。

2. 个人根据国家有关政策规定缴付的年金个人缴费部分，在不超过本人缴费工资计税基数的4%标准内的部分，暂从个人当期的应纳税所得额中扣除。

3. 超过本通知第一条第1项和第2项规定的标准缴付的年金单位缴费和个人缴费部分，应并入个人当期的工资、薪金所得，依法计征个人所得税。税款由建立年金的单位代扣代缴，并向主管税务机关申报解缴。

4. 企业年金个人缴费工资计税基数为本人上一年度月平均工资。月平均工资按国家统计局规定列入工资总额统计的项目计算。月平均工资超过职工工作地所在设区城市上一年度职工月平均工资300%以上的部分，不计入个人缴费工资计税基数。

职业年金个人缴费工资计税基数为职工岗位工资和薪级工资之和。职工岗位工资和薪级工资之和超过职工工作地所在设区城市上一年度职工月平均工资300%以上的部分，不计入个人缴费工资计税基数。

47. 职工达到退休年龄或死亡年金如何领取

《企业年金试行办法》（中华人民共和国劳动和社会保障部令第20号）规定了职工达到退休年龄或死亡时年金的领取办法。

（1）职工在达到国家规定的退休年龄时，可以从本人企业年金个人账户中一次或定期领取企业年金。

（2）职工未达到国家规定的退休年龄的，不得从个人账户中提前提取资金。

（3）出境定居人员的企业年金个人账户资金，可根据本人要求一次性支付给本人。

（4）职工或退休人员死亡后，其企业年金个人账户余额由其指定的受益人或法定继承人一次性领取。

政策链接 **《财政部　人力资源社会保障部　国家税务总局关于企业年金职业年金个人所得税有关问题的通知》**

（财税〔2013〕103号）

对单位和个人在本通知实施之前开始缴付年金缴费，个人在本通知实施之后领取年金的，允许其从领取的年金中减除在本通知实施之前缴付的年金单位缴费和个人缴费且已经缴纳个人所得税的部分，就其余额按照本通知第三条第1项的规定征税。在个人分期领取年金的情况下，可按本通知实施之前缴付的年金缴费金额占全部缴费金额的百分比减计当期的应纳税所得额，减计后的余额，按照本通知第三条第1项的规定，计算缴纳个人所得税。

《财政部税务总局关于个人所得税法修改后有关优惠政策衔接问题的通知》

（财税〔2018〕164号）

四、关于个人领取企业年金、职业年金的政策

个人达到国家规定的退休年龄，领取的企业年金、职业年金，符合《财政部　人力资源社会保障部　国家税务总局关于企业年金　职业年金个人所得税有关问题的通知》（财税〔2013〕103号）规定的，不并入综合所得，全额单独计算应纳税款。其中按月领取的，适用月度税率表计算纳税；按季领取的，平均分摊计入各月，按每月领取额适用月度税率表计算纳税；按年领取的，适用综合所得税率表计算纳税。

个人因出境定居而一次性领取的年金个人账户资金，或个人死亡后，其指定的受益人或法定继承人一次性领取的年金个人账户余额，适用综合所得税率表计算纳税。对个人除上述特殊原因外一次性领取年金个人账户资金或余额的，适用月度税率表计算纳税。

48. 职工变动工作单位年金如何处理

《企业年金试行办法》（中华人民共和国劳动和社会保障部令第20号）第十三条规定，职工变动工作单位时，企业年金个人账户资金可以随同转移。职工升学、参军、失业期间或新就业单位没有实行企业年金制度的，其企业年金个人账户可由原管理机构继续管理。

49. 企业年金如何运营

企业年金应当确定企业年金受托人，由受托人负责管理，受托人可以委托具有资格的企业年金账户管理机构作为账户管理人，负责管理企业年金账户；可以委托具有资格的投资运营机构作为投资管理人，负责企业年金基金的投资运营。

政策链接 **《企业年金试行办法》**

（中华人民共和国劳动和社会保障部令第20号）

第十五条　建立企业年金的企业，应当确定企业年金受托人（以下简称受托人），受托管理企业年金。受托人可以是企业成立的企业年金理事会，也可以是符合国家规定的法人受托机构。

第十六条　企业年金理事会由企业和职工代表组成，也可以聘请企业以外的专业人员参加，其中职工代表应不少于三分之一。

第十七条　企业年金理事会除管理本企业的企业年金事务之外，不得从事其他任何形式的营业性活动。

第十八条　确定受托人应当签订书面合同。合同一方为企业，另一方为受托人。

第十九条　受托人可以委托具有资格的企业年金账户管理机构作为账户管理人，负责管理企业年金账户；可以委托具有资格的投资运营机构作为投资管理人，负责企业年金基金的投资运营。

受托人应当选择具有资格的商业银行或专业托管机构作为托管人，负责托管企业年金基金。

受托人与账户管理人、投资管理人和托管人确定委托关系,应当签订书面合同。

第二十条 企业年金基金必须与受托人、账户管理人、投资管理人和托管人的自有资产或其他资产分开管理,不得挪作其他用途。

企业年金基金管理应当执行国家有关规定。

《财政部 人力资源社会保障部 国家税务总局关于企业年金职业年金个人所得税有关问题的通知》

(财税〔2013〕103号)

二、年金基金投资运营收益的个人所得税处理

年金基金投资运营收益分配计入个人账户时,个人暂不缴纳个人所得税。

50. 企业年金试行办法的执行情况如何监督

《企业年金试行办法》(中华人民共和国劳动和社会保障部令第20号)第二十一条规定,县级以上各级人民政府劳动保障行政部门负责对本办法的执行情况进行监督检查。对违反本办法规定的,由劳动保障行政部门予以警告,责令改正。

51. 因履行企业年金合同发生争议的如何申请司法援助

《企业年金试行办法》(中华人民共和国劳动和社会保障部令第20号)第二十二条规定,因履行企业年金合同发生争议的,当事人可以依法提请仲裁或者诉讼;因订立或者履行企业年金方案发生争议的,按国家有关集体合同争议处理规定执行。

52. 参加企业基本养老保险统筹的单位是否可以实行年金制度

《企业年金试行办法》(中华人民共和国劳动和社会保障部令第20号)第二十三条规定,参加企业基本养老保险社会统筹的其他单位,可参照本办法的规定执行。

53. 社会组织专职工作人员如何参加养老保险

为进一步完善社会保障体系,扩大养老保险覆盖范围,促进社会组织健康发展,维护劳动者合法权益,根据国家有关政策规定,2008年3月18日劳动和社会保障部、民政部公布《劳动和社会保障部 民政部关于社会组织专职工作人员参加养老保险有关问题的通知》(劳社部发〔2008〕11号),对社会组织专职工作人员参加养老保险有关问题进行了规定。

1) 参保范围

凡依法在各级民政部门登记的社会团体(包括社会团体分支机构和代表机构)、基金会(包括基金会分支机构和代表机构)、民办非企业单位、境外非政府组织驻华代表机构及其签订聘用合同或劳动合同的专职工作人员(不包括兼职人员、劳务派遣人员、返聘的离退休人员和纳入行政事业编制的人员),按属地管理原则,参加当地企业职工基本养老保险。

2) 办理参保手续的流程、时限

尚未参加企业职工基本养老保险的社会组织,应在当地规定的时间内,持民政部门颁发的登记证书如《社会团体法人登记证书》《社会团体分支机构、代表机构登记证书》《基金会法人登记证书》《基金会分支机构、代表机构登记证书》《境外基金会代表机构登记证书》《民办非企业单位登记证书》及参保所需的文件材料,到住所所在地社会保险经办机构办理社会保险登记手续,参加企业职工基本养老保险。本通知下发之后成立的社会组织,应当自登记注册之日起30日内办理社会保险登记手续,参加企业职工基本养老保险。

3) 筹资渠道及缴费基数

社会组织及其专职工作人员应按规定缴纳基本养老保险费,其中社会组织的缴费基数为全部参保专职工作人员个人缴费工资之和。

4) 其他规定

社会组织及其专职工作人员在《劳动和社会保障部民政部关于社会组织专职工作人员参加养老保险有关问题的通知》下发前签订聘用合同或劳动合同的,可按当地有关规定补缴基本养老保险费。

社会组织专职工作人员曾在机关事业单位工作的,其符合国家规定的工作年限视同为基本养老保险缴费年限;曾在企业或以个人身份参保的,要按有关规定做好养老保险关系的接续工作。

鼓励有条件的社会组织按照有关规定为专职工作人员建立年金制度,以提高工作人员退休后的保障水平。

54. 宗教教职人员如何参加养老保险

宗教教职人员在宣传贯彻党的宗教信仰自由政策、团结教育信教群众、维护宗教和睦、促进社会和谐、推动宗教与社会主义社会相适应等方面发挥着重要作用。妥善解决好他们的社会保障问题,解除他们的后顾之忧,使他们病有所医、老有所养,具有重要意义。2010年2月10日,国家宗教事务局、人力资源和社会保障部、财政部、民政部、卫生部五部门联合发布《关于妥善解决宗教教职人员社会保障问题的意见》(国宗发〔2010〕8号),对宗教教职人员如何参加社会保险进行了明确说明。

1) 参保范围

按照各宗教团体宗教教职人员认定办法认定并报政府宗教事务部门备案的宗教教职人员。

2) 基本原则

(1) 属地原则。宗教团体、宗教院校和宗教活动场所所在的地区,要按照属地管理原则,将宗教教职人员纳入当地社会保障覆盖范围。宗教团体、宗教院校和宗教活动场所可作为一个单位参加社会保障。

(2) 自愿原则。在尊重宗教教义教规基础上,宗教教职人员自愿参加医疗、养老、失业、工伤、生育等社会保障。先行解决宗教教职人员的城乡低保和基本医疗保障问题,逐步解决养老保障问题。

(3) 权利与义务对等原则。宗教教职人员应履行缴费义务,按时足额缴纳社会保险费,按国家有关规定享受社会保险待遇。

3) 保障办法

(1) 最低生活保障和农村五保供养问题。宗教教职人员符合当地最低生活保障条件的,应纳入城乡最低生活保障范围,做到应保尽保。符合农村五保供养条件的宗教教职人员,应纳入农村五保供养范围。在核定救助对象时,对长期脱离家庭独自生活的宗教教职人员,可按一户核算。

(2) 基本养老保险问题。宗教团体、宗教院校和宗教活动场所的宗教教职人员可自愿参加当地企业职工基本养老保险,宗教教职人员也可以个人身份参保。在农村地区的宗教活动场所的宗教教职人员也可按国家有关规定参加新型农村社会养老保险。宗教教职人员享受基本养老金的年龄为年满60周岁。宗教团体、宗教院校不具备宗教教职人员身份的专职工作人员参照原劳动和社会保障部、民政部《关于社会组织专职工作人员参加养老保险有关问题的通知》(劳社部发〔2008〕11号)的规定参加企业职工基本养老保险。

55. 什么是新型农村社会养老保险制度

新型农村社会养老保险制度(简称新农保)是以保障农村居民年老时的基本生活为目的,由政府组织实施的一项社会养老保险制度,是国家社会保险体系的重要组成部分。

养老待遇由社会统筹与个人账户相结合,与家庭养老、土地保障、社会救助等其他社会保障政策措施相配套,建立个人缴费、集体补助、政府补贴相结合的筹资模式。

建立新农保制度是深入贯彻落实科学发展观、加快建设覆盖城乡居民社会保障体系的重大决策,是应对国际金融危机、扩大国内消费需求的重大举措,是逐步缩小城乡差距、改变城乡二元结构、推进基本公共服务均等化的重要基础性工程,是实现广大农村居民老有所养、促进家庭和谐、增加农民收入的重大惠民政策。

法律链接 《中华人民共和国社会保险法》

(主席令第三十五号)

第二十条 国家建立和完善新型农村社会养老保险制度。

新型农村社会养老保险实行个人缴费、集体补助和政府补贴相结合。

第二十一条 新型农村社会养老保险待遇由基础养老金和个人账户养老金组成。

参加新型农村社会养老保险的农村居民,符合国家规定条件的,按月领取新型农村社会养老保险待遇。

56. 新型农村社会养老保险的基本原则

2009年12月25日,国务院下发《国务院关于开展新型农村社会养老保险试点的指导意见》(国发〔2009〕32号,【已废除】),这里体现了新型农村社会养老保险的基本原则。

新农保工作要高举中国特色社会主义伟大旗帜,以邓小平理论和"三个代表"重要思想为指导,深入贯彻落实科学发展观,按照加快建立覆盖城乡居民的社会保障体系的要求,逐步解决农村居民老有所养问题。新农保试点的基本原则是"保基本、广覆盖、有弹性、可持续"。一是从农村实际出发,低水平起步,筹资标准和待遇标准要与经济发展及各方面承受能力相适应;二是个人(家庭)、集体、政府合理分担责任,权利与义务相对应;三是政府主导和农民自愿相结合,引导农村居民普遍参保;四是中央确定基本原则和主要政策,地方制订具体办法,对参保居民实行属地管理。

备注:《国务院关于开展新型农村社会养老保险试点的指导意见》是开展新型农村社会养老保险最早的指导性文件,后因发布了《国务院关于建立统一的城乡居民基本养老保险制度的意见》(国发〔2014〕8号),合并了农村社会养老保险和城镇居民社会养老保险的相关内容。依据《国务院关于宣布失效一批国务院文件的决定》(国发〔2015〕68号),此文件已宣布失效。但为了让读者更清晰地了解新农保政策的衔接,本部分(即本章第一部分56至68项内容)仍然保留了该文件的内容,供读者参考。

57. 新型农村社会养老保险的任务目标

国务院下发的《国务院关于开展新型农村社会养老保险试点的指导意见》(国发〔2009〕32号,【已废除】)中提出新型农村社会养老保险的任务目标是探索建立个人缴费、集体补助、政府补贴相结合的新农保制度,实行社会统筹与个人账户相结合,与家庭养老、土地保障、社会救助等其他社会保障政策措施相配套,保障农村居民老年基本生活。2009年试点覆盖面为全国10%的县(市、区、旗),以后逐步扩大试点,在全国普遍实施,2020年之前基本实现对农村适龄居民的全覆盖。

58. 新型农村社会养老保险的参保范围

国务院下发的《国务院关于开展新型农村社会养老保险试点的指导意见》(国发〔2009〕32号,【已废除】)规定了新型农村社会养老保险的参保范围是年满16周岁(不含在校学生)、未参加城镇职工基本养老保险的农村居民。凡符合可以在户籍地自愿参加新农保。

59. 新型农村社会养老保险的基金筹集

国务院下发的《国务院关于开展新型农村社会养老保险试点的指导意见》(国发〔2009〕32号,【已废除】)中规定了新型农村社会养老保险基金的筹集渠道,新农保基金由个人缴费、集体补助、政府补贴构成。

(1) 个人缴费。参加新农保的农村居民应当按规定缴纳养老保险费。缴费标准目前设为每年100元、200元、300元、400元、500元5个档次,地方可以根据实际情况增设缴费档次。参保人自主选择档次缴费,多缴多得。国家依据农村居民人均纯收入增长等情况适时调整缴费档次。

(2) 集体补助。有条件的村集体应当对参保人缴费给予补助,补助标准由村民委员会召开村民会议民主确定。鼓励其他经济组织、社会公益组织、个人为参保人缴费提供资助。

(3) 政府补贴。政府对符合领取条件的参保人全额支付新农保基础养老金,其中中央财政对中西部地区按中央确定的基础养老金标准给予全额补助,对东部地区给予50%的补助。

地方政府应当对参保人缴费给予补贴,补贴标准不低于每人每年30元;对选择较高档次标准缴费的,可给予适当鼓励,具体标准和办法由省(区、市)人民政府确定。对农村重度残疾人等缴费困难群体,地方政府为其代缴部分或全部最低标准的养老保险费。

60. 新型农村社会养老保险的个人账户

国务院下发的《国务院关于开展新型农村社会养老保险试点的指导意见》(国发〔2009〕32号,【已废除】)中要求新型农村社会养老保险要建立个人账户。国家为每个新农保参保人建立终身记录的养老保险个人账户。个人缴费,集体补助及其他经济组织、社会公益组织、个人对参保人缴费的资助,地方政府对参保人的缴费补贴,全部记入个人账户。个人账户储存额目前每年

参考中国人民银行公布的金融机构人民币一年期存款利率计息。

61. 新型农村社会养老保险的养老金待遇

国务院下发的《国务院关于开展新型农村社会养老保险试点的指导意见》(国发〔2009〕32号,【已废除】)规定了新型农村社会养老金待遇问题。即养老金待遇由基础养老金和个人账户养老金组成,支付终身。

中央确定的基础养老金标准为每人每月55元。地方政府可以根据实际情况提高基础养老金标准,对于长期缴费的农村居民,可适当加发基础养老金,提高和加发部分的资金由地方政府支出。国家根据经济发展和物价变动等情况,适时调整全国新农保基础养老金的最低标准。

62. 新型农村社会养老保险的养老待遇领取条件

国务院下发的《国务院关于开展新型农村社会养老保险试点的指导意见》(国发〔2009〕32号,【已废除】)中规定了新型农村社会养老金待遇领取条件,即年满60周岁、未享受城镇职工基本养老保险待遇的农村有户籍的老年人,可以按月领取养老金。新农保制度实施时,已年满60周岁、未享受城镇职工基本养老保险待遇的,不用缴费,可以按月领取基础养老金,但其符合参保条件的子女应当参保缴费;距领取年龄不足15年的,应按年缴费,也允许补缴,累计缴费不超过15年;距领取年龄超过15年的,应按年缴费,累计缴费不少于15年。

63. 新型农村社会养老保险的养老金计发标准及参保人死亡后账户处理

国务院下发的《国务院关于开展新型农村社会养老保险试点的指导意见》(国发〔2009〕32号,【已废除】)规定,新型农村社会养老保险的个人账户养老金的月计发标准为个人账户全部储存额除以139(与现行城镇职工基本养老保险个人账户养老金计发系数相同)。参保人死亡,个人账户中的资金余额,除政府补贴外,可以依法继承;政府补贴余额用于继续支付其他参保人的养老金。

64. 新型农村社会养老保险的社基金如何管理

国务院下发的《国务院关于开展新型农村社会养老保险试点的指导意见》(国发〔2009〕32号,【已废除】)中规定基金管理办法,建立健全新农保基金财务会计制度。新农保基金纳入社会保障基金财政专户,实行收支两条线管理,单独记账、核算,按有关规定实现保值增值。试点阶段,新农保基金暂实行县级管理,随着试点扩大和推开,逐步提高管理层次;有条件的地方也可直接实行省级管理。

65. 新型农村社会养老保险的社基金如何监督

国务院下发的《国务院关于开展新型农村社会养老保险试点的指导意见》(国发〔2009〕32号,【已废除】)要求各级人力资源社会保障部门要切实履行新农保基金的监管职责,制定完善新农保各项业务管理规章制度,规范业务程序,建立健全内控制度和基金稽核制度,对基金的筹集、上解、划拨、发放进行监控和定期检查,并定期披露新农保基金筹集和支付信息,做到公开透明,加强社会监督。财政、监察、审计部门按各自职责实施监督,严禁挤占挪用,确保基金安全。试点地区新农保经办机构和村民委员会每年在行政村范围内对村内参保人缴费和待遇领取资格进行公示,接受群众监督。

66. 新型农村社会养老保险如何经办管理

国务院下发的《国务院关于开展新型农村社会养老保险试点的指导意见》(国发〔2009〕32号,【已废除】)对新型农村社会养老保险的经办管理服务进行了如下规定:

(1)开展新农保试点的地区,要认真记录农村居民参保缴费和领取待遇情况,建立参保档案,长期妥善保存;建立全国统一的新农保信息管理系统,纳入社会保障信息管理系统("金保工程")建设,并与其他公民信息管理系统实现信息资源共享;要大力推行社会保障卡,方便参保人持卡缴费、领取待遇和查询本人参保信息。

(2)试点地区要按照精简效能原则,整合现有农村社会服务资源,加强新农保经办能力建设,运用现代管理方式和政府购买服务方式,降低行政成本,提高工作效率。

(3)新农保工作经费纳入同级财政预算,不得从新农保基金中开支。

67. 新型农村社会养老保险相关制度如何衔接

国务院下发的《国务院关于开展新型农村社会养老保险试点的指导意见》(国发〔2009〕

32号,【已废除】)对新老农村社会养老保险制度的衔接做了如下规定:

(1) 原来已开展以个人缴费为主、完全个人账户农村社会养老保险(以下称老农保)的地区,要在妥善处理老农保基金债权问题的基础上,做好与新农保制度衔接。

(2) 在新农保试点地区,凡已参加了老农保、年满60周岁且已领取老农保养老金的参保人,可直接享受新农保基础养老金。

(3) 对已参加老农保、未满60周岁且没有领取养老金的参保人,应将老农保个人账户资金并入新农保个人账户,按新农保的缴费标准继续缴费,待符合规定条件时享受相应待遇。

(4) 新农保与城镇职工基本养老保险等其他养老保险制度的衔接办法,由人力资源社会保障部会同财政部制定。

(5) 要妥善做好新农保制度与被征地农民社会保障、水库移民后期扶持政策、农村计划生育家庭奖励扶助政策、农村五保供养、社会优抚、农村最低生活保障制度等政策制度的配套衔接工作,具体办法由人力资源社会保障部、财政部会同有关部门研究制订。

68. 新型农村社会养老保险相关制度的具体办法如何制定

国务院下发的《国务院关于开展新型农村社会养老保险试点的指导意见》(国发〔2009〕32号,【已废除】)规定了新型农村社会养老保险制度的具体办法和试点实施方案的制定。

(1) 省(区、市)人民政府要根据本指导意见,结合本地区实际情况,制定试点具体办法,并报国务院新农保试点工作领导小组备案。

(2) 要在充分调研、多方论证、周密测算的基础上,提出切实可行的试点实施方案,按要求选择试点地区,报国务院新农保试点工作领导小组审定。

(3) 试点县(市、区、旗)的试点实施方案由各省(区、市)人民政府批准后实施,并报国务院新农保试点工作领导小组备案。

69. 城镇居民社会养老保险制度

根据党的十七大精神和《中华人民共和国国民经济和社会发展第十二个五年规划纲要》《社会保险法》的规定,国务院决定从2011年起开展城镇居民社会养老保险试点。建立城镇居民养老保险制度是深入贯彻落实科学发展观、加快建设覆盖城乡居民社会保障体系的重大决策,是调整收入分配结构、扩大国内消费需求的重大举措,是统筹城乡发展、推进基本公共服务均等化的重要政策,是实现广大城镇居民老有所养,促进家庭和睦、社会和谐的重大民生工程。

城镇居民社会养老保险是覆盖城镇户籍非从业人员的养老保险制度,这项制度和城镇职工养老保险体系、新型农村社会养老保险制度共同构成我国社会养老保险体系。城镇居民社会养老保险有两个特点:一是资金来源除个人缴费外,还有政府对参保人缴费给予的补贴,个人缴费越多,政府补贴也越多,而且个人缴费和政府补贴全部计入参保人的个人账户。二是养老金由个人账户养老金和基础养老金两部分构成,个人账户养老金水平由账户储存额,也就是个人缴费和政府补贴总额来决定;基础养老金则由政府全额支付。

法律链接　《中华人民共和国社会保险法》
(主席令第三十五号)

第二十二条　国家建立和完善城镇居民社会养老保险制度

省、自治区、直辖市人民政府要根据实际情况,可以将城镇居民社会养老保险和新型农村社会养老保险合并实施。

70. 城镇居民社会养老保险制度的基本原则

《国务院关于开展城镇居民社会养老保险试点的指导意见》（国发〔2011〕18号）中明确了城镇居民社会养老保险制度的基本原则，城镇居民养老保险工作要高举中国特色社会主义伟大旗帜，以邓小平理论和"三个代表"重要思想为指导，深入贯彻落实科学发展观，按照加快建立覆盖城乡居民的社会保障体系的要求，逐步解决城镇无养老保障居民的老有所养问题。城镇居民养老保险试点的基本原则是"保基本、广覆盖、有弹性、可持续"。一是从城镇居民的实际情况出发，低水平起步，筹资标准和待遇标准要与经济发展及各方面承受能力相适应；二是个人（家庭）和政府合理分担责任，权利与义务相对应；三是政府主导和居民自愿相结合，引导城镇居民普遍参保；四是中央确定基本原则和主要政策，地方制定具体办法，城镇居民养老保险实行属地管理。

71. 城镇居民社会养老保险制度的任务目标

《国务院关于开展城镇居民社会养老保险试点的指导意见》（国发〔2011〕18号）确定了城镇居民社会养老保险制度的任务目标，建立个人缴费、政府补贴相结合的城镇居民养老保险制度，实行社会统筹和个人账户相结合，与家庭养老、社会救助、社会福利等其他社会保障政策相配套，保障城镇居民老年基本生活。2011年7月1日启动试点工作，实施范围与新型农村社会养老保险（简称新农保）试点基本一致，2012年基本实现城镇居民养老保险制度全覆盖。

72. 城镇居民社会养老保险制度的参保范围

《国务院关于开展城镇居民社会养老保险试点的指导意见》（国发〔2011〕18号）规定了城镇居民社会养老保险制度的参保范围，即年满16周岁（不含在校学生）、不符合职工基本养老保险参保条件的城镇非从业居民，可以在户籍地自愿参加城镇居民养老保险。

73. 城镇居民社会养老保险制度的资金筹集

《国务院关于开展城镇居民社会养老保险试点的指导意见》（国发〔2011〕18号）规定了城镇居民社会养老保险制度的资金筹集渠道。

城镇居民养老保险基金主要由个人缴费和政府补贴构成。

（1）个人缴费。参加城镇居民养老保险的城镇居民应当按规定缴纳养老保险费。缴费标准目前设为每年100元、200元、300元、400元、500元、600元、700元、800元、900元、1000元10个档次，地方人民政府可以根据实际情况增设缴费档次。参保人自主选择档次缴费，多缴多得。国家依据经济发展和城镇居民人均可支配收入增长等情况适时调整缴费档次。

（2）政府补贴。政府对符合待遇领取条件的参保人全额支付城镇居民养老保险基础养老金。其中，中央财政对中西部地区按中央确定的基础养老金标准给予全额补助，对东部地区给予50%的补助。

地方人民政府应对参保人员缴费给予补贴，补贴标准不低于每人每年30元；对选择较高档次标准缴费的，可给予适当鼓励，具体标准和办法由省（区、市）人民政府确定。对城镇重度残疾人等缴费困难群体，地方人民政府为其代缴部分或全部最低标准的养老保险费。

（3）鼓励其他经济组织、社会组织和个人为参保人缴费提供资助。

74. 城镇居民社会养老保险制度的个人账户管理

《国务院关于开展城镇居民社会养老保险试点的指导意见》(国发〔2011〕18号)要求城镇居民社会养老保险制度要建立个人账户。

(1) 国家为每个参保人员建立终身记录的养老保险个人账户。

(2) 个人缴费、地方人民政府对参保人的缴费补贴及其他来源的缴费资助,全部记入个人账户。

(3) 个人账户储存额目前每年参考中国人民银行公布的金融机构人民币一年期存款利率计息。

75. 城镇居民社会养老保险制度的养老金待遇

《国务院关于开展城镇居民社会养老保险试点的指导意见》(国发〔2011〕18号)规定了城镇居民社会养老保险制度下的养老金待遇问题。

(1) 养老金待遇由基础养老金和个人账户养老金构成,支付终身。

(2) 中央确定的基础养老金标准为每人每月55元。地方人民政府可以根据实际情况提高基础养老金标准,对于长期缴费的城镇居民,可适当加发基础养老金,提高和加发部分的资金由地方人民政府支出。

(3) 个人账户养老金的月计发标准为个人账户储存额除以139(与现行职工基本养老保险及新农保个人账户养老金计发系数相同)。

(4) 参保人员死亡,个人账户中的资金余额,除政府补贴外,可以依法继承;政府补贴余额用于继续支付其他参保人的养老金。

(5) 国家根据经济发展和物价变动等情况,适时调整全国城镇居民养老保险基础养老金的最低标准。

76. 城镇居民社会养老保险制度的养老金待遇的领取条件

《国务院关于开展城镇居民社会养老保险试点的指导意见》(国发〔2011〕18号)规定了城镇居民社会养老金待遇的领取条件。

(1) 参加城镇居民养老保险的城镇居民,年满60周岁,可按月领取养老金。

(2) 城镇居民养老保险制度实施时,已年满60周岁,未享受职工基本养老保险待遇以及国家规定的其他养老待遇的,不用缴费,可按月领取基础养老金;距领取年龄不足15年的,应按年缴费,也允许补缴,累计缴费不超过15年;距领取年龄超过15年的,应按年缴费,累计缴费不少于15年。

77. 城镇居民社会养老保险制度的养老金待遇如何调整

《国务院关于开展城镇居民社会养老保险试点的指导意见》(国发〔2011〕18号)规定城镇居民社会养老保险制度下养老金的最低标准要根据经济发展和物价变动等情况,适时调整。

78. 城镇居民社会养老保险制度的养老基金如何管理

《国务院关于开展城镇居民社会养老保险试点的指导意见》(国发〔2011〕18号)规定,要建立健全城镇居民养老保险基金财务会计制度。城镇居民养老保险基金纳入社会保障基金财政专户,实行收支两条线管理,单独记账、核算,按有关规定实现保值增值。试点阶段,城镇居民养老保险基金暂以试点县(区、市、旗,以下简称试点县)为单位管理,随着试点扩大和推开,逐步提高管理层次;有条件的地方也可直接实行省级管理。

79. 城镇居民社会养老保险制度的养老基金如何监督

《国务院关于开展城镇居民社会养老保险试点的指导意见》(国发〔2011〕18号)对城镇居民社会养老保险制度的基金监督进行了规定。

(1) 各级人力资源社会保障部门要切实履行城镇居民养老保险基金的监管职责,制定完善城镇居民养老保险各项业务管理规章制度,规范业务程序,建立健全内控制度和基金稽核制度,对基金的筹集、上解、划拨、发放进行监控和定期检查,并定期披露城镇居民养老保险基金筹集和支付信息,做到公开透明,加强社会监督。

(2) 财政、监察、审计部门按各自职责实施监督,严禁挤占挪用,确保基金安全。

(3) 试点地区社会保险经办机构和居委会每年在社区范围内对城镇居民的待遇领取资格进行公示,接受群众监督。

80. 城镇居民社会养老保险如何经办管理

《国务院关于开展城镇居民社会养老保险试点的指导意见》(国发〔2011〕18号)规定了城镇居民社会养老保险如何经办管理服务。

(1) 开展城镇居民养老保险试点的地区,要认真记录城镇居民参保缴费和领取待遇情况,建立参保档案,长期妥善保存。

(2) 建立全国统一的城镇居民养老保险信息管理系统,与职工基本养老保险、新农保信息管理系统整合,纳入社会保障信息管理系统("金保工程")建设,并与其他公民信息管理系统实现信息资源共享。

(3) 要大力推行社会保障卡,方便参保人持卡缴费、领取待遇和查询本人参保信息。

(4) 试点地区要按照精简效能原则,整合现有社会保险经办管理资源,建立健全统一的新农保与城镇居民养老保险经办机构,加强经办能力建设。

(5) 城镇居民养老保险工作经费纳入同级财政预算,不得从城镇居民养老保险基金中开支。

81. 城镇居民社会养老保险与相关制度如何衔接

《国务院关于开展城镇居民社会养老保险试点的指导意见》(国发〔2011〕18号)规定了城镇居民社会养老保险与相关制度如何衔接问题。

(1) 有条件的地方,城镇居民养老保险应与新农保合并实施。其他地方应积极创造条件将两项制度合并实施。

(2) 城镇居民养老保险与职工基本养老保险等其他养老保险制度的衔接办法,由人力资源社会保障部会同财政部制定。

(3) 要妥善做好城镇居民养老保险制度与城镇居民最低生活保障、社会优抚等政策制度的配套衔接工作,具体办法由人力资源社会保障部、财政部会同有关部门研究制定。

2014年2月24日,人社部、财政部印发《城乡养老保险制度衔接暂行办法》,首次明确城乡居民养老保险和城镇职工养老保险之间可以转移衔接,但要在参保人达到法定退休年龄后进行。此政策于2014年7月1日起实施。

82. 城镇居民社会养老保险如何制定具体办法和实施方案

《国务院关于开展城镇居民社会养老保险试点的指导意见》(国发〔2011〕18号)规定了城镇居民社会养老保险如何制定具体办法和试点实施方案。

(1) 各省(区、市)人民政府要根据本指导意见,结合本地区实际情况,制定试点具体实

施办法,并报国务院试点工作领导小组备案;

(2) 要在充分调研、多方论证、周密测算的基础上,提出切实可行的试点实施方案,按要求选择试点地区,报国务院试点工作领导小组审定。

(3) 试点县的试点实施方案由各省(区、市)人民政府批准后实施,并报国务院试点工作领导小组备案。

83. 建立统一的城乡居民养老保险制度的任务目标

按照党的十八大精神和十八届三中全会关于整合城乡居民基本养老保险制度的要求,依据《社会保险法》有关规定,在总结新型农村社会养老保险(以下简称新农保)和城镇居民社会养老保险(以下简称城居保)试点经验的基础上,国务院决定,将新农保和城居保两项制度合并实施,在全国范围内建立统一的城乡居民基本养老保险(以下简称城乡居民养老保险)制度。2014年2月21日公布了《国务院关于建立统一的城乡居民基本养老保险制度的意见》(国发〔2014〕8号),明确提出了建立统一的城乡居民养老保险制度的任务目标。坚持和完善社会统筹与个人账户相结合的制度模式,巩固和拓宽个人缴费、集体补助、政府补贴相结合的资金筹集渠道,完善基础养老金和个人账户养老金相结合的待遇支付政策,强化长缴多得、多缴多得等制度的激励机制,建立基础养老金正常调整机制,健全服务网络,提高管理水平,为参保居民提供方便快捷的服务。"十二五"末,在全国基本实现新农保和城居保制度合并实施,并与职工基本养老保险制度相衔接。2020年前,全面建成公平、统一、规范的城乡居民养老保险制度,与社会救助、社会福利等其他社会保障政策相配套,充分发挥家庭养老等传统保障方式的积极作用,更好保障参保城乡居民的老年基本生活。

法律链接　　　　**《中华人民共和国社会保险法》**
（主席令第三十五号）

第二十条　国家建立和完善新型农村社会养老保险制度。

新型农村社会养老保险实行个人缴费、集体补助和政府补贴相结合。

第二十一条　新型农村社会养老保险待遇由基础养老金和个人账户养老金组成。

参加新型农村社会养老保险的农村居民,符合国家规定条件的,按月领取新型农村社会养老保险待遇。

第二十二条　国家建立和完善城镇居民社会养老保险制度。

省、自治区、直辖市人民政府根据实际情况,可以将城镇居民社会养老保险和新型农村社会养老保险合并实施。

84. 建立统一的城乡居民养老保险制度的参保范围

《国务院关于建立统一的城乡居民基本养老保险制度的意见》(国发〔2014〕8号)规定了统一的城乡居民养老保险制度的参保范围是年满16周岁(不含在校学生),非国家机关和事业单位工作人员及不属于职工基本养老保险制度覆盖范围的城乡居民,可以在户籍地参加城乡居民养老保险。

85. 建立统一的城乡居民养老保险制度的基金筹集渠道

《国务院关于建立统一的城乡居民基本养老保险制度的意见》(国发〔2014〕8号)明确了统一的城乡居民基本养老保险制度的基金筹集办法,城乡居民养老保险基金由个人缴费、集体补助、政府补贴构成。

1）个人缴费

参加城乡居民养老保险的人员应当按规定缴纳养老保险费。缴费标准目前设为每年100元、200元、300元、400元、500元、600元、700元、800元、900元、1 000元、1 500元、2 000元12个档次,省(区、市)人民政府可以根据实际情况增设缴费档次,最高缴费档次标准原则上不超过当地灵活就业人员参加职工基本养老保险的年缴费额,并报人力资源社会保障部备案。人力资源社会保障部会同财政部依据城乡居民收入增长等情况适时调整缴费档次标准。参保人自主选择档次缴费,多缴多得。

2）集体补助

有条件的村集体经济组织应当对参保人缴费给予补助,补助标准由村民委员会召开村民会议民主确定,鼓励有条件的社区将集体补助纳入社区公益事业资金筹集范围。鼓励其他社会经济组织、公益慈善组织、个人为参保人缴费提供资助。补助、资助金额不超过当地设定的最高缴费档次标准。

3）政府补贴

政府对符合领取城乡居民养老保险待遇条件的参保人全额支付基础养老金,其中,中央财政对中西部地区按中央确定的基础养老金标准给予全额补助,对东部地区给予50%的补助。

地方人民政府应当对参保人缴费给予补贴,对选择最低档次标准缴费的,补贴标准不低于每人每年30元;对选择较高档次标准缴费的,适当增加补贴金额;对选择500元及以上档次标准缴费的,补贴标准不低于每人每年60元,具体标准和办法由省(区、市)人民政府确定。对重度残疾人等缴费困难群体,地方人民政府为其代缴部分或全部最低标准的养老保险费。

86. 建立统一的城乡居民养老保险的个人账户管理

《国务院关于建立统一的城乡居民基本养老保险制度的意见》(国发〔2014〕8号)规定在统一的城乡居民养老保险制度下要建立个人账户。

（1）国家为每个参保人员建立终身记录的养老保险个人账户,个人缴费、地方人民政府对参保人的缴费补贴、集体补助及其他社会经济组织、公益慈善组织、个人对参保人的缴费资助,全部记入个人账户。

（2）个人账户储存额按国家规定计息。

87. 统一的城乡居民养老保险待遇及如何调整

《国务院关于建立统一的城乡居民基本养老保险制度的意见》(国发〔2014〕8号)规定了统一的城乡居民养老保险待遇及调整问题。

城乡居民养老保险待遇由基础养老金和个人账户养老金构成,支付终身。

1）基础养老金

（1）中央确定基础养老金最低标准,建立基础养老金最低标准正常调整机制,根据经济发展和物价变动等情况,适时调整全国基础养老金最低标准。

（2）地方人民政府可以根据实际情况适当提高基础养老金标准;对长期缴费的,可适当加发基础养老金,提高和加发部分的资金由地方人民政府支出,具体办法由省(区、市)人民政府规定,并报人力资源社会保障部备案。

2）个人账户养老金

（1）个人账户养老金的月计发标准,目前为个人账户全部储存额除以139(与现行职工基本养老保险个人账户养老金计发系数相同)。

(2)参保人死亡,个人账户资金余额可以依法继承。

88. 统一的城乡居民养老保险待遇的领取条件和管理办法

《国务院关于建立统一的城乡居民基本养老保险制度的意见》(国发〔2014〕8号)规定了统一的城乡居民养老保险待遇领取条件及管理办法。

1) 领取条件

(1)参加城乡居民养老保险的个人,年满60周岁、累计缴费满15年,且未领取国家规定的基本养老保障待遇的,可以按月领取城乡居民养老保险待遇。

(2)新农保或城居保制度实施时已年满60周岁,在《国务院关于建立统一的城乡居民基本养老保险制度的意见》印发之日前未领取国家规定的基本养老保障待遇的,不用缴费,自《国务院关于建立统一的城乡居民基本养老保险制度的意见》实施之月起,可以按月领取城乡居民养老保险基础养老金;距规定领取年龄不足15年的,应逐年缴费,也允许补缴,累计缴费不超过15年;距规定领取年龄超过15年的,应按年缴费,累计缴费不少于15年。

(3)城乡居民养老保险待遇领取人员死亡的,从次月起停止支付其养老金。有条件的地方人民政府可以结合本地实际探索建立丧葬补助金制度。

2) 管理办法

(1)社会保险经办机构应每年对城乡居民养老保险待遇领取人员进行核对。

(2)村(居)民委员会要协助社会保险经办机构开展工作,在行政村(社区)范围内对参保人待遇领取资格进行公示。

(3)村(居)民委员会要定期对养老保险待遇领取人员信息与领取记录进行比对,确保不重、不漏、不错。

89. 统一的城乡居民养老保险如何转移接续和制度如何衔接

《国务院关于建立统一的城乡居民基本养老保险制度的意见》(国发〔2014〕8号)规定了统一的城乡居民养老保险如何进行转移接续与制度衔接。

(1)参加城乡居民养老保险的人员,在缴费期间户籍迁移,需要跨地区转移城乡居民养老保险关系的,可在迁入地申请转移养老保险关系,一次性转移个人账户全部储存额,并按迁入地规定继续参保缴费,缴费年限累计计算。

(2)参加城乡居民养老保险的人员,已经按规定领取城乡居民养老保险待遇的,无论户籍是否迁移,其养老保险关系不转移。

(3)城乡居民养老保险制度与职工基本养老保险、优抚安置、城乡居民最低生活保障、农村五保供养等社会保障制度以及农村部分计划生育家庭奖励扶助制度的衔接,按有关规定执行。

90. 统一的城乡居民养老保险基金如何管理和运营

《国务院关于建立统一的城乡居民基本养老保险制度的意见》(国发〔2014〕8号)规定了统一的城乡居民基本养老保险的基金管理和运营。

(1)将新农保基金和城居保基金合并为城乡居民养老保险基金,完善城乡居民养老保险基金财务会计制度和各项业务管理规章制度。

(2)城乡居民养老保险基金纳入社会保障基金财政专户,实行收支两条线管理,单独记账、独立核算,任何地区、部门、单位和个人均不得挤占挪用、虚报冒领。

（3）各地要在整合城乡居民养老保险制度的基础上，逐步推进城乡居民养老保险基金省级管理。

（4）城乡居民养老保险基金按照国家统一规定投资运营，实现保值增值。

91. 统一的城乡居民养老保险基金如何监督

《国务院关于建立统一的城乡居民基本养老保险制度的意见》（国发〔2014〕8号）强调了城乡居民养老保险基金的监督。

（1）各级人力资源社会保障部门要会同有关部门认真履行监管职责，建立健全内控制度和基金稽核监督制度，对基金的筹集、上解、划拨、发放、存储、管理等进行监控和检查，并按规定披露信息，接受社会监督。

（2）财政部门、审计部门按各自职责，对基金的收支、管理和投资运营情况实施监督。对虚报冒领、挤占挪用、贪污浪费等违纪违法行为，有关部门按国家有关法律法规严肃处理。要积极探索有村（居）民代表参加的社会监督的有效方式，做到基金公开透明，制度在阳光下运行。

92. 统一的城乡居民养老保险制度如何经办管理

《国务院关于建立统一的城乡居民基本养老保险制度的意见》（国发〔2014〕8号）规定了城乡居民基本养老保险的经办管理服务与信息化建设问题。

（1）省（区、市）人民政府要切实加强城乡居民养老保险经办能力建设，结合本地实际，科学整合现有公共服务资源和社会保险经办管理资源，充实加强基层经办力量，做到精确管理、便捷服务。

（2）要注重运用现代管理方式和政府购买服务方式，降低行政成本，提高工作效率。要加强城乡居民养老保险工作人员专业培训，不断提高公共服务水平。

（3）社会保险经办机构要认真记录参保人缴费和领取待遇情况，建立参保档案，按规定妥善保存。

（4）地方人民政府要为经办机构提供必要的工作场地、设施设备、经费保障。

（5）城乡居民养老保险工作经费纳入同级财政预算，不得从城乡居民养老保险基金中开支。基层财政确有困难的地区，省市级财政可给予适当补助。

（6）各地要在现有新农保和城居保业务管理系统基础上，整合形成省级集中的城乡居民养老保险信息管理系统，纳入"金保工程"建设，并与其他公民信息管理系统实现信息资源共享。

（7）要将信息网络向基层延伸，实现省、市、县、乡镇（街道）、社区实时联网，有条件的地区可延伸到行政村。

（8）要大力推行全国统一的社会保障卡，方便参保人持卡缴费、领取待遇和查询本人参保信息。

93. 统一的城乡居民养老保险制度的具体实施办法如何制定备案

《国务院关于建立统一的城乡居民基本养老保险制度的意见》（国发〔2014〕8号）规定，各省（区、市）人民政府要根据本意见，结合本地区实际情况，制定具体实施办法，并报人力资源社会保障部备案。

94. 统一的城乡居民养老保险制度衔接适用范围

实现城乡养老保险制度衔接，是贯彻落实党的十八届三中全会精神和社会保险法规定，进一步完善养老保险制度的重要内容。做好城乡养老保险制度衔接工作,有利于促进劳动力的合理流动,保障广大城乡参保人员的权益,对于健全和完善城乡统筹的社会保障体系具有重要意义。为了解决城乡养老保险制度衔接问题,维护参保人员的养老保险权益,依据《社会保险法》和《实施〈中华人民共和国社会保险法〉若干规定》(人力资源和社会保障部令第13号)的规定,2014年2月24日,人力资源社会保障部、财政部印发了《城乡养老保险制度衔接暂行办法》(人社部发〔2014〕17号),此办法适用于参加城镇职工基本养老保险(以下简称城镇职工养老保险)、城乡居民基本养老保险(以下简称城乡居民养老保险)两种制度需要办理衔接手续的人员。已经按照国家规定领取养老保险待遇的人员,不再办理城乡养老保险制度衔接手续。

95. 城镇职工养老保险和城乡居民养老保险如何互转

《人力资源社会保障部 财政部关于印发〈城乡养老保险制度衔接暂行办法〉的通知》(人社部发〔2014〕17号)第三条规定,参加城镇职工养老保险和城乡居民养老保险人员,达到城镇职工养老保险法定退休年龄后,城镇职工养老保险缴费年限满15年(含延长缴费至15年)的,可以申请从城乡居民养老保险转入城镇职工养老保险,按照城镇职工养老保险办法计发相应待遇;城镇职工养老保险缴费年限不足15年的,可以申请从城镇职工养老保险转入城乡居民养老保险,待达到城乡居民养老保险规定的领取条件时,按照城乡居民养老保险办法计发相应待遇。

政策链接 《城乡养老保险制度衔接经办规程(试行)》

(人社厅发〔2014〕25号)

参保人员达到城镇职工养老保险法定退休年龄,如有分别参加城镇职工养老保险、城乡居民养老保险情形,在申请领取养老保险待遇前,向待遇领取地社保机构申请办理城乡养老保险制度衔接手续。

(一)城镇职工养老保险缴费年限满15年(含延长缴费至15年)的,应向城镇职工养老保险待遇领取地社保机构申请办理从城乡居民养老保险转入城镇职工养老保险。

(二)城镇职工养老保险缴费年限不足15年或按规定延长缴费仍不足15年的,应向城乡居民养老保险待遇领取地社保机构申请办理从城镇职工养老保险转入城乡居民养老保险。

96. 参保人员办理城镇职工养老保险和城乡居民养老保险互转如何确定待遇领取地

《人力资源社会保障部 财政部关于印发〈城乡养老保险制度衔接暂行办法〉的通知》(人社部发〔2014〕17号)对城镇职工养老保险和城乡居民养老保险互转如何确定待遇领取地的问题进行了规定。

(1)参保人员需办理城镇职工养老保险和城乡居民养老保险制度衔接手续的,先按城镇职工养老保险有关规定确定待遇领取地,并将城镇职工养老保险的养老保险关系归集至待遇领取地,再办理制度衔接手续。

(2)参保人员申请办理制度衔接手续时,从城乡居民养老保险转入城镇职工养老保险的,在城镇职工养老保险待遇领取地提出申请办理;从城镇职工养老保险转入城乡居民养老保险的,在转入城乡居民养老保险待遇领取地提出申请办理。

政策链接 《城乡养老保险制度衔接经办规程(试行)》

(人社厅发〔2014〕25号)

第五条 办理参保人员城镇职工养老保险和城乡居民养老保险制度衔接手续的,社保机构应首先按照《国务院办公厅关于转发人力资源社会保障部 财政部城镇企业职工基本养老保险关系跨省转移接续暂行办法的通知》(国办发〔2009〕66号)等有关规定,确定城镇职工养老保险待遇领取地,由城镇职工养老保险待遇领取地(即城镇职工养老保险关系归集地)负责归集参保人员城镇职工养老保险关系,告知参保人员办理相关手续,并为其开具包含各参保地缴费年限的《城镇职工基本养老保险参保缴费凭证》。

97. 参保人员办理城镇职工养老保险和城乡居民养老保险互转如何确定缴费年限

《人力资源社会保障部 财政部关于印发〈城乡养老保险制度衔接暂行办法〉的通知》(人社部发〔2014〕17号)具体规定了城镇职工养老保险和城乡居民养老保险互转时如何确定缴费年限的问题。

(1)参保人员从城乡居民养老保险转入城镇职工养老保险的,城乡居民养老保险个人账户全部储存额并入城镇职工养老保险个人账户,城乡居民养老保险缴费年限不合并计算或折算为城镇职工养老保险缴费年限。

(2)参保人员从城镇职工养老保险转入城乡居民养老保险的,城镇职工养老保险个人账户全部储存额并入城乡居民养老保险个人账户,参加城镇职工养老保险的缴费年限合并计算为城乡居民养老保险的缴费年限。

(3)参保人员若在同一年度内同时参加城镇职工养老保险和城乡居民养老保险的,其重复缴费时段(按月计算)只计算城镇职工养老保险缴费年限,并将城乡居民养老保险重复缴费时段相应个人缴费和集体补助退还本人。

98. 参保人员是否可以同时领取城镇职工养老保险和城乡居民养老保险

《人力资源社会保障部 财政部关于印发〈城乡养老保险制度衔接暂行办法〉的通知》(人社部发〔2014〕17号)第八条规定,参保人员不得同时领取城镇职工养老保险和城乡居民养老保险待遇。对于同时领取城镇职工养老保险和城乡居民养老保险待遇的,终止并解除城乡居民养老保险关系,除政府补贴外的个人账户余额退还本人,已领取的城乡居民养老保险基础养老金应予以退还;本人不予退还的,由社会保险经办机构负责从城乡居民养老保险个人账户余额或者城镇职工养老保险基本养老金中抵扣。

政策链接 **《城乡养老保险制度衔接经办规程(试行)》**
(人社厅发〔2014〕25号)

第九条 参保人员同时领取城镇职工养老保险和城乡居民养老保险待遇的,由城乡居民养老保险待遇领取地社保机构负责终止其城乡居民养老保险关系,核定重复领取的城乡居民养老保险基础养老金金额,通知参保人员退还。参保人员退还后,将其城乡居民养老保险个人账户余额(扣除政府补贴,下同)退还本人。

参保人员不退还重复领取的城乡居民养老保险基础养老金的,城乡居民养老保险待遇领取地社保机构从其城乡居民养老保险个人账户余额中抵扣,抵扣后的个人账户余额退还本人。

参保人员个人账户余额不足抵扣的,城乡居民养老保险待遇领取地社保机构向其领取城镇职工养老保险待遇的社保机构发送《重复领取养老保险待遇协助抵扣通知单》,通知其协助抵扣。

参保人员城镇职工养老保险待遇领取地社保机构完成抵扣后,应将协助抵扣款项全额划转至城乡居民养老保险待遇领取地社保机构指定银行账户,同时传送《重复领取养老保险待遇协助抵扣回执》。

99. 参保人员办理城乡养老保险制度衔接手续的程序

《人力资源社会保障部 财政部关于印发〈城乡养老保险制度衔接暂行办法〉的通知》

(人社部发〔2014〕17号)规定,参保人员办理城乡养老保险制度衔接手续时,按下列程序办理:

(1)由参保人员本人向待遇领取地社会保险经办机构提出养老保险制度衔接的书面申请。

(2)待遇领取地社会保险经办机构受理并审核参保人员书面申请,对符合本办法规定条件的,在15个工作日内,向参保人员原城镇职工养老保险、城乡居民养老保险关系所在地社会保险经办机构发出联系函,并提供相关信息;对不符合本办法规定条件的,向申请人作出说明。

(3)参保人员原城镇职工养老保险、城乡居民养老保险关系所在地社会保险经办机构在接到联系函的15个工作日内,完成制度衔接的参保缴费信息传递和基金划转手续。

(4)待遇领取地社会保险经办机构收到参保人员原城镇职工养老保险、城乡居民养老保险关系所在地社会保险经办机构转移的资金后,应在15个工作日内办结有关手续,并将情况及时通知申请人。

100. 负责城乡养老保险制度衔接的部门

《城乡养老保险制度衔接经办规程(试行)》规定,参加城镇职工基本养老保险(简称城镇职工养老保险)、城乡居民基本养老保险(简称城乡居民养老保险)两种制度的人员办理跨制度衔接养老保险关系,由县级以上社会保险经办机构负责办理。

101. 办理城乡居民养老保险转入城镇职工养老保险的程序和相关手续

《城乡养老保险制度衔接经办规程(试行)》第六条规定,参保人员办理城乡居民养老保险转入城镇职工养老保险,按以下程序办理相关手续:

(1)参保人员向城镇职工养老保险待遇领取地社保机构提出转入申请,填写《城乡养老保险制度衔接申请表》(简称《申请表》),出示社会保障卡或居民身份证并提交复印件。

参保人员户籍地与城镇职工养老保险待遇领取地为不同统筹地区的,可就近向户籍地负责城乡居民养老保险的社保机构提出申请,填写《申请表》,出示社会保障卡或居民身份证,并提交复印件。户籍地负责城乡居民养老保险的社保机构应及时将相关材料传送给其城镇职工养老保险待遇领取地社保机构。

(2)城镇职工养老保险待遇领取地社保机构受理并审核《申请表》及相关资料,对符合制度衔接办法规定条件的,应在15个工作日内,向参保人员城乡居民养老保险关系所在地社保机构发出《城乡养老保险制度衔接联系函》(简称《联系函》)。不符合制度衔接办法规定条件的,应向参保人员作出说明。

(3)城乡居民养老保险关系所在地社保机构在收到《联系函》之日起的15个工作日内办结以下手续:

① 核对参保人员有关信息并生成《城乡居民基本养老保险信息表》,传送给城镇职工养老保险待遇领取地社保机构;

② 办理基金划转手续;

③ 终止参保人员在本地的城乡居民养老保险关系。

(4)城镇职工养老保险待遇领取地社保机构在收到《城乡居民基本养老保险信息表》和转移基金后的15个工作日内办结以下手续:

① 核对《城乡居民基本养老保险信息表》及转移基金额;

② 录入参保人员城乡居民养老保险相关信息；

③ 确定重复缴费时段及金额，按规定将城乡居民养老保险重复缴费时段相应个人缴费和集体补助（含社会资助）予以清退；

④ 合并记录参保人员个人账户；

⑤ 将办结情况告知参保人员。

102. 办理城镇职工养老保险转入城乡居民养老保险的程序和相关手续

《城乡养老保险制度衔接经办规程（试行）》第七条规定，参保人员办理城镇职工养老保险转入城乡居民养老保险，按以下程序办理相关手续：

（1）参保人员向城乡居民养老保险待遇领取地社保机构提出申请，填写《申请表》，出示社会保障卡或居民身份证并提交复印件，提供城镇职工养老保险关系归集地开具的《参保缴费凭证》。

（2）城乡居民养老保险待遇领取地社保机构受理并审核《申请表》及相关资料，对符合制度衔接办法规定条件的，应在 15 个工作日内，向城镇职工养老保险关系归集地社保机构发出《联系函》。对不符合制度衔接办法规定条件的，应向参保人员作出说明。

（3）城镇职工养老保险关系归集地社保机构收到《联系函》之日起的 15 个工作日内，办结以下手续：

① 生成《城镇职工基本养老保险信息表》，传送给城乡居民养老保险待遇领取地社保机构；

② 办理基金划转手续；

③ 终止参保人员在本地的城镇职工养老保险关系。

（4）城乡居民养老保险关系所在地社保机构在收到《城镇职工基本养老保险信息表》和转移基金后的 15 个工作日内办结以下手续：

① 核对《城镇职工基本养老保险信息表》及转移基金额；

② 录入参保人员城镇职工养老保险相关信息；

③ 确定重复缴费时段及金额，按规定予以清退；

④ 合并记录参保人员个人账户；

⑤ 将办结情况告知参保人员。

103. 同时参加城镇职工养老保险和城乡居民养老保险的重复缴费清退的程序

《城乡养老保险制度衔接经办规程（试行）》第八条规定，参保人员存在同一年度内同时参加城镇职工养老保险和城乡居民养老保险情况的，由转入地社保机构清退城乡居民养老保险重复缴费时段相应的个人缴费和集体补助，按以下程序办理：

（1）进行信息比对，确定重复缴费时段。重复时段为城乡居民养老保险各年度与城镇职工养老保险重复缴费的月数。

（2）确定重复缴费清退金额，生成并打印《城乡养老保险重复缴费清退表》。重复缴费清退金额计算方法：

年度重复缴费清退金额＝（年度个人缴费本金＋年度集体补助本金）÷12×重复缴费月数；

清退总额＝各年度重复缴费清退金额之和。

（3）将重复缴费清退金额退还参保人员，并将有关情况通知本人。

104. 参保人员的参保信息如何查询

《城乡养老保险制度衔接经办规程(试行)》规定了参保人员的参保信息的查询办法:

(1) 负责城镇职工养老保险、城乡居民养老保险的社保机构办理参保人员城乡养老保险制度衔接手续后,应将参保人员有关信息予以保留和备份。

(2) 人力资源和社会保障部建立健全完善全国县级以上社保机构联系方式信息库,并向社会公布相关信息。同时,进一步完善全国社会保险关系转移信息系统,各地社保机构应积极应用该系统开展城乡养老保险制度衔接业务。

(3) 建立全国统一的基本养老保险参保缴费查询服务系统,加快普及全国通用的社会保障卡,为参保人员查询参保缴费信息、办理制度衔接提供便捷、高效的服务。

105. 机关事业单位工作人员养老保险制度适用的范围

按照党的十八大和十八届三中、四中全会精神,根据《社会保险法》等相关规定,为统筹城乡社会保障体系建设,建立更加公平、可持续的养老保险制度,国务院决定改革机关事业单位工作人员养老保险制度。2015年1月3日公布《国务院关于机关事业单位工作人员养老保险制度改革的决定》(国发〔2015〕2号),参照公务员法管理的单位、参照公务员法管理的机关(单位)、事业单位及其编制内的工作人员自2014年10月1日起实行养老保险制度。

106. 机关事业单位工作人员养老保险的筹资渠道

《国务院关于机关事业单位工作人员养老保险制度改革的决定》(国发〔2015〕2号)规定机关事业单位工作人员养老保险的筹资渠道是实行社会统筹与个人账户相结合,基本养老保险费由单位和个人共同负担。

1) 费率

单位缴纳基本养老保险费(以下简称单位缴费)的比例为本单位工资总额的20%,个人缴纳基本养老保险费(以下简称个人缴费)的比例为本人缴费工资的8%,由单位代扣。

2) 个人账户

按本人缴费工资8%的数额建立基本养老保险个人账户,全部由个人缴费形成。个人工资超过当地上年度在岗职工平均工资300%以上的部分,不计入个人缴费工资基数;低于当地上年度在岗职工平均工资60%的,按当地在岗职工平均工资的60%计算个人缴费工资基数。

个人账户储存额只用于工作人员养老,不得提前支取,每年按照国家统一公布的记账利率计算利息,免征利息税。

参保人员死亡的,个人账户余额可以依法继承。

107. 机关事业单位工作人员养老保险的计发办法

《国务院关于机关事业单位工作人员养老保险制度改革的决定》(国发〔2015〕2号,以下简称国发〔2015〕2号文件)规定了机关事业单位工作人员养老保险的计发办法。

(1) 国发〔2015〕2号文件实施后参加工作、个人缴费年限累计满15年的人员,退休后按月发给基本养老金。

(2) 基本养老金由基础养老金和个人账户养老金组成。

(3) 退休时的基础养老金月标准以当地上年度在岗职工月平均工资和本人指数化月平均缴费工资的平均值为基数,缴费每满1年发给1%。

(4) 个人账户养老金月标准为个人账户储存额除以计发月数,计发月数根据本人退休时城镇人口平均预期寿命、本人退休年龄、利息等因素确定。

（5）国发〔2015〕2号文件实施前参加工作、实施后退休且缴费年限（含视同缴费年限）累计满15年的人员，按照合理衔接、平稳过渡的原则，在发给基础养老金和个人账户养老金的基础上，再依据视同缴费年限长短发给过渡性养老金。具体办法由人力资源社会保障部会同有关部门制定并指导实施。

（6）国发〔2015〕2号文件实施后达到退休年龄但个人缴费年限累计不满15年的人员，其基本养老保险关系处理和基本养老金计发比照《实施〈中华人民共和国社会保险法〉若干规定》（人力资源社会保障部令第13号）执行。

（7）国发〔2015〕2号文件实施前已经退休的人员，继续按照国家规定的原待遇标准发放基本养老金，同时执行基本养老金调整办法。

（8）机关事业单位离休人员仍按照国家统一规定发给离休费，并调整相关待遇。

个人账户养老金计发月数表

退休年龄	计发月数	退休年龄	计发月数
40	233	56	164
41	230	57	158
42	226	58	152
43	223	59	145
44	220	60	139
45	216	61	132
46	212	62	125
47	207	63	117
48	204	64	109
49	199	65	101
50	195	66	93
51	190	67	84
52	185	68	75
53	180	69	65
54	175	70	56
55	170		

108. 机关事业单位工作人员养老保险制度下的基本养老金如何调整

《国务院关于机关事业单位工作人员养老保险制度改革的决定》（国发〔2015〕2号）规定，要建立基本养老金正常调整机制。根据职工工资增长和物价变动等情况，统筹安排机关事业单位和企业退休人员的基本养老金调整，逐步建立兼顾各类人员的养老保险待遇正常调整机制，分享经济社会发展成果，保障退休人员基本生活。

109. 机关事业单位工作人员养老保险基金如何监管

《国务院关于机关事业单位工作人员养老保险制度改革的决定》（国发〔2015〕2号）明确要从以下几方面加强基金管理和监督。

（1）建立健全基本养老保险基金省级统筹；暂不具备条件的，可先实行省级基金调剂制度，明确各级人民政府征收、管理和支付的责任。

（2）机关事业单位基本养老保险基金单独建账，与企业职工基本养老保险基金分别管理使用。

（3）基金实行严格的预算管理，纳入社会保障基金财政专户，实行收支两条线管理，专款专用。

（4）依法加强基金监管，确保基金安全。

110. 机关事业单位工作人员养老保险关系如何转移接续

《国务院关于机关事业单位工作人员养老保险制度改革的决定》（国发〔2015〕2号）规定要做好养老保险关系转移接续工作。

（1）参保人员在同一统筹范围内的机关事业单位之间流动，只转移养老保险关系，不转移基金。

（2）参保人员跨统筹范围流动或在机关事业单位与企业之间流动，在转移养老保险关系的同时，基本养老保险个人账户储存额随同转移，并以本人改革后各年度实际缴费工资为基数，按12%的总和转移基金，参保缴费不足1年的，按实际缴费月数计算转移基金。

（3）转移后基本养老保险缴费年限（含视同缴费年限）、个人账户储存额累计计算。

111. 机关事业单位如何建立职业年金

《国务院关于机关事业单位工作人员养老保险制度改革的决定》（国发〔2015〕2号）规定机关事业单位应当建立职业年金制度。

（1）机关事业单位在参加基本养老保险的基础上，应当为其工作人员建立职业年金。

（2）单位按本单位工资总额的8%缴费，个人按本人缴费工资的4%缴费。

（3）工作人员退休后，按月领取职业年金待遇。

（4）职业年金的具体办法由人力资源社会保障部、财政部制定。

112. 机关事业单位基本养老保险关系如何转移接续

按照《国务院关于机关事业单位工作人员养老保险制度改革的决定》（国发〔2015〕2号）和《国务院办公厅关于印发机关事业单位职业年金办法的通知》（国办发〔2015〕18号，以下简称国办发〔2015〕18号文件）的规定，为做好机关事业单位养老保险参保人员基本养老保险关系和职业年金转移接续工作，切实维护流动就业人员的养老保险权益，2017年1月12日发布的《人力资源和社会保障部 财政部关于机关事业单位基本养老保险关系和职业年金转移接续有关问题的通知》（人社部规〔2017〕1号）对机关事业单位基本养老保险关系的转移接续问题进行了明确。

（1）参保人员在同一统筹范围内的机关事业单位之间流动的，只转移基本养老保险关系，不转移基金。

（2）参保人员在机关事业单位养老保险制度内跨统筹范围流动的，在转移基本养老保险关系的同时，转移基金。

（3）参保人员从机关事业单位流动到企业的，在转移基本养老保险关系的同时，转移基金。

① 参保人员经组织批准从机关事业单位调动到企业的,基本养老保险关系转移至调入企业参保地的企业职工基本养老保险社保经办机构;

② 参保人员因辞职、辞退等原因离开机关事业单位的,基本养老保险关系转移至户籍所在地的企业职工基本养老保险社保经办机构。以后在户籍所在地以外就业参保的,基本养老保险关系转移接续按照《国务院办公厅关于转发人力资源社会保障部 财政部城镇企业职工基本养老保险关系转移接续暂行办法的通知》(国办发〔2009〕66号,以下简称国办发〔2009〕66号文件)相关规定执行;

③ 高校、科研院所等事业单位专业技术人员离岗创业保留人事关系期间,可暂不转移基本养老保险关系。待其正式办理离职后,根据其重新就业情况,按照上述办法相应转移接续基本养老保险关系。

(4) 参保人员跨统筹范围流动或从机关事业单位流动到企业的,个人缴费部分按计入本人基本养老保险个人账户的全部储存额计算转移;单位缴费部分以本人改革后各年度实际缴费工资为基数,按12%的总和转移,参保缴费不足1年的,按实际缴费月数计算转移。

(5) 参保人员从企业流动到机关事业单位的,在转移基本养老保险关系的同时,个人缴费部分和单位缴费部分转移比照国办发〔2009〕66号文件相关规定执行。其中,改革前曾参加企业职工基本养老保险、改革后参加机关事业单位基本养老保险的参保人员,按照上述办法转移接续在企业参保期间的基本养老保险关系。

(6) 改革前参加地方原有机关事业单位养老保险试点、改革后纳入机关事业单位基本养老保险的人员,在转移接续基本养老保险关系时,不转移参加试点期间的单位缴费和个人缴费,改革前的个人缴费本息按照《人力资源社会保障部 财政部关于贯彻落实〈国务院关于机关事业单位工作人员养老保险制度改革的决定〉的通知》(人社部发〔2015〕28号)有关规定执行。

113. 机关事业单位基本养老保险关系转移接续后职业年金如何补记

《人力资源和社会保障部 财政部关于机关事业单位基本养老保险关系和职业年金转移接续有关问题的通知》(人社部规〔2017〕1号)规定了机关事业单位参保人员养老保险关系转移接续后的职业年金补记问题。

(1) 参保人员办理了正式调动或辞职、辞退手续离开机关事业单位的,根据改革前本人在机关事业单位工作的年限长短补记职业年金,以实账方式划转至本人职业年金个人账户,所需资金由其原所在单位按现行经费保障渠道解决。

(2) 参保人员从企业再次流动到机关事业单位的,本人退休时,按照机关事业单位养老保险办法计发待遇,同时补记职业年金的本金及投资收益划转到待遇领取地机关事业单位基本养老保险统筹基金。若参保人员在退休前从机关事业单位又流动到企业的,不再重复补记职业年金,原补记的职业年金转移和管理运营按照国办发〔2015〕18号文件规定执行。

114. 机关事业单位基本养老保险关系转移接续后待遇计发参数

《人力资源和社会保障部 财政部关于机关事业单位基本养老保险关系和职业年金转移接续有关问题的通知》(人社部规〔2017〕1号)对养老保险关系转移接续后的相关待遇计发参数如何确定进行了明确。

(1) 参保人员在机关事业单位之间跨统筹范围流动的,待达到退休年龄时,视同缴费指数根据本人退休时的职务职级（技术职称）所对应的待遇领取地的视同缴费指数标准确定；过渡期内老办法待遇标准中的退休补贴标准，根据2014年9月本人的职务职级（技术职称）对应的待遇领取地退休补贴标准确定；在其他统筹地区参保缴费时段的实际缴费指数，可以按照本人相应年度缴费工资基数和待遇领取地对应的上年度在岗职工平均工资计算，也可以按照本人相应年度缴费工资基数和其他统筹地区对应的上年度在岗职工平均工资计算，就高不就低。

（2）参保人员从机关事业单位流动到企业参保的，其视同缴费指数按企业职工基本养老保险有关政策确定。

（3）改革后，参保人员从企业流动到机关事业单位，过渡期内达到退休年龄的，可参照待遇领取地同等条件（如职务、技术职称等）人员的标准，确定其老办法待遇标准，实行新老办法对比计发养老待遇，具体办法由各地根据实际制定。过渡期之后达到退休年龄的，直接按照新办法计发养老待遇。其他类似人员，按照上述办法处理。

（4）参保人员在机关事业单位与企业之间流动的，养老保险关系转移接续后的基本养老保险缴费年限（含视同缴费年限）、个人账户储存额累计计算。

115．机关事业单位基本养老保险关系转移接续后待遇领取地如何确定

《人力资源和社会保障部 财政部关于机关事业单位基本养老保险关系和职业年金转移接续有关问题的通知》（人社部规〔2017〕1号）对养老保险关系转移接续后的待遇领取地的问题做了确定。

（1）参加机关事业单位养老保险制度的人员达到退休年龄时，其退休时的基本养老保险关系所在地为待遇领取地。

（2）参保人员从机关事业单位流动到企业的，待达到退休年龄时，按照国办发〔2009〕66号文件等规定确定待遇领取地。

116．机关事业单位基本养老保险制度下如何处理多重养老保险关系

《人力资源和社会保障部 财政部关于机关事业单位基本养老保险关系和职业年金转移接续有关问题的通知》（人社部规〔2017〕1号）中提到要处理好多重养老保险关系。

参保人员同时存续多重基本养老保险关系或重复缴纳基本养老保险费的，应按照"先转后清"的原则，由转入地社保经办机构负责按规定清理。

117．机关事业单位职业年金如何转移接续

《人力资源和社会保障部 财政部关于机关事业单位基本养老保险关系和职业年金转移接续有关问题的通知》（人社部规〔2017〕1号）对职业年金如何转移接续进行了规定。

职业年金个人账户实账部分按照国办发〔2015〕18号文件的规定转移接续，职业年金单位缴费采取记账方式管理的部分，按以下办法转移接续：

（1）参保人员在由相应的同级财政全额供款的单位之间流动时，可转移本人的职业年金单位缴费部分的累计记账额，继续由转入单位采取记账方式管理。

（2）参保人员由机关事业单位流动到企业、在非同级财政全额供款的单位之间流动，或者由财政全额供款单位流动到非财政全额供款单位的，应当由转出单位相应的同级财政保障拨付资金记实后转移接续。

（3）参保人员由非财政全额供款单位流动到财政全额供款单位后，原实账积累的个人账户资金按规定转移接续，同时其到新就业单位后的职业年金单位缴费部分可采取记账方

式管理。

118. 机关事业单位职业年金账户如何管理和待遇计发

《人力资源和社会保障部 财政部关于机关事业单位基本养老保险关系和职业年金转移接续有关问题的通知》(人社部规〔2017〕1号)规定了职业年金、企业年金个人账户管理和待遇计发办法。

（1）参保人员在机关事业单位与企业之间流动时，本人职业年金或者企业年金个人账户包含的按照规定正常缴费形成的职业年金（简称正常缴费）、参加本地机关事业单位养老保险试点的个人缴费本息划转的资金（简称划转缴费）、补记的职业年金（简称补记缴费）和企业年金分别管理并计算收益。

（2）参保人员从机关事业单位流动到企业并在企业职工养老保险制度内达到退休年龄，参加所在企业建立企业年金计划的，将正常缴费、补记缴费和企业年金累计储存额合并计算，按照企业年金制度相关规定领取企业年金待遇，同时将划转缴费累计储存额一次性支付给本人。

（3）参保人员从机关事业单位流动到企业并在企业职工养老保险制度内达到退休年龄，所在企业没有建立企业年金计划并由原管理机构管理运营正常缴费、划转缴费和补记缴费的，将正常缴费和补记缴费累计储存额合并计算，按照国办发〔2015〕18号文件规定领取职业年金待遇，同时将划转缴费累计储存额一次性支付给本人。

（4）参保人员从企业流动到机关事业单位的，原在企业建立的企业年金按规定转移并投资运营。在机关事业单位养老保险制度内达到退休年龄的，过渡期内，企业年金累计储存额不计入新老办法标准对比范围，按照企业年金制度相关规定领取企业年金待遇，同时按照国办发〔2015〕18号文件规定领取职业年金待遇；过渡期之后，将职业年金、企业年金累计储存额合并计算，按照国办发〔2015〕18号文件规定领取职业年金待遇。

（5）参保人员在职期间或退休后死亡的，其正常缴费、划转缴费、补记缴费和企业年金累计储存余额可以继承。

二、基本医疗保险

1. 什么是基本医疗保险制度

基本医疗保险制度是指用人单位、个人、集体和政府等，按照国家规定缴纳资金，形成医疗保险基金，在参保人因患病和意外伤害而应医诊疗时，由医疗保险基金支付其符合规定的医疗费用，从而化解和减少参保人因患病引起的经济风险和社会保险制度。《社会保险法》第二十三条、二十四条、二十五条规定，我国基本医疗保险制度要包括职工基本医疗保险制度、新型农村合作医疗制度和城镇基本医疗保险制度，三项医疗保险制度全面覆盖城乡全体居民。

2. 职工基本医疗保险制度的适用范围

《社会保险费征缴暂行条例》(国务院令第259号)第三条规定，基本医疗保险费的征缴范围：国有企业、城镇集体企业、外商投资企业、城镇私营企业和其他城镇企业及其职工，国家机关及其工作人员，事业单位及其职工，民办非企业单位及其职工，社会团体及其专职人员。

社会保险费的费基、费率依照有关法律、行政法规和国务院的规定执行。

政策链接　《国务院关于建立城镇职工基本医疗保险制度的决定》

（国发〔1998〕44号）

城镇所有用人单位，包括企业（国有企业、集体企业、外商投资企业、私营企业等）、机关、事业单位、社会团体、民办非企业单位及其职工，都要参加基本医疗保险。乡镇企业及其职工、城镇个体经济组织业主及其从业人员是否参加基本医疗保险，由各省、自治区、直辖市人民政府决定。

3. 城镇职工基本医疗保险的筹资渠道

《社会保险法》第二十三条规定，职工应当参加职工基本医疗保险，由用人单位和职工按照国家规定共同缴纳基本医疗保险费。

政策链接　《国务院关于建立城镇职工基本医疗保险制度的决定》

（国发〔1998〕44号）

基本医疗保险原则上以地级以上行政区（包括地、市、州、盟）为统筹单位，也可以县（市）为统筹单位，北京、天津、上海3个直辖市原则上在全市范围内实行统筹（以下简称统筹地区）。所有用人单位及其职工都要按照属地管理原则参加所在统筹地区的基本医疗保险，执行统一政策，实行基本医疗保险基金的统一筹集、使用和管理。铁路、电力、远洋运输等跨地区、生产流动性较大的企业及其职工，可以相对集中的方式异地参加统筹地区的基本医疗保险。

4. 城镇职工基本医疗保险基金的账户管理

《国务院关于建立城镇职工基本医疗保险制度的决定》（国发〔1998〕44号）对城镇职工基本医疗保险基金的账户管理进行了规定，主要内容如下：

（1）要建立基本医疗保险统筹基金和个人账户。基本医疗保险基金由统筹基金和个人账户构成。职工个人缴纳的基本医疗保险费，全部计入个人账户。用人单位缴纳的基本医疗保险费分为两部分，一部分用于建立统筹基金，一部分划入个人账户。划入个人账户的比例一般为用人单位缴费的30%左右，具体比例由统筹地区根据个人账户的支付范围和职工年龄等因素确定。

（2）统筹基金和个人账户要划定各自的支付范围，分别核算，不得互相挤占。要确定统筹基金的起付标准和最高支付限额，起付标准原则上控制在当地职工年平均工资的10%左右，最高支付限额原则上控制在当地职工年平均工资的4倍左右。起付标准以下的医疗费用，从个人账户中支付或由个人自付。起付标准以上、最高支付限额以下的医疗费用，主要从统筹基金中支付，个人也要负担一定比例。超过最高支付限额的医疗费用，可以通过商业医疗保险等途径解决。统筹基金的具体起付标准、最高支付限额以及在起付标准以上和最高支付限额以下医疗费用的个人负担比例，由统筹地区根据以收定支、收支平衡的原则确定。

政策链接　《劳动和社会保障部关于加强城镇职工基本医疗保险个人账户管理的通知》

（劳社厅发〔2002〕6号）

个人账户是城镇职工基本医疗保险制度的重要内容，个人账户资金是基本医疗保险基金的重要组成部分。建立个人账户的核心是解决参保职工的门诊或小额医疗费用，同时为职工年老体弱时积累部分资金。

三、加强个人账户基金管理，严格控制资金支出和使用方向

经办机构要按照《社会保险基金财务制度》（财社字〔1999〕60号）、《社会保险基金会计制度》（财会

字〔1999〕20号)规定,严格个人账户基金的管理与核算。个人账户基金必须纳入财政专户管理,按规定编制基金预算和财务决算报告。要加强个人账户基金的支出管理和监督。个人账户基金只能用于支付在定点医疗机构或定点零售药店发生的、符合基本医疗保险药品目录、诊疗项目范围、医疗服务设施标准所规定项目范围内的医药费用。个人账户原则上要实行钱账分管,个人当期的医疗消费支出可采取划账的形式,最后由经办机构定期与定点医疗机构和定点药店统一进行结算。个人账户原则上不得提取现金,禁止用于医疗保障以外的其他消费支出。各地经办机构要加强对个人账户支出情况的审核和监督,对不符合要求的项目,不得纳入个人账户基金的支付范围。

5. 无雇工的个体工商户、灵活就业人员参加职工基本医疗保险如何缴费

《社会保险法》第二十三条第二款规定,无雇工的个体工商户、未在用人单位参加职工基本医疗保险的非全日制从业人员以及其他灵活就业人员可以参加职工基本医疗保险,由个人按照国家规定缴纳基本医疗保险费。

政策链接 《国务院关于印发医药卫生体制改革近期重点实施方案(2009—2011年)的通知》
(国发〔2009〕12号)

积极推进城镇非公有制经济组织从业人员、灵活就业人员和农民工参加城镇职工医保。政府对符合就业促进法规定的就业困难人员参加城镇职工医保的参保费用给予补贴。灵活就业人员自愿选择参加城镇职工医保或城镇居民医保。参加城镇职工医保有困难的农民工,可以自愿选择参加城镇居民医保或户籍所在地的新农合。

《劳动和社会保障部办公厅关于城镇灵活就业人员参加基本医疗保险的指导意见》
(劳社厅发〔2003〕10号)

灵活就业人员参加基本医疗保险要坚持权利和义务相对应、缴费水平与待遇水平相挂钩的原则。在参保政策和管理办法上既要与城镇职工基本医疗保险制度相衔接,又要适应灵活就业人员的特点。

灵活就业人员参加基本医疗保险的缴费率原则上按照当地的缴费率确定。从统筹基金起步的地区,可参照当地基本医疗保险建立统筹基金的缴费水平确定。缴费基数可参照当地上一年职工年平均工资核定。灵活就业人员缴纳的医疗保险费纳入统筹地区基本医疗保险基金统一管理。

6. 哪些人员可以参加新型农村合作医疗

新型农村合作医疗制度是由政府组织、引导、支持,农民自愿参加,个人、集体和政府多方筹资,以大病统筹为主的农民医疗互助共济制度。我国范围内的农村居民都可以参加新型农村合作医疗。

法律链接 《中华人民共和国社会保险法》
(主席令第三十五号)

第二十四条 国家建立和完善新型农村合作医疗制度。
新型农村合作医疗的管理办法,由国务院规定。

政策链接 《国务院关于印发医药卫生体制改革近期重点实施方案(2009—2011年)的通知》
(国发〔2009〕12号)

积极推进城镇非公有制经济组织从业人员、灵活就业人员和农民工参加城镇职工医保。政府对符合就业促进法规定的就业困难人员参加城镇职工医保的参保费用给予补贴。灵活就业人员自愿选择参加城镇职工医保或城镇居民医保。参加城镇职工医保有困难的农民工,可以自愿选择参加城镇

居民医保或户籍所在地的新农合。

<h2 style="text-align:center">《中共中央国务院关于进一步加强农村卫生工作的决定》</h2>

(中发〔2002〕13 号)

各级政府要积极组织引导农民建立以大病统筹为主的新型农村合作医疗制度,重点解决农民因患传染病、地方病等大病而出现的因病致贫、返贫问题。农村合作医疗制度应与当地经济社会发展水平、农民经济承受能力和医疗费用需要相适应,坚持自愿原则,反对强迫命令,实行农民个人缴费、集体扶持和政府资助相结合的筹资机制。

7. 进城务工的农村居民如何参加新型农村合作医疗

《社会保险法》第九十五条规定,进城务工的农村居民依照本法规定参加社会保险。按照这一规定,进城务工的农村居民有权参加基本医疗保险,按规定缴纳医疗保险费,享受医疗保险待遇。

《国务院关于印发医药卫生体制改革近期重点实施方案(2009—2011 年)的通知》(国发〔2009〕12 号)规定,积极推进城镇非公有制经济组织从业人员、灵活就业人员和农民工参加城镇职工医保。政府对符合就业促进法规定的就业困难人员参加城镇职工医保的参保费用给予补贴。灵活就业人员自愿选择参加城镇职工医保或城镇居民医保。参加城镇职工医保有困难的农民工,可以自愿选择参加城镇居民医保或户籍所在地的新农合。

依据上述文件规定,进城务工的农村居民在参加合作医疗保险时有两种选择,可以选择参加城镇职工医疗保险,也可以选择户籍所在地的新农合。

8. 新型农村合作医疗的资金来源有哪些

新型农村合作医疗制度实行个人缴费、集体扶持和政府资助相结合的筹资机制。建立新型农村合作医疗制度要遵循自愿参加,多方筹资的原则。农民以家庭为单位自愿参加新型农村合作医疗,遵守有关规章制度,按时足额缴纳合作医疗经费;乡(镇)、村集体要给予资金扶持;中央和地方各级财政每年要安排一定专项资金予以支持。

【法律链接】 《中华人民共和国社会保险法》

(主席令第三十五号)

第二十四条第二款 新型农村合作医疗的管理办法,由国务院规定。

【政策链接】 《国务院办公厅转发卫生部等部门关于建立新型农村合作医疗制度意见的通知》

(国办发〔2003〕3 号)

三、筹资标准

新型农村合作医疗制度实行个人缴费、集体扶持和政府资助相结合的筹资机制。

(一)农民个人每年的缴费标准不应低于 10 元,经济条件好的地区可相应提高缴费标准。乡镇企业职工(不含以农民家庭为单位参加新型农村合作医疗的人员)是否参加新型农村合作医疗由县级人民政府确定。

(二)有条件的乡村集体经济组织应对本地新型农村合作医疗制度给予适当扶持。扶持新型农村合作医疗的乡村集体经济组织类型、出资标准由县级人民政府确定,但集体出资部分不得向农民摊派。鼓励社会团体和个人资助新型农村合作医疗制度。

(三)地方财政每年对参加新型农村合作医疗农民的资助不低于人均 10 元,具体补助标准和分级负担比例由省级人民政府确定。经济较发达的东部地区,地方各级财政可适当增加投入。从 2003 年起,中央财政每年通过专项转移支付对中西部地区除市区以外的参加新型农村合作医疗的农民按人均10元安排补助资金。

9. 哪些人员可以参加城镇居民基本医疗保险

在建立城镇职工基本医疗保险制度之初,参加城镇居民基本医疗保险的范围仅限于城镇所有用人单位,包括企业(国有企业、集体企业、外商投资企业、私营企业等)、机关、事业单位、社会团体、民办非企业单位及其职工,后来逐渐扩充到不属于城镇职工基本医疗保险制度覆盖范围的中小学阶段的学生(包括职业高中、中专、技校学生)、少年儿童和其他非从业城镇居民、各类全日制普通高等学校(包括民办高校)、科研院所(以下统称高校)中接受普通高等学历教育的全日制本专科生、全日制研究生以及城镇非公有制经济组织从业人员、灵活就业人员和农民工。

【法律链接】 《中华人民共和国社会保险法》
(主席令第三十五号)

第二十五条第一款 国家建立和完善城镇居民基本医疗保险制度。

【政策链接】 《国务院关于建立城镇职工基本医疗保险制度的决定》
(国发〔1998〕44号)

建立城镇职工基本医疗保险制度的原则是:基本医疗保险的水平要与社会主义初级阶段生产力发展水平相适应;城镇所有用人单位及其职工都要参加基本医疗保险,实行属地管理;基本医疗保险费由用人单位和职工双方共同负担;基本医疗保险基金实行社会统筹和个人账户相结合。

城镇所有用人单位,包括企业(国有企业、集体企业、外商投资企业、私营企业等)、机关、事业单位、社会团体、民办非企业单位及其职工,都要参加基本医疗保险。乡镇企业及其职工、城镇个体经济组织业主及其从业人员是否参加基本医疗保险,由各省、自治区、直辖市人民政府决定。

《国务院关于开展城镇居民基本医疗保险试点的指导意见》
(国发〔2007〕20号)

不属于城镇职工基本医疗保险制度覆盖范围的中小学阶段的学生(包括职业高中、中专、技校学生)、少年儿童和其他非从业城镇居民都可自愿参加城镇居民基本医疗保险。

《国务院办公厅关于将大学生纳入城镇居民基本医疗保险试点范围的指导意见》
(国办发〔2008〕119号)

一、基本原则

按照党中央、国务院关于加快建立覆盖城乡居民的社会保障体系和开展城镇居民基本医疗保险试点工作的总体要求,坚持自愿原则,将大学生纳入城镇居民基本医疗保险试点范围,并继续做好日常医疗工作;中央确定基本原则和主要政策,试点地区制订具体办法,对参保大学生实行属地管理;完善医疗保障资金筹集机制和费用分担机制,重点保障基本医疗需求,逐步提高保障水平。

二、主要政策

(一)参保范围。各类全日制普通高等学校(包括民办高校)、科研院所(以下统称高校)中接受普通高等学历教育的全日制本专科生、全日制研究生。

《国务院关于印发医药卫生体制改革近期重点实施方案(2009—2011年)的通知》
(国发〔2009〕12号)

积极推进城镇非公有制经济组织从业人员、灵活就业人员和农民工参加城镇职工医保。政府对符合就业促进法规定的就业困难人员参加城镇职工医保的参保费用给予补贴。灵活就业人员自愿选择参加城镇职工医保或城镇居民医保。参加城镇职工医保有困难的农民工，可以自愿选择参加城镇居民医保或户籍所在地的新农合。

10. 城镇居民基本医疗保险的筹资渠道

城镇居民基本医疗保险的筹资渠道是个人缴费和政府补贴相结合的制度。

法律链接　　　　　　　《中华人民共和国社会保险法》
（主席令第三十五号）

第二十五条　国家建立和完善城镇居民基本医疗保险制度

城镇居民基本医疗保险实行个人缴费和政府补贴相结合。

享受最低生活保障的人、丧失劳动能力的残疾人、低收入家庭六十周岁以上的老年人和未成年人等所需个人缴费部分，由政府给予补贴。

政策链接　　《国务院关于开展城镇居民基本医疗保险试点的指导意见》
（国发〔2007〕20号）

城镇居民基本医疗保险以家庭缴费为主，政府给予适当补助。参保居民按规定缴纳基本医疗保险费，享受相应的医疗保险待遇，有条件的用人单位可以对职工家属参保缴费给予补助。国家对个人缴费和单位补助资金制定税收鼓励政策。

11. 各种医疗保险的待遇标准如何执行

《社会保险法》第二十六条规定，职工基本医疗保险、新型农村合作医疗和城镇居民基本医疗保险的待遇标准按照国家规定执行。对于三种医疗保险制度下的待遇标准问题分别有不同的文件进行规定。

（1）城镇职工基本医疗保险制度下的待遇标准包括：

① 基本医疗保险统筹基金的起付标准，原则上控制在当地职工年平均工资的10%左右。

② 最高支付限额原则上控制在当地职工年平均工资的4倍左右。

③ 起付标准以下的医疗费从个人账户中支付或由个人自付。

④ 起付标准以上、最高支付限额以下的医疗费主要从统筹基金中支付，个人也要负担一定比例。

⑤ 超过最高支付限额的医疗费用，可以通过商业医疗保险等途径解决。

⑥ 特殊人员特殊办法。特殊人员包括离休人员、老红军、二等乙级以上革命伤残军人、退休人员等。

（2）新型农村合作医疗保险制度下的待遇标准包括：

① 农村合作医疗基金主要补助参加新型农村合作医疗农民的大额医疗费用或住院医疗费用。

② 有条件的地方，可实行大额医疗费用补助与小额医疗费用。

③ 对参加新型农村合作医疗的农民，年内没有动用农村合作医疗基金的，要安排进行一次常规性体检。

（3）城镇居民基本医疗保险制度下的待遇标准包括：

① 镇居民基本医疗保险基金重点保障参保居民住院和门诊大病医疗支出。

② 逐步将门诊小病医疗费用纳入基金支付范围。
③ 可以建立门诊统筹，门诊统筹可以单独设立起付标准、支付比例和最高支付限额。

法律链接　　　　　《中华人民共和国社会保险法》
（主席令第三十五号）

第二十七条　参加职工基本医疗保险的个人，达到法定退休年龄时累计缴费达到国家规定年限的，退休后不再缴纳基本医疗保险费，按照国家规定享受基本医疗保险待遇；未达到国家规定年限的，可以缴费至国家规定年限。

第二十八条　符合基本医疗保险药品目录、诊疗项目、医疗服务设施标准以及急诊、抢救的医疗费用，按照国家规定从基本医疗保险基金中支付。

第三十一条　社会保险经办机构根据管理服务的需要，可以与医疗机构、药品经营单位签订服务协议，规范医疗服务行为。

医疗机构应当为参保人员提供合理、必要的医疗服务。

政策链接　　　　《国务院关于建立城镇职工基本医疗保险制度的决定》
（国发〔1998〕44号）

统筹基金和个人账户要划定各自的支付范围，分别核算，不得互相挤占。要确定统筹基金的起付标准和最高支付限额，起付标准原则上控制在当地职工年平均工资的10%左右，最高支付限额原则上控制在当地职工年平均工资的4倍左右。起付标准以下的医疗费用，从个人账户中支付或由个人自付。起付标准以上、最高支付限额以下的医疗费用，主要从统筹基金中支付，个人也要负担一定比例。超过最高支付限额的医疗费用，可以通过商业医疗保险等途径解决。统筹基金的具体起付标准、最高支付限额以及在起付标准以上和最高支付限额以下医疗费用的个人负担比例，由统筹地区根据以收定支、收支平衡的原则确定。

六、妥善解决有关人员的医疗待遇

离休人员、老红军的医疗待遇不变，医疗费用按原资金渠道解决，支付确有困难的，由同级人民政府帮助解决。离休人员、老红军的医疗管理办法由省、自治区、直辖市人民政府制定。

二等乙级以上革命伤残军人的医疗待遇不变，医疗费用按原资金渠道解决，由社会保险经办机构单独列账管理。医疗费支付不足部分，由当地人民政府帮助解决。

退休人员参加基本医疗保险，个人不缴纳基本医疗保险费。对退休人员个人账户的计入金额和个人负担医疗费的比例给予适当照顾。

《国务院办公厅转发卫生部等部门关于建立新型农村合作医疗制度意见的通知》
（国办发〔2003〕3号）

农村合作医疗基金主要补助参加新型农村合作医疗农民的大额医疗费用或住院医疗费用。有条件的地方，可实行大额医疗费用补助与小额医疗费用补助结合的办法，既提高抗风险能力又兼顾农民受益面。对参加新型农村合作医疗的农民，年内没有动用农村合作医疗基金的，要安排进行一次常规性体检。各省、自治区、直辖市要制订农村合作医疗报销基本药物目录。各县（市）要根据筹资总额，结合当地实际，科学合理地确定农村合作医疗基金的支付范围、支付标准和额度，确定常规性体检的具体检查项目和方式，防止农村合作医疗基金超支或过多结余。

《国务院关于开展城镇居民基本医疗保险试点的指导意见》
（国发〔2007〕20号）

城镇居民基本医疗保险基金重点用于参保居民的住院和门诊大病医疗支出，有条件的地区可以逐步试行门诊医疗费用统筹。

城镇居民基本医疗保险基金的使用要坚持以收定支、收支平衡、略有结余的原则。要合理制定城镇居民基本医疗保险基金起付标准、支付比例和最高支付限额，完善支付办法，合理控制医疗费用。探索适合困难城镇非从业居民经济承受能力的医疗服务和费用支付办法，减轻他们的医疗费用负担。城镇居民基本医疗保险基金用于支付规定范围内的医疗费用，其他费用可以通过补充医疗保险、商业健康保险、医疗救助和社会慈善捐助等方式解决。

《关于开展城镇居民基本医疗保险门诊统筹的指导意见》

（人社部发〔2009〕66号）

三、根据城镇居民基本医疗保险基金支付能力，在重点保障参保居民住院和门诊大病医疗支出的基础上，逐步将门诊小病医疗费用纳入基金支付范围。城镇居民基本医疗保险基金要坚持收支平衡的原则，门诊统筹所需费用在城镇居民基本医疗保险基金中列支，单独列账。

四、建立门诊统筹可以从慢性病发生较多的老年人起步，也可以从群众反映负担较大的多发病、慢性病做起。门诊统筹可以单独设立起付标准、支付比例和最高支付限额，具体可由各统筹地区根据实际合理确定。门诊统筹支付水平要与当地经济发展和医疗消费水平相适应，与当地城镇居民基本医疗保险筹资水平相适应。

12. 参保人员医疗费用如何结算

《社会保险法》第二十九条规定，参保人员医疗费用中应当由基本医疗保险基金支付的部分，由社会保险经办机构与医疗机构、药品经营单位直接结算。

社会保险行政部门和卫生行政部门应当建立异地就医医疗费用结算制度，方便参保人员享受基本医疗保险待遇。

因此，参保人员医疗费用结算分为两个部分，一部分是在参保地发生医疗费用，一部分是异地就医发生医疗费用。

1）参保地发生医疗费用的结算

（1）在协议医疗机构发生的医疗费用，符合标准的，从基本医疗保险基金中支付。

（2）参保人员确需急诊、抢救的，可在非协议医疗机构就医，药品可适当放宽，具体办法由统筹地区制定。

（3）属于基本医疗保险基金支付的医疗费用，应全部纳入结算范围，一般由社会保险经办机构与定点医疗机构和定点零售药店直接结算。

（4）不具备直接结算条件的地区可先由参保人员或用人单位垫付，然后由社会保险经办机构与参保人员或用人单位结算。

2）异地就医发生医疗费用的结算

（1）对经登记备案的跨省异地安置退休人员，居住地的经办机构应一视同仁地将其纳入管理，在定点医疗机构和零售药店确定、医疗信息记录、医疗行为监控等方面提供与本地参保人相同的服务和管理。跨省异地安置退休人员发生的应由统筹基金支付的住院医疗费用，通过各省级异地就医结算平台实行跨省直接结算。

（2）对于异地转诊的参保人员，经办机构要适应分级诊疗模式和转诊转院制度，建立参保地与就医地之间的协作机制，引导形成合理的就医秩序。就医地经办机构应协助参保地经办机构进行医疗票据核查等工作，保证费用的真实性，防范和打击伪造医疗票据和文书等欺诈行为。

（3）对于异地急诊的参保人员，原则上在参保地按规定进行报销；需要通过医疗机构对费用真实性进行核查的，就医地经办机构应予以协助。

（4）参保人员异地就医费用按规定实行直接结算的，应由医疗保险基金支付的部分，原则上先由就医地医疗保险基金垫付，再由参保地经办机构与就医地经办机构按月结算。

（5）对异地就医造成的就医地经办机构增加的必要工作经费，由就医地经办机构同级财政统筹安排。鼓励各地探索委托商业保险机构经办等购买服务的方式，提高异地就医结算管理和服务水平。

政策链接　　《实施〈中华人民共和国社会保险法〉若干规定》
（中华人民共和国人力资源和社会保障部令第13号）

第八条　参保人员在协议医疗机构发生的医疗费用，符合基本医疗保险药品目录、诊疗项目、医疗服务设施标准的，按照国家规定从基本医疗保险基金中支付。

参保人员确需急诊、抢救的，可以在非协议医疗机构就医；因抢救必须使用的药品可以适当放宽范围。参保人员急诊、抢救的医疗服务具体管理办法由统筹地区根据当地实际情况制定。

《关于印发加强城镇职工基本医疗保险费用结算管理意见的通知》
（劳社部发〔1999〕23号）

四、属于基本医疗保险基金支付的医疗费用，应全部纳入结算范围，一般由社会保险经办机构与定点医疗机构和定点零售药店直接结算。暂不具备条件的，可先由参保人员或用人单位垫付，然后由社会保险经办机构与参保人员或用人单位结算。

社会保险经办机构要规范结算程序，明确结算期限，简化结算手续，逐步提高社会化管理服务水平，减轻定点医疗机构、定点零售药店和用人单位的负担。社会保险经办机构要按与定点医疗机构和定点零售药店签订的协议的有关规定及时结算并拨付基本医疗保险费用。

定点医疗机构和定点零售药店要配备相应的人员，负责核算参保人员的医疗费用，按协议规定提供费用结算所需的有关材料。

《国务院关于印发医药卫生体制改革近期重点实施方案（2009—2011年）的通知》
（国发〔2009〕12号）

提高基本医疗保障管理服务水平。鼓励地方积极探索建立医保经办机构与医药服务提供方的谈判机制和付费方式改革，合理确定药品、医疗服务和医用材料支付标准，控制成本费用。改进医疗保障服务，推广参保人员就医"一卡通"，实现医保经办机构与定点医疗机构直接结算。

《人力资源和社会保障部　财政部　国家卫生和计划生育委员会关于进一步做好基本医疗保险异地就医医疗费用结算工作的指导意见》
（人社部发〔2014〕93号）

二、完善市级统筹，实现市域范围内就医直接结算

以全面实现市域范围内医疗费用直接结算为目标，推进和完善基本医疗保险市级统筹。首先做到基本医疗保险基金预算和筹资待遇政策、就医管理的统一和信息系统的一体化衔接，逐步提升基本医疗保险服务便利性。实现城乡基本医疗保险制度整合的地区，要同步推动城乡居民医保实现市级统筹。

已经实行市级统筹的地区要进一步提高市级统筹质量。采取统收统支模式的，要明确地市和区

县级社会保险经办机构(以下简称经办机构)职责,落实分级管理责任;采取调剂金模式的,要规范调剂金的收取和调剂管理办法,以逐步实现制度政策、基金管理、就医结算、经办服务、信息系统方面的统一。有条件的地方要加快推进省级统筹。

三、规范省内异地就医直接结算

各省要按照国家统一规范,建立完善省级异地就医结算平台,支持省内统筹地区之间就医人员信息、医疗服务数据以及费用结算数据等信息的交换,并通过平台开展省内异地就医直接结算工作。

各省人力资源社会保障部门要加强对各统筹地区医疗保险政策的指导,按照国家要求建立统一的药品目录、诊疗项目和医疗服务设施信息标准库,完善与异地就医相关的结算办法和经办流程。要完善定点医疗机构管理,建立并维护支持异地就医直接结算的定点医疗机构数据库。定点医疗机构名单应向社会公布。

异地就医人员的医疗保险待遇执行参保地政策。各统筹地区要建立规范的异地就医报送办法。符合条件的参保人员经同意异地就医后,参保地经办机构应将人员信息通过省级平台传送给就医地经办机构。就医地经办机构负责为异地就医人员提供经办服务,对相关医疗服务行为进行监管,并将相关信息及时如实传送给参保地经办机构。

四、完善跨省异地就医人员政策

加强跨省异地就医的顶层设计,统筹考虑各类跨省异地就医人员需求,逐步推进跨省异地就医直接结算。当前重点解决跨省异地安置退休人员的住院费用,有条件的地方可以在总结经验的基础上,结合本地户籍和居住证制度改革,探索将其他长期跨省异地居住人员纳入住院医疗费用直接结算范围。

跨省异地安置退休人员是指离开参保统筹地区长期跨省异地居住,并根据户籍管理规定已取得居住地户籍的参保退休人员。这部分人员可自愿向参保地经办机构提出异地医疗费用直接结算申请,经审核同意并由居住地经办机构登记备案后,其住院医疗费用可以在居住地实行直接结算。

跨省异地安置退休人员在居住地发生的住院医疗费用,原则上执行居住地规定的支付范围(包括药品目录、诊疗项目和医疗服务设施标准)。医疗保险统筹基金的起付标准、支付比例和支付限额原则上执行参保地规定的本地就医时的标准,不按照转外就医支付比例执行。经本人申请,可以将个人账户资金划转给个人,供门诊就医、购药时使用。

《人力资源社会保障部 财政部关于做好基本医疗保险跨省异地就医住院医疗费用直接结算工作的通知》

(人社部发〔2016〕120号)

三、规范异地就医流程

(五)规范转出流程。参保人员跨省异地就医前,应到参保地经办机构进行登记。参保地经办机构应根据本地规定为参保人员办理异地就医备案手续,建立异地就医备案人员库并实现动态管理。参保地经办机构将异地就医人员信息上报至人力资源社会保障部社会保险经办机构(以下简称部级经办机构),形成全国异地就医备案人员库,供就医地经办机构和定点医疗机构获取异地就医参保人员信息。

(六)规范结算流程。参保人员异地就医出院结算时,就医地经办机构根据全国统一的大类费用清单,将异地就医人员住院医疗费用等信息经国家异地就医结算系统实时传送至参保地经办机构,参保地经办机构根据大类费用按照当地规定进行计算,区分参保人员个人与各项医保基金应支付的金额,并将计算结果经国家异地就医结算系统回传至就医地定点医疗机构,用于定点医疗机构与参保人员直接结算。

(七)强化跨省综合协调。部级经办机构按照《基本医疗保险跨省异地就医住院医疗费用直接结算经办规程(试行)》(以下简称经办规程)负责协调和督促各省(区、市)按规定及时拨付资金。对无故拖延拨付资金的省份,部级经办机构可暂停该省份跨省异地就医直接结算服务。各省级经办机构负责协调和督促统筹地区及时上缴跨省异地就医预付及清算资金。

五、强化异地就医资金管理

(十二)跨省异地就医费用医保基金支付部分在地区间实行先预付后清算。部级经办机构根据往年跨省异地就医医保基金支付金额核定预付金额度。预付金额度为可支付两个月资金。各省(区、市)可通过预收省内各统筹地区异地就医资金等方式实现资金的预付。预付金原则上来源于各统筹地区医疗保险基金。

跨省异地就医清算按照部级统一清分,省、市两级清算的方式,按月全额清算。跨省异地就医预付及清算资金由参保地省级财政专户与就医地省级财政专户进行划拨。各省级经办机构应将收到的预付及清算单于5个工作日内提交给同级财政部门。参保地省级财政部门在确认跨省异地就医资金全部缴入省级财政专户,对经办机构提交的预付及清算单和用款申请计划审核无误后,在10个工作日内向就医地省级财政部门划拨预付和清算资金。就医地省级财政部门依据预付及清算单收款。各省级财政部门在完成预付和清算资金划拨及收款后,5个工作日内将划拨及收款信息以书面形式反馈省级经办机构,省级经办机构据此进行会计核算,并将划拨及收款信息及时反馈部级经办机构。因费用审核发生的争议及纠纷,按经办规程规定妥善处理。

(十三)划拨跨省异地就医资金过程中发生的银行手续费、银行票据工本费不得在基金中列支。

(十四)预付金在就医地财政专户中产生的利息归就医地所有。

(十五)跨省异地就医医疗费用结算和清算过程中形成的预付款项和暂收款项按相关会计制度规定进行核算。

13. 不纳入基本医疗保险基金支付范围的医疗费用有哪些

《社会保险法》第三十条规定,下列医疗费用不纳入基本医疗保险基金支付范围:

(1) 应当从工伤保险基金中支付的;
(2) 应当由第三人负担的;
(3) 应当由公共卫生负担的;
(4) 在境外就医的。

医疗费用依法应当由第三人负担,第三人不支付或者无法确定第三人的,由基本医疗保险基金先行支付。基本医疗保险基金先行支付后,有权向第三人追偿。

2011年6月29日公布的《社会保险基金先行支付暂行办法》(中华人民共和国人力资源和社会保障部令第15号)对应由第三负担的医疗费用由基本医疗保险基金先行支付问题进行了明确规定。参加基本医疗保险的职工或者居民(以下简称个人)由于第三人的侵权行为造成伤病的,其医疗费用应当由第三人按照确定的责任大小依法承担。超过第三人责任部分的医疗费用,由基本医疗保险基金按照国家规定支付。

上述规定中应当由第三人支付的医疗费用,第三人不支付或者无法确定第三人的,在医疗费用结算时,个人可以向参保地社会保险经办机构书面申请基本医疗保险基金先行支付,并告知造成其伤病的原因和第三人不支付医疗费用或者无法确定第三人的情况。

社会保险经办机构接到个人根据《社会保险基金先行支付暂行办法》第二条规定提出的申请后,经审核确定其参加基本医疗保险的,应当按照统筹地区基本医疗保险基金支付的规定先行支付相应部分的医疗费用。

14. 个人跨统筹地区就业的,其基本医疗保险关系转移,缴费年限如何计算

《社会保险法》第三十二条规定,个人跨统筹地区就业的,其基本医疗保险关系随本人转移,缴费年限累计计算。

《实施〈中华人民共和国社会保险法〉若干规定》(中华人民共和国人力资源和社会保障部令第13号)第七条规定,社会保险法第二十七条规定的退休人员享受基本医疗保险待遇的缴费年限按照各地规定执行。参加职工基本医疗保险的个人,基本医疗保险关系转移接续时,基本医疗保险缴费年限累计计算。

> **政策链接** 《人力资源和社会保障部 卫生部 财政部关于印发流动就业人员基本医疗保障关系转移接续暂行办法的通知》
>
> (人社部发〔2009〕191号)

第六条 城镇基本医疗保险参保人员跨统筹地区流动就业,新就业地有接收单位的,由单位按照《社会保险登记管理暂行办法》的规定办理登记手续,参加新就业地城镇职工基本医疗保险;无接收单位的,个人应在中止原基本医疗保险关系后的3个月内到新就业地社会(医疗)保险经办机构办理登记手续,按当地规定参加城镇职工基本医疗保险或城镇居民基本医疗保险。

第七条 城镇基本医疗保险参保人员跨统筹地区流动就业并参加新就业地城镇基本医疗保险的,由新就业地社会(医疗)保险经办机构通知原就业地社会(医疗)保险经办机构办理转移手续,不再享受原就业地城镇基本医疗保险待遇。建立个人账户的,个人账户原则上随其医疗保险关系转移划转,个人账户余额(包括个人缴费部分和单位缴费划入部分)通过社会(医疗)保险经办机构转移。

《关于做好进城落户农民参加基本医疗保险和关系转移接续工作的办法》

(人社部发〔2015〕80号)

三、妥善处理医疗保障关系转移接续中的有关权益

进城落户农民和流动就业人员等办理基本医疗保险关系转移接续前后,基本医疗保险参保缴费中断不超过3个月且补缴中断期间医疗保险费的,不受待遇享受等待期限制,按参保地规定继续参保缴费并享受相应的待遇。

进城落户农民在农村参加新农合等基本医疗保险的参保缴费和权益享受信息等连续记入新参保地业务档案,保证参保记录的完整性和连续性。流动就业人员参加职工医疗保障的缴费年限各地互认,参保人在转出地职工医疗保障记录的缴费年限累计计入转入地职工医疗保障缴费年限记录。

参保人转移基本医疗保险关系时,建立个人账号的,个人账号随本人基本医疗保险关系一同转移。个人账号资金原则上通过经办机构进行划转。

15. 基本医疗保险费率如何确定

《国务院关于建立城镇职工基本医疗保险制度的决定》(国发〔1998〕44号)规定,基本医疗保险费由用人单位和职工共同缴纳。用人单位缴费率应控制在职工工资总额的6%左右,职工缴费率一般为本人工资收入的2%。随着经济发展,用人单位和职工缴费率可作相应调整。

16. 城镇职工基本医疗保险的登记与缴费核定

《劳动和社会保障部关于印发城镇职工基本医疗保险业务管理规定的通知》(劳社部函〔2000〕4号)对城镇职工基本医疗保险的登记与缴费核定进行了具体规定。

(1)受理缴费单位(或个人)填报的社会保险登记表及其所提供的证件和资料,并在自

受理之日起的 10 个工作日内审核完毕。对符合规定者予以登记,并发给社会保险登记证。负责办理社会保险登记的变更、注销事宜。

(2) 建立和调整统筹地区内缴费单位和个人参加城镇职工基本医疗保险的基础档案资料。

(3) 根据上年度基本医疗保险缴费情况,以及统筹基金和个人账户的支出情况,本着收支平衡的原则,制定本年度的基本医疗保险费征集计划。

(4) 对缴费单位送达的申报表、代扣代缴明细表及其他有关资料进行审核,认真核定参保人数和缴费单位与个人的缴费工资基数、缴费金额等项目。向用人单位发放缴费核定通知单。

(5) 对于按规定应参加而未参加基本医疗保险的单位(或个人),要及时发放《办理社会保险手续通知单》,督促其尽快补办参保手续。

(6) 按规定为在统筹地区内流动的参保人员核转基本医疗保险关系。对跨统筹地区流动的,除按规定核转其基本医疗保险关系外,还应通知费用记录处理和待遇支付环节,对个人账户进行结算,为其转移个人账户余额,并出具转移情况表。

(7) 定期稽核基本医疗保险缴费单位的职工人数、工资基数和财务状况,以确认其是否依法足额缴纳基本医疗保险费。

(8) 由税务机关征收基本医疗保险费的地区,社会保险经办机构要逐月向税务机关提供缴费单位(或个人)的基本医疗保险登记情况及缴费核定情况。

17. 城镇职工基本医疗保险费的征集与收缴规定

《劳动和社会保障部关于印发城镇职工基本医疗保险业务管理规定的通知》(劳社部函〔2000〕4号)对城镇职工基本医疗保险费的费用征集与收缴做了详细规定。

(1) 根据基本医疗保险缴费单位和个人的基础档案资料,确认缴费单位(或个人)的开户银行、户名、账户、基本医疗保险主管负责人及专管员的姓名、联系电话等情况,并与缴费单位建立固定业务联系。

(2) 依据核定的基本医疗保险费数额,开具委托收款及其他结算凭证,通过基本医疗保险基金收入户征集基本医疗保险费,或者由社会保险经办机构直接征集。

(3) 以支票或现金形式征集基本医疗保险费时,必须开具"社会保险费收款收据"。

(4) 及时整理汇总基本医疗保险费收缴情况,对已办理申报手续但未及时、足额缴纳基本医疗保险费的单位(或个人),经办机构要及时向其发出《社会保险费催缴通知书》;对拒不执行者,将有关情况及时上报劳动保障行政部门,由其下达《劳动保障限期改正指令书》;逾期不缴纳者,除责其补缴欠缴数额外,从欠缴之日起,按日加收 2‰ 的滞纳金。

(5) 保费征集情况要及时通知待遇审核和费用记录处理环节。对欠缴基本医疗保险费的单位(或个人),从次月起暂停其享受社会统筹基金支付的待遇;欠缴期内暂停记载个人账户资金,不计算参保人员缴费年限,待补齐欠费和滞纳金后,方可恢复其待遇享受资格,补记个人账户。

(6) 定期汇总、分析、上报基本医疗保险费征缴情况,提出加强基本医疗保险费征集工作的意见和建议。

18. 城镇职工基本医疗保险费用的记录处理办法

《关于印发城镇职工基本医疗保险业务管理规定的通知》(劳社部函〔2000〕4号)规定了

城镇职工基本医疗保险费用的记录处理办法。

(1) 根据缴费单位和个人的基础档案资料,及时建立基础档案库及个人账户。

(2) 根据费用征集环节提供的数据,对单位和个人的缴费情况进行记录,及时建立并记录个人账户(个人账户主要记录项目)。个人缴纳的保险费计入个人账户;单位缴纳的保险费按规定分别计入个人账户和统筹基金。根据待遇支付环节提供的数据,对个人账户及统筹基金的支出情况进行记录,以反映个人账户和统筹基金的动态变更情况。

(3) 由税务机关征收基本医疗保险费的地区,社会保险经办机构要根据税务机关提供的缴费单位(或个人)的缴费情况对个人账户进行记录,同时将有关情况汇总,报劳动保障行政部门。

(4) 按有关规定计算并登记缴费个人的个人账户本息和缴费年限。

(5) 负责向缴费单位和个人提供缴费情况及个人账户记录情况的查询服务。对缴费记录中出现的差错,要及时向相关业务管理环节核实后予以纠正。

(6) 根据登记与缴费核定环节提供的缴费单位和个人的变动情况,随时向登记与缴费核定环节及待遇支付环节提供变动单位和个人的基础资料及个人账户的相关情况。

(7) 对缴费单位、定点医疗机构、定点零售药店等报送的基本医疗保险统计报表,定期进行统计汇总与分析。按规定及时向上级社会保险经办机构报送。

(8) 缴费年度初应向社会公布上一年度参保单位的缴费情况;每年至少向缴费单位或个人发送一次个人账户通知单,内容包括个人账户的划入、支出及结存等情况;每半年应向社会公布一次保险费征收情况和统筹基金支出情况,以接受社会监督。

19. 城镇职工基本医疗保险费用的审核规定

《关于印发城镇职工基本医疗保险业务管理规定的通知》(劳社部函〔2000〕4 号)明确了城镇职工基本医疗保险业务的待遇审核问题。

(1) 按照有关规定确定定点医疗机构和定点零售药店,并与之签订服务协议,发放定点标牌。

(2) 向缴费单位和个人发放定点医疗机构选择登记表,并组织、指导其填报。根据参保人员的选择意向、定点医疗机构的服务能力及区域分布,进行统筹规划,为参保人员确定定点医疗机构。

(3) 指导缴费单位的基本医疗保险专管员(或缴费个人)填写基本医疗保险待遇审批表,按规定进行审核,并向参保人员发放基本医疗保险证(卡),同时将相关信息及时提供给定点医疗机构和定点零售药店。

(4) 及时掌握参保人员的缴费情况及医疗保险费用支出的相关信息。对欠缴基本医疗保险费的单位(或个人),从次月起暂停由社会统筹基金向参保人员支付待遇。

(5) 接受定点医疗机构、定点零售药店的费用申报以及参保人员因急诊、经批准的转诊转院等特殊情况而发生的费用申报,按有关规定进行审核。核准后向待遇支付环节传送核准通知,对未被核准者发送拒付通知。

(6) 负责建立参保人员的基本医疗保险档案,主要包括就医记录、个人账户及统筹基金的使用情况等。

(7) 按照有关政策规定,负责定期审核、调整参保人员所应享受的保险待遇。

(8) 按照有关法规和协议,对定点医疗机构和定点零售药店进行监督检查,对查出的问题及时处理。

20. 城镇职工基本医疗保险待遇的支付规定

《关于印发城镇职工基本医疗保险业务管理规定的通知》(劳社部函〔2000〕4号)对城镇职工基本医疗保险待遇的支付规定的相关问题做了明确。

(1) 确认缴费单位或个人享受基本医疗保险待遇的资料,编制人员名册与台账或数据库。

(2) 根据有关规定,研究确定基本医疗保险待遇的支付方式以及与定点医疗机构、定点零售药店的结算方式和结算时间。

(3) 根据待遇审核环节提供的核准通知及申报资料,按协议规定的时间与定点医疗机构和定点零售药店进行结算,及时拨付结算款。

根据有关规定,核退个人垫付的应由基本医疗保险统筹基金支付的款项;为跨统筹地区流动的参保人员转移个人账户余额;向参保人员继承人支付个人账户结余款。

(4) 对个人账户和统筹基金的支出情况及时进行登记,并将有关支出数据提供给费用记录处理环节。

(5) 与银行、缴费单位、定点医疗机构和定点零售药店等建立经常性的业务联系,以便于相互协调配合。

21. 职工退休后后按照国家规定享受基本医疗待遇的法定条件是什么

《社会保险法》第二十七条规定,参加职工基本医疗保险的个人,达到法定退休年龄时累计缴费达到国家规定年限的,退休后不再缴纳基本医疗保险费,按照国家规定享受基本医疗保险待遇;未达到国家规定年限的,可以缴费至国家规定年限。

目前为止,我国对职工参加基本医疗保险的最低缴费年限尚无统一的规定,由各统筹地区根据本地情况自行确定。

22. 社会保险经办机构与医疗机构、药品经营单位签订的服务协议包括的内容

《社会保险法》第三十一条第一款规定,社会保险经办机构根据管理服务的需要,可以与医疗机构、药品经营单位签订服务协议,规范医疗服务行为。

政策链接 《关于印发城镇职工基本医疗保险定点医疗机构管理暂行办法的通知》

(劳社部发〔1999〕14号)

社会保险经办机构要与定点医疗机构签订包括服务人群、服务范围、服务内容、服务质量、医疗费用结算办法、医疗费用支付标准以及医疗费用审核与控制等内容的协议,明确双方的责任、权利和义务。协议的有效期一般为1年。任何一方违反协议,对方均有权解除协议,但须提前3个月通知对方和有关参保人,并报统筹地区劳动保障行政部门备案。

《关于印发城镇职工基本医疗保险定点零售药店管理暂行办法的通知》

(劳社部发〔1999〕16号)

社会保险经办机构要与定点零售药店签订包括服务范围、服务内容、服务质量、药费结算办法以及药费审核与控制等内容的协议,明确双方的责权利和义务。协议有效期一般为1年。任何一方违反协议,对方均有权解除协议,但须提前通知对方和参保人,并报劳动保障行政部门备案。

23. 申请基本医疗保险定点医疗机构应具备哪些条件

定点医疗机构,是指经统筹地区劳动保障行政部门审查,并经社会保险经办机构确定的,为城镇职工基本医疗保险参保人员提供医疗服务的医疗机构。

劳动保障行政部门和社会保险经办机构要以方便参保人员就医并便于管理;兼顾专科与综合、中医与西医,注重发挥社区卫生服务机构的作用促进医疗卫生资源的优化配置,提高医疗卫生资源的利用效率,合理控制医疗服务成本和提高医疗服务质量为原则审查和确定。

《关于印发城镇职工基本医疗保险定点医疗机构管理暂行办法的通知》(劳社部发〔1999〕14号)对医疗机构申请定点的资格和定点医疗机构应具体的条件进行了规定。

(1) 以下类别的经卫生行政部门批准并取得《医疗机构执业许可证》的医疗机构,以及经军队主管部门批准朋资格开展对外服务的军队医疗机构,可以申请定点资格:

① 综合医院、中医医院、中西医结合医院、民族医医院、专科医院;
② 中心卫生院、乡(镇)卫生院、街道卫生院、妇幼保健院(所);
③ 综合门诊部、专科门诊部、中医门诊部、中西医结合门诊部、民族医门诊部;
④ 诊所、中医诊所、民族医诊所、卫生所、医务室;
⑤ 专科疾病防治院(所、站);
⑥ 经地级以上卫生行政部门批准设置的社区卫生服务中心(站)。

(2) 定点医疗机构应具备以下条件:

① 符合区域医疗机构设置规划;
② 符合医疗机构评审标准;
③ 遵守国家有关医疗服务管理的法律、法规和标准,有健全和完善的医疗服务管理制度;
④ 严格执行国家、省(自治区、直辖市)物价部门规定的医疗服务和药品的价格政策,经物价部门监督检查合格;
⑤ 严格执行城镇职工基本医疗保险制度的有关政策规定,建立了与基本医疗保险管理相适应的内部管理制度,配备了必要的管理人员和设备。

24. 医疗机构在基本医疗保险服务中有哪些法定义务

《社会保险法》第三十一条第二款规定,医疗机构应当为参保人员提供合理、必要的医疗服务。

25. 职工在机关事业单位和企业单位之间流动医疗保险关系如何处理

《劳动和社会保障部 财政部 人事部 中央机构编制委员会办公室关于职工在机关事业单位与企业之间流动时社会保险关系处理意见的通知》(劳社部发〔2001〕13号)规定,职工在机关事业单位和企业之间流动,在同一统筹地区内的基本医疗保险关系不转移,跨统筹地区的基本医疗保险关系及个人账户随同转移。职工流动后,除基本医疗保险之外,其他医疗保障待遇按当地有关政策进行调整。

三、工伤保险

1. 什么是工伤保险制度

工伤保险制度是指由用人单位缴纳工伤保险费形成工伤保险基金,对参保单位职工因工作原因遭受意外伤害或者患职业病,从而造成死亡、暂时或者永久丧失劳动能力时,给予职工及相关人员工伤保险待遇的项社会保险制度。工伤保险制度是社会保险制度的重要组成部分。

2. 工伤保险的缴纳单位

工伤保险由用人单位缴纳工伤保险费,职工不缴纳工伤保险费。

 《工伤保险条例》

(国务院令第586号)

第二条 中华人民共和国境内的企业、事业单位、社会团体、民办非企业单位、基金会、律师事务所、会计师事务所等组织和有雇工的个体工商户应当依照本条例规定参加工伤保险,为本单位全部职工或者雇工缴纳工伤保险费。

《中华人民共和国社会保险法实施细则》

(中华人民共和国人力资源和社会保障部令第13号)

第九条 职工(包括从业人员)在两个或者两个以上用人单位同时就业的,各用人单位应当分别为职工缴纳工伤保险费。职工发生工伤,由职工受到伤害时工作的单位依法承担工伤保险责任。

3. 工伤保险的缴费依据如何确定

用人单位缴纳工伤保险费的数额为本单位职工工资总额乘以单位缴费费率之积。

4. 难以按工资总额计算缴纳工作保险费的企业,工伤保险缴费额如何计算确定

根据所属行业的不同,由省级社会保险行政部门根据本地区实际情况确定征收方法,由缴纳人依照规定执行。

 《部分行业企业工伤保险费缴纳办法》

(人力资源和社会保障部令第10号)

第一条 根据《工伤保险条例》第十条第三款的授权,制定本办法。

第二条 本办法所称的部分行业企业是指建筑、服务、矿山等行业中难以直接按照工资总额计算缴纳工伤保险费的建筑施工企业、小型服务企业、小型矿山企业等。

前款所称小型服务企业、小型矿山企业的划分标准可以参照《中小企业标准暂行规定》(国经贸中小企〔2003〕143号)执行。

第三条 建筑施工企业可以实行以建筑施工项目为单位,按照项目工程总造价的一定比例,计算缴纳工伤保险费。

第四条 商贸、餐饮、住宿、美容美发、洗浴以及文体娱乐等小型服务业企业以及有雇工的个体工商户,可以按照营业面积的大小核定应参保人数,按照所在统筹地区上一年度职工月平均工资的一定比例和相应的费率,计算缴纳工伤保险费;也可以按照营业额的一定比例计算缴纳工伤保险费。

第五条 小型矿山企业可以按照总产量、吨矿工资含量和相应的费率计算缴纳工伤保险费。

第六条 本办法中所列部分行业企业工伤保险费缴纳的具体计算办法,由省级社会保险行政部门根据本地区实际情况确定。

5. 工伤保险费费率如何确定

国家根据不同行业的工伤风险程度确定行业的差别费率,并根据使用工伤保险基金、工伤发生率等情况在每个行业内确定费率档次。全国工伤保险的费率情况为行业差别费率和行业内费率档次,由国务院社会保险行政部门制定,报国务院批准后公布施行。社会保险经办机构根据用人单位使用工伤保险基金、工伤发生率和所属行业费率档次等情况,确定用人单位缴费费率。

目前全国各地的工伤保险费率水平为0.4%~2%不等。人力资源社会保障部2015年发文对工伤保险费率进行调整,2018年、2019年又两次发布关于阶段性降低工伤保险费率的通知,自2018年5月1日起,在保持八类费率总体稳定的基础上,对符合条件的地区、在一定时间内进行总体下调。

政策链接 《人力资源社会保障部 财政部关于调整工伤保险费率政策的通知》

(人社部发〔2015〕71号)

按照党的十八届三中全会提出的"适时适当降低社会保险费率"的精神,为更好贯彻社会保险法、《工伤保险条例》,使工伤保险费率政策更加科学、合理,适应经济社会发展的需要,经国务院批准,自2015年10月1日起,调整现行工伤保险费率政策。现将有关事项通知如下:

一、关于行业工伤风险类别划分

按照《国民经济行业分类》(GB/T 4754—2011)对行业的划分,根据不同行业的工伤风险程度,由低到高,依次将行业工伤风险类别划分为一类至八类(见附表)。

二、关于行业差别费率及其档次确定

不同工伤风险类别的行业执行不同的工伤保险行业基准费率。各行业工伤风险类别对应的全国工伤保险行业基准费率为,一类至八类分别控制在该行业用人单位职工工资总额的0.2%、0.4%、0.7%、0.9%、1.1%、1.3%、1.6%、1.9%左右。

通过费率浮动的办法确定每个行业内的费率档次。一类行业分为三个档次,即在基准费率的基础上,可向上浮动至120%、150%,二类至八类行业分为五个档次,即在基准费率的基础上,可分别向上浮动至120%、150%或向下浮动至80%、50%。

各统筹地区人力资源社会保障部门要会同财政部门,按照"以支定收、收支平衡"的原则,合理确定本地区工伤保险行业基准费率具体标准,并征求工会组织、用人单位代表的意见,报统筹地区人民政府批准后实施。基准费率的具体标准可根据统筹地区经济产业结构变动、工伤保险费使用等情况适时调整。

三、关于单位费率的确定与浮动

统筹地区社会保险经办机构根据用人单位工伤保险费使用、工伤发生率、职业病危害程度等因素,确定其工伤保险费率,并可依据上述因素变化情况,每一至三年确定其在所属行业不同费率档次间是否浮动。对符合浮动条件的用人单位,每次可上下浮动一档或两档。统筹地区工伤保险最低费率不低于本地区一类风险行业基准费率。费率浮动的具体办法由统筹地区人力资源社会保障部门商财政部门制定,并征求工会组织、用人单位代表的意见。

附表:

工伤保险行业风险分类表

行业类别	行业名称
一	软件和信息技术服务业,货币金融服务,资本市场服务,保险业,其他金融业,科技推广和应用服务业,社会工作,广播、电视、电影和影视录音制作业,中国共产党机关,国家机构,人民政协、民主党派,社会保障,群众团体、社会团体和其他成员组织,基层群众自治组织,国际组织
二	批发业,零售业,仓储业,邮政业,住宿业,餐饮业,电信、广播电视和卫星传输服务,互联网和相关服务,房地产业,租赁业,商务服务业,研究和试验发展,专业技术服务业,居民服务业,其他服务业,教育,卫生,新闻和出版业,文化艺术业

(续表)

行业类别	行业名称
三	农副食品加工业,食品制造业,酒、饮料和精制茶制造业,烟草制品业,纺织业,木材加工和木、竹、藤、棕、草制品业,文教、工美、体育和娱乐用品制造业,计算机、通信和其他电子设备制造业,仪器仪表制造业,其他制造业,水的生产和供应业,机动车、电子产品和日用产品修理业,水利管理业,生态保护和环境治理业,公共设施管理业,娱乐业
四	农业,畜牧业,农、林、牧、渔服务业,纺织服装、服饰业,皮革、毛皮、羽毛及其制品和制鞋业,印刷和记录媒介复制业,医药制造业,化学纤维制造业,橡胶和塑料制品业,金属制品业,通用设备制造业,专用设备制造业,汽车制造业,铁路、船舶、航空航天和其他运输设备制造业,电气机械和器材制造业,废弃资源综合利用业,金属制品、机械和设备修理业,电力、热力生产和供应业,燃气生产和供应业,铁路运输业,航空运输业,管道运输业,体育
五	林业,开采辅助活动,家具制造业,造纸和纸制品业,建筑安装业,建筑装饰和其他建筑业,道路运输业,水上运输业,装卸搬运和运输代理业
六	渔业,化学原料和化学制品制造业,非金属矿物制品业,黑色金属冶炼和压延加工业,有色金属冶炼和压延加工业,房屋建筑业,土木工程建筑业
七	石油和天然气开采业,其他采矿业,石油加工、炼焦和核燃料加工业
八	煤炭开采和洗选业,黑色金属矿采选业,有色金属矿采选业,非金属矿采选业

《人力资源社会保障部 财政部关于继续阶段性降低社会保险费率的通知》
(人社部发〔2018〕25号)

自2018年5月1日起,在保持八类费率总体稳定的基础上,工伤保险基金累计结余可支付月数在18(含)至23个月的统筹地区,可以现行费率为基础下调20%;累计结余可支付月数在24个月(含)以上的统筹地区,可以现行费率为基础下调50%。降低费率的期限暂执行至2019年4月30日。下调费率期间,统筹地区工伤保险基金累计结余达到合理支付月数范围的,停止下调。具体方案由各省(区、市)研究确定。

《国务院办公厅关于印发降低社会保险费率综合方案的通知》
(国办发〔2019〕13号)

自2019年5月1日起,延长阶段性降低工伤保险费率的期限至2020年4月30日,工伤保险基金累计结余可支付月数在18至23个月的统筹地区可以现行费率为基础下调20%,累计结余可支付月数在24个月以上的统筹地区可以现行费率为基础下调50%。

6. 哪些情形下职工受到事故伤害可以认定为工伤

《社会保险法》第三十六条规定,职工因工作原因受到事故伤害或者患职业病,且经工伤认定的,享受工伤保险待遇;其中,经劳动能力鉴定丧失劳动能力的,享受伤残待遇。工伤认定和劳动能力鉴定应当简捷、方便。

政策链接 **《工伤保险条例》**
(国务院令第586号)

职工有下列情形之一的,应当认定为工伤:
(一)在工作时间和工作场所内,因工作原因受到事故伤害的;
(二)工作时间前后在工作场所内,从事与工作有关的预备性或者收尾性工作受到事故伤害的;

（三）在工作时间和工作场所内，因履行工作职责受到暴力等意外伤害的；

（四）患职业病的；

（五）因工外出期间，由于工作原因受到伤害或者发生事故下落不明的；

（六）在上下班途中，受到非本人主要责任的交通事故或者城市轨道交通、客运轮渡、火车事故伤害的；

（七）法律、行政法规规定应当认定为工伤的其他情形。

7. 提出工伤认定申请应当提交哪些材料

《工伤保险条例》（国务院令第586号）第十八条规定，提出工伤认定申请应当提交下列材料：

（1）工伤认定申请表；

（2）与用人单位存在劳动关系（包括事实劳动关系）的证明材料；

（3）医疗诊断证明或者职业病诊断证明书（或者职业病诊断鉴定书）。

工伤认定申请表应当包括事故发生的时间、地点、原因以及职工伤害程度等基本情况。

工伤认定申请人提供材料不完整的，社会保险行政部门应当一次性书面告知工伤认定申请人需要补正的全部材料。申请人按照书面告知要求补正材料后，社会保险行政部门应当受理。

8. 社会保险行政部门应当自受理工伤认定申请多长时间内作出工伤认定决定

社会保险行政部门应当自受理工伤认定申请之日起60日内作出工伤认定的决定，并书面通知申请工伤认定的职工或者其近亲属和该职工所在单位。社会保险行政部门对受理的事实清楚、权利义务明确的工伤认定申请，应当在15日内作出工伤认定的决定。

政策链接　　　　　　　　　　**《工伤保险条例》**

（国务院令第586号）

第十九条　社会保险行政部门受理工伤认定申请后，根据审核需要可以对事故伤害进行调查核实，用人单位、职工、工会组织、医疗机构以及有关部门应当予以协助。职业病诊断和诊断争议的鉴定，依照职业病防治法的有关规定执行。对依法取得职业病诊断证明书或者职业病诊断鉴定书的，社会保险行政部门不再进行调查核实。

职工或者其近亲属认为是工伤，用人单位不认为是工伤的，由用人单位承担举证责任。

第二十条　社会保险行政部门应当自受理工伤认定申请之日起60日内作出工伤认定的决定，并书面通知申请工伤认定的职工或者其近亲属和该职工所在单位。

社会保险行政部门对受理的事实清楚、权利义务明确的工伤认定申请，应当在15日内作出工伤认定的决定。

作出工伤认定决定需要以司法机关或者有关行政主管部门的结论为依据的，在司法机关或者有关行政主管部门尚未作出结论期间，作出工伤认定决定的时限中止。

社会保险行政部门工作人员与工伤认定申请人有利害关系的，应当回避。

9. 什么是劳动能力鉴定

依据《工伤保险条例》（国务院令第586号）第二十一条、第二十二条对需要进行劳动能力鉴定的情形和劳动功能障碍程度和生活自理障碍程度的等级鉴定进行了具体规定。

职工发生工伤，经治疗伤情相对稳定后存在残疾、影响劳动能力的，应当进行劳动能力鉴定。

劳动能力鉴定是指劳动功能障碍程度和生活自理障碍程度的等级鉴定。

劳动功能障碍分为十个伤残等级，最重的为一级，最轻的为十级。

生活自理障碍分为三个等级：生活完全不能自理、生活大部分不能自理和生活部分不能自理。

劳动能力鉴定标准由国务院社会保险行政部门会同国务院卫生行政部门等部门制定。

10. 劳动能力鉴定的主要程序是如何规定的

依据《工伤保险条例》（国务院令第586号）第二十三条至第二十五条规定了劳动能力鉴定的主要程序。

劳动能力鉴定由用人单位、工伤职工或者其近亲属向设区的市级劳动能力鉴定委员会提出申请，并提供工伤认定决定和职工工伤医疗的有关资料。

省、自治区、直辖市劳动能力鉴定委员会和设区的市级劳动能力鉴定委员会分别由省、自治区、直辖市和设区的市级社会保险行政部门、卫生行政部门、工会组织、经办机构代表以及用人单位代表组成。

劳动能力鉴定委员会建立医疗卫生专家库。列入专家库的医疗卫生专业技术人员应当具备下列条件：

（1）具有医疗卫生高级专业技术职务任职资格；

（2）掌握劳动能力鉴定的相关知识；

（3）具有良好的职业品德。

设区的市级劳动能力鉴定委员会收到劳动能力鉴定申请后，应当从其建立的医疗卫生专家库中随机抽取3名或者5名相关专家组成专家组，由专家组提出鉴定意见。设区的市级劳动能力鉴定委员会根据专家组的鉴定意见作出工伤职工劳动能力鉴定结论；必要时，可以委托具备资格的医疗机构协助进行有关的诊断。

设区的市级劳动能力鉴定委员会应当自收到劳动能力鉴定申请之日起60日内作出劳动能力鉴定结论，必要时，作出劳动能力鉴定结论的期限可以延长30日。劳动能力鉴定结论应当及时送达申请鉴定的单位和个人。

11. 再次劳动能力鉴定和复查鉴定是如何规定的

申请鉴定的单位或者个人对设区的市级劳动能力鉴定委员会作出的鉴定结论不服的，可以向省、自治区、直辖市劳动能力鉴定委员会提出再次鉴定申请，《工伤保险条例》（国务院令第586号）第二十六条至第二十九条对再次鉴定和复查鉴定做了具体规定。

申请鉴定的单位或者个人对设区的市级劳动能力鉴定委员会作出的鉴定结论不服的，可以在收到该鉴定结论之日起15日内向省、自治区、直辖市劳动能力鉴定委员会提出再次鉴定申请。省、自治区、直辖市劳动能力鉴定委员会作出的劳动能力鉴定结论为最终结论。

劳动能力鉴定工作应当客观、公正。劳动能力鉴定委员会组成人员或者参加鉴定的专家与当事人有利害关系的，应当回避。

自劳动能力鉴定结论作出之日起1年后，工伤职工或者其近亲属、所在单位或者经办机构认为伤残情况发生变化的，可以申请劳动能力复查鉴定。

劳动能力鉴定委员会依照《工伤保险条例》第二十六条和第二十八条的规定进行再次鉴定和复查鉴定的期限，依照《工伤保险条例》第二十五条第二款的规定执行。

12. 哪些情况导致职工在工作中伤亡不认定为工伤

依据《社会保险法》第三十七条,职工因下列情形之一导致本人在工作中伤亡的,不认定为工伤:

(1) 故意犯罪;

(2) 醉酒或者吸毒;

(3) 自残或者自杀;

(4) 法律、行政法规规定的其他情形。

政策链接 《实施〈中华人民共和国社会保险法〉若干规定》

(中华人民共和国人力资源和社会保障部令第13号)

社会保险法第三十七条第二项中的醉酒标准,按照《车辆驾驶人员血液、呼气酒精含量阈值与检验》(GB 19522—2004)执行。公安机关交通管理部门、医疗机构等有关单位依法出具的检测结论、诊断证明等材料,可以作为认定醉酒的依据。

13. 职工因工伤发生的哪些费用由工伤保险基金支付

《社会保险法》第三十八条规定,因工伤发生的下列费用,按照国家规定从工伤保险基金中支付:

(1) 治疗工伤的医疗费用和康复费用;

(2) 住院伙食补助费;

(3) 到统筹地区以外就医的交通食宿费;

(4) 安装配置伤残辅助器具所需费用;

(5) 生活不能自理的,经劳动能力鉴定委员会确认的生活护理费;

(6) 一次性伤残补助金和一至四级伤残职工按月领取的伤残津贴;

(7) 终止或者解除劳动合同时,应当享受的一次性医疗补助金;

(8) 因工死亡的,其遗属领取的丧葬补助金、供养亲属抚恤金和因工死亡补助金;

(9) 劳动能力鉴定费。

政策链接 《实施〈中华人民共和国社会保险法〉若干规定》

(中华人民共和国人力资源和社会保障部令第13号)

社会保险法第三十八条第八项中的因工死亡补助金是指《工伤保险条例》第三十九条的一次性工亡补助金,标准为工伤发生时上一年度全国城镇居民人均可支配收入的20倍。

上一年度全国城镇居民人均可支配收入以国家统计局公布的数据为准。

14. 工伤职工符合领取基本养老金条件的工伤补贴如何处理

《社会保险法》第四十条规定,工伤职工符合领取基本养老金条件的,停发伤残津贴,享受基本养老保险待遇。基本养老保险待遇低于伤残津贴的,从工伤保险基金中补足差额。

15. 职工因工作遭受事故伤害或患职业病进行治疗,如何享受工伤医疗待遇

依据《工伤保险条例》(国务院令第586号)第三十条规定,职工因工作遭受事故伤害或者患职业病进行治疗,享受工伤医疗待遇。

职工治疗工伤应当在签订服务协议的医疗机构就医,情况紧急时可以先到就近的医疗机构急救。

治疗工伤所需费用符合工伤保险诊疗项目目录、工伤保险药品目录、工伤保险住院服务标准的,从工伤保险基金支付。工伤保险诊疗项目目录、工伤保险药品目录、工伤保险住院服务标准,由国务院社会保险行政部门会同国务院卫生行政部门、食品药品监督管理部门等部门规定。

职工住院治疗工伤的伙食补助费,以及经医疗机构出具证明,报经办机构同意,工伤职工到统筹地区以外就医所需的交通、食宿费用从工伤保险基金支付,基金支付的具体标准由统筹地区人民政府规定。

工伤职工治疗非工伤引发的疾病,不享受工伤医疗待遇,按照基本医疗保险办法处理。

工伤职工到签订服务协议的医疗机构进行工伤康复的费用,符合规定的,从工伤保险基金支付。

16. 职工因工受伤或患职业病的停工留薪期有何规定

《社会保险法》第三十九条第一项规定,职工治疗工伤期间的工资福利,按照国家规定由用人单位支付。

政策链接　　　　　　　　《工伤保险条例》
（国务院令第586号）

职工因工作遭受事故伤害或者患职业病需要暂停工作接受工伤医疗的,在停工留薪期内,原工资福利待遇不变,由所在单位按月支付。

停工留薪期一般不超过12个月。伤情严重或者情况特殊,经设区的市级劳动能力鉴定委员会确认,可以适当延长,但延长不得超过12个月。工伤职工评定伤残等级后,停发原待遇,按照本章的有关规定享受伤残待遇。工伤职工在停工留薪期满后仍需治疗的,继续享受工伤医疗待遇。

生活不能自理的工伤职工在停工留薪期需要护理的,由所在单位负责。

17. 因工致残的各级伤残都享受哪些待遇

依据《工伤保险条例》（国务院令第586号）自第三十四条至第三十八条规定了因工致残的各级伤残应享受的待遇。

《工伤保险条例》第三十四条规定,工伤职工已经评定伤残等级并经劳动能力鉴定委员会确认需要生活护理的,从工伤保险基金按月支付生活护理费。

生活护理费按照生活完全不能自理、生活大部分不能自理或者生活部分不能自理3个不同等级支付,其标准分别为统筹地区上年度职工月平均工资的50%、40%或者30%。

《工伤保险条例》第三十五条规定,职工因工致残被鉴定为一级至四级伤残的,保留劳动关系,退出工作岗位,享受以下待遇:

(1) 从工伤保险基金按伤残等级支付一次性伤残补助金,标准为:一级伤残为27个月的本人工资,二级伤残为25个月的本人工资,三级伤残为23个月的本人工资,四级伤残为21个月的本人工资。

(2) 从工伤保险基金按月支付伤残津贴,标准为:一级伤残为本人工资的90%,二级伤残为本人工资的85%,三级伤残为本人工资的80%,四级伤残为本人工资的75%。伤残津贴实际金额低于当地最低工资标准的,由工伤保险基金补足差额。

(3) 工伤职工达到退休年龄并办理退休手续后,停发伤残津贴,按照国家有关规定享受基本养老保险待遇。基本养老保险待遇低于伤残津贴的,由工伤保险基金补足差额。

职工因工致残被鉴定为一级至四级伤残的,由用人单位和职工个人以伤残津贴为基数,缴纳基本医疗保险费。

《工伤保险条例》第三十六条规定,职工因工致残被鉴定为五级、六级伤残的,享受以下待遇:

(1) 从工伤保险基金按伤残等级支付一次性伤残补助金,标准为:五级伤残为18个月的本人工资,六级伤残为16个月的本人工资;

(2) 保留与用人单位的劳动关系,由用人单位安排适当工作。难以安排工作的,由用人单位按月发给伤残津贴,标准为:五级伤残为本人工资的70%,六级伤残为本人工资的60%,并由用人单位按照规定为其缴纳应缴纳的各项社会保险费。伤残津贴实际金额低于当地最低工资标准的,由用人单位补足差额。

经工伤职工本人提出,该职工可以与用人单位解除或者终止劳动关系,由工伤保险基金支付一次性工伤医疗补助金,由用人单位支付一次性伤残就业补助金。一次性工伤医疗补助金和一次性伤残就业补助金的具体标准由省、自治区、直辖市人民政府规定。

《工伤保险条例》第三十七条规定,职工因工致残被鉴定为七级至十级伤残的,享受以下待遇:

(1) 从工伤保险基金按伤残等级支付一次性伤残补助金,标准为:七级伤残为13个月的本人工资,八级伤残为11个月的本人工资,九级伤残为9个月的本人工资,十级伤残为7个月的本人工资;

(2) 劳动、聘用合同期满终止,或者职工本人提出解除劳动、聘用合同的,由工伤保险基金支付一次性工伤医疗补助金,由用人单位支付一次性伤残就业补助金。一次性工伤医疗补助金和一次性伤残就业补助金的具体标准由省、自治区、直辖市人民政府规定。

《工伤保险条例》第三十八条规定,工伤职工工伤复发,确认需要治疗的,享受《工伤保险条例》第三十条、第三十二条和第三十三条规定的工伤待遇。

18. 职工因工死亡,其近亲属享受哪些待遇

《社会保险法》第三十八条规定,因工死亡的,其遗属领取的丧葬补助金、供养亲属抚恤金和因工死亡补助金,按照国家规定从工伤保险基金中支付。

依据《工伤保险条例》(国务院令第586号)第三十九条规定,职工因工死亡,其近亲属按照下列规定从工伤保险基金领取丧葬补助金、供养亲属抚恤金和一次性工亡补助金:

(1) 丧葬补助金为6个月的统筹地区上年度职工月平均工资;

(2) 供养亲属抚恤金按照职工本人工资的一定比例发给由因工死亡职工生前提供主要生活来源、无劳动能力的亲属。标准为:配偶每月40%,其他亲属每人每月30%,孤寡老人或者孤儿每人每月在上述标准的基础上增加10%。核定的各供养亲属的抚恤金之和不应高于因工死亡职工生前的工资。供养亲属的具体范围由国务院社会保险行政部门规定;

(3) 一次性工亡补助金标准为上一年度全国城镇居民人均可支配收入的20倍。

伤残职工在停工留薪期内因工伤导致死亡的,其近亲属享受本条第一款规定的待遇。

一级至四级伤残职工在停工留薪期满后死亡的,其近亲属可以享受《工伤保险条例》第三十九条第一款第(1)项、第(2)项规定的待遇。

19. 职工因工外出期间发生事故或在抢险救灾中下落不明的，如何处理

《工伤保险条例》(国务院令第586号)第四十一条规定，职工因工外出期间发生事故或者在抢险救灾中下落不明的，从事故发生当月起3个月内照发工资，从第4个月起停发工资，由工伤保险基金向其供养亲属按月支付供养亲属抚恤金。生活有困难的，可以预支一次性工亡补助金的50%。职工被人民法院宣告死亡的，按照《工伤保险条例》第三十九条职工因工死亡的规定处理。

20. 职工被派遣出境工作，如何参加工伤保险

《工伤保险条例》(国务院令第586号)第四十四条规定，职工被派遣出境工作，依据前往国家或者地区的法律应当参加当地工伤保险的，参加当地工伤保险，其国内工伤保险关系中止；不能参加当地工伤保险的，其国内工伤保险关系不中止。

21. 如何界定"非法用工单位伤亡人员"

《非法用工单位伤亡人员一次性赔偿办法》(人力资源和社会保障部令第9号)第二条规定，非法用工单位伤亡人员，是指无营业执照或者未经依法登记、备案的单位以及被依法吊销营业执照或者撤销登记、备案的单位受到事故伤害或者患职业病的职工，或者用人单位使用童工造成的伤残、死亡童工。

22. 非法用工单位伤亡人员的一次性赔偿金标准如何规定

《非法用工单位伤亡人员一次性赔偿办法》(人力资源和社会保障部令第9号)第五条、第六条规定了非法用工单位伤亡人员的一次性赔偿金标准。

一次性赔偿金按照以下标准支付：一级伤残的为赔偿基数的16倍，二级伤残的为赔偿基数的14倍，三级伤残的为赔偿基数的12倍，四级伤残的为赔偿基数的10倍，五级伤残的为赔偿基数的8倍，六级伤残的为赔偿基数的6倍，七级伤残的为赔偿基数的4倍，八级伤残的为赔偿基数的3倍，九级伤残的为赔偿基数的2倍，十级伤残的为赔偿基数的1倍。

上述所称赔偿基数，是指单位所在工伤保险统筹地区上年度职工年平均工资。

受到事故伤害或者患职业病造成死亡的，按照上一年度全国城镇居民人均可支配收入的20倍支付一次性赔偿金，并按照上一年度全国城镇居民人均可支配收入的10倍一次性支付丧葬补助等其他赔偿金。

23. 哪些情况下，有关单位和个人可以依法申请工伤行政复议或提起行政诉讼

《工伤保险条例》(国务院令第586号)第五十四条、第五十五条规定了有关单位和个人可以依法申请工伤行政复议或提起行政诉讼的情形。

职工与用人单位发生工伤待遇方面的争议，按照处理劳动争议的有关规定处理。

有下列情形之一的，有关单位或者个人可以依法申请行政复议，也可以依法向人民法院提起行政诉讼：

（1）申请工伤认定的职工或者其近亲属、该职工所在单位对工伤认定申请不予受理的决定不服的；

（2）申请工伤认定的职工或者其近亲属、该职工所在单位对工伤认定结论不服的；

（3）用人单位对经办机构确定的单位缴费费率不服的；

（4）签订服务协议的医疗机构、辅助器具配置机构认为经办机构未履行有关协议或者规定的；

（5）工伤职工或者其近亲属对经办机构核定的工伤保险待遇有异议的。

24. 用人单位按规定缴纳了工伤保险，其职工工伤发生的所有费用是否都在工伤保险基金中支付

《社会保险法》第三十九条规定，因工伤发生的下列费用，按照国家规定由用人单位支付：

（1）治疗工伤期间的工资福利；

（2）五级、六级伤残职工按月领取的伤残津贴；

（3）终止或者解除劳动合同时，应当享受的一次性伤残就业补助金。

政策链接 《实施〈中华人民共和国社会保险法〉若干规定》

（中华人民共和国人力资源和社会保障部令第 13 号）

社会保险法第三十九条第一项治疗工伤期间的工资福利，按照《工伤保险条例》第三十三条有关职工在停工留薪期内应当享受的工资福利和护理等待遇的规定执行。

25. 用人单位未缴纳工伤保险费，职工发生工伤后又不支付工伤保险待遇如何处理

《社会保险法》第四十一条规定，职工所在用人单位未依法缴纳工伤保险费，发生工伤事故的，由用人单位支付工伤保险待遇。用人单位不支付的，从工伤保险基金中先行支付。

从工伤保险基金中先行支付的工伤保险待遇应当由用人单位偿还。用人单位不偿还的，社会保险经办机构可以依照《社会保险法》第六十三条的规定追偿。

同时《社会保险法》第六十三条规定，用人单位未按时足额缴纳社会保险费的，由社会保险费征收机构责令其限期缴纳或者补足。

用人单位逾期仍未缴纳或者补足社会保险费的，社会保险费征收机构可以向银行和其他金融机构查询其存款账户；并可以申请县级以上有关行政部门作出划拨社会保险费的决定，书面通知其开户银行或者其他金融机构划拨社会保险费。用人单位账户余额少于应当缴纳的社会保险费的，社会保险费征收机构可以要求该用人单位提供担保，签订延期缴费协议。

用人单位未足额缴纳社会保险费且未提供担保的，社会保险费征收机构可以申请人民法院扣押、查封、拍卖其价值相当于应当缴纳社会保险费的财产，以拍卖所得抵缴社会保险费。

26. 由于第三人原因造成工伤的，其工伤医疗费用如何处理

《社会保险法》第四十二条规定，由于第三人的原因造成工伤，第三人不支付工伤医疗费用或者无法确定第三人的，由工伤保险基金先行支付。工伤保险基金先行支付后，有权向第三人追偿。

27. 停止工伤职工享受工伤保险待遇的情况有哪些

《社会保险法》第四十三条规定，工伤职工有下列情形之一的，停止享受工伤保险待遇：

（1）丧失享受待遇条件的；

（2）拒不接受劳动能力鉴定的；

（3）拒绝治疗的。

四、失业保险

1. 什么是失业保险制度

失业保险制度是指国家为因失业而暂时失去工资收入的社会成员提供物质帮助，以保障失业人员的基本生活,维持劳动力再生产,为失业人员重新就业创造条件的一项社会保险制度。享受失业保险待遇者要依法参加失业保险,且履行法定义务并符合法定条件。

2. 失业保险的缴费人

《社会保险法》第四十四条规定,职工应当参加失业保险,由用人单位和职工按照国家规定共同缴纳失业保险费。

3. 失业保险制度的适用范围

《社会保险费征缴暂行条例》第三条第三款规定,失业保险费的征缴范围:国有企业、城镇集体企业、外商投资企业、城镇私营企业和其他城镇企业及其职工,事业单位及其职工。

各省、自治区、直辖市人民政府根据当地实际情况,可以规定将城镇个体工商户纳入基本养老保险、基本医疗保险的范围,并可以规定将社会团体及其专职人员、民办非企业单位及其职工以及有雇工的城镇个体工商户及其雇工纳入失业保险的范围。

根据《失业保险条例》第二条规定,城镇企业事业单位、城镇企业事业单位职工依照《失业保险条例》的规定,缴纳失业保险费。城镇企业事业单位失业人员依照《失业保险条例》的规定,享受失业保险待遇。上述所称城镇企业,是指国有企业、城镇集体企业、外商投资企业、城镇私营企业以及其他城镇企业。

4. 失业保险费的缴费依据

根据规定,各省、自治区、直辖市根据实际情况自行设定缴费基数,全国不同地区差异性很大。如黑龙江省按照政府公布的城镇非私营单位在岗职工上年平均工资作为缴费基数;辽宁省自 2018 年 5 月 1 日起,以职工本人上年月平均工资作为缴费基数,最高为上年在岗职工月平均工资的 300%,最低为 60%;深圳目前按照政府公布的最低工资标准作为缴费基数。

5. 失业保险费费率如何确定

《失业保险条例》第九条规定,各省、自治区、直辖市人民政府根据本行政区域失业人员数量和失业保险基金数额,报经国务院批准,可以适当调整本行政区域失业保险费的费率。

为减轻企业负担,促进就业稳定,经国务院同意,人社部下发文件,自 2015 年 3 月 1 日起降低失业保险费率,将现行条例规定的 3% 降至 2%,单位和个人缴费的具体比例由各省、自治区、直辖市人民政府确定。2016 年、2018 年、2019 年又分三次下发文件明确,从 2016 年 5 月 1 日起,失业保险总费率在 2015 年已降低 1 个百分点基础上可以阶段性降至 1%~1.5%,其中个人费率不超过 0.5%,降低费率的期限一再延长,按最新文件规定,延长阶段性降低失业保险费率的期限至 2020 年 4 月 30 日。

政策链接《人力资源和社会保障部 财政部关于调整失业保险费率有关问题的通知》

(人社部发〔2015〕24 号)

从 2015 年 3 月 1 日起,失业保险费率暂由现行条例规定的 3% 降至 2%,单位和个人缴费的具体比例由各省、自治区、直辖市人民政府确定。在省、自治区、直辖市行政区域内,单位及职工的费率应当统一。

《人力资源社会保障部 财政部关于阶段性降低社会保险费率的通知》

(人社部发〔2016〕36 号)

从 2016 年 5 月 1 日起,失业保险总费率在 2015 年已降低 1 个百分点基础上可以阶段性降至 1%~

1.5%,其中个人费率不超过0.5%,降低费率的期限暂按两年执行。具体方案由各省(区、市)确定。

《人力资源社会保障部 财政部关于阶段性降低失业保险费率有关问题的通知》
(人社部发〔2017〕14号)

一、从2017年1月1日起,失业保险总费率为1.5%的省(区、市),可以将总费率降至1%,降低费率的期限执行至2018年4月30日。在省(区、市)行政区域内,单位及个人的费率应当统一,个人费率不得超过单位费率。具体方案由各省(区、市)研究确定。

二、失业保险总费率已降至1%的省份仍按照《人力资源社会保障部 财政部关于阶段性降低社会保险费率的通知》(人社部发〔2016〕36号)执行。

《人力资源社会保障部 财政部关于继续阶段性降低社会保险费率的通知》
(人社部发〔2018〕25号)

自2018年5月1日起,按照《人力资源社会保障部 财政部关于阶段性降低失业保险费率的通知》(人社部发〔2017〕14号)实施失业保险总费率1%的省(区、市),延长阶段性降低费率的期限至2019年4月30日。具体方案由各省(区、市)研究确定。

《国务院办公厅关于印发降低社会保险费率综合方案的通知》
(国办发〔2019〕13号)

自2019年5月1日起,实施失业保险总费率1%的省,延长阶段性降低失业保险费率的期限至2020年4月30日。

6. 申领失业保险金要具备的哪些条件

《社会保险法》第四十五条规定,失业人员符合下列条件的,从失业保险基金中领取失业保险金:

(1) 失业前用人单位和本人已经缴纳失业保险费满一年的;
(2) 非因本人意愿中断就业的;
(3) 已经进行失业登记,并有求职要求的。

政策链接 《实施〈中华人民共和国社会保险法〉若干规定》
(中华人民共和国人力资源和社会保障部令第13号)

失业人员符合社会保险法第四十五条规定条件的,可以申请领取失业保险金并享受其他失业保险待遇。其中,非因本人意愿中断就业包括下列情形:

(一) 依照劳动合同法第四十四条第一项、第四项、第五项规定终止劳动合同的;
(二) 由用人单位依照劳动合同法第三十九条、第四十条、第四十一条规定解除劳动合同的;
(三) 用人单位依照劳动合同法第三十六条规定向劳动者提出解除劳动合同并与劳动者协商一致解除劳动合同的;
(四) 由用人单位提出解除聘用合同或者被用人单位辞退、除名、开除的;
(五) 劳动者本人依照劳动合同法第三十八条规定解除劳动合同的;
(六) 法律、法规、规章规定的其他情形。

7. 职工失业后如何领取失业保险

《社会保险法》第五十条规定,用人单位应当及时为失业人员出具终止或者解除劳动关系的证明,并将失业人员的名单自终止或者解除劳动关系之日起十五日内告知社会保险经办机构。

失业人员应当持本单位为其出具的终止或者解除劳动关系的证明,及时到指定的公共就业服务机构办理失业登记。

失业人员凭失业登记证明和个人身份证明,到社会保险经办机构办理领取失业保险金的手续。失业保险金领取期限自办理失业登记之日起计算。

8. 失业保险金的标准如何确定

《社会保险法》第四十七条规定,失业保险金的标准,由省、自治区、直辖市人民政府确定,不得低于城市居民最低生活保障标准。

《失业保险条例》第十八条规定,失业保险金的标准,按照低于当地最低工资标准、高于城市居民最低生活保障标准的水平,由省、自治区、直辖市人民政府确定。

9. 失业人员再就业后再失业,其领取失业保险金期限如何计算

《实施〈中华人民共和国社会保险法〉若干规定》第十四条规定,失业人员领取失业保险金后重新就业的,再次失业时,缴费时间重新计算。失业人员因当期不符合失业保险金领取条件的,原有缴费时间予以保留,重新就业并参保的,缴费时间累计计算。

10. 哪些情形不得领取失业保险

《社会保险法》第五十一条规定,失业人员在领取失业保险金期间有下列情形之一的,停止领取失业保险金,并同时停止享受其他失业保险待遇:

(1) 重新就业的;

(2) 应征服兵役的;

(3) 移居境外的;

(4) 享受基本养老保险待遇的;

(5) 无正当理由,拒不接受当地人民政府指定部门或者机构介绍的适当工作或者提供的培训的。

《社会保险法》第五十二条规定,职工跨统筹地区就业的,其失业保险关系随本人转移,缴费年限累计计算。

11. 失业保险金的领取期限是如何规定的

《社会保险法》第四十六条规定,失业人员失业前用人单位和本人累计缴费满1年不足5年的,领取失业保险金的期限最长为12个月;累计缴费满5年不足10年的,领取失业保险金的期限最长为18个月;累计缴费10年以上的,领取失业保险金的期限最长为24个月。重新就业后,再次失业的,缴费时间重新计算,领取失业保险金的期限与前次失业应当领取而尚未领取的失业保险金的期限合并计算,最长不超过24个月。

12. 失业保险基金可以用于哪些项目支出

《社会保险法》第四十八条规定,失业人员在领取失业保险金期间,参加职工基本医疗保险,享受基本医疗保险待遇。失业人员应当缴纳的基本医疗保险费从失业保险基金中支付,个人不缴纳基本医疗保险费。

《社会保险法》第四十九条规定,失业人员在领取失业保险金期间死亡的,参照当地对在职职工死亡的规定,向其遗属发给一次性丧葬补助金和抚恤金。所需资金从失业保险基金中支付。个人死亡同时符合领取基本养老保险丧葬补助金、工伤保险丧葬补助金和失业保险丧葬补助金条件的,其遗属只能选择领取其中的一项。

|政策链接| 《失业保险条例》
(中华人民共和国国务院令第258号)

第十条　失业保险基金用于下列支出：
（一）失业保险金；
（二）领取失业保险金期间的医疗补助金；
（三）领取失业保险金期间死亡的失业人员的丧葬补助金和其供养的配偶、直系亲属的抚恤金；
（四）领取失业保险金期间接受职业培训、职业介绍的补贴，补贴的办法和标准由省、自治区、直辖市人民政府规定；
（五）国务院规定或者批准的与失业保险有关的其他费用。

《实施〈中华人民共和国社会保险法〉若干规定》
(中华人民共和国人力资源和社会保障部令第13号)

失业人员在领取失业保险金期间，应当积极求职，接受职业介绍和职业培训。失业人员接受职业介绍、职业培训的补贴由失业保险基金按照规定支付。

13. 失业人员参加职工基本医疗保险，个人是否需要缴纳基本医疗保险费

《社会保险法》第四十八条规定，失业人员在领取失业保险金期间，参加职工基本医疗保险，享受基本医疗保险待遇。失业人员应当缴纳的基本医疗保险费从失业保险基金中支付，个人不缴纳基本医疗保险费。

14. 失业人员在领取失业保险金期间或期满后，是否可以享受城市居民最低生活保障

《失业保险条例》第二十三条规定，失业人员符合城市居民最低生活保障条件的，按照规定享受城市居民最低生活保障待遇。

15. 失业人员在领取失业保险金期间死亡的，能否从失业保险基金中获得哪些补偿

《社会保险法》第四十九条规定，失业人员在领取失业保险金期间死亡的，参照当地对在职职工死亡的规定，向其遗属发给一次性丧葬补助金和抚恤金。所需资金从失业保险基金中支付。个人死亡同时符合领取基本养老保险丧葬补助金、工伤保险丧葬补助金和失业保险丧葬补助金条件的，其遗属只能选择领取其中的一项。

|政策链接| 《失业保险金申领发放办法》
(劳动和社会保障部令第8号)

失业人员在领取失业保险金期间死亡的，其家属可持失业人员死亡证明、领取人身份证明、与失业人员的关系证明，按规定向经办机构领取一次性丧葬补助金和其供养配偶、直系亲属的抚恤金。失业人员当月尚未领取的失业保险金可由其家属一并领取。

16. 失业人员死亡且符合领取基本养老保险丧葬补助金、工伤保险丧葬补助金和失业保险丧葬补助金条件的，其遗属是否可以同时领取

《社会保险法》第四十九条规定，失业人员在领取失业保险金期间死亡的，参照当地对在职职工死亡的规定，向其遗属发给一次性丧葬补助金和抚恤金。所需资金从失业保险基金中支付。个人死亡同时符合领取基本养老保险丧葬补助金、工伤保险丧葬补助金和失业保险丧葬补助金条件的，其遗属只能选择领取其中的一项。

17. 失业人员申领失业保险金的程序

《社会保险法》第五十条规定,用人单位应当及时为失业人员出具终止或者解除劳动关系的证明,并将失业人员的名单自终止或者解除劳动关系之日起15日内告知社会保险经办机构。

失业人员应当持本单位为其出具的终止或者解除劳动关系的证明,及时到指定的公共就业服务机构办理失业登记。

失业人员凭失业登记证明和个人身份证明,到社会保险经办机构办理领取失业保险金的手续。失业保险金领取期限自办理失业登记之日起计算。

18. 跨地区就业的人员,失业保险关系如何接续

《社会保险法》第五十二条规定,职工跨统筹地区就业的,其失业保险关系随本人转移,缴费年限累计计算。

19. 职工在机关事业单位和企业单位之间流动失业保险关系如何处理

根据《劳动和社会保障部 财政部 人事部 中央机构编制委员会办公室关于职工在机关事业单位与企业之间流动时社会保险关系处理意见的通知》(劳社部发〔2001〕13号)文件规定,职工由机关进入企业、事业单位工作之月起,按规定参加失业保险,其原有的工作年限视同缴费年限。职工由企业、事业单位进入机关工作,原单位及个人缴纳的失业保险费不转移,其失业保障按《人事部关于印发〈国家公务员被辞退后有关问题的暂行办法〉的通知》(人发〔1996〕64号)规定执行。[《国家公务员被辞退后有关问题的暂行办法》目前已失效,目前执行《公务员辞退规定(试行)》]

政策链接

《中共中央组织部 人力资源和社会保障部关于印发
〈公务员辞退规定(试行)〉的通知》

(人社部发〔2009〕71号)

第十二条 被辞退的公务员,可以领取辞退费或者根据国家有关规定享受失业保险,其他社会保险按照有关规定执行。

第十三条 领取辞退费的,机关在其档案转出十五日内,将辞退费一次性向接收档案的人才服务机构拨付。

(一)公务员被辞退前连续工作满一年以上的,自被辞退的次月起,由有关的人才服务机构按月发放辞退费。

(二)辞退费发放标准为公务员被辞退前上月基本工资。

(三)辞退费发放期限根据被辞退公务员在机关的工作年限确定。工作年限不满两年的,按照三个月发放;满两年的,按照四个月发放;两年以上的,每增加一年增发一个月,但最长不得超过二十四个月。

第十四条 出现下列情形之一的,辞退费停发:

(一)领取期限已满;

(二)重新就业;

(三)应征服兵役;

(四)移居境外;

(五)被判刑或者被劳动教养;

(六)死亡。

未发放的辞退费,有关的人才服务机构应当返还被辞退公务员原所在机关。

五、生育保险

1. 什么是生育保险制度

生育保险是国家通过社会保险立法,对生育职工给予经济、物质等方面的帮助的一项社会政策,主要是为了维护企业女职工的合法权益,通过向生育女职工提供生育津贴、产假及医疗服务,保障她们在生育期间得到必要的经济补偿和医疗保健,帮助生育女职工恢复劳动能力,重返工作岗位,体现国家和社会对妇女在这一特殊时期的支持和爱护。

2. 生育保险制度的缴费主体

《社会保险法》第五十三条规定,职工应当参加生育保险,由用人单位按照国家规定缴纳生育保险费,职工不缴纳生育保险费。

《社会保险法》第五十四条规定,用人单位已经缴纳生育保险费的,其职工享受生育保险待遇;职工未就业配偶按照国家规定享受生育医疗费用待遇。所需资金从生育保险基金中支付。

3. 生育保险缴费标准

生育保险费由用人单位按月缴费,职工个人不缴纳生育保险费。用人单位按在职职工缴纳基本养老保险费的基数作为缴纳生育保险费的基数,按照0.5%到1%的比例缴纳生育保险费。缴费比例可根据经济发展和生育保险基金使用情况作适时调整。全国各地差异性较大,如,北京生育保险缴费比例为按照职工缴费基数的0.8%缴纳生育保险费;广州生育保险缴费比例为按照职工缴费基数的0.85%缴纳生育保险费。

4. 职工享受生育保险待遇,应当具备哪些条件

按照规定,应同时具备下列条件:

(1) 用人单位为职工累计缴费满1年以上,并且继续为其缴费;

(2) 符合国家和省人口与计划生育规定。

5. 哪些情形可以享受生育保险待遇

根据《社会保险法》第五十六条,职工有下列情形之一的,可以按照国家规定享受生育津贴:

(1) 女职工生育享受产假;

(2) 享受计划生育手术休假;

(3) 法律、法规规定的其他情形。

生育津贴按照职工所在用人单位上年度职工月平均工资计发。

6. 男职工是否缴纳生育保险

《社会保险法》第五十四条规定:"用人单位已经缴纳生育保险费的,其职工享受生育保险待遇;职工未就业配偶按照国家规定享受生育医疗费用待遇,所需资金从生育保险基金中支付。"这里的"职工",并没有限定为女性职工,即意味着包括了男性职工,故只要职工与用人单位形成了劳动关系,则不分男女,用人单位均应为其办理生育保险,并缴纳生育保险费。

7. 生育保险待遇中的生育医疗费用都有哪些项目

根据《社会保险法》第五十五条,生育医疗费用包括下列各项:

(1) 生育的医疗费用;

(2) 计划生育的医疗费用;

(3) 法律、法规规定的其他项目费用。

8. 生育保险的报销标准

生育保险报销比例以所在地上年度职工月平均工资为基数,按照一定的比例一次性支付。按照规定,由各省、自治区、直辖市根据实际情况每年出台相应的标准。以2017年部分地区标准为例:

(1) 生育保险基金以生育津贴形式对单位予以补偿。补偿标准为:女职工妊娠7个月(含7个月)以上顺产分娩或妊娠不足7个月早产的,享受3个月的生育津贴;难产及实施剖宫产手术的,增加半个月的生育津贴;多胞胎生育的,每多生一个婴儿,增加半个月的生育津贴;妊娠3个月(含3个月)以上、7个月以下流产、引产的,享受一个半月的生育津贴,妊娠3个月以内因病理原因流产的,享受1个月的生育津贴。生育津贴以女职工产前或计划生育手术前12个月的生育保险月平均缴费工资为计发基数。

(2) 生育营养补贴与围产保健补贴,凡符合享受国家规定90天(含90天)以上产假的生育女职工可享受生育营养补贴300元、围产保健补贴700元。

(3) 一次性生育补贴,原在单位参加生育保险的女职工失业后,在领取失业保险金期间,符合计划生育规定生育时,可享受一次性生育补贴:流产400元、顺产2 400元、难产和多胞胎生育4 000元,对参加生育保险的男职工,其配偶未列入生育保险范围,符合计划生育规定生育第一胎时,可享受50%的一次性生育补贴。

(4) 生育津贴补偿到单位,参保女职工产假期间本人基本工资、奖金及福利费由单位照发。

(5) 计划生育手术费,包括因计划生育需要,实施放置(取出)宫内节育器、流产术、引产术、皮埋术、绝育及复通手术所发生的费用,列入生育保险基金结付范围。

生育保险医疗服务定额结算标准一览表

单位:元

结算标准\医院等级\结算项目	一级医院 合计	其中 住院	其中 产前检查	二级医院 合计	其中 住院	其中 产前检查	三级医院 合计	其中 住院	其中 产前检查
阴式分娩	3 200	2 450	750	3 650	2 800	850	3 650	2 800	850
剖宫产	5 000	4 250	750	5 850	5 000	850	5 850	5 000	850
严重高危妊娠	6 100	5 200	900	6 800	5 800	1 000	6 800	5 800	1 000
妊娠16周(含)以上引产或自然流产	1 400	含术前检查费用		1 600	含术前检查费用		1 600	含术前检查费用	

9. 生育险报销金额计算方式

1) 生育津贴计算

生育津贴=当月本单位人平缴费工资÷30(天)×假期天数(各省市略有差异)

假期天数:

(1) 正常产假90天(包括产前检查15天)。

(2) 独生子女假增加 35 天。
(3) 晚育假增加 15 天。

2) 生育医疗费计算

(1) 确认生育就医身份后就医的医疗费用,由市劳动和社会保障局同医院定额结算(超过 1 万元以上的部分按核定数结算)。

(2) 异地分娩的医疗费用,低于定额标准的按实际报销;高于定额标准的,按定额标准报销。

3) 一次性分娩营养补助费计算

正常产、满 7 个月以上流产:上年度市职工月平均工资×25%。

4) 一次性补贴

在一、二级医院分娩的,每人一次性增加 300 元补贴。

10. 男性生育保险报销标准

(1) 同时具备以下条件的参保男职工,可申请享受一次性生育补贴:

① 符合国家计划生育政策规定和法定生育条件;

② 配偶生育或因病理原因流产时,用人单位参加生育保险并已为男职工正常连续缴纳生育保险费(不含补缴、欠缴和中断缴费)满 10 个月以上;

③ 配偶未列入生育保险范围,且生育第一胎。

(2) 符合上述条件的男职工,可申请享受的一次性生育补贴标准为:流产的 200 元;顺产的 1 200 元;难产或多胞胎生育的 2 000 元。

(3) 配偶生育或因病理原因流产后,男职工持本人及配偶的居民身份证、《结婚证》、计生部门出具的《生育状况证明》或《第一胎生育证》、新生儿《出生医学证明》、出院记录、费用明细清单(以上材料均需原件及复印件)和本人就医证卡、原始发票、配偶户籍所在地街道(镇)出具的无工作单位且无固定收入来源证明,到本人单位社保关系所在地的市、区社保经办机构办理一次性生育补贴申领手续。社保经办机构审核后,打印《男职工一次性生育补贴结付表》,男职工签字确认后领取补贴金额。

(4)《生育状况证明》或《第一胎生育证》到计划生育委员会开具。不需要失业时间证明书,要求配偶户籍所在地街道(镇)出具的无工作单位且无固定收入来源证明。

11. 夫妻是否能双报销生育保险

缴纳生育保险满 1 年并继续缴纳的,符合计划生育政策的,生育时就可以报销生育津贴。如果夫妇双方都缴纳了生育保险,那么在女方生育的时候只有女方可以享受生育保险待遇,夫妻俩不可以重复享受。如果配偶在没有办理生育保险或者未就业(或者是生育保险还没缴满一年的)的情况下,要进行分娩、终止妊娠、计划生育手术,男职工可以申请生育保险。

12. 二胎生育险报销标准是多少

目前,一胎和二胎报销的标准是一样的,只要符合计划生育政策,有"准生证"的,费用报销标准都一样,但因为生育津贴是与产假时间挂钩的,该项规定请参考所在城市最新出台生育保险政策。

第三章

会 计 核 算

一、企业会计准则的相关规定

企业会计准则关于社会保险的相关规定

按照会计准则相关规定,企业为职工负担的各项养老保险应按照受益对象,借方计入相关成本费用科目,贷方记入职工薪酬科目。

职工薪酬是指企业为获得职工提供的服务或终止劳动合同关系而给予的各种形式的报酬。企业提供给职工配偶、子女、受赡养人、已故员工遗属及其他受益人等的福利,也属于职工薪酬。职工薪酬主要包括短期薪酬、离职后福利、辞退福利和其他长期职工福利。

其中,短期薪酬是指企业在职工提供相关服务的年度报告期间结束后12个月内需要全部予以支付的职工薪酬,因解除与职工的劳动关系给予的补偿除外。因解除与职工的劳动关系给予的补偿属于辞退福利的范畴。短期薪酬主要包括:

(1) 职工工资、奖金、津贴和补贴;
(2) 职工福利费;
(3) 医疗保险费、工伤保险费和生育保险费等社会保险费;
(4) 住房公积金;
(5) 工会经费和职工教育经费;
(6) 职工带薪缺勤;
(7) 短期利润分享计划;
(8) 非货币性福利;
(9) 其他短期薪酬。

二、计提社会保险费时的账务处理

计提社会保险费时的会计分录

企业大多数以货币形式计提和支付各项职工薪酬,以货币性短期薪酬为例:

借:生产成本(生产工人)
　　制造费用(车间管理人员)
　　管理费用(行政管理人员)
　　销售费用(销售人员)
　　在建工程(基建人员)
　　研发支出——资本化支出(研发人员)
　　贷:应付职工薪酬——工资
　　　　　　　　　——职工福利
　　　　　　　　　——社会保险费
　　　　　　　　　——住房公积金
　　　　　　　　　——工会经费
　　　　　　　　　——职工教育经费等

三、缴纳保险费的账务处理

1. 缴纳保险费的会计分录

借：应付职工薪酬——工资
　　　　　　　　——职工福利
　　　　　　　　——社会保险费
　　　　　　　　——住房公积金
　　　　　　　　——工会经费
　　　　　　　　——职工教育经费等
　　贷：银行存款等科目

2. 缴纳保险费的账务处理案例

【案例】 2019年6月，甲公司当月应发工资1 560万元，其中：生产部门直接生产人员工资1 000万元；生产部门管理人员工资200万元；公司管理部门人员工资360万元。

根据所在地政府规定，公司分别按照职工工资总额的10％和8％计提医疗保险费和住房公积金，缴纳给当地社会保险经办机构和住房公积金管理机构。公司分别按照职工工资总额的2％和1.5％计提工会经费和职工教育经费。

假定不考虑所得税影响。

应计入生产成本的职工薪酬金额＝1 000＋1 000×(10％＋8％＋2％＋1.5％)＝1 215(万元)
应计入制造费用的职工薪酬金额＝200＋200×(10％＋8％＋2％＋1.5％)＝243(万元)
应计入管理费用的职工薪酬金额＝360＋360×(10％＋8％＋2％＋1.5％)＝437.4(万元)

公司应根据上述业务，做如下账务处理：

借：生产成本　　　　　　　　　　　　　　　　　　　　12 150 000
　　制造费用　　　　　　　　　　　　　　　　　　　　 2 430 000
　　管理费用　　　　　　　　　　　　　　　　　　　　 4 374 000
　　贷：应付职工薪酬——工资　　　　　　　　　　　　15 600 000
　　　　　　　　　　——社会保险费　　　　　　　　　 1 560 000
　　　　　　　　　　——住房公积金　　　　　　　　　 1 248 000
　　　　　　　　　　——工会经费　　　　　　　　　　　 312 000
　　　　　　　　　　——职工教育经费　　　　　　　　　 234 000

医疗保险费实际缴纳时，做如下账务处理：

借：应付职工薪酬——社会保险费　　　　　　　　　　 1 560 000
　　贷：银行存款　　　　　　　　　　　　　　　　　　 1 560 000

第四章 税务征管规定

一、企业所得税

1. 用人单位为职工缴纳的"五险"是否可以税前扣除

《中华人民共和国企业所得税法实施条例》(以下简称《企业所得税法实施条例》)第三十五条规定,企业依照国务院有关主管部门或者省级人民政府规定的范围和标准为职工缴纳的基本养老保险费、基本医疗保险费、失业保险费、工伤保险费、生育保险费等基本社会保险费和住房公积金,准予扣除。企业为职工缴纳的"五险",各地规定的标准不尽相同。在实际执行中,应参照当地规定的范围和标准执行,在当地规定的范围和标准以内的,据实扣除,超过标准的部分,不得税前扣除。

2. 用人单位为职工支付的补充养老保险、补充医疗保险是否可以扣除

《企业所得税法实施条例》第三十五条第二款规定,企业为投资者或者职工支付的补充养老保险费、补充医疗保险费,在国务院财政、税务主管部门规定的范围和标准内,准予扣除。具体的范围和标准参照《财政部 国家税务总局关于补充养老保险费 补充医疗保险费有关企业所得税政策问题的通知》(财税〔2009〕27号)的规定。

自2008年1月1日起,企业根据国家有关政策规定,为在本企业任职或者受雇的全体员工支付的补充养老保险费、补充医疗保险费,分别在不超过职工工资总额5%标准内的部分,在计算应纳税所得额时准予扣除;超过的部分,不予扣除。

3. 企业支付的社会保险费罚款是否可以税前扣除

《中华人民共和国企业所得税法》第十条第四款规定,在计算应纳税所得额时,罚金、罚款和被没收财物的损失支出不得扣除。企业支付的社会保险费罚款,属于行政性罚款,因此不可以税前扣除。社会保险罚款通常包括对不办理社会保险登记、未按时足额缴纳社会保险费、骗取社会保险基金或者社会保险待遇支出的处罚。

二、个人所得税

1. 个人取得的基本养老金是否交税

《中华人民共和国个人所得税法》第四条规定,按照国家统一规定发给干部、职工的安家费、退职费、基本养老金或者退休费、离休费、离休生活补助费,免征个人所得税。

2. 单位和个人按规定实际缴付的"三险"是否计税

《中华人民共和国个人所得税法》第六条规定,居民个人的综合所得,以每一纳税年度的收入额减除费用6万元以及专项扣除、专项附加扣除和依法确定的其他扣除后的余额,为应纳税所得额。专项扣除,包括居民个人按照国家规定的范围和标准缴纳的基本养老保险、基本医疗保险、失业保险等社会保险费和住房公积金等。

《企业所得税法实施条例》第三十五条规定，企业依照国务院有关主管部门或者省级人民政府规定的范围和标准为职工缴纳的基本养老保险费、基本医疗保险费、失业保险费、工伤保险费、生育保险费等基本社会保险费和住房公积金，准予扣除。

《财政部 国家税务总局关于基本养老保险费 基本医疗保险费 失业保险费 住房公积金有关个人所得税政策的通知》（财税〔2006〕10号）规定，企事业单位按照国家或省（自治区、直辖市）人民政府规定的缴费比例或办法实际缴付的基本养老保险费、基本医疗保险费和失业保险费，免征个人所得税；个人按照国家或省（自治区、直辖市）人民政府规定的缴费比例或办法实际缴付的基本养老保险费、基本医疗保险费和失业保险费，允许在个人应纳税所得额中扣除。

3. 单位和个人超过规定比例和标准缴付的"三险"如何计征个人所得税

《财政部 国家税务总局关于基本养老保险费 基本医疗保险费 失业保险费 住房公积金有关个人所得税政策的通知》（财税〔2006〕10号）规定，企事业单位和个人超过规定的比例和标准缴付的基本养老保险费、基本医疗保险费和失业保险费，应将超过部分并入个人当期的工资、薪金收入，计征个人所得税。单位和个人超过上述规定比例和标准缴付的住房公积金，应将超过部分并入个人当期的工资、薪金收入，计征个人所得税。

4. 企业以现金形式发给个人的医疗补助费如何计税

建立现代保险制度和住房公积金制度之初，一些单位没有真正向社保部门缴付计提的保险费和住房公积金，而是以现金形式发给职工个人，对此，《财政部 国家税务总局关于住房公积金 医疗保险金 养老保险金征收个人所得税问题的通知》（财税字〔1997〕144号）规定，企业以现金形式发给个人的住房补贴、医疗补助费，应全额计入领取人的当期工资、薪金收入计征个人所得税。

5. 个人实际领取原提存的"三险一金"是否计税

《财政部 国家税务总局关于基本养老保险费 基本医疗保险费 失业保险费 住房公积金有关个人所得税政策的通知》（财税〔2006〕10号）规定，个人实际领（支）取原提存的基本养老保险金、基本医疗保险金、失业保险金和住房公积金时，免征个人所得税。

6. 个人取得生育津贴和生育医疗费是否纳税

《财政部 国家税务总局关于生育津贴和生育医疗费有关个人所得税政策的通知》（财税〔2008〕8号）规定，生育妇女按照县级以上人民政府根据国家有关规定制定的生育保险办法，取得的生育津贴、生育医疗费或其他属于生育保险性质的津贴、补贴，免征个人所得税。

7. 个人取得工伤保险待遇是否纳税

《财政部 国家税务总局关于工伤职工取得的工伤保险待遇有关个人所得税政策的通知》（财税〔2012〕40号）规定，对工伤职工及其近亲属按照《工伤保险条例》（国务院令第586号）规定取得的工伤保险待遇，免征个人所得税。

工伤保险待遇，包括工伤职工按照《工伤保险条例》（国务院令第586号）规定取得的一次性伤残补助金、伤残津贴、一次性工伤医疗补助金、一次性伤残就业补助金、工伤医疗待遇、住院伙食补助费、外地就医交通食宿费用、工伤康复费用、辅助器具费用、生活护理费等，以及职工因工死亡，其近亲属按照《工伤保险条例》（国务院令第586号）规定取得的丧葬补助金、供养亲属抚恤金和一次性工亡补助金等。

三、契税

对社会保险费征收机构承受用以抵缴社会保险费的土地、房屋权属是否征收契税

《国家税务总局关于以土地、房屋权属抵缴社会保险费免征契税的批复》（国税函〔2001〕483号）规定，根据国务院发布的《社会保险费征缴暂行条例》（国务院第259号令）中关于"社会保险基金不计征税、费"的规定，对社会保险费（基本养老保险、基本医疗保险、失业保险）征收机构承受用以抵缴社会保险费的土地、房屋权属免征契税。

四、印花税

1. 社会保障基金的印花税是如何规定的

《财政部 国家税务总局关于全国社会保障基金有关印花税政策的通知》（财税〔2003〕134号）规定如下：

（1）对社保理事会委托社保基金投资管理人运用社保基金买卖证券应缴纳的印花税实行先征后返。社保理事会定期向财政部、上海市和深圳市财政局提出返还印花税的申请，即按照中央与地方印花税分享比例，属于中央收入部分，向财政部提出申请；属于地方收入部分，向上海市和深圳市财政局提出申请。具体退税程序比照财政部、国家税务总局、中国人民银行《关于税制改革后对某些企业实行"先征后退"有关预算管理问题的暂行规定的通知》〔(94)财预字第55号〕的有关规定办理。

（2）对社保基金持有的证券，在社保基金证券账户之间的划拨过户，不属于印花税的征税范围，不征收印花税。

2. 国有股东向全国社会保障基金理事会转持国有股是否缴纳印花税

《财政部 国家税务总局关于境内证券市场转持部分国有股充实全国社会保障基金有关证券（股票）交易印花税政策的通知》（财税〔2009〕103号）规定，经国务院批准，对有关国有股东按照《境内证券市场转持部分国有股充实全国社会保障基金实施办法》（财企〔2009〕94号）向全国社会保障基金理事会转持国有股，免征证券（股票）交易印花税。

五、基本养老保险基金

基本养老保险基金有关投资业务的税收政策

《财政部 税务总局关于基本养老保险基金有关投资业务税收政策的通知》（财税〔2018〕95号）规定如下：

（1）对社保基金会及养老基金投资管理机构在国务院批准的投资范围内，运用养老基金投资过程中，提供贷款服务取得的全部利息及利息性质的收入和金融商品转让收入，免征增值税。

（2）对社保基金会及养老基金投资管理机构在国务院批准的投资范围内，运用养老基金投资取得的归属于养老基金的投资收入，作为企业所得税不征税收入；对养老基金投资管理机构、养老基金托管机构从事养老基金管理活动取得的收入，依照税法规定征收企业所得税。

（3）对社保基金会及养老基金投资管理机构运用养老基金买卖证券应缴纳的印花税实行先征后返；养老基金持有的证券，在养老基金证券账户之间的划拨过户，不属于印花税的征收范围，不征收印花税。对社保基金会及养老基金投资管理机构管理的养老基金转让非上市公司股权，免征社保基金会及养老基金投资管理机构应缴纳的印花税。

第五章

减税降费——社会保险费最新政策

一、国家降低社会保险费率政策

为贯彻落实党中央、国务院决策部署,降低社会保险费率,完善社保制度,稳步推进社保费征收体制改革,确保企业特别是小微企业社会保险缴费负担有实质性下降,确保职工各项社会保险待遇不受影响、按时足额支付。国务院办公厅在 2019 年 4 月 1 日印发《关于印发降低社会保险费率综合方案的通知》,对缴费比例、缴费基数、征管方式等方面做了规定。

1. 缴费比例

1)降低养老保险单位缴费比例

自 2019 年 5 月 1 日起,降低城镇职工基本养老保险(包括企业和机关事业单位基本养老保险,以下简称养老保险)单位缴费比例。各省、自治区、直辖市及新疆生产建设兵团(以下统称省)养老保险单位缴费比例高于 16% 的,可降至 16%;目前低于 16% 的,要研究提出过渡办法。各省具体调整或过渡方案于 2019 年 4 月 15 日前报人力资源社会保障部、财政部备案。

2)继续阶段性降低失业保险、工伤保险费率

自 2019 年 5 月 1 日起,实施失业保险总费率 1% 的省,延长阶段性降低失业保险费率的期限至 2020 年 4 月 30 日。自 2019 年 5 月 1 日起,延长阶段性降低工伤保险费率的期限至 2020 年 4 月 30 日,工伤保险基金累计结余可支付月数在 18 至 23 个月的统筹地区可以现行费率为基础下调 20%,累计结余可支付月数在 24 个月以上的统筹地区可以现行费率为基础下调 50%。

2. 缴费基数

《国务院办公厅关于印发降低社会保险费率综合方案的通知》(国办发〔2019〕13 号)对缴费基数做如下规定,调整就业人员平均工资计算口径。各省应以本省城镇非私营单位就业人员平均工资和城镇私营单位就业人员平均工资加权计算的全口径城镇单位就业人员平均工资,核定社保个人缴费基数上下限,合理降低部分参保人员和企业的社保缴费基数。调整就业人员平均工资计算口径后,各省要制定基本养老金计发办法的过渡措施,确保退休人员待遇水平平稳衔接。

完善个体工商户和灵活就业人员缴费基数政策。个体工商户和灵活就业人员参加企业职工基本养老保险,可以在本省全口径城镇单位就业人员平均工资的 60%~300% 之间选择适当的缴费基数。

3. 征管方式

(1)企业职工基本养老保险和企业职工其他险种缴费,原则上暂按现行征收体制继续征收,稳定缴费方式,"成熟一省、移交一省"。

(2) 机关事业单位社保费和城乡居民社保费征管职责如期划转。

(3) 人力资源社会保障、税务、财政、医保部门要抓紧推进信息共享平台建设等各项工作，切实加强信息共享，确保征收工作有序衔接。

(4) 妥善处理好企业历史欠费问题，在征收体制改革过程中不得自行对企业历史欠费进行集中清缴，不得采取任何增加小微企业实际缴费负担的做法，避免造成企业生产经营困难。

二、各地降低社会保险费率政策

全国各省级基本养老保险费、失业保险费单位缴纳比例

按照《国务院办公厅关于印发降低社会保险费率综合方案的通知》（国办发〔2019〕13号）的要求，各省委省政府切实落实降低社会保险费率，纷纷在2019年4月印发降低社会保险费率方案，将养老保险单位缴费比例降低到16%，继续实行阶段性降低失业保险、工伤保险费率，进一步调整社保缴费基数政策，加快推进规范企业职工基本养老保险省级统筹工作，稳步推进社保费征收体制改革。编者为广大缴费人整理了32个省、市最新的降低社保费率的相关文件，这里就不一一赘述了。

全国各省级基本养老保险费、失业保险费单位缴纳比例一览表

序号	省份	养老保险缴纳比例	失业保险缴纳比例	起始时间	政策规定
1	北京	16%	1%▲	2019年5月1日	《北京市人力资源和社会保障局 北京市财政局 国家税务总局北京市税务局 北京市医疗保障局关于降低本市社会保险费率的通知》（京人社养发〔2019〕67号）第1条
2	天津	16%	0.5%	2019年5月1日	《天津市人力资源和社会保障局 天津市财政局 国家税务总局天津市税务局关于降低社会保险费率的通知》（津人社规字〔2019〕1号）第1条、第2条
3	上海	16%	0.5%	2019年5月1日	《关于降低本市城镇职工社会保险费率的通知》（沪人社规〔2019〕14号）第1条
4	重庆	16%	0.5%	2019年5月1日	《重庆市人民政府办公厅关于印发重庆市降低社会保险费率综合方案的通知》（渝府办发〔2019〕50号）第1条、第2条
5	河北	16%	1%	2019年5月1日	《河北省人力资源和社会保障厅 河北省财政厅 国家税务总局河北省税务局关于做好降低社会保险费率工作有关问题的通知》（冀人社字〔2019〕160号）第1条
6	山西	16%	0.7%	2019年5月1日	《山西省人民政府办公厅关于印发山西省降低社会保险费率实施方案的通知》（晋政办发〔2019〕26号）第1条、第2条
7	内蒙古	16%	0.5%	2019年5月1日	《内蒙古自治区人力资源和社会保障厅 内蒙古自治区财政厅关于降低社会保险缴费率有关问题的通知》（内人社发〔2019〕16号）第1条、第2条
8	辽宁	16%	1%▲	2019年5月1日	《辽宁省人民政府办公厅关于印发辽宁省降低社会保险费率综合实施方案的通知》（辽政办发〔2019〕14号）第1条、第2条

(续表)

序号	省份	养老保险缴纳比例	失业保险缴纳比例	起始时间	政策规定
9	吉林	16%	1%▲	2019年5月1日	《吉林省人民政府办公厅关于印发吉林省落实降低社会保险费率实施方案的通知》(吉政办发〔2019〕26号)第1条第(1)项
10	黑龙江	16%	0.5%	2019年5月1日	《黑龙江省人力资源和社会保障厅 黑龙江省财政厅 国家税务总局黑龙江省税务局关于降低全省城镇职工基本养老保险和失业保险费率的通知》(黑人社发〔2019〕12号)第1条、第4条
11	江苏	16%	1%▲	2019年5月1日	《江苏省人民政府办公厅关于印发江苏省降低社会保险费率实施方案的通知》(苏政办发〔2019〕47号)第1条、第2条
12	浙江	16%/14%	0.5%	2019年5月1日	《浙江省人力资源和社会保障厅 浙江省财政厅 国家税务总局浙江省税务局联合印发关于降低社会保险费率的通知》(浙人社发〔2019〕20号)
13	安徽	16%	0.5%	2019年5月1日	《安徽省人民政府办公厅关于印发安徽省降低社会保险费率综合方案的通知》(皖政办〔2019〕12号)第1条、第2条
14	福建	16%	0.5%	2019年5月1日	《福建省人民政府办公厅关于印发福建省降低社会保险费率综合工作方案的通知》(闽政办〔2019〕29号)第1条、第2条
15	江西	16%	0.5%	2019年5月1日	《江西省人民政府办公厅关于印发降低社会保险费率综合实施方案的通知》(赣府厅字〔2019〕27号)第1条、第2条
16	山东	16%	0.7%	2019年5月1日	《山东省人民政府办公厅关于印发山东省降低社会保险费率综合实施方案的通知》(鲁政办发〔2019〕14号)第1条、第2条
17	河南	16%	1%▲	2019年5月1日	《河南省人力资源和社会保障厅 河南省财政厅 国家税务总局河南省税务局 河南省医疗保障局关于降低社会保险费率有关问题的通知》(豫人社〔2019〕13号)第1条、第2条
18	湖北	16%	1%▲	2019年5月1日	《湖北省人民政府办公厅关于印发湖北省降低社会保险费率综合实施方案的通知》(鄂政办发〔2019〕33号)第1条、第2条
19	湖南	16%	0.7%	2019年5月1日	《湖南省人民政府办公厅关于印发〈湖南省降低社会保险费率实施方案〉的通知》(湘政办发〔2019〕19号)第1条
20	广东	16%/14%	0.8%	2019年5月1日	《广东省人力资源和社会保障厅 广东省财政厅 国家税务总局广东省税务局关于印发广东省城镇职工基本养老保险单位缴费比例过渡方案的通知》(粤人社规〔2019〕11号)第1条 《广东省人力资源和社会保障厅 广东省财政厅 广东省地方税务局关于调整失业保险费率的通知》(粤人社规〔2015〕8号)
21	广西	16%	0.5%	2019年5月1日	《广西壮族自治区人力资源和社会保障厅 广西壮族自治区财政厅关于印发降低社会保险费率实施方案的通知》(桂人社规〔2019〕9号)第2条、第3条

(续表)

序号	省份	养老保险缴纳比例	失业保险缴纳比例	起始时间	政策规定
22	海南	16%	0.5%	2019年5月1日	《海南省人力资源和社会保障厅 海南省财政厅 国家税务总局海南省税务局 海南省医疗保障局关于印发海南省降低社会保险费率综合方案的通知》(琼人社发〔2019〕93号)第1条、第2条
23	四川	16%	1%▲	2019年5月1日	《四川省人民政府办公厅关于印发四川省降低社会保险费率实施办法的通知》(川办发〔2019〕27号)第1条
24	贵州	16%	0.7%	2019年5月1日	《贵州省人民政府办公厅关于印发贵州省降低社会保险费率综合方案的通知》(黔府办函〔2019〕62号)第1条、第2条
25	云南	16%	0.7%	2019年5月1日	《云南省人民政府办公厅关于印发云南省降低社会保险费率实施方案的通知》(云政办发〔2019〕48号)第1条、第2条
26	西藏	16%	0.5%	2019年5月1日	《西藏自治区人民政府办公厅关于印发西藏自治区降低社会保险费率综合方案的通知》(藏政办发〔2019〕27号)第1条、第2条
27	陕西	16%	0.7%	2019年5月1日	《陕西省人民政府办公厅关于印发降低社会保险费率实施办法的通知》(陕政办发〔2019〕18号)第1条
28	甘肃	16%	0.7%	2019年5月1日	《甘肃省人民政府办公厅关于印发甘肃省降低社会保险费率综合实施方案的通知》(甘政办发〔2019〕54号)第1条、第2条
29	青海	16%	0.5%	2019年5月1日	《青海省人民政府办公厅关于印发青海省降低社会保险费率综合实施方案的通知》(青政办〔2019〕56号)第1条、第2条
30	宁夏	16%	1%▲	2019年5月1日	《宁夏回族自治区人力资源和社会保障厅 宁夏回族自治区财政厅 宁夏回族自治区医疗保障局、国家税务总局宁夏回族自治区税务局关于降低社会保险费率的通知》(宁人社发〔2019〕42号)第1条、第2条
31	新疆	16%	0.5%	2019年5月1日	《新疆生产建设兵团办公厅关于印发〈新疆生产建设兵团降低社会保险费率实施方案〉的通知》(新兵办发〔2019〕28号)第1条、第2条

注：标记"1%▲"为单位和职工合计应该缴纳失业保险总费率。

第六章

风险防控

一、用人单位的风险

1. 用人单位不办理社会保险登记的法律责任

《社会保险法》第八十四条规定，用人单位不办理社会保险登记的，由社会保险行政部门责令限期改正；逾期不改正的，对用人单位处应缴社会保险费数额1倍以上3倍以下的罚款，对其直接负责的主管人员和其他直接责任人员处500元以上3 000元以下的罚款。

《社会保险费征缴暂行条例》第二十三条规定，缴费单位未按照规定办理社会保险登记、变更登记或者注销登记，或者未按照规定申报应缴纳的社会保险费数额的，由劳动保障行政部门责令限期改正；情节严重的，对直接负责的主管人员和其他直接责任人员可以处1 000元以上5 000元以下的罚款；情节特别严重的，对直接负责的主管人员和其他直接责任人员可以处5 000元以上10 000元以下的罚款。

2. 用人单位未按规定申报应当缴纳的社会保险费如何处理

《社会保险法》第六十二条规定，用人单位未按规定申报应当缴纳的社会保险费数额的，按照该单位上月缴费额的110%确定应当缴纳数额；缴费单位补办申报手续后，由社会保险费征收机构按照规定结算。

《社会保险费征缴暂行条例》第二十三条规定，缴费单位未按照规定办理社会保险登记、变更登记或者注销登记，或者未按照规定申报应缴纳的社会保险费数额的，由劳动保障行政部门责令限期改正；情节严重的，对直接负责的主管人员和其他直接责任人员可以处1 000元以上5 000元以下的罚款；情节特别严重的，对直接负责的主管人员和其他直接责任人员可以处5 000元以上10 000元以下的罚款。

《社会保险费征缴暂行条例》第十二条规定，缴费单位和缴费个人应当以货币形式全额缴纳社会保险费。缴费个人应当缴纳的社会保险费，由所在单位从其本人工资中代扣代缴。社会保险费不得减免。

《社会保险费申报缴纳管理规定》第三十条第一款规定，用人单位未按照规定向社会保险经办机构进行缴费申报或者未按照规定缴纳社会保险费的，社会保险行政部门应当依法查处。

3. 缴费单位采取违法手段少计缴费基数的法律责任

《社会保险费征缴暂行条例》第二十四条规定，缴费单位违反有关财务、会计、统计的法律、行政法规和国家有关规定，伪造、变造、故意毁灭有关账册、材料，或者不设账册，致使社会保险费缴费基数无法确定的，除依照有关法律、行政法规的规定给予行政处罚、纪律处分、刑事处罚外，依照《社会保险费征缴暂行条例》第十条的规定征缴；迟延缴纳的，由劳动保障行政部门或者税务机关依照《社会保险费征缴暂行条例》第十三条的规定决定加收滞纳金，并对直接负责的主管人员和其他直接责任人员处 5 000 元以上 20 000 元以下的罚款。

4. 用人单位未按时足额缴纳应当缴纳的社会保险费如何处理

《社会保险法》第六十三条规定,用人单位未按时足额缴纳社会保险费的,由社会保险费征收机构责令其限期缴纳或者补足。

用人单位逾期仍未缴纳或者补足社会保险费的,社会保险费征收机构可以向银行和其他金融机构查询其存款账户;并可以申请县级以上有关行政部门作出划拨社会保险费的决定,书面通知其开户银行或者其他金融机构划拨社会保险费。用人单位账户余额少于应当缴纳的社会保险费的,社会保险费征收机构可以要求该用人单位提供担保,签订延期缴费协议。

用人单位未足额缴纳社会保险费且未提供担保的,社会保险费征收机构可以申请人民法院扣押、查封、拍卖其价值相当于应当缴纳社会保险费的财产,以拍卖所得抵缴社会保险费。

《社会保险法》第八十六条规定,用人单位未按时足额缴纳社会保险费的,由社会保险费征收机构责令限期缴纳或者补足,并自欠缴之日起,按日加收 0.5‰ 的滞纳金;逾期仍不缴纳的,由有关行政部门处欠缴数额 1 倍以上 3 倍以下的罚款。

《社会保险费申报缴纳管理规定》第三十条第二款规定,用人单位未按时足额缴纳社会保险费的,由社会保险经办机构按照社会保险法第八十六条的规定,责令其限期缴纳或者补足,并自欠缴之日起按日加收 0.5‰ 的滞纳金;逾期仍不缴纳的,由社会保险行政部门处欠缴数额 1 倍以上 3 倍以下的罚款。

5. 用人单位不履行告知义务的风险

《社会保险费申报缴纳管理规定》第三十一条规定,用人单位未按月将代扣代缴社会保险费明细情况告知职工本人,或者未按照规定通报、公布本单位全年社会保险费缴纳情况的,职工有权向社会保险行政部门举报、投诉。

《实施〈中华人民共和国社会保险法〉若干规定》第二十四条规定,用人单位未按月将缴纳社会保险费的明细情况告知职工本人的,由社会保险行政部门责令改正;逾期不改的,按照《劳动保障监察条例》第三十条的规定处理。

6. 缴费单位逾期拒不缴纳社会保险费、滞纳金的法律责任

《社会保险费征缴暂行条例》第二十六条规定,缴费单位逾期拒不缴纳社会保险费、滞纳金的,由劳动保障行政部门或者税务机关申请人民法院依法强制征缴。

7. 缴费单位及其人员违反《社会保险费征缴暂行条例》的法律责任

《社会保险费征缴监督检查办法》第十二条规定,缴费单位有下列行为之一,情节严重的,对直接负责的主管人员和其他直接责任人员处以 1 000 元以上 5 000 元以下的罚款;情节特别严重的,对直接负责的主管人员和其他直接责任人员处以 5 000 元以上 10 000 元以下的罚款:

(1) 未按规定办理社会保险登记的。

(2) 在社会保险登记事项发生变更或者缴费单位依法终止后,未按规定到社会保险经办机构办理社会保险变更登记或者社会保险注销登记的。

(3) 未按规定申报应当缴纳社会保险费数额的。

《社会保险费征缴监督检查办法》第十三条规定,对缴费单位有下列行为之一的,依照

《社会保险费征缴暂行条例》第十三条的规定,从欠缴之日起,按日加收2‰的滞纳金,并对直接负责的主管人员和其他直接责任人员处以5 000元以上20 000元以下罚款:

(1) 因伪造、变造、故意毁灭有关账册、材料造成社会保险费迟延缴纳的。

(2) 因不设账册造成社会保险费迟延缴纳的。

(3) 因其他违法行为造成社会保险费迟延缴纳的。

《社会保险费征缴监督检查办法》第十四条规定,对缴费单位有下列行为之一的,应当给予警告,并可以处以5 000元以下的罚款:

(1) 伪造、变造社会保险登记证的。

(2) 未按规定从缴费个人工资中代扣代缴社会保险费的。

(3) 未按规定向职工公布本单位社会保险费缴纳情况的。

对上述违法行为的行政处罚,法律、法规另有规定的,从其规定。

《社会保险费征缴监督检查办法》第十五条规定,对缴费单位有下列行为之一的,应当给予警告,并可以处以10 000元以下的罚款:

(1) 阻挠劳动保障监察人员依法行使监察职权,拒绝检查的。

(2) 隐瞒事实真相,谎报、瞒报,出具伪证,或者隐匿、毁灭证据的。

(3) 拒绝提供与缴纳社会保险费有关的用人情况、工资表、财务报表等资料的。

(4) 拒绝执行劳动保障行政部门下达的监督检查询问书的。

(5) 拒绝执行劳动保障行政部门下达的限期改正指令书的。

(6) 打击报复举报人员的。

(7) 法律、法规及规章规定的其他情况。

对上述违法行为的行政处罚,法律、法规另有规定的,从其规定。

《社会保险费征缴监督检查办法》第十六条规定,《社会保险费征缴监督检查办法》第十二条、第十三条的罚款均由缴费单位直接负责的主管人员和其他直接责任人员个人支付,不得从单位报销。

《社会保险费征缴监督检查办法》第十七条规定,对缴费单位或者缴费单位直接负责的主管人员和其他直接责任人员的罚款,必须全部上缴国库。

8. 用人单位未依法代扣代缴的法律责任

《社会保险费征缴暂行条例》第十三条规定,缴费单位未按规定缴纳和代扣代缴社会保险费的,由劳动保障行政部门或者税务机关责令限期缴纳;逾期仍不缴纳的,除补缴欠缴数额外,从欠缴之日起,按日加收2‰的滞纳金。滞纳金并入社会保险基金。

《实施〈中华人民共和国社会保险法〉若干规定》第二十条规定,职工应当缴纳的社会保险费由用人单位代扣代缴。用人单位未依法代扣代缴的,由社会保险费征收机构责令用人单位限期代缴,并自欠缴之日起向用人单位按日加收0.5‰的滞纳金。用人单位不得要求职工承担滞纳金。

9. 用人单位在终止或解除劳动合同时拒不出具证明,导致职工无法享受社会保险的法律责任

《社会保险法》第八十五条规定,用人单位拒不出具终止或者解除劳动关系证明的,依照《中华人民共和国劳动合同法》的规定处理。

《实施〈中华人民共和国社会保险法〉若干规定》第十九条规定,用人单位在终止或者解除劳动合同时拒不向职工出具终止或者解除劳动关系证明,导致职工无法享受社会保险待遇的,用人单位应当依法承担赔偿责任。

10. 用人单位的法律救济途径

《社会保险费征缴暂行条例》第二十五条规定,缴费单位和缴费个人对劳动保障行政部门或者税务机关的处罚决定不服的,可以依法申请复议;对复议决定不服的,可以依法提起诉讼。

《社会保险费征缴监督检查办法》第十八条规定,缴费单位或者缴费单位直接负责的主管人员和其他直接责任人员,对劳动保障行政部门作出的行政处罚决定不服的,可以于15日内,向上一级劳动保障行政部门或者同级人民政府申请行政复议。对行政复议决定不服的,可以自收到行政复议决定书之日起15日内向人民法院提起行政诉讼。

行政复议和行政诉讼期间,不影响该行政处罚决定的执行。

《社会保险费征缴监督检查办法》第十九条规定,缴费单位或者缴费单位直接负责的主管人员和其他直接责任人员,在15日内拒不执行劳动保障行政部门对其作出的行政处罚决定,又不向上一级劳动保障行政部门或者同级人民政府申请行政复议,或者对行政复议决定不服,又不向人民法院提起行政诉讼的,可以申请人民法院强制执行。

11. 暂缓缴纳社会保险费

《实施〈中华人民共和国社会保险法〉若干规定》第二十一条规定,用人单位因不可抗力造成生产经营出现严重困难的,经省级人民政府社会保险行政部门批准后,可以暂缓缴纳一定期限的社会保险费,期限一般不超过一年。暂缓缴费期间,免收滞纳金。到期后,用人单位应当缴纳相应的社会保险费。

《实施〈中华人民共和国社会保险法〉若干规定》第二十二条规定,用人单位按照社会保险法第六十三条的规定,提供担保并与社会保险费征收机构签订缓缴协议的,免收缓缴期间的滞纳金。

《实施〈中华人民共和国社会保险法〉若干规定》第二十三条规定,用人单位按照《实施〈中华人民共和国社会保险法〉若干规定》第二十一条、第二十二条缓缴社会保险费期间,不影响其职工依法享受社会保险待遇。

12. 社会保险经办机构对用人单位未按时足额缴纳社会保险费情形的处理

《社会保险费申报缴纳管理规定》第十六条至第二十六条对用人单位未按时足额缴纳社会保险费的处理做出规定。

《社会保险费申报缴纳管理规定》第十六条规定,用人单位有下列情形之一的,社会保险经办机构应当于查明欠缴事实之日起5个工作日内发出社会保险费限期补缴通知,责令用人单位在收到通知后5个工作日内补缴,同时告知其逾期仍未缴纳的,将按照社会保险法第六十三条、第八十六条的规定处理:

(1)未按规定申报且未缴纳社会保险费的。

(2)申报后未按时足额缴纳社会保险费的。

(3)因瞒报、漏报职工人数、缴费基数等事项而少缴社会保险费的。

《社会保险费申报缴纳管理规定》第十七条规定,用人单位未按照《社会保险费申报缴纳管理规定》第十六条规定的期限补缴的,社会保险经办机构可以按照社会保险法第六十三条第二款的规定,向用人单位开户银行或者其他金融机构查询其存款账户。

《社会保险费申报缴纳管理规定》第十八条规定,社会保险经办机构可以根据查询结果向所属的社会保险行政部门申请作出划拨社会保险费的决定,并提交下列材料:

(1)用人单位名称、法定代表人、地址、联系方式。
(2)用人单位开户银行、户名及账号。
(3)申请划拨的事实、理由及依据。
(4)申请划拨的社会保险费数额。
(5)社会保险行政部门要求提供的其他材料。

《社会保险费申报缴纳管理规定》第十九条规定,社会保险行政部门接到社会保险经办机构划拨申请后,应当按照《中华人民共和国行政强制法》的规定,及时作出划拨社会保险费决定,并书面通知用人单位开户银行或者其他金融机构予以划拨。

《社会保险费申报缴纳管理规定》第二十条规定,社会保险行政部门作出的划拨社会保险费决定,应当按照《中华人民共和国行政强制法》的规定送达用人单位,并抄送社会保险经办机构。

《社会保险费申报缴纳管理规定》第二十一条规定,经查询,用人单位账户余额少于应当缴纳的社会保险费数额的,或者划拨后用人单位仍未足额清偿社会保险费的,社会保险经办机构可以要求用人单位以抵押、质押的方式提供担保。

《社会保险费申报缴纳管理规定》第二十二条规定,用人单位应当到社会保险经办机构认可的评估机构对其抵押财产或者质押财产进行评估,经社会保险经办机构审核后,对能够足额清偿社会保险费的,双方依法签订抵押合同或者质押合同;需要办理登记的,应当依法办理抵押登记或者质押登记。

《社会保险费申报缴纳管理规定》第二十三条规定,社会保险经办机构与用人单位签订抵押合同或者质押合同后,应当签订延期缴费协议,并约定协议期满用人单位仍未足额清偿社会保险费的,社会保险经办机构可以参照协议期满时的市场价格,以抵押财产、质押财产折价或者以拍卖、变卖所得抵缴社会保险费。延期缴费协议期限最长不超过1年。

《社会保险费申报缴纳管理规定》第二十四条规定,用人单位提供担保并签订延期缴费协议的,其职工在延缴期间按照规定享受社会保险待遇。

《社会保险费申报缴纳管理规定》第二十五条规定,用人单位经责令仍未补缴且有下列情形之一的,社会保险经办机构可以按照社会保险法第六十三条第三款的规定,向所在地有管辖权的人民法院申请扣押、查封、拍卖用人单位财产,以拍卖所得抵缴应缴纳的社会保险费、滞纳金:

(1)经查询,用人单位开户银行账户余额少于应缴纳的社会保险费数额且未签订担保合同的。
(2)经划拨,用人单位仍未足额清偿应缴纳的社会保险费且未签订担保合同的。
(3)延期缴费协议期满,因担保财产的市场价格或者权利状况发生变化,用人单位仍未足额清偿应缴纳的社会保险费的。

《社会保险费申报缴纳管理规定》第二十六条规定,社会保险经办机构申请人民法院强制执行的,应当提供下列材料:

(1)强制执行申请书。
(2)用人单位欠缴社会保险费及加收滞纳金的事实、理由和依据。

（3）社会保险经办机构限期补缴通知。
（4）用人单位的意见。
（5）用人单位有《社会保险费申报缴纳管理规定》第二十五条所列情形时的相关材料。
（6）申请强制执行的用人单位财产情况。
（7）法律、行政法规规定以及人民法院要求的其他材料。

强制执行申请书应当由社会保险经办机构负责人签名，加盖社会保险经办机构的印章，并注明日期。

二、社会保险服务机构的风险

1. 社会保险服务机构骗保的法律责任

《社会保险法》第八十七条规定，社会保险经办机构以及医疗机构、药品经营单位等社会保险服务机构以欺诈、伪造证明材料或者其他手段骗取社会保险基金支出的，由社会保险行政部门责令退回骗取的社会保险金，处骗取金额二倍以上五倍以下的罚款；属于社会保险服务机构的，解除服务协议；直接负责的主管人员和其他直接责任人员有执业资格的，依法吊销其执业资格。

《社会保险法》第八十八条规定，以欺诈、伪造证明材料或者其他手段骗取社会保险待遇的，由社会保险行政部门责令退回骗取的社会保险金，处骗取金额 2 倍以上 5 倍以下的罚款。

《实施〈中华人民共和国社会保险法〉若干规定》第二十五条规定，医疗机构、药品经营单位等社会保险服务机构以欺诈、伪造证明材料或者其他手段骗取社会保险基金支出的，由社会保险行政部门责令退回骗取的社会保险金，处骗取金额 2 倍以上 5 倍以下的罚款。对与社会保险经办机构签订服务协议的医疗机构、药品经营单位，由社会保险经办机构按照协议追究责任，情节严重的，可以解除与其签订的服务协议。对有执业资格的直接负责的主管人员和其他直接责任人员，由社会保险行政部门建议授予其执业资格的有关主管部门依法吊销其执业资格。

2. 社会保险经办机构及其工作人员可能因哪些行为承担法律后果

《社会保险法》第八十九条规定，社会保险经办机构及其工作人员有下列行为之一的，由社会保险行政部门责令改正；给社会保险基金、用人单位或者个人造成损失的，依法承担赔偿责任；对直接负责的主管人员和其他直接责任人员依法给予处分：

（1）未履行社会保险法定职责的。
（2）未将社会保险基金存入财政专户的。
（3）克扣或者拒不按时支付社会保险待遇的。
（4）丢失或者篡改缴费记录、享受社会保险待遇记录等社会保险数据、个人权益记录的。
（5）有违反社会保险法律、法规的其他行为的。

3. 社会保险费征收机构擅自更改缴费基数、费率导致多征或少征的法律责任

《社会保险法》第九十条规定，社会保险费征收机构擅自更改社会保险费缴费基数、费率，导致少收或者多收社会保险费的，由有关行政部门责令其追缴应当缴纳的社会保险费或者退还不应当缴纳的社会保险费；对直接负责的主管人员和其他直接责任人员依法给予处分。

《社会保险法》第九十三条规定,国家工作人员在社会保险管理、监督工作中滥用职权、玩忽职守、徇私舞弊的,依法给予处分。

《社会保险法》第九十四条规定,违反社会保险法规定,构成犯罪的,依法追究刑事责任。

《社会保险费申报缴纳管理规定》第二十九条规定,社会保险经办机构擅自更改社会保险费缴费基数、费率,导致少收或者多收社会保险费的,由社会保险行政部门责令其追缴应当缴纳的社会保险费或者退还不应当缴纳的社会保险费;对直接负责的主管人员和其他直接责任人员依法给予处分。

4. 隐匿、转移、侵占、挪用社保基金或违规运营的法律责任

《社会保险法》第九十一条规定,违反社会保险法规定,隐匿、转移、侵占、挪用社会保险基金或者违规投资运营的,由社会保险行政部门、财政部门、审计机关责令追回;有违法所得的,没收违法所得;对直接负责的主管人员和其他直接责任人员依法给予处分。

《社会保险费征缴暂行条例》第二十八条规定,任何单位、个人挪用社会保险基金的,追回被挪用的社会保险基金;有违法所得的,没收违法所得,并入社会保险基金;构成犯罪的,依法追究刑事责任;尚不构成犯罪的,对直接负责的主管人员和其他直接责任人员依法给予行政处分。

《实施〈中华人民共和国社会保险法〉若干规定》第二十六条规定,社会保险经办机构、社会保险费征收机构、社会保险基金投资运营机构、开设社会保险基金专户的机构和专户管理银行及其工作人员有下列违法情形的,由社会保险行政部门按照社会保险法第九十一条的规定查处:

(1) 将应征和已征的社会保险基金,采取隐藏、非法放置等手段,未按规定征缴、入账的。

(2) 违规将社会保险基金转入社会保险基金专户以外的账户的。

(3) 侵吞社会保险基金的。

(4) 将各项社会保险基金互相挤占或者其他社会保障基金挤占社会保险基金的。

(5) 将社会保险基金用于平衡财政预算,兴建、改建办公场所和支付人员经费、运行费用、管理费用的。

(6) 违反国家规定的投资运营政策的。

5. 社保相关部门及人员泄露用人单位和个人信息的法律责任

《社会保险法》第九十二条规定,社会保险行政部门和其他有关行政部门、社会保险经办机构、社会保险费征收机构及其工作人员泄露用人单位和个人信息的,对直接负责的主管人员和其他直接责任人员依法给予处分;给用人单位或者个人造成损失的,应当承担赔偿责任。

6. 医疗机构、药品经营单位等机构以欺诈、伪造证明材料等手段骗取社保基金支出的法律责任

《实施〈中华人民共和国社会保险法〉若干规定》第二十五条规定,医疗机构、药品经营单位等社会保险服务机构以欺诈、伪造证明材料或者其他手段骗取社会保险基金支出的,由社会保险行政部门责令退回骗取的社会保险金,处骗取金额 2 倍以上 5 倍以下的罚款。对与社会保险经办机构签订服务协议的医疗机构、药品经营单位,由社会保险经办机构按照协议追究责任,情节严重的,可以解除与其签订的服务协议。对有执业资格的直接负责的主管人员和其他直接责任人员,由社会保险行政部门建议授予其执业资格的有关主管部门依法吊销其执业资格。

7. 社保经办机构或者税务机关的工作人员滥用职权的法律责任

《社会保险费征缴暂行条例》第二十七条规定,劳动保障行政部门、社会保险经办机构或者税务机关的工作人员滥用职权、徇私舞弊、玩忽职守,致使社会保险费流失的,由劳动保障行政部门或者税务机关追回流失的社会保险费;构成犯罪的,依法追究刑事责任;尚不构成犯罪的,依法给予行政处分。

8. 劳动保障行政部门和社会保险经办机构的工作人员滥用职权、徇私舞弊、玩忽职守的法律责任

《社会保险费征缴监督检查办法》第二十条规定,劳动保障行政部门和社会保险经办机构的工作人员滥用职权、徇私舞弊、玩忽职守,构成犯罪的,依法追究刑事责任;尚不构成犯罪的,给予责任人员行政处分。

9. 社会保险行政部门及其工作人员违规划拨社会保险费的法律责任

《社会保险费申报缴纳管理规定》第二十七条规定,社会保险行政部门及其工作人员作出划拨社会保险费决定时,有下列行为之一的,按照《中华人民共和国行政强制法》的规定,由上级社会保险行政部门或者有关部门责令改正,对直接负责的主管人员和其他直接责任人员依法给予处分;给用人单位或者个人造成损失的,依法承担赔偿责任;构成犯罪的,依法追究刑事责任:

(1)违反法定程序作出划拨社会保险费决定的。

(2)未在规定时限内及时作出划拨社会保险费决定并书面通知用人单位开户银行或者其他金融机构的。

(3)决定划拨的社会保险费数额错误的。

(4)向当事人泄露信息影响划拨社会保险费的。

(5)有违反法律、法规和规章的其他行为的。

10. 社会保险经办机构及其工作人员执法违法行为的法律责任

《社会保险费申报缴纳管理规定》第二十八条规定,社会保险经办机构及其工作人员有下列行为之一的,由社会保险行政部门责令改正,视情节轻重对直接负责的主管人员和其他直接责任人员依法给予相应处分:

(1)未按照本规定第八条核定或者确定用人单位应当缴纳的社会保险费数额的。

(2)对已征收的社会保险费未按照国家规定记账的。

(3)未依法责令欠缴社会保险费的用人单位限期补缴社会保险费、加收滞纳金的。

(4)申请人民法院强制执行不符合规定的。

(5)签订担保合同和延期缴费协议不符合规定的。

(6)未按照规定审核、处置担保财产的。

(7)法律、法规和规章规定的其他情形。

11. 可以申请人民法院强制执行的情形

《社会保险费征缴监督检查办法》第十九条规定,缴费单位或者缴费单位直接负责的主管人员和其他直接责任人员,在15日内拒不执行劳动保障行政部门对其作出的行政处罚决定,又不向上一级劳动保障行政部门或者同级人民政府申请行政复议,或者对行政复议决定不服,又不向人民法院提起行政诉讼的,可以申请人民法院强制执行。

12. 社会保险经办机构的义务

《社会保险费申报缴纳管理规定》第三十二条规定,社会保险费由税务机关征收的,社会保险经办机构应当及时将用人单位和职工应缴社会保险费数额提供给税务机关;税务机关应当及时向社会保险经办机构提供用人单位和职工的缴费情况。

社会保险经办机构应当按月将单位和个人缴纳失业保险费的情况提供给负责支付失业保险待遇的经办机构。

三、税务机关的风险

1. 税务机关擅自更改缴费基数、费率导致多征或少征的法律责任

《社会保险法》第九十条规定,社会保险费征收机构擅自更改社会保险费缴费基数、费率,导致少收或者多收社会保险费的,由有关行政部门责令其追缴应当缴纳的社会保险费或者退还不应当缴纳的社会保险费;对直接负责的主管人员和其他直接责任人员依法给予处分。

《社会保险法》第九十三条规定,国家工作人员在社会保险管理、监督工作中滥用职权、玩忽职守、徇私舞弊的,依法给予处分。

《社会保险法》第九十四条规定,违反社会保险法规定,构成犯罪的,依法追究刑事责任。

2. 税务机关的工作人员滥用职权的法律责任

《社会保险费征缴暂行条例》第二十七条规定,劳动保障行政部门、社会保险经办机构或者税务机关的工作人员滥用职权、徇私舞弊、玩忽职守,致使社会保险费流失的,由劳动保障行政部门或者税务机关追回流失的社会保险费;构成犯罪的,依法追究刑事责任;尚不构成犯罪的,依法给予行政处分。

3. 税务机关及人员泄露用人单位和个人信息的法律责任

《社会保险法》第九十二条规定,社会保险行政部门和其他有关行政部门、社会保险经办机构、社会保险费征收机构及其工作人员泄露用人单位和个人信息的,对直接负责的主管人员和其他直接责任人员依法给予处分;给用人单位或者个人造成损失的,应当承担赔偿责任。

4. 税务机关的义务

《社会保险费征缴监督检查办法》第三十二条规定,社会保险费由税务机关征收的,社会保险经办机构应当及时将用人单位和职工应缴社会保险费数额提供给税务机关;税务机关应当及时向社会保险经办机构提供用人单位和职工的缴费情况。

第七章

社会保险费政策法规

一、基本规定

1. 中华人民共和国社会保险法

中华人民共和国主席令第三十五号

2010 年 10 月 28 日

(2010 年 10 月 28 日第十一届全国人民代表大会常务委员会第十七次会议通过,根据 2018 年 12 月 29 日第十三届全国人民代表大会常务委员会第七次会议《关于修改〈中华人民共和国社会保险法〉的决定》修正)

第一章　总则

第一条　为了规范社会保险关系,维护公民参加社会保险和享受社会保险待遇的合法权益,使公民共享发展成果,促进社会和谐稳定,根据宪法,制定本法。

第二条　国家建立基本养老保险、基本医疗保险、工伤保险、失业保险、生育保险等社会保险制度,保障公民在年老、疾病、工伤、失业、生育等情况下依法从国家和社会获得物质帮助的权利。

第三条　社会保险制度坚持广覆盖、保基本、多层次、可持续的方针,社会保险水平应当与经济社会发展水平相适应。

第四条　中华人民共和国境内的用人单位和个人依法缴纳社会保险费,有权查询缴费记录、个人权益记录,要求社会保险经办机构提供社会保险咨询等相关服务。

个人依法享受社会保险待遇,有权监督本单位为其缴费情况。

第五条　县级以上人民政府将社会保险事业纳入国民经济和社会发展规划。

国家多渠道筹集社会保险资金。县级以上人民政府对社会保险事业给予必要的经费支持。

国家通过税收优惠政策支持社会保险事业。

第六条　国家对社会保险基金实行严格监管。

国务院和省、自治区、直辖市人民政府建立健全社会保险基金监督管理制度,保障社会保险基金安全、有效运行。

县级以上人民政府采取措施,鼓励和支持社会各方面参与社会保险基金的监督。

第七条　国务院社会保险行政部门负责全国的社会保险管理工作,国务院其他有关部门在各自的职责范围内负责有关的社会保险工作。

县级以上地方人民政府社会保险行政部门负责本行政区域的社会保险管理工作,县级以上地方人民政府其他有关部门在各自的职责范围内负责有关的社会保险工作。

第八条 社会保险经办机构提供社会保险服务，负责社会保险登记、个人权益记录、社会保险待遇支付等工作。

第九条 工会依法维护职工的合法权益，有权参与社会保险重大事项的研究，参加社会保险监督委员会，对与职工社会保险权益有关的事项进行监督。

第二章 基本养老保险

第十条 职工应当参加基本养老保险，由用人单位和职工共同缴纳基本养老保险费。

无雇工的个体工商户、未在用人单位参加基本养老保险的非全日制从业人员以及其他灵活就业人员可以参加基本养老保险，由个人缴纳基本养老保险费。

公务员和参照公务员法管理的工作人员养老保险的办法由国务院规定。

第十一条 基本养老保险实行社会统筹与个人账户相结合。

基本养老保险基金由用人单位和个人缴费以及政府补贴等组成。

第十二条 用人单位应当按照国家规定的本单位职工工资总额的比例缴纳基本养老保险费，记入基本养老保险统筹基金。

职工应当按照国家规定的本人工资的比例缴纳基本养老保险费，记入个人账户。

无雇工的个体工商户、未在用人单位参加基本养老保险的非全日制从业人员以及其他灵活就业人员参加基本养老保险的，应当按照国家规定缴纳基本养老保险费，分别记入基本养老保险统筹基金和个人账户。

第十三条 国有企业、事业单位职工参加基本养老保险前，视同缴费年限期间应当缴纳的基本养老保险费由政府承担。

基本养老保险基金出现支付不足时，政府给予补贴。

第十四条 个人账户不得提前支取，记账利率不得低于银行定期存款利率，免征利息税。个人死亡的，个人账户余额可以继承。

第十五条 基本养老金由统筹养老金和个人账户养老金组成。

基本养老金根据个人累计缴费年限、缴费工资、当地职工平均工资、个人账户金额、城镇人口平均预期寿命等因素确定。

第十六条 参加基本养老保险的个人，达到法定退休年龄时累计缴费满十五年的，按月领取基本养老金。

参加基本养老保险的个人，达到法定退休年龄时累计缴费不足十五年的，可以缴费至满十五年，按月领取基本养老金；也可以转入新型农村社会养老保险或者城镇居民社会养老保险，按照国务院规定享受相应的养老保险待遇。

第十七条 参加基本养老保险的个人，因病或者非因工死亡的，其遗属可以领取丧葬补助金和抚恤金；在未达到法定退休年龄时因病或者非因工致残完全丧失劳动能力的，可以领取病残津贴。所需资金从基本养老保险基金中支付。

第十八条 国家建立基本养老金正常调整机制。根据职工平均工资增长、物价上涨情况，适时提高基本养老保险待遇水平。

第十九条 个人跨统筹地区就业的，其基本养老保险关系随本人转移，缴费年限累计计算。个人达到法定退休年龄时，基本养老金分段计算、统一支付。具体办法由国务院规定。

第二十条 国家建立和完善新型农村社会养老保险制度。

新型农村社会养老保险实行个人缴费、集体补助和政府补贴相结合。

第二十一条 新型农村社会养老保险待遇由基础养老金和个人账户养老金组成。

参加新型农村社会养老保险的农村居民,符合国家规定条件的,按月领取新型农村社会养老保险待遇。

第二十二条 国家建立和完善城镇居民社会养老保险制度。

省、自治区、直辖市人民政府根据实际情况,可以将城镇居民社会养老保险和新型农村社会养老保险合并实施。

第三章 基本医疗保险

第二十三条 职工应当参加职工基本医疗保险,由用人单位和职工按照国家规定共同缴纳基本医疗保险费。

无雇工的个体工商户、未在用人单位参加职工基本医疗保险的非全日制从业人员以及其他灵活就业人员可以参加职工基本医疗保险,由个人按照国家规定缴纳基本医疗保险费。

第二十四条 国家建立和完善新型农村合作医疗制度。

新型农村合作医疗的管理办法,由国务院规定。

第二十五条 国家建立和完善城镇居民基本医疗保险制度。

城镇居民基本医疗保险实行个人缴费和政府补贴相结合。

享受最低生活保障的人、丧失劳动能力的残疾人、低收入家庭六十周岁以上的老年人和未成年人等所需个人缴费部分,由政府给予补贴。

第二十六条 职工基本医疗保险、新型农村合作医疗和城镇居民基本医疗保险的待遇标准按照国家规定执行。

第二十七条 参加职工基本医疗保险的个人,达到法定退休年龄时累计缴费达到国家规定年限的,退休后不再缴纳基本医疗保险费,按照国家规定享受基本医疗保险待遇;未达到国家规定年限的,可以缴费至国家规定年限。

第二十八条 符合基本医疗保险药品目录、诊疗项目、医疗服务设施标准以及急诊、抢救的医疗费用,按照国家规定从基本医疗保险基金中支付。

第二十九条 参保人员医疗费用中应当由基本医疗保险基金支付的部分,由社会保险经办机构与医疗机构、药品经营单位直接结算。

社会保险行政部门和卫生行政部门应当建立异地就医医疗费用结算制度,方便参保人员享受基本医疗保险待遇。

第三十条 下列医疗费用不纳入基本医疗保险基金支付范围:

(一)应当从工伤保险基金中支付的;

(二)应当由第三人负担的;

(三)应当由公共卫生负担的;

(四)在境外就医的。

医疗费用依法应当由第三人负担,第三人不支付或者无法确定第三人的,由基本医疗保险基金先行支付。基本医疗保险基金先行支付后,有权向第三人追偿。

第三十一条 社会保险经办机构根据管理服务的需要,可以与医疗机构、药品经营单位签订服务协议,规范医疗服务行为。

医疗机构应当为参保人员提供合理、必要的医疗服务。

第三十二条　个人跨统筹地区就业的,其基本医疗保险关系随本人转移,缴费年限累计计算。

第四章　工伤保险

第三十三条　职工应当参加工伤保险,由用人单位缴纳工伤保险费,职工不缴纳工伤保险费。

第三十四条　国家根据不同行业的工伤风险程度确定行业的差别费率,并根据使用工伤保险基金、工伤发生率等情况在每个行业内确定费率档次。行业差别费率和行业内费率档次由国务院社会保险行政部门制定,报国务院批准后公布施行。

社会保险经办机构根据用人单位使用工伤保险基金、工伤发生率和所属行业费率档次等情况,确定用人单位缴费费率。

第三十五条　用人单位应当按照本单位职工工资总额,根据社会保险经办机构确定的费率缴纳工伤保险费。

第三十六条　职工因工作原因受到事故伤害或者患职业病,且经工伤认定的,享受工伤保险待遇;其中,经劳动能力鉴定丧失劳动能力的,享受伤残待遇。

工伤认定和劳动能力鉴定应当简捷、方便。

第三十七条　职工因下列情形之一导致本人在工作中伤亡的,不认定为工伤:

（一）故意犯罪;

（二）醉酒或者吸毒;

（三）自残或者自杀;

（四）法律、行政法规规定的其他情形。

第三十八条　因工伤发生的下列费用,按照国家规定从工伤保险基金中支付:

（一）治疗工伤的医疗费用和康复费用;

（二）住院伙食补助费;

（三）到统筹地区以外就医的交通食宿费;

（四）安装配置伤残辅助器具所需费用;

（五）生活不能自理的,经劳动能力鉴定委员会确认的生活护理费;

（六）一次性伤残补助金和一至四级伤残职工按月领取的伤残津贴;

（七）终止或者解除劳动合同时,应当享受的一次性医疗补助金;

（八）因工死亡的,其遗属领取的丧葬补助金、供养亲属抚恤金和因工死亡补助金;

（九）劳动能力鉴定费。

第三十九条　因工伤发生的下列费用,按照国家规定由用人单位支付:

（一）治疗工伤期间的工资福利;

（二）五级、六级伤残职工按月领取的伤残津贴;

（三）终止或者解除劳动合同时,应当享受的一次性伤残就业补助金。

第四十条　工伤职工符合领取基本养老金条件的,停发伤残津贴,享受基本养老保险待遇。基本养老保险待遇低于伤残津贴的,从工伤保险基金中补足差额。

第四十一条　职工所在用人单位未依法缴纳工伤保险费,发生工伤事故的,由用人单位支付工伤保险待遇。用人单位不支付的,从工伤保险基金中先行支付。

从工伤保险基金中先行支付的工伤保险待遇应当由用人单位偿还。用人单位不偿还的,社会保险经办机构可以依照本法第六十三条的规定追偿。

第四十二条 由于第三人的原因造成工伤,第三人不支付工伤医疗费用或者无法确定第三人的,由工伤保险基金先行支付。工伤保险基金先行支付后,有权向第三人追偿。

第四十三条 工伤职工有下列情形之一的,停止享受工伤保险待遇:
(一)丧失享受待遇条件的;
(二)拒不接受劳动能力鉴定的;
(三)拒绝治疗的。

第五章 失业保险

第四十四条 职工应当参加失业保险,由用人单位和职工按照国家规定共同缴纳失业保险费。

第四十五条 失业人员符合下列条件的,从失业保险基金中领取失业保险金:
(一)失业前用人单位和本人已经缴纳失业保险费满一年的;
(二)非因本人意愿中断就业的;
(三)已经进行失业登记,并有求职要求的。

第四十六条 失业人员失业前用人单位和本人累计缴费满一年不足五年的,领取失业保险金的期限最长为十二个月;累计缴费满五年不足十年的,领取失业保险金的期限最长为十八个月;累计缴费十年以上的,领取失业保险金的期限最长为二十四个月。重新就业后,再次失业的,缴费时间重新计算,领取失业保险金的期限与前次失业应当领取而尚未领取的失业保险金的期限合并计算,最长不超过二十四个月。

第四十七条 失业保险金的标准,由省、自治区、直辖市人民政府确定,不得低于城市居民最低生活保障标准。

第四十八条 失业人员在领取失业保险金期间,参加职工基本医疗保险,享受基本医疗保险待遇。

失业人员应当缴纳的基本医疗保险费从失业保险基金中支付,个人不缴纳基本医疗保险费。

第四十九条 失业人员在领取失业保险金期间死亡的,参照当地对在职职工死亡的规定,向其遗属发给一次性丧葬补助金和抚恤金。所需资金从失业保险基金中支付。

个人死亡同时符合领取基本养老保险丧葬补助金、工伤保险丧葬补助金和失业保险丧葬补助金条件的,其遗属只能选择领取其中的一项。

第五十条 用人单位应当及时为失业人员出具终止或者解除劳动关系的证明,并将失业人员的名单自终止或者解除劳动关系之日起十五日内告知社会保险经办机构。

失业人员应当持本单位为其出具的终止或者解除劳动关系的证明,及时到指定的公共就业服务机构办理失业登记。

失业人员凭失业登记证明和个人身份证明,到社会保险经办机构办理领取失业保险金的手续。失业保险金领取期限自办理失业登记之日起计算。

第五十一条 失业人员在领取失业保险金期间有下列情形之一的,停止领取失业保险金,并同时停止享受其他失业保险待遇:
(一)重新就业的;

（二）应征服兵役的；

（三）移居境外的；

（四）享受基本养老保险待遇的；

（五）无正当理由，拒不接受当地人民政府指定部门或者机构介绍的适当工作或者提供的培训的。

第五十二条 职工跨统筹地区就业的，其失业保险关系随本人转移，缴费年限累计计算。

第六章 生育保险

第五十三条 职工应当参加生育保险，由用人单位按照国家规定缴纳生育保险费，职工不缴纳生育保险费。

第五十四条 用人单位已经缴纳生育保险费的，其职工享受生育保险待遇；职工未就业配偶按照国家规定享受生育医疗费用待遇。所需资金从生育保险基金中支付。

生育保险待遇包括生育医疗费用和生育津贴。

第五十五条 生育医疗费用包括下列各项：

（一）生育的医疗费用；

（二）计划生育的医疗费用；

（三）法律、法规规定的其他项目费用。

第五十六条 职工有下列情形之一的，可以按照国家规定享受生育津贴：

（一）女职工生育享受产假；

（二）享受计划生育手术休假；

（三）法律、法规规定的其他情形。

生育津贴按照职工所在用人单位上年度职工月平均工资计发。

第七章 社会保险费征缴

第五十七条 用人单位应当自成立之日起三十日内凭营业执照、登记证书或者单位印章，向当地社会保险经办机构申请办理社会保险登记。社会保险经办机构应当自收到申请之日起十五日内予以审核，发给社会保险登记证件。

用人单位的社会保险登记事项发生变更或者用人单位依法终止的，应当自变更或者终止之日起三十日内，到社会保险经办机构办理变更或者注销社会保险登记。

市场监督管理部门、民政部门和机构编制管理机关应当及时向社会保险经办机构通报用人单位的成立、终止情况，公安机关应当及时向社会保险经办机构通报个人的出生、死亡以及户口登记、迁移、注销等情况。

第五十八条 用人单位应当自用工之日起三十日内为其职工向社会保险经办机构申请办理社会保险登记。未办理社会保险登记的，由社会保险经办机构核定其应当缴纳的社会保险费。

自愿参加社会保险的无雇工的个体工商户、未在用人单位参加社会保险的非全日制从业人员以及其他灵活就业人员，应当向社会保险经办机构申请办理社会保险登记。

国家建立全国统一的个人社会保障号码。个人社会保障号码为公民身份号码。

第五十九条 县级以上人民政府加强社会保险费的征收工作。

社会保险费实行统一征收,实施步骤和具体办法由国务院规定。

第六十条 用人单位应当自行申报、按时足额缴纳社会保险费,非因不可抗力等法定事由不得缓缴、减免。职工应当缴纳的社会保险费由用人单位代扣代缴,用人单位应当按月将缴纳社会保险费的明细情况告知本人。

无雇工的个体工商户、未在用人单位参加社会保险的非全日制从业人员以及其他灵活就业人员,可以直接向社会保险费征收机构缴纳社会保险费。

第六十一条 社会保险费征收机构应当依法按时足额征收社会保险费,并将缴费情况定期告知用人单位和个人。

第六十二条 用人单位未按规定申报应当缴纳的社会保险费数额的,按照该单位上月缴费额的百分之一百一十确定应当缴纳数额;缴费单位补办申报手续后,由社会保险费征收机构按照规定结算。

第六十三条 用人单位未按时足额缴纳社会保险费的,由社会保险费征收机构责令其限期缴纳或者补足。

用人单位逾期仍未缴纳或者补足社会保险费的,社会保险费征收机构可以向银行和其他金融机构查询其存款账户;并可以申请县级以上有关行政部门作出划拨社会保险费的决定,书面通知其开户银行或者其他金融机构划拨社会保险费。用人单位账户余额少于应当缴纳的社会保险费的,社会保险费征收机构可以要求该用人单位提供担保,签订延期缴费协议。

用人单位未足额缴纳社会保险费且未提供担保的,社会保险费征收机构可以申请人民法院扣押、查封、拍卖其价值相当于应当缴纳社会保险费的财产,以拍卖所得抵缴社会保险费。

第八章　社会保险基金

第六十四条 社会保险基金包括基本养老保险基金、基本医疗保险基金、工伤保险基金、失业保险基金和生育保险基金。除基本医疗保险基金与生育保险基金合并建账及核算外,其他各项社会保险基金按照社会保险险种分别建账,分账核算。社会保险基金执行国家统一的会计制度。

社会保险基金专款专用,任何组织和个人不得侵占或者挪用。

基本养老保险基金逐步实行全国统筹,其他社会保险基金逐步实行省级统筹,具体时间、步骤由国务院规定。

第六十五条 社会保险基金通过预算实现收支平衡。

县级以上人民政府在社会保险基金出现支付不足时,给予补贴。

第六十六条 社会保险基金按照统筹层次设立预算。除基本医疗保险基金与生育保险基金预算合并编制外,其他社会保险基金预算按照社会保险项目分别编制。

第六十七条 社会保险基金预算、决算草案的编制、审核和批准,依照法律和国务院规定执行。

第六十八条 社会保险基金存入财政专户,具体管理办法由国务院规定。

第六十九条 社会保险基金在保证安全的前提下,按照国务院规定投资运营实现保值增值。

社会保险基金不得违规投资运营,不得用于平衡其他政府预算,不得用于兴建、改建办公场所和支付人员经费、运行费用、管理费用,或者违反法律、行政法规规定挪作其他用途。

第七十条　社会保险经办机构应当定期向社会公布参加社会保险情况以及社会保险基金的收入、支出、结余和收益情况。

第七十一条　国家设立全国社会保障基金,由中央财政预算拨款以及国务院批准的其他方式筹集的资金构成,用于社会保障支出的补充、调剂。全国社会保障基金由全国社会保障基金管理运营机构负责管理运营,在保证安全的前提下实现保值增值。

全国社会保障基金应当定期向社会公布收支、管理和投资运营的情况。国务院财政部门、社会保险行政部门、审计机关对全国社会保障基金的收支、管理和投资运营情况实施监督。

第九章　社会保险经办

第七十二条　统筹地区设立社会保险经办机构。社会保险经办机构根据工作需要,经所在地的社会保险行政部门和机构编制管理机关批准,可以在本统筹地区设立分支机构和服务网点。

社会保险经办机构的人员经费和经办社会保险发生的基本运行费用、管理费用,由同级财政按照国家规定予以保障。

第七十三条　社会保险经办机构应当建立健全业务、财务、安全和风险管理制度。

社会保险经办机构应当按时足额支付社会保险待遇。

第七十四条　社会保险经办机构通过业务经办、统计、调查获取社会保险工作所需的数据,有关单位和个人应当及时、如实提供。

社会保险经办机构应当及时为用人单位建立档案,完整、准确地记录参加社会保险的人员、缴费等社会保险数据,妥善保管登记、申报的原始凭证和支付结算的会计凭证。

社会保险经办机构应当及时、完整、准确地记录参加社会保险的个人缴费和用人单位为其缴费,以及享受社会保险待遇等个人权益记录,定期将个人权益记录单免费寄送本人。

用人单位和个人可以免费向社会保险经办机构查询、核对其缴费和享受社会保险待遇记录,要求社会保险经办机构提供社会保险咨询等相关服务。

第七十五条　全国社会保险信息系统按照国家统一规划,由县级以上人民政府按照分级负责的原则共同建设。

第十章　社会保险监督

第七十六条　各级人民代表大会常务委员会听取和审议本级人民政府对社会保险基金的收支、管理、投资运营以及监督检查情况的专项工作报告,组织对本法实施情况的执法检查等,依法行使监督职权。

第七十七条　县级以上人民政府社会保险行政部门应当加强对用人单位和个人遵守社会保险法律、法规情况的监督检查。

社会保险行政部门实施监督检查时,被检查的用人单位和个人应当如实提供与社会保险有关的资料,不得拒绝检查或者谎报、瞒报。

第七十八条　财政部门、审计机关按照各自职责,对社会保险基金的收支、管理和投资运营情况实施监督。

第七十九条　社会保险行政部门对社会保险基金的收支、管理和投资运营情况进行监督检查,发现存在问题的,应当提出整改建议,依法作出处理决定或者向有关行政部门提出处理建议。社会保险基金检查结果应当定期向社会公布。

社会保险行政部门对社会保险基金实施监督检查,有权采取下列措施:

(一)查阅、记录、复制与社会保险基金收支、管理和投资运营相关的资料,对可能被转移、隐匿或者灭失的资料予以封存;

(二)询问与调查事项有关的单位和个人,要求其对与调查事项有关的问题作出说明、提供有关证明材料;

(三)对隐匿、转移、侵占、挪用社会保险基金的行为予以制止并责令改正。

第八十条 统筹地区人民政府成立由用人单位代表、参保人员代表,以及工会代表、专家等组成的社会保险监督委员会,掌握、分析社会保险基金的收支、管理和投资运营情况,对社会保险工作提出咨询意见和建议,实施社会监督。

社会保险经办机构应当定期向社会保险监督委员会汇报社会保险基金的收支、管理和投资运营情况。社会保险监督委员会可以聘请会计师事务所对社会保险基金的收支、管理和投资运营情况进行年度审计和专项审计。审计结果应当向社会公开。

社会保险监督委员会发现社会保险基金收支、管理和投资运营中存在问题的,有权提出改正建议;对社会保险经办机构及其工作人员的违法行为,有权向有关部门提出依法处理建议。

第八十一条 社会保险行政部门和其他有关行政部门、社会保险经办机构、社会保险费征收机构及其工作人员,应当依法为用人单位和个人的信息保密,不得以任何形式泄露。

第八十二条 任何组织或者个人有权对违反社会保险法律、法规的行为进行举报、投诉。

社会保险行政部门、卫生行政部门、社会保险经办机构、社会保险费征收机构和财政部门、审计机关对属于本部门、本机构职责范围的举报、投诉,应当依法处理;对不属于本部门、本机构职责范围的,应当书面通知并移交有权处理的部门、机构处理。有权处理的部门、机构应当及时处理,不得推诿。

第八十三条 用人单位或者个人认为社会保险费征收机构的行为侵害自己合法权益的,可以依法申请行政复议或者提起行政诉讼。

用人单位或者个人对社会保险经办机构不依法办理社会保险登记、核定社会保险费、支付社会保险待遇、办理社会保险转移接续手续或者侵害其他社会保险权益的行为,可以依法申请行政复议或者提起行政诉讼。

个人与所在用人单位发生社会保险争议的,可以依法申请调解、仲裁,提起诉讼。用人单位侵害个人社会保险权益的,个人也可以要求社会保险行政部门或者社会保险费征收机构依法处理。

第十一章 法律责任

第八十四条 用人单位不办理社会保险登记的,由社会保险行政部门责令限期改正;逾期不改正的,对用人单位处应缴社会保险费数额一倍以上三倍以下的罚款,对其直接负责的主管人员和其他直接责任人员处五百元以上三千元以下的罚款。

第八十五条 用人单位拒不出具终止或者解除劳动关系证明的,依照《中华人民共和国劳动合同法》的规定处理。

第八十六条　用人单位未按时足额缴纳社会保险费的,由社会保险费征收机构责令限期缴纳或者补足,并自欠缴之日起,按日加收万分之五的滞纳金;逾期仍不缴纳的,由有关行政部门处欠缴数额一倍以上三倍以下的罚款。

第八十七条　社会保险经办机构以及医疗机构、药品经营单位等社会保险服务机构以欺诈、伪造证明材料或者其他手段骗取社会保险基金支出的,由社会保险行政部门责令退回骗取的社会保险金,处骗取金额二倍以上五倍以下的罚款;属于社会保险服务机构的,解除服务协议;直接负责的主管人员和其他直接责任人员有执业资格的,依法吊销其执业资格。

第八十八条　以欺诈、伪造证明材料或者其他手段骗取社会保险待遇的,由社会保险行政部门责令退回骗取的社会保险金,处骗取金额二倍以上五倍以下的罚款。

第八十九条　社会保险经办机构及其工作人员有下列行为之一的,由社会保险行政部门责令改正;给社会保险基金、用人单位或者个人造成损失的,依法承担赔偿责任;对直接负责的主管人员和其他直接责任人员依法给予处分:

(一) 未履行社会保险法定职责的;

(二) 未将社会保险基金存入财政专户的;

(三) 克扣或者拒不按时支付社会保险待遇的;

(四) 丢失或者篡改缴费记录、享受社会保险待遇记录等社会保险数据、个人权益记录的;

(五) 有违反社会保险法律、法规的其他行为的。

第九十条　社会保险费征收机构擅自更改社会保险费缴费基数、费率,导致少收或者多收社会保险费的,由有关行政部门责令其追缴应当缴纳的社会保险费或者退还不应当缴纳的社会保险费;对直接负责的主管人员和其他直接责任人员依法给予处分。

第九十一条　违反本法规定,隐匿、转移、侵占、挪用社会保险基金或者违规投资运营的,由社会保险行政部门、财政部门、审计机关责令追回;有违法所得的,没收违法所得;对直接负责的主管人员和其他直接责任人员依法给予处分。

第九十二条　社会保险行政部门和其他有关行政部门、社会保险经办机构、社会保险费征收机构及其工作人员泄露用人单位和个人信息的,对直接负责的主管人员和其他直接责任人员依法给予处分;给用人单位或者个人造成损失的,应当承担赔偿责任。

第九十三条　国家工作人员在社会保险管理、监督工作中滥用职权、玩忽职守、徇私舞弊的,依法给予处分。

第九十四条　违反本法规定,构成犯罪的,依法追究刑事责任。

第十二章　附则

第九十五条　进城务工的农村居民依照本法规定参加社会保险。

第九十六条　征收农村集体所有的土地,应当足额安排被征地农民的社会保险费,按照国务院规定将被征地农民纳入相应的社会保险制度。

第九十七条　外国人在中国境内就业的,参照本法规定参加社会保险。

第九十八条　本法自2011年7月1日起施行。

2. 社会保险费征缴暂行条例

中华人民共和国国务院令第 259 号
1999 年 1 月 22 日
[1999 年 1 月 14 日国务院第 13 次常务会议通过，经 2019 年 3 月 24 日
《国务院关于修改部分行政法规的决定》（国务院令第 710 号）修订]

《社会保险费征缴暂行条例》已经 1999 年 1 月 14 日国务院第 13 次常务会议通过，现予发布，自发布之日起施行。

第一章　总则

第一条　为了加强和规范社会保险费征缴工作，保障社会保险金的发放，制定本条例。

第二条　基本养老保险费、基本医疗保险费、失业保险费（以下统称社会保险费）的征收、缴纳，适用本条例。

本条例所称缴费单位、缴费个人，是指依照有关法律、行政法规和国务院的规定，应当缴纳社会保险费的单位和个人。

第三条　基本养老保险费的征缴范围：国有企业、城镇集体企业、外商投资企业、城镇私营企业和其他城镇企业及其职工，实行企业化管理的事业单位及其职工。

基本医疗保险费的征缴范围：国有企业、城镇集体企业、外商投资企业、城镇私营企业和其他城镇企业及其职工，国家机关及其工作人员，事业单位及其职工，民办非企业单位及其职工，社会团体及其专职人员。

失业保险费的征缴范围：国有企业、城镇集体企业、外商投资企业、城镇私营企业和其他城镇企业及其职工，事业单位及其职工。

省、自治区、直辖市人民政府根据当地实际情况，可以规定将城镇个体工商户纳入基本养老保险、基本医疗保险的范围，并可以规定将社会团体及其专职人员、民办非企业单位及其职工以及有雇工的城镇个体工商户及其雇工纳入失业保险的范围。

社会保险费的费基、费率依照有关法律、行政法规和国务院的规定执行。

第四条　缴费单位、缴费个人应当按时足额缴纳社会保险费。

征缴的社会保险费纳入社会保险基金，专款专用，任何单位和个人不得挪用。

第五条　国务院劳动保障行政部门负责全国的社会保险费征缴管理和监督检查工作。县级以上地方各级人民政府劳动保障行政部门负责本行政区域内的社会保险费征缴管理和监督检查工作。

第六条　社会保险费实行三项社会保险费集中、统一征收。社会保险费的征收机构由省、自治区、直辖市人民政府规定，可以由税务机关征收，也可以由劳动保障行政部门按照国务院规定设立的社会保险经办机构（以下简称社会保险经办机构）征收。

第二章　征缴管理

第七条　缴费单位必须向当地社会保险经办机构办理社会保险登记，参加社会保险。

登记事项包括：单位名称、住所、经营地点、单位类型、法定代表人或者负责人、开户银行账号以及国务院劳动保障行政部门规定的其他事项。

第八条　企业在办理登记注册时，同步办理社会保险登记。

前款规定以外的缴费单位应当自成立之日起30日内,向当地社会保险经办机构申请办理社会保险登记。

第九条 缴费单位的社会保险登记事项发生变更或者缴费单位依法终止的,应当自变更或者终止之日起30日内,到社会保险经办机构办理变更或者注销社会保险登记手续。

第十条 缴费单位必须按月向社会保险经办机构申报应缴纳的社会保险费数额,经社会保险经办机构核定后,在规定的期限内缴纳社会保险费。

缴费单位不按规定申报应缴纳的社会保险费数额的,由社会保险经办机构暂按该单位上月缴费数额的百分之一百一十确定应缴数额;没有上月缴费数额的,由社会保险经办机构暂按该单位的经营状况、职工人数等有关情况确定应缴数额。缴费单位补办申报手续并按核定数额缴纳社会保险费后,由社会保险经办机构按照规定结算。

第十一条 省、自治区、直辖市人民政府规定由税务机关征收社会保险费的,社会保险经办机构应当及时向税务机关提供缴费单位社会保险登记、变更登记、注销登记以及缴费申报的情况。

第十二条 缴费单位和缴费个人应当以货币形式全额缴纳社会保险费。

缴费个人应当缴纳的社会保险费,由所在单位从其本人工资中代扣代缴。

社会保险费不得减免。

第十三条 缴费单位未按规定缴纳和代扣代缴社会保险费的,由劳动保障行政部门或者税务机关责令限期缴纳;逾期仍不缴纳的,除补缴欠缴数额外,从欠缴之日起,按日加收千分之二的滞纳金。滞纳金并入社会保险基金。

第十四条 征收的社会保险费存入财政部门在国有商业银行开设的社会保障基金财政专户。

社会保险基金按照不同险种的统筹范围,分别建立基本养老保险基金、基本医疗保险基金、失业保险基金。各项社会保险基金分别单独核算。

社会保险基金不计征税、费。

第十五条 省、自治区、直辖市人民政府规定由税务机关征收社会保险费的,税务机关应当及时向社会保险经办机构提供缴费单位和缴费个人的缴费情况;社会保险经办机构应当将有关情况汇总,报劳动保障行政部门。

第十六条 社会保险经办机构应当建立缴费记录,其中基本养老保险、基本医疗保险并应当按照规定记录个人账户。社会保险经办机构负责保存缴费记录,并保证其完整、安全。社会保险经办机构应当至少每年向缴费个人发送一次基本养老保险、基本医疗保险个人账户通知单。

缴费单位、缴费个人有权按照规定查询缴费记录。

第三章 监督检查

第十七条 缴费单位应当每年向本单位职工公布本单位全年社会保险费缴纳情况,接受职工监督。

社会保险经办机构应当定期向社会公告社会保险费征收情况,接受社会监督。

第十八条 按照省、自治区、直辖市人民政府关于社会保险费征缴机构的规定,劳动保障行政部门或者税务机关依法对单位缴费情况进行检查时,被检查的单位应当提供与缴纳社会保险费有关的用人情况、工资表、财务报表等资料,如实反映情况,不得拒绝检查,不得谎报、瞒报。劳动保障行政部门或者税务机关可以记录、录音、录像、照相和复制有关资料；但是，应当为缴费单位保密。

劳动保障行政部门、税务机关的工作人员在行使前款所列职权时，应当出示执行公务证件。

第十九条 劳动保障行政部门或者税务机关调查社会保险费征缴违法案件时，有关部门、单位应当给予支持、协助。

第二十条 社会保险经办机构受劳动保障行政部门的委托，可以进行与社会保险费征缴有关的检查、调查工作。

第二十一条 任何组织和个人对有关社会保险费征缴的违法行为，有权举报。劳动保障行政部门或者税务机关对举报应当及时调查，按照规定处理，并为举报人保密。

第二十二条 社会保险基金实行收支两条线管理，由财政部门依法进行监督。

审计部门依法对社会保险基金的收支情况进行监督。

第四章 罚则

第二十三条 缴费单位未按照规定办理社会保险登记、变更登记或者注销登记，或者未按照规定申报应缴纳的社会保险费数额的，由劳动保障行政部门责令限期改正；情节严重的，对直接负责的主管人员和其他直接责任人员可以处1 000元以上5 000元以下的罚款；情节特别严重的，对直接负责的主管人员和其他直接责任人员可以处5 000元以上10 000元以下的罚款。

第二十四条 缴费单位违反有关财务、会计、统计的法律、行政法规和国家有关规定，伪造、变造、故意毁灭有关账册、材料，或者不设账册，致使社会保险费缴费基数无法确定的，除依照有关法律、行政法规的规定给予行政处罚、纪律处分、刑事处罚外，依照本条例第十条的规定征缴；迟延缴纳的，由劳动保障行政部门或者税务机关依照第十三条的规定决定加收滞纳金，并对直接负责的主管人员和其他直接责任人员处5 000元以上20 000元以下的罚款。

第二十五条 缴费单位和缴费个人对劳动保障行政部门或者税务机关的处罚决定不服的，可以依法申请复议；对复议决定不服的，可以依法提起诉讼。

第二十六条 缴费单位逾期拒不缴纳社会保险费、滞纳金的，由劳动保障行政部门或者税务机关申请人民法院依法强制征缴。

第二十七条 劳动保障行政部门、社会保险经办机构或者税务机关的工作人员滥用职权、徇私舞弊、玩忽职守，致使社会保险费流失的，由劳动保障行政部门或者税务机关追回流失的社会保险费；构成犯罪的，依法追究刑事责任；尚不构成犯罪的，依法给予行政处分。

第二十八条 任何单位、个人挪用社会保险基金的，追回被挪用的社会保险基金；有违法所得的，没收违法所得，并入社会保险基金；构成犯罪的，依法追究刑事责任；尚不构成犯罪的，对直接负责的主管人员和其他直接责任人员依法给予行政处分。

第五章 附则

第二十九条 省、自治区、直辖市人民政府根据本地实际情况，可以决定本条例适用于本行政区域内工伤保险费和生育保险费的征收、缴纳。

第三十条 税务机关、社会保险经办机构征收社会保险费，不得从社会保险基金中提取任何费用,所需经费列入预算,由财政拨付。

第三十一条 本条例自发布之日起施行。

3. 实施《中华人民共和国社会保险法》若干规定

中华人民共和国人力资源和社会保障部令第 13 号
2011 年 6 月 29 日

《实施〈中华人民共和国社会保险法〉若干规定》已经人力资源和社会保障部第 67 次部务会审议通过,现予公布,自 2011 年 7 月 1 日起施行。

实施《中华人民共和国社会保险法》若干规定

为了实施《中华人民共和国社会保险法》(以下简称社会保险法),制定本规定。

第一章 关于基本养老保险

第一条 社会保险法第十五条规定的统筹养老金,按照国务院规定的基础养老金计发办法计发。

第二条 参加职工基本养老保险的个人达到法定退休年龄时,累计缴费不足十五年的,可以延长缴费至满十五年。社会保险法实施前参保、延长缴费五年后仍不足十五年的,可以一次性缴费至满十五年。

第三条 参加职工基本养老保险的个人达到法定退休年龄后,累计缴费不足十五年(含依照第二条规定延长缴费)的,可以申请转入户籍所在地新型农村社会养老保险或者城镇居民社会养老保险,享受相应的养老保险待遇。

参加职工基本养老保险的个人达到法定退休年龄后,累计缴费不足十五年(含依照第二条规定延长缴费),且未转入新型农村社会养老保险或者城镇居民社会养老保险的,个人可以书面申请终止职工基本养老保险关系。社会保险经办机构收到申请后,应当书面告知其转入新型农村社会养老保险或者城镇居民社会养老保险的权利以及终止职工基本养老保险关系的后果,经本人书面确认后,终止其职工基本养老保险关系,并将个人账户储存额一次性支付给本人。

第四条 参加职工基本养老保险的个人跨省流动就业,达到法定退休年龄时累计缴费不足十五年的,按照《国务院办公厅关于转发人力资源社会保障部 财政部城镇企业职工基本养老保险关系转移接续暂行办法的通知》(国办发〔2009〕66 号)有关待遇领取地的规定确定继续缴费地后,按照本规定第二条办理。

第五条 参加职工基本养老保险的个人跨省流动就业,符合按月领取基本养老金条件时,基本养老金分段计算、统一支付的具体办法,按照《国务院办公厅关于转发人力资源社会保障部 财政部城镇企业职工基本养老保险关系转移接续暂行办法的通知》(国办发〔2009〕66 号)执行。

第六条 职工基本养老保险个人账户不得提前支取。个人在达到法定的领取基本养老金条件前离境定居的,其个人账户予以保留,达到法定领取条件时,按照国家规定享受相应的养老保险待遇。其中,丧失中华人民共和国国籍的,可以在其离境时或者离境后书面申请终止职工基本养老保险关系。社会保险经办机构收到申请后,应当书面告知其保留个人账户的权利以及终止职工基本养老保险关系的后果,经本人书面确认后,终止其职工基本养老保险关系,并将个人账户储存额一次性支付给本人。

参加职工基本养老保险的个人死亡后,其个人账户中的余额可以全部依法继承。

第二章 关于基本医疗保险

第七条 社会保险法第二十七条规定的退休人员享受基本医疗保险待遇的缴费年限按照各地规定执行。

参加职工基本医疗保险的个人,基本医疗保险关系转移接续时,基本医疗保险缴费年限累计计算。

第八条 参保人员在协议医疗机构发生的医疗费用,符合基本医疗保险药品目录、诊疗项目、医疗服务设施标准的,按照国家规定从基本医疗保险基金中支付。

参保人员确需急诊、抢救的,可以在非协议医疗机构就医;因抢救必须使用的药品可以适当放宽范围。参保人员急诊、抢救的医疗服务具体管理办法由统筹地区根据当地实际情况制定。

第三章 关于工伤保险

第九条 职工(包括非全日制从业人员)在两个或者两个以上用人单位同时就业的,各用人单位应当分别为职工缴纳工伤保险费。职工发生工伤,由职工受到伤害时工作的单位依法承担工伤保险责任。

第十条 社会保险法第三十七条第二项中的醉酒标准,按照《车辆驾驶人员血液、呼气酒精含量阈值与检验》(GB19522—2004)执行。公安机关交通管理部门、医疗机构等有关单位依法出具的检测结论、诊断证明等材料,可以作为认定醉酒的依据。

第十一条 社会保险法第三十八条第八项中的因工死亡补助金是指《工伤保险条例》第三十九条的一次性工亡补助金,标准为工伤发生时上一年度全国城镇居民人均可支配收入的20倍。

上一年度全国城镇居民人均可支配收入以国家统计局公布的数据为准。

第十二条 社会保险法第三十九条第一项治疗工伤期间的工资福利,按照《工伤保险条例》第三十三条有关职工在停工留薪期内应当享受的工资福利和护理等待遇的规定执行。

第四章 关于失业保险

第十三条 失业人员符合社会保险法第四十五条规定条件的,可以申请领取失业保险金并享受其他失业保险待遇。其中,非因本人意愿中断就业包括下列情形:

(一)依照劳动合同法第四十四条第一项、第四项、第五项规定终止劳动合同的;

(二)由用人单位依照劳动合同法第三十九条、第四十条、第四十一条规定解除劳动合同的;

(三)用人单位依照劳动合同法第三十六条规定向劳动者提出解除劳动合同并与劳动者协商一致解除劳动合同的;

(四)由用人单位提出解除聘用合同或者被用人单位辞退、除名、开除的;

(五)劳动者本人依照劳动合同法第三十八条规定解除劳动合同的;

(六)法律、法规、规章规定的其他情形。

第十四条 失业人员领取失业保险金后重新就业的,再次失业时,缴费时间重新计算。失业人员因当期不符合失业保险金领取条件的,原有缴费时间予以保留,重新就业并参保的,缴费时间累计计算。

第十五条 失业人员在领取失业保险金期间,应当积极求职,接受职业介绍和职业培训。失业人员接受职业介绍、职业培训的补贴由失业保险基金按照规定支付。

第五章 关于基金管理和经办服务

第十六条 社会保险基金预算、决算草案的编制、审核和批准,依照《国务院关于试行社会保险基金预算的意见》(国发〔2010〕2号)的规定执行。

第十七条 社会保险经办机构应当每年至少一次将参保人员个人权益记录单通过邮寄方式寄送本人。同时,社会保险经办机构可以通过手机短信或者电子邮件等方式向参保人员发送个人权益记录。

第十八条 社会保险行政部门、社会保险经办机构及其工作人员应当依法为用人单位和个人的信息保密,不得违法向他人泄露下列信息:

(一)涉及用人单位商业秘密或者公开后可能损害用人单位合法利益的信息;

(二)涉及个人权益的信息。

第六章 关于法律责任

第十九条 用人单位在终止或者解除劳动合同时拒不向职工出具终止或者解除劳动关系证明,导致职工无法享受社会保险待遇的,用人单位应当依法承担赔偿责任。

第二十条 职工应当缴纳的社会保险费由用人单位代扣代缴。用人单位未依法代扣代缴的,由社会保险费征收机构责令用人单位限期代缴,并自欠缴之日起向用人单位按日加收万分之五的滞纳金。用人单位不得要求职工承担滞纳金。

第二十一条 用人单位因不可抗力造成生产经营出现严重困难的,经省级人民政府社会保险行政部门批准后,可以暂缓缴纳一定期限的社会保险费,期限一般不超过一年。暂缓缴费期间,免收滞纳金。到期后,用人单位应当缴纳相应的社会保险费。

第二十二条 用人单位按照社会保险法第六十三条的规定,提供担保并与社会保险费征收机构签订缓缴协议的,免收缓缴期间的滞纳金。

第二十三条 用人单位按照本规定第二十一条、第二十二条缓缴社会保险费期间,不影响其职工依法享受社会保险待遇。

第二十四条 用人单位未按月将缴纳社会保险费的明细情况告知职工本人的,由社会保险行政部门责令改正;逾期不改的,按照《劳动保障监察条例》第三十条的规定处理。

第二十五条 医疗机构、药品经营单位等社会保险服务机构以欺诈、伪造证明材料或者其他手段骗取社会保险基金支出的,由社会保险行政部门责令退回骗取的社会保险金,处骗取金额二倍以上五倍以下的罚款。对与社会保险经办机构签订服务协议的医疗机构、药品经营单位,由社会保险经办机构按照协议追究责任,情节严重的,可以解除与其签订的服务协议。对有执业资格的直接负责的主管人员和其他直接责任人员,由社会保险行政部门建议授予其执业资格的有关主管部门依法吊销其执业资格。

第二十六条 社会保险经办机构、社会保险费征收机构、社会保险基金投资运营机构、开设社会保险基金专户的机构和专户管理银行及其工作人员有下列违法情形的,由社会保险行政部门按照社会保险法第九十一条的规定查处:

(一)将应征和已征的社会保险基金,采取隐藏、非法放置等手段,未按规定征缴、入账的；

（二）违规将社会保险基金转入社会保险基金专户以外的账户的；

（三）侵吞社会保险基金的；

（四）将各项社会保险基金互相挤占或者其他社会保障基金挤占社会保险基金的；

（五）将社会保险基金用于平衡财政预算，兴建、改建办公场所和支付人员经费、运行费用、管理费用的；

（六）违反国家规定的投资运营政策的。

第七章 其他

第二十七条 职工与所在用人单位发生社会保险争议的，可以依照《中华人民共和国劳动争议调解仲裁法》《劳动人事争议仲裁办案规则》的规定，申请调解、仲裁，提起诉讼。

职工认为用人单位有未按时足额为其缴纳社会保险费等侵害其社会保险权益行为的，也可以要求社会保险行政部门或者社会保险费征收机构依法处理。社会保险行政部门或者社会保险费征收机构应当按照社会保险法和《劳动保障监察条例》等相关规定处理。在处理过程中，用人单位对双方的劳动关系提出异议的，社会保险行政部门应当依法查明相关事实后继续处理。

第二十八条 在社会保险经办机构征收社会保险费的地区，社会保险行政部门应当依法履行社会保险法第六十三条所规定的有关行政部门的职责。

第二十九条 2011年7月1日后对用人单位未按时足额缴纳社会保险费的处理，按照社会保险法和本规定执行；对2011年7月1日前发生的用人单位未按时足额缴纳社会保险费的行为，按照国家和地方人民政府的有关规定执行。

第三十条 本规定自2011年7月1日起施行。

4. 社会保险费征缴监督检查办法

中华人民共和国劳动和社会保障部令第3号

1999年3月19日

依据《社会保险费征缴暂行条例》（中华人民共和国国务院令第259号），劳动和社会保障部制定了《社会保险费征缴监督检查办法》，现予发布施行。

社会保险费征缴监督检查办法

第一条 为加强社会保险费征缴监督检查工作，规范社会保险费征缴监督检查行为，根据《社会保险费征缴暂行条例》（以下简称条例）和有关法律、法规规定，制定本办法。

第二条 对中华人民共和国境内的企业、事业单位、国家机关、社会团体、民办非企业单位、城镇个体工商户（以下简称缴费单位）实施社会保险费征缴监督检查适用本办法。

前款所称企业是指国有企业、城镇集体企业、外商投资企业、城镇私营企业和其他城镇企业。

第三条 劳动保障行政部门负责社会保险费征缴的监督检查工作，对违反条例和本办法规定的缴费单位及其责任人员，依法作出行政处罚决定，并可以按照条例规定委托社会保险经办机构进行与社会保险费征缴有关的检查、调查工作。

劳动保障行政部门的劳动保障监察机构具体负责社会保险费征缴监督检查和行政处

罚,包括对缴费单位进行检查、调查取证、拟定行政处罚决定书、送达行政处罚决定书、拟定向人民法院申请强制执行行政处罚决定的申请书、受理群众举报等工作。

社会保险经办机构受劳动保障行政部门的委托,可以对缴费单位履行社会保险登记、缴费申报、缴费义务的情况进行调查和检查,发现缴费单位有瞒报、漏报和拖欠社会保险费等行为时,应当责令其改正。

第四条 劳动保障监察机构与社会保险经办机构应当建立按月相互通报制度。社会保险经办机构应当及时将需要给予行政处罚的缴费单位情况向劳动保障监察机构通报,劳动保障监察机构应当及时将查处违反规定的情况通报给社会保险经办机构。

第五条 县级以上地方各级劳动保障行政部门对缴费单位监督检查的管辖范围,由省、自治区、直辖市劳动保障行政部门依照社会保险登记、缴费申报和缴费工作管理权限,制定具体规定。

第六条 社会保险费征缴监督检查应当包括以下内容:

(一)缴费单位向当地社会保险经办机构办理社会保险登记、变更登记或注销登记的情况;

(二)缴费单位向社会保险经办机构申报缴费的情况;

(三)缴费单位缴纳社会保险费的情况;

(四)缴费单位代扣代缴个人缴费的情况;

(五)缴费单位向职工公布本单位缴费的情况;

(六)法律、法规规定的其他内容。

第七条 劳动保障行政部门应当向社会公布举报电话,设立举报信箱,指定专人负责接待群众投诉;对符合受理条件的举报,应当于7日内立案受理,并进行调查处理,且一般应当于30日内处理结案。

第八条 劳动保障行政部门应当建立劳动保障年检制度,进行劳动保障年度检查,掌握缴费单位参加社会保险的情况;对违反条例规定的,应当责令其限期改正,并依照条例规定给予行政处罚。

第九条 劳动保障监察人员在执行监察公务和社会保险经办机构工作人员对缴费单位进行调查、检查时,至少应当由两人共同进行,并应当主动出示执法证件。

第十条 劳动保障监察人员执行监察公务和社会保险经办机构工作人员进行调查、检查时,行使下列职权:

(一)可以到缴费单位了解遵守社会保险法律、法规的情况;

(二)可以要求缴费单位提供与缴纳社会保险费有关的用人情况、工资表、财务报表等资料,询问有关人员,对缴费单位不能立即提供有关参加社会保险情况和资料的,可以下达劳动保障行政部门监督检查询问书;

(三)可以记录、录音、录像、照相和复制有关资料。

第十一条 劳动保障监察人员执行监察公务和社会保险经办机构工作人员进行调查、检查时,承担下列义务:

(一)依法履行职责,秉公执法,不得利用职务之便谋取私利;

(二)保守在监督检查工作中知悉的缴费单位的商业秘密;

(三)为举报人员保密。

第十二条 缴费单位有下列行为之一,情节严重的,对直接负责的主管人员和其他直接责任人员处以 1 000 元以上 5 000 元以下的罚款;情节特别严重的,对直接负责的主管人员和其他直接责任人员处以 5 000 元以上 10 000 元以下的罚款:

(一) 未按规定办理社会保险登记的;

(二) 在社会保险登记事项发生变更或者缴费单位依法终止后,未按规定到社会保险经办机构办理社会保险变更登记或者社会保险注销登记的;

(三) 未按规定申报应当缴纳社会保险费数额的。

第十三条 对缴费单位有下列行为之一的,依照条例第十三条的规定,从欠缴之日起,按日加收千分之二的滞纳金,并对直接负责的主管人员和其他直接责任人员处以 5 000 元以上 20 000 元以下罚款:

(一) 因伪造、变造、故意毁灭有关账册、材料造成社会保险费迟延缴纳的;

(二) 因不设账册造成社会保险费迟延缴纳的;

(三) 因其他违法行为造成社会保险费迟延缴纳的。

第十四条 对缴费单位有下列行为之一的,应当给予警告,并可以处以 5 000 元以下的罚款:

(一) 伪造、变造社会保险登记证的;

(二) 未按规定从缴费个人工资中代扣代缴社会保险费的;

(三) 未按规定向职工公布本单位社会保险费缴纳情况的。

对上述违法行为的行政处罚,法律、法规另有规定的,从其规定。

第十五条 对缴费单位有下列行为之一的,应当给予警告,并可以处以 10 000 元以下的罚款:

(一) 阻挠劳动保障监察人员依法行使监察职权,拒绝检查的;

(二) 隐瞒事实真相,谎报、瞒报,出具伪证,或者隐匿、毁灭证据的;

(三) 拒绝提供与缴纳社会保险费有关的用人情况、工资表、财务报表等资料的;

(四) 拒绝执行劳动保障行政部门下达的监督检查询问书的;

(五) 拒绝执行劳动保障行政部门下达的限期改正指令书的;

(六) 打击报复举报人员的;

(七) 法律、法规及规章规定的其他情况。

对上述违法行为的行政处罚,法律、法规另有规定的,从其规定。

第十六条 本办法第十二条、第十三条的罚款均由缴费单位直接负责的主管人员和其他直接责任人员个人支付,不得从单位报销。

第十七条 对缴费单位或者缴费单位直接负责的主管人员和其他直接责任人员的罚款,必须全部上缴国库。

第十八条 缴费单位或者缴费单位直接负责的主管人员和其他直接责任人员,对劳动保障行政部门作出的行政处罚决定不服的,可以于 15 日内,向上一级劳动保障行政部门或者同级人民政府申请行政复议。对行政复议决定不服的,可以自收到行政复议决定书之日起 15 日内向人民法院提起行政诉讼。

行政复议和行政诉讼期间,不影响该行政处罚决定的执行。

第十九条 缴费单位或者缴费单位直接负责的主管人员和其他直接责任人员,在 15 日内拒不执行劳动保障行政部门对其作出的行政处罚决定,又不向上一级劳动保障行政部门或者同级人民政府申请行政复议,或者对行政复议决定不服,又不向人民法院提起行政诉讼的,可以申请人民法院强制执行。

第二十条 劳动保障行政部门和社会保险经办机构的工作人员滥用职权、徇私舞弊、玩忽职守,构成犯罪的,依法追究刑事责任;尚不构成犯罪的,给予责任人员行政处分。

第二十一条 本办法自发布之日起施行。

5. 关于单位外派职工在境外工作期间取得当地居民身份证后社会保险关系处理问题的复函

劳社厅函〔2001〕115号
2001年4月24日

广东省劳动和社会保障厅:

你厅《关于外派职工取得境外居民身份证后是否继续参保并享受社会保险待遇问题的请示》(粤劳社〔2001〕67号)收悉。经研究,现答复如下:

职工在被本单位派到境外工作期间,合法取得当地永久性居民身份证后,职工所在单位应停止为其缴纳社会保险费,及时为其办理终止社会保险关系的手续。社会保险经办机构应当终止其社会保险关系,并根据职工的申请,对参加基本养老保险,且不符合领取基本养老金条件的,将其基本养老保险个人账户储存额中的个人缴费部分一次性退给本人;参加基本医疗保险的,将其个人账户结余部分一次性退给本人;参加失业保险的,单位和个人此前缴纳的失业保险费不予退还。

职工在被派到香港、澳门和台湾地区工作期间合法取得当地永久性居民身份证的,其社会保险关系参照上述办法处理。

劳动和社会保障部办公厅
二○一年四月二十四日

6. 关于职工在机关事业单位与企业之间流动时社会保险关系处理意见的通知

劳社部发〔2001〕13号
2001年9月28日

各省、自治区、直辖市人民政府,国务院各部委、各直属机构:

为促进职工在机关事业单位与企业之间合理流动,推进市、县、乡机构改革,根据《国务院关于印发完善城镇社会保障体系试点方案的通知》(国发〔2000〕42号)和《中共中央办公厅 国务院办公厅关于市县乡人员编制精简的意见》(中办发〔2000〕30号)的规定,职工在机关事业单位和企业单位之间流动,要相应转移各项社会保险关系,并执行调入单位的社会保险制度。经国务院同意,现就职工流动时社会保险关系的处理意见通知如下:

一、养老保险关系处理

职工由机关事业单位进入企业工作之月起,参加企业职工的基本养老保险,单位和个人按规定缴纳基本养老保险费,建立基本养老保险个人账户,原有的工作年限视同缴费年限,退休时按企业的办法计发基本养老金。其中,公务员及参照和依照公务员制度管理的单位工作人员,在进入企业并按规定参加企业职工基本养老保险后,根据本人在机关(或单位)工作的年限给予一次性补贴,由其原所在单位通过当地社会保险经办机构转入本人的基本养老保险个人账户,所需资金由同级财政安排。补贴的标准为:本人离开机关上年度月平均基本工资×在机关工作年限×0.3‰×120个月。

职工由企业进入机关事业单位工作之月起,执行机关事业单位的退休养老制度,其原有的连续工龄与进入机关事业单位后的工作年限合并计算,退休时按机关事业单位的办法计发养老金。已建立的个人账户继续由社会保险经办机构管理,退休时,其个人账户储存额每月按1/120计发,并相应抵减按机关事业单位办法计发的养老金。

公务员进入企业工作后再次转入机关事业单位工作的,原给予的一次性补贴的本金和利息要上缴同级财政。其个人账户管理、退休后养老金计发等,比照由企业进入机关事业单位工作职工的相关政策办理。

二、失业保险关系处理

职工由机关进入企业、事业单位工作之月起,按规定参加失业保险,其原有的工作年限视同缴费年限。职工由企业、事业单位进入机关工作,原单位及个人缴纳的失业保险费不转移,其失业保障按《人事部关于印发〈国家公务员被辞退后有关问题的暂行办法〉的通知》(人发〔1996〕64号)规定执行。

三、医疗保险关系处理

职工在机关事业单位和企业之间流动,在同一统筹地区内的基本医疗保险关系不转移,跨统筹地区的基本医疗保险关系及个人账户随同转移。职工流动后,除基本医疗保险之外,其他医疗保障待遇按当地有关政策进行调整。

本通知从下发之日起执行。各地区、各部门要切实加强组织领导,有关部门要密切配合,抓紧制定具体办法,认真组织实施。

劳动和社会保障部
财政部
人事部
中央编制委员会办公室
二〇〇一年九月二十八日

7. 在中国境内就业的外国人参加社会保险暂行办法

中华人民共和国人力资源和社会保障部令第16号

2011年9月6日

《在中国境内就业的外国人参加社会保险暂行办法》已经人力资源和社会保障部第67次部务会审议通过,并经国务院同意,现予公布,自2011年10月15日起施行。

在中国境内就业的外国人参加社会保险暂行办法

第一条 为了维护在中国境内就业的外国人依法参加社会保险和享受社会保险待遇的合法权益,加强社会保险管理,根据《中华人民共和国社会保险法》(以下简称社会保险法),制定本办法。

第二条 在中国境内就业的外国人,是指依法获得《外国人就业证》《外国专家证》《外国常驻记者证》等就业证件和外国人居留证件,以及持有《外国人永久居留证》,在中国境内合法就业的非中国国籍的人员。

　　第三条　在中国境内依法注册或者登记的企业、事业单位、社会团体、民办非企业单位、基金会、律师事务所、会计师事务所等组织（以下称用人单位）依法招用的外国人，应当依法参加职工基本养老保险、职工基本医疗保险、工伤保险、失业保险和生育保险，由用人单位和本人按照规定缴纳社会保险费。

　　与境外雇主订立雇用合同后，被派遣到在中国境内注册或者登记的分支机构、代表机构（以下称境内工作单位）工作的外国人，应当依法参加职工基本养老保险、职工基本医疗保险、工伤保险、失业保险和生育保险，由境内工作单位和本人按照规定缴纳社会保险费。

　　第四条　用人单位招用外国人的，应当自办理就业证件之日起 30 日内为其办理社会保险登记。

　　受境外雇主派遣到境内工作单位工作的外国人，应当由境内工作单位按照前款规定为其办理社会保险登记。

　　依法办理外国人就业证件的机构，应当及时将外国人来华就业的相关信息通报当地社会保险经办机构。社会保险经办机构应当定期向相关机构查询外国人办理就业证件的情况。

　　第五条　参加社会保险的外国人，符合条件的，依法享受社会保险待遇。

　　在达到规定的领取养老金年龄前离境的，其社会保险个人账户予以保留，再次来中国就业的，缴费年限累计计算；经本人书面申请终止社会保险关系的，也可以将其社会保险个人账户储存额一次性支付给本人。

　　第六条　外国人死亡的，其社会保险个人账户余额可以依法继承。

　　第七条　在中国境外享受按月领取社会保险待遇的外国人，应当至少每年向负责支付其待遇的社会保险经办机构提供一次由中国驻外使、领馆出具的生存证明，或者由居住国有关机构公证、认证并经中国驻外使、领馆认证的生存证明。

　　外国人合法入境的，可以到社会保险经办机构自行证明其生存状况，不再提供前款规定的生存证明。

　　第八条　依法参加社会保险的外国人与用人单位或者境内工作单位因社会保险发生争议的，可以依法申请调解、仲裁、提起诉讼。用人单位或者境内工作单位侵害其社会保险权益的，外国人也可以要求社会保险行政部门或者社会保险费征收机构依法处理。

　　第九条　具有与中国签订社会保险双边或者多边协议国家国籍的人员在中国境内就业的，其参加社会保险的办法按照协议规定办理。

　　第十条　社会保险经办机构应当根据《外国人社会保障号码编制规则》，为外国人建立社会保障号码，并发放中华人民共和国社会保障卡。

　　第十一条　社会保险行政部门应当按照社会保险法的规定，对外国人参加社会保险的情况进行监督检查。用人单位或者境内工作单位未依法为招用的外国人办理社会保险登记或者未依法为其缴纳社会保险费的，按照社会保险法、《劳动保障监察条例》等法律、行政法规和有关规章的规定处理。

　　用人单位招用未依法办理就业证件或者持有《外国人永久居留证》的外国人的，按照《外国人在中国就业管理规定》处理。

　　第十二条　本办法自 2011 年 10 月 15 日起施行。

附件：

外国人社会保障号码编制规则

外国人参加中国社会保险，其社会保障号码由外国人所在国家或地区代码、有效证件号码组成。外国人有效证件为护照或《外国人永久居留证》。所在国家或地区代码和有效证件号码之间预留一位。其表现形式为：

XXX　X　XXXXXXXXXXXXXX
有效证件号码
预留位
国家或地区代码

1. 外国人所在国家或地区代码按"ISO 3166-1-2006"国家及其地区的名称代码的第一部分国家代码规定的3位英文字母表示，如德国为DEU，丹麦DNK。遇国际标准升级时，人力资源和社会保障部统一确定代码升级时间。

取得在中国永久居留资格的外国人所在国家或地区代码与其所持《外国人永久居留证》号码中第1～3位的国家或地区代码一致（也为三位）。

2. 预留位1位，默认情况为0，在特殊情况时，可填写数字为1至9。

3. 编制使用外国人有效护照号码，应包含全部英文字母和阿拉伯数字，不包括其中的"."、"—"等特殊字符。编制使用《外国人永久居留证》号码，为该证件号码中第4至15位号码。

（1）以在我国某用人单位工作的持护照号 G01234—56 的德籍人员为例，其社会保障号码为：DEU0G0123456

| 国家或地区代码 | 预留位 | 有效护照号码 |
| DEU | 0 | G0123456 |

（2）以在我国某用人单位工作的持《外国人永久居留证》号 DNK324578912056 的丹麦籍人员为例，其社会保障号码为：DNK0324578912056

| 国家或地区代码 | 预留位 | 《外国人永久居留证》号码 |
| DNK | 0 | 324578912056 |

4. 数据库对外国人社会保障号码预留18位长度（其中有效护照号码最多为14位）。编制号码不足18位的，不需要补足位数。

5. 外国人社会保障号码在中国唯一且终身不变。其证件号码发生改变时，以初次参保登记时的社会保障号码作为唯一标识，社会保险经办机构应对参保人员的证件类型、证件号码变更情况进行相应的记录。

8. 社会保险费申报缴纳管理规定

中华人民共和国人力资源和社会保障部令第20号
2013年9月26日

《社会保险费申报缴纳管理规定》已经人力资源社会保障部第114次部务会审议通过，现予公布，自2013年11月1日起施行。

社会保险费申报缴纳管理规定

第一章　总则

第一条　为规范社会保险费的申报和缴纳管理工作，根据《中华人民共和国社会保险法》(以下简称社会保险法)、《社会保险费征缴暂行条例》,制定本规定。

第二条 用人单位进行缴费申报和社会保险经办机构征收社会保险费,适用本规定。

本规定所称社会保险费,是指由用人单位及其职工依法参加社会保险并缴纳的职工基本养老保险费、职工基本医疗保险费、工伤保险费、失业保险费和生育保险费。

第三条 社会保险经办机构负责社会保险缴费申报、核定等工作。

省、自治区、直辖市人民政府决定由社会保险经办机构征收社会保险费的,社会保险经办机构应当依法征收社会保险费。

社会保险经办机构负责征收的社会保险费,实行统一征收。

第二章 社会保险费申报

第四条 用人单位应当按月在规定期限内到当地社会保险经办机构办理缴费申报,申报事项包括:

(一)用人单位名称、组织机构代码、地址及联系方式;

(二)用人单位开户银行、户名及账号;

(三)用人单位的缴费险种、缴费基数、费率、缴费数额;

(四)职工名册及职工缴费情况;

(五)社会保险经办机构规定的其他事项。

在一个缴费年度内,用人单位初次申报后,其余月份可以只申报前款规定事项的变动情况;无变动的,可以不申报。

第五条 职工应缴纳的社会保险费由用人单位代为申报。代职工申报的事项包括:职工姓名、社会保障号码、用工类型、联系地址、代扣代缴明细等。

用人单位代职工申报的缴费明细以及变动情况应当经职工本人签字认可,由用人单位留存备查。

第六条 用人单位到社会保险经办机构办理社会保险缴费申报有困难的,经社会保险经办机构同意,可以邮寄申报。邮寄申报以寄出地的邮戳日期为实际申报日期。

有条件的地区,用人单位也可以按照社会保险经办机构的规定进行网上申报。

第七条 用人单位应当向社会保险经办机构如实申报本规定第四条、第五条所列申报事项。用人单位申报材料齐全、缴费基数和费率符合规定、填报数量关系一致的,社会保险经办机构核准后出具缴费通知单;用人单位申报材料不符合规定的,退用人单位补正。

社会保险经办机构在开展社会保险稽核工作过程中,发现用人单位未如实申报造成漏缴、少缴社会保险费的,按照社会保险法第八十六条的规定处理。

第八条 用人单位应当自用工之日起30日内为其职工申请办理社会保险登记并申报缴纳社会保险费。未办理社会保险登记的,由社会保险经办机构核定其应当缴纳的社会保险费。

用人单位未按照规定申报应缴纳的社会保险费数额的,社会保险经办机构暂按该单位上月缴费数额的110%确定应缴数额;没有上月缴费数额的,社会保险经办机构暂按该单位的经营状况、职工人数、当地上年度职工平均工资等有关情况确定应缴数额。用人单位补办申报手续后,由社会保险经办机构按照规定结算。

第九条 用人单位因不可抗力,不能按期办理缴费申报的,可以延期申报;不可抗力情形消除后,应当立即向社会保险经办机构报告。社会保险经办机构应当查明事实,予以核准。

第三章 社会保险费缴纳

第十条 用人单位应当持社会保险经办机构出具的缴费通知单在规定的期限内采取下列方式之一缴纳社会保险费:

(一)到其开户银行或者其他金融机构缴纳;

(二)与社会保险经办机构约定的其他方式。

社会保险经办机构、用人单位可以与银行或者其他金融机构签订协议,委托银行或者其他金融机构根据社会保险经办机构开出的托收凭证划缴用人单位和为其职工代扣的社会保险费。

第十一条 职工应当缴纳的社会保险费由用人单位代扣代缴。用人单位依法履行代扣代缴义务时,任何单位或者个人不得干预或者拒绝。

用人单位未按时足额代缴的,社会保险经办机构应当责令其限期缴纳,并自欠缴之日起按日加收 0.5‰ 的滞纳金。用人单位不得要求职工承担滞纳金。

第十二条 征收的社会保险费,应当存入社会保险经办机构按照规定开设的社会保险基金收入户。社会保险经办机构应当按照有关规定定期将收到的基金存入依法开设的社会保险基金财政专户。

第十三条 社会保险经办机构对已征收的社会保险费,根据用人单位实际缴纳额(包括代扣代缴额)和代扣代缴明细,按照国家有关规定进行记账。

第十四条 用人单位应当按月将缴纳社会保险费的明细情况告知职工本人。

用人单位应当每年向本单位职工代表大会通报或者在本单位住所的显著位置公布本单位全年社会保险费缴纳情况,接受职工监督。

第十五条 社会保险经办机构应当及时、完整、准确地记录用人单位及其职工的缴费情况,并将缴费情况定期告知用人单位和职工。用人单位和职工有权按照《社会保险个人权益记录管理办法》等规定查询缴费情况。

社会保险经办机构应当至少每年一次向社会公布社会保险费征收情况,接受社会监督。

第四章 未按时足额缴纳社会保险费的处理

第十六条 用人单位有下列情形之一的,社会保险经办机构应当于查明欠缴事实之日起 5 个工作日内发出社会保险费限期补缴通知,责令用人单位在收到通知后 5 个工作日内补缴,同时告知其逾期仍未缴纳的,将按照社会保险法第六十三条、第八十六条的规定处理:

(一)未按规定申报且未缴纳社会保险费的;

(二)申报后未按时足额缴纳社会保险费的;

(三)因瞒报、漏报职工人数、缴费基数等事项而少缴社会保险费的。

第十七条 用人单位未按照本规定第十六条规定的期限补缴的,社会保险经办机构可以按照社会保险法第六十三条第二款的规定,向用人单位开户银行或者其他金融机构查询其存款账户。

第十八条 社会保险经办机构可以根据查询结果向所属的社会保险行政部门申请作出划拨社会保险费的决定,并提交下列材料:

（一）用人单位名称、法定代表人、地址、联系方式；
（二）用人单位开户银行、户名及账号；
（三）申请划拨的事实、理由及依据；
（四）申请划拨的社会保险费数额；
（五）社会保险行政部门要求提供的其他材料。

第十九条　社会保险行政部门接到社会保险经办机构划拨申请后，应当按照《中华人民共和国行政强制法》的规定，及时作出划拨社会保险费决定，并书面通知用人单位开户银行或者其他金融机构予以划拨。

第二十条　社会保险行政部门作出的划拨社会保险费决定，应当按照《中华人民共和国行政强制法》的规定送达用人单位，并抄送社会保险经办机构。

第二十一条　经查询，用人单位账户余额少于应当缴纳的社会保险费数额的，或者划拨后用人单位仍未足额清偿社会保险费的，社会保险经办机构可以要求用人单位以抵押、质押的方式提供担保。

第二十二条　用人单位应当到社会保险经办机构认可的评估机构对其抵押财产或者质押财产进行评估，经社会保险经办机构审核后，对能够足额清偿社会保险费的，双方依法签订抵押合同或者质押合同；需要办理登记的，应当依法办理抵押登记或者质押登记。

第二十三条　社会保险经办机构与用人单位签订抵押合同或者质押合同后，应当签订延期缴费协议，并约定协议期满用人单位仍未足额清偿社会保险费的，社会保险经办机构可以参照协议期满时的市场价格，以抵押财产、质押财产折价或者以拍卖、变卖所得抵缴社会保险费。

延期缴费协议期限最长不超过1年。

第二十四条　用人单位提供担保并签订延期缴费协议的，其职工在延缴期间按照规定享受社会保险待遇。

第二十五条　用人单位经责令仍未补缴且有下列情形之一的，社会保险经办机构可以按照社会保险法第六十三条第三款的规定，向所在地有管辖权的人民法院申请扣押、查封、拍卖用人单位财产，以拍卖所得抵缴应缴纳的社会保险费、滞纳金：
（一）经查询，用人单位开户银行账户余额少于应缴纳的社会保险费数额且未签订担保合同的；
（二）经划拨，用人单位仍未足额清偿应缴纳的社会保险费且未签订担保合同的；
（三）延期缴费协议期满，因担保财产的市场价格或者权利状况发生变化，用人单位仍未足额清偿应缴纳的社会保险费的。

第二十六条　社会保险经办机构申请人民法院强制执行的，应当提供下列材料：
（一）强制执行申请书；
（二）用人单位欠缴社会保险费及加收滞纳金的事实、理由和依据；
（三）社会保险经办机构限期补缴通知；
（四）用人单位的意见；
（五）用人单位有本规定第二十五条所列情形时的相关材料；
（六）申请强制执行的用人单位财产情况；
（七）法律、行政法规规定以及人民法院要求的其他材料。

强制执行申请书应当由社会保险经办机构负责人签名,加盖社会保险经办机构的印章,并注明日期。

第五章　法律责任

第二十七条　社会保险行政部门及其工作人员作出划拨社会保险费决定时,有下列行为之一的,按照《中华人民共和国行政强制法》的规定,由上级社会保险行政部门或者有关部门责令改正,对直接负责的主管人员和其他直接责任人员依法给予处分;给用人单位或者个人造成损失的,依法承担赔偿责任;构成犯罪的,依法追究刑事责任:

(一)违反法定程序作出划拨社会保险费决定的;

(二)未在规定时限内及时作出划拨社会保险费决定并书面通知用人单位开户银行或者其他金融机构的;

(三)决定划拨的社会保险费数额错误的;

(四)向当事人泄露信息影响划拨社会保险费的;

(五)有违反法律、法规和规章的其他行为的。

第二十八条　社会保险经办机构及其工作人员有下列行为之一的,由社会保险行政部门责令改正,视情节轻重对直接负责的主管人员和其他直接责任人员依法给予相应处分:

(一)未按照本规定第八条核定或者确定用人单位应当缴纳的社会保险费数额的;

(二)对已征收的社会保险费未按照国家规定记账的;

(三)未依法责令欠缴社会保险费的用人单位限期补缴社会保险费、加收滞纳金的;

(四)申请人民法院强制执行不符合规定的;

(五)签订担保合同和延期缴费协议不符合规定的;

(六)未按照规定审核、处置担保财产的;

(七)法律、法规和规章规定的其他情形。

第二十九条　社会保险经办机构擅自更改社会保险费缴费基数、费率,导致少收或者多收社会保险费的,由社会保险行政部门责令其追缴应当缴纳的社会保险费或者退还不应当缴纳的社会保险费;对直接负责的主管人员和其他直接责任人员依法给予处分。

第三十条　用人单位未按照规定向社会保险经办机构进行缴费申报或者未按照规定缴纳社会保险费的,社会保险行政部门应当依法查处。

用人单位未按时足额缴纳社会保险费的,由社会保险经办机构按照社会保险法第八十六条的规定,责令其限期缴纳或者补足,并自欠缴之日起按日加收0.5‰的滞纳金;逾期仍不缴纳的,由社会保险行政部门处欠缴数额1倍以上3倍以下的罚款。

第三十一条　用人单位未按月将代扣代缴社会保险费明细情况告知职工本人,或者未按照规定通报、公布本单位全年社会保险费缴纳情况的,职工有权向社会保险行政部门举报、投诉。

第六章　附则

第三十二条　社会保险费由税务机关征收的,社会保险经办机构应当及时将用人单位和职工应缴社会保险费数额提供给税务机关;税务机关应当及时向社会保险经办机构提供用人单位和职工的缴费情况。

社会保险经办机构应当按月将单位和个人缴纳失业保险费的情况提供给负责支付失业

保险待遇的经办机构。

第三十三条 以个人身份参加社会保险的,社会保险费申报和缴纳办法另行规定。

第三十四条 本规定自 2013 年 11 月 1 日起施行。原劳动和社会保障部《社会保险费申报缴纳管理暂行办法》(劳动和社会保障部令第 2 号)同时废止。

9. 国家税务总局关于发布《社会保险费及其他基金规费文书式样》的公告

国家税务总局公告 2015 年第 98 号

2015 年 12 月 31 日

为进一步加强和规范税务机关社会保险费、残疾人就业保障金及其他基金规费征管工作,方便缴费人履行缴费义务,提高税务机关服务质量和征管效率,国家税务总局制定了《社会保险费及其他基金规费文书式样》,现予公布。

本公告适用于税务机关负责征收社会保险费及其他相关基金规费地区。

本公告自公布之日起施行,《国家税务总局关于印发税务机关征收社会保险费表证单书(样式)的通知》(国税函〔2005〕891 号)中附件 2、附件 3、附件 4、附件 5、附件 6、附件 7、附件 8、附件 9 同时废止。

特此公告。

附件:社会保险费及其他基金规费文书式样

附件:

社会保险费及其他基金规费文书式样

目 录

登记类文书

DJ01 社会保险费缴费登记表(适用单位缴费人) ················· 143

DJ02 社会保险费缴费登记表(适用灵活就业人员) ················· 145

DJ03 员工社会保险费缴费登记表 ················· 146

DJ04 社会保险费缴费信息登记变更申请表 ················· 147

DJ05 注销社会保险费缴费登记申请表 ················· 147

申报类文书

SB01 社会保险费缴费申报表(适用单位缴费人) ················· 148

SB02 社会保险费缴费申报表(适用灵活就业人员) ················· 149

SB03 员工社会保险费缴费明细申报表(适用明细申报地区) ················· 149

SB04-1 社会保险费年度结算申报表(适用明细申报地区) ················· 150

SB04-2 社会保险费工资总额调整项目汇总表(适用明细申报地区) ················· 151

SB04-3 员工应补(退)社会保险费明细表(适用明细申报地区) ················· 152

SB05 基金规费退(抵)费申请表 ················· 152

SB06 残疾人就业保障金缴费申报表 ················· 153

检查类文书

JC01 基金规费缴费评估(检查)通知书 ················· 154

JC02 基金规费缴费评估(检查)约谈通知书 ················· 154

JC03 基金规费缴费评估(检查)实地核查通知书 ················· 154

执法类文书

  ZF01 社会保险费限期缴纳通知书 ································· 155
  ZF02 查询单位存款账户通知书 ····································· 155
  ZF03 划拨社会保险费决定书 ······································· 155
  ZF04 划拨银行存款通知书 ··· 156
  ZF05 责令提供社会保险费担保通知书 ······························· 156
  ZF06 社会保险费缴费担保书 ······································· 157
  ZF07 社会保险费担保财产清单 ····································· 157
  ZF08 解除社会保险费缴费担保通知书 ······························· 158
  ZF09 延期缴纳社会保险费协议 ····································· 158
  ZF10-1 社会保险费征收决定书(通用) ······························· 159
  ZF10-2 社会保险费征收决定书(适用欠费清缴地区) ·················· 160
  ZF11-1 社会保险费履行义务催告书(适用非全责征收地区) ············ 160
  ZF11-2 社会保险费履行义务催告书(适用全责征收地区) ·············· 161
  ZF12 行政处罚事项告知书 ··· 162
  ZF13 社会保险费行政处罚听证通知书 ······························· 162
  ZF14 行政处罚决定书(通用) ······································ 163
  ZF15 社会保险费行政处罚决定书(简易) ···························· 163
  ZF16 基金规费征缴事项通知书(通用) ······························ 164

DJ01 社会保险费缴费登记表(适用单位缴费人)

社会保险费缴费登记表

(适用单位缴费人)

纳税人识别号：

* 单位名称		* 登记注册类型	
* 社会保险费管理码		组织机构代码	
批准设立机关		批准设立文件号(证明)	
行政区划		核算方式	
* 注册地址		所属行业	* 国标行业	
生产经营地址			行业小类	
隶属关系		工伤保险行业	
* 法定代表人(负责人)		* 联系电话	
* 证件类型		* 证件号码	
* 社会保险费经办人		* 联系电话	
* 证件类型		* 证件号码	
* 行业统筹或汇总缴费费种	□无 □失业保险费 □养老保险费 □工伤保险费 □医疗保险费 □生育保险费			
行业统筹或汇总缴费单位名称		行业统筹或汇总缴费单位纳税人识别号		

(续表)

申报(缴费)类型	☐上门申报 ☐电子申报 ☐邮寄申报 ☐其他		缴款方式		☐实时转账(三方协议) ☐银行卡 ☐现金 ☐其他		
社会保险经办机构	单位社会保险费管理码	费种	征收品目	征收子目	社保统筹级次	费率	
＊开户银行			＊账号				
＊基本账号							
＊缴费账号1							
＊缴费账号2							

申明

本单位填报以上情况真实、准确并完整，与事实相符。

单位(公章)

填写人：

年 月 日

以下由税务机关填写

＊是否税费共管户		＊税务主管机关		
＊受理税务机关	(公章)	＊受理人		
		＊受理日期		年 月 日

填表说明： 1. 标记"＊"为必填项目，未标记"＊"栏目由各地税务机关根据当地情况提出填写要求。

2. "用人单位名称"指《营业执照》《组织机构代码证》或其他核准证照上的"名称"；"证件类型"栏一般填写"居民身份证"，如无居民身份证，则填写"军官证""士兵证""护照"等有效身份证件；"注册地址"栏指工商营业执照或其他有关核准开业证照上的地址；"生产经营地址"栏填办理社会保险费缴费登记的机构生产经营地址；"登记注册类型"栏即经济类型，按营业执照的内容填写；不需要领取营业执照的，填写"非企业单位"或"港、澳、台商企业常驻代表机构及其他""外国企业"，如为分支机构，按总机构的经济类型填写；"核算方式"栏填写独立核算或非独立核算；"国标行业"栏按缴费人从事生产经营行业的主次顺序填写，其中第一个行业填写缴费人的主行业，主行业必须填写行业小类，行业小类划分标准依照国民经济行业分类标准(GB/T4754—2002)执行；"工伤保险行业"栏按单位第一主营业务所属《工伤保险行业风险分类表》(见下表)行业名称填写；"行业统筹或汇总缴费费种(选填)、行业统筹或汇总缴费用人单位名称、行业统筹或汇总缴费用人单位纳税人识别号(包括机关事业单位)"栏为单位统筹或汇总缴费填写内容，"行业统筹或汇总缴费费种"栏填写后应加盖付款单位行政公章和财务公章。

3. "联系电话"栏请填写移动电话及固定电话。

4. 办理社会保险缴费登记应当出示、提供以下证件资料(所提供资料原件用于税务机关审核，复印件留存税务机关)：①营业执照副本("三证合一"过渡期内需提供营业执照副本或其他核准执业证件原件及其复印件、组织机构代码证书副本原件及其复印件)；②社会保险登记证原件及复印件；③法定代表人(负责人)居民身份证、护照或其他证明身份的合法证件原件及其复印件等。

5. 本表一式两份，交用人单位确认，一份用人单位留存，一份税务机关留存。

工伤保险行业风险分类表

行业类别	行业名称	行业基准费率
一	软件和信息技术服务业,货币金融服务,资本市场服务,保险业,其他金融业,科技推广和应用服务业,社会工作,广播、电视、电影和影视录音制作业,中国共产党机关,国家机构,人民政协、民主党派,社会保障,群众团体、社会团体和其他成员组织,基层群众自治组织,国际组织	0.2%
二	批发业,零售业,仓储业,邮政业,住宿业,餐饮业,电信、广播电视和卫星传输服务,互联网和相关服务,房地产业,租赁业,商务服务业,研究和试验发展,专业技术服务业,居民服务业,其他服务业,教育,卫生,新闻和出版业,文化艺术业	0.4%
三	农副食品加工业,食品制造业,酒、饮料和精制茶制造业,烟草制品业,纺织业,木材加工和木、竹、藤、棕、草制品业,文教、工美、体育和娱乐用品制造业,计算机、通信和其他电子设备制造业,仪器仪表制造业,其他制造业,水的生产和供应业,机动车、电子产品和日用产品修理业,水利管理业,生态保护和环境治理业,公共设施管理业,娱乐业	0.7%
四	农业、畜牧业、农、林、牧、渔服务业,纺织服装、服饰业,皮革、毛皮、羽毛及其制品和制鞋业,印刷和记录媒介复制业,医药制造业,化学纤维制造业,橡胶和塑料制品业,金属制品业,通用设备制造业,专用设备制造业,汽车制造业,铁路、船舶、航空航天和其他运输设备制造业,电气机械和器材制造业,废弃资源综合利用业,金属制品、机械和设备修理业,电力、热力生产和供应业,燃气生产和供应业,铁路运输业,航空运输业,管道运输业,体育	0.9%
五	林业,开采辅助活动,家具制造业,造纸和纸制品业,建筑安装业,建筑装饰和其他建筑业,道路运输业,水上运输业,装卸搬运和运输代理业	1.1%
六	渔业,化学原料和化学制品制造业,非金属矿物制品业,黑色金属冶炼和压延加工业,有色金属冶炼和压延加工业,房屋建筑业,土木工程建筑业	1.3%
七	石油和天然气开采业,其他采矿业,石油加工、炼焦和核燃料加工业	1.6%
八	煤炭开采和洗选业,黑色金属矿采选业,有色金属矿采选业,非金属矿采选业	1.9%

DJ02 社会保险费缴费登记表（适用灵活就业人员）

社会保险费缴费登记表
（适用灵活就业人员）

纳税人识别号：

*姓名		*性别		*出生日期	
*证件类型				*证件号码	
国籍(地区)				户籍类型	
*社会保险经办机构					
*社会保险费管理码				*户籍所在地	
固定电话				*移动电话	
通讯地址				邮政编码	
人员状态				*参保状态	

(续表)

离(退)休日期		参保日期	
缴费银行		缴费账号	
特殊人群类型			
申明 本人填报以上情况真实、准确并完整，与事实相符。			填写人： 年 月 日
以下由税务机关填写			
*受理税务机关	（公章）	*受理人	
		*受理日期	年 月 日

填表说明：1. 标记"*"为必填项目，未标记"*"栏目由各地税务机关根据当地情况提出填写要求。

2. "姓名"栏填写有效身份证件所载姓名；"证件种类"栏一般填写"居民身份证"，如无居民身份证，则填写"军官证""士兵证""护照""港澳台通行证"等有效身份证件；"社会保险经办机构"栏填写本人办理社会保险参保登记的经办机构；"户籍类型"栏填写城镇户口或农业户口；"户籍所在地"按照身份证住址填写；"人员状态"栏填写在职、退休、离退、其他；"参保状态"填写正常参保、新参保、续保；"特殊人群"栏根据各地实际情况填写，如"就业困难补助对象"等。

3. 本表一式两份，交缴费人确认；一份缴费人留存，一份税务机关留存。

DJ03 员工社会保险费缴费登记表

员工社会保险费缴费登记表

纳税人识别号：

用人单位名称						参保类型														
序号	变动标志	社会保险经办机构	单位社会保险费管理码	个人社会保险费管理码	纳税人识别号	证件类型	证件号码	姓名	性别	出生日期	国籍(地区)	户籍类型	用工形式	人员状态	费种	缴费基数	征收品目	征收子目	特殊人群类型	通讯地址	邮政编码	固定电话	移动电话	离退休日期	参加工作日期	参保状态	参保日期
1																				
2																				
3																				
……																				
经办人		登记日期	年 月 日		受理税务机关	（公章）		受理人		受理日期	年 月 日									

填表说明：1. "变动标志"栏内填写增员、减员、变更。

2. "用人单位名称"指《营业执照》《组织机构代码证》或其他核准证照上的"名称"；"证件类型"栏一般填写"居民身份证"，如无居民身份证，则填写"军官证""士兵证""护照"等有效身份证件；"社会保险经办机构"栏填写本人办理社会保险参保登记的经办机构；"户籍类型"栏填写城镇户口或农业户口；"人员状态"栏填写在职、退休、离退、其他；"参保状态"填写正常参保、新参保、续保；"特殊人群"栏根据各地实际情况填写，例如"就业困难补助对象"等。

3. "出生日期""离退休日期""参加工作日期""参保日期"栏内日期填写到年、月、日。

4. 如本页不够，可另附续表。

5. 表中所有金额单位：元(列至角分)。

6. 本表一式两份，一份用人单位留存，一份税务机关留存。

DJ04 社会保险费缴费信息登记变更申请表

社会保险费缴费信息登记变更申请表

用人单位名称（姓名）				
纳税人识别号（证件号码）		社会保险费管理码		
变更事项				
序号	变更项目	变更前内容	变更后内容	变更理由	批准机关名称
1					
2					
3					
4					
5					
6					
7					
8					
9					
10					
申请经办人		申请日期		年 月 日
以下由税务机关填写				
受理税务机关	（公章）	受理人		
		受理日期		年 月 日

填表说明：1. 本表适用于单位及个人缴费信息变更时填写，如为单位填写则填写"用人单位名称"及"纳税人识别码"，如为个人填写则填写"姓名"及"证件号码"。

2. "用人单位名称"指《营业执照》《组织机构代码证》或其他核准证照上的"名称"，"证件号码"填写"居民身份证"号码，如无居民身份证，则填写"军官证""士兵证""护照"等有效身份证件号码。

3. 变更申请人应当提供相应证明材料。

4. 本表一式两份，一份变更申请人留存，一份税务机关留存。

DJ05 注销社会保险费缴费登记申请表

注销社会保险费缴费登记申请表

用人单位名称				
纳税人识别号		社会保险费管理码		
终止日期		法定代表人（负责人）		
注销原因				
申请经办人		申请日期		年 月 日
以下由税务机关填写				
欠费情况	□无 □有	受理人		
费种	费目	欠缴费额	所属期限	

(续表)

			受理日期	年　月　日
			负责人	
合计			受理税务机关	
注销意见				（公章）

填表说明：1. "用人单位名称"指《营业执照》《组织机构代码证》或其他核准证照上的"名称"。
2. "注销原因"栏请注明批准机构及文号并附相关文件复印件。
3. 表中所有金额单位：元（列至角分）。
4. 本表一式三份，税务机关、社会保险经办机构、用人单位（个人）各留存一份。

SB01 社会保险费缴费申报表（适用单位缴费人）

社会保险费缴费申报表

（适用单位缴费人）

＊用人单位名称：
＊纳税人识别号：　　　　　　　　＊社会保险费管理码：

＊序号	＊单位社会保险费管理码	＊费种	＊品目	＊子目	＊费款所属期起	＊费款所属期止	缴费人数	缴费基数	＊费率	＊应缴费额	本期减免费额	＊实缴费额	应补（退）费额
1	2	3	4	5	6	7	8	9	10	11	12	13	14＝11－12－13
＊合计	—	—	—	—	—	—			—				

销售（营业）收入		在职职工工资总额		职工总人数		上年安排残疾人就业人数	

＊缴费人申明	本单位所申报的社会保险费真实、准确并完整，与事实相符。 法定代表人（负责人）签名： 年　月　日	＊授权人申明	我单位授权 为本单位代理申报人，任何与申报有关的往来文件，都可寄此代理机构。 委托代理合同号： 授权人： 年　月　日	＊代理人申明	本申报表是按照社会保险费有关规定填报，我确认其真实、完整并合法。 代理人（签章）： 经办人： 年　月　日
＊税务机关受理人：		＊受理日期：	年　月　日	备注	

填表说明：1. 标记"＊"为必填项目，未标记"＊"栏目由各地税务机关根据当地情况提出填写要求。
2. 有多个险种分行填写各险种信息。
3. "用人单位名称"指《营业执照》《组织机构代码证》或其他核准证照上的"名称"。
4. "在职职工"是指用人单位在编人员或依法与用人单位签订1年以上（含1年）劳动合同（服务协议）的人员，季节性用工应当折算为年平均用工人数,以劳务派遣用工的,计入派遣单位在职职工人数。

5. "上年实际安排残疾人就业人数"依据残疾人就业服务机构核定后数据填写,如用人单位安排1名持有《中华人民共和国残疾人证》(1至2级)或《中华人民共和国残疾军人证》(1至3级)的人员就业的,按照安排2名残疾人就业计算。

6. 如本页不够,可另附续表。

7. 表中所有金额单位:元(列至角分)。

8. 本表一式二份,一份缴费用人单位留存,一份税务机关留存。

SB02 社会保险费缴费申报表(适用灵活就业人员)

社会保险费缴费申报表
(适用灵活就业人员)

纳税人识别号: 　　　　　　　姓名: 　　　　　　　联系电话:
社会保险费管理码: 　　　　　　证件类型: 　　　　　　证件号码:

序号	社会保险编码	费种	品目	子目	费款所属期起	费款所属期止	缴费基数	费率	应缴费额	实缴费额
1	2	3	4	5	6	7	8	9	10=8×9	11
合计	—	—	—	—						
	申报人				申报日期				年　月　日	
	税务机关受理人				受理日期				年　月　日	

填表说明:1. 缴费人有多个险种的,分行填写各险种信息。

2. "证件类型"栏一般填写"居民身份证",如无居民身份证,则填写"军官证""士兵证""护照"等有效身份证件。

3. 表中所有金额单位:元(列至角分)。

4. 本表一式二份,一份缴费人留存,一份税务机关留存。

SB03 员工社会保险费缴费明细申报表(适用明细申报地区)

员工社会保险费缴费明细申报表

纳税人识别号: 　　　　　　　用人单位名称:
费款所属期起: 　　　　　　　费款所属期止: 　　　　　　　申报性质:

序号	个人社会保险费管理码	姓名	证件类型	证件号码	费种	品目	子目	申报工资	缴费基数	费率	应缴费额
1	2	3	4	5	6	7	8	9	10	11	12=10×11

(续表)

序号	个人社会保险费管理码	姓名	证件类型	证件号码	费种	品目	子目	申报工资	缴费基数	费率	应缴费额
合计		—		—							

经办人		申报日期	年 月 日
税务机关受理人		税务机关受理日期	年 月 日

填表说明:1. 本表可作为《社会保险费缴费申报表(适用单位缴费人)》附表。
2. "用人单位名称"指《营业执照》《组织机构代码证》或其他核准证照上的"名称"。
3. 同一员工有多个险种的,分行填写各险种信息。
4. "证件类型"栏一般填写"居民身份证",如无居民身份证,则填写"军官证""士兵证""护照"等有效身份证件。
5. "申报工资"是指上年度月平均工资,如不存在,则填入上月或本月工资。
6. 表中所有金额单位:元(列至角分)。
7. 本表一式二份,一份缴费用人单位留存,一份税务机关留存。

SB04-1 社会保险费年度结算申报表(适用明细申报地区)

社会保险费年度结算申报表

用人单位名称:
纳税人识别号:　　　　　　社会保险费管理码:

缴费银行		缴费账号				登记注册类型				
序号	费种	费目	结算属期	结算属期工资总额	可扣减项目金额	结算属期缴费基数	结算属期已申报缴费基数	结算属期应补报缴费基数	费率	结算属期应补缴费额
1	2	3	4	5	6	7=5-6	8	9=7-8	10	11=9×10

结算属期销售(营业)收入总额		年度销售(营业)收入	
全年平均职工人数		年末职工人数	

年末参保人数	养老保险		医疗保险		失业保险	
	工伤保险		生育保险			

财务负责人	(签章)	申报日期	年 月 日

(续表)

缴费人申明	本单位所申报的社会保险费真实、准确并完整，与事实相符。 法定代表人(负责人)签名： 　　　　　　　年　月　日	授权人申明	我单位授权　　　　　　为本单位代理申报人,任何与申报有关的往来文件,都可寄此代理机构。 委托代理合同号： 授权人： 　　　　　　　年　月　日	代理人申明	本申报表是按照社会保险费有关规定填报,我确认其真实、完整并合法。 代理人(签章)： 经办人： 　　　　　　　年　月　日
税务机关受理人：		受理日期：年月日		备注：	

填表说明：1. 有多个险种的,分行填写各险种信息。

2. "用人单位名称"指《营业执照》《组织机构代码证》或其他核准证照上的"名称"。

3. "登记注册类型"栏即经济类型,按营业执照的内容填写；不需要领取营业执照的,填写"非企业单位"或"港、澳、台商企业常驻代表机构及其他""外国企业",如为分支机构,按总机构的经济类型填写。

4. 表中可扣减项目金额＝调减项目小计－调增项目小计(见附表《社会保险费工资总额调整项目汇总表》)。

5. 表中所有金额单位：元(列至角分)。

6. 本表一式二份,一份缴费人留存,一份税务机关留存。

SB04-2 社会保险费工资总额调整项目汇总表(适用明细申报地区)

社会保险费工资总额调整项目汇总表

用人单位名称：

纳税人识别号：　　　　　　　　社会保险费管理码：

缴费银行				缴费账号				登记注册类型		
费种										
费目										
费率										
结算属期										
调增项目										
	合计									
调减项目										
	合计									

填表说明：1. 本表为《社会保险费年度结算申报表》的附表,与主表同时报送。

2. "用人单位名称"指《营业执照》《组织机构代码证》或其他核准证照上的"名称"。

3. "登记注册类型"栏即经济类型,按营业执照的内容填写；不需要领取营业执照的,填写"非企业单位"或"港、澳、台商企业常驻代表机构及其他""外国企业",如为分支机构,按总机构的经济类型填写。

4. 表中所有金额单位：元(列至角分)。

5. 《社会保险费年度结算申报表》中可扣减项目金额＝调减项目小计－调增项目小计。
6. 表中"调增项目""调减项目"内容按各地规定内容填写。

SB04-3 员工应补(退)社会保险费明细表(适用明细申报地区)

员工应补(退)社会保险费明细表

用人单位名称：
纳税人识别号：   社会保险费管理码：

序号	个人社会保险费编码	姓名	证件类型	证件号码	费种	品目	子目	结算所属期起	结算所属期止	缴费基数	本期补(退)基数	本期补(退)费额
1	2	3	4	5	6	7	8	9	10	11	12	13
合计	—	—	—	—	—	—	—	—	—	—		

填表说明：1. 本表为《社会保险费年度结算申报表》的附表。
2. "用人单位名称"指《营业执照》《组织机构代码证》或其他核准证照上的"名称"。
3. "证件类型"栏一般填写"居民身份证"，如无居民身份证，则填写"军官证""士兵证""护照"等有效身份证件。
4. 表中所有金额单位：元(列至角分)。

SB05 基金规费退(抵)费申请表

基金规费退(抵)费申请表

申请人名称		类别	□纳税人(缴费人) □扣缴义务人
纳税人识别号		社会保险费管理码	
联系人姓名		联系电话	
申请退费类型	□汇算结算退费 □误收退费 □减免退费 □误缴退费		

序号	费种	品目	子目	费款所属期起	费款所属期止	税票号码	实缴费额	申请退(抵)费金额
合计(小写)	—	—	—	—	—	—		
合计(大写)	—	—	—	—	—	—		

(续表)

退费申请理由	年 月 日	经办人： （签章）
以下由税务机关填写		
受理情况	退还方式： □退库 □抵扣欠费 □抵扣下期应缴费 退费类型： □汇算结算退费 □误收退费 □减免退费 □误缴退费 退费发起方式： □纳税人(缴费人)自行申请 □税务机关发现并通知 退(抵)费金额：	受理人： 税务机关(公章) 年 月 日

填表说明：1. 表中所有金额单位：元(列至角分)。

2. 本表一式二份，一份缴费用人单位留存，一份税务机关留存。

SB06 残疾人就业保障金缴费申报表

残疾人就业保障金缴费申报表

用人单位名称(公章)： 纳税人识别号：

通讯地址： 联系电话：

*序号	*费款所属期起	*费款所属期止	*上年在职职工工资总额	*上年在职职工人数	*应安排残疾人就业比例	*上年实际安排残疾人就业人数	*上年在职职工年平均工资	*本期应纳费额	本期减免费额	本期已缴费额	本期应补(退)费额
1	2	3	4	5	6	7	8＝4÷5	9＝(5×6－7)×8	10	11	12＝9－10－11

*申报声明	本单位所申报的残疾人就业保障金相关信息真实、准确并完整，与事实相符。 法定代表人(负责人)签名： 年 月 日	*经办人		*申报日期	年 月 日
		*受理税务机关	(公章)	*受理日期	年 月 日
		*受理人			

填表说明：1. 标记"＊"为必填项目，未标记"＊"栏目由各地税务机关根据当地情况提出填写要求。

2. "用人单位名称"指《营业执照》《组织机构代码证》或其他核准证照上的"名称"。

3. "在职职工"是指用人单位在编人员或依法与用人单位签订1年以上(含1年)劳动合同(服务协议)的人员，季节性用工应当折算为年平均用工人数，以劳务派遣用工的，计入派遣单位在职职工人数。

4. "应安排残疾人就业比例"依据各省、自治区、直辖市、计划单列市人民政府规定填写，不得低于本单位在职职工总数的1.5%。

5. "上年实际安排残疾人就业人数"依据残疾人就业服务机构核定后数据填写；如用人单位安排1名持有《中华人民共和国残疾人证》(1至2级)或《中华人民共和国残疾军人证》(1至3级)的人员就业的，按照安排2名残疾人就业计算。

6. 本表一式二份，申报单位按照税务机关规定的申报期限向主管税务机关申报缴费，主管税务机关受理后，一份缴费用人单位留存，一份税务机关留存。

JC01 基金规费缴费评估(检查)通知书

×××税务局
基金规费缴费评估(检查)通知书
____税规__字〔   〕__号

×××：(纳税人识别号：_____社会保险费管理码：_____)

　　根据(□《社会保险费征缴暂行条例》第十八条□)规定，现决定派(须列明所有人员)等人，自年月日起对你单位年月日至年月日期间缴纳(□社会保险费　□其他基金规费)情况进行评估(检查)，请予以配合，并提供与缴纳(□社会保险费　□其他基金规费)有关的用人情况、工资表、财务报表等资料。

税务机关(公章)

年　月　日

JC02 基金规费缴费评估(检查)约谈通知书

×××税务局
基金规费缴费评估(检查)约谈通知书
____税规__字〔   〕__号

×××：(纳税人识别号：　　　　社会保险费管理码：　　　　　)

　　经对你单位基金规费缴纳情况评估，发现_____
等疑点问题，需要你单位作进一步说明，请你单位派同志于年月日时携带相关资料到接受我局询问。

　　需携带资料：
　　1._____
　　2._____
　　3._____
　　联系人：
　　联系电话：
　　约谈地址：

税务机关(公章)

年　月　日

JC03 基金规费缴费评估(检查)实地核查通知书

×××税务局
基金规费缴费评估(检查)实地核查通知书
____税规__字〔   〕__号

×××：(纳税人识别号：　　　　社会保险费管理码：　　　　　)

　　经对你单位基金规费缴纳情况评估，发现疑点问题，现需要就有关情况派(须列明所有人员)等人前往你单位进行实地核查，请你单位于年月日到年月日准备好相关资料，如实反映问题，依法接受核查。

税务机关(公章)

年　月　日

ZF01 社会保险费限期缴纳通知书

×××税务局(×××)
社会保险费限期缴纳通知书
____税社__字〔   〕__号

×××：（纳税人识别号：   社会保险费管理码：   ）

  事由：责令限期缴纳社会保险费。

  依据：《中华人民共和国社会保险法》第六十三条、第八十六条。

  内容：_____

_____

_____

_____

  逾期仍未缴纳，我局将依据《中华人民共和国社会保险法》相关规定依法强制执行。

  告知事项：如对本通知有异议，可以自收到本通知之日起 60 日内依法向申请行政复议，或自收到本通知之日起 6 个月内依法向人民法院起诉。

税务机关（公章）

年 月 日

ZF02 查询单位存款账户通知书

×××税务局
查询单位存款账户通知书
____税社__字〔   〕__号

×××（开户银行或其他金融机构）：

  _____（用人单位全称）欠缴社会保险费人民币（大写）_____¥_____元。根据《中华人民共和国社会保险法》第六十三条第二款规定，请协助查询该单位存款账户情况，并于____年____月____日前书面提供账户存款余额、资金流转等相关信息，请予以配合。

  用人单位账户名称：_____

  账号：_____

  联系人：_____ 联系电话：_____

  通讯地址：_____ 邮政编码：_____

税务机关（公章）

年 月 日

ZF03 划拨社会保险费决定书

×××税务局
划拨社会保险费决定书
____税社__字〔   〕__号

×××：（纳税人识别号：   社会保险费管理码：   ）

  因你单位未按时足额缴纳社会保险费，我局责令限期缴纳（____地税社____字〔   〕____号）后逾期仍未缴纳,现根据《中华人民共和国社会保险法》第六十三条规定,经_____批准,作出以下决定:从你单位在银行或其他金融机构的存款账户中划拨所欠的社会保险费人民币(大写)_____￥_____元。

  用人单位银行或其他金融机构名称:_____

  用人单位银行或其他金融机构存款账号:_____

  如对本决定不服,可以自收到本通知之日起 60 日内依法向_____申请行政复议,或自收到本通知之日起 6 个月内依法向_____人民法院起诉。

税务机关(公章)
年 月 日

ZF04 划拨银行存款通知书

×××税务局

划拨银行存款通知书

____税社__字〔　　〕__号

×××(开户银行或其他金融机构):
×××(开户银行或其他金融机构):

  _____(欠费用人单位全称)欠缴社会保险费人民币(大写)_____￥_____元。根据《中华人民共和国社会保险法》第六十三条规定,经_____批准,请从_____(欠费用人单位全称)的存款账户中划拨所欠的社会保险费人民币(大写)_____￥_____元。

  用人单位账户名称:_____
  账号:_____
  划入账户名称:_____
  划入银行:_____
  划入账号:_____

税务机关(公章)
年 月 日

ZF05 责令提供社会保险费担保通知书

×××税务局

责令提供社会保险费缴费担保通知书

____税社__字〔　　〕__号

×××:(纳税人识别号:_____社会保险费管理码:_____)

  根据《中华人民共和国社会保险法》第六十三条规定,限你单位于___年__月__日前向我局(地址:_____)提供金额人民币(大写)_____￥_____元的缴费担保,逾期未能提供社会保险费缴费担保的,将依法申请人民法院采取强制措施。

  如对本通知有异议,可以自收到本通知之日起 60 日内依法向_____申请行政复议,或自收到本通知之日起 6 个月内依法向____人民法院起诉。

税务机关(公章)
年 月 日

ZF06 社会保险费缴费担保书

社会保险费缴费担保书

担保书编号：

用人单位	名称		纳税人识别号	
	地址		社会保险费管理码	
担保人	名称		登记注册类型	
	地址		纳税人识别号	
	开户银行		开户账号	
	固定电话		移动电话	
担保形式				
担保范围	所属期起_____至所属期止_____所欠的社会保险费及滞纳金人民币（大写）_____ ￥_____元			
担保期限及担保责任	用人单位未按延期缴费协议约定的期限（　　年　月　日前）缴清应缴社会保险费的，税务机关依法处理担保人提供的担保财产，并以处理担保财产所得抵缴社会保险费及滞纳金。			
担保财产	用于担保的财产名称		用于担保的财产数量	
	附：用于担保的财产证明		用于担保的财产证明份数	
	不动产价值（估价）	人民币（大写）	￥	元
	动产价值（估价）	人民币（大写）	￥	元
	其他财产价值（估价）	人民币（大写）	￥	元
	担保财产总价值（估价）	人民币（大写）	￥	元
担保人签字： 证件类型： 证件号码： 　　　　担保人（签章） 　　　　　年　月　日		用人单位签字： 　　　用人单位（公章） 　　　　年　月　日		经办人签字： 　　税务机关（公章） 　　　年　月　日

填表说明：1. "名称"指《营业执照》《组织机构代码证》或其他核准证照上的"名称"。
　　2. 可用于担保的财产范围参照《纳税担保试行办法》中相关条款执行，用于担保的财产价值估价应提供具有合法资质评估机构出具的书面评估报告。
　　3. 表中所有金额单位：元（列至角分）。
　　4. 本表一式三份，社会保险费担保人、用人单位和税务机关各留存一份。

ZF07 社会保险费担保财产清单

社会保险费担保财产清单

用人单位	名称		纳税人识别号			
	地址		社会保险费管理码			
担保人	名称		证件类型			
	地址		证件号码			
欠费金额			附：担保财产证明的份数			
担保财产名称	担保财产权属		规格	数量	单价	金额
不动产						
合计	人民币（大写）		￥	元		

(续表)

担保财产名称		担保财产权属	规格	数量	单价	金额
动产						
	合计	人民币(大写)		¥		元
担保财产名称		担保财产权属	规格	数量	单价	金额
其他财产						
	合计	人民币(大写)		¥		元
担保财产总价值		人民币(大写)		¥		元
担保人签字： 证件类型： 证件号码： 　　担保人(签章) 　　　年 月 日		用人单位签字： 用人单位(公章) 　　年 月 日			经办人签字： 税务机关(公章) 　　年 月 日	

填表说明：1. 表中所有金额单位：元(列至角分)。

2. 可用于担保的财产范围参照《纳税担保试行办法》中相关条款执行，财产价值估价应提供具有合法资质评估机构出具的书面评估报告。

3. "证件类型"栏一般填写"居民身份证"，如无居民身份证，则填写"军官证""士兵证""护照"等有效身份证件。

4. 本表一式三份，社会保险费担保人、用人单位和税务机关各留存一份。

ZF08 解除社会保险费缴费担保通知书

×××税务局
解除社会保险费缴费担保通知书
____税社__字〔　　〕__号

×××(担保人)：

鉴于_____(用人单位全称)在限期内缴纳了应缴社会保险费，根据《中华人民共和国社会保险法》第六十三条和《中华人民共和国担保法》相关规定，决定解除你单位提供的缴费担保。

请于____年__月__日前持《××××××地方税务局责令提供社会保险费缴费担保通知书》及_____(相关材料)，到我局办理解除缴费担保手续。

税务机关(公章)
年 月 日

ZF09 延期缴纳社会保险费协议

延期缴纳社会保险费协议
____税社__字〔　　〕__号

甲方：×××税务局

法定代表人(负责人)：_____

乙方：×××(用人单位名称)

法定代表人(负责人)：_____

根据《中华人民共和国社会保险法》第六十三条规定，鉴于乙方暂时无力按时足额缴纳社会保险费，且

已按甲方要求提供担保,双方就延期缴纳社会保险费达成如下协议:

一、甲方同意乙方自____年__月__日至____年__月__日,延期缴纳社会保险费,共____个月,延期缴纳社会保险费总金额人民币(大写)_____￥_____元。

二、为确保延缴期满后足额补缴社会保险费,乙方以(□质押　□抵押)方式提供价值人民币(大写)_____￥_____元的担保。

三、乙方应当于____年__月__日前,足额补缴本协议第一条约定的社会保险费。

四、乙方按期足额补缴社会保险费后,甲方应当积极配合乙方撤销担保。

五、乙方如未能按本协议第三条的约定足额补缴社会保险费,甲方可以参照协议期满时的市场价格,以抵押财产、质押财产折价或拍卖、变卖所得抵缴社会保险费。

六、乙方提供担保并与甲方签订延期缴费协议的,乙方职工在延期缴纳社会保险费期间按照规定享受社会保险待遇。

七、本协议一式二份,具同等法律效力。

八、其他补充约定条款
_____
_____
_____

甲方:	乙方:
法定代表人(负责人):	法定代表人(负责人):
(公章)	(公章)
年　月　日	年　月　日

ZF10-1 社会保险费征收决定书(通用)

×××税务局

社会保险费征收决定书

____税社__字〔　　〕__号

用人单位全称:_____　　　社会保险费管理码:_____

法定代表人(负责人):_____　身份证件类型及号码:_____

单位地址:_____

×××:

你单位应缴未缴____年____月至____年____月的基本养老保险费￥_____元,基本医疗保险费￥_____元,工伤保险费￥_____元,失业保险费￥_____元,生育保险费￥_____元,以上累计欠缴社会保险费￥_____元。

____年__月__日,我(分)局依法作出《社会保险费限期缴纳通知书》(_____地税社_____字〔　　〕号),并依法送达,你单位逾期仍未缴纳。根据《中华人民共和国社会保险法》第八十六条,现作出如下征收决定:

请你单位收到本决定后15日内到_____地方税务局_____分局缴纳欠缴的社会保险费人民币(大写)_____￥_____元和自欠缴之日起至缴纳之日止按日加收的滞纳金(2011年7月1日前欠缴社会保险费按日加收千分之二滞纳金,2011年7月1日后欠缴社会保险费按日加收万分之五滞纳金)。

如对本决定不服,可以自收到本决定之日起60日内依法向_____申请行政复议,或自收到本决定之日起6个月内依法向_____人民法院起诉。如对本决定逾期既不申请复议也不向法院起诉,我局将依照《中华人民共和国社会保险法》相关规定申请人民法院依法强制执行。

税务机关(公章)

年 月 日

ZF10-2 社会保险费征收决定书(适用欠费清缴地区)

×××税务局

社会保险费征收决定书

____税社__字〔 〕__号

用人单位全称:_____　　　社会保险费管理码:_____

法定代表人(负责人):_____　　身份证件类型及号码:_____

单位地址:_____

×××:

　　依据_____,你单位应缴未缴____年__月至____年__月的基本养老保险费¥_____元,基本医疗保险费¥_____元,工伤保险费¥_____元,失业保险费¥_____元,生育保险费¥_____元,以上累计欠缴社会保险费¥_____元。

　　经我(分)局责令限期缴纳,你单位逾期仍未缴纳。根据《中华人民共和国社会保险法》第四条、第六十条第一款规定你单位应当依法、按时足额缴纳上述社会保险费。

　　____年__月__日,我(分)局依法作出《社会保险费限期缴纳通知书》(_____地税社_____字〔 〕号),并依法送达,你单位逾期仍未缴纳。根据《中华人民共和国社会保险法》第八十六条,现作出如下强制征缴决定:

　　请你单位收到本决定后15日内到_____地方税务局_____分局缴纳欠缴的社会保险费人民币(大写)_____¥_____元和自欠缴之日起至缴纳之日止按日加收的滞纳金(2011年7月1日前欠缴社会保险费按日加收千分之二滞纳金,2011年7月1日后欠缴社会保险费按日加收万分之五滞纳金)。

　　如对本决定不服,可以自收到本决定之日起60日内依法向_____申请行政复议,或自收到本决定之日起6个月内依法向_____人民法院起诉。如对本决定逾期既不申请复议也不向法院起诉,我局将依照《中华人民共和国社会保险法》相关规定申请人民法院依法强制执行。

税务机关(公章)

年 月 日

ZF11-1 社会保险费履行义务催告书(适用非全责征收地区)

×××税务局

社会保险费履行义务催告书

____税社__字〔 〕__号

用人单位全称:_____　　　社会保险费管理码:_____

法定代表人(负责人):_____　　身份证件名称及号码:_____

单位地址:_____

×××:

　　你单位逾期未履行我局____年__月__日作出的《社会保险费征收决定书》(_____地税社_____字〔 〕号),根据《中华人民共和国行政强制法》第五十四条规定,现就相关事项催告如下:

　　限你单位收到本催告书后10日内到_____地方税务局_____分局缴纳欠缴的社会保险费人民

币(大写)＿＿＿＿￥＿＿＿＿元和自欠缴之日起至缴纳之日止按日加收的滞纳金(2011年7月1日前欠缴社会保险费按日加收千分之二滞纳金,2011年7月1日后欠缴社会保险费按日加收万分之五滞纳金)。

逾期仍未履行义务的,我局将根据《中华人民共和国社会保险法》第六十三条和《中华人民共和国行政强制法》第四十六条、第五十三条规定强制执行。

你单位收到本催告书之日起3日内,可以向我局提出陈述和申辩意见;逾期未提出的,视为放弃陈述、申辩权利。

联系人：

联系电话：

税务机关(公章)

年　月　日

(本催告书一式二份,一份送用人单位,一份税务机关留存)

ZF11-2 社会保险费履行义务催告书(适用全责征收地区)

×××税务局
社会保险费履行义务催告书

＿＿＿税社＿＿字〔　　〕＿＿号

用人单位全称：＿＿＿＿　　　社会保险费管理码：＿＿＿＿＿＿＿

法定代表人(负责人)：＿＿＿＿　　身份证件名称及号码：＿＿＿＿＿＿＿

单位地址：＿＿＿＿＿＿＿＿＿

×××：

你单位逾期未履行我局于＿＿＿年＿＿月＿＿日作出的《社会保险费限期缴纳通知书》(＿＿＿＿＿＿地税社＿＿＿＿字〔　　〕＿＿＿号),根据《中华人民共和国行政强制法》第五十四条规定,现就相关事项催告如下：

限你单位收到本催告书后10日内到＿＿＿＿＿＿地方税务局＿＿＿＿＿＿分局缴纳欠缴的社会保险费人民币(大写)＿＿＿＿￥＿＿＿＿元和自欠缴之日起至缴纳之日止按日加收的滞纳金(2011年7月1日前欠缴社会保险费按日加收千分之二滞纳金,2011年7月1日后欠缴社会保险费按日加收万分之五滞纳金)。

逾期仍未履行义务的,我局将根据《中华人民共和国社会保险法》第六十三条和《中华人民共和国行政强制法》第四十六条、第五十三条规定强制执行。

你单位收到本催告书之日起3日内,可以向我局提出陈述和申辩意见;逾期未提出的,视为放弃陈述、申辩权利。

联系人：

联系电话：

税务机关(公章)

年　月　日

(本催告书一式二份,一份送用人单位,一份税务机关留存)

ZF12 行政处罚事项告知书

×××税务局
行政处罚事项告知书
____税社__字〔   〕__号

×××:（纳税人识别号：_____ 社会保险费管理码：_____）

根据《中华人民共社会保险法》第八十六条、《中华人民共和国行政处罚法》第三十一条规定,拟对你单位的违法行为作出行政处罚决定,现将相关事项告知如下:

一、行政处罚内容

（一）行政处罚事实依据:
_____
_____

（二）行政处罚法律依据:
_____
_____

（三）拟作出行政处罚决定:
_____
_____

二、你单位有陈述、申辩权利,请自收到本告知书之日起 5 个工作日内,到_____(地方税务局)进行陈述、申辩,并提供相关证据材料;逾期不进行陈述、申辩或提供相关证据材料的,视同放弃权利。

三、对单位罚款 10 000 元(含 10 000 元)以上,当事人有要求听证的权利,可自收到本通知书之日起 3 日内向本局书面提出听证申请;逾期不提出,视为放弃听证权利。

税务机关(公章)
年   月   日

ZF13 社会保险费行政处罚听证通知书

×××税务局
社会保险费行政处罚听证通知书
____税社__字〔   〕__号

×××(申请听证用人单位名称):

根据你单位提出的听证要求,决定于____年__月__日__时在_____举行听证,请准时参加;无正当理由不参加听证的,视为放弃听证权利。

本次听证由_____主持,如你单位认为主持人与本案有直接利害关系需要申请回避的,请在举行听证的 3 日前提出,并说明理由。

税务机关(公章)
年   月   日

ZF14 行政处罚决定书(通用)

×××税务局(稽查局)
行政处罚决定书
____税__字〔 〕__号

×××(被处罚单位全称):

　　经我局_____,你单位存在违法事实及处罚决定如下:

　　一、违法事实

_____
_____
_____
_____

　　二、处罚决定

_____
_____
_____
_____

　　以上应缴款项共计人民币(大写)_____¥_____元。限你单位自本决定书送达之日起　日内缴纳入库(账号:_____)。到期不缴纳罚款,我局(所)可以依照《中华人民共和国行政处罚法》第五十一条第一款规定,自缴款期限届满次日起每日按罚款数额的百分之三加处罚款。

　　如对本决定不服,可以自收到本决定书之日起60日内依法向_____申请行政复议,或自收到本决定书之日起6个月内依法向_____人民法院起诉。如对处罚决定逾期不申请复议也不向人民法院起诉、又不履行的,我局(所)将依据《中华人民共和国行政处罚法》的规定申请人民法院强制执行。

税务机关(公章)
年　月　日

ZF15 社会保险费行政处罚决定书(简易)

×××税务局
社会保险费行政处罚决定书(简易)
____税__字〔 〕__号

被处罚单位名称			
纳税人识别码		社会保险费管理码	
处罚地点		处罚时间	
违法事实及处罚依据			
缴纳方式	□1. 限15日内到缴纳; □2. 当场缴纳。		
罚款金额	人民币(大写)¥_____元		

（续表）

告知事项	1. 当事人应终止违法行为并予以纠正； 2. 如对本决定不服，可以自收到本决定书之日起60日内依法申请行政复议，或自收到本决定书之日起6个月内依法向人民法院起诉； 3. 到期不缴纳罚款的，自缴款期限届满次日起每日按罚款数额的百分之三加处罚款； 4. 对处罚决定逾期不申请行政复议也不向人民法院起诉、又不履行的，税务机关将依法采取强制执行措施或申请人民法院强制执行。

执法人员已告知我享有陈述、申辩权利，我陈述、申辩如下： 当事人签字： 　　　　　　　　　　　　　　　　　　　　　　　　　　年　月　日		
经办人： 　　　　　年　月　日	税务机关（公章） 　　　　　　　　　　年　月　日	

填表说明：1. 表中所有金额单位：元（列至角分）。
　　　　　2. 本表一式两份，由被处罚单位留存一份，税务机关留存一份。

ZF16 基金规费征缴事项通知书（通用）

×××税务局
基金规费征缴事项通知书

____税规__字〔　　〕__号

×××：（纳税人识别号：　　　　　社会保险费管理码：　　　　　）

　一、事由：_____
_____
_____

　二、依据：_____
_____
_____

　三、通知内容：_____
_____
_____
_____
_____

税务机关（公章）
年　月　日

10. 人力资源社会保障部 财政部关于阶段性降低社会保险费率的通知

人社部发〔2016〕36号
2016年4月14日

各省、自治区、直辖市及新疆生产建设兵团人力资源社会保障厅(局)、财政(财务)厅(局):

为降低企业成本,增强企业活力,根据《中华人民共和国社会保险法》等有关规定,经国务院同意,现就阶段性降低社会保险费率有关事项通知如下:

一、从2016年5月1日起,企业职工基本养老保险单位缴费比例超过20%的省(区、市),将单位缴费比例降至20%;单位缴费比例为20%且2015年底企业职工基本养老保险基金累计结余可支付月数高于9个月的省(区、市),可以阶段性将单位缴费比例降低至19%,降低费率的期限暂按两年执行。具体方案由各省(区、市)确定。

二、从2016年5月1日起,失业保险总费率在2015年已降低1个百分点基础上可以阶段性降至1%~1.5%,其中个人费率不超过0.5%,降低费率的期限暂按两年执行。具体方案由各省(区、市)确定。

三、各地要继续贯彻落实国务院2015年关于降低工伤保险平均费率0.25个百分点和生育保险费率0.5个百分点的决定和有关政策规定,确保政策实施到位。生育保险和基本医疗保险合并实施工作,待国务院制定出台相关规定后统一组织实施。

社会保险费率调整工作政策性强,社会关注度高。各地要把思想和行动统一到党中央、国务院决策部署上来,加强组织领导,精心组织实施。要健全基本养老保险激励约束机制,确保基金应收尽收,实现可持续发展和长期精算平衡,并确保参保人员各项社会保险待遇标准不降低和待遇按时足额支付。要加强政策宣传,正确引导社会舆论。各地具体调整费率方案,经省级人民政府批准后执行,并报人力资源社会保障部、财政部备案。

各地贯彻落实本通知的情况以及工作中遇到的问题,请及时向人力资源社会保障部、财政部报告。

人力资源社会保障部
财政部
2016年4月14日

11. 人力资源和社会保障部办公厅关于做好企业"五证合一"社会保险登记工作的通知

人社厅发〔2016〕130号
2016年8月22日

各省、自治区、直辖市及新疆生产建设兵团人力资源社会保障厅(局):

为贯彻落实《国务院办公厅关于加快推进"五证合一、一照一码"登记制度改革的通知》(国办发〔2016〕53号)精神和《工商总局等五部门关于贯彻落实〈国务院办公厅关于加快推进"五证合一"登记制度改革的通知〉的通知》(工商企注字〔2016〕150号)要求,切实做好企业"五证合一"社会保险登记工作,现就有关事项通知如下:

一、明确"五证合一"登记制度改革的适用范围

从2016年10月1日起,在工商部门登记的企业和农民专业合作社(以下统称"企业")

按照"五证合一、一照一码"登记制度进行社会保险登记证管理。国家机关、事业单位、社会团体等未纳入"五证合一、一照一码"登记制度管理的单位仍按原办法,到社会保险经办机构办理社会保险登记,由社会保险经办机构核发社会保险登记证,并逐步采用统一社会信用代码进行登记证管理。

二、简化优化企业社会保险登记业务流程

各地要及时建立适合"五证合一、一照一码"登记制度的企业社会保险登记业务流程,为企业提供更加方便快捷的登记服务。新成立的企业在办理工商注册登记时,同步完成企业的社会保险登记。实行"五证合一"制度改革前办理社会保险登记时要求企业提供的银行账号等指标项目,改革后由企业在为职工办理社会保险登记时提供。

企业办理"五证合一"登记后,社会保险经办机构应及时接收工商部门交换的数据,生成企业的《社会保险登记表》,并按规定存档。企业登记信息变更或注销后,社会保险经办机构应依据工商部门的交换数据及时更新企业的社会保险登记信息。其中,已参加社会保险的企业办理工商注销登记后,仍需到社会保险经办机构办理注销登记。社会保险经办机构对工商部门交换数据有疑义的,要及时反馈工商部门。同时做好社会保险登记与就业失业登记、劳动用工备案等其他人力资源和社会保障业务的信息共享和业务协同。

三、做好企业社会保险登记与职工参保登记业务的衔接

社会保险经办机构要充分利用工商部门提供的共享信息,实现企业社会保险登记与职工参保登记业务的有机衔接,切实做好扩面征缴工作。接收工商部门共享的企业社会保险登记信息后,社会保险经办机构要通过公开信、公告、短信等多种方式,提醒、督促已办理"五证合一"营业执照的企业在产生用工后30日内,依法及时到社会保险经办机构为职工办理参保登记手续。逾期仍不办理职工参保登记手续的,经办机构提请有关部门依法要求用人单位履行职工参保缴费义务。

企业为职工办理参保登记手续时,社会保险经办机构应核对"五证合一"营业执照。对于已从工商部门获取数据信息的企业,社会保险经办机构可直接调取该单位基本信息,补充开户银行账号等有关资料,完成职工参保登记。职工参保登记时补充的相关信息发生变更的,由企业向社会保险经办机构办理变更手续。

四、加强信息比对和跟踪管理

登记是社会保险经办管理的重要环节,在简化企业社会保险登记证办理流程、取消社会保险登记证定期验证换证规定后,社会保险经办机构要深化共享登记信息的比对和分析应用,继续做好年度缴费基数的申报和核定,切实加强跟踪管理。原社会保险登记证定期验证时,要求企业填报的参加社会保险人数、缴费工资总额、缴费金额、欠缴社会保险费等情况,纳入企业年度报告,由企业自行向工商部门报告并向社会公示。对于工商部门提供的企业基本信息、年度报告信息、经营异常名录信息和严重违法失信企业名单信息,社会保险经办机构要及时分析,准确掌握企业的存续、经营和履行社会保险缴费义务等情况。对企业年报数据与实际参保缴费数据不一致、企业公示相关情况与参保缴费规模不匹配的,要及时与企业沟通,查找原因,作出处理。

建立健全企业社会保险诚信管理制度,规范企业登记和参保缴费行为。对已取得"五证合一"营业执照并产生用工的企业,应通过查看参保缴费证明和社会保险个人权益记录单等方式,核验是否依法履行参保缴费义务。大力推广网上办事、掌上社保和自助服务,方便企

业和个人查询和打印单位参保缴费证明和社会保险个人权益记录单。对存在虚假公示、申报社会保险参保缴费等情况的,要督促企业更正;情节严重的,应商有关部门开展联合惩戒。

五、建立有效的工作机制

推行企业"五证合一"社会保险登记是当前人力资源社会保障部门简化优化流程、改进公共服务、加强作风建设的重要内容,各地区要高度重视,主要领导亲自抓,确保登记制度改革措施平稳实施。建立与工商等部门信息共享、互信互动的工作机制,及时接收企业的工商登记信息和年报等公示信息,并按要求向工商部门反馈企业相关基本信息。强化系统联动,社会保险经办机构与信息化综合管理机构要密切配合,做好共享信息的整理、传输、反馈和分析应用;省级人力资源社会保障部门接收企业工商登记信息后,应在5个工作日内分发至市级社会保险经办机构,确保企业社会保险登记工作的及时开展。各级社会保险经办机构要加强工作调度,建立"五证合一"社会保险登记工作台账,并将企业登记信息的管理和在扩面征缴工作中的应用情况作为年度业务考核的重要内容。

各地开展"五证合一"社会保险登记工作的有关情况,请于12月31日前报送我部社会保险事业管理中心。

人力资源社会保障部办公厅
2016年8月22日

12. 人力资源社会保障部 财政部关于继续阶段性降低社会保险费率的通知

人社部发〔2018〕25号
2018年4月20日

各省、自治区、直辖市及新疆生产建设兵团人力资源社会保障、财政厅(局):

为进一步降低企业用工成本,增强企业发展活力,根据《中华人民共和国社会保险法》等有关规定,经国务院同意,现就继续阶段性降低社会保险费率有关事项通知如下:

一、自2018年5月1日起,企业职工基本养老保险单位缴费比例超过19%的省(区、市),以及按照《人力资源社会保障部 财政部关于阶段性降低社会保险费率的通知》(人社部发〔2016〕36号)单位缴费比例降至19%的省(区、市),基金累计结余可支付月数(截至2017年底,下同)高于9个月的,可阶段性执行19%的单位缴费比例至2019年4月30日。具体方案由各省(区、市)研究确定。

二、自2018年5月1日起,按照《人力资源社会保障部 财政部关于阶段性降低失业保险费率的通知》(人社部发〔2017〕14号)实施失业保险总费率1%的省(区、市),延长阶段性降低费率的期限至2019年4月30日。具体方案由各省(区、市)研究确定。

三、自2018年5月1日起,在保持八类费率总体稳定的基础上,工伤保险基金累计结余可支付月数在18(含)至23个月的统筹地区,可以现行费率为基础下调20%;累计结余可支付月数在24个月(含)以上的统筹地区,可以现行费率为基础下调50%。降低费率的期限暂执行至2019年4月30日。下调费率期间,统筹地区工伤保险基金累计结余达到合理支付月数范围的,停止下调。具体方案由各省(区、市)研究确定。

继续阶段性降低社会保险费率,是党中央、国务院做出的重要部署,政策性强,社会关注度高。各地务必精心组织实施,一是要做好政策的衔接,保证政策连续性,确保基金征缴工作平稳有序;二是要加强政策宣传,正确引导舆论,切实增强广大参保企业和群众的获得感;

三是要加强基金收支管理,防范和化解基金运行风险,确保参保人员各项社会保险待遇标准不降低和待遇按时足额支付。

各地具体调整费率方案,经省级人民政府批准后执行,并报人力资源社会保障部、财政部备案。

人力资源社会保障部
财政部
2018年4月20日

13. 国务院办公厅关于印发降低社会保险费率综合方案的通知

国办发〔2019〕13号
2019年04月1日

各省、自治区、直辖市人民政府,国务院各部委、各直属机构:

《降低社会保险费率综合方案》已经国务院同意,现印发给你们,请认真贯彻执行。

降低社会保险费率,是减轻企业负担、优化营商环境、完善社会保险制度的重要举措。各地区各有关部门要以习近平新时代中国特色社会主义思想为指导,全面贯彻党的十九大和十九届二中、三中全会精神,坚持稳中求进工作总基调,坚持新发展理念,统筹考虑降低社会保险费率、完善社会保险制度、稳步推进社会保险费征收体制改革,密切协调配合,抓好工作落实,确保企业特别是小微企业社会保险缴费负担有实质性下降,确保职工各项社会保险待遇不受影响、按时足额支付。

国务院办公厅
2019年4月1日

降低社会保险费率综合方案

为贯彻落实党中央、国务院决策部署,降低社会保险(以下简称社保)费率,完善社保制度,稳步推进社保费征收体制改革,制定本方案。

一、降低养老保险单位缴费比例

自2019年5月1日起,降低城镇职工基本养老保险(包括企业和机关事业单位基本养老保险,以下简称养老保险)单位缴费比例。各省、自治区、直辖市及新疆生产建设兵团(以下统称省)养老保险单位缴费比例高于16%的,可降至16%;目前低于16%的,要研究提出过渡办法。各省具体调整或过渡方案于2019年4月15日前报人力资源社会保障部、财政部备案。

二、继续阶段性降低失业保险、工伤保险费率

自2019年5月1日起,实施失业保险总费率1%的省,延长阶段性降低失业保险费率的期限至2020年4月30日。自2019年5月1日起,延长阶段性降低工伤保险费率的期限至2020年4月30日,工伤保险基金累计结余可支付月数在18至23个月的统筹地区可以现行费率为基础下调20%,累计结余可支付月数在24个月以上的统筹地区可以现行费率为基础下调50%。

三、调整社保缴费基数政策

调整就业人员平均工资计算口径。各省应以本省城镇非私营单位就业人员平均工资和城镇私营单位就业人员平均工资加权计算的全口径城镇单位就业人员平均工资,核定社保个人缴费基数上下限,合理降低部分参保人员和企业的社保缴费基数。调整就业人员平均工资计算口径后,各省要制定基本养老金计发办法的过渡措施,确保退休人员待遇水平平稳衔接。

完善个体工商户和灵活就业人员缴费基数政策。个体工商户和灵活就业人员参加企业职工基本养老保险,可以在本省全口径城镇单位就业人员平均工资的60%至300%之间选择适当的缴费基数。

四、加快推进养老保险省级统筹

各省要结合降低养老保险单位缴费比例、调整社保缴费基数政策等措施,加快推进企业职工基本养老保险省级统筹,逐步统一养老保险参保缴费、单位及个人缴费基数核定办法等政策,2020年底前实现企业职工基本养老保险基金省级统收统支。

五、提高养老保险基金中央调剂比例

加大企业职工基本养老保险基金中央调剂力度,2019年基金中央调剂比例提高至3.5%,进一步均衡各省之间养老保险基金负担,确保企业离退休人员基本养老金按时足额发放。

六、稳步推进社保费征收体制改革

企业职工基本养老保险和企业职工其他险种缴费,原则上暂按现行征收体制继续征收,稳定缴费方式,"成熟一省、移交一省";机关事业单位社保费和城乡居民社保费征管职责如期划转。人力资源社会保障、税务、财政、医保部门要抓紧推进信息共享平台建设等各项工作,切实加强信息共享,确保征收工作有序衔接。妥善处理好企业历史欠费问题,在征收体制改革过程中不得自行对企业历史欠费进行集中清缴,不得采取任何增加小微企业实际缴费负担的做法,避免造成企业生产经营困难。同时,合理调整2019年社保基金收入预算。

七、建立工作协调机制

国务院建立工作协调机制,统筹协调降低社保费率和社保费征收体制改革相关工作。县级以上地方政府要建立由政府负责人牵头,人力资源社会保障、财政、税务、医保等部门参加的工作协调机制,统筹协调降低社保费率以及征收体制改革过渡期间的工作衔接,提出具体安排,确保各项工作顺利进行。

八、认真做好组织落实工作

各地区各有关部门要加强领导,精心组织实施。人力资源社会保障部、财政部、税务总局、国家医保局要加强指导和监督检查,及时研究解决工作中遇到的问题,确保各项政策措施落到实处。

14. 人力资源社会保障部 财政部 税务总局 国家医保局关于贯彻落实《降低社会保险费率综合方案》的通知

人社部发〔2019〕35号
2019年04月28日

各省、自治区、直辖市及新疆生产建设兵团人力资源社会保障厅(局)、财政厅(局)、医保局,计划单列市人力资源社会保障局、财政局、医保局,国家税务总局各省、自治区、直辖市和计划单列市税务局:

为做好《降低社会保险费率综合方案》(以下简称《方案》)的贯彻落实工作,现将有关事项通知如下:

一、深入学习领会《方案》精神

降低社会保险费率是党中央、国务院作出的重大决策部署,是实施更大规模减税降费措施的重要内容,是应对经济下行压力的重要举措,对于减轻企业负担、激发微观主体活力、促进经济增长具有重要作用,事关改革发展稳定全局。各级人力资源社会保障、财政、税务、医疗保障部门要高度重视,认真组织学习,深刻领会《方案》精神,进一步提高对降低社会保险费率重要性、必要性和紧迫性的认识,切实把思想和行动统一到党中央、国务院的决策部署上来,采取有效措施抓好落实,务必使企业特别是小微企业缴费负担有实质性下降。

二、抓紧研究制定实施办法并做好组织实施工作

各地要根据《方案》精神和要求,结合本地实际情况,在党委、政府的领导下制定本地区实施办法,在组织领导、具体任务、政策措施、工作进度、监督检查等方面作出周密部署,层层压实责任,紧扣时间节点,对标对表加以推进。要严格执行《方案》有关规定,各地政策要规范统一,防止政策多样,严禁"边规范,边突破"。各部门要在党委(党组)领导下,紧紧围绕降费目标,统筹研究,明确职责,迅速行动,制定本部门的工作方案,并按照工作方案要求抓好组织实施,确保各项政策有效落地落细。

三、准确把握《方案》的有关政策

(一)关于降低养老保险单位缴费比例。各地企业职工基本养老保险单位缴费比例高于16%的,可降至16%;低于16%的,要研究提出过渡办法。省内单位缴费比例不统一的,高于16%的地市可降至16%;低于16%的,要研究提出过渡办法。目前暂不调整单位缴费比例的地区,要按照公平统一的原则,研究提出过渡方案。各地机关事业单位基本养老保险单位缴费比例可降至16%。

(二)关于继续阶段性降低失业保险费率。自2019年5月1日起,实施失业保险总费率1%的省份,延长阶段性降低失业保险费率的期限至2020年4月30日。

(三)关于继续阶段性降低工伤保险费率。按照《人力资源社会保障部 财政部关于阶段性降低社会保险费率的通知》(人社部发〔2018〕25号)已纳入降费范围的统筹地区,原则上继续实施,保持力度不减。此前未纳入降费范围但截至2018年底累计结余可支付月数达到阶段性降费条件的统筹地区,要按规定下调费率,确保将符合条件的统筹地区全部纳入降费范围。阶段性降费率期间,费率确定后,一般不做调整。

(四)关于调整就业人员平均工资计算口径。各省应以本省城镇非私营单位就业人员平均工资和城镇私营单位就业人员平均工资加权计算的全口径城镇单位就业人员平均工资,核定社保个人缴费基数上下限,合理降低部分参保人员和企业的社保缴费基数。调整就业人员平均工资计算口径后,为保证新退休人员待遇水平平稳衔接,人力资源社会保障部、财政部将提出基本养老金计发办法的过渡措施,并加强对各地的指导。

(五)关于完善个体工商户和灵活就业人员缴费基数政策。个体工商户和灵活就业人员参加企业职工基本养老保险,按照调整计算口径后的本地全口径城镇单位就业人员平均工资,核定社保个人缴费基数上下限,允许缴费人在60%至300%之间选择适当的缴费基数,以减轻其缴费负担、促进参保缴费。

(六)关于加快推进企业职工基本养老保险省级统筹。各地要逐步统一养老保险政策,完善省级统筹制度,为全国统筹打好基础。2020年底前实现企业职工基本养老保险基金省级统收统支。人力资源社会保障部、财政部将印发关于推进省级统筹的具体指导意见。

(七)关于提高企业职工基本养老保险基金中央调剂比例。为进一步均衡各省份之间养老保险基金负担,逐步提高企业职工基本养老保险基金中央调剂比例,确保企业离退休人员基本养老金按时足额发放,2019年基金中央调剂比例提高至3.5%。具体工作由人力资源社会保障部、财政部另行部署。

(八)关于稳步推进社保费征收体制改革。企业职工基本养老保险和企业职工其他险种缴费,原则上暂按现行征收体制继续征收,稳定缴费方式,"成熟一省、移交一省";机关事业单位社保费和城乡居民社保费征管职责如期划转。人力资源社会保障、税务、财政、医保部门要抓紧推进信息共享平台建设等各项工作,切实加强信息共享,确保征收工作有序衔接。各地要按照要求,合理调整2019年社会保险基金收入预算。妥善处理好企业历史欠费问题,在征收体制改革过程中不得自行对企业历史欠费进行集中清缴,不得采取任何增加小微企业实际缴费负担的做法,避免造成企业生产经营困难,务必使企业特别是小微企业社保缴费负担有实质性下降。

四、各部门在政府协调机制下加强协作配合

各级人力资源社会保障、财政、税务、医疗保障等部门,要在地方政府的领导下,完善降低社会保险费率及征收体制改革工作协调机制,切实加强部门协作配合,协商解决社会保险费征管工作中的重点、难点问题。畅通工作协调机制,统筹做好降低社会保险费率以及征收体制改革过渡期间的工作衔接,提出具体工作安排,确保各项工作顺利进行。

五、科学做好降费核算工作

各地要共同做好社保降费政策落实情况的统计核算和效应分析,做到"心中有数""底账清晰"。要协同提高数据质量,为做好社保降费核算奠定数据基础。要协商建立统计核算分析体系,不断提高社保降费核算的全面性、准确性、时效性,确保客观反映降费效果。要联合开展社保降费政策实施情况评估,及时向上级部门报告政策运行及效应分析情况。

六、全面开展宣传工作

各地要组织各方力量,紧跟时代步伐,聚焦全媒体时代和媒体融合发展,丰富宣传形式,拓宽宣传渠道,注重宣传实效,宣传好降低社会保险费率的重大意义,总体筹划,突出重点,正确引导舆论,为社保降费政策落实落地营造良好的舆论氛围。统一明确宣传口径,紧扣时间节点,确保宣传步调一致,依托权威媒体,进一步提高社会参与度和知晓度,准确解读各项政策,针对群众关切问题解疑释惑。

七、逐级抓实培训工作

各地要充分认识进一步加强《方案》学习培训的重要性、紧迫性和长期性,针对不同类型、不同层级、不同岗位人员,做好培训安排,创新培训方式,不断增强学习培训的针对性、实效性。人力资源社会保障部、税务总局已举办落实《方案》专题培训班,对省级人力资源社会保障部门、税务部门进行联合培训,组织集中研讨。各地也要结合实际,集中组织开展不同层次的业务培训工作,帮助相关工作机构和工作人员全面、准确理解掌握政策,明确操作流程和具体要求,提高贯彻《方案》的政策水平和业务能力。

各地要加强组织领导和工作指导,周密安排部署,采取有力措施,抓好组织实施,层层压实责任,及时掌握实施情况,认真分析遇到的情况和问题,研究提出解决办法,确保各项工作平稳进行。要从本地实际出发,注重动态跟踪,认真排查风险点,制定相关预案,把工作做实做细,确保社保待遇不受影响、养老金足额发放,维护参保人合法权益,保持社会稳定。遇有重大情况和问题要及时报告人力资源社会保障部、财政部、税务总局、国家医保局。

人力资源社会保障部
财政部
国家税务总局
国家医保局
2019 年 4 月 28 日

二、养老保险

1. 国务院关于建立统一的企业职工基本养老保险制度的决定

国发〔1997〕26 号
1997 年 7 月 16 日

各省、自治区、直辖市人民政府,国务院各部委、各直属机构:

近年来,各地区和有关部门按照《国务院关于深化企业职工养老保险制度改革的通知》(国发〔1995〕6 号)要求,制定了社会统筹与个人账户相结合的养老保险制度改革方案,建立了职工基本养老保险个人账户,促进了养老保险新机制的形成,保障了离退休人员的基本生活,企业职工养老保险制度改革取得了新的进展。但是,由于这项改革仍处在试点阶段,目前还存在基本养老保险制度不统一、企业负担重、统筹层次低、管理制度不健全等问题,必须按照党中央、国务院确定的目标和原则,进一步加快改革步伐,建立统一的企业职工基本养老保险制度,促进经济与社会健康发展。为此,国务院在总结近几年改革试点经验的基础上作出如下决定:

一、到本世纪末,要基本建立起适应社会主义市场经济体制要求,适用城镇各类企业职工和个体劳动者,资金来源多渠道、保障方式多层次、社会统筹与个人账户相结合、权利与义务相对应、管理服务社会化的养老保险体系。企业职工养老保险要贯彻社会互济与自我保障相结合、公平与效率相结合、行政管理与基金管理分开等原则,保障水平要与我国社会生产力发展水平及各方面的承受能力相适应。

二、各级人民政府要把社会保险事业纳入本地区国民经济与社会发展计划,贯彻基本养老保险只能保障退休人员基本生活的原则,把改革企业职工养老保险制度与建立多层次的社会保障体系紧密结合起来,确保离退休人员基本养老金和失业人员失业救济金的发放,积极推行城市居民最低生活保障制度。为使离退休人员的生活随着经济与社会发展不断得到改善,体现按劳分配原则和地区发展水平及企业经济效益的差异,各地区和有关部门要在国家政策指导下大力发展企业补充养老保险,同时发挥商业保险的补充作用。

三、企业缴纳基本养老保险费(以下简称企业缴费)的比例,一般不得超过企业工资总额的20%(包括划入个人账户的部分),具体比例由省、自治区、直辖市人民政府确定。少数省、自治区、直辖市因离退休人数较多、养老保险负担过重,确需超过企业工资总额20%的,应报劳动部、财政部审批。个人缴纳基本养老保险费(以下简称个人缴费)的比例,1997年不得低于本人缴费工资的4%,1998年起每两年提高1个百分点,最终达到本人缴费工资的8%。有条件的地区和工资增长较快的年份,个人缴费比例提高的速度应适当加快。

四、按本人缴费工资11%的数额为职工建立基本养老保险个人账户,个人缴费全部记入个人账户,其余部分从企业缴费中划入。随着个人缴费比例的提高,企业划入的部分要逐步降至3%。个人账户储存额,每年参考银行同期存款利率计算利息。个人账户储存额只用于职工养老,不得提前支取。职工调动时,个人账户全部随同转移。职工或退休人员死亡,个人账户中的个人缴费部分可以继承。

五、本决定实施后参加工作的职工,个人缴费年限累计满15年的,退休后按月发给基本养老金。基本养老金由基础养老金和个人账户养老金组成。退休时的基础养老金月标准为省、自治区、直辖市或地(市)上年度职工月平均工资的20%,个人账户养老金月标准为本人账户储存额除以120。个人缴费年限累计不满15年的,退休后不享受基础养老金待遇,其个人账户储存额一次支付给本人。

本决定实施前已经离退休的人员,仍按国家原来的规定发给养老金,同时执行养老金调整办法。各地区和有关部门要按照国家规定进一步完善基本养老金正常调整机制,认真抓好落实。

本决定实施前参加工作、实施后退休且个人缴费和视同缴费年限累计满15年的人员,按照新老办法平稳衔接、待遇水平基本平衡等原则,在发给基础养老金和个人账户养老金的基础上再确定过渡性养老金,过渡性养老金从养老保险基金中解决。具体办法,由劳动部会同有关部门制订并指导实施。

六、进一步扩大养老保险的覆盖范围,基本养老保险制度要逐步扩大到城镇所有企业及其职工。城镇个体劳动者也要逐步实行基本养老保险制度,其缴费比例和待遇水平由省、自治区、直辖市人民政府参照本决定精神确定。

七、抓紧制定企业职工养老保险基金管理条例,加强对养老保险基金的管理。基本养老保险基金实行收支两条线管理,要保证专款专用,全部用于职工养老保险,严禁挤占挪用和挥霍浪费。基金结余额,除预留相当于2个月的支付费用外,应全部购买国家债券和存入专户,严格禁止投入其他金融和经营性事业。要建立健全社会保险基金监督机构,财政、审计部门要依法加强监督,确保基金的安全。

八、为有利于提高基本养老保险基金的统筹层次和加强宏观调控,要逐步由县级统筹向省或省授权的地区统筹过渡。待全国基本实现省级统筹后,原经国务院批准由有关部门和单位组织统筹的企业,参加所在地区的社会统筹。

九、提高社会保险管理服务的社会化水平,尽快将目前由企业发放养老金改为社会化发放,积极创造条件将离退休人员的管理服务工作逐步由企业转向社会,减轻企业的社会事务负担。各级社会保险机构要进一步加强基础建设,改进和完善服务与管理工作,不断提高工作效率和服务质量,促进养老保险制度的改革。

十、实行企业化管理的事业单位,原则上按照企业养老保险制度执行。

建立统一的企业职工基本养老保险制度是深化社会保险制度改革的重要步骤,关系改革、发展和稳定的全局。各地区和有关部门要予以高度重视,切实加强领导,精心组织实施。劳动部要会同国家体改委等有关部门加强工作指导和监督检查,及时研究解决工作中遇到的问题,确保本决定的贯彻实施。

中华人民共和国国务院
一九九七年七月十六日

2. 劳动和社会保障部关于完善城镇职工基本养老保险政策有关问题的通知

劳社部发〔2001〕20号
2001年12月22日

各省、自治区、直辖市劳动和社会保障厅(局):

《国务院关于建立统一的企业职工基本养老保险制度的决定》(国发〔1997〕26号)实施以来,全国城镇企业职工基本养老保险(以下简称养老保险)制度已实现了基本统一,养老保险覆盖范围进一步扩大,企业离退休人员基本养老金社会化发放率逐步提高。近年来,随着我国经济结构调整和国有企业改革深化,养老保险工作出现了一些新情况、新问题,需要尽快明确相关政策。根据完善城镇职工社会保障体系建设的要求,现就有关问题通知如下:

一、参加城镇企业职工养老保险的人员,不论因何种原因变动工作单位,包括通过公司制改造、股份制改造、出售、拍卖、租赁等方式转制以后的企业和职工,以及跨统筹地区流动的人员,都应按规定继续参加养老保险并按时足额缴费。社会保险经办机构应为其妥善管理、接续养老保险关系,做好各项服务工作。

二、职工与企业解除或终止劳动关系后,职工养老保险关系应按规定保留,由社会保险经办机构负责管理。国有企业下岗职工协议期满出中心时,实行劳动合同制以前参加工作、年龄偏大且接近企业内部退养条件、再就业确有困难的,经与企业协商一致,可由企业和职工双方协议缴纳养老保险费,缴费方式、缴费期限、资金来源、担保条件及具体人员范围等按当地政府规定执行。失业人员实现再就业,新的用人单位必须与其签订劳动合同,并按规定参加养老保险。自谋职业者及采取灵活方式再就业人员应继续参加养老保险,有关办法执行省级政府的规定。

三、城镇个体工商户等自谋职业者以及采取各种灵活方式就业的人员,在其参加养老保险后,按照省级政府规定的缴费基数和比例,一般应按月缴纳养老保险费,也可按季、半年、年度合并缴纳养老保险费;缴费时间可累计折算。上述人员在男年满60周岁、女年满55周岁时,累计缴费年限满15年的,可按规定领取基本养老金。累计缴费年限不满15年的,其个人账户储存额一次性支付给本人,同时终止养老保险关系,不得以事后追补缴费的方式增加缴费年限。

四、参加养老保险的农民合同制职工,在与企业终止或解除劳动关系后,由社会保险经办机构保留其养老保险关系,保管其个人账户并计息,凡重新就业的,应接续或转移养老保险关系;也可按照省级政府的规定,根据农民合同制职工本人申请,将其个人账户个人缴费部分一次性支付给本人,同时终止养老保险关系,凡重新就业的,应重新参加养老保险。农民合同制职工在男年满60周岁、女年满55周岁时,累计缴费年限满15年以上的,可按规定领取基本养老金;累计缴费年限不满 15 年的,其个人账户全部储存额一次性支付给本人。

五、破产企业欠缴的养老保险费,按有关规定在资产变现收入中予以清偿;清偿欠费确有困难的企业,其欠缴的养老保险费包括长期挂账的欠费,除企业缴费中应划入职工个人账户部分外,经社会保险经办机构同意,劳动保障部门审核,财政部门复核,报省级人民政府批准后可以核销。职工按规定的个人缴费比例补足个人账户资金后,社会保险经办机构要按规定及时记录,职工的缴费年限予以承认。

六、对于因病、非因工致残,经当地劳动能力鉴定机构认定完全丧失劳动能力,并与用人单位终止劳动关系的职工,由本人申请,社会保险经办机构审核,经地级劳动保障部门批准,可以办理退职领取退职生活费。退职生活费标准根据职工缴费年限和缴费工资水平确定,具体办法和标准按省级政府规定执行。

七、城镇企业成建制跨省搬迁,应按规定办理企业和职工养老保险关系转移手续。在职职工个人账户记账额度全部转移,资金只转移个人缴费部分,转入地社保机构应按个人账户记账额度全额记账。企业转出地和转入地社会保险机构,要认真做好搬迁企业养老保险关系及个人账户的转移、接续工作,按时足额发放离退休人员基本养老金。如搬迁企业在转出地欠缴养老保险费,应在养老保险关系转出之前还清全部欠费。

八、加强对特殊工种提前退休审批工作的管理。设有特殊工种的企业,要将特殊工种岗位、人员及其变动情况,定期向地市级劳动保障部门报告登记,并建立特殊工种提前退休公示制度,实行群众监督。地市以上劳动保障行政部门,要规范特殊工种提前退休审批程序,健全审批制度。社会保险经办机构要建立特殊工种人员档案和数据库,防止发生弄虚作假骗取特殊工种身份和冒领基本养老金问题,一经发现,要立即纠正并收回冒领的养老金。

九、做好机关事业单位养老保险试点工作。已经进行机关事业单位养老保险改革试点的地区,要进一步巩固改革试点成果,不能退保,要完善费用征缴机制,探索个人缴费与待遇计发适当挂钩的办法,积极创造条件实行养老金社会化发放,加强基金管理,确保基金安全。按照劳动保障部、财政部、人事部、中编办《关于职工在机关事业单位与企业之间流动时社会保险关系处理意见的通知》(劳社部发〔2001〕13 号)规定,认真研究做好职工在机关事业单位与企业之间流动时养老保险关系转移衔接工作。

劳动和社会保障部
二〇〇一年十二月二十二日

3. 企业年金试行办法

中华人民共和国劳动和社会保障部令第 20 号
2004 年 1 月 6 日

《企业年金试行办法》已于 2003 年 12 月 30 日经劳动和社会保障部第 7 次部务会议通过,现予公布,自 2004 年 5 月 1 日起施行。

企业年金试行办法

第一条 为建立多层次的养老保险制度,更好地保障企业职工退休后的生活,完善社会保障体系,根据劳动法和国务院的有关规定,制定本办法。

第二条 本办法所称企业年金,是指企业及其职工在依法参加基本养老保险的基础上,自愿建立的补充养老保险制度。建立企业年金,应当按照本办法的规定执行。

第三条 符合下列条件的企业,可以建立企业年金:

(一)依法参加基本养老保险并履行缴费义务;

(二)具有相应的经济负担能力;

(三)已建立集体协商机制。

第四条 建立企业年金,应当由企业与工会或职工代表通过集体协商确定,并制定企业年金方案。国有及国有控股企业的企业年金方案草案应当提交职工大会或职工代表大会讨论通过。

第五条 企业年金方案应当包括以下内容:

(一)参加人员范围;

(二)资金筹集方式;

(三)职工企业年金个人账户管理方式;

(四)基金管理方式;

(五)计发办法和支付方式;

(六)支付企业年金待遇的条件;

(七)组织管理和监督方式;

(八)中止缴费的条件;

(九)双方约定的其他事项。

企业年金方案适用于企业试用期满的职工。

第六条 企业年金方案应当报送所在地区县以上地方人民政府劳动保障行政部门。中央所属大型企业企业年金方案,应当报送劳动保障部。劳动保障行政部门自收到企业年金方案文本之日起 15 日内未提出异议的,企业年金方案即行生效。

第七条 企业年金所需费用由企业和职工个人共同缴纳。企业缴费的列支渠道按国家有关规定执行;职工个人缴费可以由企业从职工个人工资中代扣。

第八条 企业缴费每年不超过本企业上年度职工工资总额的十二分之一。企业和职工个人缴费合计一般不超过本企业上年度职工工资总额的六分之一。

第九条 企业年金基金由下列各项组成:

(一)企业缴费;

(二)职工个人缴费;

(三)企业年金基金投资运营收益。

第十条 企业年金基金实行完全积累,采用个人账户方式进行管理。

企业年金基金可以按照国家规定投资运营。企业年金基金投资运营收益并入企业年金基金。

第十一条 企业缴费应当按照企业年金方案规定比例计算的数额计入职工企业年金个人账户;职工个人缴费额计入本人企业年金个人账户。

企业年金基金投资运营收益,按净收益率计入企业年金个人账户。

第十二条 职工在达到国家规定的退休年龄时,可以从本人企业年金个人账户中一次或定期领取企业年金。职工未达到国家规定的退休年龄的,不得从个人账户中提前提取资金。

出境定居人员的企业年金个人账户资金,可根据本人要求一次性支付给本人。

第十三条　职工变动工作单位时,企业年金个人账户资金可以随同转移。职工升学、参军、失业期间或新就业单位没有实行企业年金制度的,其企业年金个人账户可由原管理机构继续管理。

第十四条　职工或退休人员死亡后,其企业年金个人账户余额由其指定的受益人或法定继承人一次性领取。

第十五条　建立企业年金的企业,应当确定企业年金受托人(以下简称受托人),受托管理企业年金。受托人可以是企业成立的企业年金理事会,也可以是符合国家规定的法人受托机构。

第十六条　企业年金理事会由企业和职工代表组成,也可以聘请企业以外的专业人员参加,其中职工代表应不少于三分之一。

第十七条　企业年金理事会除管理本企业的企业年金事务之外,不得从事其他任何形式的营业性活动。

第十八条　确定受托人应当签订书面合同。合同一方为企业,另一方为受托人。

第十九条　受托人可以委托具有资格的企业年金账户管理机构作为账户管理人,负责管理企业年金账户;可以委托具有资格的投资运营机构作为投资管理人,负责企业年金基金的投资运营。

受托人应当选择具有资格的商业银行或专业托管机构作为托管人,负责托管企业年金基金。

受托人与账户管理人、投资管理人和托管人确定委托关系,应当签订书面合同。

第二十条　企业年金基金必须与受托人、账户管理人、投资管理人和托管人的自有资产或其他资产分开管理,不得挪作其他用途。

企业年金基金管理应当执行国家有关规定。

第二十一条　县级以上各级人民政府劳动保障行政部门负责对本办法的执行情况进行监督检查。对违反本办法规定的,由劳动保障行政部门予以警告,责令改正。

第二十二条　因履行企业年金合同发生争议的,当事人可以依法提请仲裁或者诉讼;因订立或者履行企业年金方案发生争议的,按国家有关集体合同争议处理规定执行。

第二十三条　参加企业基本养老保险社会统筹的其他单位,可参照本办法的规定执行。

第二十四条　本办法自2004年5月1日起实施。原劳动部1995年12月29日发布的《关于印发〈关于建立企业补充养老保险制度的意见〉的通知》同时废止。

4. 关于监狱企业工人参加企业职工基本养老保险有关问题的通知

劳社部发〔2005〕25号

2005年11月1日

各省、自治区、直辖市人民政府:

为适应监狱系统改革和发展的需要,切实解决监狱企业工人的养老保障问题,经请示国务院同意,现就监狱企业工人参加企业职工基本养老保险有关问题通知如下:

一、从2006年1月1日起,监狱企业及其工人参加当地企业职工基本养老保险,执行当地统一的企业职工基本养老保险政策。本通知下发前已将监狱企业及其工人纳入当地企业职工基本养老保险范围的，要进一步规范和完善政策。

二、监狱系统所属企业原则上可作为一个单位参加当地企业职工基本养老保险，并实行省级管理。监狱企业已参加所在市、县企业职工基本养老保险的，原则上可不再改变。具体由各省（自治区、直辖市）研究确定。

三、监狱企业工人参加当地企业职工基本养老保险后，1998年1月1日以前的连续工龄视同缴费年限；是否从1998年1月1日起补建个人账户并补缴基本养老保险费，由各省（自治区、直辖市）决定。已经实行监狱系统养老保险内部统筹并实行个人缴费的地区，原则上不再补缴基本养老保险费；未实行个人缴费的，由各省（自治区、直辖市）决定是否补缴个人缴费部分。同时，各地要组织对监狱系统内部统筹期间的基金财务等情况进行清理。

四、已参加机关事业单位养老保险制度改革试点的监狱企业及其工人（不含纳入行政事业序列并由财政全额保障经费的工勤人员），要逐步纳入当地企业职工基本养老保险。各地要参照劳动和社会保障部、国家经济贸易委员会、科学技术部、财政部《关于国家经贸委管理的10个国家局所属科研机构转制后有关养老保险问题的通知》（劳社部发〔2000〕2号）关于待遇过渡和衔接的精神，结合本地实际制定具体过渡办法。

五、监狱企业及其工人执行当地统一的企业职工基本养老保险缴费比例。单位缴费基数原则上为本单位工资总额，如单位工资总额低于全部参保职工个人缴费工资之和的，以全部参保职工个人缴费工资之和作为缴费基数。各地要采取有效措施，确保监狱企业基本养老保险费应收尽收，以及退休人员基本养老金的按时足额发放。

六、监狱刑满留厂（场）就业老残人员继续按财政部、司法部《关于印发〈监狱基本支出经费标准〉的通知》（财行〔2003〕11号）的有关规定执行，不纳入当地企业职工基本养老保险范围。

七、对参保前已退休人员的基本养老金，由劳动保障部门按照企业基本养老金计发办法的有关规定和统筹项目核定，核定后的基本养老金水平低于原待遇的差额部分由原所在监狱企业负担。参保后退休的人员，执行当地统一的企业退休人员基本养老金计发办法。今后，监狱企业退休人员的基本养老金按国家规定的企业退休人员基本养老金调整办法进行调整。

八、对监狱企业参加当地企业职工基本养老保险后出现的基金收支缺口，由地方各级政府通过加大基金调剂力度、调整财政支出结构等措施加以解决。中央财政在安排对地方养老保险专项转移支付资金时统筹予以考虑。

九、各地要认真按照司法部、财政部、人事部《关于监狱单位工人岗位分类设置和管理的通知》（司发通〔2004〕29号）和司法部《关于监狱单位工人分类管理的实施意见》（司发通〔2004〕40号）的有关规定，进一步规范监狱单位工人分类管理工作，实行并加强劳动合同管理，以适应监狱企业工人参加企业职工基本养老保险的要求。

十、司法部劳教系统所属企业及其工人参加企业职工基本养老保险，由各省（自治区、直辖市）参照本通知组织实施。

十一、监狱企业工人参加企业职工基本养老保险工作政策性强，事关监狱系统的改革、发展和稳定。各省（自治区、直辖市）劳动保障、财政、司法厅（局），要在当地人民政府的领导下，认真贯彻落实国家有关政策规定，密切配合，结合当地实际制定具体实施办法，并于

2005年底前报劳动保障部、财政部、司法部备案。在执行中遇有重大问题,要及时报告。

劳动保障部

财政部

司法部

二〇〇五年十一月一日

5. 国务院关于完善企业职工基本养老保险制度的决定

国发〔2005〕38号

2005年12月3日

各省、自治区、直辖市人民政府,国务院各部委、各直属机构:

　　近年来,各地区和有关部门按照党中央、国务院关于完善企业职工基本养老保险制度的部署和要求,以确保企业离退休人员基本养老金按时足额发放为中心,努力扩大基本养老保险覆盖范围,切实加强基本养老保险基金征缴,积极推进企业退休人员社会化管理服务,各项工作取得明显成效,为促进改革、发展和维护社会稳定发挥了重要作用。但是,随着人口老龄化、就业方式多样化和城市化的发展,现行企业职工基本养老保险制度还存在个人账户没有做实、计发办法不尽合理、覆盖范围不够广泛等不适应的问题,需要加以改革和完善。为此,在充分调查研究和总结东北三省完善城镇社会保障体系试点经验的基础上,国务院对完善企业职工基本养老保险制度作出如下决定:

　　一、完善企业职工基本养老保险制度的指导思想和主要任务。以邓小平理论和"三个代表"重要思想为指导,认真贯彻党的十六大和十六届三中、四中、五中全会精神,按照落实科学发展观和构建社会主义和谐社会的要求,统筹考虑当前和长远的关系,坚持覆盖广泛、水平适当、结构合理、基金平衡的原则,完善政策,健全机制,加强管理,建立起适合我国国情,实现可持续发展的基本养老保险制度。主要任务是:确保基本养老金按时足额发放,保障离退休人员基本生活;逐步做实个人账户,完善社会统筹与个人账户相结合的基本制度;统一城镇个体工商户和灵活就业人员参保缴费政策,扩大覆盖范围;改革基本养老金计发办法,建立参保缴费的激励约束机制;根据经济发展水平和各方面承受能力,合理确定基本养老金水平;建立多层次养老保险体系,划清中央与地方、政府与企业及个人的责任;加强基本养老保险基金征缴和监管,完善多渠道筹资机制;进一步做好退休人员社会化管理工作,提高服务水平。

　　二、确保基本养老金按时足额发放。要继续把确保企业离退休人员基本养老金按时足额发放作为首要任务,进一步完善各项政策和工作机制,确保离退休人员基本养老金按时足额发放,不得发生新的基本养老金拖欠,切实保障离退休人员的合法权益。对过去拖欠的基本养老金,各地要根据《中共中央办公厅国务院办公厅关于进一步做好补发拖欠基本养老金和企业调整工资工作的通知》要求,认真加以解决。

　　三、扩大基本养老保险覆盖范围。城镇各类企业职工、个体工商户和灵活就业人员都要参加企业职工基本养老保险。当前及今后一个时期,要以非公有制企业、城镇个体工商户和灵活就业人员参保工作为重点,扩大基本养老保险覆盖范围。要进一步落实国家有关社会保险补贴政策,帮助就业困难人员参保缴费。城镇个体工商户和灵活就业人员参加基本养老保险的缴费基数为当地上年度在岗职工平均工资,缴费比例为20%,其中8%记入个人账户,退休后按企业职工基本养老金计发办法计发基本养老金。

四、逐步做实个人账户。做实个人账户,积累基本养老保险基金,是应对人口老龄化的重要举措,也是实现企业职工基本养老保险制度可持续发展的重要保证。要继续抓好东北三省做实个人账户试点工作,抓紧研究制订其他地区扩大做实个人账户试点的具体方案,报国务院批准后实施。国家制订个人账户基金管理和投资运营办法,实现保值增值。

五、加强基本养老保险基金征缴与监管。要全面落实《社会保险费征缴暂行条例》的各项规定,严格执行社会保险登记和缴费申报制度,强化社会保险稽核和劳动保障监察执法工作,努力提高征缴率。凡是参加企业职工基本养老保险的单位和个人,都必须按时足额缴纳基本养老保险费;对拒缴、瞒报少缴基本养老保险费的,要依法处理;对欠缴基本养老保险费的,要采取各种措施,加大追缴力度,确保基本养老保险基金应收尽收。各地要按照建立公共财政的要求,积极调整财政支出结构,加大对社会保障的资金投入。

基本养老保险基金要纳入财政专户,实行收支两条线管理,严禁挤占挪用。要制定和完善社会保险基金监督管理的法律法规,实现依法监督。各省、自治区、直辖市人民政府要完善工作机制,保证基金监管制度的顺利实施。要继续发挥审计监督、社会监督和舆论监督的作用,共同维护基金安全。

六、改革基本养老金计发办法。为与做实个人账户相衔接,从2006年1月1日起,个人账户的规模统一由本人缴费工资的11%调整为8%,全部由个人缴费形成,单位缴费不再划入个人账户。同时,进一步完善鼓励职工参保缴费的激励约束机制,相应调整基本养老金计发办法。

《国务院关于建立统一的企业职工基本养老保险制度的决定》(国发〔1997〕26号)实施后参加工作、缴费年限(含视同缴费年限,下同)累计满15年的人员,退休后按月发给基本养老金。基本养老金由基础养老金和个人账户养老金组成。退休时的基础养老金月标准以当地上年度在岗职工月平均工资和本人指数化月平均缴费工资的平均值为基数,缴费每满1年发给1%。个人账户养老金月标准为个人账户储存额除以计发月数,计发月数根据职工退休时城镇人口平均预期寿命、本人退休年龄、利息等因素确定。(详见附件)

国发〔1997〕26号文件实施前参加工作,本决定实施后退休且缴费年限累计满15年的人员,在发给基础养老金和个人账户养老金的基础上,再发给过渡性养老金。各省、自治区、直辖市人民政府要按照待遇水平合理衔接、新老政策平稳过渡的原则,在认真测算的基础上,制订具体的过渡办法,并报劳动保障部、财政部备案。

本决定实施后到达退休年龄但缴费年限累计不满15年的人员,不发给基础养老金;个人账户储存额一次性支付给本人,终止基本养老保险关系。

本决定实施前已经离退休的人员,仍按国家原来的规定发给基本养老金,同时执行基本养老金调整办法。

七、建立基本养老金正常调整机制。根据职工工资和物价变动等情况,国务院适时调整企业退休人员基本养老金水平,调整幅度为省、自治区、直辖市当地企业在岗职工平均工资年增长率的一定比例。各地根据本地实际情况提出具体调整方案,报劳动保障部、财政部审批后实施。

八、加快提高统筹层次。进一步加强省级基金预算管理,明确省、市、县各级人民政府的责任,建立健全省级基金调剂制度,加大基金调剂力度。在完善市级统筹的基础上,尽快提高统筹层次,实现省级统筹,为构建全国统一的劳动力市场和促进人员合理流动创造条件。

九、发展企业年金。为建立多层次的养老保险体系,增强企业的人才竞争能力,更好地保障企业职工退休后的生活,具备条件的企业可为职工建立企业年金。企业年金基金实行完全积累,采取市场化的方式进行管理和运营。要切实做好企业年金基金监管工作,实现规范运作,切实维护企业和职工的利益。

十、做好退休人员社会化管理服务工作。要按照建立独立于企业事业单位之外社会保障体系的要求,继续做好企业退休人员社会化管理工作。要加强街道、社区劳动保障工作平台建设,加快公共老年服务设施和服务网络建设,条件具备的地方,可开展老年护理服务,兴建退休人员公寓,为退休人员提供更多更好的服务,不断提高退休人员的生活质量。

十一、不断提高社会保险管理服务水平。要高度重视社会保险经办能力建设,加快社会保障信息服务网络建设步伐,建立高效运转的经办管理服务体系,把社会保险的政策落到实处。各级社会保险经办机构要完善管理制度,制定技术标准,规范业务流程,实现规范化、信息化和专业化管理。同时,要加强人员培训,提高政治和业务素质,不断提高工作效率和服务质量。

完善企业职工基本养老保险制度是构建社会主义和谐社会的重要内容,事关改革发展稳定的大局。各地区和有关部门要高度重视,加强领导,精心组织实施,研究制订具体的实施意见和办法,并报劳动保障部备案。劳动保障部要会同有关部门加强指导和监督检查,及时研究解决工作中遇到的问题,确保本决定的贯彻实施。

本决定自发布之日起实施,已有规定与本决定不一致的,按本决定执行。

附件:个人账户养老金计发月数表

国务院

二〇〇五年十二月三日

附件:

个人账户养老金计发月数表

退休年龄	计发月数	退休年龄	计发月数
40	233	56	164
41	230	57	158
42	226	58	152
43	223	59	145
44	220	60	139
45	216	61	132
46	212	62	125
47	208	63	117
48	204	64	109
49	199	65	101
50	195	66	93
51	190	67	84
52	185	68	75
53	180	69	65
54	175	70	56
55	170		

6. 中华人民共和国劳动和社会保障部社会保险事业管理中心 关于规范社会保险缴费基数有关问题的通知

劳社险中心函〔2006〕60号
2006年11月15日

各省、自治区、直辖市社会保险经办机构，新疆生产建设兵团社会保险基金管理中心：

近年来，在劳动保障行政部门的正确领导和有关部门的大力支持下，各级社会保险经办机构认真贯彻落实《社会保险费征缴暂行条例》（国务院令第259号）、《社会保险稽核办法》（劳动保障部令第16号）和相关政策规定，努力做好社会保险费征缴申报审核和稽核工作，取得了明显成绩，促进了社会保险费的应收尽收。但是，随着社会主义市场经济体制的逐步建立和完善，我国所有制结构、就业方式和收入分配形式发生了很大变化，当前一些地区在社会保险缴费申报审核和稽核工作中，存在着执行政策不统一、审核不够规范等问题，影响了缴费基数核定和稽核的整体效应。为做好新形势下社会保险缴费基数核定与稽核工作，现就规范社会保险费缴费基数有关问题通知如下：

一、关于缴费基数的核定依据

1990年，国家统计局发布了《关于工资总额组成的规定》（国家统计局令第1号），之后相继下发了一系列通知对有关工资总额统计做出了明确规定，每年各省区市统计局在劳动统计报表制度中对劳动报酬指标亦有具体解释。这些文件都应作为核定社会保险缴费基数的依据。凡是国家统计局有关文件没有明确规定不作为工资收入统计的项目，均应作为社会保险缴费基数。

二、关于工资总额的计算口径

依据国家统计局有关文件规定，工资总额是指各单位在一定时期内直接支付给本单位全部职工的劳动报酬总额，由计时工资、计件工资、奖金、加班加点工资、特殊情况下支付的工资、津贴和补贴等组成。劳动报酬总额包括：在岗职工工资总额；不在岗职工生活费；聘用、留用的离退休人员的劳动报酬；外籍及港澳台方人员劳动报酬以及聘用其他从业人员的劳动报酬。

国家统计局《关于认真贯彻执行〈关于工资总额组成的规定〉的通知》（统制字〔1990〕1号）中对工资总额的计算做了明确解释：各单位支付给职工的劳动报酬以及其他根据有关规定支付的工资，不论是计入成本的还是不计入成本的，不论是按国家规定列入计征奖金税项目的还是未列入计征奖金税项目的，均应列入工资总额的计算范围。

三、关于计算缴费基数的具体项目

根据国家统计局的规定，下列项目作为工资总额统计，在计算缴费基数时作为依据：

1. 计时工资，包括：

（1）对已完成工作按计时工资标准支付的工资，即基本工资部分；

（2）新参加工作职工的见习工资（学徒的生活费）；

（3）根据国家法律、法规和政策规定，因病、工伤、产假、计划生育假、婚丧假、事假、探亲假、定期休假、停工学习、执行国家或社会义务等原因按计时工资标准或时工资标准的一定比例支付的工资；

（4）实行岗位技能工资制的单位支付给职工的技能工资及岗位（职务）工资；

（5）职工个人按规定比例缴纳的社会保险费、职工受处分期间的工资、浮动升级的工资等；

（6）机关工作人员的职务工资、级别工资、基础工资；工人的岗位工资、技术等级（职务）、工资。

2. 计件工资，包括：

（1）实行超额累进计件、直接无限计件、限额计件、超定额计件等工资制，按劳动部门或主管部门批准的定额和计件单价支付给个人的工资；

（2）按工作任务包干方法支付给个人的工资；

（3）按营业额提成或利润提成办法支付给个人的工资。

3. 奖金，包括：

（1）生产（业务）奖包括超产奖、质量奖、安全（无事故）奖、考核各项经济指标的综合奖、提前竣工奖、外轮速遣奖、年终奖（劳动分红）等；

（2）节约奖包括各种动力、燃料、原材料等节约奖；

（3）劳动竞赛奖包括发给劳动模范、先进个人的各种奖金；

（4）机关、事业单位各类人员的年终一次性奖金、机关工人的奖金、体育运动员的平时训练奖；

（5）其他奖金包括从兼课酬金和业余医疗卫生服务收入提成中支付的奖金，运输系统的堵漏保收奖，学校教师的教学工作量超额酬金，从各项收入中以提成的名义发给职工的奖金等。

4. 津贴，包括：

（1）补偿职工特殊或额外劳动消耗的津贴及岗位性津贴。包括：高空津贴、井下津贴、流动施工津贴、高温作业临时补贴、艰苦气象台（站）津贴、微波站津贴、冷库低温津贴、邮电人员外勤津贴、夜班津贴、中班津贴、班（组）长津贴、环卫人员岗位津贴、广播电视天线工岗位津贴、盐业岗位津贴、废品回收人员岗位津贴、殡葬特殊行业津贴、城市社会福利事业岗位津贴、环境监测津贴、课时津贴、班主任津贴、科研辅助津贴、卫生临床津贴和防检津贴、农业技术推广服务津贴、护林津贴、林业技术推广服务津贴、野生动物保护工作津贴、水利防汛津贴、气象服务津贴、地震预测预防津贴、技术监督工作津贴、口岸鉴定检验津贴、环境污染监控津贴、社会服务津贴、特殊岗位津贴、会计岗位津贴、野外津贴、水上作业津贴、艺术表演档次津贴、演出场次津贴、艺术人员工种补贴、运动队班（队）干部驻队津贴、教练员培训津贴、运动员成绩津贴、运动员突出贡献津贴、责任目标津贴、领导职务津贴、岗位目标管理津贴、专业技术职务津贴、专业技术岗位津贴、技术等级岗位津贴、技术工人岗位津贴、普通工人作业津贴及其他为特殊行业和苦脏累险等特殊岗位设立的津贴。

机关工作人员岗位津贴。包括：公安干警值勤津贴、警衔津贴、交通民警保健津贴、海关工作人员岗位津贴、审计人员外勤工作补贴、税务人员的税务征收津贴（包括农业税收）、工商行政管理人员外勤津贴、人民法院干警岗位津贴、人民检察院干警岗位津贴、司法助理员岗位津贴、监察、纪检部门办案人员补贴、人民武装部工作人员津贴、监狱劳教所干警健康补贴等。

（2）保健性津贴。包括：卫生防疫津贴、医疗卫生津贴、科技保健津贴、农业事业单位发放的有毒有害保健津贴以及其他行业职工的特殊保健津贴等。

(3) 技术性津贴。包括：特级教师津贴、科研课题津贴、研究生导师津贴、工人技师津贴、中药老药工技术津贴、特殊教育津贴、高级知识分子特殊津贴(政府特殊津贴)等。

(4) 年功性津贴。包括：工龄工资、工龄津贴、教龄津贴和护士护龄津贴等。

(5) 地区津贴。包括艰苦边远地区津贴和地区附加津贴等。

(6) 其他津贴。例如：支付给个人的伙食津贴(火车司机和乘务员的乘务津贴、航行和空勤人员伙食津贴、水产捕捞人员伙食津贴补贴、汽车司机行车津贴、体育运动员和教练员伙食补助费、少数民族伙食津贴、小伙食单位补贴、单位按月发放的伙食补贴、补助或提供的工作餐等)、上下班交通补贴、洗理卫生费、书报费、工种粮补贴、过节费、干部行车补贴、私车补贴等。

5. 补贴，包括：为保证职工工资水平不受物价上涨或变动影响而支付的各种补贴，如副食品价格补贴、粮、油、蔬菜等价格补贴、煤价补贴、水电补贴、住房补贴、房改补贴等。

6. 加班加点工资。

7. 其他工资，如附加工资、保留工资以及调整工资补发的上年工资等。

8. 特殊项目构成的工资：

(1) 发放给本单位职工的"技术交易奖酬金"；

(2) 住房补贴或房改补贴。房改一次性补贴款，如补贴发放到个人，可自行支配的计入工资总额内；如补贴为专款专用存入专门的账户，不计入工资总额统计[国家统计局《关于房改补贴统计方法的通知》(统制字〔1992〕80号文)]；

(3) 单位发放的住房提租补贴、通信工具补助、住宅电话补助[国家统计局《关于印发1998年年报劳动统计新增指标解释及问题解答的通知》(国统办字〔1998〕120号)]；

(4) 单位给职工个人实报实销的职工个人家庭使用的固定电话话费、职工个人使用的手机费(不含因工作原因产生的通讯费，如不能明确区分公用、私用均计入工资总额)、职工个人购买的服装费(不包括工作服)等各种费用[国家统计局《关于印发2002年劳动统计年报新增指标解释及问题解答的通知》(国统办字〔2002〕20号)]；

(5) 为不休假的职工发放的现金或补贴[国家统计局《关于印发2002年劳动统计年报新增指标解释及问题解答的通知》(国统办字〔2002〕20号)]；

(6) 以下属单位的名义给本单位职工发放的现金或实物(无论是否计入本单位财务账目)[国家统计局《关于印发2002年劳动统计年报新增指标解释及问题解答的通知》(国统办字〔2002〕20号)]；

(7) 单位为职工缴纳的各种商业性保险[国家统计局《关于印发2002年劳动统计年报新增指标解释及问题解答的通知》(国统办字〔2002〕20号)]；

(8) 试行企业经营者年薪制的经营者，其工资正常发放部分和年终结算后补发的部分[国家统计局《关于印发2002年劳动统计年报新增指标解释及问题解答的通知》(国统办字〔2002〕20号)]；

(9) 商业部门实行的柜组承包，交通运输部门实行的车队承包、司机个人承包等，这部分人员一般只需定期上交一定的所得，其余部分归己。对这些人员的缴费基数原则上采取全部收入扣除各项(一定)费用支出后计算[国家统计局《关于印发劳动统计问题解答的通知》(制司字〔1992〕39号)]；

(10) 使用劳务输出机构提供的劳务工，其人数和工资按照"谁发工资谁统计"的原则，如果劳务工的使用方不直接支付劳务工的工资,而是向劳务输出方支付劳务费,再由劳务输出方向劳务工支付工资,应由劳务输出方统计工资和人数;如果劳务工的使用方直接向劳务工支付工资,则应由劳务使用方统计工资和人数。输出和使用劳务工单位的缴费基数以谁发工资谁计算缴费基数的原则执行[国家统计局《关于印发2004年劳动统计年报新增指标解释及问题解答的通知》(国统办字〔2004〕48号)];

（11）企业销售人员、商业保险推销人员等实行特殊分配形式参保人员的缴费基数原则上由各地依据国家统计局有关规定根据实际情况确定。

四、关于不列入缴费基数的项目

根据国家统计局的规定,下列项目不计入工资总额,在计算缴费基数时应予剔除:

（一）根据国务院发布的有关规定发放的创造发明奖、国家星火奖、自然科学奖、科学技术进步奖和支付的合理化建议和技术改进奖以及支付给运动员在重大体育比赛中的重奖,债券利息以及职工个人技术投入后的税前收益分配。

（二）有关劳动保险和职工福利方面的费用。职工保险福利费用包括医疗卫生费、职工死亡丧葬费及抚恤费、职工生活困难补助、文体宣传费、集体福利事业设施费和集体福利事业补贴、探亲路费、计划生育补贴、冬季取暖补贴、防暑降温费、婴幼儿补贴(即托儿补助)、独生子女牛奶补贴、独生子女费、"六一"儿童节给职工的独生子女补贴、工作服洗补费、献血员营养补助及其他保险福利费。

（三）劳动保护的各种支出。包括:工作服、手套等劳动保护用品,解毒剂、清凉饮料,以及按照国务院1963年7月19日劳动部等七单位规定的范围对接触有毒物质、砂尘作业、放射线作业和潜水、沉箱作业,高温作业等五类工种所享受的由劳动保护费开支的保健食品待遇。

（四）有关离休、退休、退职人员待遇的各项支出。

（五）支付给外单位人员的稿费、讲课费及其他专门工作报酬。

（六）出差补助、误餐补助。指职工出差应购卧铺票实际改乘座席的减价提成归己部分;因实行住宿费包干,实际支出费用低于标准的差价归己部分。

（七）对自带工具、牲畜来企业工作的从业人员所支付的工具、牲畜等的补偿费用。

（八）实行租赁经营单位的承租人的风险性补偿收入。

（九）职工集资入股或购买企业债券后发给职工的股息分红、

（十）劳动合同制职工解除劳动合同时由企业支付的医疗补助费、生活补助费以及一次性支付给职工的经济补偿金。

（十一）劳务派遣单位收取用工单位支付的人员工资以外的手续费和管理费。

（十二）支付给家庭工人的加工费和按加工订货办法支付给承包单位的发包费用。

（十三）支付给参加企业劳动的在校学生的补贴。

（十四）调动工作的旅费和安家费中净结余的现金。

（十五）由单位缴纳的各项社会保险、住房公积金。

（十六）支付给从保安公司招用的人员的补贴。

（十七）按照国家政策为职工建立的企业年金和补充医疗保险,其中单位按政策规定比例缴纳部分。

五、关于统一缴费基数问题

（一）参保单位缴纳基本养老保险费的基数可以为职工工资总额，也可以为本单位职工个人缴费工资基数之和，但在全省区市范围内应统一为一种核定办法。

单位职工本人缴纳基本养老保险费的基数原则上以上一年度本人月平均工资为基础，在当地职工平均工资的60%～300%的范围内进行核定。特殊情况下个人缴费基数的确定，按原劳动部办公厅《关于印发〈职工基本养老保险个人账户管理暂行办法〉的通知》（劳办发〔1997〕116号）的有关规定核定。以个人身份参保缴费基数的核定，根据各地贯彻《国务院关于完善职工基本养老保险制度的决定》（国发〔2005〕38号）的有关规定核定。

（二）参保单位缴纳基本医疗保险、失业保险、工伤保险、生育保险费的基数为职工工资总额，基本医疗保险、失业保险职工个人缴费基数为本人工资，为便于征缴可以以上一年度个人月平均工资为缴费基数。目前，一些地方为整合经办资源，实行社会保险费的统一征收和统一稽核，并将各险种单位和个人的缴费基数统一为单位和个人缴纳基本养老保险费的基数，这种做法方便了参保企业和参保人员，有利于提高稽核效率。

各级社会保险经办机构要按照本通知的规定规范社会保险缴费基数核定工作，要在规范的基础上，坚持标准，切实做好申报审核和日常稽核工作，维护广大参保人员的合法权益，确保社会保险费的应收尽收。

劳动和社会保障部社会保险事业管理中心
二〇〇六年十一月十五日

附：

关于工资总额组成的规定
国家统计局第1号令

（1989年9月30日国务院批准 1990年1月1日发布）

第一章 总则

第一条 为了统一工资总额的计算范围，保证国家对工资进行统一的统计核算和会计核算，有利于编制、检查计划和进行工资管理以及正确地反映职工的工资收入，制定本规定。

第二条 全民所有制和集体所有制企业、事业单位，各种合营单位，各级国家机关、政党机关和社会团体，在计划、统计、会计上有关工资总额范围的计算，均应遵守本规定。

第三条 工资总额是指各单位在一定时期内直接支付给本单位全部职工的劳动报酬总额。

工资总额的计算应以直接支付给职工的全部劳动报酬为根据。

第二章 工资总额的组成

第四条 工资总额由下列六个部分组成：

（一）计时工资；

（二）计件工资；

（三）奖金；

（四）津贴和补贴；

（五）加班加点工资；

（六）特殊情况下支付的工资。

第五条 计时工资是指按计时工资标准（包括地区生活费补贴）和工作时间支付给个人的劳动报酬。包括：

（一）对已做工作按计时工资标准支付的工资；
（二）实行结构工资制的单位支付给职工的基础工资和职务（岗位）工资；
（三）新参加工作职工的见习工资（学徒的生活费）；
（四）运动员体育津贴。

第六条 计件工资是指对已做工作按计件单价支付的劳动报酬。包括：
（一）实行超额累进计件、直接无限计件、限额计件、超定额计件等工资制，按劳动部门或主管部门批准的定额和计件单价支付给个人的工资；
（二）按工作任务包干方法支付给个人的工资；
（三）按营业额提成或利润提成办法支付给个人的工资。

第七条 奖金是指支付给职工的超额劳动报酬和增收节支的劳动报酬。包括：
（一）生产奖；
（二）节约奖；
（三）劳动竞赛奖；
（四）机关、事业单位的奖励工资；
（五）其他奖金。

第八条 津贴和补贴是指为了补偿职工特殊或额外的劳动消耗和因其他特殊原因支付给职工的津贴，以及为了保证职工工资水平不受物价影响支付给职工的物价补贴。
（一）津贴。包括：补偿职工特殊或额外劳动消耗的津贴，保健性津贴，技术性津贴，年功性津贴及其他津贴。
（二）物价补贴。包括：为保证职工工资水平不受物价上涨或变动影响而支付的各种补贴。

第九条 加班加点工资是指按规定支付的加班工资和加点工资。

第十条 特殊情况下支付的工资。包括：
（一）根据国家法律、法规和政策规定，因病、工伤、产假、计划生育假、婚丧假、事假、探亲假、定期休假、停工学习、执行国家或社会义务等原因按计时工资标准或计时工资标准的一定比例支付的工资；
（二）附加工资、保留工资。

第三章 工资总额不包括的项目

第十一条 下列各项不列入工资总额的范围：
（一）根据国务院发布的有关规定颁发的发明创造奖、自然科学奖、科学技术进步奖和支付的合理化建议和技术改进奖以及支付给运动员、教练员的奖金；
（二）有关劳动保险和职工福利方面的各项费用；
（三）有关离休、退休、退职人员待遇的各项支出；
（四）劳动保护的各项支出；
（五）稿费、讲课费及其他专门工作报酬；
（六）出差伙食补助费、误餐补助、调动工作的旅费和安家费；
（七）对自带工具、牲畜来企业工作职工所支付的工具、牲畜等的补偿费用；
（八）实行租赁经营单位的承租人的风险性补偿收入；
（九）对购买本企业股票和债券的职工所支付的股息（包括股金分红）和利息；
（十）劳动合同制职工解除劳动合同时由企业支付的医疗补助费、生活补助费等；
（十一）因录用临时工而在工资以外向提供劳动力单位支付的手续费或管理费；
（十二）支付给家庭工人的加工费和按加工订货办法支付给承包单位的发包费用；
（十三）支付给参加企业劳动的在校学生的补贴；
（十四）计划生育独生子女补贴。

第十二条 前条所列各项按照国家规定另行统计。

第四章 附则

第十三条 中华人民共和国境内的私营单位、华侨及港、澳、台工商业者经营单位和外商经营单位有关工资总额范围的计算，参照本规定执行。

第十四条 本规定由国家统计局负责解释。

第十五条 各地区、各部门可依据本规定制定有关工资总额组成的具体范围的规定。

第十六条 本规定自发布之日起施行。国务院一九五五年五月二十一日批准颁发的《关于工资总额组成的暂行规定》同时废止。

7. 劳动和社会保障部 民政部关于社会组织专职工作人员参加养老保险有关问题的通知

劳社部发〔2008〕11号

2008年3月18日

各省、自治区、直辖市劳动和社会保障厅（局）、民政厅（局），新疆生产建设兵团劳动和社会保障局、民政局：

为进一步完善社会保障体系，扩大养老保险覆盖范围，促进社会组织健康发展，维护劳动者合法权益，根据国家有关政策规定，现就社会组织专职工作人员参加养老保险有关问题通知如下：

一、凡依法在各级民政部门登记的社会团体（包括社会团体分支机构和代表机构）、基金会（包括基金会分支机构和代表机构）、民办非企业单位、境外非政府组织驻华代表机构及其签订聘用合同或劳动合同的专职工作人员（不包括兼职人员、劳务派遣人员、返聘的离退休人员和纳入行政事业编制的人员），按属地管理原则，参加当地企业职工基本养老保险。

二、尚未参加企业职工基本养老保险的社会组织，应在当地规定的时间内，持民政部门颁发的登记证书（如《社会团体法人登记证书》《社会团体分支机构、代表机构登记证书》《基金会法人登记证书》《基金会分支机构、代表机构登记证书》《境外基金会代表机构登记证书》或《民办非企业单位登记证书》）及参保所需的文件材料，到住所所在地社会保险经办机构办理社会保险登记手续，参加企业职工基本养老保险。本通知下发之后成立的社会组织，应当自登记注册之日起30日内办理社会保险登记手续，参加企业职工基本养老保险。

三、社会组织及其专职工作人员应按规定缴纳基本养老保险费，其中社会组织的缴费基数为全部参保专职工作人员个人缴费工资之和。

四、社会组织及其专职工作人员在本通知下发前签订聘用合同或劳动合同的，可按当地有关规定补缴基本养老保险费。

五、社会组织专职工作人员曾在机关事业单位工作的，其符合国家规定的工作年限视同为基本养老保险缴费年限；曾在企业或以个人身份参保的，要按有关规定做好养老保险关系的接续工作。

六、鼓励有条件的社会组织按照有关规定为专职工作人员建立年金制度，以提高工作人员退休后的保障水平。

切实做好社会组织专职工作人员参加养老保险工作，对保障他们的合法权益、构建和谐社会具有重要意义。各级劳动和社会保障、民政部门要密切配合，认真贯彻落实国家有关政策规定,做好组织实施工作。

劳动和社会保障部 民政部
二〇〇八年三月十八日

8. 国务院关于新农村社会养老保险试点的指导意见

国发〔2009〕32号【文件失效】
2009年9月1日

各省、自治区、直辖市人民政府,国务院各部委、各直属机构:

根据党的十七大和十七届三中全会精神,国务院决定,从2009年起开展新型农村社会养老保险(以下简称新农保)试点。现就试点工作提出以下指导意见:

一、基本原则

新农保工作要高举中国特色社会主义伟大旗帜,以邓小平理论和"三个代表"重要思想为指导,深入贯彻落实科学发展观,按照加快建立覆盖城乡居民的社会保障体系的要求,逐步解决农村居民老有所养问题。新农保试点的基本原则是"保基本、广覆盖、有弹性、可持续"。一是从农村实际出发,低水平起步,筹资标准和待遇标准要与经济发展及各方面承受能力相适应;二是个人(家庭)、集体、政府合理分担责任,权利与义务相对应;三是政府主导和农民自愿相结合,引导农村居民普遍参保;四是中央确定基本原则和主要政策,地方制订具体办法,对参保居民实行属地管理。

二、任务目标

探索建立个人缴费、集体补助、政府补贴相结合的新农保制度,实行社会统筹与个人账户相结合,与家庭养老、土地保障、社会救助等其他社会保障政策措施相配套,保障农村居民老年基本生活。2009年试点覆盖面为全国10%的县(市、区、旗),以后逐步扩大试点,在全国普遍实施,2020年之前基本实现对农村适龄居民的全覆盖。

三、参保范围

年满16周岁(不含在校学生)、未参加城镇职工基本养老保险的农村居民,可以在户籍地自愿参加新农保。

四、基金筹集

新农保基金由个人缴费、集体补助、政府补贴构成。

(一)个人缴费。参加新农保的农村居民应当按规定缴纳养老保险费。缴费标准目前设为每年100元、200元、300元、400元、500元5个档次,地方可以根据实际情况增设缴费档次。参保人自主选择档次缴费,多缴多得。国家依据农村居民人均纯收入增长等情况适时调整缴费档次。

(二)集体补助。有条件的村集体应当对参保人缴费给予补助,补助标准由村民委员会召开村民会议民主确定。鼓励其他经济组织、社会公益组织、个人为参保人缴费提供资助。

(三)政府补贴。政府对符合领取条件的参保人全额支付新农保基础养老金,其中中央财政对中西部地区按中央确定的基础养老金标准给予全额补助,对东部地区给予50%的补助。

地方政府应当对参保人缴费给予补贴,补贴标准不低于每人每年30元;对选择较高档次标准缴费的,可给予适当鼓励,具体标准和办法由省(区、市)人民政府确定。对农村重度残疾人等缴费困难群体，地方政府为其代缴部分或全部最低标准的养老保险费。

五、建立个人账户

国家为每个新农保参保人建立终身记录的养老保险个人账户。个人缴费，集体补助及其他经济组织、社会公益组织、个人对参保人缴费的资助，地方政府对参保人的缴费补贴，全部记入个人账户。个人账户储存额目前每年参考中国人民银行公布的金融机构人民币一年期存款利率计息。

六、养老金待遇

养老金待遇由基础养老金和个人账户养老金组成，支付终身。

中央确定的基础养老金标准为每人每月55元。地方政府可以根据实际情况提高基础养老金标准，对于长期缴费的农村居民，可适当加发基础养老金，提高和加发部分的资金由地方政府支出。

个人账户养老金的月计发标准为个人账户全部储存额除以139（与现行城镇职工基本养老保险个人账户养老金计发系数相同）。参保人死亡，个人账户中的资金余额，除政府补贴外，可以依法继承；政府补贴余额用于继续支付其他参保人的养老金。

七、养老金待遇领取条件

年满60周岁、未享受城镇职工基本养老保险待遇的农村有户籍的老年人，可以按月领取养老金。

新农保制度实施时，已年满60周岁、未享受城镇职工基本养老保险待遇的，不用缴费，可以按月领取基础养老金，但其符合参保条件的子女应当参保缴费；距领取年龄不足15年的，应按年缴费，也允许补缴，累计缴费不超过15年；距领取年龄超过15年的，应按年缴费，累计缴费不少于15年。

要引导中青年农民积极参保、长期缴费，长缴多得。具体办法由省（区、市）人民政府规定。

八、待遇调整

国家根据经济发展和物价变动等情况，适时调整全国新农保基础养老金的最低标准。

九、基金管理

建立健全新农保基金财务会计制度。新农保基金纳入社会保障基金财政专户，实行收支两条线管理，单独记账、核算，按有关规定实现保值增值。试点阶段，新农保基金暂实行县级管理，随着试点扩大和推开，逐步提高管理层次；有条件的地方也可直接实行省级管理。

十、基金监督

各级人力资源社会保障部门要切实履行新农保基金的监管职责，制定完善新农保各项业务管理规章制度，规范业务程序，建立健全内控制度和基金稽核制度，对基金的筹集、上解、划拨、发放进行监控和定期检查，并定期披露新农保基金筹集和支付信息，做到公开透明，加强社会监督。财政、监察、审计部门按各自职责实施监督，严禁挤占挪用，确保基金安全。试点地区新农保经办机构和村民委员会每年在行政村范围内对村内参保人缴费和待遇领取资格进行公示，接受群众监督。

十一、经办管理服务

开展新农保试点的地区，要认真记录农村居民参保缴费和领取待遇情况，建立参保档案，长期妥善保存；建立全国统一的新农保信息管理系统，纳入社会保障信息管理系统（"金保工程")建设,并与其他公民信息管理系统实现信息资源共享;要大力推行社会保障卡,方便参保人持卡缴费、领取待遇和查询本人参保信息。试点地区要按照精简效能原则,整合现有农村社会服务资源,加强新农保经办能力建设,运用现代管理方式和政府购买服务方式,降低行政成本,提高工作效率。新农保工作经费纳入同级财政预算,不得从新农保基金中开支。

十二、相关制度衔接

原来已开展以个人缴费为主、完全个人账户农村社会养老保险(以下称老农保)的地区,要在妥善处理老农保基金债权问题的基础上,做好与新农保制度衔接。在新农保试点地区,凡已参加了老农保、年满60周岁且已领取老农保养老金的参保人,可直接享受新农保基础养老金;对已参加老农保、未满60周岁且没有领取养老金的参保人,应将老农保个人账户资金并入新农保个人账户,按新农保的缴费标准继续缴费,待符合规定条件时享受相应待遇。

新农保与城镇职工基本养老保险等其他养老保险制度的衔接办法,由人力资源社会保障部会同财政部制定。要妥善做好新农保制度与被征地农民社会保障、水库移民后期扶持政策、农村计划生育家庭奖励扶助政策、农村五保供养、社会优抚、农村最低生活保障制度等政策制度的配套衔接工作,具体办法由人力资源社会保障部、财政部会同有关部门研究制订。

十三、加强组织领导

国务院成立新农保试点工作领导小组,研究制订相关政策并督促检查政策的落实情况,总结评估试点工作,协调解决试点工作中出现的问题。

地方各级人民政府要充分认识开展新农保试点工作的重大意义,将其列入当地经济社会发展规划和年度目标管理考核体系,切实加强组织领导。各级人力资源社会保障部门要切实履行新农保工作行政主管部门的职责,会同有关部门做好新农保的统筹规划、政策制定、统一管理、综合协调等工作。试点地区也要成立试点工作领导小组,负责本地区试点工作。

十四、制定具体办法和试点实施方案

省(区、市)人民政府要根据本指导意见,结合本地区实际情况,制定试点具体办法,并报国务院新农保试点工作领导小组备案;要在充分调研、多方论证、周密测算的基础上,提出切实可行的试点实施方案,按要求选择试点地区,报国务院新农保试点工作领导小组审定。试点县(市、区、旗)的试点实施方案由各省(区、市)人民政府批准后实施,并报国务院新农保试点工作领导小组备案。

十五、做好舆论宣传工作

建立新农保制度是深入贯彻落实科学发展观、加快建设覆盖城乡居民社会保障体系的重大决策,是应对国际金融危机、扩大国内消费需求的重大举措,是逐步缩小城乡差距、改变城乡二元结构、推进基本公共服务均等化的重要基础性工程,是实现广大农村居民老有所养、促进家庭和谐、增加农民收入的重大惠民政策。

各地区和有关部门要坚持正确的舆论导向,运用通俗易懂的宣传方式,加强对试点工作重要意义、基本原则和各项政策的宣传,使这项惠民政策深入人心,引导适龄农民积极参保。

各地要注意研究试点过程中出现的新情况、新问题,积极探索和总结解决新问题的办法和经验,妥善处理改革、发展和稳定的关系,把好事办好。重要情况要及时向国务院新农保试点工作领导小组报告。

备注：此文件是开展新型农村社会养老保险最早的指导性文件,后因发布了《国务院关于建立统一的城乡居民基本养老保险制度的意见》(国发〔2014〕8号),合并了农村社会养老保险和城镇居民社会养老保险的相关内容。依据《国务院关于宣布失效一批国务院文件的决定》(国发〔2015〕68号),此文件已宣布失效。为保持文件的前后接续,故在此保留了该文件。

国务院
二〇〇九年九月一日

9. 国务院办公厅关于转发人力资源社会保障部 财政部城镇企业职工基本养老保险关系转移接续暂行办法的通知

国办发〔2009〕66号
2009年12月28日

各省、自治区、直辖市人民政府,国务院各部委、各直属机构：

人力资源社会保障部、财政部《城镇企业职工基本养老保险关系转移接续暂行办法》已经国务院同意,现转发给你们,请结合实际,认真贯彻执行。

国务院办公厅
二〇〇九年十二月二十八日

城镇企业职工基本养老保险关系转移接续暂行办法

人力资源社会保障部　财政部

第一条 为切实保障参加城镇企业职工基本养老保险人员(以下简称参保人员)的合法权益,促进人力资源合理配置和有序流动,保证参保人员跨省、自治区、直辖市(以下简称跨省)流动并在城镇就业时基本养老保险关系的顺畅转移接续,制定本办法。

第二条 本办法适用于参加城镇企业职工基本养老保险的所有人员,包括农民工。已经按国家规定领取基本养老保险待遇的人员,不再转移基本养老保险关系。

第三条 参保人员跨省流动就业的,由原参保所在地社会保险经办机构(以下简称社保经办机构)开具参保缴费凭证,其基本养老保险关系应随同转移到新参保地。参保人员达到基本养老保险待遇领取条件的,其在各地的参保缴费年限合并计算,个人账户储存额(含本息,下同)累计计算;未达到待遇领取年龄前,不得终止基本养老保险关系并办理退保手续;其中出国定居和到香港、澳门、台湾地区定居的,按国家有关规定执行。

第四条 参保人员跨省流动就业转移基本养老保险关系时,按下列方法计算转移资金：

(一)个人账户储存额：1998年1月1日之前按个人缴费累计本息计算转移,1998年1月1日后按计入个人账户的全部储存额计算转移。

(二)统筹基金(单位缴费)：以本人1998年1月1日后各年度实际缴费工资为基数,按12%的总和转移,参保缴费不足1年的,按实际缴费月数计算转移。

第五条 参保人员跨省流动就业,其基本养老保险关系转移接续按下列规定办理：

(一)参保人员返回户籍所在地(指省、自治区、直辖市,下同)就业参保的,户籍所在地的相关社保经办机构应为其及时办理转移接续手续。

(二)参保人员未返回户籍所在地就业参保的,由新参保地的社保经办机构为其及时办理转移接续手续。但对男性年满50周岁和女性年满40周岁的,应在原参保地继续保留基本养老保险关系,同时在新参保地建立临时基本养老保险缴费账户,记录单位和个人全部缴费。参保人员再次跨省流动就业或在新参保地达到待遇领取条件时,将临时基本养老保险缴费账户中的全部缴费本息,转移归集到原参保地或待遇领取地。

(三)参保人员经县级以上党委组织部门、人力资源社会保障行政部门批准调动,且与调入单位建立劳动关系并缴纳基本养老保险费的,不受以上年龄规定限制,应在调入地及时办理基本养老保险关系转移接续手续。

第六条 跨省流动就业的参保人员达到待遇领取条件时,按下列规定确定其待遇领取地:

(一)基本养老保险关系在户籍所在地的,由户籍所在地负责办理待遇领取手续,享受基本养老保险待遇。

(二)基本养老保险关系不在户籍所在地,而在其基本养老保险关系所在地累计缴费年限满10年的,在该地办理待遇领取手续,享受当地基本养老保险待遇。

(三)基本养老保险关系不在户籍所在地,且其基本养老保险关系所在地累计缴费年限不满10年的,将其基本养老保险关系转回上一个缴费年限满10年的原参保地办理待遇领取手续,享受基本养老保险待遇。

(四)基本养老保险关系不在户籍所在地,且在每个参保地的累计缴费年限均不满10年的,将其基本养老保险关系及相应资金归集到户籍所在地,由户籍所在地按规定办理待遇领取手续,享受基本养老保险待遇。

第七条 参保人员转移接续基本养老保险关系后,符合待遇领取条件的,按照《国务院关于完善企业职工基本养老保险制度的决定》(国发〔2005〕38号)的规定,以本人各年度缴费工资、缴费年限和待遇领取地对应的各年度在岗职工平均工资计算其基本养老金。

第八条 参保人员跨省流动就业的,按下列程序办理基本养老保险关系转移接续手续:

(一)参保人员在新就业地按规定建立基本养老保险关系和缴费后,由用人单位或参保人员向新参保地社保经办机构提出基本养老保险关系转移接续的书面申请。

(二)新参保地社保经办机构在15个工作日内,审核转移接续申请,对符合本办法规定条件的,向参保人员原基本养老保险关系所在地的社保经办机构发出同意接收函,并提供相关信息;对不符合转移接续条件的,向申请单位或参保人员作出书面说明。

(三)原基本养老保险关系所在地社保经办机构在接到同意接收函的15个工作日内,办理好转移接续的各项手续。

(四)新参保地社保经办机构在收到参保人员原基本养老保险关系所在地社保经办机构转移的基本养老保险关系和资金后,应在15个工作日内办结有关手续,并将确认情况及时通知用人单位或参保人员。

第九条 农民工中断就业或返乡没有继续缴费的,由原参保地社保经办机构保留其基本养老保险关系,保存其全部参保缴费记录及个人账户,个人账户储存额继续按规定计息。农民工返回城镇就业并继续参保缴费的,无论其回到原参保地就业还是到其他城镇就业,均按前述规定累计计算其缴费年限,合并计算其个人账户储存额,符合待遇领取条件的,与城镇职工同样享受基本养老保险待遇;农民工不再返回城镇就业的,其在城镇参保缴费记录及个人账户全部有效,并根据农民工的实际情况,或在其达到规定领取条件时享受城镇职工基本养老保险待遇,或转入新型农村社会养老保险。

农民工在城镇参加企业职工基本养老保险与在农村参加新型农村社会养老保险的衔接政策,另行研究制定。

第十条 建立全国县级以上社保经办机构联系方式信息库,并向社会公布,方便参保人员查询参保缴费情况,办理基本养老保险关系转移接续手续。加快建立全国统一的基本养老保险参保缴费信息查询服务系统,发行全国通用的社会保障卡,为参保人员查询参保缴费信息提供便捷有效的技术服务。

第十一条 各地已制定的跨省基本养老保险关系转移接续相关政策与本办法规定不符的,以本办法规定为准。在省、自治区、直辖市内的基本养老保险关系转移接续办法,由各省级人民政府参照本办法制定,并报人力资源社会保障部备案。

第十二条 本办法所称缴费年限,除另有特殊规定外,均包括视同缴费年限。

第十三条 本办法从 2010 年 1 月 1 日起施行。

10. 关于妥善解决宗教教职人员社会保障问题的意见

国宗发〔2010〕8 号
2010 年 2 月 10 日

各省、自治区、直辖市政府宗教局、人力资源和社会保障厅(局)、财政厅(局)、民政厅(局)、卫生厅(局),新疆生产建设兵团民宗局、人力资源和社会保障局、财务局、民政局、卫生局:

宗教教职人员在宣传贯彻党的宗教信仰自由政策、团结教育信教群众、维护宗教和睦、促进社会和谐、推动宗教与社会主义社会相适应等方面发挥着重要作用。妥善解决好他们的社会保障问题,解除他们的后顾之忧,使他们病有所医、老有所养,具有重要意义。现就宗教教职人员社会保障问题提出以下意见。

一、适用范围

按照各宗教团体宗教教职人员认定办法认定并报政府宗教事务部门备案的宗教教职人员。

二、基本原则

(一)属地原则。宗教团体、宗教院校和宗教活动场所所在的地区,要按照属地管理原则,将宗教教职人员纳入当地社会保障覆盖范围。宗教团体、宗教院校和宗教活动场所可作为一个单位参加社会保障。

(二)自愿原则。在尊重宗教教义教规基础上,宗教教职人员自愿参加医疗、养老、失业、工伤、生育等社会保障。先行解决宗教教职人员的城乡低保和基本医疗保障问题,逐步解决养老保障问题。

(三)权利与义务对等原则。宗教教职人员应履行缴费义务,按时足额缴纳社会保险费,按国家有关规定享受社会保险待遇。

三、保障办法

(一)最低生活保障和农村五保供养问题。宗教教职人员符合当地最低生活保障条件的,应纳入城乡最低生活保障范围,做到应保尽保。符合农村五保供养条件的宗教教职人员,应纳入农村五保供养范围。在核定救助对象时,对长期脱离家庭独自生活的宗教教职人员,可按一户核算。

(二)基本医疗保障问题。宗教团体、宗教院校的宗教教职人员参加本宗教团体、宗教院校所在地的城镇职工基本医疗保险。宗教活动场所的宗教教职人员按照属地原则,在宗教活动场所所在地参加城镇职工基本医疗保险或城镇居民基本医疗保险或新型农村合作医疗。宗教团体、宗教院校不具备宗教教职人员身份的专职工作人员按照国务院《关于建立城镇职工基本医疗保险制度的决定》(国发〔1998〕44号)的规定参加城镇职工基本医疗保险。在宗教院校接受全日制教育的学生,可参照国务院办公厅《关于将大学生纳入城镇居民基本医疗保险试点范围的指导意见》(国办发〔2008〕119号)参加城镇居民基本医疗保险。符合条件的宗教教职人员,可按国家规定享受城乡医疗救助待遇。

(三)基本养老保险问题。宗教团体、宗教院校和宗教活动场所的宗教教职人员可自愿参加当地企业职工基本养老保险,宗教教职人员也可以个人身份参保。在农村地区的宗教活动场所的宗教教职人员也可按国家有关规定参加新型农村社会养老保险。宗教教职人员享受基本养老金的年龄为年满60周岁。宗教团体、宗教院校不具备宗教教职人员身份的专职工作人员参照原劳动和社会保障部、民政部《关于社会组织专职工作人员参加养老保险有关问题的通知》(劳社部发〔2008〕11号)的规定参加企业职工基本养老保险。

(四)宗教教职人员参加社会保障的缴费问题。宗教教职人员参加社会保障的缴费基数、比例,由各地按照国家有关规定确定。对参加城镇居民基本医疗保险、新型农村合作医疗和新型农村社会养老保险的宗教教职人员,政府按规定给予补助,个人按规定缴费并享受相应待遇。地方政府可对宗教教职人员参加企业职工基本养老保险给予一定支持,具体办法由各省、自治区、直辖市制定。

四、组织实施

宗教教职人员社会保障工作由各级政府宗教事务部门牵头协调,各级政府人力资源社会保障、财政、民政、卫生等相关部门在各自职责范围内做好组织实施工作。各省、自治区、直辖市政府宗教事务部门会同有关部门结合当地实际制定具体实施办法。

五、加强领导

宗教教职人员社会保障工作政治性、政策性强,影响面广,具有一定的特殊性、复杂性。各地要高度重视,统一思想,提高认识,加强领导,落实经费,明确一位分管领导具体负责,成立工作班子,抓好落实,力争在2010年年底前完成此项工作。中央有关部门要加强指导、督促和检查。各地落实情况要及时上报中央有关部门。

国家宗教事务局

人力资源和社会保障部

财政部

民政部

卫生部

二○一○年二月十日

11. 国务院关于开展城镇居民社会养老保险试点的指导意见

国发〔2011〕18号

2011年6月7日

各省、自治区、直辖市人民政府,国务院各部委、各直属机构:

根据党的十七大精神和《中华人民共和国国民经济和社会发展第十二个五年规划纲要》

《中华人民共和国社会保险法》的规定,国务院决定,从 2011 年起开展城镇居民社会养老保险(以下简称城镇居民养老保险)试点。现就试点工作提出以下指导意见:

一、基本原则

城镇居民养老保险工作要高举中国特色社会主义伟大旗帜,以邓小平理论和"三个代表"重要思想为指导,深入贯彻落实科学发展观,按照加快建立覆盖城乡居民的社会保障体系的要求,逐步解决城镇无养老保障居民的老有所养问题。城镇居民养老保险试点的基本原则是"保基本、广覆盖、有弹性、可持续"。一是从城镇居民的实际情况出发,低水平起步,筹资标准和待遇标准要与经济发展及各方面承受能力相适应;二是个人(家庭)和政府合理分担责任,权利与义务相对应;三是政府主导和居民自愿相结合,引导城镇居民普遍参保;四是中央确定基本原则和主要政策,地方制定具体办法,城镇居民养老保险实行属地管理。

二、任务目标

建立个人缴费、政府补贴相结合的城镇居民养老保险制度,实行社会统筹和个人账户相结合,与家庭养老、社会救助、社会福利等其他社会保障政策相配套,保障城镇居民老年基本生活。2011 年 7 月 1 日启动试点工作,实施范围与新型农村社会养老保险(以下简称新农保)试点基本一致,2012 年基本实现城镇居民养老保险制度全覆盖。

三、参保范围

年满 16 周岁(不含在校学生)、不符合职工基本养老保险参保条件的城镇非从业居民,可以在户籍地自愿参加城镇居民养老保险。

四、基金筹集

城镇居民养老保险基金主要由个人缴费和政府补贴构成。

(一)个人缴费。参加城镇居民养老保险的城镇居民应当按规定缴纳养老保险费。缴费标准目前设为每年 100 元、200 元、300 元、400 元、500 元、600 元、700 元、800 元、900 元、1 000 元 10 个档次,地方人民政府可以根据实际情况增设缴费档次。参保人自主选择档次缴费,多缴多得。国家依据经济发展和城镇居民人均可支配收入增长等情况适时调整缴费档次。

(二)政府补贴。政府对符合待遇领取条件的参保人全额支付城镇居民养老保险基础养老金。其中,中央财政对中西部地区按中央确定的基础养老金标准给予全额补助,对东部地区给予 50% 的补助。

地方人民政府应对参保人员缴费给予补贴,补贴标准不低于每人每年 30 元;对选择较高档次标准缴费的,可给予适当鼓励,具体标准和办法由省(区、市)人民政府确定。对城镇重度残疾人等缴费困难群体,地方人民政府为其代缴部分或全部最低标准的养老保险费。

(三)鼓励其他经济组织、社会组织和个人为参保人缴费提供资助。

五、建立个人账户

国家为每个参保人员建立终身记录的养老保险个人账户。个人缴费、地方人民政府对参保人的缴费补贴及其他来源的缴费资助,全部记入个人账户。个人账户储存额目前每年参考中国人民银行公布的金融机构人民币一年期存款利率计息。

六、养老金待遇

养老金待遇由基础养老金和个人账户养老金构成,支付终身。

中央确定的基础养老金标准为每人每月 55 元。地方人民政府可以根据实际情况提高基础养老金标准,对于长期缴费的城镇居民,可适当加发基础养老金,提高和加发部分的资金由地方人民政府支出。

个人账户养老金的月计发标准为个人账户储存额除以139(与现行职工基本养老保险及新农保个人账户养老金计发系数相同)。参保人员死亡,个人账户中的资金余额,除政府补贴外,可以依法继承;政府补贴余额用于继续支付其他参保人的养老金。

七、养老金待遇领取条件

参加城镇居民养老保险的城镇居民,年满60周岁,可按月领取养老金。

城镇居民养老保险制度实施时,已年满60周岁,未享受职工基本养老保险待遇以及国家规定的其他养老待遇的,不用缴费,可按月领取基础养老金;距领取年龄不足15年的,应按年缴费,也允许补缴,累计缴费不超过15年;距领取年龄超过15年的,应按年缴费,累计缴费不少于15年。

要引导城镇居民积极参保、长期缴费,长缴多得;引导城镇居民养老保险待遇领取人员的子女按规定参保缴费。具体办法由省(区、市)人民政府规定。

八、待遇调整

国家根据经济发展和物价变动等情况,适时调整全国城镇居民养老保险基础养老金的最低标准。

九、基金管理

建立健全城镇居民养老保险基金财务会计制度。城镇居民养老保险基金纳入社会保障基金财政专户,实行收支两条线管理,单独记账、核算,按有关规定实现保值增值。试点阶段,城镇居民养老保险基金暂以试点县(区、市、旗,以下简称试点县)为单位管理,随着试点扩大和推开,逐步提高管理层次;有条件的地方也可直接实行省级管理。

十、基金监督

各级人力资源社会保障部门要切实履行城镇居民养老保险基金的监管职责,制定完善城镇居民养老保险各项业务管理规章制度,规范业务程序,建立健全内控制度和基金稽核制度,对基金的筹集、上解、划拨、发放进行监控和定期检查,并定期披露城镇居民养老保险基金筹集和支付信息,做到公开透明,加强社会监督。财政、监察、审计部门按各自职责实施监督,严禁挤占挪用,确保基金安全。试点地区社会保险经办机构和居委会每年在社区范围内对城镇居民的待遇领取资格进行公示,接受群众监督。

十一、经办管理服务

开展城镇居民养老保险试点的地区,要认真记录城镇居民参保缴费和领取待遇情况,建立参保档案,长期妥善保存;建立全国统一的城镇居民养老保险信息管理系统,与职工基本养老保险、新农保信息管理系统整合,纳入社会保障信息管理系统("金保工程")建设,并与其他公民信息管理系统实现信息资源共享;要大力推行社会保障卡,方便参保人持卡缴费、领取待遇和查询本人参保信息。试点地区要按照精简效能原则,整合现有社会保险经办管理资源,建立健全统一的新农保与城镇居民养老保险经办机构,加强经办能力建设。城镇居民养老保险工作经费纳入同级财政预算,不得从城镇居民养老保险基金中开支。

十二、相关制度衔接

有条件的地方,城镇居民养老保险应与新农保合并实施。其他地方应积极创造条件将两项制度合并实施。城镇居民养老保险与职工基本养老保险等其他养老保险制度的衔接办法，由人力资源社会保障部会同财政部制定。要妥善做好城镇居民养老保险制度与城镇居民最低生活保障、社会优抚等政策制度的配套衔接工作，具体办法由人力资源社会保障部、财政部会同有关部门研究制定。

十三、加强组织领导

城镇居民养老保险试点工作由国务院新型农村和城镇居民社会养老保险试点工作领导小组（以下简称国务院试点工作领导小组）统一领导，组织实施。国务院试点工作领导小组研究制定相关政策并督促检查政策的落实情况，总结评估试点工作，协调解决试点工作中出现的问题。

地方各级人民政府要充分认识开展城镇居民养老保险试点工作的重大意义，将其列入当地经济社会发展规划和年度目标管理考核体系，切实加强组织领导。各级人力资源社会保障部门要切实履行城镇居民养老保险工作行政主管部门的职责，会同有关部门做好城镇居民养老保险的统筹规划、政策制定、统一管理、综合协调等工作。试点地区试点工作领导小组负责本地区试点工作。

十四、制定具体办法和试点实施方案

各省（区、市）人民政府要根据本指导意见，结合本地区实际情况，制定试点具体实施办法，并报国务院试点工作领导小组备案；要在充分调研、多方论证、周密测算的基础上，提出切实可行的试点实施方案，按要求选择试点地区，报国务院试点工作领导小组审定。试点县的试点实施方案由各省（区、市）人民政府批准后实施，并报国务院试点工作领导小组备案。

十五、做好舆论宣传工作

建立城镇居民养老保险制度是深入贯彻落实科学发展观、加快建设覆盖城乡居民社会保障体系的重大决策，是调整收入分配结构、扩大国内消费需求的重大举措，是统筹城乡发展、推进基本公共服务均等化的重要政策，是实现广大城镇居民老有所养，促进家庭和睦、社会和谐的重大民生工程。

各地区和有关部门要坚持正确的舆论导向，加强对试点工作重要意义、基本原则和各项政策的宣传，使这项惠民政策深入人心，引导符合条件的城镇居民积极参保。同时，要弘扬中华民族敬老、养老的美德，引导子女依法履行赡养老人的义务。

各地要注意研究试点过程中出现的新情况、新问题，积极探索和总结解决问题的办法和经验，妥善处理改革、发展和稳定的关系，把好事办好。重要情况要及时向国务院试点工作领导小组报告。

国务院
二〇一一年六月七日

12. 国务院关于建立统一的城乡居民基本养老保险制度的意见

国发〔2014〕8号
2014年2月21日

各省、自治区、直辖市人民政府，国务院各部委、各直属机构：

按照党的十八大精神和十八届三中全会关于整合城乡居民基本养老保险制度的要求，依据《中华人民共和国社会保险法》有关规定，在总结新型农村社会养老保险（以下简称新农保）和城镇居民社会养老保险（以下简称城居保）试点经验的基础上，国务院决定，将新农保

和城居保两项制度合并实施,在全国范围内建立统一的城乡居民基本养老保险(以下简称城乡居民养老保险)制度。现提出以下意见:

一、指导思想

高举中国特色社会主义伟大旗帜,以邓小平理论、"三个代表"重要思想、科学发展观为指导,贯彻落实党中央和国务院的各项决策部署,按照全覆盖、保基本、有弹性、可持续的方针,以增强公平性、适应流动性、保证可持续性为重点,全面推进和不断完善覆盖全体城乡居民的基本养老保险制度,充分发挥社会保险对保障人民基本生活、调节社会收入分配、促进城乡经济社会协调发展的重要作用。

二、任务目标

坚持和完善社会统筹与个人账户相结合的制度模式,巩固和拓宽个人缴费、集体补助、政府补贴相结合的资金筹集渠道,完善基础养老金和个人账户养老金相结合的待遇支付政策,强化长缴多得、多缴多得等制度的激励机制,建立基础养老金正常调整机制,健全服务网络,提高管理水平,为参保居民提供方便快捷的服务。"十二五"末,在全国基本实现新农保和城居保制度合并实施,并与职工基本养老保险制度相衔接。2020年前,全面建成公平、统一、规范的城乡居民养老保险制度,与社会救助、社会福利等其他社会保障政策相配套,充分发挥家庭养老等传统保障方式的积极作用,更好保障参保城乡居民的老年基本生活。

三、参保范围

年满16周岁(不含在校学生),非国家机关和事业单位工作人员及不属于职工基本养老保险制度覆盖范围的城乡居民,可以在户籍地参加城乡居民养老保险。

四、基金筹集

城乡居民养老保险基金由个人缴费、集体补助、政府补贴构成。

(一)个人缴费。

参加城乡居民养老保险的人员应当按规定缴纳养老保险费。缴费标准目前设为每年100元、200元、300元、400元、500元、600元、700元、800元、900元、1 000元、1 500元、2 000元12个档次,省(区、市)人民政府可以根据实际情况增设缴费档次,最高缴费档次标准原则上不超过当地灵活就业人员参加职工基本养老保险的年缴费额,并报人力资源社会保障部备案。人力资源社会保障部会同财政部依据城乡居民收入增长等情况适时调整缴费档次标准。参保人自主选择档次缴费,多缴多得。

(二)集体补助。

有条件的村集体经济组织应当对参保人缴费给予补助,补助标准由村民委员会召开村民会议民主确定,鼓励有条件的社区将集体补助纳入社区公益事业资金筹集范围。鼓励其他社会经济组织、公益慈善组织、个人为参保人缴费提供资助。补助、资助金额不超过当地设定的最高缴费档次标准。

(三)政府补贴。

政府对符合领取城乡居民养老保险待遇条件的参保人全额支付基础养老金,其中,中央财政对中西部地区按中央确定的基础养老金标准给予全额补助,对东部地区给予50%的补助。

地方人民政府应当对参保人缴费给予补贴,对选择最低档次标准缴费的,补贴标准不低于每人每年30元;对选择较高档次标准缴费的,适当增加补贴金额;对选择500元及以上档次标准缴费的,补贴标准不低于每人每年60元,具体标准和办法由省(区、市)人民政府确定。对重度残疾人等缴费困难群体,地方人民政府为其代缴部分或全部最低标准的养老保险费。

五、建立个人账户

国家为每个参保人员建立终身记录的养老保险个人账户,个人缴费、地方人民政府对参保人的缴费补贴、集体补助及其他社会经济组织、公益慈善组织、个人对参保人的缴费资助,全部记入个人账户。个人账户储存额按国家规定计息。

六、养老保险待遇及调整

城乡居民养老保险待遇由基础养老金和个人账户养老金构成,支付终身。

(一)基础养老金。中央确定基础养老金最低标准,建立基础养老金最低标准正常调整机制,根据经济发展和物价变动等情况,适时调整全国基础养老金最低标准。地方人民政府可以根据实际情况适当提高基础养老金标准;对长期缴费的,可适当加发基础养老金,提高和加发部分的资金由地方人民政府支出,具体办法由省(区、市)人民政府规定,并报人力资源社会保障部备案。

(二)个人账户养老金。个人账户养老金的月计发标准,目前为个人账户全部储存额除以139(与现行职工基本养老保险个人账户养老金计发系数相同)。参保人死亡,个人账户资金余额可以依法继承。

七、养老保险待遇领取条件

参加城乡居民养老保险的个人,年满60周岁、累计缴费满15年,且未领取国家规定的基本养老保障待遇的,可以按月领取城乡居民养老保险待遇。

新农保或城居保制度实施时已年满60周岁,在本意见印发之日前未领取国家规定的基本养老保障待遇的,不用缴费,自本意见实施之月起,可以按月领取城乡居民养老保险基础养老金;距规定领取年龄不足15年的,应逐年缴费,也允许补缴,累计缴费不超过15年;距规定领取年龄超过15年的,应按年缴费,累计缴费不少于15年。

城乡居民养老保险待遇领取人员死亡的,从次月起停止支付其养老金。有条件的地方人民政府可以结合本地实际探索建立丧葬补助金制度。社会保险经办机构应每年对城乡居民养老保险待遇领取人员进行核对;村(居)民委员会要协助社会保险经办机构开展工作,在行政村(社区)范围内对参保人待遇领取资格进行公示,并与职工基本养老保险待遇等领取记录进行比对,确保不重、不漏、不错。

八、转移接续与制度衔接

参加城乡居民养老保险的人员,在缴费期间户籍迁移、需要跨地区转移城乡居民养老保险关系的,可在迁入地申请转移养老保险关系,一次性转移个人账户全部储存额,并按迁入地规定继续参保缴费,缴费年限累计计算;已经按规定领取城乡居民养老保险待遇的,无论户籍是否迁移,其养老保险关系不转移。

城乡居民养老保险制度与职工基本养老保险、优抚安置、城乡居民最低生活保障、农村五保供养等社会保障制度以及农村部分计划生育家庭奖励扶助制度的衔接,按有关规定执行。

九、基金管理和运营

将新农保基金和城居保基金合并为城乡居民养老保险基金,完善城乡居民养老保险基金财务会计制度和各项业务管理规章制度。城乡居民养老保险基金纳入社会保障基金财政专户,实行收支两条线管理,单独记账、独立核算,任何地区、部门、单位和个人均不得挤占挪用、虚报冒领。各地要在整合城乡居民养老保险制度的基础上,逐步推进城乡居民养老保险基金省级管理。

城乡居民养老保险基金按照国家统一规定投资运营,实现保值增值。

十、基金监督

各级人力资源社会保障部门要会同有关部门认真履行监管职责,建立健全内控制度和基金稽核监督制度,对基金的筹集、上解、划拨、发放、存储、管理等进行监控和检查,并按规定披露信息,接受社会监督。财政部门、审计部门按各自职责,对基金的收支、管理和投资运营情况实施监督。对虚报冒领、挤占挪用、贪污浪费等违纪违法行为,有关部门按国家有关法律法规严肃处理。要积极探索有村(居)民代表参加的社会监督的有效方式,做到基金公开透明,制度在阳光下运行。

十一、经办管理服务与信息化建设

省(区、市)人民政府要切实加强城乡居民养老保险经办能力建设,结合本地实际,科学整合现有公共服务资源和社会保险经办管理资源,充实加强基层经办力量,做到精确管理、便捷服务。要注重运用现代管理方式和政府购买服务方式,降低行政成本,提高工作效率。要加强城乡居民养老保险工作人员专业培训,不断提高公共服务水平。社会保险经办机构要认真记录参保人缴费和领取待遇情况,建立参保档案,按规定妥善保存。地方人民政府要为经办机构提供必要的工作场地、设施设备、经费保障。城乡居民养老保险工作经费纳入同级财政预算,不得从城乡居民养老保险基金中开支。基层财政确有困难的地区,省市级财政可给予适当补助。

各地要在现有新农保和城居保业务管理系统基础上,整合形成省级集中的城乡居民养老保险信息管理系统,纳入"金保工程"建设,并与其他公民信息管理系统实现信息资源共享;要将信息网络向基层延伸,实现省、市、县、乡镇(街道)、社区实时联网,有条件的地区可延伸到行政村;要大力推行全国统一的社会保障卡,方便参保人持卡缴费、领取待遇和查询本人参保信息。

十二、加强组织领导和政策宣传

地方各级人民政府要充分认识建立城乡居民养老保险制度的重要性,将其列入当地经济社会发展规划和年度目标管理考核体系,切实加强组织领导;要优化财政支出结构,加大财政投入,为城乡居民养老保险制度建设提供必要的财力保障。各级人力资源社会保障部门要切实履行主管部门职责,会同有关部门做好城乡居民养老保险工作的统筹规划和政策制定、统一管理、综合协调、监督检查等工作。

各地区和有关部门要认真做好城乡居民养老保险政策宣传工作,全面准确地宣传解读政策,正确把握舆论导向,注重运用通俗易懂的语言和群众易于接受的方式,深入基层开展宣传活动,引导城乡居民踊跃参保、持续缴费、增加积累,保障参保人的合法权益。

各省(区、市)人民政府要根据本意见,结合本地区实际情况,制定具体实施办法,并报人力资源社会保障部备案。

本意见自印发之日起实施,已有规定与本意见不一致的,按本意见执行。

国务院
2014 年 2 月 21 日

13. 国务院关于机关事业单位工作人员养老保险制度改革的决定

国发〔2015〕2 号
2015 年 1 月 3 日

各省、自治区、直辖市人民政府,国务院各部委、各直属机构:

按照党的十八大和十八届三中、四中全会精神,根据《中华人民共和国社会保险法》等相关规定,为统筹城乡社会保障体系建设,建立更加公平、可持续的养老保险制度,国务院决定改革机关事业单位工作人员养老保险制度。

一、改革的目标和基本原则。以邓小平理论、"三个代表"重要思想、科学发展观为指导,深入贯彻党的十八大、十八届三中、四中全会精神和党中央、国务院决策部署,坚持全覆盖、保基本、多层次、可持续方针,以增强公平性、适应流动性、保证可持续性为重点,改革现行机关事业单位工作人员退休保障制度,逐步建立独立于机关事业单位之外、资金来源多渠道、保障方式多层次、管理服务社会化的养老保险体系。改革应遵循以下基本原则:

(一)公平与效率相结合。既体现国民收入再分配更加注重公平的要求,又体现工作人员之间贡献大小差别,建立待遇与缴费挂钩机制,多缴多得、长缴多得,提高单位和职工参保缴费的积极性。

(二)权利与义务相对应。机关事业单位工作人员要按照国家规定切实履行缴费义务,享受相应的养老保险待遇,形成责任共担、统筹互济的养老保险筹资和分配机制。

(三)保障水平与经济发展水平相适应。立足社会主义初级阶段基本国情,合理确定基本养老保险筹资和待遇水平,切实保障退休人员基本生活,促进基本养老保险制度可持续发展。

(四)改革前与改革后待遇水平相衔接。立足增量改革,实现平稳过渡。对改革前已退休人员,保持现有待遇并参加今后的待遇调整;对改革后参加工作的人员,通过建立新机制,实现待遇的合理衔接;对改革前参加工作、改革后退休的人员,通过实行过渡性措施,保持待遇水平不降低。

(五)解决突出矛盾与保证可持续发展相促进。统筹规划、合理安排、量力而行,准确把握改革的节奏和力度,先行解决目前城镇职工基本养老保险制度不统一的突出矛盾,再结合养老保险顶层设计,坚持精算平衡,逐步完善相关制度和政策。

二、改革的范围。本决定适用于按照公务员法管理的单位、参照公务员法管理的机关(单位)、事业单位及其编制内的工作人员。

三、实行社会统筹与个人账户相结合的基本养老保险制度。基本养老保险费由单位和个人共同负担。单位缴纳基本养老保险费(以下简称单位缴费)的比例为本单位工资总额的20%,个人缴纳基本养老保险费(以下简称个人缴费)的比例为本人缴费工资的8%,由单位代扣。按本人缴费工资8%的数额建立基本养老保险个人账户,全部由个人缴费形成。个人工资超过当地上年度在岗职工平均工资300%以上的部分,不计入个人缴费工资基数;低于当地上年度在岗职工平均工资60%的,按当地在岗职工平均工资的60%计算个人缴费工资基数。

个人账户储存额只用于工作人员养老,不得提前支取,每年按照国家统一公布的记账利率计算利息，免征利息税。参保人员死亡的，个人账户余额可以依法继承。

四、改革基本养老金计发办法。本决定实施后参加工作、个人缴费年限累计满15年的人员，退休后按月发给基本养老金。基本养老金由基础养老金和个人账户养老金组成。退休时的基础养老金月标准以当地上年度在岗职工月平均工资和本人指数化月平均缴费工资的平均值为基数，缴费每满1年发给1%。个人账户养老金月标准为个人账户储存额除以计发月数，计发月数根据本人退休时城镇人口平均预期寿命、本人退休年龄、利息等因素确定（详见附件）。

本决定实施前参加工作、实施后退休且缴费年限（含视同缴费年限，下同）累计满15年的人员，按照合理衔接、平稳过渡的原则，在发给基础养老金和个人账户养老金的基础上，再依据视同缴费年限长短发给过渡性养老金。具体办法由人力资源社会保障部会同有关部门制定并指导实施。

本决定实施后达到退休年龄但个人缴费年限累计不满15年的人员，其基本养老保险关系处理和基本养老金计发比照《实施〈中华人民共和国社会保险法〉若干规定》（人力资源社会保障部令第13号）执行。

本决定实施前已经退休的人员，继续按照国家规定的原待遇标准发放基本养老金，同时执行基本养老金调整办法。

机关事业单位离休人员仍按照国家统一规定发给离休费，并调整相关待遇。

五、建立基本养老金正常调整机制。根据职工工资增长和物价变动等情况，统筹安排机关事业单位和企业退休人员的基本养老金调整，逐步建立兼顾各类人员的养老保险待遇正常调整机制，分享经济社会发展成果，保障退休人员基本生活。

六、加强基金管理和监督。建立健全基本养老保险基金省级统筹；暂不具备条件的，可先实行省级基金调剂制度，明确各级人民政府征收、管理和支付的责任。机关事业单位基本养老保险基金单独建账，与企业职工基本养老保险基金分别管理使用。基金实行严格的预算管理，纳入社会保障基金财政专户，实行收支两条线管理，专款专用。依法加强基金监管，确保基金安全。

七、做好养老保险关系转移接续工作。参保人员在同一统筹范围内的机关事业单位之间流动，只转移养老保险关系，不转移基金。参保人员跨统筹范围流动或在机关事业单位与企业之间流动，在转移养老保险关系的同时，基本养老保险个人账户储存额随同转移，并以本人改革后各年度实际缴费工资为基数，按12%的总和转移基金，参保缴费不足1年的，按实际缴费月数计算转移基金。转移后基本养老保险缴费年限（含视同缴费年限）、个人账户储存额累计计算。

八、建立职业年金制度。机关事业单位在参加基本养老保险的基础上，应当为其工作人员建立职业年金。单位按本单位工资总额的8%缴费，个人按本人缴费工资的4%缴费。工作人员退休后，按月领取职业年金待遇。职业年金的具体办法由人力资源社会保障部、财政部制定。

九、建立健全确保养老金发放的筹资机制。机关事业单位及其工作人员应按规定及时足额缴纳养老保险费。各级社会保险征缴机构应切实加强基金征缴，做到应收尽收。各级政府应积极调整和优化财政支出结构，加大社会保障资金投入，确保基本养老金按时足额发放，同时为建立职业年金制度提供相应的经费保障，确保机关事业单位养老保险制度改革平稳推进。

十、逐步实行社会化管理服务。提高机关事业单位社会保险社会化管理服务水平,普遍发放全国统一的社会保障卡,实行基本养老金社会化发放。加强街道、社区人力资源社会保障工作平台建设,加快老年服务设施和服务网络建设,为退休人员提供方便快捷的服务。

十一、提高社会保险经办管理水平。各地要根据机关事业单位工作人员养老保险制度改革的实际需要,加强社会保险经办机构能力建设,适当充实工作人员,提供必要的经费和服务设施。人力资源社会保障部负责在京中央国家机关及所属事业单位基本养老保险的管理工作,同时集中受托管理其职业年金基金。中央国家机关所属京外单位的基本养老保险实行属地化管理。社会保险经办机构应做好机关事业单位养老保险参保登记、缴费申报、关系转移、待遇核定和支付等工作。要按照国家统一制定的业务经办流程和信息管理系统建设要求,建立健全管理制度,由省级统一集中管理数据资源,实现规范化、信息化和专业化管理,不断提高工作效率和服务质量。

十二、加强组织领导。改革机关事业单位工作人员养老保险制度,直接关系广大机关事业单位工作人员的切身利益,是一项涉及面广、政策性强的工作。各地区、各部门要充分认识改革工作的重大意义,切实加强领导,精心组织实施,向机关事业单位工作人员和社会各界准确解读改革的目标和政策,正确引导舆论,确保此项改革顺利进行。各地区、各部门要按照本决定制定具体的实施意见和办法,报人力资源社会保障部、财政部备案后实施。人力资源社会保障部要会同有关部门制定贯彻本决定的实施意见,加强对改革工作的协调和指导,及时研究解决改革中遇到的问题,确保本决定的贯彻实施。

本决定自2014年10月1日起实施,已有规定与本决定不一致的,按照本决定执行。

国务院
2015年1月3日

附件:个人账户养老金计发月数表

附件:

个人账户养老金计发月数表

退休年龄	计发月数	退休年龄	计发月数
40	233	56	164
41	230	57	158
42	226	58	152
43	223	59	145
44	220	60	139
45	216	61	132
46	212	62	125
47	207	63	117
48	204	64	109
49	199	65	101
50	195	66	93
51	190	67	84
52	185	68	75
53	180	69	65
54	175	70	56
55	170		

14. 人力资源社会保障部 财政部关于阶段性降低社会保险费率的通知

人社部发〔2016〕36号

2016年4月14日

正文详见本书第165页同文件。

15. 人力资源社会保障部关于城镇企业职工基本养老保险关系转移接续若干问题的通知

人社部规〔2016〕5号

2016年11月28日

各省、自治区、直辖市及新疆生产建设兵团人力资源社会保障厅（局）：

国务院办公厅转发的人力资源社会保障部、财政部《城镇企业职工基本养老保险关系转移接续暂行办法》（国办发〔2009〕66号，以下简称《暂行办法》）实施以来，跨省流动就业人员的养老保险关系转移接续工作总体运行平稳，较好地保障了参保人员的养老保险权益。但在实施过程中，也出现了一些新情况和新问题，导致部分参保人员养老保险关系转移接续存在困难。为进一步做好城镇企业职工养老保险关系转移接续工作，现就有关问题通知如下：

一、关于视同缴费年限计算的问题。参保人员待遇领取地按照《暂行办法》第六条和第十二条执行，即，基本养老保险关系在户籍所在地的，由户籍所在地负责办理待遇领取手续；基本养老保险关系不在户籍所在地，而在其基本养老保险关系所在地累计缴费年限满10年的，在该地办理待遇领取手续；基本养老保险关系不在户籍所在地，且在其基本养老保险关系所在地累计缴费年限不满10年的，将其基本养老保险关系转回上一个缴费年限满10年的原参保地办理待遇领取手续；基本养老保险关系不在户籍所在地，且在每个参保地的累计缴费年限均不满10年的，将其基本养老保险关系及相应资金归集到户籍所在地，由户籍所在地按规定办理待遇领取手续。缴费年限，除另有特殊规定外，均包括视同缴费年限。

一地（以省、自治区、直辖市为单位）的累计缴费年限包括在本地的实际缴费年限和计算在本地的视同缴费年限。其中，曾经在机关事业单位和企业工作的视同缴费年限，计算为当时工作地的视同缴费年限；在多地有视同缴费年限的，分别计算为各地的视同缴费年限。

二、关于缴费信息历史遗留问题的处理。由于各地政策或建立个人账户时间不一致等客观原因，参保人员在跨省转移接续养老保险关系时，转出地无法按月提供1998年1月1日之前缴费信息或者提供的1998年1月1日之前缴费信息无法在转入地计发待遇的，转入地应根据转出地提供的缴费时间记录，结合档案记载将相应年度计为视同缴费年限。

三、关于临时基本养老保险缴费账户的管理。参保人员在建立临时基本养老保险缴费账户地按照社会保险法规定，缴纳建立临时基本养老保险缴费账户前应缴未缴的养老保险费的，其临时基本养老保险缴费账户性质不予改变，转移接续养老保险关系时按照临时基本养老保险缴费账户的规定全额转移。

参保人员在建立临时基本养老保险缴费账户期间再次跨省流动就业的，封存原临时基本养老保险缴费账户，待达到待遇领取条件时，由待遇领取地社会保险经办机构统一归集原临时养老保险关系。

四、关于一次性缴纳养老保险费的转移。跨省流动就业人员转移接续养老保险关系时,对于符合国家规定一次性缴纳养老保险费超过3年(含)的,转出地应向转入地提供人民法院、审计部门、实施劳动保障监察的行政部门或劳动争议仲裁委员会出具的具有法律效力证明一次性缴费期间存在劳动关系的相应文书。

五、关于重复领取基本养老金的处理。《暂行办法》实施之后重复领取基本养老金的参保人员,由本人与社会保险经办机构协商确定保留其中一个养老保险关系并继续领取待遇,其他的养老保险关系应予以清理,个人账户剩余部分一次性退还本人。

六、关于退役军人养老保险关系转移接续。军人退役基本养老保险关系转移至安置地后,安置地应为其办理登记手续并接续养老保险关系,退役养老保险补助年限计算为安置地的实际参保缴费年限。

退役军人跨省流动就业的,其在1998年1月1日至2005年12月31日间的退役养老保险补助,转出地应按11%计算转移资金,并相应调整个人账户记录,所需资金从统筹基金中列支。

七、关于城镇企业成建制跨省转移养老保险关系的处理。城镇企业成建制跨省转移,按照《暂行办法》的规定转移接续养老保险关系。在省级政府主导下的规模以上企业成建制转移,可根据两省协商,妥善转移接续养老保险关系。

八、关于户籍所在地社会保险经办机构归集责任。跨省流动就业人员未在户籍地参保,但按国家规定达到待遇领取条件时待遇领取地为户籍地的,户籍地社会保险经办机构应为参保人员办理登记手续并办理养老保险关系转移接续手续,将各地的养老保险关系归集至户籍地,并核发相应的养老保险待遇。

九、本通知从印发之日起执行。人力资源社会保障部《关于贯彻落实国务院办公厅转发城镇企业职工基本养老保险关系转移接续暂行办法的通知》(人社部发〔2009〕187号)、《关于印发城镇企业职工基本养老保险关系转移接续若干具体问题意见的通知》(人社部发〔2010〕70号)、《人力资源社会保障部办公厅关于职工基本养老保险关系转移接续有关问题的函》(人社厅函〔2013〕250号)与本通知不一致的,以本通知为准。参保人员已经按照原有规定办理退休手续的,不再予以调整。

人力资源社会保障部
2016年11月28日

16. 人力资源和社会保障部 财政部关于机关事业单位基本养老保险关系和职业年金转移接续有关问题的通知

人社部规〔2017〕1号
2017年1月12日

各省、自治区、直辖市及新疆生产建设兵团人力资源社会保障厅(局)、财政(务)厅(局):

按照《国务院关于机关事业单位工作人员养老保险制度改革的决定》(国发〔2015〕2号)和《国务院办公厅关于印发机关事业单位职业年金办法的通知》(国办发〔2015〕18号)的规定,为做好机关事业单位养老保险参保人员基本养老保险关系和职业年金转移接续工作,切实维护流动就业人员的养老保险权益,现就有关问题通知如下:

一、关于机关事业单位基本养老保险关系转移接续

（一）参保人员在同一统筹范围内的机关事业单位之间流动的，只转移基本养老保险关系，不转移基金。

（二）参保人员在机关事业单位养老保险制度内跨统筹范围流动的，在转移基本养老保险关系的同时，转移基金。

（三）参保人员从机关事业单位流动到企业的，在转移基本养老保险关系的同时，转移基金。其中，参保人员经组织批准从机关事业单位调动到企业的，基本养老保险关系转移至调入企业参保地的企业职工基本养老保险社保经办机构；参保人员因辞职、辞退等原因离开机关事业单位的，基本养老保险关系转移至户籍所在地的企业职工基本养老保险社保经办机构。以后在户籍所在地以外就业参保的，基本养老保险关系转移接续按照《国务院办公厅关于转发人力资源社会保障部 财政部城镇企业职工基本养老保险关系转移接续暂行办法的通知》（国办发〔2009〕66号）相关规定执行；高校、科研院所等事业单位专业技术人员离岗创业保留人事关系期间，可暂不转移基本养老保险关系。待其正式办理离职后，根据其重新就业情况，按照上述办法相应转移接续基本养老保险关系。

（四）参保人员跨统筹范围流动或从机关事业单位流动到企业的，个人缴费部分按计入本人基本养老保险个人账户的全部储存额计算转移；单位缴费部分以本人改革后各年度实际缴费工资为基数，按12%的总和转移，参保缴费不足1年的，按实际缴费月数计算转移。

（五）参保人员从企业流动到机关事业单位的，在转移基本养老保险关系的同时，个人缴费部分和单位缴费部分转移比照国办发〔2009〕66号文件相关规定执行。其中，改革前曾参加企业职工基本养老保险、改革后参加机关事业单位基本养老保险的参保人员，按照上述办法转移接续在企业参保期间的基本养老保险关系。

（六）改革前参加地方原有机关事业单位养老保险试点、改革后纳入机关事业单位基本养老保险的人员，在转移接续基本养老保险关系时，不转移参加试点期间的单位缴费和个人缴费，改革前的个人缴费本息按照《人力资源社会保障部 财政部关于贯彻落实〈国务院关于机关事业单位工作人员养老保险制度改革的决定〉的通知》（人社部发〔2015〕28号）有关规定执行。

二、关于机关事业单位参保人员养老保险关系转移接续后的职业年金补记

（一）参保人员办理了正式调动或辞职、辞退手续离开机关事业单位的，根据改革前本人在机关事业单位工作的年限长短补记职业年金，以实账方式划转至本人职业年金个人账户，所需资金由其原所在单位按现行经费保障渠道解决。

（二）参保人员从企业再次流动到机关事业单位的，本人退休时，按照机关事业单位养老保险办法计发待遇，同时补记职业年金的本金及投资收益划转到待遇领取地机关事业单位基本养老保险统筹基金。若参保人员在退休前从机关事业单位又流动到企业的，不再重复补记职业年金，原补记的职业年金转移和管理运营按照国办发〔2015〕18号文件规定执行。

三、关于养老保险关系转移接续后的相关待遇计发参数

（一）参保人员在机关事业单位之间跨统筹范围流动的，待达到退休年龄时，视同缴费指数根据本人退休时的职务职级（技术职称）所对应的待遇领取地的视同缴费指数标准确定；过渡期内老办法待遇标准中的退休补贴标准，根据2014年9月本人的职务职级（技术职

称)对应的待遇领取地退休补贴标准确定;在其他统筹地区参保缴费时段的实际缴费指数,可以按照本人相应年度缴费工资基数和待遇领取地对应的上年度在岗职工平均工资计算,也可以按照本人相应年度缴费工资基数和其他统筹地区对应的上年度在岗职工平均工资计算,就高不就低。

(二)参保人员从机关事业单位流动到企业参保的,其视同缴费指数按企业职工基本养老保险有关政策确定。

(三)改革后,参保人员从企业流动到机关事业单位,过渡期内达到退休年龄的,可参照待遇领取地同等条件(如职务、技术职称等)人员的标准,确定其老办法待遇标准,实行新老办法对比计发养老待遇,具体办法由各地根据实际制定。过渡期之后达到退休年龄的,直接按照新办法计发养老待遇。其他类似人员,按照上述办法处理。

(四)参保人员在机关事业单位与企业之间流动的,养老保险关系转移接续后的基本养老保险缴费年限(含视同缴费年限)、个人账户储存额累计计算。

四、关于养老保险关系转移接续后的待遇领取地确定

(一)参加机关事业单位养老保险制度的人员达到退休年龄时,其退休时的基本养老保险关系所在地为待遇领取地。

(二)参保人员从机关事业单位流动到企业的,待达到退休年龄时,按照国办发〔2009〕66号文件等规定确定待遇领取地。

五、关于处理多重养老保险关系

参保人员同时存续多重基本养老保险关系或重复缴纳基本养老保险费的,应按照"先转后清"的原则,由转入地社保经办机构负责按规定清理。

六、关于职业年金转移接续

职业年金个人账户实账部分按照国办发〔2015〕18号文件的规定转移接续,职业年金单位缴费采取记账方式管理的部分,按以下办法转移接续:

(一)参保人员在由相应的同级财政全额供款的单位之间流动时,可转移本人的职业年金单位缴费部分的累计记账额,继续由转入单位采取记账方式管理。

(二)参保人员由机关事业单位流动到企业、在非同级财政全额供款的单位之间流动,或者由财政全额供款单位流动到非财政全额供款单位的,应当由转出单位相应的同级财政保障拨付资金记实后转移接续。

(三)参保人员由非财政全额供款单位流动到财政全额供款单位后,原实账积累的个人账户资金按规定转移接续,同时其到新就业单位后的职业年金单位缴费部分可采取记账方式管理。

七、关于职业年金、企业年金个人账户管理和待遇计发

(一)参保人员在机关事业单位与企业之间流动时,本人职业年金或者企业年金个人账户包含的按照规定正常缴费形成的职业年金(以下简称正常缴费)、参加本地机关事业单位养老保险试点的个人缴费本息划转的资金(以下简称划转缴费)、补记的职业年金(以下简称补记缴费)和企业年金分别管理并计算收益。

(二)参保人员从机关事业单位流动到企业并在企业职工养老保险制度内达到退休年龄,参加所在企业建立企业年金计划的,将正常缴费、补记缴费和企业年金累计储存额合并计算,按照企业年金制度相关规定领取企业年金待遇,同时将划转缴费累计储存额一次性支付给本人。

（三）参保人员从机关事业单位流动到企业并在企业职工养老保险制度内达到退休年龄，所在企业没有建立企业年金计划并由原管理机构管理运营正常缴费、划转缴费和补记缴费的，将正常缴费和补记缴费累计储存额合并计算，按照国办发〔2015〕18号文件规定领取职业年金待遇，同时将划转缴费累计储存额一次性支付给本人。

（四）参保人员从企业流动到机关事业单位的，原在企业建立的企业年金按规定转移并投资运营。在机关事业单位养老保险制度内达到退休年龄的，过渡期内，企业年金累计储存额不计入新老办法标准对比范围，按照企业年金制度相关规定领取企业年金待遇，同时按照国办发〔2015〕18号文件规定领取职业年金待遇；过渡期之后，将职业年金、企业年金累计储存额合并计算，按照国办发〔2015〕18号文件规定领取职业年金待遇。

（五）参保人员在职期间或退休后死亡的，其正常缴费、划转缴费、补记缴费和企业年金累计储存余额可以继承。

机关事业单位基本养老保险关系和职业年金转移接续经办规程另行制定。

本通知自2014年10月1日开始执行，已有规定与本通知不一致的，按本通知执行。

人力资源社会保障部
财政部
2017年1月12日

17. 财政部　人力资源和社会保障部关于进一步完善企业职工基本养老保险省级统筹制度的通知

人社部发〔2017〕72号

2017年9月14日

各省、自治区、直辖市及新疆生产建设兵团人力资源社会保障厅（局）、财政（务）厅（局）：

2007年，原劳动保障部、财政部《关于推进企业职工基本养老保险省级统筹有关问题的通知》（劳社部发〔2007〕3号）下发以来，各地不断建立健全省级统筹制度，有效促进了养老保险政策统一，提高了管理水平和工作效率，增强了确保发放能力，也促进了人力资源合理流动。由于各地经济社会发展及推进工作力度存在差异，目前省级统筹工作开展尚不平衡，一些地区还存在政策不统一、管理不规范等问题。为了进一步完善省级统筹制度，推动实现全国统筹，现就有关问题通知如下：

一、各地要在基本养老保险制度、缴费政策、待遇政策、基金使用、基金预算和经办管理实现"六统一"的基础上，积极创造条件实现全省基本养老保险基金统收统支。省级统筹制度应覆盖全省（自治区、直辖市）所有地区，目前省内仍实行单独统筹的地区（含计划单列市、副省级省会城市、经济特区、各类开发园区等）要尽快将其纳入省级统筹范围，执行全省（自治区、直辖市）统一政策。

二、各地要严格按照国家统一规定执行基本养老保险费率政策，不得自行调整费率。需要调整时，须按规定报请人力资源社会保障部和财政部批复。违规自行出台费率调整政策的，要立即纠正。全省应执行统一的费率政策，目前企业职工基本养老保险费率尚未统一的省份，要制定过渡措施，最迟2020年实现全省费率统一。

三、各地要按照国家规定,统一基本养老保险单位缴费基数和个人缴费基数核定办法,并健全工作机制,夯实缴费基数。在确定个人缴费上下限基数等参数时,目前尚未使用全省在岗职工平均工资的,要制定过渡措施,尽快实现统一。

四、各地要严格执行国家统一的待遇政策,严格调控养老待遇水平,不得自行出台待遇政策或将统筹外项目纳入基本养老保险基金支付范围。企业退休人员基本养老金调整由省级人民政府按照国家规定统一部署实施,严格按照人力资源社会保障部、财政部批复的标准进行调整,全省实行统一的调整办法。

五、各地要在不断完善省级预算制度的基础上,加强对基本养老保险基金的统一调度使用。要明确省、地(市)、县各级政府的责任,进一步强化基金收支管理。要进一步建立健全省内基金缺口分担机制和基本养老保险基金管理的激励约束机制,在省级调剂制度和缺口分担机制中,进一步体现与工作绩效挂钩。

六、各地要统一全省企业职工基本养老保险业务经办规程,加强对各级经办机构的业务指导,实现规范化、统一化管理。要以实现全省统一信息系统为目标,尽快完成包括企业职工基本养老保险在内的社会保险信息系统和数据向省级集中,推动信息的纵向互通、横向共享。健全完善线上线下公共服务体系,为参保人员提供更加便捷的服务。

完善企业职工基本养老保险省级统筹制度是深化养老保险制度改革的重要内容,关系改革、发展和稳定的大局。各地要高度重视,切实加强领导,健全工作机制,认真组织实施,促进养老保险制度的健康持续发展。

人力资源社会保障部
财政部
2017 年 9 月 14 日

18. 人力资源和社会保障部 财政部关于建立城乡居民基本养老保险待遇确定和基础养老金正常调整机制的指导意见

人社部发〔2018〕21 号
2018 年 3 月 26 日

各省、自治区、直辖市及新疆生产建设兵团人力资源社会保障厅(局)、财政厅(局),各计划单列市人力资源社会保障局、财政局:

党中央、国务院高度重视城乡社会保障体系建设,2014 年在全国建立了统一的城乡居民基本养老保险制度,在保障城乡老年居民基本生活、调节收入分配、促进社会和谐稳定等方面发挥了积极作用。同时,还存在着保障水平较低、待遇确定和正常调整机制尚未健全、缴费激励约束机制不强等问题。根据中央关于改革和完善基本养老保险制度的要求,为进一步完善城乡居民基本养老保险制度,经党中央、国务院同意,现就建立城乡居民基本养老保险待遇确定和基础养老金正常调整机制提出以下意见。

一、总体要求

全面贯彻党的十九大精神,以习近平新时代中国特色社会主义思想为指导,紧紧围绕统筹推进"五位一体"总体布局和协调推进"四个全面"战略布局,牢固树立和贯彻落实新发展理念,坚持以人民为中心的发展思想,按照兜底线、织密网、建机制的要求,建立激励约束有效、筹资权责清晰、保障水平适度的城乡居民基本养老保险待遇确定和基础养老金正常调整机制,推动城乡居民基本养老保险待遇水平随经济发展而逐步提高,确保参保居民共享经济社会发展成果,促进城乡居民基本养老保险制度健康发展,不断增强参保居民的获得感、幸福感、安全感。

二、主要任务

(一)完善待遇确定机制。城乡居民基本养老保险待遇由基础养老金和个人账户养老金构成。基础养老金由中央和地方确定标准并全额支付给符合领取条件的参保人;个人账户养老金由个人账户全部储存额除以计发系数确定。明确各级人民政府、集体经济组织和参保居民等各方面的责任。中央根据全国城乡居民人均可支配收入和财力状况等因素,合理确定全国基础养老金最低标准。地方应当根据当地实际提高基础养老金标准,对65岁及以上参保城乡老年居民予以适当倾斜;对长期缴费、超过最低缴费年限的,应适当加发年限基础养老金。各地提高基础养老金和加发年限基础养老金标准所需资金由地方负担。引导激励符合条件的城乡居民早参保、多缴费,增加个人账户资金积累,优化养老保险待遇结构,提高待遇水平。

(二)建立基础养老金正常调整机制。人力资源社会保障部会同财政部,统筹考虑城乡居民收入增长、物价变动和职工基本养老保险等其他社会保障标准调整情况,适时提出城乡居民全国基础养老金最低标准调整方案,报请党中央和国务院确定。地方基础养老金的调整,应由当地人力资源社会保障部门会同财政部门提出方案,报请同级党委和政府确定。

(三)建立个人缴费档次标准调整机制。各地要根据城乡居民收入增长情况,合理确定和调整城乡居民基本养老保险缴费档次标准,供城乡居民选择。最高缴费档次标准原则上不超过当地灵活就业人员参加职工基本养老保险的年缴费额。对重度残疾人等缴费困难群体,可保留现行最低缴费档次标准。

(四)建立缴费补贴调整机制。各地要建立城乡居民基本养老保险缴费补贴动态调整机制,根据经济发展、个人缴费标准提高和财力状况,合理调整缴费补贴水平,对选择较高档次缴费的人员可适当增加缴费补贴,引导城乡居民选择高档次标准缴费。鼓励集体经济组织提高缴费补助,鼓励其他社会组织、公益慈善组织、个人为参保人缴费加大资助。

(五)实现个人账户基金保值增值。各地要按照《国务院关于印发基本养老保险基金投资管理办法的通知》(国发〔2015〕48号)要求和规定,开展城乡居民基本养老保险基金委托投资,实现基金保值增值,提高个人账户养老金水平和基金支付能力。

三、工作要求

(一)加强组织领导。建立城乡居民基本养老保险待遇确定和基础养老金正常调整机制是党中央、国务院部署的重要任务,是基本养老保险制度改革的重要内容,关系到广大城乡居民的切身利益,各级人力资源社会保障部门、财政部门要高度重视,加强组织领导,明确部门责任,切实把政策落实到位。

(二)完善机制建设。各地要根据本指导意见的精神,逐项落实各项政策,尽力而为,量力而行,建立和完善适合本地区情况的城乡居民基本养老保险待遇确定和基础养老金调整机制。

(三)强化部门协同。各地人力资源社会保障部门、财政部门要切实履行职责,加强协调配合,精心制定工作方案,共同做好基础养老金、个人缴费档次标准、政府补贴标准等测算和调整工作,相关标准和政策报上级人力资源社会保障部门和财政部门备案。

（四）做好政策宣传。要采取多种方式全面准确解读政策，正确引导社会舆论，让参保居民形成合理的预期。

人力资源社会保障部

财政部

2018年3月26日

19. 人力资源社会保障部 财政部关于继续阶段性降低社会保险费率的通知

人社部发〔2018〕25号

2018年4月20日

正文详见本书第167页同文件。

20. 国务院办公厅关于印发降低社会保险费率综合方案的通知

国办发〔2019〕13号

2019年4月1日

正文详见本书第168页同文件。

三、医疗保险

1. 国务院关于建立城镇职工基本医疗保险制度的决定

国发〔1998〕44号

1998年12月14日

各省、自治区、直辖市人民政府，国务院各部委、各直属机构：

加快医疗保险制度改革，保障职工基本医疗，是建立社会主义市场经济体制的客观要求和重要保障。在认真总结近年来各地医疗保险制度改革试点经验的基础上，国务院决定，在全国范围内进行城镇职工医疗保险制度改革。

一、改革的任务和原则

医疗保险制度改革的主要任务是建立城镇职工基本医疗保险制度，即适应社会主义市场经济体制，根据财政、企业和个人的承受能力，建立保障职工基本医疗需求的社会医疗保险制度。

建立城镇职工基本医疗保险制度的原则是：基本医疗保险的水平要与社会主义初级阶段生产力发展水平相适应；城镇所有用人单位及其职工都要参加基本医疗保险，实行属地管理；基本医疗保险费由用人单位和职工双方共同负担；基本医疗保险基金实行社会统筹和个人账户相结合。

二、覆盖范围和缴费办法

城镇所有用人单位，包括企业（国有企业、集体企业、外商投资企业、私营企业等）、机关、事业单位、社会团体、民办非企业单位及其职工，都要参加基本医疗保险。乡镇企业及其职工、城镇个体经济组织业主及其从业人员是否参加基本医疗保险，由各省、自治区、直辖市人民政府决定。

基本医疗保险原则上以地级以上行政区（包括地、市、州、盟）为统筹单位，也可以县（市）为统筹单位，北京、天津、上海3个直辖市原则上在全市范围内实行统筹（以下简称统筹地区）。所有用人单位及其职工都要按照属地管理原则参加所在统筹地区的基本医疗保险，执行统一政策，实行基本医疗保险基金的统一筹集、使用和管理。铁路、电力、远洋运输等跨地区、生产流动性较大的企业及其职工，可以相对集中的方式异地参加统筹地区的基本医疗保险。

基本医疗保险费由用人单位和职工共同缴纳。用人单位缴费率应控制在职工工资总额的6%左右，职工缴费率一般为本人工资收入的2%。随着经济发展，用人单位和职工缴费率可作相应调整。

三、建立基本医疗保险统筹基金和个人账户

要建立基本医疗保险统筹基金和个人账户。基本医疗保险基金由统筹基金和个人账户构成。职工个人缴纳的基本医疗保险费，全部计入个人账户。用人单位缴纳的基本医疗保险费分为两部分，一部分用于建立统筹基金，一部分划入个人账户。划入个人账户的比例一般为用人单位缴费的30%左右，具体比例由统筹地区根据个人账户的支付范围和职工年龄等因素确定。

统筹基金和个人账户要划定各自的支付范围，分别核算，不得互相挤占。要确定统筹基金的起付标准和最高支付限额，起付标准原则上控制在当地职工年平均工资的10%左右，最高支付限额原则上控制在当地职工年平均工资的4倍左右。起付标准以下的医疗费用，从个人账户中支付或由个人自付。起付标准以上、最高支付限额以下的医疗费用，主要从统筹基金中支付，个人也要负担一定比例。超过最高支付限额的医疗费用，可以通过商业医疗保险等途径解决。统筹基金的具体起付标准、最高支付限额以及在起付标准以上和最高支付限额以下医疗费用的个人负担比例，由统筹地区根据以收定支、收支平衡的原则确定。

四、健全基本医疗保险基金的管理和监督机制

基本医疗保险基金纳入财政专户管理，专款专用，不得挤占挪用。

社会保险经办机构负责基本医疗保险基金的筹集、管理和支付，并要建立健全预决算制度、财务会计制度和内部审计制度。社会保险经办机构的事业经费不得从基金中提取，由各级财政预算解决。

基本医疗保险基金的银行计息办法：当年筹集的部分，按活期存款利率计息；上年结转的基金本息，按3个月期整存整取银行存款利率计息；存入社会保障财政专户的沉淀资金，比照3年期零存整取储蓄存款利率计息，并不低于该档次利率水平。个人账户的本金和利息归个人所有，可以结转使用和继承。

各级劳动保障和财政部门，要加强对基本医疗保险基金的监督管理。审计部门要定期对社会保险经办机构的基金收支情况和管理情况进行审计。统筹地区应设立由政府有关部门代表、用人单位代表、医疗机构代表、工会代表和有关专家参加的医疗保险基金监督组织，加强对基本医疗保险基金的社会监督。

五、加强医疗服务管理

要确定基本医疗保险的服务范围和标准。劳动保障部会同卫生部、财政部等有关部门制定基本医疗服务的范围、标准和医药费用结算办法，制定国家基本医疗保险药品目录、诊疗项目、医疗服务设施标准及相应的管理办法。各省、自治区、直辖市劳动保障行政管理部

门根据国家规定,会同有关部门制定本地区相应的实施标准和办法。

基本医疗保险实行定点医疗机构(包括中医医院)和定点药店管理。劳动保障部会同卫生部、财政部等有关部门制定定点医疗机构和定点药店的资格审定办法。社会保险经办机构要根据中西医并举,基层、专科和综合医疗机构兼顾,方便职工就医的原则,负责确定定点医疗机构和定点药店,并同定点医疗机构和定点药店签订合同,明确各自的责任、权利和义务。在确定定点医疗机构和定点药店时,要引进竞争机制,职工可选择若干定点医疗机构就医、购药,也可持处方在若干定点药店购药。国家药品监督管理局会同有关部门制定定点药店购药药事事故处理办法。

各地要认真贯彻《中共中央国务院关于卫生改革与发展的决定》(中发〔1997〕3号)精神,积极推进医药卫生体制改革,以较少的经费投入,使人民群众得到良好的医疗服务,促进医药卫生事业的健康发展。要建立医药分开核算、分别管理的制度,形成医疗服务和药品流通的竞争机制,合理控制医药费用水平;要加强医疗机构和药店的内部管理,规范医药服务行为,减员增效,降低医药成本;要理顺医疗服务价格,在实行医药分开核算、分别管理,降低药品收入占医疗总收入比重的基础上,合理提高医疗技术劳务价格;要加强业务技术培训和职业道德教育,提高医药服务人员的素质和服务质量;要合理调整医疗机构布局,优化医疗卫生资源配置,积极发展社区卫生服务,将社区卫生服务中的基本医疗服务项目纳入基本医疗保险范围。卫生部会同有关部门制定医疗机构改革方案和发展社区卫生服务的有关政策。国家经贸委等部门要认真配合做好药品流通体制改革工作。

六、妥善解决有关人员的医疗待遇

离休人员、老红军的医疗待遇不变,医疗费用按原资金渠道解决,支付确有困难的,由同级人民政府帮助解决。离休人员、老红军的医疗管理办法由省、自治区、直辖市人民政府制定。

二等乙级以上革命伤残军人的医疗待遇不变,医疗费用按原资金渠道解决,由社会保险经办机构单独列账管理。医疗费支付不足部分,由当地人民政府帮助解决。

退休人员参加基本医疗保险,个人不缴纳基本医疗保险费。对退休人员个人账户的计入金额和个人负担医疗费的比例给予适当照顾。

国家公务员在参加基本医疗保险的基础上,享受医疗补助政策。具体办法另行制定。

为了不降低一些特定行业职工现有的医疗消费水平,在参加基本医疗保险的基础上,作为过渡措施,允许建立企业补充医疗保险。企业补充医疗保险费在工资总额4%以内的部分,从职工福利费中列支,福利费不足列支的部分,经同级财政部门核准后列入成本。

国有企业下岗职工的基本医疗保险费,包括单位缴费和个人缴费,均由再就业服务中心按照当地上年度职工平均工资的60%为基数缴纳。

七、加强组织领导

医疗保险制度改革政策性强,涉及广大职工的切身利益,关系到国民经济发展和社会稳定。各级人民政府要切实加强领导,统一思想,提高认识,做好宣传工作和政治思想工作,使广大职工和社会各方面都积极支持和参与这项改革。各地要按照建立城镇职工基本医疗保险制度的任务、原则和要求,结合本地实际,精心组织实施,保证新旧制度的平稳过渡。

建立城镇职工基本医疗保险制度工作从1999年初开始启动,1999年底基本完成。各省、自治区、直辖市人民政府要按照本决定的要求,制定医疗保险制度改革的总体规划,报劳动保障部备案。统筹地区要根据规划要求,制定基本医疗保险实施方案,报省、自治区、直辖市人民政府审批后执行。

劳动保障部要加强对建立城镇职工基本医疗保险制度工作的指导和检查,及时研究解决工作中出现的问题。财政、卫生、药品监督管理等有关部门要积极参与,密切配合,共同努力,确保城镇职工基本医疗保险制度改革工作的顺利进行。

国务院
一九九八年十二月十四日

2. 劳动和社会保障部关于印发城镇职工基本医疗保险业务管理规定的通知

劳社部函〔2000〕4号
2000年1月5日

各省、自治区、直辖市劳动(劳动和社会保障)厅(局):

为了贯彻落实《国务院关于建立城镇职工基本医疗保险制度的决定》(国发〔1998〕44号),加快推进医疗保险制度改革,按照系统化、规范化、科学化的要求开展医疗保险经办业务,我部制定了《城镇职工基本医疗保险业务管理规定》(以下简称《管理规定》)。现印发给你们,请认真贯彻执行,并就有关问题通知如下:

一、各级劳动保障部门所属的社会保险经办机构负责统一经办基本医疗保险事务,特别是要做好基金的征缴、管理和支付工作。省级劳动保障部门和统筹地区劳动保障部门要组织社会保险经办机构认真执行《管理规定》,并结合本地实际,研究制定具体实施办法,建立各管理环节的岗位职责与工作制度,加强基金管理各操作环节的监控。省一级的实施办法要报我部社会保险事业管理局备案。

二、各级劳动保障部门要指导社会保险经办机构切实加强基本医疗保险的基础管理工作,建立健全统计信息、档案资料的管理制度,并按部的统一规划开发相关的数据库。

三、要注意做好基本医疗保险管理人员的业务培训。我部将有计划地组织各地及统筹地区经办医疗保险业务的骨干进行业务培训。各地劳动保障部门也要制定培训计划,组织对具体经办人员进行专业培训。

四、各地在落实《管理规定》的过程中,要善于发现、认真研究、及时解决基本医疗保险管理工作中的新情况、新问题,不断改进工作、完善管理。涉及全局的问题,请及时向我部社会保险事业管理局反映。

劳动和社会保障部
二〇〇〇年一月五日

城镇职工基本医疗保险业务管理规定

为规范全国基本医疗保险业务管理工作,根据《国务院关于建立城镇职工基本医疗保险制度的决定》(国发〔1998〕44号)和其他有关规定,制定本规定。

一、登记与缴费核定

(一)受理缴费单位(或个人)填报的社会保险登记表及其所提供的证件和资料,并在自受理之日起的10个工作日内审核完毕。对符合规定者予以登记,并发给社会保险登记证。负责办理社会保险登记的变更、注销事宜。

（二）建立和调整统筹地区内缴费单位和个人参加城镇职工基本医疗保险的基础档案资料(缴费单位与缴费个人的基础档案资料主要项目见附件2与附件3)。

（三）根据上年度基本医疗保险缴费情况，以及统筹基金和个人账户的支出情况，本着收支平衡的原则，制定本年度的基本医疗保险费征集计划。

（四）对缴费单位送达的申报表、代扣代缴明细表及其他有关资料进行审核，认真核定参保人数和缴费单位与个人的缴费工资基数、缴费金额等项目。向用人单位发放缴费核定通知单。

（五）对于按规定应参加而未参加基本医疗保险的单位(或个人)，要及时发放《办理社会保险手续通知单》，督促其尽快补办参保手续。

（六）按规定为在统筹地区内流动的参保人员核转基本医疗保险关系。对跨统筹地区流动的，除按规定核转其基本医疗保险关系外，还应通知费用记录处理和待遇支付环节，对个人账户进行结算，为其转移个人账户余额，并出具转移情况表。

（七）定期稽核基本医疗保险缴费单位的职工人数、工资基数和财务状况，以确认其是否依法足额缴纳基本医疗保险费。

（八）由税务机关征收基本医疗保险费的地区，社会保险经办机构要逐月向税务机关提供缴费单位(或个人)的基本医疗保险登记情况及缴费核定情况。

二、费用征集

（一）根据基本医疗保险缴费单位和个人的基础档案资料，确认缴费单位(或个人)的开户银行、户名、账户、基本医疗保险主管负责人及专管员的姓名、联系电话等情况，并与缴费单位建立固定业务联系。

（二）依据核定的基本医疗保险费数额，开具委托收款及其他结算凭证，通过基本医疗保险基金收入户征集基本医疗保险费，或者由社会保险经办机构直接征集。

（三）以支票或现金形式征集基本医疗保险费时，必须开具"社会保险费收款收据"。

（四）及时整理汇总基本医疗保险费收缴情况，对已办理申报手续但未及时、足额缴纳基本医疗保险费的单位(或个人)，经办机构要及时向其发出《社会保险费催缴通知书》；对拒不执行者，将有关情况及时上报劳动保障行政部门，由其下达《劳动保障限期改正指令书》；逾期不缴纳者，除责其补缴欠缴数额外，从欠缴之日起，按日加收2‰的滞纳金。

（五）保费征集情况要及时通知待遇审核和费用记录处理环节。对欠缴基本医疗保险费的单位(或个人)，从次月起暂停其享受社会统筹基金支付的待遇；欠缴期内暂停记载个人账户资金，不计算参保人员缴费年限，待补齐欠费和滞纳金后，方可恢复其待遇享受资格，补记个人账户。

（六）定期汇总、分析、上报基本医疗保险费征缴情况，提出加强基本医疗保险费征集工作的意见和建议。

三、费用记录处理

（一）根据缴费单位和个人的基础档案资料，及时建立基础档案库及个人账户。

（二）根据费用征集环节提供的数据，对单位和个人的缴费情况进行记录，及时建立并记录个人账户(个人账户主要记录项目见附件4)。个人缴纳的保险费计入个人账户；单位缴纳的保险费按规定分别计入个人账户和统筹基金。根据待遇支付环节提供的数据，对个人账户及统筹基金的支出情况进行记录，以反映个人账户和统筹基金的动态变更情况。

（三）由税务机关征收基本医疗保险费的地区，社会保险经办机构要根据税务机关提供的缴费单位（或个人）的缴费情况对个人账户进行记录，同时将有关情况汇总，报劳动保障行政部门。

（四）按有关规定计算并登记缴费个人的个人账户本息和缴费年限。

（五）负责向缴费单位和个人提供缴费情况及个人账户记录情况的查询服务。对缴费记录中出现的差错，要及时向相关业务管理环节核实后予以纠正。

（六）根据登记与缴费核定环节提供的缴费单位和个人的变动情况，随时向登记与缴费核定环节及待遇支付环节提供变动单位和个人的基础资料及个人账户的相关情况。

（七）对缴费单位、定点医疗机构、定点零售药店等报送的基本医疗保险统计报表，定期进行统计汇总与分析。按规定及时向上级社会保险经办机构报送。

（八）缴费年度初应向社会公布上一年度参保单位的缴费情况；每年至少向缴费单位或个人发送一次个人账户通知单，内容包括个人账户的划入、支出及结存等情况；每半年应向社会公布一次保险费征收情况和统筹基金支出情况，以接受社会监督。

四、待遇审核

（一）按照有关规定确定定点医疗机构和定点零售药店，并与之签订服务协议，发放定点标牌。

（二）向缴费单位和个人发放定点医疗机构选择登记表，并组织、指导其填报。根据参保人员的选择意向、定点医疗机构的服务能力及区域分布，进行统筹规划，为参保人员确定定点医疗机构。

（三）指导缴费单位的基本医疗保险专管员（或缴费个人）填写基本医疗保险待遇审批表，按规定进行审核，并向参保人员发放基本医疗保险证（卡），同时将相关信息及时提供给定点医疗机构和定点零售药店。

（四）及时掌握参保人员的缴费情况及医疗保险费用支出的相关信息。对欠缴基本医疗保险费的单位（或个人），从次月起暂停由社会统筹基金向参保人员支付待遇。

（五）接受定点医疗机构、定点零售药店的费用申报以及参保人员因急诊、经批准的转诊转院等特殊情况而发生的费用申报，按有关规定进行审核。核准后向待遇支付环节传送核准通知，对未被核准者发送拒付通知。

（六）负责建立参保人员的基本医疗保险档案，主要包括就医记录、个人账户及统筹基金的使用情况等。

（七）按照有关政策规定，负责定期审核、调整参保人员所应享受的保险待遇。

（八）按照有关法规和协议，对定点医疗机构和定点零售药店进行监督检查，对查出的问题及时处理。

五、待遇支付

（一）确认缴费单位或个人享受基本医疗保险待遇的资料，编制人员名册与台账或数据库。

（二）根据有关规定，研究确定基本医疗保险待遇的支付方式以及与定点医疗机构、定点零售药店的结算方式和结算时间。

（三）根据待遇审核环节提供的核准通知及申报资料，按协议规定的时间与定点医疗机构和定点零售药店进行结算，及时拨付结算款。

根据有关规定,核退个人垫付的应由基本医疗保险统筹基金支付的款项;为跨统筹地区流动的参保人员转移个人账户余额;向参保人员继承人支付个人账户结余款。

(四)对个人账户和统筹基金的支出情况及时进行登记,并将有关支出数据提供给费用记录处理环节。

(五)与银行、缴费单位、定点医疗机构和定点零售药店等建立经常性的业务联系,以便于相互协调配合。

六、基金会计核算与财务管理

(一)根据国家有关规定,在国有商业银行设立基金收入户和支出户。收入户只能向财政专户划转基金,不得发生其他支付业务;支出户只接受财政专户拨付的基金及该账户的利息收入,不得发生其他收入业务。

(二)根据审核后的原始凭证及时编制基本医疗保险费收入和支出记账凭证,同时按规定对基本医疗保险费的实际收支进行审核。

(三)根据原始凭证、汇总凭证或记账凭证,登记基本医疗保险明细分类账或现金日记账、收入户存款日记账、支出户存款日记账、财政专户存款日记账。定期汇总记账凭证,填制记账凭证科目汇总表,试算平衡后登记总账,并将明细账金额分别与总账进行核对,无误后进行结账。

(四)每月与开户银行对账,确保账账、账款相符;编制银行存款余额调节表,及时调整未达账项;对因银行退票等原因造成的保险费欠收,要及时通知费用征集环节,查明原因、采取措施,确保保险费收缴到位。按照有关规定,与财政部门(税务部门)定期对账。

(五)按期计算、提取保险费用,并编制凭证。保险基金当年入不敷出时,按《社会保险基金财务制度》有关条款的规定执行。

(六)根据保险基金的实际结存情况,在满足周转需要的前提下,按照有关规定,及时办理基金存储或购买国债的手续;建立银行定期存款和各种有价证券备查账,掌握银行存款及有价证券的存储时间与金额,按时办理银行存款及有价证券的转存、兑付及保管工作。

(七)指导和监督费用征集、费用记录处理和待遇支付等工作,建立应缴未缴、应付未付保险基金备查簿,以及各种业务台账,定期进行核对、清理,加强对各种暂付款、借入款、暂收款等的管理。

(八)按要求定期编报会计报表,正确反映基金的收支结存情况,并提供基金筹集、使用、管理等情况的分析报告。

(九)年度终了前,根据本年度基金预算执行情况和下年度基金收支预测,编制次年的基金预算草案。基金预算草案由劳动保障部门审核后报财政部门审核,经同级人民政府批准后执行。在预算执行中,遇有特殊情况需调整预算时,应编制预算调整方案,并按上述报批程序执行。定期向同级劳动保障行政部门和财政部门报告预算执行情况。

(十)年度终了后,编制年度基金财务报告。年度基金财务报告经劳动保障部门核准后报同级财政部门审核,经同级人民政府批准形成基金决算,并逐级上报。

(十一)制定、完善内部的财务管理制度,充分发挥会计的反映、监督职能。

(十二)建立和完善保险基金预警制度,定期组织有关人员对基金收支情况进行分析、预测。计算机管理系统要具备较为完善的基金监控、分析、评价、预测功能。

附件：
1. 城镇职工基本医疗保险业务管理图（略）
2. 缴费单位基础档案资料主要项目（略）
3. 缴费个人基础档案资料主要项目（略）
4. 个人账户主要记录项目（略）

3. 国务院办公厅转发卫生部等部门关于建立新型农村合作医疗制度意见的通知

国办发〔2003〕3号
2003年1月16日

各省、自治区、直辖市人民政府，国务院各部委、各直属机构：

卫生部、财政部、农业部《关于建立新型农村合作医疗制度的意见》已经国务院同意，现转发给你们，请认真贯彻执行。

国务院办公厅
二〇〇三年一月十六日

关于建立新型农村合作医疗制度的意见

卫生部　财政部　农业部
（二〇〇三年一月十日）

建立新型农村合作医疗制度是新时期农村卫生工作的重要内容，是实践"三个代表"重要思想的具体体现，对提高农民健康水平，促进农村经济发展，维护社会稳定具有重大意义。根据《中共中央、国务院关于进一步加强农村卫生工作的决定》（中发〔2002〕13号），提出以下意见。

一、目标和原则

新型农村合作医疗制度是由政府组织、引导、支持，农民自愿参加，个人、集体和政府多方筹资，以大病统筹为主的农民医疗互助共济制度。从2003年起，各省、自治区、直辖市至少要选择2～3个县（市）先行试点，取得经验后逐步推开。到2010年，实现在全国建立基本覆盖农村居民的新型农村合作医疗制度的目标，减轻农民因疾病带来的经济负担，提高农民健康水平。

建立新型农村合作医疗制度要遵循以下原则：

（一）自愿参加，多方筹资。农民以家庭为单位自愿参加新型农村合作医疗，遵守有关规章制度，按时足额缴纳合作医疗经费；乡（镇）、村集体要给予资金扶持；中央和地方各级财政每年要安排一定专项资金予以支持。

（二）以收定支，保障适度。新型农村合作医疗制度要坚持以收定支，收支平衡的原则，既保证这项制度持续有效运行，又使农民能够享有最基本的医疗服务。

（三）先行试点，逐步推广。建立新型农村合作医疗制度必须从实际出发，通过试点总结经验，不断完善，稳步发展。要随着农村社会经济的发展和农民收入的增加，逐步提高新型农村合作医疗制度的社会化程度和抗风险能力。

二、组织管理

（一）新型农村合作医疗制度一般采取以县(市)为单位进行统筹。条件不具备的地方，在起步阶段也可采取以乡(镇)为单位进行统筹，逐步向县(市)统筹过渡。

（二）要按照精简、效能的原则，建立新型农村合作医疗制度管理体制。省、地级人民政府成立由卫生、财政、农业、民政、审计、扶贫等部门组成的农村合作医疗协调小组。各级卫生行政部门内部应设立专门的农村合作医疗管理机构，原则上不增加编制。

县级人民政府成立由有关部门和参加合作医疗的农民代表组成的农村合作医疗管理委员会，负责有关组织、协调、管理和指导工作。委员会下设经办机构，负责具体业务工作，人员由县级人民政府调剂解决。根据需要在乡(镇)可设立派出机构(人员)或委托有关机构管理。经办机构的人员和工作经费列入同级财政预算，不得从农村合作医疗基金中提取。

三、筹资标准

新型农村合作医疗制度实行个人缴费、集体扶持和政府资助相结合的筹资机制。

（一）农民个人每年的缴费标准不应低于10元，经济条件好的地区可相应提高缴费标准。乡镇企业职工(不含以农民家庭为单位参加新型农村合作医疗的人员)是否参加新型农村合作医疗由县级人民政府确定。

（二）有条件的乡村集体经济组织应对本地新型农村合作医疗制度给予适当扶持。扶持新型农村合作医疗的乡村集体经济组织类型、出资标准由县级人民政府确定，但集体出资部分不得向农民摊派。鼓励社会团体和个人资助新型农村合作医疗制度。

（三）地方财政每年对参加新型农村合作医疗农民的资助不低于人均10元，具体补助标准和分级负担比例由省级人民政府确定。经济较发达的东部地区，地方各级财政可适当增加投入。从2003年起，中央财政每年通过专项转移支付对中西部地区除市区以外的参加新型农村合作医疗的农民按人均10元安排补助资金。

四、资金管理

农村合作医疗基金是由农民自愿缴纳、集体扶持、政府资助的民办公助社会性资金，要按照以收定支、收支平衡和公开、公平、公正的原则进行管理，必须专款专用，专户储存，不得挤占挪用。

（一）农村合作医疗基金由农村合作医疗管理委员会及其经办机构进行管理。农村合作医疗经办机构应在管理委员会认定的国有商业银行设立农村合作医疗基金专用账户，确保基金的安全和完整，并建立健全农村合作医疗基金管理的规章制度，按照规定合理筹集、及时审核支付农村合作医疗基金。

（二）农村合作医疗基金中农民个人缴费及乡村集体经济组织的扶持资金，原则上按年由农村合作医疗经办机构在乡(镇)设立的派出机构(人员)或委托有关机构收缴，存入农村合作医疗基金专用账户；地方财政支持资金，由地方各级财政部门根据参加新型农村合作医疗的实际人数，划拨到农村合作医疗基金专用账户；中央财政补助中西部地区新型农村合作医疗的专项资金，由财政部根据各地区参加新型农村合作医疗的实际人数和资金到位等情况核定，向省级财政划拨。中央和地方各级财政要确保补助资金及时、全额拨付到农村合作医疗基金专用账户，并通过新型农村合作医疗试点逐步完善补助资金的划拨办法，尽可能简化程序，易于操作。要结合财政国库管理制度改革和完善情况，逐步实现财政直接支付。关于新型农村合作医疗资金具体补助办法，由财政部商有关部门研究制定。

（三）农村合作医疗基金主要补助参加新型农村合作医疗农民的大额医疗费用或住院医疗费用。有条件的地方，可实行大额医疗费用补助与小额医疗费用补助结合的办法，既提高抗风险能力又兼顾农民受益面。对参加新型农村合作医疗的农民，年内没有动用农村合作医疗基金的，要安排进行一次常规性体检。各省、自治区、直辖市要制订农村合作医疗报销基本药物目录。各县（市）要根据筹资总额，结合当地实际，科学合理地确定农村合作医疗基金的支付范围、支付标准和额度，确定常规性体检的具体检查项目和方式，防止农村合作医疗基金超支或过多结余。

（四）加强对农村合作医疗基金的监管。农村合作医疗经办机构要定期向农村合作医疗管理委员会汇报农村合作医疗基金的收支、使用情况；要采取张榜公布等措施，定期向社会公布农村合作医疗基金的具体收支、使用情况，保证参加合作医疗农民的参与、知情和监督的权利。县级人民政府可根据本地实际，成立由相关政府部门和参加合作医疗的农民代表共同组成的农村合作医疗监督委员会，定期检查、监督农村合作医疗基金使用和管理情况。农村合作医疗管理委员会要定期向监督委员会和同级人民代表大会汇报工作，主动接受监督。审计部门要定期对农村合作医疗基金收支和管理情况进行审计。

五、医疗服务管理

加强农村卫生服务网络建设，强化对农村医疗卫生机构的行业管理，积极推进农村医疗卫生体制改革，不断提高医疗卫生服务能力和水平，使农民得到较好的医疗服务。各地区要根据情况，在农村卫生机构中择优选择农村合作医疗的服务机构，并加强监管力度，实行动态管理。要完善并落实各种诊疗规范和管理制度，保证服务质量，提高服务效率，控制医疗费用。

六、组织实施

（一）省级人民政府要制订新型农村合作医疗制度的管理办法，本着农民参保积极性较高，财政承受能力较强，管理基础较好的原则选择试点县（市），积极、稳妥地开展新型农村合作医疗试点工作。试点工作的重点是探索新型农村合作医疗管理体制、筹资机制和运行机制。县级人民政府要制定具体方案，各级相关部门在同级人民政府统一领导下组织实施。

（二）要切实加强对新型农村合作医疗的宣传教育，采取多种形式向农民宣传新型农村合作医疗的重要意义和当地的具体做法，引导农民不断增强自我保健和互助共济意识，动员广大农民自愿、积极参加新型农村合作医疗。农民参加合作医疗所履行的缴费义务，不能视为增加农民负担。

建立新型农村合作医疗制度是帮助农民抵御重大疾病风险的有效途径，是推进农村卫生改革与发展的重要举措，政策性强，任务艰巨。各地区、各有关部门要高度重视，加强领导，落实政策措施，抓好试点，总结经验，积极稳妥地做好这项工作。

4. 劳动和社会保障部关于城镇灵活就业人员参加基本医疗保险的指导意见

劳社厅发〔2003〕10号
2003年5月26日

各省、自治区、直辖市劳动保障厅（局）：

随着我国经济体制改革的进一步深化和产业结构的调整，以非全日制、临时性和弹性工作等灵活形式就业的人员（以下简称灵活就业人员）逐步增加，这部分人的医疗保障问题日益突出。为解决灵活就业人员的医疗保障问题,落实《中共中央国务院关于进一步做好下岗失业人员再就业工作的通知》(中发〔2002〕12号)关于抓紧制定以灵活形式就业的下岗失业人员社会保障配套办法的要求,现就城镇灵活就业人员参加基本医疗保险的有关问题提出如下指导意见:

一、统一认识,积极将灵活就业人员纳入基本医疗保险制度范围

(一)灵活就业人员参加基本医疗保险是解决他们医疗保障问题的重要措施,也是促进就业和再就业与完善社会保障体系的本质要求。各级劳动保障部门要从全面实践"三个代表"重要思想的高度出发,重视灵活就业人员的医疗保障问题,积极将灵活就业人员纳入基本医疗保险制度范围。

(二)结合经济发展水平和医疗保险管理能力,在区分灵活就业人员的人群类别、充分调查分析其基本医疗需求的基础上,针对不同类别的人群,制定相应政策和管理办法。

(三)灵活就业人员参加基本医疗保险要坚持权利和义务相对应、缴费水平与待遇水平相挂钩的原则。在参保政策和管理办法上既要与城镇职工基本医疗保险制度相衔接,又要适应灵活就业人员的特点。

二、明确政策,规范灵活就业人员参保方式、激励措施和待遇水平

(四)已与用人单位建立明确劳动关系的灵活就业人员,要按照用人单位参加基本医疗保险的方法缴费参保。其他灵活就业人员,要以个人身份缴费参保。

(五)可从建立基本医疗保险统筹基金起步,首先解决灵活就业人员住院和门诊大额医疗费用的保障问题,也可为有条件的部分灵活就业人员同时建立个人账户和实行大额医疗补助。

(六)灵活就业人员参加基本医疗保险的缴费率原则上按照当地的缴费率确定。从统筹基金起步的地区,可参照当地基本医疗保险建立统筹基金的缴费水平确定。缴费基数可参照当地上一年职工年平均工资核定。灵活就业人员缴纳的医疗保险费纳入统筹地区基本医疗保险基金统一管理。

(七)采取措施,促使灵活就业人员连续足额缴费。可根据灵活就业人员的缴费水平和缴费时间,参照当地基本医疗保险的待遇水平,确定相应的医疗保险待遇,并明确医疗保险待遇与缴费年限和连续缴费相挂钩的办法。对首次参加医疗保险的灵活就业人员,可规定其参加基本医疗保险到开始享受相关医疗保险待遇的期限。要考虑灵活就业人员收入不稳定等特点,明确中断缴费的认定和处理办法。

(八)灵活就业人员按照基本医疗保险的规定选择定点医疗机构和定点药店,严格执行基本医疗保险用药、诊疗项目和医疗服务设施标准的有关规定。要指导和协助参保的灵活就业人员选择定点医疗机构和定点药店。

三、加强管理,切实做好灵活就业人员的医疗保险管理服务工作

(九)针对灵活就业人员就业形式多样、工作地点和时间不固定等特点,完善医疗保险的业务管理办法,制定相应的个人申报登记办法、个人缴费办法和资格审核办法。鼓励灵活就业人员通过劳动保障事务代理机构或社区劳动保障服务机构等实现整体参保。

(十)经办机构要开设专门窗口,方便灵活就业人员个人直接缴费参保和医疗费用的结算。要进一步提高社会化管理服务水平,做到社会保险经办机构与定点医疗机构和定点药店的直接结算,减轻参保灵活就业人员的事务性负担。

（十一）做好参保灵活就业人员的医疗保险信息管理工作。进一步完善缴费个人基础档案资料的主要项目，建立完整的个人基础档案资料，做好个人缴费记录。根据灵活就业人员就业形式的变化，及时调整或更改个人信息，做好灵活就业人员的医疗保险关系变更服务。对灵活就业人员的缴费收入、医药费用支出等信息，要单独进行统计分析。

四、精心组织，稳妥推进灵活就业人员参保工作

（十二）各级劳动保障部门要努力争取党委和政府的支持，加大宣传力度，为做好灵活就业人员参加基本医疗保险创造良好的氛围。要主动与工商、税务等相关部门沟通，争取支持。

（十三）各统筹地区劳动保障部门要在认真调查和测算的基础上，制定和完善各类灵活就业人员参加基本医疗保险办法，精心组织实施。要及时分析和研究出现的新问题，不断完善政策和管理措施，确保制度平稳运行。

劳动和社会保障部办公厅
二〇〇三年五月二十六日

5. 国务院关于开展城镇居民基本医疗保险试点的指导意见

国发〔2007〕20号
2007年7月10日

各省、自治区、直辖市人民政府，国务院各部委、各直属机构：

党中央、国务院高度重视解决广大人民群众的医疗保障问题，不断完善医疗保障制度。1998年我国开始建立城镇职工基本医疗保险制度，之后又启动了新型农村合作医疗制度试点，建立了城乡医疗救助制度。目前没有医疗保障制度安排的主要是城镇非从业居民。为实现基本建立覆盖城乡全体居民的医疗保障体系的目标，国务院决定，从今年起开展城镇居民基本医疗保险试点（以下简称试点）。各地区各部门要充分认识这项工作的重要性，将其作为落实科学发展观、构建社会主义和谐社会的一项重要任务，高度重视，统筹规划，规范引导，稳步推进。

一、目标和原则

（一）试点目标。2007年在有条件的省份选择2至3个城市启动试点，2008年扩大试点，争取2009年试点城市达到80%以上，2010年在全国全面推开，逐步覆盖全体城镇非从业居民。要通过试点，探索和完善城镇居民基本医疗保险的政策体系，形成合理的筹资机制、健全的管理体制和规范的运行机制，逐步建立以大病统筹为主的城镇居民基本医疗保险制度。

（二）试点原则。试点工作要坚持低水平起步，根据经济发展水平和各方面承受能力，合理确定筹资水平和保障标准，重点保障城镇非从业居民的大病医疗需求，逐步提高保障水平；坚持自愿原则，充分尊重群众意愿；明确中央和地方政府的责任，中央确定基本原则和主要政策，地方制订具体办法，对参保居民实行属地管理；坚持统筹协调，做好各类医疗保障制度之间基本政策、标准和管理措施等的衔接。

二、参保范围和筹资水平

（三）参保范围。不属于城镇职工基本医疗保险制度覆盖范围的中小学阶段的学生（包括职业高中、中专、技校学生）、少年儿童和其他非从业城镇居民都可自愿参加城镇居民基本医疗保险。

（四）筹资水平。试点城市应根据当地的经济发展水平以及成年人和未成年人等不同人群的基本医疗消费需求，并考虑当地居民家庭和财政的负担能力，恰当确定筹资水平；探索建立筹资水平、缴费年限和待遇水平相挂钩的机制。

（五）缴费和补助。城镇居民基本医疗保险以家庭缴费为主，政府给予适当补助。参保居民按规定缴纳基本医疗保险费，享受相应的医疗保险待遇，有条件的用人单位可以对职工家属参保缴费给予补助。国家对个人缴费和单位补助资金制定税收鼓励政策。

对试点城市的参保居民，政府每年按不低于人均 40 元给予补助，其中，中央财政从 2007 年起每年通过专项转移支付，对中西部地区按人均 20 元给予补助。在此基础上，对属于低保对象的或重度残疾的学生和儿童参保所需的家庭缴费部分，政府原则上每年再按不低于人均 10 元给予补助，其中，中央财政对中西部地区按人均 5 元给予补助；对其他低保对象、丧失劳动能力的重度残疾人、低收入家庭 60 周岁以上的老年人等困难居民参保所需家庭缴费部分，政府每年再按不低于人均 60 元给予补助，其中，中央财政对中西部地区按人均 30 元给予补助。中央财政对东部地区参照新型农村合作医疗的补助办法给予适当补助。财政补助的具体方案由财政部门商劳动保障、民政等部门研究确定，补助经费要纳入各级政府的财政预算。

（六）费用支付。城镇居民基本医疗保险基金重点用于参保居民的住院和门诊大病医疗支出，有条件的地区可以逐步试行门诊医疗费用统筹。

城镇居民基本医疗保险基金的使用要坚持以收定支、收支平衡、略有结余的原则。要合理制定城镇居民基本医疗保险基金起付标准、支付比例和最高支付限额，完善支付办法，合理控制医疗费用。探索适合困难城镇非从业居民经济承受能力的医疗服务和费用支付办法，减轻他们的医疗费用负担。城镇居民基本医疗保险基金用于支付规定范围内的医疗费用，其他费用可以通过补充医疗保险、商业健康保险、医疗救助和社会慈善捐助等方式解决。

三、加强管理和服务

（七）组织管理。对城镇居民基本医疗保险的管理，原则上参照城镇职工基本医疗保险的有关规定执行。各地要充分利用现有管理服务体系，改进管理方式，提高管理效率。鼓励有条件的地区结合城镇职工基本医疗保险和新型农村合作医疗管理的实际，进一步整合基本医疗保障管理资源。要探索建立健全由政府机构、参保居民、社会团体、医药服务机构等方面代表参加的医疗保险社会监督组织，加强对城镇居民基本医疗保险管理、服务、运行的监督。建立医疗保险专业技术标准组织和专家咨询组织，完善医疗保险服务管理专业技术标准和业务规范。根据医疗保险事业发展的需要，切实加强医疗保险管理服务机构和队伍建设。建立健全管理制度，完善运行机制，加强医疗保险信息系统建设。

（八）基金管理。要将城镇居民基本医疗保险基金纳入社会保障基金财政专户统一管理，单独列账。试点城市要按照社会保险基金管理等有关规定，严格执行财务制度，加强对基本医疗保险基金的管理和监督，探索建立健全基金的风险防范和调剂机制，确保基金安全。

（九）服务管理。对城镇居民基本医疗保险的医疗服务管理，原则上参照城镇职工基本医疗保险的有关规定执行，具体办法由试点城市劳动保障部门会同发展改革、财政、卫生等部门制定。要综合考虑参保居民的基本医疗需求和基本医疗保险基金的承受能力等因素，合理确定医疗服务的范围。通过订立和履行定点服务协议，规范对定点医疗机构和定点零售药店的管理,明确医疗保险经办机构和定点的医疗机构、零售药店的权利和义务。医疗保险经办机构要简化审批手续,方便居民参保和报销医疗费用;明确医疗费用结算办法,按规定与医疗机构及时结算。加强对医疗费用支出的管理,探索建立医疗保险管理服务的奖惩机制。积极推行医疗费用按病种付费、按总额预付等结算方式,探索协议确定医疗费用标准的办法。

(十)充分发挥城市社区服务组织等的作用。整合、提升、拓宽城市社区服务组织的功能,加强社区服务平台建设,做好基本医疗保险管理服务工作。大力发展社区卫生服务,将符合条件的社区卫生服务机构纳入医疗保险定点范围;对参保居民到社区卫生服务机构就医发生的医疗费用,要适当提高医疗保险基金的支付比例。

四、深化相关改革

(十一)继续完善各项医疗保障制度。进一步完善城镇职工基本医疗保险制度,采取有效措施将混合所有制、非公有制经济组织从业人员以及灵活就业人员纳入城镇职工基本医疗保险;大力推进进城务工的农民工参加城镇职工基本医疗保险,重点解决大病统筹问题;继续着力解决国有困难企业、关闭破产企业等职工和退休人员的医疗保障问题;鼓励劳动年龄内有劳动能力的城镇居民,以多种方式就业并参加城镇职工基本医疗保险;进一步规范现行城镇职工基本医疗保险的支付政策,强化医疗服务管理。加快实施新型农村合作医疗制度。进一步完善城市和农村医疗救助制度。完善多层次医疗保障体系,搞好各项医疗保障制度的衔接。

(十二)协同推进医疗卫生体制和药品生产流通体制改革。根据深化医药卫生体制改革的总体要求,统筹协调医疗卫生、药品生产流通和医疗保障体系的改革和制度衔接,充分发挥医疗保障体系在筹集医疗资金、提高医疗质量和控制医疗费用等方面的作用。进一步转变政府职能,加强区域卫生规划,健全医疗服务体系。建立健全卫生行业标准体系,加强对医疗服务和药品市场的监管。规范医疗服务行为,逐步建立和完善临床操作规范、临床诊疗指南、临床用药规范和出入院标准等技术标准。加快城市社区卫生服务体系建设,充分发挥社区卫生服务和中医药服务在医疗服务中的作用,有条件的地区可探索实行参保居民分级医疗的办法。

五、加强组织领导

(十三)建立国务院城镇居民基本医疗保险部际联席会议制度。在国务院领导下,国务院城镇居民基本医疗保险部际联席会议(以下简称部际联席会议)负责组织协调和宏观指导试点工作,研究制定相关政策并督促检查政策的落实情况,总结评估试点工作,协调解决试点工作中出现的问题,并就重大问题向国务院提出报告和建议。

(十四)选择确定试点城市。省级人民政府可根据本地条件选择2至3个试点城市,报部际联席会议审定。试点城市的试点实施方案报部际联席会议办公室备案,由省(区、市)人民政府批准实施。

(十五)制定配套政策和措施。劳动保障部门要会同发展改革、财政、卫生、民政、教育、药品监督和中医药管理等有关部门制定相关配套政策和措施。各部门要根据各自的职责,协同配合,加快推进各项配套改革。动员社会各方面力量,为推进医疗保险制度改革创造良好的环境、提供有力的支持,确保试点工作的顺利进行。

(十六)精心组织实施。地方各级人民政府要充分认识试点工作的重大意义,切实加强组织领导。省级人民政府要根据本指导意见规定的试点目标和任务、基本政策和工作步骤，统筹规划，积极稳妥地推进本行政区域的试点工作。试点城市要在充分调研、周密测算、多方论证的基础上，制订试点实施方案并精心组织实施。已经先行开展基本医疗保险工作的城市，要及时总结经验，完善制度，进一步探索更加符合实际的基本医疗保险的体制和机制。

（十七）做好舆论宣传工作。建立城镇居民基本医疗保险制度直接关系广大群众的切身利益，是一项重大的民生工程，政策性很强。各地要坚持正确的舆论导向，加强对试点工作重要意义、基本原则和方针政策的宣传，加强对试点中好的做法和经验的总结推广，使这项惠民政策深入人心，真正得到广大群众和社会各界的理解和支持，使试点工作成为广大群众积极参与的实践。

各地要注意研究试点过程中出现的新情况、新问题，积极探索解决的办法，妥善处理改革、发展与稳定的关系。遇有重要情况及时向部际联席会议报告。

国务院
二〇〇七年七月十日

6. 国务院办公厅关于将大学生纳入城镇居民基本医疗保险试点范围的指导意见

国办发〔2008〕119号
2008年10月25日

各省、自治区、直辖市人民政府，国务院各部委、各直属机构：

根据《国务院关于开展城镇居民基本医疗保险试点的指导意见》（国发〔2007〕20号）有关精神，为进一步做好大学生医疗保障工作，国务院决定将大学生纳入城镇居民基本医疗保险试点范围。经国务院同意，现就有关工作提出以下指导意见：

一、基本原则

按照党中央、国务院关于加快建立覆盖城乡居民的社会保障体系和开展城镇居民基本医疗保险试点工作的总体要求，坚持自愿原则，将大学生纳入城镇居民基本医疗保险试点范围，并继续做好日常医疗工作；中央确定基本原则和主要政策，试点地区制订具体办法，对参保大学生实行属地管理；完善医疗保障资金筹集机制和费用分担机制，重点保障基本医疗需求，逐步提高保障水平。

二、主要政策

（一）参保范围。各类全日制普通高等学校（包括民办高校）、科研院所（以下统称高校）中接受普通高等学历教育的全日制本专科生、全日制研究生。

（二）保障方式。大学生住院和门诊大病医疗，按照属地原则通过参加学校所在地城镇居民基本医疗保险解决，大学生按照当地规定缴费并享受相应待遇，待遇水平不低于当地城镇居民。同时按照现有规定继续做好大学生日常医疗工作，方便其及时就医。

鼓励大学生在参加基本医疗保险的基础上，按自愿原则，通过参加商业医疗保险等多种途径，提高医疗保障水平。

（三）资金筹措。大学生参加城镇居民基本医疗保险的个人缴费标准和政府补助标准，按照当地中小学生参加城镇居民基本医疗保险相应标准执行。个人缴费原则上由大学生本人和家庭负担,有条件的高校可对其缴费给予补助。大学生参保所需政府补助资金,按照高校隶属关系,由同级财政负责安排。中央财政对地方所属高校学生按照城镇居民基本医疗保险补助办法给予补助。大学生日常医疗所需资金,继续按照高校隶属关系,由同级财政予以补助。

各地要采取措施,对家庭经济困难大学生个人应缴纳的基本医疗保险费及按规定应由其个人承担的医疗费用,通过医疗救助制度、家庭经济困难学生资助体系和社会慈善捐助等多种途径给予资助,切实减轻家庭经济困难学生的医疗费用负担。

三、精心组织实施

已开展城镇居民基本医疗保险试点的地区,按本指导意见将大学生纳入城镇居民基本医疗保险体系后,要切实保障参保大学生住院和门诊大病需求,同时继续做好大学生日常医疗工作;未开展试点的地区,要完善现有办法,加强和改进大学生医疗保障工作,随着试点扩大,逐步将大学生纳入城镇居民基本医疗保险范围。各地人力资源社会保障部门要把符合条件的大学医疗机构纳入城镇居民基本医疗保险定点医疗机构范围。

各地区、各有关部门要充分认识做好大学生医疗保障工作对建立健全本覆盖城乡居民社会保障体系,保障大学生就医权益、提高大学生健康水平,促进社会和谐稳定的重大意义,切实加强组织领导和宣传解释工作。省级人民政府要根据本指导意见,统筹规划,积极稳妥地推进这项工作。试点城市要因地制宜制订具体实施办法和推进步骤,确定合理的保障水平,精心组织实施,确保新旧制度平稳过渡,维护社会稳定。教育、财政、人力资源社会保障、卫生和民政部门要通力协作,制订周密工作计划,确保缴费和财政资金及时足额到位,不断完善大学生医疗经费和就医管理措施。高校要切实抓好大学生就医工作,深化改革,加强管理,提高工作效率和水平。

中华人民共和国国务院办公厅
二〇〇八年十月二十五日

7. 人力资源和社会保障部 卫生部 财政部关于印发流动就业人员基本医疗保障关系转移接续暂行办法的通知

人社部发〔2009〕191号
2009年12月31日

各省、自治区、直辖市人力资源社会保障(劳动保障)厅(局)、卫生厅(局)、财政厅(局),新疆生产建设兵团劳动保障局、卫生局、财务局:

现将《流动就业人员基本医疗保障关系转移接续暂行办法》印发你们,请遵照执行。

流动就业人员基本医疗保障关系转移接续暂行办法

第一条 为保证城镇职工基本医疗保险、城镇居民基本医疗保险和新型农村合作医疗参保(合)人员流动就业时能够连续参保,基本医疗保障关系能够顺畅接续,保障参保(合)人员的合法权益,根据《中共中央国务院关于深化医药卫生体制改革的意见》(中发〔2009〕6号)的要求,制定本办法。

第二条 城乡各类流动就业人员按照现行规定相应参加城镇职工基本医疗保险、城镇居民基本医疗保险或新型农村合作医疗,不得同时参加和重复享受待遇。各地不得以户籍等原因设置参加障碍。

第三条 农村户籍人员在城镇单位就业并有稳定劳动关系的,由用人单位按照《社会保险登记管理暂行办法》的规定办理登记手续,参加就业地城镇职工基本医疗保险。其他流动就业的,可自愿选择参加户籍所在地新型农村合作医疗或就业地城镇基本医疗保险,并按照有关规定到户籍所在地新型农村合作医疗经办机构或就业地社会(医疗)保险经办机构办理登记手续。

第四条 新型农村合作医疗参合人员参加城镇基本医疗保险后,由就业地社会(医疗)保险经办机构通知户籍所在地新型农村合作医疗经办机构办理转移手续,按当地规定退出新型农村合作医疗,不再享受新型农村合作医疗待遇。

第五条 由于劳动关系终止或其他原因中止城镇基本医疗保险关系的农村户籍人员,可凭就业地社会(医疗)保险经办机构出具的参保凭证,向户籍所在地新型农村合作医疗经办机构申请,按当地规定参加新型农村合作医疗。

第六条 城镇基本医疗保险参保人员跨统筹地区流动就业,新就业地有接收单位的,由单位按照《社会保险登记管理暂行办法》的规定办理登记手续,参加新就业地城镇职工基本医疗保险;无接收单位的,个人应在中止原基本医疗保险关系后的3个月内到新就业地社会(医疗)保险经办机构办理登记手续,按当地规定参加城镇职工基本医疗保险或城镇居民基本医疗保险。

第七条 城镇基本医疗保险参保人员跨统筹地区流动就业并参加新就业地城镇基本医疗保险的,由新就业地社会(医疗)保险经办机构通知原就业地社会(医疗)保险经办机构办理转移手续,不再享受原就业地城镇基本医疗保险待遇。建立个人账户的,个人账户原则上随其医疗保险关系转移划转,个人账户余额(包括个人缴费部分和单位缴费划入部分)通过社会(医疗)保险经办机构转移。

第八条 参保(合)人员跨制度或跨统筹地区转移基本医疗保障关系的,原户籍所在地或原就业地社会(医疗)保险或新型农村合作医疗经办机构应在其办理中止参保(合)手续时为其出具参保(合)凭证,并保留其参保(合)信息,以备核查。新就业地要做好流入人员的参保(合)信息核查以及登记等工作。

第九条 参保(合)凭证由人力资源社会保障部会同卫生部统一设计,由各地社会(医疗)保险及新型农村合作医疗经办机构统一印制。参保(合)凭证信息原则上通过社会(医疗)保险及新型农村合作医疗经办机构之间传递,因特殊原因无法传递的,由参保(合)人员自行办理有关手续。

第十条 社会(医疗)保险和新型农村合作医疗经办机构要指定窗口或专人,办理流动就业人员的基本医疗保障登记和关系接续等业务。要逐步将身份证号码作为各类人员参加城镇职工基本医疗保险、城镇居民基本医疗保险和新型农村合作医疗的唯一识别码,加强信息系统建设,及时记录更新流动人员参保(合)缴费的信息,保证参保(合)记录的完整性和连续性。

第十一条 社会(医疗)保险和新型农村合作医疗经办机构要加强沟通和协作,共同做好基本医疗保障关系转移接续管理服务工作,简化手续,规范流程,共享数据,方便参保(合)人员接续基本医疗保障关系和享受待遇。

第十二条 各省、自治区、直辖市要按照本办法,并结合当地实际制定流动就业人员基本医疗保障登记管理和转移接续的具体实施办法。

第十三条 本办法自 2010 年 7 月 1 日起实施。

人力资源和社会保障部
卫生部
财政部
二〇〇九年十二月三十一日

8. 人力资源和社会保障部 财政部 国家卫生和计划生育委员会关于进一步做好基本医疗保险异地就医医疗费用结算工作的指导意见

人社部发〔2014〕93 号
2014 年 11 月 18 日

各省、自治区、直辖市及新疆生产建设兵团人力资源社会保障厅(局)、财政(财务)厅(局)、卫生计生委:

2009 年《关于基本医疗保险异地就医结算服务工作的意见》(人社部发〔2009〕190 号)印发以来,各地积极探索推进异地就医结算工作,为参保群众提供便捷服务。目前,在全国范围内,基本医疗保险市级统筹基本实现,大多数省份建立了省内异地就医结算平台并开展了直接结算,一些地区还进行了"点对点"跨省结算的尝试。但此项工作与群众期盼还存在差距,异地就医结算手续依然比较复杂,异地医疗服务监管尚不到位。根据党的十八届三中全会决定精神,现就进一步做好基本医疗保险异地就医医疗费用结算(以下简称异地就医结算)工作,提升基本医疗保险管理服务水平,提出以下意见:

一、进一步明确推进异地就医结算工作的目标任务

(一)总体思路。完善市(地)级(以下简称市级)统筹,规范省(自治区、直辖市,以下简称省)内异地就医结算,推进跨省异地就医结算,着眼城乡统筹,以异地安置退休人员和异地住院费用为重点,依托社会保险信息系统,分层次推进异地就医结算服务。要根据分级诊疗的要求,做好异地转诊病人的医疗费用结算管理。要不断提高医疗保险管理服务水平,完善医疗服务监控机制,在方便参保人员异地就医结算的同时,严防欺诈骗保行为,维护广大参保人合法权益。

(二)近期目标。2014 年,在现有工作基础上,完善基本医疗保险市级统筹,基本实现市级统筹区内就医直接结算,规范和建立省级异地就医结算平台;2015 年,基本实现省内异地住院费用直接结算,建立国家级异地就医结算平台;2016 年,全面实现跨省异地安置退休人员住院医疗费用直接结算。有条件的地区可以加快工作节奏,积极推进。

二、完善市级统筹,实现市域范围内就医直接结算

以全面实现市域范围内医疗费用直接结算为目标,推进和完善基本医疗保险市级统筹。首先做到基本医疗保险基金预算和筹资待遇政策、就医管理的统一和信息系统的一体化衔接,逐步提升基本医疗保险服务便利性。实现城乡基本医疗保险制度整合的地区,要同步推动城乡居民医保实现市级统筹。

已经实行市级统筹的地区要进一步提高市级统筹质量。采取统收统支模式的,要明确地市和区县级社会保险经办机构(以下简称经办机构)职责,落实分级管理责任;采取调剂金模式的,要规范调剂金的收取和调剂管理办法,以逐步实现制度政策、基金管理、就医结算、经办服务、信息系统方面的统一。有条件的地方要加快推进省级统筹。

三、规范省内异地就医直接结算

各省要按照国家统一规范,建立完善省级异地就医结算平台,支持省内统筹地区之间就医人员信息、医疗服务数据以及费用结算数据等信息的交换,并通过平台开展省内异地就医直接结算工作。

各省人力资源社会保障部门要加强对各统筹地区医疗保险政策的指导,按照国家要求建立统一的药品目录、诊疗项目和医疗服务设施信息标准库,完善与异地就医相关的结算办法和经办流程。要完善定点医疗机构管理,建立并维护支持异地就医直接结算的定点医疗机构数据库。定点医疗机构名单应向社会公布。

异地就医人员的医疗保险待遇执行参保地政策。各统筹地区要建立规范的异地就医报送办法。符合条件的参保人员经同意异地就医后,参保地经办机构应将人员信息通过省级平台传送给就医地经办机构。就医地经办机构负责为异地就医人员提供经办服务,对相关医疗服务行为进行监管,并将相关信息及时如实传送给参保地经办机构。

四、完善跨省异地就医人员政策

加强跨省异地就医的顶层设计,统筹考虑各类跨省异地就医人员需求,逐步推进跨省异地就医直接结算。当前重点解决跨省异地安置退休人员的住院费用,有条件的地方可以在总结经验的基础上,结合本地户籍和居住证制度改革,探索将其他长期跨省异地居住人员纳入住院医疗费用直接结算范围。

跨省异地安置退休人员是指离开参保统筹地区长期跨省异地居住,并根据户籍管理规定已取得居住地户籍的参保退休人员。这部分人员可自愿向参保地经办机构提出异地医疗费用直接结算申请,经审核同意并由居住地经办机构登记备案后,其住院医疗费用可以在居住地实行直接结算。

跨省异地安置退休人员在居住地发生的住院医疗费用,原则上执行居住地规定的支付范围(包括药品目录、诊疗项目和医疗服务设施标准)。医疗保险统筹基金的起付标准、支付比例和支付限额原则上执行参保地规定的本地就医时的标准,不按照转外就医支付比例执行。经本人申请,可以将个人账户资金划转给个人,供门诊就医、购药时使用。

五、做好异地就医人员管理服务

各统筹地区经办机构应当根据跨省异地安置退休人员、异地转诊人员、异地急诊人员等不同人群的特点,落实管理责任,加强医疗服务监管,做好服务。

对经登记备案的跨省异地安置退休人员,居住地的经办机构应一视同仁地将其纳入管理,在定点医疗机构和零售药店确定、医疗信息记录、医疗行为监控等方面提供与本地参保人相同的服务和管理。跨省异地安置退休人员发生的应由统筹基金支付的住院医疗费用,通过各省级异地就医结算平台实行跨省直接结算。

对于异地转诊的参保人员,经办机构要适应分级诊疗模式和转诊转院制度,建立参保地与就医地之间的协作机制,引导形成合理的就医秩序。就医地经办机构应协助参保地经办机构进行医疗票据核查等工作,保证费用的真实性,防范和打击伪造医疗票据和文书等欺诈行为。

对于异地急诊的参保人员,原则上在参保地按规定进行报销;需要通过医疗机构对费用真实性进行核查的,就医地经办机构应予以协助。

参保人员异地就医费用按规定实行直接结算的,应由医疗保险基金支付的部分,原则上先由就医地医疗保险基金垫付,再由参保地经办机构与就医地经办机构按月结算。

对异地就医造成的就医地经办机构增加的必要工作经费,由就医地经办机构同级财政统筹安排。鼓励各地探索委托商业保险机构经办等购买服务的方式,提高异地就医结算管理和服务水平。

六、大力提升异地就医信息化管理水平

按照国家电子政务建设和信息惠民工程建设的要求,着力推进社会保险业务信息管理系统省级集中,建立完善中央和省级异地就医费用结算平台,统一信息系统接口、操作流程、数据库标准和信息传输规则,推进《社会保险药品分类与代码》等技术标准的应用。通过省级异地就医结算平台或省级集中社会保险业务管理系统,支持省内统筹地区之间的异地就医结算数据传输和问题协调。国家级异地就医结算平台与各省级异地就医平台对接,逐步通过平台实现跨省异地就医数据交换等功能。

七、加强组织落实

各级人力资源社会保障部门负责异地就医结算的统筹协调工作。各省人力资源社会保障部门要按照国家统一要求,协调省内有关部门制定本省份推进异地就医结算的工作计划,要加强与其他省份的沟通,积极推进跨省异地就医结算工作。统筹地区人力资源社会保障部门要树立全局观念,积极为来本地就医的参保人员提供医疗保险管理服务。有条件的省要统筹考虑生育保险、工伤保险等其他涉及医疗服务的社会保险,制定统一的社会保险异地就医管理办法。

财政部门要结合异地就医结算工作的开展,完善有关会计核算办法,会同有关部门完善社会保险基金财务制度。根据经办机构用款计划,及时足额划拨异地就医结算资金。加大资金支持力度,确保异地就医工作经费的落实。

卫生计生部门要会同有关部门,研究制定分级诊疗办法,建立健全转诊转院制度,引导形成合理的就医流向。要加大监管力度,规范医疗行为,促进合理规范诊疗。

医疗保险异地就医费用结算工作是健全全民医保体系的重要任务之一,事关人民群众切身利益。各有关部门要高度重视,加强配合,密切协作,确保工作落到实处,同时注意全面准确地做好宣传工作,合理引导社会预期。各地在工作中遇有重要情况要及时报告,有关部门要加强专项督查,推动工作进展。

本意见适用于人力资源社会保障部门负责的基本医疗保险。

人力资源和社会保障部

财政部

国家卫生和计划生育委员会

2014 年 11 月 18 日

9. 人力资源和社会保障部 国家发展和改革委员会 财政部 国家卫生和计划生育委员会关于印发《关于做好进城落户农民参加基本医疗保险和关系转移接续工作的办法》的通知

人社部发〔2015〕80 号

2015 年 8 月 27 日

各省、自治区、直辖市人力资源社会保障厅(局)、发展改革委、财政厅(局)、卫生计生委,新疆生产建设兵团人力资源社会保障局、发展改革委、财务局、卫生局:

现将《关于做好进城落户农民参加基本医疗保险和关系转移接续工作的办法》印发你们，请遵照执行。

人力资源社会保障部
国家发展和改革委员会
财政部
国家卫生和计划生育委员会
2015年8月27日

关于做好进城落户农民参加基本医疗保险和关系转移接续工作的办法

健全进城落户农民参加基本医疗保险和关系转移接续政策，是落实中央全面深化改革任务的重要举措，有利于推动和统筹城乡发展，促进社会正义和谐；有利于全面提升城镇化质量，促进城镇化健康发展；有利于深入健全全民医保，促进基本医疗保障公平可及。为进一步做好进城落户农民参加基本医疗保险和流动就业人员等基本医疗保险关系转移接续工作，切实维护各类参保人员合法权益，依据《中华人民共和国社会保险法》和基本医疗保险制度有关规定，制定本办法。

一、做好进城落户农民参保工作

进城落户农民是指按照户籍管理制度规定，已将户口由农村迁入城镇的农业转移人口。各级人力资源社会保障部门要积极配合和支持相关部门，做好农业转移人口落户工作，把进城落户农民纳入城镇基本医疗保险制度体系，在农村参加的基本医疗保险规范接入城镇基本医疗保险，确保基本医保待遇连续享受。

进城落户农民根据自身实际参加相应的城镇基本医疗保险。在城镇单位就业并有稳定劳动关系的，按规定随所在单位参加职工基本医疗保险（以下简称职工医保）；以非全日制、临时性工作等灵活形式就业的，可以灵活就业人员身份按规定参加就业地职工医保，也可以选择参加户籍所在地城镇（城乡）居民基本医疗保险（以下简称居民医保）。其他进城落户农民可按规定在落户地参加居民医保，执行当地统一政策。对参加居民医保的进城落户农民按规定给予参保补助，个人按规定缴费。

已参加新型农村合作医疗（以下简称新农合）或居民医保的进城落户农民，实现就业并参加职工医保的，不再享受原参保地新农合或居民医保待遇。要进一步完善相关政策衔接措施，引导进城落户农民及时参保，同时避免重复参保。

二、规范医保关系转移接续手续

进城落户农民和流动就业人员等参加转入地基本医疗保险后，转入地社会（医疗）保险经办机构应依据参保人申请，通知转出地经办机构办理医保关系转移手续，确保管理服务顺畅衔接，避免待遇重复享受。

转出地社会（医疗）保险或新农合经办机构应在参保人办理中止参保（合）手续时为其开具参保（合）凭证。参保（合）凭证是参保人员的重要权益记录，由参保人妥善保管，用于转入地受理医保关系转移申请时，核实参保人身份和转出地社会（医疗）保险经办机构记录的相关信息。

三、妥善处理医保关系转移接续中的有关权益

进城落户农民和流动就业人员等办理基本医疗保险关系转移接续前后，基本医疗保险参保缴费中断不超过3个月且补缴中断期间医疗保险费的，不受待遇享受等待期限制，按参保地规定继续参保缴费并享受相应的待遇。

进城落户农民在农村参加新农合等基本医疗保险的参保缴费和权益享受信息等连续记入新参保地业务档案，保证参保记录的完整性和连续性。流动就业人员参加职工医保的缴费年限各地互认，参保人在转出地职工医保记录的缴费年限累计计入转入地职工医保缴费年限记录。

参保人转移基本医疗保险关系时，建立个人账户的，个人账户随本人基本医疗保险关系一同转移。个人账户资金原则上通过经办机构进行划转。

四、做好医保关系转移接续管理服务工作

进一步规范医保关系转移接续业务经办程序。逐步统一各类人员参加基本医疗保险的标识。积极探索推行网上经办、自助服务、手机查询等经办服务模式，引导和帮助用人单位和个人依规主动更新参保信息。加强经办服务管理平台建设，完善和推广社会保险（医疗保险）关系转移接续信息系统，推进标准化建设和数据信息跨地区、跨部门共享，确保跨地区、跨制度参保信息互认和顺畅传递。

社会（医疗）保险经办机构和新农合经办机构要加强沟通协作，进一步做好基本医疗保险关系转移接续管理服务工作。

五、落实组织实施工作

各地人力资源社会保障部门要结合本地区实际，以进城落户农民为重点，做好参保和关系转移接续工作，细化完善政策措施，优化管理服务流程。卫生计生部门要做好进城落户农民医保关系转移接续经办服务工作。财政部门要继续做好居民医保和新农合财政补助工作，确保资金及时足额到位。发展改革部门要积极支持配合相关部门，将进城落户农民在农村参加的社会保险规范接入城镇社保体系，支持社保经办平台建设。各相关部门加强统筹协调，做好政策衔接，确保基本医疗保险参保人跨制度、跨地区流动时能够连续参保。

本办法从 2016 年 1 月 1 日起执行。《流动就业人员基本医疗保障关系转移接续暂行办法》（人社部发〔2009〕191 号）与本办法不符的，按本办法执行。

10. 国务院关于整合城乡居民基本医疗保险制度的意见

国发〔2016〕3 号

2016 年 1 月 3 日

各省、自治区、直辖市人民政府，国务院各部委、各直属机构：

整合城镇居民基本医疗保险（以下简称城镇居民医保）和新型农村合作医疗（以下简称新农合）两项制度，建立统一的城乡居民基本医疗保险（以下简称城乡居民医保）制度，是推进医药卫生体制改革、实现城乡居民公平享有基本医疗保险权益、促进社会公平正义、增进人民福祉的重大举措，对促进城乡经济社会协调发展、全面建成小康社会具有重要意义。在总结城镇居民医保和新农合运行情况以及地方探索实践经验的基础上，现就整合建立城乡居民医保制度提出如下意见。

一、总体要求与基本原则

（一）总体要求。

以邓小平理论、"三个代表"重要思想、科学发展观为指导，认真贯彻党的十八大、十八届二中、三中、四中、五中全会和习近平总书记系列重要讲话精神，落实党中央、国务院关于深化医药卫生体制改革的要求,按照全覆盖、保基本、多层次、可持续的方针,加强统筹协调与顶层设计,遵循先易后难、循序渐进的原则,从完善政策入手,推进城镇居民医保和新农合制度整合,逐步在全国范围内建立起统一的城乡居民医保制度,推动保障更加公平、管理服务更加规范、医疗资源利用更加有效,促进全民医保体系持续健康发展。

(二)基本原则。

1. 统筹规划、协调发展。要把城乡居民医保制度整合纳入全民医保体系发展和深化医改全局,统筹安排,合理规划,突出医保、医疗、医药三医联动,加强基本医保、大病保险、医疗救助、疾病应急救助、商业健康保险等衔接,强化制度的系统性、整体性、协同性。

2. 立足基本、保障公平。要准确定位,科学设计,立足经济社会发展水平、城乡居民负担和基金承受能力,充分考虑并逐步缩小城乡差距、地区差异,保障城乡居民公平享有基本医保待遇,实现城乡居民医保制度可持续发展。

3. 因地制宜、有序推进。要结合实际,全面分析研判,周密制订实施方案,加强整合前后的衔接,确保工作顺畅接续、有序过渡,确保群众基本医保待遇不受影响,确保医保基金安全和制度运行平稳。

4. 创新机制、提升效能。要坚持管办分开,落实政府责任,完善管理运行机制,深入推进支付方式改革,提升医保资金使用效率和经办管理服务效能。充分发挥市场机制作用,调动社会力量参与基本医保经办服务。

二、整合基本制度政策

(一)统一覆盖范围。

城乡居民医保制度覆盖范围包括现有城镇居民医保和新农合所有应参保(合)人员,即覆盖除职工基本医疗保险应参保人员以外的其他所有城乡居民。农民工和灵活就业人员依法参加职工基本医疗保险,有困难的可按照当地规定参加城乡居民医保。各地要完善参保方式,促进应保尽保,避免重复参保。

(二)统一筹资政策。

坚持多渠道筹资,继续实行个人缴费与政府补助相结合为主的筹资方式,鼓励集体、单位或其他社会经济组织给予扶持或资助。各地要统筹考虑城乡居民医保与大病保险保障需求,按照基金收支平衡的原则,合理确定城乡统一的筹资标准。现有城镇居民医保和新农合个人缴费标准差距较大的地区,可采取差别缴费的办法,利用2~3年时间逐步过渡。整合后的实际人均筹资和个人缴费不得低于现有水平。

完善筹资动态调整机制。在精算平衡的基础上,逐步建立与经济社会发展水平、各方承受能力相适应的稳定筹资机制。逐步建立个人缴费标准与城乡居民人均可支配收入相衔接的机制。合理划分政府与个人的筹资责任,在提高政府补助标准的同时,适当提高个人缴费比重。

(三)统一保障待遇。

遵循保障适度、收支平衡的原则,均衡城乡保障待遇,逐步统一保障范围和支付标准,为参保人员提供公平的基本医疗保障。妥善处理整合前的特殊保障政策,做好过渡与衔接。

城乡居民医保基金主要用于支付参保人员发生的住院和门诊医药费用。稳定住院保障水平,政策范围内住院费用支付比例保持在75%左右。进一步完善门诊统筹,逐步提高门诊保障水平。逐步缩小政策范围内支付比例与实际支付比例间的差距。

（四）统一医保目录。

统一城乡居民医保药品目录和医疗服务项目目录，明确药品和医疗服务支付范围。各省（区、市）要按照国家基本医保用药管理和基本药物制度有关规定，遵循临床必需、安全有效、价格合理、技术适宜、基金可承受的原则，在现有城镇居民医保和新农合目录的基础上，适当考虑参保人员需求变化进行调整，有增有减、有控有扩，做到种类基本齐全、结构总体合理。完善医保目录管理办法，实行分级管理、动态调整。

（五）统一定点管理。

统一城乡居民医保定点机构管理办法，强化定点服务协议管理，建立健全考核评价机制和动态的准入退出机制。对非公立医疗机构与公立医疗机构实行同等的定点管理政策。原则上由统筹地区管理机构负责定点机构的准入、退出和监管，省级管理机构负责制订定点机构的准入原则和管理办法，并重点加强对统筹区域外的省、市级定点医疗机构的指导与监督。

（六）统一基金管理。

城乡居民医保执行国家统一的基金财务制度、会计制度和基金预决算管理制度。城乡居民医保基金纳入财政专户，实行"收支两条线"管理。基金独立核算、专户管理，任何单位和个人不得挤占挪用。

结合基金预算管理全面推进付费总额控制。基金使用遵循以收定支、收支平衡、略有结余的原则，确保应支付费用及时足额拨付，合理控制基金当年结余率和累计结余率。建立健全基金运行风险预警机制，防范基金风险，提高使用效率。

强化基金内部审计和外部监督，坚持基金收支运行情况信息公开和参保人员就医结算信息公示制度，加强社会监督、民主监督和舆论监督。

三、理顺管理体制

（一）整合经办机构。

鼓励有条件的地区理顺医保管理体制，统一基本医保行政管理职能。充分利用现有城镇居民医保、新农合经办资源，整合城乡居民医保经办机构、人员和信息系统，规范经办流程，提供一体化的经办服务。完善经办机构内外部监督制约机制，加强培训和绩效考核。

（二）创新经办管理。

完善管理运行机制，改进服务手段和管理办法，优化经办流程，提高管理效率和服务水平。鼓励有条件的地区创新经办服务模式，推进管办分开，引入竞争机制，在确保基金安全和有效监管的前提下，以政府购买服务的方式委托具有资质的商业保险机构等社会力量参与基本医保的经办服务，激发经办活力。

四、提升服务效能

（一）提高统筹层次。

城乡居民医保制度原则上实行市（地）级统筹，各地要围绕统一待遇政策、基金管理、信息系统和就医结算等重点，稳步推进市（地）级统筹。做好医保关系转移接续和异地就医结算服务。根据统筹地区内各县（市、区）的经济发展和医疗服务水平，加强基金的分级管理，充分调动县级政府、经办管理机构基金管理的积极性和主动性。鼓励有条件的地区实行省级统筹。

（二）完善信息系统。

整合现有信息系统，支撑城乡居民医保制度运行和功能拓展。推动城乡居民医保信息系统与定点机构信息系统、医疗救助信息系统的业务协同和信息共享，做好城乡居民医保信息系统与参与经办服务的商业保险机构信息系统必要的信息交换和数据共享。强化信息安全和患者信息隐私保护。

（三）完善支付方式。

系统推进按人头付费、按病种付费、按床日付费、总额预付等多种付费方式相结合的复合支付方式改革，建立健全医保经办机构与医疗机构及药品供应商的谈判协商机制和风险分担机制，推动形成合理的医保支付标准，引导定点医疗机构规范服务行为，控制医疗费用不合理增长。

通过支持参保居民与基层医疗机构及全科医师开展签约服务、制定差别化的支付政策等措施，推进分级诊疗制度建设，逐步形成基层首诊、双向转诊、急慢分治、上下联动的就医新秩序。

（四）加强医疗服务监管。

完善城乡居民医保服务监管办法，充分运用协议管理，强化对医疗服务的监控作用。各级医保经办机构要利用信息化手段，推进医保智能审核和实时监控，促进合理诊疗、合理用药。卫生计生行政部门要加强医疗服务监管，规范医疗服务行为。

五、精心组织实施，确保整合工作平稳推进

（一）加强组织领导。

整合城乡居民医保制度是深化医改的一项重点任务，关系城乡居民切身利益，涉及面广、政策性强。各地各有关部门要按照全面深化改革的战略布局要求，充分认识这项工作的重要意义，加强领导，精心组织，确保整合工作平稳有序推进。各省级医改领导小组要加强统筹协调，及时研究解决整合过程中的问题。

（二）明确工作进度和责任分工。

各省（区、市）要于2016年6月底前对整合城乡居民医保工作作出规划和部署，明确时间表、路线图，健全工作推进和考核评价机制，严格落实责任制，确保各项政策措施落实到位。各统筹地区要于2016年12月底前出台具体实施方案。综合医改试点省要将整合城乡居民医保作为重点改革内容，加强与医改其他工作的统筹协调，加快推进。

各地人力资源社会保障、卫生计生部门要完善相关政策措施，加强城乡居民医保制度整合前后的衔接；财政部门要完善基金财务会计制度，会同相关部门做好基金监管工作；保险监管部门要加强对参与经办服务的商业保险机构的从业资格审查、服务质量和市场行为监管；发展改革部门要将城乡居民医保制度整合纳入国民经济和社会发展规划；编制管理部门要在经办资源和管理体制整合工作中发挥职能作用；医改办要协调相关部门做好跟踪评价、经验总结和推广工作。

（三）做好宣传工作。

要加强正面宣传和舆论引导，及时准确解读政策，宣传各地经验亮点，妥善回应公众关切，合理引导社会预期，努力营造城乡居民医保制度整合的良好氛围。

国务院
2016年1月3日

四、工伤保险

1. 国务院关于修改《工伤保险条例》的决定

中华人民共和国国务院令第586号

2010年12月20日

《国务院关于修改〈工伤保险条例〉的决定》已经2010年12月8日国务院第136次常务会议通过，现予公布，自2011年1月1日起施行。

总理　温家宝

二〇一〇年十二月二十日

国务院关于修改《工伤保险条例》的决定

国务院决定对《工伤保险条例》作如下修改：

一、第二条修改为："中华人民共和国境内的企业、事业单位、社会团体、民办非企业单位、基金会、律师事务所、会计师事务所等组织和有雇工的个体工商户（以下称用人单位）应当依照本条例规定参加工伤保险，为本单位全部职工或者雇工（以下称职工）缴纳工伤保险费。

"中华人民共和国境内的企业、事业单位、社会团体、民办非企业单位、基金会、律师事务所、会计师事务所等组织的职工和个体工商户的雇工，均有依照本条例的规定享受工伤保险待遇的权利。"

二、第八条第二款修改为："国家根据不同行业的工伤风险程度确定行业的差别费率，并根据工伤保险费使用、工伤发生率等情况在每个行业内确定若干费率档次。行业差别费率及行业内费率档次由国务院社会保险行政部门制定，报国务院批准后公布施行。"

三、第九条修改为："国务院社会保险行政部门应当定期了解全国各统筹地区工伤保险基金收支情况，及时提出调整行业差别费率及行业内费率档次的方案，报国务院批准后公布施行。"

四、第十条增加一款，作为第三款："对难以按照工资总额缴纳工伤保险费的行业，其缴纳工伤保险费的具体方式，由国务院社会保险行政部门规定。"

五、第十一条第一款修改为："工伤保险基金逐步实行省级统筹。"

六、第十二条修改为："工伤保险基金存入社会保障基金财政专户，用于本条例规定的工伤保险待遇、劳动能力鉴定、工伤预防的宣传、培训等费用，以及法律、法规规定的用于工伤保险的其他费用的支付。

"工伤预防费用的提取比例、使用和管理的具体办法，由国务院社会保险行政部门会同国务院财政、卫生行政、安全生产监督管理等部门规定。

"任何单位或者个人不得将工伤保险基金用于投资运营、兴建或者改建办公场所、发放奖金，或者挪作其他用途。"

七、第十四条第（六）项修改为："在上下班途中，受到非本人主要责任的交通事故或者城市轨道交通、客运轮渡、火车事故伤害的；"

八、第十六条修改为："职工符合本条例第十四条、第十五条的规定，但是有下列情形之

一的,不得认定为工伤或者视同工伤:

"(一)故意犯罪的;

"(二)醉酒或者吸毒的;

"(三)自残或者自杀的。"

九、第二十条修改为:"社会保险行政部门应当自受理工伤认定申请之日起 60 日内作出工伤认定的决定,并书面通知申请工伤认定的职工或者其近亲属和该职工所在单位。

"社会保险行政部门对受理的事实清楚、权利义务明确的工伤认定申请,应当在 15 日内作出工伤认定的决定。

"作出工伤认定决定需要以司法机关或者有关行政主管部门的结论为依据的,在司法机关或者有关行政主管部门尚未作出结论期间,作出工伤认定决定的时限中止。

"社会保险行政部门工作人员与工伤认定申请人有利害关系的,应当回避。"

十、增加一条,作为第二十九条:"劳动能力鉴定委员会依照本条例第二十六条和第二十八条的规定进行再次鉴定和复查鉴定的期限,依照本条例第二十五条第二款的规定执行。"

十一、第二十九条改为第三十条,第四款修改为:"职工住院治疗工伤的伙食补助费,以及经医疗机构出具证明,报经办机构同意,工伤职工到统筹地区以外就医所需的交通、食宿费用从工伤保险基金支付,基金支付的具体标准由统筹地区人民政府规定。"

第六款修改为:"工伤职工到签订服务协议的医疗机构进行工伤康复的费用,符合规定的,从工伤保险基金支付。"

十二、增加一条,作为第三十一条:"社会保险行政部门作出认定为工伤的决定后发生行政复议、行政诉讼的,行政复议和行政诉讼期间不停止支付工伤职工治疗工伤的医疗费用。"

十三、第三十三条改为第三十五条,第一款第(一)项修改为:"从工伤保险基金按伤残等级支付一次性伤残补助金,标准为:一级伤残为 27 个月的本人工资,二级伤残为 25 个月的本人工资,三级伤残为 23 个月的本人工资,四级伤残为 21 个月的本人工资;"

第一款第(三)项修改为:"工伤职工达到退休年龄并办理退休手续后,停发伤残津贴,按照国家有关规定享受基本养老保险待遇。基本养老保险待遇低于伤残津贴的,由工伤保险基金补足差额。"

十四、第三十四条改为第三十六条,第一款第(一)项修改为:"从工伤保险基金按伤残等级支付一次性伤残补助金,标准为:五级伤残为 18 个月的本人工资,六级伤残为 16 个月的本人工资;"

第二款修改为:"经工伤职工本人提出,该职工可以与用人单位解除或者终止劳动关系,由工伤保险基金支付一次性工伤医疗补助金,由用人单位支付一次性伤残就业补助金。一次性工伤医疗补助金和一次性伤残就业补助金的具体标准由省、自治区、直辖市人民政府规定。"

十五、第三十五条改为第三十七条,修改为:"职工因工致残被鉴定为七级至十级伤残的,享受以下待遇:

"(一)从工伤保险基金按伤残等级支付一次性伤残补助金,标准为:七级伤残为 13 个月的本人工资,八级伤残为 11 个月的本人工资,九级伤残为 9 个月的本人工资,十级伤残为

7个月的本人工资;

"(二)劳动、聘用合同期满终止,或者职工本人提出解除劳动、聘用合同的,由工伤保险基金支付一次性工伤医疗补助金,由用人单位支付一次性伤残就业补助金。一次性工伤医疗补助金和一次性伤残就业补助金的具体标准由省、自治区、直辖市人民政府规定。"

十六、第三十七条改为第三十九条,第一款第(三)项修改为:"一次性工亡补助金标准为上一年度全国城镇居民人均可支配收入的20倍。"

十七、第四十条改为第四十二条,删去第(四)项。

十八、第四十一条改为第四十三条,第四款修改为:"企业破产的,在破产清算时依法拨付应当由单位支付的工伤保险待遇费用。"

十九、第五十三条改为第五十五条,修改为:"有下列情形之一的,有关单位或者个人可以依法申请行政复议,也可以依法向人民法院提起行政诉讼:

"(一)申请工伤认定的职工或者其近亲属、该职工所在单位对工伤认定申请不予受理的决定不服的;

"(二)申请工伤认定的职工或者其近亲属、该职工所在单位对工伤认定结论不服的;

"(三)用人单位对经办机构确定的单位缴费费率不服的;

"(四)签订服务协议的医疗机构、辅助器具配置机构认为经办机构未履行有关协议或者规定的;

"(五)工伤职工或者其近亲属对经办机构核定的工伤保险待遇有异议的。"

二十、第五十八条改为第六十条,修改为:"用人单位、工伤职工或者其近亲属骗取工伤保险待遇,医疗机构、辅助器具配置机构骗取工伤保险基金支出的,由社会保险行政部门责令退还,处骗取金额2倍以上5倍以下的罚款;情节严重,构成犯罪的,依法追究刑事责任。"

二十一、第六十条改为第六十二条,修改为:"用人单位依照本条例规定应当参加工伤保险而未参加的,由社会保险行政部门责令限期参加,补缴应当缴纳的工伤保险费,并自欠缴之日起,按日加收万分之五的滞纳金;逾期仍不缴纳的,处欠缴数额1倍以上3倍以下的罚款。

"依照本条例规定应当参加工伤保险而未参加工伤保险的用人单位职工发生工伤的,由该用人单位按照本条例规定的工伤保险待遇项目和标准支付费用。

"用人单位参加工伤保险并补缴应当缴纳的工伤保险费、滞纳金后,由工伤保险基金和用人单位依照本条例的规定支付新发生的费用。"

二十二、增加一条,作为第六十三条:"用人单位违反本条例第十九条的规定,拒不协助社会保险行政部门对事故进行调查核实的,由社会保险行政部门责令改正,处2 000元以上2万元以下的罚款。"

二十三、第六十一条改为第六十四条,删去第一款。

二十四、第六十二条改为第六十五条,修改为:"公务员和参照公务员法管理的事业单位、社会团体的工作人员因工作遭受事故伤害或者患职业病的,由所在单位支付费用。具体办法由国务院社会保险行政部门会同国务院财政部门规定。"

此外,对条文的个别文字作了修改,对条文的顺序作了相应调整。

本决定自2011年1月1日起施行。

《工伤保险条例》根据本决定作相应的修改,重新公布。本条例施行后本决定施行前受到事故伤害或者患职业病的职工尚未完成工伤认定的,依照本决定的规定执行。

<h1 style="text-align:center;">工伤保险条例</h1>

(2003年4月27日中华人民共和国国务院令第375号公布 根据2010年12月20日《国务院关于修改〈工伤保险条例〉的决定》修订)

第一章 总则

第一条 为了保障因工作遭受事故伤害或者患职业病的职工获得医疗救治和经济补偿,促进工伤预防和职业康复,分散用人单位的工伤风险,制定本条例。

第二条 中华人民共和国境内的企业、事业单位、社会团体、民办非企业单位、基金会、律师事务所、会计师事务所等组织和有雇工的个体工商户(以下称用人单位)应当依照本条例规定参加工伤保险,为本单位全部职工或者雇工(以下称职工)缴纳工伤保险费。

中华人民共和国境内的企业、事业单位、社会团体、民办非企业单位、基金会、律师事务所、会计师事务所等组织的职工和个体工商户的雇工,均有依照本条例的规定享受工伤保险待遇的权利。

第三条 工伤保险费的征缴按照《社会保险费征缴暂行条例》关于基本养老保险费、基本医疗保险费、失业保险费的征缴规定执行。

第四条 用人单位应当将参加工伤保险的有关情况在本单位内公示。

用人单位和职工应当遵守有关安全生产和职业病防治的法律法规,执行安全卫生规程和标准,预防工伤事故发生,避免和减少职业病危害。

职工发生工伤时,用人单位应当采取措施使工伤职工得到及时救治。

第五条 国务院社会保险行政部门负责全国的工伤保险工作。

县级以上地方各级人民政府社会保险行政部门负责本行政区域内的工伤保险工作。

社会保险行政部门按照国务院有关规定设立的社会保险经办机构(以下称经办机构)具体承办工伤保险事务。

第六条 社会保险行政部门等部门制定工伤保险的政策、标准,应当征求工会组织、用人单位代表的意见。

第二章 工伤保险基金

第七条 工伤保险基金由用人单位缴纳的工伤保险费、工伤保险基金的利息和依法纳入工伤保险基金的其他资金构成。

第八条 工伤保险费根据以支定收、收支平衡的原则,确定费率。

国家根据不同行业的工伤风险程度确定行业的差别费率,并根据工伤保险费使用、工伤发生率等情况在每个行业内确定若干费率档次。行业差别费率及行业内费率档次由国务院社会保险行政部门制定,报国务院批准后公布施行。

统筹地区经办机构根据用人单位工伤保险费使用、工伤发生率等情况,适用所属行业内相应的费率档次确定单位缴费费率。

第九条 国务院社会保险行政部门应当定期了解全国各统筹地区工伤保险基金收支情况,及时提出调整行业差别费率及行业内费率档次的方案,报国务院批准后公布施行。

第十条 用人单位应当按时缴纳工伤保险费。职工个人不缴纳工伤保险费。

用人单位缴纳工伤保险费的数额为本单位职工工资总额乘以单位缴费费率之积。

对难以按照工资总额缴纳工伤保险费的行业,其缴纳工伤保险费的具体方式,由国务院社会保险行政部门规定。

第十一条 工伤保险基金逐步实行省级统筹。

跨地区、生产流动性较大的行业,可以采取相对集中的方式异地参加统筹地区的工伤保险。具体办法由国务院社会保险行政部门会同有关行业的主管部门制定。

第十二条 工伤保险基金存入社会保障基金财政专户,用于本条例规定的工伤保险待遇,劳动能力鉴定,工伤预防的宣传、培训等费用,以及法律、法规规定的用于工伤保险的其他费用的支付。

工伤预防费用的提取比例、使用和管理的具体办法,由国务院社会保险行政部门会同国务院财政、卫生行政、安全生产监督管理等部门规定。

任何单位或者个人不得将工伤保险基金用于投资运营、兴建或者改建办公场所、发放奖金,或者挪作其他用途。

第十三条 工伤保险基金应当留有一定比例的储备金,用于统筹地区重大事故的工伤保险待遇支付;储备金不足支付的,由统筹地区的人民政府垫付。储备金占基金总额的具体比例和储备金的使用办法,由省、自治区、直辖市人民政府规定。

第三章 工伤认定

第十四条 职工有下列情形之一的,应当认定为工伤:

(一)在工作时间和工作场所内,因工作原因受到事故伤害的;

(二)工作时间前后在工作场所内,从事与工作有关的预备性或者收尾性工作受到事故伤害的;

(三)在工作时间和工作场所内,因履行工作职责受到暴力等意外伤害的;

(四)患职业病的;

(五)因工外出期间,由于工作原因受到伤害或者发生事故下落不明的;

(六)在上下班途中,受到非本人主要责任的交通事故或者城市轨道交通、客运轮渡、火车事故伤害的;

(七)法律、行政法规规定应当认定为工伤的其他情形。

第十五条 职工有下列情形之一的,视同工伤:

(一)在工作时间和工作岗位,突发疾病死亡或者在 48 小时之内经抢救无效死亡的;

(二)在抢险救灾等维护国家利益、公共利益活动中受到伤害的;

(三)职工原在军队服役,因战、因公负伤致残,已取得革命伤残军人证,到用人单位后旧伤复发的。

职工有前款第(一)项、第(二)项情形的,按照本条例的有关规定享受工伤保险待遇;职工有前款第(三)项情形的,按照本条例的有关规定享受除一次性伤残补助金以外的工伤保险待遇。

第十六条 职工符合本条例第十四条、第十五条的规定,但是有下列情形之一的,不得认定为工伤或者视同工伤:

(一)故意犯罪的;

(二)醉酒或者吸毒的;

(三)自残或者自杀的。

第十七条　职工发生事故伤害或者按照职业病防治法规定被诊断、鉴定为职业病，所在单位应当自事故伤害发生之日或者被诊断、鉴定为职业病之日起 30 日内，向统筹地区社会保险行政部门提出工伤认定申请。遇有特殊情况，经报社会保险行政部门同意，申请时限可以适当延长。

用人单位未按前款规定提出工伤认定申请的，工伤职工或者其近亲属、工会组织在事故伤害发生之日或者被诊断、鉴定为职业病之日起 1 年内，可以直接向用人单位所在地统筹地区社会保险行政部门提出工伤认定申请。

按照本条第一款规定应当由省级社会保险行政部门进行工伤认定的事项，根据属地原则由用人单位所在地的设区的市级社会保险行政部门办理。

用人单位未在本条第一款规定的时限内提交工伤认定申请，在此期间发生符合本条例规定的工伤待遇等有关费用由该用人单位负担。

第十八条　提出工伤认定申请应当提交下列材料：

（一）工伤认定申请表；

（二）与用人单位存在劳动关系（包括事实劳动关系）的证明材料；

（三）医疗诊断证明或者职业病诊断证明书（或者职业病诊断鉴定书）。

工伤认定申请表应当包括事故发生的时间、地点、原因以及职工伤害程度等基本情况。

工伤认定申请人提供材料不完整的，社会保险行政部门应当一次性书面告知工伤认定申请人需要补正的全部材料。申请人按照书面告知要求补正材料后，社会保险行政部门应当受理。

第十九条　社会保险行政部门受理工伤认定申请后，根据审核需要可以对事故伤害进行调查核实，用人单位、职工、工会组织、医疗机构以及有关部门应当予以协助。职业病诊断和诊断争议的鉴定，依照职业病防治法的有关规定执行。对依法取得职业病诊断证明书或者职业病诊断鉴定书的，社会保险行政部门不再进行调查核实。

职工或者其近亲属认为是工伤，用人单位不认为是工伤的，由用人单位承担举证责任。

第二十条　社会保险行政部门应当自受理工伤认定申请之日起 60 日内作出工伤认定的决定，并书面通知申请工伤认定的职工或者其近亲属和该职工所在单位。

社会保险行政部门对受理的事实清楚、权利义务明确的工伤认定申请，应当在 15 日内作出工伤认定的决定。

作出工伤认定决定需要以司法机关或者有关行政主管部门的结论为依据的，在司法机关或者有关行政主管部门尚未作出结论期间，作出工伤认定决定的时限中止。

社会保险行政部门工作人员与工伤认定申请人有利害关系的，应当回避。

第四章　劳动能力鉴定

第二十一条　职工发生工伤，经治疗伤情相对稳定后存在残疾、影响劳动能力的，应当进行劳动能力鉴定。

第二十二条　劳动能力鉴定是指劳动功能障碍程度和生活自理障碍程度的等级鉴定。

劳动功能障碍分为十个伤残等级，最重的为一级，最轻的为十级。

生活自理障碍分为三个等级：生活完全不能自理、生活大部分不能自理和生活部分不能自理。

劳动能力鉴定标准由国务院社会保险行政部门会同国务院卫生行政部门等部门制定。

第二十三条 劳动能力鉴定由用人单位、工伤职工或者其近亲属向设区的市级劳动能力鉴定委员会提出申请，并提供工伤认定决定和职工工伤医疗的有关资料。

第二十四条 省、自治区、直辖市劳动能力鉴定委员会和设区的市级劳动能力鉴定委员会分别由省、自治区、直辖市和设区的市级社会保险行政部门、卫生行政部门、工会组织、经办机构代表以及用人单位代表组成。

劳动能力鉴定委员会建立医疗卫生专家库。列入专家库的医疗卫生专业技术人员应当具备下列条件：

（一）具有医疗卫生高级专业技术职务任职资格；

（二）掌握劳动能力鉴定的相关知识；

（三）具有良好的职业品德。

第二十五条 设区的市级劳动能力鉴定委员会收到劳动能力鉴定申请后，应当从其建立的医疗卫生专家库中随机抽取3名或者5名相关专家组成专家组，由专家组提出鉴定意见。设区的市级劳动能力鉴定委员会根据专家组的鉴定意见作出工伤职工劳动能力鉴定结论；必要时，可以委托具备资格的医疗机构协助进行有关的诊断。

设区的市级劳动能力鉴定委员会应当自收到劳动能力鉴定申请之日起60日内作出劳动能力鉴定结论，必要时，作出劳动能力鉴定结论的期限可以延长30日。劳动能力鉴定结论应当及时送达申请鉴定的单位和个人。

第二十六条 申请鉴定的单位或者个人对设区的市级劳动能力鉴定委员会作出的鉴定结论不服的，可以在收到该鉴定结论之日起15日内向省、自治区、直辖市劳动能力鉴定委员会提出再次鉴定申请。省、自治区、直辖市劳动能力鉴定委员会作出的劳动能力鉴定结论为最终结论。

第二十七条 劳动能力鉴定工作应当客观、公正。劳动能力鉴定委员会组成人员或者参加鉴定的专家与当事人有利害关系的，应当回避。

第二十八条 自劳动能力鉴定结论作出之日起1年后，工伤职工或者其近亲属、所在单位或者经办机构认为伤残情况发生变化的，可以申请劳动能力复查鉴定。

第二十九条 劳动能力鉴定委员会依照本条例第二十六条和第二十八条的规定进行再次鉴定和复查鉴定的期限，依照本条例第二十五条第二款的规定执行。

第五章 工伤保险待遇

第三十条 职工因工作遭受事故伤害或者患职业病进行治疗，享受工伤医疗待遇。

职工治疗工伤应当在签订服务协议的医疗机构就医，情况紧急时可以先到就近的医疗机构急救。

治疗工伤所需费用符合工伤保险诊疗项目目录、工伤保险药品目录、工伤保险住院服务标准的，从工伤保险基金支付。工伤保险诊疗项目目录、工伤保险药品目录、工伤保险住院服务标准，由国务院社会保险行政部门会同国务院卫生行政部门、食品药品监督管理部门等部门规定。

职工住院治疗工伤的伙食补助费，以及经医疗机构出具证明，报经办机构同意，工伤职工到统筹地区以外就医所需的交通、食宿费用从工伤保险基金支付，基金支付的具体标准由统筹地区人民政府规定。

工伤职工治疗非工伤引发的疾病，不享受工伤医疗待遇，按照基本医疗保险办法处理。

工伤职工到签订服务协议的医疗机构进行工伤康复的费用,符合规定的,从工伤保险基金支付。

第三十一条 社会保险行政部门作出认定为工伤的决定后发生行政复议、行政诉讼的,行政复议和行政诉讼期间不停止支付工伤职工治疗工伤的医疗费用。

第三十二条 工伤职工因日常生活或者就业需要,经劳动能力鉴定委员会确认,可以安装假肢、矫形器、假眼、假牙和配置轮椅等辅助器具,所需费用按照国家规定的标准从工伤保险基金支付。

第三十三条 职工因工作遭受事故伤害或者患职业病需要暂停工作接受工伤医疗的,在停工留薪期内,原工资福利待遇不变,由所在单位按月支付。

停工留薪期一般不超过 12 个月。伤情严重或者情况特殊,经设区的市级劳动能力鉴定委员会确认,可以适当延长,但延长不得超过 12 个月。工伤职工评定伤残等级后,停发原待遇,按照本章的有关规定享受伤残待遇。工伤职工在停工留薪期满后仍需治疗的,继续享受工伤医疗待遇。

生活不能自理的工伤职工在停工留薪期需要护理的,由所在单位负责。

第三十四条 工伤职工已经评定伤残等级并经劳动能力鉴定委员会确认需要生活护理的,从工伤保险基金按月支付生活护理费。

生活护理费按照生活完全不能自理、生活大部分不能自理或者生活部分不能自理 3 个不同等级支付,其标准分别为统筹地区上年度职工月平均工资的 50%、40% 或者 30%。

第三十五条 职工因工致残被鉴定为一级至四级伤残的,保留劳动关系,退出工作岗位,享受以下待遇:

(一)从工伤保险基金按伤残等级支付一次性伤残补助金,标准为:一级伤残为 27 个月的本人工资,二级伤残为 25 个月的本人工资,三级伤残为 23 个月的本人工资,四级伤残为 21 个月的本人工资;

(二)从工伤保险基金按月支付伤残津贴,标准为:一级伤残为本人工资的 90%,二级伤残为本人工资的 85%,三级伤残为本人工资的 80%,四级伤残为本人工资的 75%。伤残津贴实际金额低于当地最低工资标准的,由工伤保险基金补足差额;

(三)工伤职工达到退休年龄并办理退休手续后,停发伤残津贴,按照国家有关规定享受基本养老保险待遇。基本养老保险待遇低于伤残津贴的,由工伤保险基金补足差额。

职工因工致残被鉴定为一级至四级伤残的,由用人单位和职工个人以伤残津贴为基数,缴纳基本医疗保险费。

第三十六条 职工因工致残被鉴定为五级、六级伤残的,享受以下待遇:

(一)从工伤保险基金按伤残等级支付一次性伤残补助金,标准为:五级伤残为 18 个月的本人工资,六级伤残为 16 个月的本人工资;

(二)保留与用人单位的劳动关系,由用人单位安排适当工作。难以安排工作的,由用人单位按月发给伤残津贴,标准为:五级伤残为本人工资的 70%,六级伤残为本人工资的 60%,并由用人单位按照规定为其缴纳应缴纳的各项社会保险费。伤残津贴实际金额低于当地最低工资标准的,由用人单位补足差额。

经工伤职工本人提出,该职工可以与用人单位解除或者终止劳动关系,由工伤保险基金支付一次性工伤医疗补助金,由用人单位支付一次性伤残就业补助金。一次性工伤医疗补助金和一次性伤残就业补助金的具体标准由省、自治区、直辖市人民政府规定。

第三十七条　职工因工致残被鉴定为七级至十级伤残的,享受以下待遇:

(一)从工伤保险基金按伤残等级支付一次性伤残补助金,标准为:七级伤残为13个月的本人工资,八级伤残为11个月的本人工资,九级伤残为9个月的本人工资,十级伤残为7个月的本人工资;

(二)劳动、聘用合同期满终止,或者职工本人提出解除劳动、聘用合同的,由工伤保险基金支付一次性工伤医疗补助金,由用人单位支付一次性伤残就业补助金。一次性工伤医疗补助金和一次性伤残就业补助金的具体标准由省、自治区、直辖市人民政府规定。

第三十八条　工伤职工工伤复发,确认需要治疗的,享受本条例第三十条、第三十二条和第三十三条规定的工伤待遇。

第三十九条　职工因工死亡,其近亲属按照下列规定从工伤保险基金领取丧葬补助金、供养亲属抚恤金和一次性工亡补助金:

(一)丧葬补助金为6个月的统筹地区上年度职工月平均工资;

(二)供养亲属抚恤金按照职工本人工资的一定比例发给由因工死亡职工生前提供主要生活来源、无劳动能力的亲属。标准为:配偶每月40%,其他亲属每人每月30%,孤寡老人或者孤儿每人每月在上述标准的基础上增加10%。核定的各供养亲属的抚恤金之和不应高于因工死亡职工生前的工资。供养亲属的具体范围由国务院社会保险行政部门规定;

(三)一次性工亡补助金标准为上一年度全国城镇居民人均可支配收入的20倍。

伤残职工在停工留薪期内因工伤导致死亡的,其近亲属享受本条第一款规定的待遇。

一级至四级伤残职工在停工留薪期满后死亡的,其近亲属可以享受本条第一款第(一)项、第(二)项规定的待遇。

第四十条　伤残津贴、供养亲属抚恤金、生活护理费由统筹地区社会保险行政部门根据职工平均工资和生活费用变化等情况适时调整。调整办法由省、自治区、直辖市人民政府规定。

第四十一条　职工因工外出期间发生事故或者在抢险救灾中下落不明的,从事故发生当月起3个月内照发工资,从第4个月起停发工资,由工伤保险基金向其供养亲属按月支付供养亲属抚恤金。生活有困难的,可以预支一次性工亡补助金的50%。职工被人民法院宣告死亡的,按照本条例第三十九条职工因工死亡的规定处理。

第四十二条　工伤职工有下列情形之一的,停止享受工伤保险待遇:

(一)丧失享受待遇条件的;

(二)拒不接受劳动能力鉴定的;

(三)拒绝治疗的。

第四十三条　用人单位分立、合并、转让的,承继单位应当承担原用人单位的工伤保险责任;原用人单位已经参加工伤保险的,承继单位应当到当地经办机构办理工伤保险变更登记。

用人单位实行承包经营的,工伤保险责任由职工劳动关系所在单位承担。

职工被借调期间受到工伤事故伤害的,由原用人单位承担工伤保险责任,但原用人单位与借调单位可以约定补偿办法。

企业破产的,在破产清算时依法拨付应当由单位支付的工伤保险待遇费用。

第四十四条 职工被派遣出境工作,依据前往国家或者地区的法律应当参加当地工伤保险的,参加当地工伤保险,其国内工伤保险关系中止;不能参加当地工伤保险的,其国内工伤保险关系不中止。

第四十五条 职工再次发生工伤,根据规定应当享受伤残津贴的,按照新认定的伤残等级享受伤残津贴待遇。

第六章 监督管理

第四十六条 经办机构具体承办工伤保险事务,履行下列职责:

(一)根据省、自治区、直辖市人民政府规定,征收工伤保险费;

(二)核查用人单位的工资总额和职工人数,办理工伤保险登记,并负责保存用人单位缴费和职工享受工伤保险待遇情况的记录;

(三)进行工伤保险的调查、统计;

(四)按照规定管理工伤保险基金的支出;

(五)按照规定核定工伤保险待遇;

(六)为工伤职工或者其近亲属免费提供咨询服务。

第四十七条 经办机构与医疗机构、辅助器具配置机构在平等协商的基础上签订服务协议,并公布签订服务协议的医疗机构、辅助器具配置机构的名单。具体办法由国务院社会保险行政部门分别会同国务院卫生行政部门、民政部门等部门制定。

第四十八条 经办机构按照协议和国家有关目录、标准对工伤职工医疗费用、康复费用、辅助器具费用的使用情况进行核查,并按时足额结算费用。

第四十九条 经办机构应当定期公布工伤保险基金的收支情况,及时向社会保险行政部门提出调整费率的建议。

第五十条 社会保险行政部门、经办机构应当定期听取工伤职工、医疗机构、辅助器具配置机构以及社会各界对改进工伤保险工作的意见。

第五十一条 社会保险行政部门依法对工伤保险费的征缴和工伤保险基金的支付情况进行监督检查。

财政部门和审计机关依法对工伤保险基金的收支、管理情况进行监督。

第五十二条 任何组织和个人对有关工伤保险的违法行为,有权举报。社会保险行政部门对举报应当及时调查,按照规定处理,并为举报人保密。

第五十三条 工会组织依法维护工伤职工的合法权益,对用人单位的工伤保险工作实行监督。

第五十四条 职工与用人单位发生工伤待遇方面的争议,按照处理劳动争议的有关规定处理。

第五十五条 有下列情形之一的,有关单位或者个人可以依法申请行政复议,也可以依法向人民法院提起行政诉讼:

(一)申请工伤认定的职工或者其近亲属、该职工所在单位对工伤认定申请不予受理的决定不服的;

(二)申请工伤认定的职工或者其近亲属、该职工所在单位对工伤认定结论不服的;

（三）用人单位对经办机构确定的单位缴费费率不服的；

（四）签订服务协议的医疗机构、辅助器具配置机构认为经办机构未履行有关协议或者规定的；

（五）工伤职工或者其近亲属对经办机构核定的工伤保险待遇有异议的。

第七章　法律责任

第五十六条　单位或者个人违反本条例第十二条规定挪用工伤保险基金，构成犯罪的，依法追究刑事责任；尚不构成犯罪的，依法给予处分或者纪律处分。被挪用的基金由社会保险行政部门追回，并入工伤保险基金；没收的违法所得依法上缴国库。

第五十七条　社会保险行政部门工作人员有下列情形之一的，依法给予处分；情节严重，构成犯罪的，依法追究刑事责任：

（一）无正当理由不受理工伤认定申请，或者弄虚作假将不符合工伤条件的人员认定为工伤职工的；

（二）未妥善保管申请工伤认定的证据材料，致使有关证据灭失的；

（三）收受当事人财物的。

第五十八条　经办机构有下列行为之一的，由社会保险行政部门责令改正，对直接负责的主管人员和其他责任人员依法给予纪律处分；情节严重，构成犯罪的，依法追究刑事责任；造成当事人经济损失的，由经办机构依法承担赔偿责任：

（一）未按规定保存用人单位缴费和职工享受工伤保险待遇情况记录的；

（二）不按规定核定工伤保险待遇的；

（三）收受当事人财物的。

第五十九条　医疗机构、辅助器具配置机构不按服务协议提供服务的，经办机构可以解除服务协议。

经办机构不按时足额结算费用的，由社会保险行政部门责令改正；医疗机构、辅助器具配置机构可以解除服务协议。

第六十条　用人单位、工伤职工或者其近亲属骗取工伤保险待遇，医疗机构、辅助器具配置机构骗取工伤保险基金支出的，由社会保险行政部门责令退还，处骗取金额2倍以上5倍以下的罚款；情节严重，构成犯罪的，依法追究刑事责任。

第六十一条　从事劳动能力鉴定的组织或者个人有下列情形之一的，由社会保险行政部门责令改正，处2000元以上1万元以下的罚款；情节严重，构成犯罪的，依法追究刑事责任：

（一）提供虚假鉴定意见的；

（二）提供虚假诊断证明的；

（三）收受当事人财物的。

第六十二条　用人单位依照本条例规定应当参加工伤保险而未参加的，由社会保险行政部门责令限期参加，补缴应当缴纳的工伤保险费，并自欠缴之日起，按日加收万分之五的滞纳金；逾期仍不缴纳的，处欠缴数额1倍以上3倍以下的罚款。

依照本条例规定应当参加工伤保险而未参加工伤保险的用人单位职工发生工伤的，由该用人单位按照本条例规定的工伤保险待遇项目和标准支付费用。

用人单位参加工伤保险并补缴应当缴纳的工伤保险费、滞纳金后，由工伤保险基金和用人单位依照本条例的规定支付新发生的费用。

第六十三条 用人单位违反本条例第十九条的规定,拒不协助社会保险行政部门对事故进行调查核实的,由社会保险行政部门责令改正,处2 000元以上2万元以下的罚款。

第八章 附则

第六十四条 本条例所称工资总额,是指用人单位直接支付给本单位全部职工的劳动报酬总额。

本条例所称本人工资,是指工伤职工因工作遭受事故伤害或者患职业病前12个月平均月缴费工资。本人工资高于统筹地区职工平均工资300%的,按照统筹地区职工平均工资的300%计算;本人工资低于统筹地区职工平均工资60%的,按照统筹地区职工平均工资的60%计算。

第六十五条 公务员和参照公务员法管理的事业单位、社会团体的工作人员因工作遭受事故伤害或者患职业病的,由所在单位支付费用。具体办法由国务院社会保险行政部门会同国务院财政部门规定。

第六十六条 无营业执照或者未经依法登记、备案的单位以及被依法吊销营业执照或者撤销登记、备案的单位的职工受到事故伤害或者患职业病的,由该单位向伤残职工或者死亡职工的近亲属给予一次性赔偿,赔偿标准不得低于本条例规定的工伤保险待遇;用人单位不得使用童工,用人单位使用童工造成童工伤残、死亡的,由该单位向童工或者童工的近亲属给予一次性赔偿,赔偿标准不得低于本条例规定的工伤保险待遇。具体办法由国务院社会保险行政部门规定。

前款规定的伤残职工或者死亡职工的近亲属就赔偿数额与单位发生争议的,以及前款规定的童工或者童工的近亲属就赔偿数额与单位发生争议的,按照处理劳动争议的有关规定处理。

第六十七条 本条例自2004年1月1日起施行。本条例施行前已受到事故伤害或者患职业病的职工尚未完成工伤认定的,按照本条例的规定执行。

2. 劳动和社会保障部 财政部 卫生部 国家安全生产监督管理局 关于工伤保险费率问题的通知

劳社部发〔2003〕29号
2003年10月29日

各省、自治区、直辖市劳动和社会保障厅(局)、财政厅(局)、卫生厅(局)、安全生产监督管理部门:

为贯彻实施《工伤保险条例》,合理确定工伤保险费率,促进工伤预防,实现工伤保险费用社会共济,经国务院批准,现就工伤保险费率问题通知如下:

一、关于行业划分

根据不同行业的工伤风险程度,参照《国民经济行业分类》(GB/T 4754—2002),将行业划分为三个类别:一类为风险较小行业,二类为中等风险行业,三类为风险较大行业。三类行业分别实行三种不同的工伤保险缴费率。统筹地区社会保险经办机构要根据用人单位的工商登记和主要经营生产业务等情况,分别确定各用人单位的行业风险类别。行业风险分类见附件。

二、关于费率确定

各省、自治区、直辖市工伤保险费平均缴费率原则上要控制在职工工资总额的1.0%左右。在这一总体水平下,各统筹地区三类行业的基准费率要分别控制在用人单位职工工资总额的0.5%左右、1.0%左右、2.0%左右。各统筹地区劳动保障部门要会同财政、卫生、安全监管部门,按照以支定收、收支平衡的原则,根据工伤保险费使用、工伤发生率、职业病危害程度等情况提出分类行业基准费率的具体标准,报统筹地区人民政府批准后实施。基准费率的具体标准可定期调整。

三、关于费率浮动

用人单位属一类行业的,按行业基准费率缴费,不实行费率浮动。用人单位属二、三类行业的,费率实行浮动。用人单位的初次缴费费率,按行业基准费率确定,以后由统筹地区社会保险经办机构根据用人单位工伤保险费使用、工伤发生率、职业病危害程度等因素,一至三年浮动一次。在行业基准费率的基础上,可上下各浮动两档:上浮第一档到本行业基准费率的120%,上浮第二档到本行业基准费率的150%,下浮第一档到本行业基准费率的80%,下浮第二档到本行业基准费率的50%。费率浮动的具体办法由各统筹地区劳动保障行政部门会同财政、卫生、安全监管部门制定。

各地要认真做好工伤保险相关数据的测算,合理确定行业基准费率,科学制定费率浮动的具体办法。要加强对工伤保险运行情况的监测,定期分析工伤保险费率对工伤保险制度运行的影响,重大问题及时上报。我们将定期了解工伤保险基金收支等情况,及时提出调整行业差别费率及行业内费率档次的方案,报国务院批准后公布施行。

劳动和社会保障部

财政部

卫生部

国家安全生产监督管理局

二〇〇三年十月二十九日

附件:工伤保险行业风险分类表

附件:

工伤保险行业风险分类表

行业类别	行业名称
一	银行业,证券业,保险业,其他金融活动业,居民服务业,其他服务业,租赁业,商务服务业,住宿业,餐饮业,批发业,零售业,仓储业,邮政业,电信和其他传输服务业,计算机服务业,软件业,卫生,社会保障业,社会福利业,新闻出版业,广播、电视、电影和音像业,文化艺术业,教育,研究与试验发展,专业技术业,科技交流和推广服务业,城市公共交通业
二	房地产业,体育,娱乐业,水利管理业,环境管理业,公共设施管理业,农副食品加工业,食品制造业,饮料制造业,烟草制品业,纺织业,纺织服装、鞋、帽制造业,皮革、毛皮、羽绒及其制品业,林业,农业,畜牧业,渔业,农、林、牧、渔服务业,木材加工及木、竹、藤、草制品业,家具制造业,造纸及纸制品业,印刷业和记录媒介的复制,文教体育用品制造业,化学纤维制造业,医药制造业,通用机械制造业,专用机械制造业,交通运输设备制造业,电气机械及器材制造业,仪器仪表及文化、办公用机械制造业,非金属矿物制品业,金属制品业,橡胶制品业,塑料制品业,通信设备、计算机及其他电子设备制造业,工艺品及其他制造业,废弃资源和废旧材料回收加工业,电力、热力的生产和供应业,燃气生产和供应业,水的生产和供应业,房屋和土木工程建筑业,建筑安装业,建筑装饰业,其他建筑业,地质勘查业,铁路运输业,道路运输业,水上运输业,航空运输业,管道运输业,装卸搬运和其他运输服务业

(续表)

行业类别	行业名称
三	石油加工、炼焦及核心燃料加工业,化学原料及化学制品制造业,黑色金属冶炼及压延加工业、有色金属冶炼及压延加工业、石油和天然气开采业、黑色金属矿采选业、有色金属矿采选业、非金属矿采选业、煤炭开采和洗选业、其他采矿业

3. 劳动和社会保障部关于农民工参加工伤保险有关问题的通知

劳社部发〔2004〕18号
2004年6月1日

各省、自治区、直辖市劳动和社会保障厅(局):

为了维护农民工的工伤保险权益,改善农民工的就业环境,根据《工伤保险条例》规定,从农民工的实际情况出发,现就农民工参加工伤保险、依法享受工伤保险待遇有关问题通知如下:

一、各级劳动保障部门要统一思想,提高认识,高度重视农民工工伤保险权益维护工作。要从践行"三个代表"重要思想的高度,坚持以人为本,做好农民工参加工伤保险、依法享受工伤保险待遇的有关工作,把这项工作作为全面贯彻落实《工伤保险条例》,为农民工办实事的重要内容。

二、农民工参加工伤保险、依法享受工伤保险待遇是《工伤保险条例》赋予包括农民工在内的各类用人单位职工的基本权益,各类用人单位招用的农民工均有享受工伤保险待遇的权利。各地要将农民工参加工伤保险,作为今年工伤保险扩面的重要工作,明确任务,抓好落实。凡是与用人单位建立劳动关系的农民工,用人单位必须及时为他们办理参加工伤保险的手续。对用人单位为农民工先行办理工伤保险的,各地经办机构应予办理。今年重点推进建筑、矿山等工伤风险较大、职业危害较重行业的农民工参加工伤保险。

三、用人单位注册地与生产经营地不在同一统筹地区的,原则上在注册地参加工伤保险。未在注册地参加工伤保险的,在生产经营地参加工伤保险。农民工受到事故伤害或患职业病后,在参保地进行工伤认定、劳动能力鉴定,并按参保地的规定依法享受工伤保险待遇。用人单位在注册地和生产经营地均未参加工伤保险的,农民工受到事故伤害或者患职业病后,在生产经营地进行工伤认定、劳动能力鉴定,并按生产经营地的规定依法由用人单位支付工伤保险待遇。

四、对跨省流动的农民工,即户籍不在参加工伤保险统筹地区(生产经营地)所在省(自治区、直辖市)的农民工,1至4级伤残长期待遇的支付,可试行一次性支付和长期支付两种方式,供农民工选择。在农民工选择一次性或长期支付方式时,支付其工伤保险待遇的社会保险经办机构应向其说明情况。一次性享受工伤保险长期待遇的,需由农民工本人提出,与用人单位解除或者终止劳动关系,与统筹地区社会保险经办机构签订协议,终止工伤保险关系。1至4级伤残农民工一次性享受工伤保险长期待遇的具体办法和标准由省(自治区、直辖市)劳动保障行政部门制定,报省(自治区、直辖市)人民政府批准。

五、各级劳动保障部门要加大对农民工参加工伤保险的宣传和督促检查力度,积极为农民工提供咨询服务,促进农民工参加工伤保险。同时要认真做好工伤认定、劳动能力鉴定工作,对侵害农民工工伤保险权益的行为要严肃查处,切实保障农民工的合法权益。

劳动和社会保障部
二〇〇四年六月一日

4. 劳动和社会保障部 铁道部关于铁路企业参加工伤保险有关问题的通知

劳社部函〔2004〕257号
2004年11月3日

各省、自治区、直辖市劳动和社会保障厅(局),铁道部所属各单位:

为了贯彻实施《工伤保险条例》,做好铁路企业参加工伤保险的有关工作,现将有关问题通知如下:

一、铁路企业要按照属地管理原则参加工伤保险,执行国家和企业所在地的工伤保险政策。铁路运输企业以铁路局或铁路分局为单位集中参加铁路局或铁路分局所在地统筹地区的工伤保险。

二、铁路企业要按照国家和所在地人民政府确定的铁路行业工伤保险费率,按时缴纳工伤保险费。工伤保险基金按照国家和统筹地区劳动保障部门确定的有关规定进行筹集、使用和管理。

三、铁路企业工伤职工的工伤认定工作由统筹地区劳动保障行政部门负责,工伤职工的劳动能力鉴定工作由统筹地区劳动能力鉴定机构负责。

四、《工伤保险条例》实施前已确认的铁路工伤人员和工亡人员供养亲属享受的工伤保险待遇,应纳入工伤保险管理。具体纳入方式和步骤由铁路企业与所在地省、自治区、直辖市劳动保障部门协商确定。

五、各省、自治区、直辖市劳动保障部门要认真做好铁路企业参加工伤保险的组织实施工作,加强对铁路企业参保工作的指导和监督,结合铁路行业特点和企业及其职工的分布,制定管理办法,方便铁路企业工伤人员的救治、工伤认定、劳动能力鉴定及待遇支付管理。

六、各铁路企业要积极配合劳动保障部门,共同做好铁路企业参加工伤保险工作。在实施过程中发现的重大问题,要及时向所在地人民政府和劳动保障部门反映,确保该项工作顺利实施。

劳动和社会保障部
二〇〇四年十一月三日

5. 劳动和社会保障部 建设部关于做好建筑施工企业农民工参加工伤保险有关工作的通知

劳社部发〔2006〕44号
2006年12月5日

各省、自治区、直辖市劳动和社会保障厅(局)、建设厅(建委):

建筑业是农民工较为集中、工伤风险程度较高的行业。《国务院关于解决农民工问题的若干意见》(国发〔2006〕5号,以下简称国务院5号文件)对农民工特别是建筑行业农民工参加工伤保险提出了明确要求,各地劳动保障部门和建设行政主管部门要深入贯彻落实,加快推进建筑施工企业农民工参加工伤保险工作。现就有关问题通知如下:

一、建筑施工企业要严格按照国务院《工伤保险条例》规定,及时为农民工办理参加工伤保险手续,并按时足额缴纳工伤保险费。同时,按照《建筑法》规定,为施工现场从事危险作业的农民工办理意外伤害保险。

二、建筑施工企业和农民工应当严格遵守有关安全生产和职业病防治的法律法规,执行安全卫生标准和规程,预防工伤事故的发生,避免和减少职业病的发生。

三、各地劳动保障部门要按照《工伤保险条例》、国务院5号文件和《关于农民工参加工伤保险有关问题的通知》(劳社部发〔2004〕18号)、《关于实施农民工"平安计划"加快推进农民工参加工伤保险工作的通知》(劳社部发〔2006〕19号)的要求,针对建筑施工企业跨地区施工、流动性大等特点,切实做好建筑施工企业参加工伤保险的组织实施工作。注册地与生产经营地不在同一统筹地区、未在注册地参加工伤保险的建筑施工企业,在生产经营地参保,鼓励各地探索适合建筑业农民工特点的参保方式;对上一年度工伤费用支出少、工伤发生率低的建筑施工企业,经商建设行政部门同意,在行业基准费率的基础上,按有关规定下浮费率档次执行;建筑施工企业农民工受到事故伤害或者患职业病后,按照有关规定依法进行工伤认定、劳动能力鉴定,享受工伤保险待遇;建筑施工企业办理了参加工伤保险手续后,社会保险经办机构要及时为企业出具工伤保险参保证明。

四、各地建设行政主管部门要加强对建筑施工企业的管理,落实国务院《安全生产许可证条例》和《建筑施工企业安全生产许可证管理规定》,在审核颁发安全生产许可证时,将参加工伤保险作为建筑施工企业取得安全生产许可证的必备条件之一。

五、劳动保障部门和建设行政主管部门要定期交流、通报建设施工企业参加工伤保险情况和相关收支情况,及时研究解决工作中出现的问题,加快推进建筑施工企业参加工伤保险。探索建立工伤预防机制,从工伤保险基金中提取一定比例的资金用于工伤预防工作,充分运用工伤保险浮动费率机制,促进建筑施工企业加强安全生产管理,切实保障农民工合法权益。

劳动和社会保障部
建设部
二〇〇六年十二月五日

6. 部分行业企业工伤保险费缴纳办法

中华人民共和国人力资源和社会保障部令第10号

2010年12月31日

《部分行业企业工伤保险费缴纳办法》已经人力资源和社会保障部第56次部务会议通过,现予公布,自2011年1月1日起施行。

部分行业企业工伤保险费缴纳办法

第一条 根据《工伤保险条例》第十条第三款的授权,制定本办法。

第二条 本办法所称的部分行业企业是指建筑、服务、矿山等行业中难以直接按照工资总额计算缴纳工伤保险费的建筑施工企业、小型服务企业、小型矿山企业等。

前款所称小型服务企业、小型矿山企业的划分标准可以参照《中小企业标准暂行规定》（国经贸中小企〔2003〕143号）执行。

第三条 建筑施工企业可以实行以建筑施工项目为单位，按照项目工程总造价的一定比例，计算缴纳工伤保险费。

第四条 商贸、餐饮、住宿、美容美发、洗浴以及文体娱乐等小型服务业企业以及有雇工的个体工商户，可以按照营业面积的大小核定应参保人数，按照所在统筹地区上一年度职工月平均工资的一定比例和相应的费率，计算缴纳工伤保险费；也可以按照营业额的一定比例计算缴纳工伤保险费。

第五条 小型矿山企业可以按照总产量、吨矿工资含量和相应的费率计算缴纳工伤保险费。

第六条 本办法中所列部分行业企业工伤保险费缴纳的具体计算办法，由省级社会保险行政部门根据本地区实际情况确定。

第七条 本办法自2011年1月1日起施行。

7. 关于进一步做好事业单位等参加工伤保险工作有关问题的通知

人社部发〔2012〕67号
2012年10月29日

各省、自治区、直辖市及新疆生产建设兵团人力资源社会保障厅（局）、财政厅（局、财务局）：

为保障事业单位、社会团体、民办非企业单位、基金会、律师事务所、会计师事务所等组织因工作遭受事故伤害或者患职业病的工作人员依法享受工伤保险待遇，按照《中华人民共和国社会保险法》和《工伤保险条例》规定，现就有关问题通知如下：

一、事业单位、社会团体、民办非企业单位、基金会、律师事务所、会计师事务所等组织按照《中华人民共和国社会保险法》《工伤保险条例》规定，依照属地管理原则，参加统筹地区的工伤保险，并按时足额缴纳工伤保险费。缴纳工伤保险费所需费用在社会保障缴费中列支，其费率均暂按一类风险行业执行。

二、事业单位、社会团体、民办非企业单位、基金会、律师事务所、会计师事务所等组织的工作人员遭受事故伤害或者患职业病的，其工伤范围、工伤认定、劳动能力鉴定、待遇标准等按照《工伤保险条例》规定执行。

三、参照公务员法管理的事业单位、社会团体工作人员因工作遭受事故伤害或者患职业病的，按照《工伤保险条例》第六十五条的规定执行。

四、本通知自下发之日起施行。凡此前文件与本通知规定不符的，以本通知规定为准。

人力资源社会保障部
财政部
2012年10月29日

8. 人力资源社会保障部关于执行《工伤保险条例》若干问题的意见

人社部发〔2013〕34号

2013年4月25日

各省、自治区、直辖市及新疆生产建设兵团人力资源社会保障厅(局)：

《国务院关于修改〈工伤保险条例〉的决定》(国务院令第586号)已经于2011年1月1日实施。为贯彻执行新修订的《工伤保险条例》，妥善解决实际工作中的问题，更好地保障职工和用人单位的合法权益，现提出如下意见。

一、《工伤保险条例》(以下简称《条例》)第十四条第(五)项规定的"因工外出期间"的认定，应当考虑职工外出是否属于用人单位指派的因工作外出，遭受的事故伤害是否因工作原因所致。

二、《条例》第十四条第(六)项规定的"非本人主要责任"的认定，应当以有关机关出具的法律文书或者人民法院的生效裁决为依据。

三、《条例》第十六条第(一)项"故意犯罪"的认定，应当以司法机关的生效法律文书或者结论性意见为依据。

四、《条例》第十六条第(二)项"醉酒或者吸毒"的认定，应当以有关机关出具的法律文书或者人民法院的生效裁决为依据。无法获得上述证据的，可以结合相关证据认定。

五、社会保险行政部门受理工伤认定申请后，发现劳动关系存在争议且无法确认的，应告知当事人可以向劳动人事争议仲裁委员会申请仲裁。在此期间，作出工伤认定决定的时限中止，并书面通知申请工伤认定的当事人。劳动关系依法确认后，当事人应将有关法律文书送交受理工伤认定申请的社会保险行政部门，该部门自收到生效法律文书之日起恢复工伤认定程序。

六、符合《条例》第十五条第(一)项情形的，职工所在用人单位原则上应自职工死亡之日起5个工作日内向用人单位所在统筹地区社会保险行政部门报告。

七、具备用工主体资格的承包单位违反法律、法规规定，将承包业务转包、分包给不具备用工主体资格的组织或者自然人，该组织或者自然人招用的劳动者从事承包业务时因工伤亡的，由该具备用工主体资格的承包单位承担用人单位依法应承担的工伤保险责任。

八、曾经从事接触职业病危害作业、当时没有发现罹患职业病、离开工作岗位后被诊断或鉴定为职业病的符合下列条件的人员，可以自诊断、鉴定为职业病之日起一年内申请工伤认定，社会保险行政部门应当受理：

(一)办理退休手续后，未再从事接触职业病危害作业的退休人员；

(二)劳动或聘用合同期满后或者本人提出而解除劳动或聘用合同后，未再从事接触职业病危害作业的人员。

经工伤认定和劳动能力鉴定，前款第(一)项人员符合领取一次性伤残补助金条件的，按就高原则以本人退休前12个月平均月缴费工资或者确诊职业病前12个月的月平均养老金为基数计发。前款第(二)项人员被鉴定为一级至十级伤残，按《条例》规定应以本人工资作为基数享受相关待遇的，按本人终止或者解除劳动、聘用合同前12个月平均月缴费工资计发。

九、按照本意见第八条规定被认定为工伤的职业病人员，职业病诊断证明书(或职业病诊断鉴定书）中明确的用人单位，在该职工从业期间依法为其缴纳工伤保险费的，按《条例》的规定，分别由工伤保险基金和用人单位支付工伤保险待遇；未依法为该职工缴纳工伤保险费的，由用人单位按照《条例》规定的相关项目和标准支付待遇。

十、职工在同一用人单位连续工作期间多次发生工伤的，符合《条例》第三十六、第三十七条规定领取相关待遇时，按照其在同一用人单位发生工伤的最高伤残级别，计发一次性伤残就业补助金和一次性工伤医疗补助金。

十一、依据《条例》第四十二条的规定停止支付工伤保险待遇的，在停止支付待遇的情形消失后，自下月起恢复工伤保险待遇，停止支付的工伤保险待遇不予补发。

十二、《条例》第六十二条第三款规定的"新发生的费用"，是指用人单位职工参加工伤保险前发生工伤的，在参加工伤保险后新发生的费用。

十三、由工伤保险基金支付的各项待遇应按《条例》相关规定支付，不得采取将长期待遇改为一次性支付的办法。

十四、核定工伤职工工伤保险待遇时，若上一年度相关数据尚未公布，可暂按前一年度的全国城镇居民人均可支配收入、统筹地区职工月平均工资核定和计发，待相关数据公布后再重新核定，社会保险经办机构或者用人单位予以补发差额部分。

本意见自发文之日起执行，此前有关规定与本意见不一致的，按本意见执行。执行中有重大问题，请及时报告我部。

人力资源社会保障部
2013 年 4 月 25 日

9. 人力资源社会保障部 财政部关于调整工伤保险费率政策的通知

人社部发〔2015〕71 号
2015 年 7 月 22 日

各省、自治区、直辖市人力资源社会保障厅（局）、财政厅（局），新疆生产建设兵团人力资源社会保障局、财务局：

按照党的十八届三中全会提出的"适时适当降低社会保险费率"的精神，为更好贯彻社会保险法、《工伤保险条例》，使工伤保险费率政策更加科学、合理，适应经济社会发展的需要，经国务院批准，自 2015 年 10 月 1 日起，调整现行工伤保险费率政策。现将有关事项通知如下：

一、关于行业工伤风险类别划分

按照《国民经济行业分类》（GB/T 4754—2011）对行业的划分，根据不同行业的工伤风险程度，由低到高，依次将行业工伤风险类别划分为一类至八类（见附件）。

二、关于行业差别费率及其档次确定

不同工伤风险类别的行业执行不同的工伤保险行业基准费率。各行业工伤风险类别对应的全国工伤保险行业基准费率为，一类至八类分别控制在该行业用人单位职工工资总额的 0.2%、0.4%、0.7%、0.9%、1.1%、1.3%、1.6%、1.9%左右。

通过费率浮动的办法确定每个行业内的费率档次。一类行业分为三个档次，即在基准费率的基础上，可向上浮动至 120%、150%，二类至八类行业分为五个档次，即在基准费率的基础上，可分别向上浮动至 120%、150%或向下浮动至 80%、50%。

各统筹地区人力资源社会保障部门要会同财政部门,按照"以支定收、收支平衡"的原则,合理确定本地区工伤保险行业基准费率具体标准,并征求工会组织、用人单位代表的意见,报统筹地区人民政府批准后实施。基准费率的具体标准可根据统筹地区经济产业结构变动、工伤保险费使用等情况适时调整。

三、关于单位费率的确定与浮动

统筹地区社会保险经办机构根据用人单位工伤保险费使用、工伤发生率、职业病危害程度等因素,确定其工伤保险费率,并可依据上述因素变化情况,每一至三年确定其在所属行业不同费率档次间是否浮动。对符合浮动条件的用人单位,每次可上下浮动一档或两档。统筹地区工伤保险最低费率不低于本地区一类风险行业基准费率。费率浮动的具体办法由统筹地区人力资源社会保障部门商财政部门制定,并征求工会组织、用人单位代表的意见。

四、关于费率报备制度

各统筹地区确定的工伤保险行业基准费率具体标准、费率浮动具体办法,应报省级人力资源社会保障部门和财政部门备案并接受指导。省级人力资源社会保障部门、财政部门应每年将各统筹地区工伤保险行业基准费率标准确定和变化以及浮动费率实施情况汇总报人力资源社会保障部、财政部。

附件:工伤保险行业风险分类表

人力资源社会保障部
财政部
2015年7月22日

附件:

工伤保险行业风险分类表

行业类别	行业名称
一	软件和信息技术服务业,货币金融服务,资本市场服务,保险业,其他金融业,科技推广和应用服务业,社会工作,广播、电视、电影和影视录音制作业,中国共产党机关,国家机构,人民政协,民主党派,社会保障,群众团体、社会团体和其他成员组织,基层群众自治组织,国际组织
二	批发业,零售业,仓储业,邮政业,住宿业,餐饮业,电信、广播电视和卫星传输服务,互联网和相关服务,房地产业,租赁业,商务服务业,研究和试验发展,专业技术服务业,居民服务业,其他服务业,教育,卫生,新闻和出版业,文化艺术业
三	农副食品加工业,食品制造业,酒、饮料和精制茶制造业,烟草制品业,纺织业,木材加工和木、竹、藤、棕、草制品业,文教、工美、体育和娱乐用品制造业,计算机、通信和其他电子设备制造业,仪器仪表制造业,其他制造业,水的生产和供应业,机动车、电子产品和日用产品修理业,水利管理业,生态保护和环境治理业,公共设施管理业,娱乐业
四	农业,畜牧业,农、林、牧、渔服务业,纺织服装、服饰业,皮革、毛皮、羽毛及其制品和制鞋业,印刷和记录媒介复制业,医药制造业,化学纤维制造业,橡胶和塑料制品业,金属制品业,通用设备制造业,专用设备制造业,汽车制造业,铁路、船舶、航空航天和其他运输设备制造业,电气机械和器材制造业,废弃资源综合利用业,金属制品、机械和设备修理业,电力、热力生产和供应业,燃气生产和供应业,铁路运输业,航空运输业,管道运输业,体育
五	林业,开采辅助活动,家具制造业,造纸和纸制品业,建筑安装业,建筑装饰和其他建筑业,道路运输业,水上运输业,装卸搬运和运输代理业

(续表)

行业类别	行业名称
六	渔业,化学原料和化学制品制造业,非金属矿物制品业,黑色金属冶炼和压延加工业,有色金属冶炼和压延加工业,房屋建筑业,土木工程建筑业
七	石油和天然气开采业,其他采矿业,石油加工、炼焦和核燃料加工业
八	煤炭开采和洗选业,黑色金属矿采选业,有色金属矿采选业,非金属矿采选业

10. 人力资源社会保障部关于工伤保险待遇调整和确定机制的指导意见

人社部发〔2017〕58号

2017年7月28日

各省、自治区、直辖市及新疆生产建设兵团人力资源社会保障厅(局):

工伤保险待遇是工伤保险制度的重要内容。随着经济社会发展,职工平均工资与生活费用发生变化,适时调整工伤保险待遇水平,既是工伤保险制度的内在要求,也是促进社会公平、维护社会和谐的职责所在,是各级党委、政府保障和改善民生的具体体现。根据《工伤保险条例》,现就工伤保险待遇调整和确定机制,制定如下指导意见:

一、总体要求

全面贯彻党的十八大和十八届三中、四中、五中、六中全会精神,深入贯彻习近平总书记系列重要讲话精神和治国理政新理念新思想新战略,紧紧围绕统筹推进"五位一体"总体布局和协调推进"四个全面"战略布局,坚持以人民为中心的发展思想,依据社会保险法和《工伤保险条例》,建立工伤保险待遇调整和确定机制,科学合理确定待遇调整水平,提高工伤保险待遇给付的服务与管理水平,推进建立更加公平、更可持续的工伤保险制度,不断增强人民群众的获得感与幸福感。

工伤保险待遇调整和确定要与经济发展水平相适应,综合考虑职工工资增长、居民消费价格指数变化、工伤保险基金支付能力、相关社会保障待遇调整情况等因素,兼顾不同地区待遇差别,按照基金省级统筹要求,适度、稳步提升,实现待遇平衡。原则上每两年至少调整一次。

二、主要内容

(一)伤残津贴的调整。伤残津贴是对因工致残而退出工作岗位的工伤职工工资收入损失的合理补偿。一级至四级伤残津贴调整以上年度省(区、市)一级至四级工伤职工月人均伤残津贴为基数,综合考虑职工平均工资增长和居民消费价格指数变化情况,侧重职工平均工资增长因素,兼顾工伤保险基金支付能力和相关社会保障待遇调整情况,综合进行调节。伤残津贴调整可以采取定额调整和适当倾斜的办法,对伤残程度高、伤残津贴低于平均水平的工伤职工予以适当倾斜。(具体计算公式见附件1)

五级、六级工伤职工的伤残津贴按照《工伤保险条例》的规定执行。

(二)供养亲属抚恤金的调整。供养亲属抚恤金是工亡职工供养亲属基本生活的合理保障。供养亲属抚恤金调整以上年度省(区、市)月人均供养亲属抚恤金为基数,综合考虑职工平均工资增长和居民消费价格指数变化情况,侧重居民消费价格指数变化,兼顾工伤保险

基金支付能力和相关社会保障待遇调整情况,综合进行调节。供养亲属抚恤金调整采取定额调整的办法。(具体计算公式见附件2)

(三)生活护理费的调整。生活护理费根据《工伤保险条例》和《劳动能力鉴定职工工伤与职业病致残等级》相关规定进行计发,按照上年度省(区、市)职工平均工资增长比例同步调整。职工平均工资下降时不调整。

(四)住院伙食补助费的确定。省(区、市)可参考当地城镇居民消费支出结构,科学确定工伤职工住院伙食补助费标准。住院伙食补助费原则上不超过上年度省(区、市)城镇居民日人均消费支出额的40%。

(五)其他待遇。一次性伤残补助金、一次性工亡补助金、丧葬补助金按照《工伤保险条例》规定的计发标准计发。工伤医疗费、辅助器具配置费、工伤康复和统筹地区以外就医期间交通、食宿费用等待遇,根据《工伤保险条例》和相关目录、标准据实支付。

一次性伤残就业补助金和一次性工伤医疗补助金,由省(区、市)综合考虑工伤职工伤残程度、伤病类别、年龄等因素制定标准,注重引导和促进工伤职工稳定就业。

三、工作要求

(一)高度重视,加强部署。建立工伤保险待遇调整和确定机制,关系广大工伤职工及工亡职工供养亲属的切身利益。各地要切实加强组织领导,提高认识,扎实推进,从2018年开始,要按照指导意见规定,结合当地实际,做好待遇调整和确定工作,与工伤保险基金省级统筹工作有机结合、紧密配合、同步推进,防止出现衔接问题和政策冲突。

(二)统筹兼顾,加强管理。要统筹考虑工伤保险待遇调整涉及的多种因素,详细论证,周密测算,选好参数和系数,确定科学、合理的调整额,建立科学、有效的调整机制。省(区、市)人力资源社会保障部门要根据《工伤保险条例》和本指导意见制定调整方案,报经省(区、市)人民政府批准后实施。要加强管理,根据《工伤保险条例》规定,统筹做好工伤保险其他待遇的调整、确定和计发,进一步加强待遇支付管理,依规发放和支付,防止跑冒滴漏、恶意骗保,维护基金安全。

(三)正确引导,确保稳定。工伤保险待遇调整直接涉及民生,关乎公平与效率。要加强工伤保险政策宣传,正确引导舆论,争取社会对待遇调整工作的理解与支持,为调整工作营造良好舆论氛围。做好调整方案的风险评估工作,制定应急处置预案,确保待遇调整工作平稳、有序、高效。待遇调整情况请及时报人力资源社会保障部。

附件:1. 一级至四级工伤职工伤残津贴调整公式
   2. 供养亲属抚恤金调整公式

人力资源社会保障部
2017年7月28日

附件1:

一级至四级工伤职工伤残津贴调整公式

$$Z_1 = S \times (G \times a + X \times b) \pm C$$
$$a + b = 1, a > b, C \geqslant 0。$$

其中:Z_1——一级至四级工伤职工伤残津贴人均调整额。

S——上年度省(区、市)一级至四级工伤职工月人均伤残津贴。

G——上年度省(区、市)职工平均工资增长率。

X——上年度省(区、市)居民消费价格指数。
a——职工平均工资增长率的权重系数。
b——居民消费价格指数的权重系数。
C——省(区、市)工伤保险基金支付能力和相关社会保障待遇调整等因素综合调节额。
当职工平均工资下降时，$G=0$；当居民消费价格指数为负时，$X=0$。

附件 2：

供养亲属抚恤金调整公式

$$Z_2 = F \times (G \times a + X \times b) \pm C$$
$$a+b=1, a<b, C \geqslant 0。$$

其中：Z_2——供养亲属抚恤金人均调整额。
F——上年度省(区、市)月人均供养亲属抚恤金。
G——上年度省(区、市)职工平均工资增长率。
X——上年度省(区、市)居民消费价格指数。
a——职工平均工资增长率的权重系数。
b——居民消费价格指数的权重系数。
C——省(区、市)工伤保险基金支付能力和相关社会保障待遇调整等因素综合调节额。
当职工平均工资下降时，$G=0$；当居民消费价格指数为负时，$X=0$。

11. 人力资源社会保障部 财政部关于继续阶段性降低社会保险费率的通知

人社部发〔2018〕25 号
2018 年 4 月 20 日

正文详见本书第 167 页同文件。

12. 国务院办公厅关于印发降低社会保险费率综合方案的通知

国办发〔2019〕13 号
2019 年 4 月 1 日

正文详见本书第 168 页同文件。

五、失业保险

1. 失业保险条例

中华人民共和国国务院令第 258 号
1999 年 1 月 22 日

《失业保险条例》，已经 1998 年 12 月 16 日国务院第 11 次常务会议通过，现予发布，自发布之日起施行。

失业保险条例

第一章 总则

第一条 为了保障失业人员失业期间的基本生活，促进其再就业，制定本条例。

第二条 城镇企业事业单位、城镇企业事业单位职工依照本条例的规定，缴纳失业保险费。

城镇企业事业单位失业人员依照本条例的规定，享受失业保险待遇。

本条所称城镇企业，是指国有企业、城镇集体企业、外商投资企业、城镇私营企业以及其他城镇企业。

第三条 国务院劳动保障行政部门主管全国的失业保险工作。县级以上地方各级人民政府劳动保障行政部门主管本行政区域内的失业保险工作。劳动保障行政部门按照国务院规定设立的经办失业保险业务的社会保险经办机构依照本条例的规定，具体承办失业保险工作。

第四条 失业保险费按照国家有关规定征缴。

第二章 失业保险基金

第五条 失业保险基金由下列各项构成：

（一）城镇企业事业单位、城镇企业事业单位职工缴纳的失业保险费；

（二）失业保险基金的利息；

（三）财政补贴；

（四）依法纳入失业保险基金的其他资金。

第六条 城镇企业事业单位按照本单位工资总额的百分之二缴纳失业保险费。城镇企业事业单位职工按照本人工资的百分之一缴纳失业保险费。城镇企业事业单位招用的农民合同制工人本人不缴纳失业保险费。

第七条 失业保险基金在直辖市和设区的市实行全市统筹；其他地区的统筹层次由省、自治区人民政府规定。

第八条 省、自治区可以建立失业保险调剂金。

失业保险调剂金以统筹地区依法应当征收的失业保险费为基数，按照省、自治区人民政府规定的比例筹集。

统筹地区的失业保险基金不敷使用时，由失业保险调剂金调剂、地方财政补贴。

失业保险调剂金的筹集、调剂使用以及地方财政补贴的具体办法，由省、自治区人民政府规定。

第九条 省、自治区、直辖市人民政府根据本行政区域失业人员数量和失业保险基金数额，报经国务院批准，可以适当调整本行政区域失业保险费的费率。

第十条 失业保险基金用于下列支出：

（一）失业保险金；

（二）领取失业保险金期间的医疗补助金；

（三）领取失业保险金期间死亡的失业人员的丧葬补助金和其供养的配偶、直系亲属的抚恤金；

（四）领取失业保险金期间接受职业培训、职业介绍的补贴，补贴的办法和标准由省、自治区、直辖市人民政府规定；

（五）国务院规定或者批准的与失业保险有关的其他费用。

第十一条 失业保险基金必须存入财政部门在国有商业银行开设的社会保障基金财政专户，实行收支两条线管理，由财政部门依法进行监督。

存入银行和按照国家规定购买国债的失业保险基金，分别按照城乡居民同期存款利率和国债利息计息。失业保险基金的利息并入失业保险基金。

失业保险基金专款专用，不得挪作他用，不得用于平衡财政收支。

第十二条　失业保险基金收支的预算、决算，由统筹地区社会保险经办机构编制，经同级劳动保障行政部门复核、同级财政部门审核，报同级人民政府审批。

第十三条　失业保险基金的财务制度和会计制度按照国家有关规定执行。

第三章　失业保险待遇

第十四条　具备下列条件的失业人员，可以领取失业保险金：

（一）按照规定参加失业保险，所在单位和本人已按照规定履行缴费义务满1年的；

（二）非因本人意愿中断就业的；

（三）已办理失业登记，并有求职要求的。

失业人员在领取失业保险金期间，按照规定同时享受其他失业保险待遇。

第十五条　失业人员在领取失业保险金期间有下列情形之一的，停止领取失业保险金，并同时停止享受其他失业保险待遇：

（一）重新就业的；

（二）应征服兵役的；

（三）移居境外的；

（四）享受基本养老保险待遇的；

（五）被判刑收监执行或者被劳动教养的；

（六）无正当理由，拒不接受当地人民政府指定的部门或者机构介绍的工作的；

（七）有法律、行政法规规定的其他情形的。

第十六条　城镇企业事业单位应当及时为失业人员出具终止或者解除劳动关系的证明，告知其按照规定享受失业保险待遇的权利，并将失业人员的名单自终止或者解除劳动关系之日起7日内报社会保险经办机构备案。

城镇企业事业单位职工失业后，应当持本单位为其出具的终止或者解除劳动关系的证明，及时到指定的社会保险经办机构办理失业登记。失业保险金自办理失业登记之日起计算。

失业保险金由社会保险经办机构按月发放。社会保险经办机构为失业人员开具领取失业保险金的单证，失业人员凭单证到指定银行领取失业保险金。

第十七条　失业人员失业前所在单位和本人按照规定累计缴费时间满1年不足5年的，领取失业保险金的期限最长为12个月；累计缴费时间满5年不足10年的，领取失业保险金的期限最长为18个月；累计缴费时间10年以上的，领取失业保险金的期限最长为24个月。重新就业后，再次失业的，缴费时间重新计算，领取失业保险金的期限可以与前次失业应领取而尚未领取的失业保险金的期限合并计算，但是最长不得超过24个月。

第十八条　失业保险金的标准，按照低于当地最低工资标准、高于城市居民最低生活保障标准的水平，由省、自治区、直辖市人民政府确定。

第十九条　失业人员在领取失业保险金期间患病就医的，可以按照规定向社会保险经办机构申请领取医疗补助金。医疗补助金的标准由省、自治区、直辖市人民政府规定。

第二十条　失业人员在领取失业保险金期间死亡的，参照当地对在职职工的规定，对其家属一次性发给丧葬补助金和抚恤金。

第二十一条　单位招用的农民合同制工人连续工作满1年，本单位并已缴纳失业保险费,劳动合同期满未续订或者提前解除劳动合同的,由社会保险经办机构根据其工作时间长短,对其支付一次性生活补助。补助的办法和标准由省、自治区、直辖市人民政府规定。

第二十二条 城镇企业事业单位成建制跨统筹地区转移,失业人员跨统筹地区流动的,失业保险关系随之转迁。

第二十三条 失业人员符合城市居民最低生活保障条件的,按照规定享受城市居民最低生活保障待遇。

第四章 管理和监督

第二十四条 劳动保障行政部门管理失业保险工作,履行下列职责:

(一)贯彻实施失业保险法律、法规;

(二)指导社会保险经办机构的工作;

(三)对失业保险费的征收和失业保险待遇的支付进行监督检查。

第二十五条 社会保险经办机构具体承办失业保险工作,履行下列职责:

(一)负责失业人员的登记、调查、统计;

(二)按照规定负责失业保险基金的管理;

(三)按照规定核定失业保险待遇,开具失业人员在指定银行领取失业保险金和其他补助金的单证;

(四)拨付失业人员职业培训、职业介绍补贴费用;

(五)为失业人员提供免费咨询服务;

(六)国家规定由其履行的其他职责。

第二十六条 财政部门和审计部门依法对失业保险基金的收支、管理情况进行监督。

第二十七条 社会保险经办机构所需经费列入预算,由财政拨付。

第五章 罚则

第二十八条 不符合享受失业保险待遇条件,骗取失业保险金和其他失业保险待遇的,由社会保险经办机构责令退还;情节严重的,由劳动保障行政部门处骗取金额1倍以上3倍以下的罚款。

第二十九条 社会保险经办机构工作人员违反规定向失业人员开具领取失业保险金或者享受其他失业保险待遇单证,致使失业保险基金损失的,由劳动保障行政部门责令追回;情节严重的,依法给予行政处分。

第三十条 劳动保障行政部门和社会保险经办机构的工作人员滥用职权、徇私舞弊、玩忽职守,造成失业保险基金损失的,由劳动保障行政部门追回损失的失业保险基金;构成犯罪的,依法追究刑事责任;尚不构成犯罪的,依法给予行政处分。

第三十一条 任何单位、个人挪用失业保险基金的,追回挪用的失业保险基金;有违法所得的,没收违法所得,并入失业保险基金;构成犯罪的,依法追究刑事责任;尚不构成犯罪的,对直接负责的主管人员和其他直接责任人员依法给予行政处分。

第六章 附则

第三十二条 省、自治区、直辖市人民政府根据当地实际情况,可以决定本条例适用于本行政区域内的社会团体及其专职人员、民办非企业单位及其职工、有雇工的城镇个体工商户及其雇工。

第三十三条 本条例自发布之日起施行。1993年4月12日国务院发布的《国有企业职工待业保险规定》同时废止。

2. 劳动和社会保障部 财政部关于切实做好事业单位参加失业保险工作有关问题的通知

劳社部发〔2000〕14号

2000年8月4日

各省、自治区、直辖市劳动和社会保障厅（局）、财政厅（局），国务院有关部门劳动保障工作机构：

去年以来，各地认真贯彻《失业保险条例》和《社会保险费征缴暂行条例》（以下简称"两个条例"），积极推动事业单位参加失业保险，目前事业单位参保人数已达到1500多万人。为进一步贯彻落实"两个条例"和《国务院关于切实做好企业离退休人员基本养老金按时足额发放和国有企业下岗职工基本生活保障工作的通知》（国发〔2000〕8号）精神，完善社会保障体系，现就切实做好事业单位参加失业保险工作的有关问题通知如下：

一、各地劳动保障部门及其经办失业保险业务的社会保险经办机构，要在今年三季度对本行政区域内的事业单位参加失业保险情况进行一次检查。对尚未参保的单位，要搞好相关法规政策宣传，加强指导和帮助，促其按《失业保险条例》规定，依法办理参保手续；对已参保的单位，要检查其履行缴费义务的情况，以及这些单位职工失业后享受失业保险待遇情况，按照"两个条例"规定加以落实。已由税务机关征缴失业保险费的地区，社会保险经办机构要与税务机关密切协作配合，及时沟通有关信息，研究解决存在的问题，共同依法做好征收工作。

二、《事业单位财务规则》规定，事业单位实行收支统一核算与管理。因此，事业单位应根据单位所有收入（含财政补助收入）和支出（含缴纳的社会保险费），统一编制收支预算，报送同级财政部门，由财政部门统一核定单位的收支预算。事业单位缴纳失业保险费所需资金在本单位的支出预算中列支，列入"社会保障费"支出科目。今年未编制失业保险费支出预算的事业单位，要采取相应措施予以弥补，不能因此影响参保和缴费。

各级劳动保障部门和财政部门要加强对事业单位参加失业保险和缴纳失业保险费的领导，通力合作，促使"两个条例"落实。执行中存在的问题，请及时报劳动保障部和财政部。

劳动和社会保障部

财政部

二〇〇〇年八月四日

3. 劳动和社会保障部办公厅 人事部办公厅 解放军总后勤部司令部关于对军队机关事业单位职工参加失业保险有关问题的复函

劳社厅函〔2002〕52号

2002年2月22日

山西省劳动和社会保障厅：

你厅《关于军队机关事业单位职工参加失业保险有关问题的请示》（晋劳社失函〔2001〕6

号)收悉,现答复如下:

一、人事部、劳动和社会保障部、中国人民解放军总后勤部《关于军队后勤保障社会化改革中人事和劳动保障工作有关问题的通知》(〔2000〕后司字第332号)规定,"军队机关事业单位职工,从2000年7月1日起,按国家规定参加当地失业保险,缴纳失业保险费,享受失业保险待遇"。其中,"军队机关事业单位职工"是指军队机关事业单位中无军籍的所有职工。即:列入军队队列编制员额的职工和不列入军队队列编制员额的职员、工人(含合同制)以及聘用的其他职工(不含离退休人员)。

二、军队机关事业单位参加失业保险,应按照规定如实提供职工人数、缴费工资基数等情况。失业保险经办机构应按照军队机关事业单位提供的参保人员名单和缴费工资等情况,为缴费单位和缴费个人办理参保手续、建立缴费记录。军队机关事业单位中的参保人员失业时,对符合条件的失业人员,要按时足额发放失业保险金,并提供相应的服务。

劳动和社会保障部办公厅
人事部办公厅
解放军总后勤部司令部
二〇〇二年二月二十二日

4. 劳动和社会保障部办公厅关于对不符合领取失业保险金条件人员原有缴费时间的处理意见

劳社厅发〔2004〕11号
2004年8月13日

各省、自治区、直辖市劳动和社会保障厅(局):

为促进失业人员通过多种形式实现就业,处理好职工在不同经济类型单位间转换时失业保险关系接续问题,提供便捷周到的服务,现就有关不符合领取失业保险金条件人员原有缴费时间问题提出如下处理意见:

城镇企业事业单位职工失业,因参保缴费时间不足一年、自愿辞职、没有求职要求或不进行失业登记以及自谋职业领取一次性安置费等原因不符合领取失业保险金条件的,该失业人员原有缴费时间应当予以保留。待其重新就业并再次参保后,将其前后缴费时间合并计算。

劳动和社会保障部办公厅
二〇〇四年八月十三日

5. 财政部 人力资源和社会保障部关于退役军人失业保险有关问题的通知

人社部发〔2013〕53号
2013年7月30日

各省、自治区、直辖市人力资源社会保障、财政厅(局),新疆生产建设兵团人力资源社会保障、财务局,各军区、各军兵种、总装备部、军事科学院、国防大学、国防科学技术大学、武警部队:

为贯彻落实《中华人民共和国社会保险法》和《中华人民共和国军人保险法》,维护退役军人失业保险权益,现就军人退出现役后失业保险有关问题通知如下:

一、计划分配的军队转业干部和复员的军队干部,以及安排工作和自主就业的退役士兵(以下简称退役军人)参加失业保险的,其服现役年限视同失业保险缴费年限。军人服现役年限按实际服役时间计算到月。

二、退役军人离开部队时,由所在团级以上单位后勤(联勤、保障)机关财务部门,根据其实际服役时间开具《军人服现役年限视同失业保险缴费年限证明》(以下简称《缴费年限证明》)并交给本人。

三、退役军人在城镇企业事业等用人单位就业的,由所在单位或者本人持《缴费年限证明》及军官(文职干部)转业(复员)证,或者士官(义务兵)退出现役证,到当地失业保险经办机构办理失业保险参保缴费手续。失业保险经办机构将视同缴费年限记入失业保险个人缴费记录,与入伍前和退出现役后参加失业保险的缴费年限合并计算。

四、军人入伍前已参加失业保险的,其失业保险关系不转移到军队,由原参保地失业保险经办机构保存其全部缴费记录。军人退出现役后继续参加失业保险的,按规定办理失业保险关系转移接续手续。

五、根据《关于自主择业的军队转业干部安置管理若干问题的意见》(〔2001〕国转联8号),自主择业的军队转业干部在城镇企业事业等用人单位就业后,应当依法参加失业保险并缴纳失业保险费,其服现役年限不再视同失业保险缴费年限,失业保险缴费年限从其在当地实际缴纳失业保险费之日起累计计算。

六、退役军人参保缴费满一年后失业的,按规定享受失业保险待遇。

七、本通知自2013年8月1日起执行。本通知执行前已退出现役的军人,其失业保险按原有规定执行。

八、本通知由人力资源社会保障部、总后勤部负责解释。

附件:军人服现役年限视同失业保险缴费年限证明(略)

人力资源社会保障部
财政部
总参谋部
总政治部
总后勤部
2013年7月30日

6. 人力资源和社会保障部 财政部关于调整失业保险费率有关问题的通知

人社部发〔2015〕24号
2015年2月27日

各省、自治区、直辖市及新疆生产建设兵团人力资源社会保障厅(局)、财政厅(局):

为了完善失业保险制度,建立健全失业保险费率动态调整机制,进一步减轻企业负担,促进就业稳定,经国务院同意,现就适当降低失业保险费率有关问题通知如下:

一、从2015年3月1日起,失业保险费率暂由现行条例规定的3%降至2%,单位和个人缴费的具体比例由各省、自治区、直辖市人民政府确定。在省、自治区、直辖市行政区域内,单位及职工的费率应当统一。

二、各地降低失业保险费率要坚持"以支定收、收支基本平衡"的原则。要充分考虑提高失业保险待遇标准、促进失业人员再就业、落实失业保险稳岗补贴政策等因素对基金支付能力的影响,结合实际,认真测算,研究制定降低失业保险费率的具体方案,经省级人民政府批准后执行,并报人力资源社会保障部和财政部备案。

三、各地要按照本通知的要求,抓紧研究制定本行政区降低失业保险费率的方案,尽早组织实施。执行中遇到的问题,要及时向人力资源社会保障部和财政部报告。

人力资源社会保障部
财政部
2015 年 2 月 27 日

7. 人力资源社会保障部 财政部关于阶段性降低失业保险费率有关问题的通知

人社部发〔2017〕14 号
2017 年 2 月 16 日

各省、自治区、直辖市及新疆生产建设兵团人力资源社会保障厅(局)、财政(财务)厅(局):

为进一步减轻企业负担,增强企业活力,促进就业稳定,经国务院同意,现就阶段性降低失业保险费率有关问题通知如下:

一、从 2017 年 1 月 1 日起,失业保险总费率为 1.5% 的省(区、市),可以将总费率降至 1%,降低费率的期限执行至 2018 年 4 月 30 日。在省(区、市)行政区域内,单位及个人的费率应当统一,个人费率不得超过单位费率。具体方案由各省(区、市)研究确定。

二、失业保险总费率已降至 1% 的省份仍按照《人力资源社会保障部 财政部关于阶段性降低社会保险费率的通知》(人社部发〔2016〕36 号)执行。

三、各地降低失业保险费率,要充分考虑失业保险待遇按时足额发放、提高待遇标准、促进失业人员再就业、落实失业保险稳岗补贴政策等因素对基金支付能力的影响,结合实际,认真测算,研究制定具体方案,经省级人民政府批准后执行,并报人力资源社会保障部和财政部备案。

阶段性降低失业保险费率政策性强,社会关注度高。各地要把思想和行动统一到党中央、国务院决策部署上来,加强组织领导,精心组织实施。要平衡好降费率与保发放之间的关系,加强基金运行的监测和评估,确保基金平稳运行。各地贯彻落实本通知情况以及执行中遇到的问题,请及时向人力资源社会保障部、财政部报告。

人力资源社会保障部
财政部
2017 年 2 月 16 日

8. 国家税务总局关于贯彻落实阶段性降低失业保险费率政策的通知

税总函〔2017〕88 号
2017 年 3 月 17 日

河北、内蒙古、辽宁、黑龙江、江苏、浙江、安徽、福建、河南、湖北、湖南、广东、海南、重庆、四川、云南、陕西、甘肃、宁夏、大连、宁波、厦门、青海省(区、市)地方税务局:

为进一步减轻企业负担,增强企业活力,促进就业稳定,经国务院同意,人力资源社会保障部和财政部联合印发了《关于阶段性降低失业保险费率有关问题的通知》(人社部发〔2017〕14号)。现就贯彻落实相关事项通知如下:

一、深刻领会精神,认真贯彻落实

各地地税机关要深刻领会国务院阶段性降低失业保险费率决策部署的重要精神,采取有效措施加以贯彻落实。要认真学习、准确理解人社部发〔2017〕14号文件和省级人民政府批准的具体调整方案,进一步加强征管工作,确保降费减负惠民政策落实到位。

二、通过多种渠道,广泛深入宣传

各地地税机关要通过各种媒体、税务官方网站、12366纳税服务热线等渠道广泛深入宣传降费减负政策,及时解答缴费人问题,使缴费人能够准确了解政策动态和执行标准,并依规如实缴费。

三、调整系统设置,保障正常征缴

失业保险费率调整的地区,地税机关要及时研究提出业务需求,调整征管系统相关设置,保证征缴流程顺畅。

四、把握政策界限,维护合法权益

各地地税机关要根据人社部发〔2017〕14号文件要求的政策执行时间,准确计算实缴费款。要密切跟踪降费减负政策实施情况,及时收集分析相关情况和问题,呈报上级机关和通报相关部门,并认真研究改进征管措施,应收尽收,切实维护缴费人合法权益。

国家税务总局
2017年3月17日

9. 国家税务总局关于进一步贯彻落实降低失业保险费率有关工作的通知

税总函〔2017〕310号
2017年7月11日

河北、内蒙古、辽宁、黑龙江、江苏、浙江、安徽、福建、河南、湖北、湖南、广东、海南、重庆、四川、云南、陕西、甘肃、宁夏、大连、宁波、厦门、青海省(区、市)地方税务局:

为进一步降低实体经济企业成本,国家发展改革委、工业和信息化部、财政部、人民银行联合发布了《关于做好2017年降成本重点工作的通知》(发改运行〔2017〕1139号,以下简称《通知》),要求继续适当降低"五险一金"有关缴费比例,允许失业保险总费率为1.5%的省(区、市)将总费率阶段性降至1%。现就贯彻落实有关事项通知如下:

一、加强研判分析,准确领会中央精神

《通知》是贯彻中央经济工作会议和中央财经领导小组第十五次会议精神、落实2017年《政府工作报告》的重要举措。各级税务部门要深刻领会中央关于降费减负决策部署精神,进一步加强对包括失业保险在内的各项社会保险费的政策效应分析和收入趋势预测,统一思想认识,认真研究布置,坚决贯彻落实,不折不扣地推动实体经济企业降低生产经营成本。

二、加强部门沟通,认真落实减负政策

拟调整失业保险费率的地区,税务部门要依据《通知》要求和党委政府的决定精神,主动与发展改革、财政、人力资源社会保障等部门沟通,研究确定部门衔接方案。要进一步简化工作流程,保证业务办理顺畅,及时调整系统设置,压缩政策落地"时间差"。在调整失业保险费率、降低企业人工成本的同时,进一步推进税务机关"放管服"改革,提高缴费服务水平,有效降低企业办理业务的时间成本。

三、加强宣传解读,确保政策实施效果

税务部门要在第一时间将政策调整信息和贯彻落实方案传达到基层一线,确保政策理解到位、布置到位、执行到位。要及时做好政策解读工作,通过网站、App、微信、微博、报纸、杂志等多渠道对政策调整进行广泛的宣传,结合相关会议、文件,及时向企业阐述政策变动的背景和意义,努力使所有能享受政策的企业足不出户享受政策,切实充分释放政策红利。要密切跟踪政策执行过程中出现的问题,关注舆情动态,出现问题及时解决并上报;在2016年降低实体经济企业成本工作的基础上,加快开展2017年降低失业保险费率工作,确保政策调整迅速落地见效。

国家税务总局
2017年7月11日

10. 财政部 人力资源和社会保障部关于调整失业保险金标准的指导意见

人社部发〔2017〕71号
2017年9月20日

各省、自治区、直辖市及新疆生产建设兵团人力资源社会保障厅(局)、财政(财务)厅(局):

为进一步提高失业人员基本生活保障水平,根据《失业保险条例》,现就调整失业保险金标准提出以下指导意见:

一、充分认识调整失业保险金标准的重要意义

保障失业人员失业期间的基本生活是失业保险制度的基本功能。近年来,各地深入贯彻落实失业保险有关法律法规,多措并举,有序推进,全国失业保险金水平逐年提高,地区差距逐步缩小,有效地保障了失业人员基本生活,为兜牢民生底线发挥了积极作用。各地要充分认识提高失业保险金标准关系失业人员共享经济社会发展成果,关系人民群众的获得感和幸福感,对于促进社会公平,维护社会和谐稳定具有重要意义。要在确保失业保险基金平稳运行的前提下,逐步提升失业保障水平,切实保障好失业人员的基本生活。

二、科学合理确定失业保险金标准

《失业保险条例》规定:"失业保险金的标准,按照低于当地最低工资标准、高于城市居民最低生活保障标准的水平,由省、自治区、直辖市人民政府确定"。确定失业保险金具体标准,要统筹考虑失业人员及其家庭基本生活需要和失业保险基金运行安全,坚持"保生活"和"促就业"相统一,既要保障失业人员基本生活需要,又要防止待遇水平过高影响就业积极性。各省要在确保基金可持续前提下,随着经济社会的发展,适当提高失业保障水平,分步实施,循序渐进,逐步将失业保险金标准提高到最低工资标准的90%。各省要发挥省级调剂金的作用,加大对基金支撑能力弱的统筹地区的支持力度。

三、切实做好组织实施工作

确定失业保险金标准,直接关系失业人员的切身利益,体现了党中央、国务院对失业人员的关心关怀。各地要以人为本,高度重视,精心实施,对组织领导、工作进度、资金保障等

作出周密安排。各省、自治区、直辖市人社厅(局)会同财政厅(局)要结合本地实际,提出调整方案,报省、自治区、直辖市人民政府确定。各地在贯彻落实过程中遇到的问题,请及时向人力资源社会保障部、财政部报告。

人力资源社会保障部
财政部
2017 年 9 月 20 日

11. 人力资源社会保障部 财政部关于继续阶段性降低社会保险费率的通知

人社部发〔2018〕25 号

2018 年 4 月 20 日

各省、自治区、直辖市及新疆生产建设兵团人力资源社会保障、财政厅(局):

为进一步降低企业用工成本,增强企业发展活力,根据《中华人民共和国社会保险法》等有关规定,经国务院同意,现就继续阶段性降低社会保险费率有关事项通知如下:

一、自 2018 年 5 月 1 日起,企业职工基本养老保险单位缴费比例超过 19% 的省(区、市),以及按照《人力资源社会保障部 财政部关于阶段性降低社会保险费率的通知》(人社部发〔2016〕36 号)单位缴费比例降至 19% 的省(区、市),基金累计结余可支付月数(截至 2017 年底,下同)高于 9 个月的,可阶段性执行 19% 的单位缴费比例至 2019 年 4 月 30 日。具体方案由各省(区、市)研究确定。

二、自 2018 年 5 月 1 日起,按照《人力资源社会保障部 财政部关于阶段性降低失业保险费率的通知》(人社部发〔2017〕14 号)实施失业保险总费率 1% 的省(区、市),延长阶段性降低费率的期限至 2019 年 4 月 30 日。具体方案由各省(区、市)研究确定。

三、自 2018 年 5 月 1 日起,在保持八类费率总体稳定的基础上,工伤保险基金累计结余可支付月数在 18(含)至 23 个月的统筹地区,可以现行费率为基础下调 20%;累计结余可支付月数在 24 个月(含)以上的统筹地区,可以现行费率为基础下调 50%。降低费率的期限暂执行至 2019 年 4 月 30 日。下调费率期间,统筹地区工伤保险基金累计结余达到合理支付月数范围的,停止下调。具体方案由各省(区、市)研究确定。

继续阶段性降低社会保险费率,是党中央、国务院做出的重要部署,政策性强,社会关注度高。各地务必精心组织实施,一是要做好政策的衔接,保证政策连续性,确保基金征缴工作平稳有序;二是要加强政策宣传,正确引导舆论,切实增强广大参保企业和群众的获得感;三是要加强基金收支管理,防范和化解基金运行风险,确保参保人员各项社会保险待遇标准不降低和待遇按时足额支付。

各地具体调整费率方案,经省级人民政府批准后执行,并报人力资源社会保障部、财政部备案。

人力资源社会保障部
财政部
2018 年 4 月 20 日

12. 人力资源社会保障部 财政部关于使用失业保险基金支持脱贫攻坚的通知

人社部发〔2018〕35号
2018年6月26日

各省、自治区、直辖市及新疆生产建设兵团人力资源社会保障厅(局)、财政厅(局):

为贯彻落实党中央、国务院关于打赢脱贫攻坚战的决策部署,深入落实中共中央办公厅、国务院办公厅《关于支持深度贫困地区脱贫攻坚的实施意见》(厅字〔2017〕41号)要求,聚焦西藏、四省藏区、南疆四地州和四川凉山州、云南怒江州、甘肃临夏州及其他深度贫困县(以下简称深度贫困地区),充分发挥失业保险功能作用,支持精准扶贫、精准脱贫,现就有关事项通知如下:

一、提高深度贫困地区失业保险金标准。从2019年1月1日起,深度贫困地区失业保险金标准上调至最低工资标准的90%。

二、提高深度贫困地区企业稳岗补贴标准。对深度贫困地区的失业保险参保企业,可以将稳岗补贴标准提高到该企业及其职工上年度实际缴纳失业保险费总额的60%。

三、放宽深度贫困地区参保职工技能提升补贴申领条件。《人力资源社会保障部 财政部关于失业保险支持参保职工提升职业技能有关问题的通知》(人社部发〔2017〕40号)中规定的申领技能提升补贴需符合"依法参加失业保险,累计缴纳失业保险费36个月(含36个月)以上的"条件,对深度贫困地区参加失业保险的企业职工,放宽到"依法参加失业保险,累计缴纳失业保险费12个月(含12个月)以上的"。

吸纳建档立卡贫困人员就业并签订劳动合同的事业单位,可以享受稳岗补贴政策和技能提升补贴政策。各省(区、市)要发挥省级失业保险调剂金的作用,确保深度贫困地区失业保险基金运行平稳,各项待遇切实得到落实。以上政策由各省(区、市)人力资源社会保障部门、财政部门共同研究制订具体方案,政策执行期限截至2020年12月31日。

人力资源社会保障部
财政部
2018年6月26日

13. 国务院办公厅关于印发降低社会保险费率综合方案的通知

国办发〔2019〕13号
2019年4月1日

正文详见本书第168页同文件。

六、生育保险

1. 劳动部关于发布《企业职工生育保险试行办法》的通知

劳部发〔1994〕504号
1994年12月14日

各省、自治区、直辖市及计划单列市劳动(劳动人事)厅(局),上海市社会保险局:

为配合《劳动法》的贯彻实施,更好地保障企业女职工的合法权益,我部制定了《企业职工生育保险试行办法》,现予发布,自1995年1月1日起试行。

劳动部
一九九四年十二月十四日

企业职工生育保险试行办法

第一条 为了维护企业女职工的合法权益,保障她们在生育期间得到必要的经济补偿和医疗保健,均衡企业间生育保险费用的负担,根据有关法律、法规的规定,制定本办法。

第二条 本办法适用于城镇企业及其职工。

第三条 生育保险按属地原则组织。生育保险费用实行社会统筹。

第四条 生育保险根据"以支定收,收支基本平衡"的原则筹集资金,由企业按照其工资总额的一定比例向社会保险经办机构缴纳生育保险费,建立生育保险基金。生育保险费的提取比例由当地人民政府根据计划内生育人数和生育津贴、生育医疗费等项费用确定,并可根据费用支出情况适时调整,但最高不得超过工资总额的百分之一。企业缴纳的生育保险费作为期间费用处理,列入企业管理费用。

职工个人不缴纳生育保险费。

第五条 女职工生育按照法律、法规的规定享受产假。产假期间的生育津贴按照本企业上年度职工月平均工资计发,由生育保险基金支付。

第六条 女职工生育的检查费、接生费、手术费、住院费和药费由生育保险基金支付。超出规定的医疗服务费和药费(含自费药品和营养药品的药费)由职工个人负担。

女职工生育出院后,因生育引起疾病的医疗费,由生育保险基金支付;其他疾病的医疗费,按照医疗保险待遇的规定办理。女职工产假期满后,因病需要休息治疗的,按照有关病假待遇和医疗保险待遇规定办理。

第七条 女职工生育或流产后,由本人或所在企业持当地计划生育部门签发的计划生育证明,婴儿出生、死亡或流产证明,到当地社会保险经办机构办理手续,领取生育津贴和报销生育医疗费。

第八条 生育保险基金由劳动部门所属的社会保险经办机构负责收缴、支付和管理。

生育保险基金应存入社会保险经办机构在银行开设的生育保险基金专户。银行应按照城乡居民个人储蓄同期存款利率计息,所得利息转入生育保险基金。

第九条 社会保险经办机构可从生育保险基金中提取管理费,用于本机构经办生育保险工作所需的人员经费、办公费及其他业务经费。管理费标准,各地根据社会保险经办机构人员设置情况,由劳动部门提出,经财政部门核定后,报当地人民政府批准。管理费提取比例最高不得超过生育保险基金的百分之二。

生育保险基金及管理费不征税、费。

第十条 生育保险基金的筹集和使用,实行财务预、决算制度,由社会保险经办机构作出年度报告,并接受同级财政、审计监督。

第十一条 市(县)社会保险监督机构定期监督生育保险基金管理工作。

第十二条 企业必须按期缴纳生育保险费。对逾期不缴纳的,按日加收千分之二的滞纳金。滞纳金转入生育保险基金。滞纳金计入营业外支出,纳税时进行调整。

第十三条 企业虚报、冒领生育津贴或生育医疗费的,社会保险经办机构应追回全部虚报、冒领金额,并由劳动行政部门给予处罚。

企业欠付或拒付职工生育津贴、生育医疗费的,由劳动行政部门责令企业限期支付;对职工造成损害的,企业应承担赔偿责任。

第十四条 劳动行政部门或社会保险经办机构的工作人员滥用职权、玩忽职守、徇私舞弊,贪污、挪用生育保险基金,构成犯罪的,依法追究刑事责任;不构成犯罪的,给予行政处分。

第十五条 省、自治区、直辖市人民政府劳动行政部门可以按照本办法的规定,结合本地区实际情况制定实施办法。

第十六条 本办法自1995年1月1日起试行。

2. 财政部 人力资源和社会保障部关于适当降低生育保险费率的通知

人社部发〔2015〕70号

2015年7月27日

各省、自治区、直辖市人力资源社会保障厅(局)、财政厅(局),新疆生产建设兵团人力资源社会保障局、财务局:

按照党的十八届三中全会提出的"适时适当降低社会保险费率"的精神,根据生育保险基金实际情况,经国务院同意,自2015年10月1日起,在生育保险基金结余超过合理结存的地区降低生育保险费率。现就有关问题通知如下:

一、统一思想,提高认识,确保政策落到实处

各地生育保险制度建立以来,在促进女性平等就业,均衡用人单位负担,维护女职工权益等方面发挥了重要作用。但也存在着地区间发展不平衡,基金结余偏多,待遇支付不规范等方面的问题。对基金结余多的地区降低生育保险费率,是完善生育保险政策,提高基金使用效率的一个重大举措,也是进一步减轻用人单位负担,促进就业稳定,实施积极财政政策的具体体现。各地要统一思想,充分认识降低生育保险费率的重要意义,确保政策按时落实到位,取得实效。

二、认真测算,降低费率,控制基金结余

生育保险基金合理结存量为相当于6至9个月待遇支付额。各地要根据上一年基金收支和结余情况,以及国家规定的待遇项目和标准进行测算,在确保生育保险待遇落实到位的前提下,通过调整费率,将统筹地区生育保险基金累计结余控制在合理水平。生育保险基金累计结余超过9个月的统筹地区,应将生育保险基金费率调整到用人单位职工工资总额的0.5%以内,具体费率应按照"以支定收、收支平衡"的原则,根据近年来生育保险基金的收支

和结余情况确定。

各地要加强对生育保险基金的监测和管理。降低生育保险费率的统筹地区要按程序调整生育保险基金预算,按月进行基金监测。基金累计结余低于3个月支付额度的,要制定预警方案,并向统筹地区政府和省级人力资源社会保障、财政部门报告。要通过提高统筹层次,加强基金和医疗服务管理,规范生育保险待遇,力求基金平衡。在生育保险基金累计结余不足支付时,统筹地区要采取加强支出管理、临时补贴、调整费率等方式确保基金收支平衡,确保参保职工按规定享受生育保险待遇。

三、加强组织领导,全面推进实施

各省(区、市)人力资源社会保障、财政部门要加强配合,共同研究落实国务院降低生育保险费率措施。实行省级统筹且基金结余超过9个月的省(区、市),应于9月底前提出降低生育保险费率的办法,报省级人民政府批准后实施。未实行省级统筹的省(区、市),应于8月底前制订本省(区、市)降低生育保险费率的办法,指导各统筹地区制订实施方案,符合降费率规定的统筹地区应于9月底以前发布降低费率的实施方案,以确保10月1日前完成降低生育保险费率的工作。各省(区、市)应于9月底将上述情况报告人力资源社会保障部、财政部。

要加强降低生育保险费率的宣传工作,向工作人员、参保单位和广大职工讲清降低生育保险费率的重大意义,在减轻用人单位负担的同时,调动用人单位参保积极性,切实维护女职工合法权益。要加强与有关部门协调配合,做好人口出生形势的分析和预判。各地在政策调整过程中出现的新情况、新问题,要及时与人力资源社会保障部、财政部进行沟通,采取有效措施,确保工作落实到位。

人力资源与社会保障部
财政部
2015年7月27日

3. 国务院办公厅关于印发生育保险和职工基本医疗保险合并实施试点方案的通知

国办发〔2017〕6号
2017年1月19日

各省、自治区、直辖市人民政府,国务院各部委、各直属机构:

《生育保险和职工基本医疗保险合并实施试点方案》已经国务院同意,现印发给你们,请试点地区和各有关部门加强组织领导,认真贯彻执行。

国务院办公厅
2017年1月19日

生育保险和职工基本医疗保险合并实施试点方案

为贯彻落实党的十八届五中全会精神和《中华人民共和国国民经济和社会发展第十三个五年规划纲要》,根据《全国人民代表大会常务委员会关于授权国务院在河北省邯郸市等12个试点城市行政区域暂时调整适用〈中华人民共和国社会保险法〉有关规定的决定》,现就做好生育保险和职工基本医疗保险(以下统称两项保险)合并实施试点工作制定以下方案。

一、总体要求

(一)指导思想。全面贯彻党的十八大和十八届三中、四中、五中、六中全会精神,深入贯彻习近平总书记系列重要讲话精神和治国理政新理念新思想新战略,认真落实党中央、国务院决策部署,统筹推进"五位一体"总体布局和协调推进"四个全面"战略布局,牢固树立和贯彻落实创新、协调、绿色、开放、共享的发展理念,遵循保留险种、保障待遇、统一管理、降低成本的总体思路,推进两项保险合并实施,通过整合两项保险基金及管理资源,强化基金共济能力,提升管理综合效能,降低管理运行成本。

(二)主要目标。2017年6月底前启动试点,试点期限为一年左右。通过先行试点探索适应我国经济发展水平、优化保险管理资源、促进两项保险合并实施的制度体系和运行机制。

二、试点地区

根据实际情况和有关工作基础,在河北省邯郸市、山西省晋中市、辽宁省沈阳市、江苏省泰州市、安徽省合肥市、山东省威海市、河南省郑州市、湖南省岳阳市、广东省珠海市、重庆市、四川省内江市、云南省昆明市开展两项保险合并实施试点。未纳入试点地区不得自行开展试点工作。

三、试点内容

(一)统一参保登记。参加职工基本医疗保险的在职职工同步参加生育保险。实施过程中要完善参保范围,结合全民参保登记计划摸清底数,促进实现应保尽保。

(二)统一基金征缴和管理。生育保险基金并入职工基本医疗保险基金,统一征缴。试点期间,可按照用人单位参加生育保险和职工基本医疗保险的缴费比例之和确定新的用人单位职工基本医疗保险费率,个人不缴纳生育保险费。同时,根据职工基本医疗保险基金支出情况和生育待遇的需求,按照收支平衡的原则,建立职工基本医疗保险费率确定和调整机制。

职工基本医疗保险基金严格执行社会保险基金财务制度,两项保险合并实施的统筹地区,不再单列生育保险基金收入,在职工基本医疗保险统筹基金待遇支出中设置生育待遇支出项目。探索建立健全基金风险预警机制,坚持基金收支运行情况公开,加强内部控制,强化基金行政监督和社会监督,确保基金安全运行。

(三)统一医疗服务管理。两项保险合并实施后实行统一定点医疗服务管理。医疗保险经办机构与定点医疗机构签订相关医疗服务协议时,要将生育医疗服务有关要求和指标增加到协议内容中,并充分利用协议管理,强化对生育医疗服务的监控。执行职工基本医疗保险、工伤保险、生育保险药品目录以及基本医疗保险诊疗项目和医疗服务设施范围。生育医疗费用原则上实行医疗保险经办机构与定点医疗机构直接结算。

(四)统一经办和信息服务。两项保险合并实施后,要统一经办管理,规范经办流程。生育保险经办管理统一由职工基本医疗保险经办机构负责,工作经费列入同级财政预算。充分利用医疗保险信息系统平台,实行信息系统一体化运行。原有生育保险医疗费结算平台可暂时保留,待条件成熟后并入医疗保险结算平台。完善统计信息系统,确保及时准确反映生育待遇享受人员、基金运行、待遇支付等方面情况。

（五）职工生育期间的生育保险待遇不变。生育保险待遇包括《中华人民共和国社会保险法》规定的生育医疗费用和生育津贴，所需资金从职工基本医疗保险基金中支付。生育津贴支付期限按照《女职工劳动保护特别规定》等法律法规规定的产假期限执行。

四、保障措施

（一）加强组织领导。两项保险合并实施是党中央、国务院作出的一项重要部署，也是推动建立更加公平更可持续社会保障制度的重要内容。试点城市所在省份要高度重视，加强领导，密切配合，推动试点工作有序进行。人力资源社会保障部、财政部、国家卫生计生委要会同有关方面加强对试点地区的工作指导，及时研究解决试点中的困难和问题。试点省份和有关部门要加强沟通协调，共同推进相关工作。

（二）精心组织实施。试点城市要高度重视两项保险合并实施工作，按照本试点方案确定的主要目标、试点措施等要求，根据当地生育保险和职工基本医疗保险参保人群差异、基金支付能力、待遇保障水平等因素进行综合分析和研究，周密设计试点实施方案，确保参保人员相关待遇不降低、基金收支平衡，保证平稳过渡。2017年6月底前各试点城市要制定试点实施方案并组织实施。

（三）加强政策宣传。试点城市要坚持正确的舆论导向，准确解读相关政策，大力宣传两项保险合并实施的重要意义，让社会公众充分了解合并实施不会影响参保人员享受相关待遇，且有利于提高基金共济能力、减轻用人单位事务性负担、提高管理效率，为推动两项保险合并实施创造良好的社会氛围。

（四）做好总结评估。各试点城市要及时总结经验，试点过程中发现的重要问题和有效做法请及时报送人力资源社会保障部、财政部、国家卫生计生委，为全面推开两项保险合并实施工作奠定基础。人力资源社会保障部、财政部、国家卫生计生委要对试点期间各项改革措施执行情况、实施效果、群众满意程度等内容进行全面总结评估，并向国务院报告。

4. 人力资源和社会保障部 财政部 国家卫生计生委关于做好当前生育保险工作的意见

人社部发〔2018〕15号

2018年3月5日

各省、自治区、直辖市及新疆生产建设兵团人力资源社会保障厅（局）、财政厅（局）、卫生计生委，福建省医保办：

生育保险制度自建立以来，总体保持平稳运行，对维护职工生育保障权益、促进妇女公平就业、均衡用人单位负担发挥了重要作用。近年来，为应对经济下行压力，生育保险采取降费率措施，减轻了企业负担；同时，应对人口老龄化，适应国家实施全面两孩政策，采取措施保障生育保险待遇，促进了人口均衡发展。当前，为切实维护全面两孩政策下参保职工合法权益，确保生育保险稳健运行，现对进一步做好生育保险工作提出如下意见：

一、提高认识，确保生育保险待遇落实

实施全面两孩政策是适应人口和经济社会发展新形势的重大战略举措，落实生育保险政策是实施全面两孩政策的重要保障措施。各地要统一思想，提高认识，主动适应计划生育政策调整，坚持科学发展，体现社会公平，切实维护职工合法权益。要确保应保尽保，将符合条件的用人单位及职工纳入参保范围；确保参保职工的生育医疗费用和生育津贴按规定及

时足额支付，杜绝拖欠和支付不足现象。要根据全面两孩生育政策对生育保险基金的影响，增强风险防范意识和制度保障能力，确保生育保险基金收支平衡，实现制度可持续发展。

二、加强预警，完善费率调整机制

各地要结合全面两孩政策实施，完善生育保险监测指标。充分利用医疗保险信息网络系统，加强生育保险基金运行分析，参照基本医疗保险基金管理要求，全面建立生育保险基金风险预警机制，将基金累计结存控制在6～9个月支付额度的合理水平。

基金当期入不敷出的统筹地区，首先动用累计结存，同时制定预案，根据《社会保险基金财务制度》提出分类应对措施，经报同级政府同意后及时启动。基金累计结存不足（<3个月支付额度）的统筹地区，要及时调整费率，具体费率由统筹地区按照"以支定收、收支平衡"的原则，科学测算全面两孩政策下基金支出规模后合理确定。基金累计结存完全消化的统筹地区，按规定向同级财政部门申请补贴，保障基金当期支付，同时采取费率调整措施，弥补基金缺口。

开展生育保险与职工基本医疗保险（以下统称两项保险）合并实施试点的统筹地区，要通过整合两项保险基金和统一征缴，增强基金统筹共济能力。要跟踪分析合并实施后基金运行情况，根据基金支出需求，确定新的费率并建立动态调整机制，防范风险转嫁。

三、引导预期，规范生育津贴支付政策

各地要按照"尽力而为、量力而行"的原则，坚持从实际出发，从保障基本权益做起，合理引导预期。要综合考虑生育保险基金运行和用人单位缴费等情况，规范生育津贴支付期限和计发标准等政策，确保基金可持续运行和待遇享受相对公平。确保《女职工劳动保护特别规定》法定产假期限内的生育津贴支付，探索多渠道解决生育奖励假待遇问题。

四、加强管理，提高基金使用效率

各地要结合全民参保计划实施，进一步扩大生育保险覆盖面，加大征缴力度，与基本医疗保险同步推进统筹层次提升。加强生育保险定点协议管理，切实保障参保人员生育医疗权益，促进生育医疗服务行为规范。将生育医疗费用纳入医保支付方式改革范围，实行住院分娩医疗费用按病种、产前检查按人头付费，实现经办机构与定点医疗机构费用直接结算。充分利用医保智能监控系统，强化监控和审核，控制生育医疗费用不合理增长。

五、高度重视，切实做好组织实施工作

各地要高度重视生育保险工作，切实加强组织领导，做好统筹协调。加强政策宣传与舆论引导，准确解读相关政策，及时回应群众关切。各级人力资源社会保障、财政、卫生计生部门要明确职责，密切配合，形成工作合力，加强对统筹地区工作指导，及时研究解决有关问题。积极稳妥推进两项保险合并实施试点工作，及时总结试点经验，为全面推开两项保险合并实施工作奠定基础。工作推进中，如遇到重大问题，要及时报告。

人力资源和社会保障部

财政部

国家卫生计生委

2018年3月5日

七、各省发布文件

1. 河南省人力资源和社会保障厅 河南省财政厅 国家税务总局河南省税务局 河南省医疗保障局关于降低社会保险费率有关问题的通知

豫人社〔2019〕13号
2019年4月19日

各省辖市、省直管县(市)人力资源社会保障局、财政局、税务局、医疗保障局:

降低社会保险费率,是减轻企业负担、优化营商环境、完善社会保险制度的重要举措。为贯彻党中央、国务院决策部署,按照《国务院办公厅关于印发降低社会保险费率综合方案的通知》(国办发〔2019〕13号)和省委省政府要求,落实降低社会保险(以下简称社保)费率,经省政府同意,人力资源社会保障部、财政部批准,现就我省降低社保费率有关问题通知如下:

一、降低养老保险单位缴费比例

自2019年5月1日起,城镇职工基本养老保险(包括企业和机关事业单位基本养老保险,以下简称养老保险)单位缴费比例降至16%。

二、继续阶段性降低失业保险、工伤保险费率

自2019年5月1日起,将原定执行至2019年4月30日的失业保险总费率1%的政策延长期限至2020年4月30日。

自2019年5月1日起,将原定执行至2019年4月30日的阶段性降低工伤保险费率政策延长期限至2020年4月30日。截至2018年年底,工伤保险基金累计结余可支付月数在18至23个月的统筹地区继续执行费率下调20%的政策,累计结余可支付月数在24个月以上的统筹地区继续执行费率下调50%的政策;累计结余可支付月数低于18个月后,停止下调。

三、调整社保缴费基数政策

自2019年5月1日起,调整就业人员平均工资计算口径。以全省城镇非私营单位就业人员平均工资和城镇私营单位就业人员平均工资加权计算的全口径城镇单位就业人员平均工资,核定社保个人缴费基数上下限,合理降低部分参保人员和企业的社保缴费基数。全口径城镇单位就业人员平均工资及个人缴费基数上下限,每年由省人力资源社会保障厅、财政厅、税务局、医保局、统计局统一公布。缴费基数每年申报调整一次,使用期限为当年7月1日至次年6月30日。2019年5月至6月,可以按照2017年全口径城镇单位就业人员平均工资作为个人缴费基数上下限申报调整缴费基数。

四、统一养老保险政策

(一)统一参保政策。全省各类用人单位及其职工应当参加城镇职工基本养老保险。在城镇就业的无雇工的个体工商户、未在用人单位参加基本养老保险的非全日制从业人员、其他灵活就业人员,以及未与用人单位建立劳动关系的我省城乡居民(在校学生除外,以下简称灵活就业人员),年满16周岁且男未满60周岁、女未满55周岁的,可以按灵活就业人员身份在就业地或户籍地参加(接续)企业职工基本养老保险。

(二)统一单位和个人缴费比例。参保单位统一按16%的比例缴纳基本养老保险费,职工个人缴费比例为8%。灵活就业人员缴费比例为20%。

(三)统一缴费政策。参保单位以全部职工缴费工资基数之和作为单位缴费工资基数。

企业职工以本人上一年度月平均工资作为个人缴纳基本养老保险费的基数（以下简称缴费工资基数）。机关事业单位职工以本人上一年度月平均工资（按国家和省规定纳入缴费基数项目的工资）作为个人缴费工资基数。职工月平均工资低于全省全口径城镇单位就业人员平均工资60%的，按60%计算缴费工资基数；超过全省全口径城镇单位就业人员平均工资300%的部分，不计入缴费工资基数。

（四）统一灵活就业人员缴费工资基数申报办法。灵活就业人员参加企业职工基本养老保险，可以在全省全口径城镇单位就业人员平均工资的60%至300%之间，自主选择申报适当的缴费工资基数，并从参保之月起缴纳基本养老保险费，可以选择按月、季、半年或年的缴纳方式缴纳基本养老保险费。

（五）统一养老保险待遇计发办法。按照国家的统一安排和部署，制定基本养老金计发办法的过渡办法，保证退休人员待遇水平平稳衔接过渡。具体办法由省人力资源社会保障厅、财政厅另行制定。在此之前，各地计算个人缴费工资指数和计发基本养老金基数保持不变。

五、加快推进养老保险省级统筹

结合降低养老保险单位缴费比例、调整社保缴费基数政策等措施，加快推进规范企业职工基本养老保险省级统筹工作。进一步加强企业职工基本养老保险基金（以下简称基金）收支管理，完善和规范基金预算管理，加大基金省级调剂力度，建立省与省辖市、省直管县（市）政府基金缺口责任分担机制，对截至2018年年底基金累计结余不足支付9个月基本养老金的省辖市、省直管县（市），因降低社保费率和调整社保缴费基数政策而减收的企业养老保险费由省级统筹基金弥补，基金结余可支付9个月以上基本养老金的，由当地基金结余弥补。切实提高基金共济功能和使用效率，推动全省养老保险一体化发展。

六、稳步推进社保费征收体制改革

稳定征缴方式，社保缴费仍按现行征收体制继续征收，稳定现有的社保部门核定、税务部门征收的征缴方式，确保工作不断，秩序不乱。妥善处理好企业历史欠费问题，在征收体制改革过程中严禁自行对企业历史欠费进行集中清缴，避免造成企业生产经营困难。

七、建立工作协调机制

人力资源社会保障、财政、税务、医保等部门要建立工作协调机制，统筹协调降低社保费率以及征收体制改革过渡期间的工作衔接，提出具体安排，确保各项工作顺利进行。

八、认真做好组织落实工作

各地要加强领导，精心组织实施。要进一步严肃工作纪律，不折不扣地落实国家及省规定的社保参保缴费和待遇政策，不得采取任何增加企业实际缴费负担的做法，务必使企业特别是小微企业社保缴费负担有实质性下降，违者将追究相关人员责任。各地要加强指导和监督检查，及时研究解决工作中遇到的问题，确保各项政策措施落到实处。

河南省人力资源和社会保障厅
河南省财政厅
国家税务总局河南省税务局
河南省医疗保障局
2019年4月19日

2. 山西省人民政府办公厅关于印发山西省降低社会保险费率实施方案的通知

晋政办发〔2019〕26号
2019年4月22日

各市、县人民政府、省人民政府各委、办、厅、局：

《山西省降低社会保险费率实施方案》已经省人民政府同意，现印发给你们，请认真贯彻执行。

山西省人民政府办公厅
2019年4月22日

山西省降低社会保险费率实施方案

为贯彻落实《国务院办公厅关于印发降低社会保险费率综合方案的通知》（国办发〔2019〕13号）精神，降低社会保险（以下简称社保）费率，完善社会保险制度，制定本方案。

一、降低养老保险单位缴费比例

自2019年5月1日起，全省企业和机关事业单位基本养老保险单位缴费比例由20%降至16%。

二、继续阶段性降低失业保险、工伤保险费率

自2019年5月1日起，继续执行失业保险总费率1%，其中，单位部分0.7%，个人部分0.3%。延长阶段性降低费率的期限至2020年4月30日。

自2019年5月1日起，在保持工伤保险八类行业费率总体稳定的基础上，朔州市各类用人单位的现行费率保持不变，继续执行费率下调20%的规定；吕梁市、晋城市两个统筹地区各类用人单位的现行费率由执行下调50%的规定改为下调20%；太原市、临汾市两个统筹地区各类用人单位的现行费率保持不变，执行费率下调50%的规定。降低费率的期限执行至2020年4月30日。下调费率期间，统筹地区工伤保险基金累计结余可支付月数降到12个月及以下的，停止下调费率。

三、调整社保缴费基数政策

调整就业人员平均工资计算口径。从2019年1月1日起，以省统计局公告的上年全省城镇非私营单位就业人员平均工资和城镇私营单位就业人员平均工资加权计算的全口径城镇单位就业人员平均工资，核定社保个人缴费基数上下限，每年由省人力资源社会保障厅、省财政厅、省税务局和省医保局公布。

完善个体工商户和灵活就业人员缴费基数政策。从2019年1月1日起，个体工商户和灵活就业人员参加企业职工基本养老保险，可以在我省全口径城镇单位就业人员平均工资的60%至300%之间选择适当的缴费基数。以前规定与本方案规定不一致的，按本方案规定执行。

平均工资计算口径调整后，基本养老金计发以确保退休人员待遇水平平稳衔接为原则，另行制定过渡办法。

四、完善养老保险省级统筹

认真贯彻落实《山西省人民政府关于完善企业职工基本养老保险省级统筹制度的通知》

精神,结合降低养老保险单位缴费比例、调整社保缴费基数政策等措施,规范养老保险参保缴费、单位及个人缴费基数核定办法等政策,加快推进企业职工基本养老保险省级统筹,确保2020年1月1日企业职工基本养老保险基金省级统收统支启动运行。

五、健全确保发放措施

各地、各部门要高度重视,统筹考虑降低费率工作的落实,在确保企业社保费负担有实质性下降的前提下,采取有力措施,确保退休人员养老金按时足额发放。完善省级统筹,实行基金省级统收统支,增强基金抵御风险能力。加强基金预算管理,强化基金预算的严肃性和约束性,确保应收尽收,杜绝违规支出。建立基金缺口责任分担机制,合理确定省、市、县三级政府对基金缺口的分担办法。最大程度实现基金的保值增值,按照国家有关规定开展基金投资运营,增加基金收入,提高基金供给能力。同时,要加强基金监管监测,防控风险,维护基金安全。

六、稳步推进社保费征收体制改革

企业职工基本养老保险和企业职工其他险种缴费,原则上暂按现行征收体制继续征收,稳定缴费方式,按照省政府统一部署,成熟后实施划转;机关事业单位社保费和城乡居民社保费征管职责如期划转。人力资源社会保障、财政、税务、医保部门要抓紧推进信息共享平台建设等各项工作,切实加强信息共享,确保征收工作有序衔接。要妥善处理好企业历史欠费问题,在征收体制改革过程中不得自行对企业历史欠费进行集中清缴,不得采取任何增加小微企业实际缴费负担的做法,避免造成企业生产经营困难。要建立工作协调机制,统筹协调降低社保费率和社保费征收体制改革相关工作。

七、建立工作协调机制

省政府建立工作协调机制,统筹协调降低社保费率和社保费征收体制改革相关工作。市、县政府要建立由政府负责人牵头,人力资源社会保障、财政、税务、医保等部门参加的工作协调机制,统筹协调降低社保费率以及征收体制改革过渡期间的工作衔接,提出具体安排,确保各项工作顺利进行。

八、抓好组织实施

降低社会保险费率是减轻企业负担、优化营商环境、完善社会保险制度的重要举措。各地、各部门要统一思想,提高认识,加强领导,密切协同配合,加强宣传解读,正确引导舆论,精心组织实施。省人力资源社会保障厅、省财政厅、省税务局、省医保局要加强指导和监督检查,及时研究解决工作中遇到的问题,确保各项政策措施落到实处。

3. 湖南省人民政府办公厅关于印发《湖南省降低社会保险费率实施方案》的通知

湘政办发〔2019〕19号

2019年4月23日

各市州、县市区人民政府,省政府各厅委、各直属机构:

《湖南省降低社会保险费率实施方案》已经省人民政府同意,现印发给你们,请认真组织实施。

湖南省人民政府办公厅

2019年4月23日

湖南省降低社会保险费率实施方案

为贯彻落实党中央、国务院决策部署,完善社会保险制度,确保企业社保缴费负担有实质性下降,根据《国务院办公厅关于印发降低社会保险费率综合方案的通知》(国办发〔2019〕13号)精神,结合我省实际,制定本实施方案。

一、降低社会保险费率

(一)降低养老保险单位缴费比例。从2019年5月1日起,将城镇职工基本养老保险(包括企业和机关事业单位,下同)单位缴费比例降至16%。原已经审批备案实施费率过渡试点的企业,单位费率低于16%的,仍按费率过渡试点政策执行;单位费率高于16%的,一律降至16%。从2022年起,所有企业一律按16%的单位费率执行。

(二)继续阶段性降低失业保险、工伤保险费率。阶段性降低失业保险费率政策于2019年4月30日到期后再延期1年,即从2019年5月1日起至2020年4月30日,全省失业保险总费率按1%执行(其中单位费率0.7%,个人费率0.3%)。阶段性降低工伤保险费率政策于2019年4月30日到期后再延期1年,即从2019年5月1日起至2020年4月30日,工伤保险基金累计结余可支付月数在18至23个月的统筹地区,可以现行费率为基础下调20%,累计结余可支付月数在24个月以上的统筹地区,可以现行费率为基础下调50%。

二、调整职工缴费基数

(一)调整职工缴费基数上下限指标口径。2019年起,按照本省上年度城镇非私营单位就业人员平均工资和城镇私营单位就业人员平均工资加权计算的全口径城镇单位就业人员平均工资(以下简称全口径平均工资),作为核定职工个人缴费基数上下限的基准值。2018年全口径平均工资发布前,2019年企业社保缴费按2017年全省全口径平均工资作为基准值;2018年全口径平均工资发布后,按2018年全口径平均工资作为基准值。

(二)完善灵活就业人员缴费基数政策。2019年起,参加企业职工基本养老保险无雇工的个体工商户和灵活就业人员,在本省上年度全口径平均工资的60%至300%之间选择适当的缴费基数缴费。

三、保证退休人员待遇水平平稳衔接

调整参保人员缴费基准值口径后,为保证退休人员待遇水平平稳衔接,2019年退休人员基本养老金计发所采用的职工平均工资,仍为2018年城镇非私营单位在岗职工平均工资。2020年起按国家要求制定基本养老金计发的过渡性措施,保证退休人员待遇水平平稳衔接。

四、加快推进企业职工基本养老保险基金省级统收统支

为建立健全覆盖全省、权责清晰、更加公平可持续的社会保障体系,我省从2019年7月1日起正式实施基金省级统收统支。各级各部门要将思想认识统一到省委、省政府的决策部署上来,高度重视、精心组织、周密安排、认真落实,要制定完善本地区落实省级统筹的工作方案,明确时间表和路线图,确保领导到位、责任到位、工作到位。

五、提高养老保险基金中央调剂比例

继续做好2019年企业职工基本养老保险基金中央调剂工作,2019年基金中央调剂比例提高至3.5%。中央下拨的调剂金计入省级统筹基金,用于确保全省企业离退休人员基本养老金按时足额发放。

六、进一步扩大社会保险覆盖范围

各地在做好降低社保费率工作的同时,要进一步扩大社会保险覆盖范围,逐步实现应保尽保。要抓紧推进人力资源社会保障、医保、税务等部门间信息共享工作,共同摸清征收底数。人力资源社会保障、医保、税务部门要逐步建立标准一致、运转畅通的信息共享机制,实时共享划转单位和个人的参保缴费信息,共同维护好参保人权益。要以新增规模工业企业、高新技术企业与农民工、个体工商户和灵活就业人员、新业态从业人员等群体为重点,推进参保征缴扩面工作。

七、稳步推进社保费征收体制改革工作

企业职工基本养老保险和企业职工其他险种的社保费,原则上暂按现行征收体制继续征收,稳定缴费方式;机关事业单位社保费和城乡居民社保费征管职责划转至税务部门征收。各地要结合降低社保费率等措施,逐步夯实缴费人数和缴费基数,规范单位缴费行为。在规范征缴行为过程中,要充分考虑企业的适应程度和带来的预期紧缩效应,严格落实国家和我省各项要求,不得采取任何增加小微企业实际缴费负担的做法,不得自行集中清缴企业历史欠费。

八、切实加强组织领导

降低社保费率、调整缴费基数政策等是完善社保制度的重要内容,事关改革发展稳定全局。各级各有关部门要统一思想,提高认识,加强领导,密切协调配合,精心组织实施。各级人民政府要建立由政府负责人牵头,人力资源社会保障、财政、税务、医保等部门参加的工作协调机制,统筹协调降低社保费率,联合推进社保费征收和划转工作,确保社保费的平稳征收和划转。省人力资源社会保障厅、省财政厅、省税务局、省医保局要加强指导和监督检查,及时评估和反馈降低社保费率的影响和效果,及时研究解决工作中遇到的问题,确保各项政策措施落到实处。

4. 四川省人民政府办公厅关于印发四川省降低社会保险费率实施办法的通知

川办发〔2019〕27号
2019年4月23日

各市(州)、县(市、区)人民政府,省政府各部门、各直属机构,有关单位:

《四川省降低社会保险费率实施办法》已经省政府同意,现印发给你们,请认真贯彻执行。

降低社会保险费率,是减轻企业负担、优化营商环境、完善社会保险制度的重要举措,充分体现了党中央、国务院对民生福祉的高度关心关切,对于提振市场信心、激发微观主体活力、深化供给侧结构性改革、助推经济高质量发展具有重大意义。各地各有关部门(单位)务必提高政治站位,牢固树立"四个意识",坚决做到"两个维护",不折不扣执行降低社会保险费率政策,稳步推进社会保险费征收体制改革,确保企业特别是小微企业社会保险缴费负担有实质性下降,确保职工各项社会保险待遇不受影响、按时足额支付。

四川省人民政府办公厅
2019年4月23日

四川省降低社会保险费率实施办法

为贯彻落实党中央、国务院关于降低社会保险费率决策部署，进一步完善社会保险制度，减轻企业负担，助推全省经济高质量发展，根据《国务院办公厅关于印发降低社会保险费率综合方案的通知》（国办发〔2019〕13号，以下简称《综合方案》）精神，制定本实施办法。

一、降低社会保险缴费费率

（一）降低城镇职工基本养老保险单位缴费比例。自2019年5月1日起，全省企业和机关事业单位基本养老保险（以下简称养老保险）单位缴费比例降至16％。

（二）继续阶段性降低失业保险、工伤保险费率。自2019年5月1日起，延长阶段性降低失业保险、工伤保险费率的期限至2020年4月30日。其间：失业保险总费率按1％执行；工伤保险基金累计结余可支付月数在18（含）至23个月的统筹地区和可支付月数24（含）个月以上的统筹地区，分别以2018年阶段性降低费率前的实际执行费率为基础下调20％和50％。

二、调整社会保险缴费基数

（一）调整就业人员平均工资计算口径。根据《综合方案》及人力资源社会保障部、财政部有关要求，从2019年5月1日起，以全省上年度城镇非私营单位就业人员平均工资和城镇私营单位就业人员平均工资加权计算的全口径城镇单位就业人员平均工资，核定社会保险个人缴费基数上下限，合理降低部分参保人员和企业的社会保险缴费基数。调整就业人员平均工资计算口径后，2019年基本养老金计发办法暂时保持不变，今后的过渡措施由人力资源社会保障厅会同财政厅按国家有关规定另行拟定，确保退休人员待遇水平平稳衔接。

（二）完善个体工商户和灵活就业人员缴费基数。企业职工基本养老保险缴费基数下限按《四川省人民政府办公厅关于加强企业职工养老保险基金收支管理有关问题的通知》（川办发〔2018〕59号）规定的比例逐年过渡，其中：2019年为全省上年度全口径城镇单位就业人员平均工资的50％，2020年为55％，2021年为60％；缴费基数上限为全省上年度全口径城镇单位就业人员平均工资的300％。从2019年5月1日起，个体工商户和灵活就业人员参加企业职工基本养老保险可在缴费基数上下限之间选择适当的缴费基数，具体缴费基数档次由各地本着便民和规范管理原则自行确定。

调整就业人员平均工资计算口径后，每年养老保险个人缴费基数上下限具体标准由人力资源社会保障厅会同财政厅依据省统计局发布的《年度全省城镇全部单位就业人员平均工资的公告》确定公布。

省级有关部门根据政策变化制定2019年社会保险基金收入预算调整方案。

三、稳步推进社会保险费征收体制改革

（一）稳定现行企业职工社会保险费征收体制。我省企业职工基本养老保险和企业职工其他险种缴费，继续按现行征收体制征收，稳定缴费方式，待国家明确移交时间和移交标准后，按规定做好移交工作。机关事业单位社会保险费和城乡居民社会保险费征管职责划转后，各市（州）、县（市、区）人力资源社会保障、税务、财政、医保部门要加强协作配合，进一步厘清职责边界，优化办事流程，规范服务标准，完善业务系统，提高工作质效，确保平稳运行。要抓紧推进信息共享平台建设等工作，切实加强信息共享，确保征收工作有序衔接。

（二）妥善处理企业历史欠费清收工作。在征收体制改革过程中，各地不得自行对当地企业历史欠费进行集中清缴，不得采取任何增加小微企业实际缴费负担的做法，避免造成企业生产经营困难。

四、加快推进养老保险省级统筹

按照党中央、国务院尽快实现养老保险全国统筹的总体部署和人力资源社会保障部、财政部具体工作要求，加快推进企业职工基本养老保险省级统筹制度改革。各市（州）、县（市、区）要切实履行扩面征缴和保发放主体责任，严格对标统一政策、统一收支管理、统一责任分担机制、统一集中信息系统、统一经办管理服务、统一考核奖惩机制等省级统筹标准，进一步规范执行国家和省养老保险参保缴费及待遇支付政策规定，强化基金收支管理，维护政策的统一性、严肃性，为实现企业职工基本养老保险基金省级统收统支目标奠定良好基础。对实行统收统支省级统筹制度前，因执行降费政策造成企业职工基本养老保险基金穿底的市（州），人力资源社会保障厅、财政厅要采取积极有效措施帮助地方消化降费新增缺口。

五、保障措施

（一）加强组织领导。各市（州）、县（市、区）人民政府要加强组织领导，各地相关部门各司其职、各尽其责、形成合力，认真落实降低社会保险缴费费率的工作责任。人力资源社会保障厅、财政厅、四川省税务局、省医保局将对各地工作落实情况适时开展监督检查，及时研究解决工作中遇到的问题，确保各项政策措施落到实处，切实减轻企业负担。

（二）建立协调机制。县级以上地方政府要建立由政府负责人牵头，人力资源社会保障、财政、税务、医保等部门参加的工作协调机制，统筹协调降低社会保险费率以及征收体制改革过渡期间的工作衔接，提出具体安排，确保各项工作顺利进行。

（三）加强基金管理。各地各有关部门（单位）要认真落实养老保险基金委托投资运营和划转部分国有资本充实社会保险基金工作要求，努力实现基金保值增值，增强基金可持续发展能力，防范化解基金支付风险。要加大全民参保工作力度，持续加强扩面征缴，加强基金监管，杜绝违反政策支付社会保险待遇行为。

（四）强化政策宣传。各地各有关部门（单位）要通过各类媒体，多形式、多平台、多维度广泛宣传、解读政策，帮助企业和职工用足用好政策。要积极回应社会关切，合理引导舆论，稳定社会预期，为执行政策营造良好氛围。

5. 天津市人力资源和社会保障局　天津市财政局　国家税务总局天津税务局关于降低社会保险费率的通知

津人社规字〔2019〕1号
2019年4月23日

各区人力资源和社会保障局、财政局、税务局，有关单位：

为进一步优化我市营商环境，减轻企业负担，按照《国务院办公厅关于印发降低社会保险费率综合方案的通知》（国办发〔2019〕13号）要求，现将我市降低社会保险费率有关事项通知如下：

一、自2019年5月1日起，将企业职工基本养老保险单位费率由19%降至16%，将机关事业单位工作人员基本养老保险单位费率由20%降至16%。

二、失业保险的单位及职工个人缴费比例仍分别为0.5%，执行期限至2020年7月31日。

市人社局
市财政局
市税务局
2019年4月19日

6. 江西省人民政府办公厅关于印发降低社会保险费率综合实施方案的通知

赣府厅字〔2019〕27号

2019年4月24日

各市、县(区)人民政府，省政府各部门：

《降低社会保险费率综合实施方案》已经省政府同意，现印发给你们，请认真贯彻执行。

降低社会保险费率，是减轻企业负担、优化营商环境、完善社会保险制度的重要举措。各地、各有关部门要以习近平新时代中国特色社会主义思想为指导，全面贯彻党的十九大和十九届二中、三中全会精神，坚持稳中求进工作总基调，坚持新发展理念，统筹考虑降低社会保险费率、完善社会保险制度、稳步推进社会保险费征收体制改革，密切协调配合，抓好工作落实，确保企业特别是小微企业社会保险缴费负担有实质性下降，确保职工各项社会保险待遇不受影响、按时足额支付。

2019年4月24日

降低社会保险费率综合实施方案

为贯彻落实党中央、国务院决策部署，降低社会保险(以下简称社保)费率，完善社保制度，稳步推进社保费征收体制改革，根据《国务院办公厅关于印发降低社会保险费率综合方案的通知》(国办发〔2019〕13号)规定，制定本实施方案。

一、降低养老保险单位缴费比例

自2019年5月1日起，城镇职工基本养老保险(包括企业和机关事业单位基本养老保险，以下简称养老保险)单位缴费比例降至16%。

二、继续阶段性降低失业保险费率

自2019年5月1日起，继续执行阶段性降低失业保险费率的有关规定，失业保险总费率1%，其中用人单位费率0.5%，职工个人0.5%，延长阶段性降低失业保险费率的期限至2020年4月30日。

三、继续阶段性降低工伤保险费率

自2019年5月1日起，继续执行阶段性降低工伤保险费率的有关规定，工伤保险基金累计结余可支付月数在18至23个月的统筹地区可以现行费率为基础下调20%，累计结余可支付月数在24个月以上的统筹地区可以现行费率为基础下调50%，延长阶段性降低工伤保险费率的期限至2020年4月30日。

四、调整社保缴费基数政策

自2019年5月1日起，调整社保缴费基数政策。

(一)调整就业人员平均工资计算口径。以全省上年度城镇非私营单位就业人员平均工资和上年度城镇私营单位就业人员平均工资加权计算的上年度全口径城镇单位就业人员平均工资,核定社保个人缴费基数上下限,合理降低部分参保人员和企业的缴费基数。

（二）完善个体工商户和灵活就业人员缴费基数政策。个体工商户和灵活就业人员参加企业职工基本养老保险,可以在全省上年度全口径城镇单位就业人员平均工资的60%至300%之间选择适当的缴费基数。具体缴费基数可设置若干档次,由省人力资源社会保障厅明确规定。

（三）核定公布上年度全口径城镇就业人员平均工资。每年由省统计局提供上年度全口径城镇就业人员平均工资相关数据,由省人力资源社会保障厅、省财政厅、省税务局、省医保局公布执行。

（四）确保退休人员待遇水平平稳衔接。调整就业人员平均工资后,省人力资源社会保障厅要会同省财政厅根据国家有关规定,结合我省实际,制定基本养老金计发办法的过渡措施,确保退休人员待遇水平平稳衔接。

五、加快推进养老保险省级统筹

要认真贯彻落实《江西省人民政府关于贯彻落实企业职工基本养老保险基金中央调剂制度的通知》（赣府发〔2018〕39号）,结合降低基本养老保险单位缴费比例、调整社保缴费基数政策等措施,加快推进企业职工基本养老保险省级统筹,2020年1月1日起实现企业职工基本养老保险基金省级统收统支。

六、贯彻落实养老保险基金中央调剂制度

各地要按照《江西省人民政府关于贯彻落实企业职工基本养老保险基金中央调剂制度的通知》（赣府发〔2018〕39号）,认真贯彻执行企业职工基本养老保险基金中央调剂制度各项政策,按规定确保中央调剂基金的按时上解,做好中央下拨调剂基金和省级调剂金的统筹调剂。

七、稳步推进社保费征收体制改革

（一）稳妥做好社保费征管职责划转工作。企业职工基本养老保险和企业职工其他险种缴费,原则上暂按现行征收体制继续征收,稳定缴费方式。同时,按照国家要求,待条件成熟时,认真做好移交工作。机关事业单位社保费和城乡居民社保费征管职责如期划转。人力资源社会保障、税务、财政、医保部门要抓紧推进信息共享平台建设等各项工作,切实加强信息共享,确保征收工作有序衔接。

（二）妥善处理好企业历史欠费问题。在征收体制改革过程中各地不得自行对历史欠费进行集中清缴,不得采取任何增加小微企业实际缴费负担的做法,避免造成企业生产经营困难。同时,合理调整2019年社保基金收入预算。

八、建立工作协调机制

省政府建立工作协调机制,统筹协调降低社保费率和社保费征收体制改革相关工作。各市、县（区）政府要建立由政府负责人牵头,人力资源社会保障、财政、税务、医保等部门参加的工作协调机制,统筹协调降低社保费率以及征收体制改革过渡期间的工作衔接,确保各项工作顺利进行。

九、认真做好组织落实工作

各地、各有关部门要切实加强领导,精心组织实施。省人力资源社会保障厅、省财政厅、

省税务局、省医保局要加强督导,及时研究解决工作中遇到的问题,确保各项政策措施落到实处。

7. 河北省人民政府办公厅关于印发河北省降低社会保险费率实施方案的通知

冀政办字〔2019〕38号
2019年4月23日

各市(含定州、辛集市)人民政府,各县(市、区)人民政府,雄安新区管委会,省政府各部门:

《河北省降低社会保险费率实施方案》已经省政府同意,现印发给你们,请认真组织实施。

降低社会保险费率,是减轻企业负担、优化营商环境、完善社会保险制度的重要举措。各地各有关部门要以习近平新时代中国特色社会主义思想为指导,全面贯彻党的十九大和十九届二中、三中全会精神,坚持稳中求进总基调,坚持新发展理念,统筹考虑降低社会保险费率、完善社会保险制度、稳步推进社会保险征收体制改革,密切协调配合,抓好工作落实,确保企业特别是小微企业社会保险费负担有实质性下降,确保职工各项社会保险待遇不受影响,按时足额支付。

河北省人民政府办公厅
2019年4月23日

河北省降低社会保险费率实施方案

为贯彻落实党中央、国务院减税降费决策部署,改革完善社会保险(以下简称社保)制度,稳步推进社保费征收体制改革工作,根据《国务院办公厅关于印发降低社会保险费率综合方案的通知》(国办发〔2019〕13号)和全国降低社会保险费率工作会议要求,制定本实施方案。

一、降低养老保险单位缴费比例

自2019年5月1日起,降低城镇职工基本养老保险(包括企业和机关事业单位基本养老保险,以下简称养老保险)单位缴费比例,养老保险单位缴费比例按照16%执行。

二、继续阶段性降低失业保险费率

自2019年5月1日起至2020年4月30日,继续实施失业保险费率1%政策,其中用人单位0.7%,职工个人0.3%。

三、调整社保缴费基数政策

自2019年5月1日起,调整就业人员平均工资计算口径。以全省城镇非私营单位就业人员平均工资和城镇私营单位就业人员平均工资加权计算的全省全口径城镇单位就业人员平均工资,核定社保个人缴费基数上下限,合理降低部分参保人员和企业的社保缴费基数。其中,职工医疗保险(含生育保险)按照各统筹区全口径城镇单位就业人员平均工资,核定个人缴费基数上下限。

完善个体工商户和灵活就业人员缴费基数政策。自2019年5月1日起,个体工商户和灵活就业人员参加企业职工基本养老保险的,可以在全省全口径城镇单位就业人员平均工资的60%至300%之间选择适当的缴费基数,按20%缴费比例缴费。

2019年企业和机关事业单位退休人员计算基本养老金时,仍使用全省上年度城镇非私营单位在岗职工平均工资。今后年度过渡办法,按照国家要求,由省人力资源社会保障厅、省财政厅另行制定。

四、加快推进养老保险省级统筹

各级各有关部门要认真贯彻省改革完善企业职工基本养老保险省级统筹制度要求,结合降低养老保险单位缴费比例、调整社保缴费基数政策等措施,进一步健全养老保险政策体系,完善基金预算收支管理,强化缺口分担机制,落实工作考核奖惩机制,抓紧建立省级集中的信息管理系统,2020年底前实现全省企业职工基本养老保险基金省级统收统支。

五、落实养老保险基金中央调剂制度

认真贯彻落实企业职工基本养老保险基金中央调剂制度,2019年度基金上解比例按照3.5%执行。各地要严格执行调剂方案,充分发挥内在激励约束作用,更好地均衡养老保险基金负担,增强基金可支付能力。

六、稳步推进社保费征收体制改革

机关事业单位社保费和城乡居民社保费征管职责如期划转;企业职工基本养老保险和企业职工其他险种缴费,目前暂按现行征收体制继续征收,稳定缴费方式。人力资源社会保障、税务、财政、医保部门要抓紧推进信息共享平台建设等各项工作,切实加强信息共享,确保征收工作有序衔接。妥善处理好企业历史欠费问题,在征收体制改革过程中不得自行对企业历史欠费进行集中清缴,不得采取任何增加小微企业实际缴费负担的做法,避免造成企业生产经营困难。同时,按照省统一部署,合理调整2019年社保基金收入预算。

七、建立工作协调机制

建立省政府负责同志牵头,人力资源社会保障、财政、税务、医保、统计等部门参加的工作协调机制,统筹协调降低社保费率和社保费征收体制改革相关工作。各市县政府也要建立相应工作协调机制,统筹协调降低社保费率以及征收体制改革过渡期间的工作衔接,确保各项工作顺利进行。

八、认真做好组织落实工作

各级各有关部门要统一思想,提高认识,充分测算降低社保费率对当地社保基金收支产生的影响,加强预测预警,制定并落实防范化解措施。省人力资源社会保障厅、省财政厅、省税务局、省医保局要加强指导和监督检查,及时研究解决工作中遇到的问题,确保各项政策措施落到实处。

8. 黑龙江人力资源和社会保障厅 黑龙江省财政厅 国家税务总局黑龙江省税务局关于降低全省城镇职工基本养老保险和失业保险费率的通知

黑人社发〔2019〕12号

2019年4月23日

各市(地)、县(市)人力资源和社会保障局、财政局、税务局,省农垦总局人力资源和社会保障局、中国龙江森林工业集团总公司,基本养老保险省级管理的有关单位:

按照《国务院办公厅关于印发降低社会保险费率综合方案的通知》(国办发〔2019〕13号)精神,经省政府同意,现就降低城镇职工基本养老保险和失业保险费率等有关问题通知如下：

一、全省城镇企业职工和机关事业单位基本养老保险的单位缴费比例，自2019年5月1日起统一调整为16%。费款属期为5月份的执行16%的费率，费款属期为4月份的执行20%的费率。

二、自2019年5月1日起，使用全省上一年度城镇非私营单位就业人员平均工资和城镇私营单位就业人员平均工资加权计算的全口径城镇单位就业人员平均工资，核定个人基本养老保险缴费基数上下限。2019年5月1日至2019年12月31日全省缴纳基本养老保险费使用的上一年度全口径城镇单位就业人员平均工资为55 290元/年。费款属期为4月份的仍按56 820元/年的缴费基数执行。

三、按个体劳动者办法参加和接续基本养老保险关系人员，可以在全省上一年度全口径城镇单位就业人员平均工资的60%、70%、80%、90%、100%、150%、200%、250%、300%九个档次中选择适当的缴费基数。

四、自2019年5月1日起，继续实施失业保险总费率1%的阶段性降费率政策，参保单位和个人缴费比例分别为0.5%，政策执行期限至2020年4月30日。

各地要切实承担养老保险和失业保险扩面征缴、待遇发放和基金管理的主体责任。通过调整公共预算支出结构，划转部分国有资本等多种措施充实养老保险基金。加强对基金运行情况的分析、严格内控管理，防范基金风险。组织开展好业务培训和政策宣传，确保国家政策按时落实到位、确保待遇按时足额发放，切实把好事办好。

黑龙江省人力资源和社会保障厅
黑龙江省财政厅
国家税务总局黑龙江省税务局
2019年4月23日

9. 辽宁省人民政府办公厅关于印发辽宁省降低社会保险费率综合实施方案的通知

辽政办发〔2019〕14号
2019年4月25日

各市人民政府，省政府各厅委、各直属机构：

《辽宁省降低社会保险费率综合实施方案》已经省政府同意，现印发给你们，请认真贯彻执行。各地区、各有关部门要采取有效措施，确保企业特别是小微企业社会保险缴费负担有实质性下降，确保职工各项社会保险待遇不受影响，按时足额支付。

辽宁省人民政府办公厅
2019年4月25日

辽宁省降低社会保险费率综合实施方案

为贯彻落实《国务院办公厅关于印发降低社会保险费率综合方案的通知》（国办发〔2019〕13号）精神，改革完善社会保险（以下简称社保）制度，确保企业社保缴费实际负担有实质性下降，结合我省实际，制定本实施方案。

一、降低养老保险单位缴费比例

自2019年5月1日起，全省城镇职工基本养老保险（包括企业和机关事业单位基本养老保险,以下简称养老保险)单位缴费比例降至16%。全省执行统一的养老保险单位缴费比例。

二、继续阶段性降低失业保险费率

自2019年9月1日起,全省失业保险继续执行总费率为1%的阶段性降低费率政策,期限延长至2020年8月31日。

三、调整社保缴费基数政策

调整就业人员平均工资计算口径。自2019年7月1日起,以全省城镇非私营单位就业人员平均工资和城镇私营单位就业人员平均工资加权计算的全口径城镇单位就业人员平均工资(以下简称全口径平均工资),核定社保个人缴费基数上下限,合理降低部分参保人员和企业的社保缴费基数。全口径平均工资由省人力资源社会保障厅、省财政厅、省税务局依据省统计局、省市场监管局提供的数据计算,省人力资源社会保障厅每年公布一次,作为社保专用指标。调整就业人员平均工资计算口径后,省人力资源社会保障厅、省财政厅要制定基本养老金计发办法的过渡措施,确保退休人员待遇水平平稳衔接。

完善个体工商户和灵活就业人员缴费基数政策。自2019年7月1日起,个体工商户和灵活就业人员参加企业职工基本养老保险,可在全省全口径平均工资的60%、70%、80%、90%、100%、200%、300%七个缴费基数中自愿选择,缴纳基本养老保险费。

完善城镇职工基本医疗保险和生育保险缴费基数政策。自2019年7月1日起,各市城镇职工基本医疗保险和生育保险缴费基数按本市城镇非私营单位就业人员平均工资和城镇私营单位就业人员平均工资加权计算的全口径城镇单位就业人员平均工资确定,缴费费率等其他政策保持不变。

四、加快推进企业职工基本养老保险省级统筹

省人力资源社会保障厅、省财政厅、省税务局要加快制定完善企业职工基本养老保险省级统筹方案,逐步统一参保缴费、单位及个人缴费基数核定办法等政策,建立完善基金收支缺口分担机制,加快建设数据省级集中的信息系统,确保2020年底前实现基金省级统收统支。

五、建立工作协调机制

省政府成立由分管副省长任组长,省人力资源社会保障厅、省财政厅、省税务局、省市场监管局、省统计局、省医保局有关负责同志参加的辽宁省降低社会保险费率和完善省级统筹工作领导小组,统筹协调降低社保费率和完善省级统筹等相关工作,领导小组办公室设在省人力资源社会保障厅。市、县(市、区)政府都要建立由政府负责人牵头,有关部门参加的工作协调机制,确保各项工作顺利进行。

六、认真做好组织落实工作

降低社保费率是党中央、国务院从经济社会发展全局出发作出的重大决策,是减轻企业负担、完善社会保险制度的重要举措。各地区、各有关部门要切实提高政治站位,加强组织领导,精心组织实施,确保各项政策落地落实,确保企业社保缴费负担有实质性下降。要妥善处理好历史欠费问题,各地区不得自行对企业历史欠费进行集中清缴,不得采取任何增加小微企业实际缴费负担的做法。要加强宣传引导,主动解读政策,积极回应关切,稳定社会预期。要坚持以人民为中心的发展思想,扎实做好资金保障和待遇落实工作,确保各项社会保险待遇按时足额支付。人力资源社会保障、财政、医保、税务等部门要加强沟通,合理调整

2019 年度社保基金收入预算。

10. 吉林省人民政府办公厅关于印发吉林省落实降低社会保险费率实施方案的通知

吉政办发〔2019〕26 号
2019 年 4 月 26 日

各市(州)人民政府,长白山管委会,长春新区管委会,各县(市)人民政府,省政府各厅委办、各直属机构:

《吉林省落实降低社会保险费率实施方案》已经省政府同意,现印发给你们,请结合实际,认真贯彻执行。

吉林省人民政府办公厅
2019 年 4 月 26 日

吉林省落实降低社会保险费率实施方案

为贯彻落实党中央、国务院关于降低社会保险费率的决策部署,按照《国务院办公厅关于印发降低社会保险费率综合方案的通知》(国办发〔2019〕13 号)规定,制定本实施方案。

一、降低社会保险单位缴费比例

(一)降低基本养老保险单位缴费比例。自 2019 年 5 月 1 日起,降低城镇职工基本养老保险(包括企业和机关事业单位基本养老保险)单位缴费比例,由现行的 20% 降至 16%。

(二)继续阶段性降低失业保险、工伤保险费率。自 2019 年 5 月 1 日起,用人单位和职工个人缴纳失业保险费比例之和为 1% 的政策,延长执行至 2020 年 4 月 30 日。自 2019 年 5 月 1 日起,延长阶段性降低工伤保险费率的期限至 2020 年 4 月 30 日,工伤保险基金累计结余可支付月数在 18 至 23 个月的统筹地区可以现行费率为基础下调 20%,累计结余可支付月数在 24 个月以上的统筹地区可以现行费率为基础下调 50%。

二、调整社会保险缴费基数政策

(一)调整就业人员平均工资计算口径。自 2019 年 5 月 1 日起,以全省城镇非私营单位就业人员平均工资和城镇私营单位就业人员平均工资加权计算的全口径城镇单位就业人员平均工资,核定社会保险个人缴费基数上下限,合理降低部分参保人员和企业的社会保险缴费基数。全口径城镇单位就业人员平均工资作为社会保险专用指标。

(二)完善个体工商户和灵活就业人员缴费基数政策。自 2019 年 5 月 1 日起,个体工商户和灵活就业人员参加企业职工基本养老保险,可以在全省全口径城镇单位就业人员平均工资的 60% 至 300% 之间选择适当的缴费基数。

已经缴纳 2019 年度基本养老保险费的个体工商户和灵活就业人员,基于本人自愿,可重新选择 2019 年度缴费基数。

调整就业人员平均工资计算口径后,基本养老金计发暂时继续使用城镇非私营单位就业人员平均工资。按国家有关规定,制定基本养老金计发办法的过渡措施,确保退休人员待遇水平平稳衔接。

三、加快推进企业职工基本养老保险基金统收统支省级统筹

以"基金统收统支、政策制度统一、规范预算管理、刚性分担机制、经办体系健全"为目标模式，加快推进企业职工基本养老保险基金统收统支省级统筹，建立健全政策制度体系和经办管理服务体系，确保 2020 年 1 月 1 日启动实施。

四、确保基本养老金按时足额发放

（一）合理调整社会保险基金预算。各地、各相关部门要根据社会保险费率政策调整，及时调整年度社会保险基金预算，合理安排基金征缴、财政补助等，健全社会保险基金预算绩效考核和激励约束机制。

（二）全力推进扩面征缴。落实各级政府扩面征缴主体责任，充分挖掘参保缴费增长点，以农村进城务工人员、个体工商户、灵活就业人员、新业态从业人员等群体为重点，进一步扩大基本养老保险覆盖面。以实施全民参保登记计划为契机，推进基本养老保险应参尽参、应保尽保。

（三）统筹使用中央财政补助资金、中央调剂金和省级调剂金。进一步加强基本养老保险中央财政补助资金、中央调剂金、省级调剂金的管理，坚持用于解决养老保险基金收支缺口，重点与各地养老保险抚养比、财政弥补缺口资金到位率、扩面征缴指标完成率等情况挂钩，充分发挥中央调剂金和省级调剂金的效能，缓解降费率对基金收入的影响。

（四）落实基金缺口分担机制。各地政府要切实履行弥补基本养老金发放缺口的兜底责任，落实基金缺口分担机制，将养老保险补助资金列入预算，加大政府资金投入。推进划转部分国有资本充实基本养老保险基金工作，统筹考虑基金支出需要和国有资本收益状况，适时实施收缴，专项用于弥补基金缺口。

（五）加强企业职工基本养老保险基金运行风险监测。开展基金短期和中长期收支分析预测，科学识别基金风险等级，加强基金风险预警和应对处置能力建设，制定基金缺口应急处置方案，确保基本养老金按时足额发放和养老保险制度的可持续发展。

五、稳步推进社会保险费征收体制改革

（一）稳妥做好征管职责划转和衔接工作。要稳定社会保险缴费方式，企业职工基本养老保险、涉企医疗保险、涉企失业保险、涉企工伤保险暂按现行征收体制，继续由社会保险经办机构征收。人力资源社会保障、财政、医疗保障和税务部门要抓紧推进信息共享平台建设，切实加强信息共享，按照先规范、后移交的原则，确保征收工作稳妥有序衔接。

（二）切实减轻企业负担。要加强政策落实的协调性，合理把握节奏和力度，妥善处理好企业历史欠费问题，不得自行对企业历史欠费进行集中清缴，不得采取任何增加企业特别是小微企业实际缴费负担的做法，避免造成企业生产经营困难。

六、切实做好组织实施工作

（一）建立工作协调机制。各地政府要建立由政府负责人牵头，人力资源社会保障、财政、医疗保障、税务等部门参加的工作协调机制，统筹协调降低社保费率以及征收体制改革过渡期间的工作衔接。

（二）确保政策落实落地。各地、各相关部门要高度重视，精心组织实施，加快推进各项工作落实。各级社会保险征收机构要加强经办服务保障，确保降低社会保险费率政策落地生效。要积极克服困难，多措并举，加大征收力度，确保职工各项社会保险待遇按时足额支付。

（三）加大政策宣传力度。各地、各相关部门要通过多种形式、多种渠道，加强政策宣传解读，积极回应社会相关方特别是企业、群众关注的热点问题，增强企业和参保职工的获得感,营造良好的社会舆论氛围。

11. 西藏自治区人民政府办公厅关于印发西藏自治区降低社会保险费率综合方案的通知

藏政办发〔2019〕27号
2019年4月24日

各地(市)行署(人民政府),自治区各委、办、厅、局:

《西藏自治区降低社会保险费率综合方案》已经人力资源社会保障部、财政部及自治区人民政府同意,现印发给你们,请认真贯彻执行。

西藏自治区人民政府办公厅
2019年4月24日

西藏自治区降低社会保险费率综合方案

为贯彻落实党中央、国务院决策部署,降低社会保险费率,完善社会保险制度,稳步推进我区社会保险费征收体制改革,根据《国务院办公厅关于印发降低社会保险费率综合方案的通知》(国办发〔2019〕13号)精神,结合我区实际,制定本方案。

一、降低养老保险单位缴费比例

(一)降低企业职工基本养老保险单位缴费比例办法。

企业职工基本养老保险单位缴费比例由现行的19%降至16%。

(二)降低机关事业单位基本养老保险单位缴费比例办法。

机关事业单位基本养老保险单位缴费比例由现行的20%降至16%。

(三)降低养老保险单位缴费比例的时间从2019年5月1日起执行。

二、继续阶段性降低失业保险、工伤保险费率

(一)继续阶段性降低失业保险费率办法。

自2019年5月1日起,继续实施失业保险降费率政策。延长失业保险阶段性降低总体费率1%至2020年4月30日。其中:单位缴费费率0.5%,个人缴费费率0.5%。

(二)继续阶段性降低工伤保险费率办法。

自2019年5月1日起,继续实施工伤保险降费率政策。一类至八类工伤风险行业基准费率分别按照0.1%、0.2%、0.35%、0.45%、0.55%、0.65%、0.8%、0.95%执行,在此基础上再按2019年初各参保单位工伤保险费率浮动计划进行费率浮动,期限暂执行至2020年4月30日。按工程总造价、上年矿产值、上年生产销售总产值等一次性缴纳工伤保险费的企业相关工伤保险费率不变。

三、工作要求

降低社会保险费率,是减轻企业负担、优化营商环境、完善社会保险制度的重要举措。各地(市)、各部门要以习近平新时代中国特色社会主义思想为指导,全面贯彻党的十九大和十九届二中、三中全会精神,坚持稳中求进工作总基调,坚持新发展理念,统筹考虑降低社会保险费率、完善社会保险制度、稳步推进社会保险费征收体制改革,密切协调配合,抓好工作落实,确保企业特别是小微企业社会保险缴费负担有实质性下降,确保职工各项社会保险待遇不受影响、按时足额支付。

本方案由人力资源社会保障厅、财政厅负责解释。

12. 青海省人民政府办公厅关于印发青海省降低社会保险费率综合实施方案的通知

青政办〔2019〕56号
2019年4月26日

各市、州人民政府，省政府各委、办、厅、局：

《青海省降低社会保险费率综合实施方案》经省委、省政府同意，并报人力资源和社会保障部、财政部审核同意，现印发给你们，请认真贯彻执行。

青海省人民政府办公厅
2019年4月26日

青海省降低社会保险费率综合实施方案

根据《国务院办公厅关于印发降低社会保险费率综合方案的通知》（国办发〔2019〕13号）精神，为稳步推进社保费征收体制改革，制定本实施方案。

一、降低城镇职工基本养老保险单位缴费比例

自2019年5月1日起，全省统一降低城镇职工基本养老保险（包括企业和机关事业单位基本养老保险，以下简称养老保险）单位缴费比例，由目前的20%降至16%。

二、继续阶段性降低失业保险、工伤保险费率

自2019年5月1日起，延长阶段性降低失业保险、工伤保险费率的期限至2020年4月30日。其中，工伤保险基金累计结余可支付月数在18至23个月的统筹地区以现行费率为基础下调20%，累计结余可支付月数在24个月以上的统筹地区以现行费率为基础下调50%。

三、调整就业人员平均工资计算口径

自2019年1月1日起，以全省城镇非私营单位就业人员平均工资和城镇私营单位就业人员平均工资加权计算的全口径城镇单位就业人员平均工资，核定社会保险个人缴费基数上下限，合理降低部分参保人员和企业的社会保险缴费基数。调整就业人员平均工资计算口径后，2019年退休人员基本养老金待遇计发暂时保持不变，省人力资源社会保障厅、省财政厅根据人力资源社会保障部、财政部工作部署和相关规定，制定基本养老金计发办法过渡措施，确保退休人员待遇水平平稳衔接。

四、完善个体工商户和灵活就业人员缴费基数政策

自2019年1月1日起，个体工商户和灵活就业人员参加企业职工基本养老保险，可以在全省全口径城镇单位就业人员平均工资的60%至300%之间选择缴费基数。

五、进一步完善企业职工基本养老保险省级统筹

巩固我省现行省级统筹制度。建立健全全省基金缺口负担机制和考核奖惩机制。强化各级政府责任，将全省养老保险扩面征缴、养老金发放、基金管理等情况列入政府工作责任制考核内容，确保基本养老金按时足额发放。

六、落实养老保险基金中央调剂制度

按照国家统一部署，认真做好资金筹集工作，确保按时足额上解资金，并做好中央调剂资金接收工作。各级政府要加强基金收支管理,切实承担起基本养老金发放的主体责任。

七、稳定社会保险缴费方式,确保征收工作有序衔接

企业职工基本养老保险和企业职工其他险种缴费,仍实行"社保机构负责申报、核定,税务机关征收"的模式,按照"成熟一险种、移交一险种"的原则,适时推进社会保险费征缴职责划转工作;积极推进城乡居民基本养老保险费税务机关征收。人力资源社会保障、财政、医保部门要优化社会保险业务经办信息系统,为社会保险费征管职责划转奠定良好基础。认真梳理企业社会保险费历史欠费,做到底子清、数据实,在社会保险费征缴体制改革过程中不得集中清缴历史欠费;严格社会保险费核定制度,禁止变相增加企业社会保险费实际缴费,切实减轻企业负担。

八、切实加强领导,认真做好组织实施工作

降低社会保险费率,是减轻企业负担、优化营商环境、完善社会保险制度的重要举措。各地区、各有关部门要以习近平新时代中国特色社会主义思想为指导,密切协调配合,精心组织实施,抓好工作落实,确保企业社会保险缴费负担有实质性下降,确保职工各项社会保险待遇不受影响。省级层面由省减税降费工作领导小组统筹推进降低社会保险费率和社会保险费征收体制改革相关工作,督导检查降费政策落实情况。各地区要建立健全相应工作协调机制,统筹协调降低社会保险费率以及征管体制改革过渡期间的各项工作,提出具体安排,确保降低社会保险费率工作顺利实施。同时,要认真做好政策衔接和宣传工作,防范化解基金运行风险,确保社会保险待遇按时足额发放。

本方案自 2019 年 5 月 1 日起施行。

13. 内蒙古人力资源和社会保障厅关于降低社会保险缴费率有关问题的通知

内人社发〔2019〕16 号
2019 年 4 月 26 日

各盟市人力资源和社会保障局、财政局,满洲里市、二连浩特市人力资源和社会保障局、财政局,自治区各委、办、厅、局,各大企事业单位:

为贯彻落实《国务院办公厅关于印发降低社会保险费率综合方案的通知》(国办发〔2019〕13 号)精神,经自治区人民政府同意并报人力资源和社会保障部、财政部批准,现就降低社会保险费率有关问题通知如下:

一、降低养老保险单位缴费比例

自 2019 年 5 月 1 日起,城镇职工基本养老保险(包括企业和机关事业单位基本养老保险,以下简称养老保险)单位缴费比例统一降至 16%。

二、继续阶段性降低失业保险、工伤保险费率

自 2019 年 5 月 1 日起,延长《内蒙古自治区人力资源和社会保障厅 财政厅 地方税务局关于阶段性降低失业保险费率的通知》(内人社发〔2017〕25 号)的执行期限至 2020 年 4 月 30 日。在此期间,失业保险总费率 1%,其中用人单位和职工个人仍分别执行 0.5%。

自 2019 年 5 月 1 日起,延长《内蒙古自治区人力资源和社会保障厅 财政厅关于继续阶段性降低社会保险费率的通知》(内人社发〔2018〕26 号)中降低工伤保险费率的执行期限至2020年4月30日。2018年底工伤保险基金累计结余可支付月数在18至23个月的统筹地区,可以现行费率(指2018年阶段性降低工伤保险费率政策执行前适用的费率,下同)为基础下调20%,累计结余可支付月数在24个月以上的统筹地区,可以现行费率为基础下调50%。阶段性降费期内,费率确定后一般不作调整。

三、调整养老保险缴费基数政策

自2019年5月1日起,调整和完善社会保险缴费基数政策。

(一)调整就业人员平均工资计算口径。以上年度自治区城镇非私营单位就业人员平均工资和城镇私营单位就业人员平均工资加权计算的全口径城镇单位就业人员平均工资,核定养老保险个人缴费基数上下限。

(二)完善企业职工养老保险单位缴费基数政策。参加企业职工基本养老保险的单位,以本单位上年度工资总额为基数缴纳基本养老保险费。

(三)完善个体工商户和灵活就业人员缴费基数政策。个体工商户和灵活就业人员参加企业职工基本养老保险,可以在上年度自治区全口径城镇单位就业人员平均工资的60%至300%之间选择适当的缴费基数。

四、缴费政策衔接

降低养老保险单位缴费比例后,单位补缴2019年4月30日之前欠缴的养老保险费,仍按原政策规定执行。

五、资金保障

调整缴费政策形成的机关事业单位养老保险基金收支缺口,原则上按照现行分级负担的财政体制,由参保地政府负责解决;中央和自治区驻盟市并在盟市参保的机关事业单位,自治区财政依据参保职工和离退休人数、缴费工资、中央财政补助资金等因素予以适当补助。调整缴费政策形成的企业职工基本养老保险基金缺口,通过挖掘费源潜力、强化扩面征缴、加大各级财政投入力度、动用积累基金等措施加以解决。各级政府要通过建立养老保险责任目标考核机制、养老保险基金缺口各级政府责任分担机制等措施,确保离退休人员基本养老金按时足额发放。

六、工作要求

各地区、各部门要加强领导,精心组织实施,不折不扣地落实好降低社会保险费率、调整缴费基数等政策规定。实施中要及时研究解决相关问题,重大问题要及时上报自治区人力资源社会保障厅、财政厅。

内蒙古自治区人力资源和社会保障厅
内蒙古自治区财政厅
2019年4月26日

14. 重庆市人民政府办公厅关于印发重庆市降低社会保险费率综合方案的通知

渝府办发〔2019〕50号
2019年4月29日

各区县(自治县)人民政府,市政府有关部门,有关单位:

《重庆市降低社会保险费率综合方案》已经市政府同意,现印发给你们,请认真贯彻执行。

重庆市人民政府办公厅
2019 年 4 月 29 日

重庆市降低社会保险费率综合方案

为贯彻落实《国务院办公厅关于印发降低社会保险费率综合方案的通知》(国办发〔2019〕13 号)精神,结合我市实际,制定本方案。

一、降低养老保险单位缴费比例

自 2019 年 5 月 1 日起,将企业职工基本养老保险和机关事业单位基本养老保险单位缴费比例降至 16%。小微企业现行单位缴费比例暂维持不变,过渡办法另行制定。

二、继续阶段性降低失业保险费率

失业保险总费率继续按 1% 执行至 2020 年 4 月 30 日,其中单位和职工个人缴费比例均为 0.5%。

三、调整社保缴费基数政策

调整就业人员平均工资计算口径。从 2019 年起,按我市上年度城镇非私营单位就业人员平均工资和城镇私营单位就业人员平均工资加权计算的全口径城镇单位就业人员平均工资(以下简称就业人员平均工资),核定社保个人缴费基数上下限。

调整就业人员平均工资计算口径后,相关社会保险待遇计发办法和职工医保个人账户划入政策暂保持不变,另行研究制定过渡措施,确保社会保险待遇水平平稳衔接。

个体工商户和灵活就业人员参加企业职工基本养老保险,从 2019 年起,可以在我市上年度就业人员平均工资的 60% 至 300% 之间选择适当的缴费基数。困难行业企业社保单位缴费基数下限从 2019 年 5 月 1 日起调整到 1 800 元/月,后续过渡办法另行制定。

四、稳步推进社保费征收体制改革

企业职工基本养老保险和企业职工其他险种缴费,原则上暂按现行征收体制继续征收,稳定缴费方式。做好政策梳理、数据清理、信息系统对接等工作,城乡居民社保费征管职责如期划转。妥善处理好企业历史欠费问题,在征收体制改革过程中不得自行对企业历史欠费进行集中清缴,不得采取任何增加小微企业实际缴费负担的做法,避免造成企业生产经营困难。同时,合理调整 2019 年社保基金收入预算。

五、建立工作协调机制

市政府建立工作协调机制,统筹协调降低社保费率和社保费征收体制改革相关工作。各区县(自治县)要建立由政府负责人牵头,人力社保、财政、医保、税务等部门参加的工作协调机制,统筹协调降低社保费率以及征收体制改革过渡期间的工作衔接,提出具体安排,确保各项工作顺利进行。

六、认真做好组织落实工作

各区县(自治县)、市级有关部门要加强领导,精心组织实施。市人力社保局、市财政局、市医保局、重庆市税务局要加强指导和监督检查,及时研究解决工作中遇到的问题,确保各项政策措施落到实处。

15. 甘肃省人民政府办公厅关于印发甘肃省降低社会保险费率综合实施方案的通知

甘政办发〔2019〕54号
2019年4月25日

各市、自治州人民政府，兰州新区管委会，省政府各部门，中央在甘各单位：

《甘肃省降低社会保险费率综合实施方案》已经省政府同意，现印发给你们，请认真贯彻执行。

甘肃省人民政府办公厅
2019年4月25日

甘肃省降低社会保险费率综合实施方案

为贯彻落实党中央、国务院决策部署，降低社会保险（以下简称社保）费率，完善社保制度，稳步推进社保费征收体制改革，结合实际，制定本方案。

一、降低养老保险单位缴费比例

自2019年5月1日起，全省城镇职工基本养老保险（包括企业和机关事业单位基本养老保险，以下简称养老保险）单位缴费比例降至16%。

二、继续阶段性降低失业保险费率

自2019年5月1日起，全省失业保险阶段性降低费率的期限延长至2020年4月30日，继续执行1%（单位缴费0.7%，个人缴费0.3%）的缴费比例。

三、继续阶段性降低工伤保险费率

自2019年5月1日起，延长阶段性降低工伤保险费率的期限至2020年4月30日。截至2018年底，工伤保险基金累计结余可支付月数在24个月以上的省本级、甘南、陇南、定西、临夏、平凉、天水、白银和甘肃矿区9个统筹地区可以现行费率为基础下调50%；累计结余可支付月数在18至23个月的兰州市可以现行费率为基础下调20%；累计结余可支付月数低于18个月的庆阳、酒泉、张掖、金昌、武威和嘉峪关6个统筹地区暂缓降低费率，基金缺口由省级调剂逐步解决。

四、调整社保缴费基数政策

调整就业人员平均工资计算口径。全省以本省城镇非私营单位就业人员平均工资和城镇私营单位就业人员平均工资加权计算的全口径城镇单位就业人员平均工资，核定社保个人缴费基数上下限，合理降低部分参保人员和企业的社保缴费基数。调整就业人员平均工资计算口径后，全省社保缴费基数上下限从2019年1月1日开始按照公布的全口径城镇单位就业人员平均工资执行，个人缴费工资基数超过本省上年度全口径城镇单位就业人员平均工资300%以上的部分，不计入个人缴费工资基数；低于本省上年度全口径城镇单位就业人员平均工资60%的，按60%计算个人缴费工资基数。基本养老金计发办法2019年保持不变，待过渡措施公布后全省统一实施，以确保退休人员待遇水平平稳衔接。

完善个体工商户和灵活就业人员缴费基数政策。个体工商户和灵活就业人员参加企业职工基本养老保险，可以在本省全口径城镇单位就业人员平均工资的60%至300%之间选择适当的缴费基数。

五、加快推进养老保险省级统筹

结合降低养老保险单位缴费比例、调整社保缴费基数政策措施,各市州要按照全省统一的基本养老保险制度、缴费政策、待遇政策、基金使用、基金预算和经办管理"六统一"的要求,不断完善和推进全省企业职工基本养老保险省级统筹,以确保2020年6月底前实现企业职工基本养老保险基金省级统收统支。

六、积极争取养老保险基金中央调剂金补助

2019年企业职工基本养老保险基金中央调剂比例提高至3.5%。积极主动争取中央调剂金补助给予我省更多倾斜。认真落实好基金缺口分担机制,加大工伤保险基金省级调剂力度,确保各项社会保险待遇按时足额发放。

七、稳步推进社保费征收体制改革

在全省企业、机关事业、城乡居民社会保险费征管职责划转工作已全面完成的基础上,继续稳定征缴方式,规范征缴流程,优化征缴服务。省级人社、税务、财政、医保等部门要抓紧推进信息共享平台建设等各项工作,切实加强信息共享,确保征收工作有序衔接。妥善处理好企业历史欠费问题,在征收体制改革过程中各市州不得自行对企业历史欠费进行集中清缴,不得采取任何增加小微企业实际缴费负担的做法,避免造成企业生产经营困难。同时,合理调整2019年社保基金收入预算。

八、建立工作协调机制

省政府建立工作协调机制,统筹协调降低社保费率和社保费征收体制改革相关工作。市县政府都要建立由政府负责人牵头,人社、财政、税务、医保等部门参加的工作协调机制,统筹协调降低社保费率以及征收体制改革期间的工作衔接,提出具体安排,确保各项工作顺利进行。

九、认真做好组织落实工作

各地各有关部门要加强领导,精心组织实施。人社、财政、税务、医保等部门要加强指导和监督检查,及时研究解决工作中遇到的问题,确保各项政策措施落到实处。

16. 安徽省人民政府办公厅关于印发安徽省降低社会保险费率综合方案的通知

皖政办〔2019〕12号
2019年4月24日

各市、县人民政府,省政府各部门、各直属机构:

《安徽省降低社会保险费率综合方案》已经省政府同意,现印发给你们,请认真贯彻执行。

安徽省人民政府办公厅
2019年4月24日

安徽省降低社会保险费率综合方案

为贯彻落实党中央、国务院决策部署,根据《国务院办公厅关于印发降低社会保险费率综合方案的通知》(国办发〔2019〕13号)精神,制定我省降低社会保险(以下简称社保)费率方案。

一、降低养老保险单位缴费比例

自 2019 年 5 月 1 日起,城镇职工基本养老保险(包括企业和机关事业单位基本养老保险,以下简称养老保险)单位缴费比例降至 16%。

二、继续阶段性降低失业保险、工伤保险费率

自 2019 年 5 月 1 日起至 2020 年 4 月 30 日止,失业保险总费率仍按 1%(单位 0.5%、个人 0.5%)执行,工伤保险费率仍以现行基准费率为基础下调 50%。

三、调整社保缴费基数政策

调整就业人员平均工资计算口径。以全省上年度城镇非私营单位就业人员平均工资和城镇私营单位就业人员平均工资加权计算的全口径城镇单位就业人员平均工资,按照 60% 和 300% 的比例分别核定社保个人缴费基数上下限,合理降低部分参保人员和企业的社保缴费基数。调整就业人员平均工资计算口径后,省将根据国家指导意见,研究制定基本养老金计发办法过渡措施,确保退休人员待遇水平平稳衔接。

完善个体工商户和灵活就业人员缴费基数政策。个体工商户和灵活就业人员参加企业职工基本养老保险,可以在全省全口径城镇单位就业人员平均工资的 60% 至 300% 之间选择适当的缴费基数。

四、加快推进养老保险省级统筹

结合降低养老保险单位缴费比例、调整社保缴费基数政策等措施,加快推进企业职工基本养老保险省级统筹,统一养老保险参保缴费、单位及个人缴费基数核定办法等政策,自 2020 年 1 月 1 日起实施,确保 2020 年底前实现企业职工基本养老保险基金省级统收统支。

五、贯彻落实养老保险基金中央调剂制度

按要求做好中央调剂金调剂比例调整工作,按时足额上解中央调剂金,统筹使用中央下拨资金,加大省级基金调剂力度,进一步均衡省内各地养老保险基金负担,确保企业离退休人员基本养老金按时足额发放。

六、稳步推进社保费征收体制改革

企业职工社保缴费原则上暂按现行征收体制继续征收,稳定缴费方式。人力资源社会保障、税务、财政、医保部门要继续推进信息共享平台建设等各项工作,加强信息共享和业务衔接,确保征收工作有序推进。妥善处理企业历史欠费问题,在征收体制改革过程中不得自行对企业历史欠费进行集中清缴,不得采取任何增加小微企业实际缴费负担的做法,避免造成企业生产经营困难。同时,合理调整 2019 年社保基金收入预算。

七、建立工作协调机制

省政府建立工作协调机制,统筹协调降低社保费率和社保费征收体制改革相关工作。各市要建立由政府负责同志牵头,人力资源社会保障、财政、税务、医保等部门参加的工作协调机制,统筹协调降低社保费率以及征收体制改革过渡期间的工作衔接,提出具体安排,确保各项工作顺利进行。省有关部门各司其职,密切配合,共同做好相关工作。人力资源社会保障部门牵头做好政策拟定和组织实施工作。财政部门负责调整 2019 年度预算,积极筹措资金,确保社保待遇按时足额发放。税务部门扎实做好征管服务,按照人力资源社会保障、医保经办机构传递的征缴计划,及时组织收入入库。统计部门负责及时公布全省城镇非私营单位就业人员平均工资和城镇私营单位就业人员平均工资等统计数据。

八、认真组织落实

各市、各有关部门要加强领导,精心组织实施。省有关部门要加强指导和监督检查,及时研究解决工作中遇到的问题。各级社保经办机构要确保各项政策措施落到实处。

17. 广西壮族自治区人力资源和社会保障厅 广西壮族自治区财政厅关于印发降低社会保险费率实施方案的通知

桂人社规〔2019〕9号
2019年4月25日

各市、县(市、区)人力资源和社会保障局、财政局,自治区直属、中央驻桂各有关单位:

经自治区人民政府同意,将《关于降低社会保险费率实施方案》印发给你们,请认真贯彻执行。执行中遇到的问题,请及时向自治区人力资源社会保障厅、财政厅反映。

广西壮族自治区人力资源和社会保障厅
广西壮族自治区财政厅
2019年4月25日

关于降低社会保险费率实施方案

为贯彻落实党中央、国务院决策部署,降低社会保险费率,减轻企业负担,优化营商环境,完善社会保险制度,稳步推进社会保险征收体制改革,经自治区人民政府同意,制定本实施方案。

一、调整职工基本养老保险缴费基数核定指标

自2019年5月1日起,统一按全区城镇非私营单位和私营单位加权计算的全口径就业人员月平均工资,作为核定职工基本养老保险个人缴费基数上下限的指标。年度就业人员月平均工资具体标准,待自治区统计局公布相关统计数据后,由自治区人力资源社会保障厅会同财政厅另文公布。

自2019年5月1日起,用人单位职工个人缴纳职工基本养老保险费基数上下限分别为上年度全区就业人员月平均工资的300%和60%;用人单位缴纳职工基本养老保险费基数为全部职工个人缴费基数之和。无雇工个体工商户、未在用人单位参加基本养老保险的非全日制从业人员以及其他灵活就业人员缴纳企业职工基本养老保险费基数可自愿在上年度全区就业人员月平均工资的60%和300%之间选择确定。

二、调整职工基本养老保险单位缴费比例

自2019年5月1日起,职工基本养老保险(包括企业和机关事业单位基本养老保险)单位缴费比例调整为16%。

三、继续实施阶段性降低失业保险费率政策

自2019年5月1日至2020年4月30日,继续实施阶段性降低失业保险费率政策,用人单位和职工缴费比例均为0.5%。

四、继续实施阶段性降低工伤保险费率政策

自2019年5月1日至2020年4月30日,继续实施阶段性降低工伤保险费率政策。截至2019年4月底,累计基金结余可支付月数在18至23个月的统筹地区,可将现行基准费率下调20%;累计基金结余可支付月数在24个月(含)以上的统筹地区,可将现行基准费率

下调 50%。在执行本次阶段性降低费率的同时,用人单位符合执行《广西壮族自治区人力资源和社会保障厅 广西壮族自治区财政厅关于印发广西壮族自治区工伤保险浮动费率管理办法的通知》(桂人社发〔2017〕76 号)规定浮动费率的,执行下浮费率或阶段性降低费率的最高优惠费率;应执行上浮费率的,只执行阶段性降低费率政策,暂不执行上浮费率政策。

五、保障措施

(一)进一步统一思想,提高站位。各级人民政府及人力资源社会保障、税务等部门,要提高政治站位,树立全区一盘思想,坚决落实好职工养老保险缴费比例调整工作。各地要建立工作协调机制,各相关部门要加强指导和监督检查,及时研究解决遇到的问题,确保各项政策措施落到实处。

(二)进一步加快推进职工基本养老保险自治区级统筹制度改革工作。2020 年底前实现基金自治区级统收统支,完善自治区、市、县三级政府基金责任分担及考评奖励机制,确保基金收支平衡,确保待遇按时足额发放。

(三)进一步加强社会保险扩面征缴工作。将养老保险参保率纳入自治区对设区市考核的指标,同时按程序合理调整 2019 年社会保险基金预算。

(四)进一步严肃工作纪律和防范风险。严格执行社会保险基金政策,规范基金管理,有效抑制不合理的基金支出,确保社会保险基金安全使用。同时,进一步建立防范化解社会保险基金潜在风险机制,加强全区基金风险预警和应对处置能力建设,确保社会保险制度可持续发展。

18. 宁夏回族自治区人力资源和社会保障厅 宁夏回族自治区财政厅 宁夏回族自治区医疗保障局 国家税务总局 宁夏税务局 关于降低社会保险费率的通知

宁人社发〔2019〕42 号

2019 年 4 月 28 日

各市、县(区)人力资源社会保障局、财政局、医疗保障局、税务局:

为贯彻落实《国务院办公厅关于印发降低社会保险费率综合方案的通知》(国办发〔2019〕13 号),经自治区政府同意,现就降低自治区社会保险(以下简称社保)费率有关问题通知如下:

一、降低养老保险单位缴费比例

自 2019 年 5 月 1 日起,降低全区城镇职工基本养老保险(包括企业和机关事业单位基本养老保险,以下简称养老保险)单位缴费比例至 16%。其中,企业职工基本养老保险单位缴费比例由 19% 降至 16%,机关事业单位基本养老保险单位缴费比例由 20% 降至 16%。

二、继续阶段性降低失业保险、工伤保险费率

自 2019 年 5 月 1 日起,全区失业保险缴费比例继续保持 1%,工伤保险以基准费率为基础下调 20%,延长阶段性降低失业保险、工伤保险费率的期限至 2020 年 4 月 30 日。

三、调整社保缴费基数政策

自 2019 年 5 月 1 日起,统一按全区城镇非私营单位就业人员平均工资和城镇私营单位就业人员平均工资加权计算的全口径城镇单位就业人员平均工资核定社保个人缴费基数上下限,个人缴费工资基数最低为全区全口径城镇单位就业人员平均工资的 60%,最高为全区全口径城镇单位就业人员平均工资的 300%。其中个体工商户和灵活就业人员可以在全区全口径城镇单位就业人员平均工资的60%至300%之间自主选择缴费基数。

四、加快推进养老保险省级统筹

在巩固和完善我区已有的"制度统一、待遇统一、基金使用统一、基金预算统一和经办管理统一"的基础上,进一步统一基金预算管理、统一基金收缴、统一基金支付、统一基金管理,加快推进企业职工基本养老保险省级统筹,确保在2019年9月30日前实现全区养老保险基金统收统支。

五、提高养老保险基金中央调剂比例

2019年,全区企业职工基本养老保险基金中央调剂金上解比例提高至3.5%。

六、稳步推进社保费征收体制改革

全区企业职工基本养老保险和企业职工其他险种缴费,原则上暂按现行征收体制继续征收,机关事业单位社保费和城乡居民社保费征管职责如期划转。人力资源社会保障、税务、财政、医保部门要抓紧推进信息共享平台建设等各项工作,切实加强信息共享,确保征收工作有序衔接。妥善处理好企业历史欠费问题,在征收体制改革过程中不得自行对企业历史欠费进行集中清缴,不得采取任何增加小微企业实际缴费负担的做法,避免造成企业生产经营困难。同时,合理调整2019年社保基金收入预算。

七、建立工作协调机制

自治区建立工作协调机制,统筹协调降低社保费率和社保费征收体制改革相关工作。各市、县(区)政府要建立由政府负责人牵头,人力资源社会保障、财政、税务、医保等部门参加的工作协调机制,统筹协调降低社保费率以及征收体制改革过渡期间的工作衔接,提出具体安排,确保各项工作顺利进行。

八、认真做好组织落实工作

降低社保费率,是党中央、国务院做出的重要部署,政策性强,社会关注度高,各市、县(区)要精心组织实施。一是要做好政策衔接工作,保证政策的连续性,确保基金征缴工作平稳有序。二是要加强政策宣传,正确引导舆论,切实增强广大参保企业和群众的获得感。三是要加强基金收支管理,防范和化解基金运行风险,确保参保人员各项社会保险待遇标准不降低和按时足额支付。

自治区人力资源和社会保障厅

自治区财政厅

自治区医疗保障局

国家税务总局宁夏税务局

2019年4月28日

19. 广东省人力资源和社会保障厅 广东省财政厅 国家税务总局广东省税务局关于印发广东省城镇职工基本养老保险单位缴费比例过渡方案的通知

粤人社规〔2019〕11号

2019年4月30日

各地级以上市人民政府:

《广东省城镇职工基本养老保险单位缴费比例过渡方案》已经省政府同意,现印发给你们,请认真贯彻执行。

广东省人力资源和社会保障厅
广东省财政厅
国家税务总局广东省税务局
2019 年 4 月 30 日

广东省城镇职工基本养老保险单位缴费比例过渡方案

为贯彻落实《国务院办公厅关于印发降低社会保险费率综合方案的通知》(国办发〔2019〕13 号)精神,保持城镇职工基本养老保险政策平稳过渡,结合我省实际,制定本省城镇职工基本养老保险单位缴费比例过渡方案。

一、降低机关事业单位养老保险单位缴费比例

自 2019 年 5 月 1 日起,将全省机关事业单位养老保险单位缴费比例由 20% 统一下调为 16%。

二、逐步提高企业职工养老保险单位缴费比例

单位缴费比例为 13% 的市,2020 年底前将单位缴费比例调整为 14%,具体的过渡计划由各市人力资源社会保障、财政、税务部门制定。今后再根据国家统一部署,将单位缴费比例逐步过渡到全国统一标准。

三、调整缴费基数上下限

自 2019 年 5 月 1 日起,机关事业单位养老保险和企业职工养老保险缴费基数上限调整为上年度全省全口径城镇单位就业人员平均工资的 300%;机关事业单位养老保险缴费基数下限调整为上年度全省全口径城镇单位就业人员平均工资的 60%。

上述执行时间均为养老保险费对应的费款所属期。

四、保障措施

(一)统一思想,提高站位。各级政府及人力资源社会保障、财政、税务等部门,要提高政治站位,树立全省一盘棋思想,坚决落实好职工养老保险缴费比例调整工作。

(二)加强沟通,协同推进。各地要建立工作协调机制,统筹协调调整社保费率和社保费征收体制改革相关工作。县级以上地方政府要建立由政府负责人牵头,人力资源社会保障、财政、税务等部门参加的工作协调机制,统筹协调调整社保费率以及征收体制改革过渡期间的工作衔接,确保各项工作顺利进行。

(三)加强领导,精心组织。各市各有关部门要加强领导,精心组织实施。要严格按本方案要求及时调整单位缴费比例和缴费基数上下限。省人力资源社会保障、财政、税务等部门将加强指导和监督检查,及时研究解决工作中遇到的问题,确保各项政策措施落到实处。

本方案自 2019 年 5 月 1 日起执行,有效期五年。

20. 海南省人力资源和社会保障厅 海南省财政厅国家税务总局海南省税务局 海南省医疗保障局 关于印发海南省降低社会保险费率综合方案的通知

琼人社发〔2019〕93 号
2019 年 4 月 29 日

各市、县、自治县人民政府,省直有关单位,中央驻琼有关单位:

《海南省降低社会保险费率综合方案》已经省政府同意,现印发给你们,请认真贯

执行。

海南省人力资源和社会保障厅
海南省财政厅
国家税务总局海南省税务局
海南省医疗保障局
2019年4月29日

海南省降低社会保险费率综合方案

为贯彻落实党中央、国务院决策部署,降低社会保险(以下简称社保)费率,减轻企业负担,优化营商环境,完善社保制度,稳步推进社保费征收体制改革,根据《国务院办公厅关于印发降低社会保险费率综合方案的通知》(国办发〔2019〕13号),结合我省实际,制定本方案。

一、降低养老保险单位缴费费率

自2019年5月1日起,我省城镇职工基本养老保险(包括企业和机关事业单位基本养老保险)单位缴费比例统一降为16%。

二、继续阶段性降低失业保险、工伤保险费率

自2019年5月1日起,我省失业保险单位缴费比例由1%降为0.5%,继续执行至2020年4月30日;工伤保险在用人单位(含建筑业按项目参加工伤保险)现行费率(0.2%~2.25%)基础上下调50%(0.1%~1.125%),继续执行至2020年4月30日。

三、调整社保缴费基数政策

调整就业人员平均工资计算口径。2019年5月1日起,以本省城镇非私营单位就业人员平均工资和城镇私营单位就业人员平均工资加权计算的全口径城镇单位就业人员平均工资,核定社保个人缴费基数上下限,合理降低部分参保人员和企业的社保缴费基数。省人力资源社会保障厅根据统计数据及时公布年度就业人员平均工资。

2019年5月1日至全省就业人员平均工资公布期间,缴费人员缴费工资超过全省就业人员平均工资3倍的部分,用于计算缴费人员的实际缴费指数和核发养老金。为确保退休人员养老待遇平稳衔接,本年度退休人员养老金核发仍以全省上年度在岗职工平均工资为参数。退休人员的养老金平稳过渡办法,根据人力资源社会保障部、财政部统一部署另行制定。

完善个体工商户和灵活就业人员缴费基数政策。2019年5月1日起,个体工商户和灵活就业人员参加企业职工基本养老保险,可以在本省全口径城镇单位就业人员平均工资的60%至300%之间选择适当的缴费基数。

四、加快推进我省养老保险省级统筹

根据《人力资源社会保障部 财政部关于印发企业职工基本养老保险基金中央调剂制度实施办法的通知》(人社部发〔2018〕59号,以下简称59号文)有关要求,人力资源社会保障、财政、税务部门加快工作进度,2019年12月底前完成我省企业职工基本养老保险省级统收统支方案报批印发工作,2020年6月底前正式实施。

五、做好养老保险基金中央调剂工作

人力资源社会保障、财政部门按照59号文规定和国家有关要求,落实企业职工基本养老保险基金中央调剂制度。同时,各有关部门要认真落实好国家和我省有关规定,做好土地

储备、国有资本划转、基金投资运营等工作,强化基金收支管理,确保我省企业离退休人员基本养老金按时足额发放。

六、稳步推进社保费征收体制改革

我省企业职工基本养老保险和职工其他险种缴费,暂时按现行征收体制继续征收,稳定缴费方式,成熟后再移交;机关事业单位基本养老保险费和城乡居民社保费征管职责如期划转。其中,机关事业单位基本养老保险费征管工作由人力资源社会保障、税务部门妥善衔接,确保职责划转后工作平稳开展。城乡居民社保费仅改变征收主体,暂时按现行征收渠道继续征收。人力资源社会保障、税务、财政、医保部门要抓紧推进信息共享平台建设等各项工作,切实加强信息共享,确保征收工作有序衔接。妥善处理好企业历史欠费问题,在征收体制改革过程中不得自行对企业历史欠费进行集中清缴,不得采取任何增加小微企业实际缴费负担的做法,避免造成企业生产经营困难。同时,合理调整2019年社保基金收入预算。

七、建立工作协调机制

省政府成立海南省降低社会保险费率综合工作领导小组;组长由王路副省长担任,成员由人力资源社会保障、财政、税务、医保部门负责人组成,统筹协调降低社保费率以及征收体制改革过渡期间的工作衔接,提出具体安排,确保各项工作顺利进行;领导小组办公室设在省人力资源社会保障厅,负责日常工作;领导小组为临时性机构,非常设机构,任务完成即撤销。市县政府比照省政府建立相应的工作协调机制,加强组织领导。

八、认真做好组织落实工作

各市县政府、省政府相关部门要加强领导,精心组织实施。人力资源社会保障、财政、税务、医保部门要加强指导和监督检查,及时研究解决工作中遇到的问题,确保各项政策措施落到实处。

21. 贵州省人民政府办公厅关于印发贵州省降低社会保险费率综合方案的通知

黔府办函〔2019〕62号
2019年4月29日

各市、自治州人民政府,贵安新区管委会,各县(市、区、特区)人民政府,省政府各部门、各直属机构:

经省人民政府同意,现将《贵州省降低社会保险费率综合方案》印发给你们,请认真抓好贯彻落实。

贵州省人民政府办公厅
2019年4月29日

贵州省降低社会保险费率综合方案

为贯彻落实《国务院办公厅关于印发降低社会保险费率综合方案的通知》(国办发〔2019〕13号)精神,降低社会保险(以下简称社保)费率,完善社保制度,稳步推进社保费征收体制改革,制定本方案。

一、降低养老保险单位缴费比例

自2019年5月1日起,将城镇职工基本养老保险(包括企业和机关事业单位基本养老保险)单位缴费比例降至16％。其中,企业职工基本养老保险单位缴费比例由19％降至16％,机关事业单位基本养老保险单位缴费比例由20％降至16％。

二、继续阶段性降低失业保险、工伤保险费率

自2019年5月1日起至2020年4月30日止,失业保险继续按现行规定执行,失业保险单位缴费比例仍为0.7％,个人缴费比例仍为0.3％,工伤保险继续以现行八类行业基准费率为基础下调20％。

三、调整社保缴费基数

从2019年1月1日起,全省统一按全省全口径城镇单位就业人员平均工资,作为核定城镇职工基本养老保险个人缴费工资基数上下限及计发基本养老金的专用指标。从2019年1月1日起,参加企业职工基本养老保险的个体工商户和灵活就业人员,在全省全口径城镇单位就业人员平均工资的60％至300％之间自主选择缴费基数。

四、加快推进企业职工基本养老保险省级统筹

各地各有关部门要贯彻落实好完善企业职工基本养老保险省级统筹有关部署,实现企业职工基本养老保险基金省级统收统支和数据省级集中管理。同时建立各级政府养老保险工作责任分担机制,通过预算绩效考核督促各级政府落实责任,将企业职工基本养老保险省级统筹工作纳入各地政府工作责任制内容及绩效考核评价体系,切实防范和化解基金风险。

五、稳步推进社保费征收体制改革

企业职工基本养老保险和企业职工其他险种缴费,原则上暂按现行征收体制继续征收,稳定缴费方式。机关事业单位社保费和城乡居民社保费征管职责如期划转。人力资源社会保障、税务、财政、医保部门要抓紧推进信息共享平台建设等各项工作,切实加强信息共享,确保征收工作有序衔接。妥善处理好企业历史欠费问题,在征收体制改革过程中不得自行对企业历史欠费进行集中清缴,不得采取任何增加小微企业实际缴费负担的做法,避免造成企业生产经营困难。同时,合理调整2019年社保基金收入预算。

六、强化组织实施

县级以上地方政府要建立由政府负责人牵头,人力资源社会保障、财政、税务、医保等部门参加的工作协调机制,统筹协调降低社保费率以及征收体制改革过渡期间的工作衔接,提出具体安排,确保各项工作顺利推进。

各地各有关部门要加强领导,精心组织实施。省人力资源社会保障厅、省财政厅、省税务局、省医保局要加强指导和监督检查,及时研究解决工作中遇到的问题,确保各项政策措施落到实处。

22. 北京市人力资源和社会保障局 北京市财政局 国家税务总局北京市税务局 北京市医疗保障局关于降低本市社会保险费率的通知

京人社养发〔2019〕67号
2019年4月28日

各区人力资源和社会保障局、财政局、税务局、医疗保障局,北京经济技术开发区人事劳动和社会保障局、财政局、税务局、医疗保障局,各社会保险代办机构,各相关参保单位:

根据《国务院办公厅关于印发降低社会保险费率综合方案的通知》(国办发〔2019〕13号)精神,经市政府同意,人力资源社会保障部和财政部批准,降低本市社会保险费率,现将

有关事项通知如下：

一、降低养老保险单位缴费比例

自 2019 年 5 月 1 日起，城镇职工基本养老保险（包括企业和机关事业单位基本养老保险）单位缴费比例由 20% 降至 16%。

二、继续阶段性降低失业保险费率

自 2019 年 5 月 1 日起，本市失业保险总费率 1% 延长执行至 2020 年 4 月 30 日。

三、调整社保缴费基数

以本市城镇非私营单位和私营单位就业人员平均工资加权计算，核定职工基本养老保险缴费基数上下限和计发基本养老金。实施上述调整后，将制定基本养老保险金计发办法的过渡措施，确保退休人员待遇水平平稳衔接。

为落实国家对基本养老保险缴费基数下限标准低于 60% 的要逐步提高至 60% 的要求，自 2019 年 7 月，城镇职工基本养老保险下限标准由 40% 调整为 46%，2020 年 7 月缴费下限标准调整为 52%，2021 年 7 月缴费下限标准调整为 60%。失业保险缴费基数上下限标准同步调整。

自 2019 年 7 月起，个体工商户和灵活就业人员参加企业职工基本养老保险，可以在企业职工养老保险缴费下限和上限之间选择适当的缴费基数缴费。失业保险缴费基数同步调整。

四、稳步推进社保费征收体制改革

人力资源社会保障、财政、税务、医保部门共同稳步推进企业职工基本养老保险和企业职工其他险种缴费征收体制改革。税务部门要认真履行机关事业单位社保费和城乡居民社保费征管职责。在征收体制改革过程中不对企业历史欠费进行集中清缴，不得采取任何增加小微企业实际缴费负担的做法，避免造成企业生产经营困难。

五、建立工作协调机制

人力资源社会保障、财政、税务、医保等部门建立工作协调机制，统筹协调降低社保费率以及征收体制改革过渡期间的工作衔接，确保各项工作顺利进行。同时，各部门要加强指导和监督检查，及时解决工作中遇到的问题，确保各项政策措施落到实处。

北京市人力资源和社会保障局
北京市财政局
国家税务总局北京市税务局
北京市医疗保障局
2019 年 4 月 28 日

23. 上海市人力资源和社会保障局 上海市财政局关于降低本市城镇职工社会保险费率的通知

沪人社规〔2019〕14 号
2019 年 04 月 30 日

各区人民政府，市政府各委、办、局，市社会保险事业管理中心，市就业促进中心：

为贯彻落实党中央、国务院决策部署，减轻用人单位负担，优化本市营商环境，完善社会保险制度，根据《国务院办公厅关于印发降低社会保险费率综合方案的通知》（国办发〔2019〕

13号),经市政府同意,本市在确保职工各项社会保险待遇不受影响、按时足额支付的前提下,降低城镇职工社会保险费率。现将有关事项通知如下:

一、降低养老保险单位缴费比例。

从2019年5月1日起,本市城镇职工基本养老保险(包括企业和机关事业单位基本养老保险)单位缴费比例降低4个百分点,由现行的20%降至16%;个人缴费比例不作调整,仍为8%。

本市灵活就业人员缴纳基本养老保险费的比例参照执行。

二、继续阶段性降低失业保险费率。

从2019年5月1日至2020年4月30日,本市失业保险继续执行1%的缴费比例,其中单位缴费比例0.5%,个人缴费比例0.5%。

三、继续阶段性降低工伤保险费率。

从2019年5月1日至2020年4月30日,本市一类至八类行业用人单位工伤保险基准费率,在国家规定的行业基准费率基础上下调20%,即由"0.2%、0.4%、0.7%、0.9%、1.1%、1.3%、1.6%、1.9%",阶段性调整为"0.16%、0.32%、0.56%、0.72%、0.88%、1.04%、1.28%、1.52%"。

社会保险经办机构按照规定考核用人单位浮动费率时,按照调整后的行业基准费率执行。

四、本通知自2019年5月1日起实施,有效期至2023年12月31日。

上海市人力资源和社会保障局
上海市财政局
2019年4月30日

24. 山东省人民政府办公厅关于印发山东省降低社会保险费率综合实施方案的通知

鲁政办发〔2019〕14号
2019年4月25日

各市人民政府,各县(市、区)人民政府,省政府各部门、各直属机构,各大企业,各高等院校:

《山东省降低社会保险费率综合实施方案》已经省政府同意,现印发给你们,请认真贯彻执行。

山东省人民政府办公厅
2019年4月25日

山东省降低社会保险费率综合实施方案

为贯彻落实党中央、国务院关于降低社会保险(以下简称社保)费率、完善社保制度、稳步推进社保费征收体制改革的决策部署,根据《国务院办公厅关于印发降低社会保险费率综合方案的通知》(国办发〔2019〕13号)精神,结合我省实际,制定本实施方案。

一、降低养老保险单位缴费比例

自2019年5月1日起,降低城镇职工基本养老保险(包括企业和机关事业单位基本养老保险,以下简称养老保险)单位缴费比例。其中,企业养老保险单位缴费比例由18%降至

16%，机关事业单位养老保险单位缴费比例由20%降至16%。

二、继续阶段性降低失业保险、工伤保险费率

（一）自2019年5月1日起，将《山东省人力资源和社会保障厅 山东省财政厅关于继续阶段性降低社会保险费率的通知》（鲁人社发〔2018〕37号）规定的"我省阶段性降低失业保险费率，由1.5%降至1%，其中单位费率由1%降至0.7%，个人费率由0.5%降至0.3%"的政策执行期限延长至2020年4月30日。

（二）自2019年5月1日起，将《山东省人力资源和社会保障厅 山东省财政厅关于继续阶段性降低社会保险费率的通知》（鲁人社发〔2018〕37号）规定的"工伤保险基金累计结余可支付月数在18（含）至23个月的统筹地区，可以现行费率为基础下调20%；累计结余可支付月数在24个月（含）以上的统筹地区，可以现行费率为基础下调50%"的政策执行期限延长至2020年4月30日。下调费率期间，统筹地区工伤保险基金累计结余达到合理支付月数范围的，停止下调。

三、调整社保缴费基数政策

（一）自2019年1月1日起，以上年度全省城镇非私营单位就业人员平均工资和城镇私营单位就业人员平均工资加权计算的全口径城镇单位就业人员平均工资，核定社保个人缴费基数上下限，合理降低部分参保人员和单位的社保缴费基数。全口径城镇单位就业人员平均工资，每年由省人力资源社会保障部门根据省统计部门提供的全省城镇非私营单位、私营单位平均就业人数和就业人员平均工资测算并公布。

调整就业人员平均工资计算口径后，省里将制定出台基本养老金计发办法过渡措施，确保退休人员待遇水平平稳衔接，具体办法按国家要求另行制定。

（二）自2019年1月1日起，个体工商户和灵活就业人员参加企业职工基本养老保险，可以在省全口径城镇单位就业人员平均工资的60%至300%之间选择适当的缴费基数。

四、加快推进企业养老保险省级统筹

结合降低养老保险单位缴费比例、调整社保缴费基数政策等措施，在统一全省养老保险制度和主要政策的基础上，2019年年底前建立企业职工基本养老保险基金省级统收统支制度。

按照国家要求，2019年将各市上解中央调剂基金的比例由3%提高至3.5%。

五、稳步推进社保费征收体制改革

征收体制改革到位前，企业职工基本养老保险和企业职工其他险种缴费，除医疗保险、生育保险交由医疗保障部门征收外，其他险种暂由人力资源社会保障部门继续征收，稳定缴费方式。机关事业单位社保费和城乡居民社保费征管职责如期划转至税务部门。人力资源社会保障、税务、财政、医保部门要抓紧推进信息共享平台建设等各项工作，切实加强信息共享，确保征收工作有序衔接。妥善处理好企业历史欠费问题，在征收体制改革过程中不得自行对企业历史欠费进行集中清缴，不得采取任何增加小微企业实际缴费负担的做法，避免造成企业生产经营困难。同时，合理调整2019年社保基金收入预算。

六、建立工作协调机制

省政府建立工作协调机制，统筹协调降低社保费率和社保费征收体制改革相关工作。县级以上地方政府要建立由政府负责人牵头，人力资源社会保障、财政、税务、医保等部门参加的工作协调机制，统筹协调降低社保费率以及征收体制改革过渡期间的工作衔接，提出具体安排,确保各项工作顺利进行。

七、认真做好组织落实工作

降低社保费率是完善社保制度的重要内容,事关改革发展稳定大局。各级、各有关部门要统一思想,提高认识,加强领导,密切协调配合,精心组织实施。省人力资源社会保障、财政、税务、医保等部门要加强指导和监督检查,及时研究解决工作中遇到的问题,确保各项政策措施落到实处。

25. 江苏省人民政府办公厅关于印发江苏省降低社会保险费率实施方案的通知

苏政办发〔2019〕47号

2019年4月30日

各市、县(市、区)人民政府,省各委办厅局,省各直属单位:

《江苏省降低社会保险费率实施方案》已经省人民政府同意,现印发给你们,请认真贯彻执行。

江苏省人民政府办公厅

2019年4月30日

江苏省降低社会保险费率实施方案

为全面贯彻党中央、国务院决策部署,认真落实《国务院办公厅关于印发降低社会保险费率综合方案的通知》(国办发〔2019〕13号)精神,统筹降低社会保险费率、完善社会保险制度、稳步推进社会保险费征收体制改革,确保企业特别是小微企业社会保险缴费负担有实质性下降,确保职工各项社会保险待遇不受影响、按时足额支付,结合我省实际,制定如下实施方案。

一、降低职工基本养老保险单位缴费比例。自2019年5月1日起,将全省企业职工基本养老保险和机关事业单位基本养老保险单位缴费比例统一降至16%。个体工商户和灵活就业人员参加企业职工基本养老保险缴费比例不变。

二、继续阶段性降低职工基本医疗保险、失业保险、工伤保险费率。职工基本医疗保险统筹基金累计结余可支付月数超过15个月的统筹地区,可阶段性降低职工基本医疗保险单位缴费比例0.5~1个百分点,执行期限至2019年11月30日。自2019年5月1日起,继续执行用人单位和职工失业保险缴费比例总和阶段性降至1%的现行政策,执行期限至2020年4月30日。自2019年5月1日起,延长阶段性降低工伤保险费率的期限至2020年4月30日,工伤保险基金累计结余可支付月数(截至2018年底,下同)在18至23个月的统筹地区,可继续在规定费率基础上,下调20%;累计结余可支付月数在24个月以上(含24个月)的统筹地区,可继续在规定费率基础上,下调50%;下调费率期间,统筹地区工伤保险基金累计结余可支付月数下降到18个月以下的,可停止下调。

三、调整社会保险缴费基数政策。完善社会保险缴费基数上下限确定机制,自2019年7月1日起,统一按全省上年度城镇非私营单位就业人员平均工资和城镇私营单位就业人员平均工资加权计算的全口径城镇单位就业人员平均工资,核定社会保险缴费基数上下限,其中缴费基数上限、下限分别为全省全口径城镇单位就业人员平均工资的300%、60%。个体工商户和灵活就业人员参加企业职工基本养老保险,可在全省全口径城镇单位就业人员平均工资的60%至300%之间选择适当的缴费基数。根据国家统一部署,研究制定就业人员平均工资计算口径调整后的基本养老金计发办法过渡措施,确保退休人员待遇水平平稳衔接。

四、加快推进企业职工基本养老保险基金省级统收统支。进一步完善企业职工基本养老保险省级统筹,规范统一全省政策,完善基金收支管理,加快信息系统建设,强化目标考核和激励约束,压实各级政府责任,2020年底前实现基金省级统收统支的省级统筹。加大基金统筹力度,确保按时足额上解中央调剂金,确保按时足额发放退休人员养老金。

五、稳步推进社会保险费征收体制改革。企业职工基本养老保险和企业职工其他险种缴费,暂按现行征收体制继续征收,稳定缴费方式,按照国家部署稳妥做好征管职责移交工作。机关事业单位社会保险费和城乡居民基本养老、基本医疗保险费征管职责如期划转,并同步实现机关事业单位职业年金由税务部门代征。人力资源社会保障、税务、财政、医保部门要强化协作配合,稳步推进信息共享平台建设,切实加强信息共享,确保征收工作有序衔接。妥善处理好企业历史欠费问题,在征收体制改革过程中不得自行对企业历史欠费进行集中清缴,不得采取任何增加小微企业实际缴费负担的做法,避免造成企业生产经营困难。合理调整2019年社会保险基金收入预算。

六、建立健全工作协调机制。省政府建立由相关领导牵头,人力资源社会保障、财政、税务、医保等部门参加的工作协调机制,统筹协调降低社会保险费率和社会保险费征收体制改革工作。市县政府也要建立相应的工作协调机制,提出具体安排,确保各项工作顺利进行。

七、认真做好组织实施工作。各地各有关部门要高度重视降低社会保险费率工作,加强组织领导,强化推进实施,确保取得实效。省人力资源社会保障厅、省财政厅、省税务局、省医保局要各司其职,密切配合,加强工作指导,做好监督评估,确保各项政策措施落到实处。加强政策宣传解读,积极回应舆论关切,合理引导社会预期。

26. 福建省人民政府办公厅关于印发福建省降低社会保险费率综合工作方案的通知

闽政办〔2019〕29号
2019年4月28日

各市、县(区)人民政府,平潭综合实验区管委会,省人民政府各部门、各直属机构:

《福建省降低社会保险费率综合工作方案》已经省政府研究同意,现印发给你们,请认真贯彻执行。

降低社会保险费率,是党中央、国务院作出的重大决策部署,是贯彻落实中央经济工作会议和《政府工作报告》的重要要求,是减轻企业负担、优化营商环境、完善社会保险制度的重要举措。全省各级各有关部门要以习近平新时代中国特色社会主义思想为指导,全面贯彻党的十九大和十九届二中、三中全会精神,坚持稳中求进工作总基调,坚持新发展理念,统筹推进降低社会保险费率、完善社会保险制度和社会保险费征收体制改革,密切协调配合,抓好工作落实,确保企业特别是小微企业社会保险缴费负担有实质性下降,确保职工各项社会保险待遇不受影响、按时足额支付。

福建省人民政府办公厅
2019年4月28日

福建省降低社会保险费率综合工作方案

为贯彻落实党中央、国务院决策部署，根据国务院降低社会保险费率工作会议和《国务院办公厅关于印发降低社会保险费率综合方案的通知》(国办发〔2019〕13号)精神，结合我省实际，制定本工作方案。

一、降低城镇职工基本养老保险缴费费率

从2019年5月1日起，我省企业职工基本养老保险单位缴费费率从18％降至16％，机关事业单位养老保险单位缴费费率从20％同步降至16％。补缴2019年4月30日之前养老保险费的，按原规定执行。

（责任单位：省人社厅、财政厅，省税务局）

厦门市企业职工基本养老保险单位缴费费率，按国家规定制订省级统筹过渡办法。

（责任单位：厦门市人民政府）

二、继续阶段性降低失业保险、工伤保险缴费费率

失业保险、工伤保险阶段性降低费率政策延续一年，从2019年5月1日起，至2020年4月30日，具体费率按《福建省人力资源和社会保障厅 福建省财政厅 国家税务总局福建省税务局关于继续阶段性降低失业保险和工伤保险费率的通知》(闽人社文〔2018〕171号)规定执行。到期后根据国家部署再行调整。

（责任单位：省人社厅、财政厅，省税务局）

三、调整社保缴费基数政策

从2019年5月1日起，采用加权计算的全口径城镇单位就业人员平均工资，核定社保个人缴费基数上下限，合理降低部分参保人员和企业的社保缴费基数。

参加企业职工基本养老保险的无雇工个体工商户和灵活就业人员的缴费基数，由本人在全口径城镇单位就业人员平均工资的60％至300％之间自行选择。

参加企业职工基本养老保险的职工，申报缴费基数低于全口径城镇单位就业人员平均工资60％的，由相关职能部门按国家减税降费要求和我省实际指导参保单位申报，按照国家统一规定逐步规范；高于300％的，按300％作为缴费基数。

（责任单位：省人社厅、财政厅、统计局、医保局，省税务局）

四、加快完善企业职工基本养老保险省级统筹制度

（一）统一全省政策规定。在全省基金统收统支的基础上，加快统一全省参保缴费、基数核定和待遇计发等政策。

（责任单位：省人社厅、财政厅，厦门市人民政府）

（二）完善缴费激励机制。在降低费率的同时，强化长缴多得、多缴多得激励机制，2019年5月1日以后新退休人员退休时计发的养老金，符合原政策规定的，低于2019年5月1日当地最低工资标准60％的，按60％发放，之后不再调整计发养老金的最低标准。

（责任单位：省人社厅、财政厅）

五、切实落实基金中央调剂制度

做好2019年企业职工基本养老保险基金中央调剂工作，按照人社部、财政部下达的资

金缴拨计划,确保资金按时足额上解到位。
（责任单位：省人社厅、财政厅）

六、稳步推进社会保险费征收体制改革

在社会保险费征收体制改革过程中,稳定现行征缴方式,不得自行对企业历史欠费进行集中清缴,不得采取任何增加小微企业实际缴费负担的做法,避免造成企业生产经营困难。同时,合理调整2019年社保基金收入预算。
（责任单位：省税务局,省人社厅、财政厅、医保局）

七、落实资金保障确保养老金按时足额发放

降低养老保险缴费费率和调整缴费基数政策后,全省企业职工基本养老保险当期基金收支缺口,由全省历年基金累计结余弥补；机关事业单位养老保险,按照分级统筹制度,各统筹区当期基金收支缺口,由本级历年基金累计结余弥补,不足部分由同级财政安排资金补助。各市、县(区)必须保障资金及时筹集到位,确保养老金按时足额发放。
[责任单位：省人社厅、财政厅,各市、县(区)人民政府]

八、认真做好组织实施工作

省级成立降低社会保险费率工作协调小组,由省政府分管领导担任组长,省人社厅、财政厅、税务局、统计局、医保局等单位负责同志为成员,及时研究、解决降低社会保险费率和社会保险费征收体制改革工作中遇到的问题；协调小组办公室设在省人社厅。各级各有关部门要加强领导,精心组织实施,确保各项政策措施落到实处。

27. 云南省人民政府办公厅关于印发云南省降低社会保险费率实施方案的通知

云政办发〔2019〕48号
2019年4月30日

各州、市人民政府,省直各委、办、厅、局：

《云南省降低社会保险费率实施方案》已经省人民政府同意,现印发给你们,请认真贯彻执行。

云南省人民政府办公厅
2019年4月30日

云南省降低社会保险费率实施方案

为贯彻落实党中央、国务院决策部署,根据《国务院办公厅关于印发降低社会保险费率综合方案的通知》(国办发〔2019〕13号)精神,现就做好我省降低社会保险(以下简称社保)费率和规范社保费征收管理工作,制定本实施方案。

一、降低养老保险单位缴费比例

自2019年5月1日起,城镇职工基本养老保险(包括企业职工基本养老保险和机关事业单位基本养老保险,以下简称养老保险)单位缴费比例降至16%。

二、继续阶段性降低失业保险、工伤保险费率

自2019年5月1日起,失业保险总费率继续执行1%,其中单位缴费费率为0.7%,个人缴费费率为0.3%,执行期限至2020年4月30日。

自2019年5月1日起,在保持费率总体稳定的基础上,工伤保险基金累计结余可支付月数在18个月至23个月的统筹地区,可以现行费率为基础下调20%;累计结余可支付月数在24个月以上的统筹地区,可以现行费率为基础下调50%。延长阶段性降低工伤保险费率的期限执行至2020年4月30日。

三、调整社保缴费基数政策

调整就业人员平均工资计算口径。以我省(统筹地区)城镇非私营单位就业人员平均工资和城镇私营单位就业人员平均工资加权计算的全口径城镇单位就业人员平均工资,核定社保个人缴费基数上下限,合理降低部分参保人员和企业的社保缴费基数。

完善个体工商户和灵活就业人员缴费基数政策。个体工商户和灵活就业人员参加企业职工基本养老保险,可以在我省全口径城镇单位就业人员平均工资的60%至300%之间选择适当档次的缴费基数。

为确保职工社保待遇不受影响,在国家未出台新的规定前,计算个人缴费工资指数和计发基本养老金基数按原规定保持不变。调整社保缴费基数具体办法由省人力资源社会保障厅和省财政厅等有关部门另行制定。

调整社保缴费基数政策,从2019年5月1日起执行。

四、进一步完善养老保险省级统筹

按照国务院加快推进养老保险省级统筹的要求,认真落实省人民政府关于省级统筹工作的安排部署,进一步完善企业职工基本养老保险省级统筹,抓紧研究制定提高基金管理水平的政策措施,2020年底前实现企业职工基本养老保险省级统收统支。各级政府要切实履职尽责,加强基金风险防控,提升信息化水平,加强能力建设,确保基金安全平稳运行。

五、稳步推进社保费征收体制改革

企业职工基本养老保险和企业职工其他险种缴费,暂继续按照现行的税务代征模式征收,稳定缴费方式。待条件成熟后,再移交到位。机关事业单位社保费和城乡居民社保费征管职责如期划转。人力资源社会保障、税务、财政、医保部门要抓紧推进信息共享平台建设等各项工作,切实加强信息共享,确保征收工作有序衔接。妥善处理好企业历史欠费问题,在征收体制改革过程中不得自行对企业历史欠费进行集中清缴,不得采取任何增加小微企业实际缴费负担的做法,避免造成企业生产经营困难。同时,合理调整2019年社保基金收入预算。

各级人力资源社会保障、税务、财政、医保部门要建立工作联动机制,推进征收体制改革逐步到位。

六、加强组织领导

(一)建立工作协调机制。省人民政府建立工作协调机制,统筹协调社保政策规范和社保费征收改革有关工作。县级以上政府要建立由政府负责人牵头,人力资源社会保障、财政、税务、医保等部门参加的协调机制,统筹协调降低社保费率以及征收体制改革过渡期间的工作衔接、规范征管、夯实基础等工作,提出政策落实的具体时间和工作方案,确保各项工作顺利进行。

(二)精心组织实施。各地、有关部门要加强领导,精心组织实施,做好降低社保费率和规范社保费征收管理工作。人力资源社会保障、财政、医保部门要规范社保参保缴费政策,确保参保人员各项社保待遇标准不降低；加强基金收支管理，防范和化解基金运行风险，确保待遇按时足额支付。税务部门要做好社保费征收体制改革过渡期间的工作衔接，规范社保费征收管理。统计部门要做好有关指标统计等基础工作。

（三）加大政策宣传力度。各地、有关部门要认真做好政策宣传解释工作，让社会各界能够多渠道、全方位了解降低社保费率的重要意义和具体措施，针对社会关注，及时解疑释惑，正确把握舆论导向，营造良好氛围，切实维护参保企业、参保群众的切身利益和社会稳定。

工作中遇到的重大问题，要及时向省人力资源社会保障厅、省财政厅、省税务局和省医保局报告。

28. 湖北省人民政府办公厅关于印发湖北省降低社会保险费率综合实施方案的通知

鄂政办发〔2019〕33号
2019年4月29日

各市、州、县人民政府，省政府各部门：

《湖北省降低社会保险费率综合实施方案》已经省人民政府同意，并报人社部、财政部备案批复，现印发给你们，请认真贯彻执行。

降低社会保险费率是减轻企业负担、优化营商环境、完善社会保险制度的重要举措。各地各有关部门要以习近平新时代中国特色社会主义思想为指导，全面贯彻党的十九大和十九届二中、三中全会精神，坚持稳中求进工作总基调，坚持新发展理念，按照党中央、国务院决策部署和省委、省政府工作要求，统筹推进降低社会保险费率、完善社会保险制度、社会保险费征收体制改革等工作。要加强宣传解读，深化调查研究，密切协调配合，抓好工作落实，确保企业特别是小微企业社会保险缴费负担有实质性下降，确保职工各项社会保险待遇不受影响、按时足额支付。

湖北省人民政府办公厅
2019年4月29日

湖北省降低社会保险费率综合实施方案

为深入贯彻落实党中央、国务院决策部署和省委、省政府工作要求，降低社会保险（以下简称社保）费率，完善社保制度，稳步推进社保费征收体制改革，根据《国务院办公厅关于印发降低社会保险费率综合方案的通知》（国办发〔2019〕13号）要求，制定本实施方案。

一、降低养老保险单位缴费比例

自2019年5月1日起，全省城镇职工基本养老保险（包括企业和机关事业单位基本养老保险，以下简称养老保险）单位缴费比例按16%执行。

二、继续阶段性降低失业保险、工伤保险费率

2019年5月1日至2020年4月30日，全省失业保险总费率继续按1%执行；工伤保险继续执行阶段性降费率政策。

三、调整社保缴费基数政策

以上年度全省城镇非私营单位就业人员平均工资和城镇私营单位就业人员平均工资加

权计算的全口径城镇单位就业人员平均工资,作为确定各统筹区社保缴费基数标准的计算口径,据此核定社保个人缴费基数上下限。

个体工商户和灵活就业人员参加企业职工基本养老保险,可以在参保地社保个人缴费基数上下限范围内选择适当的基数缴费。

调整社保缴费基数政策后,省人社厅要商有关部门研究制定基本养老金计发办法的过渡措施,确保退休人员待遇水平平稳衔接。

四、分步统一社保缴费基数标准

分步统一社保缴费基数标准,2019 核定年度,全省各统筹区社保缴费基数标准划分三档执行;自 2020 核定年度起,全省统一社保缴费基数标准。

各年度社保缴费基数标准,由省人社厅商有关部门确定,报省人民政府同意后实施。

五、加快推进养老保险省级统筹

结合实施企业职工基本养老保险基金中央调剂制度,落实降低养老保险单位缴费比例、调整社保缴费基数等政策措施,按照统一养老保险政策、基金收支管理、责任分担机制、集中信息系统、经办管理服务、考核奖惩机制的要求,加快推进企业职工基本养老保险省级统筹,2020 年底前实现基金省级统收统支。

六、稳步推进社保费征收体制改革

企业职工基本养老保险、基本医疗保险(生育保险)、失业保险、工伤保险,暂按现行征收体制,继续由社保经办机构核定应缴费额、税务部门征收,待条件成熟后移交税务部门。人社、财政、税务、医保等部门要加快建设并完善信息共享平台,切实加强信息共享,确保征收工作有序衔接。妥善处理好企业历史欠费问题,在征收体制改革过程中不得自行对企业历史欠费进行集中清缴,不得采取任何增加小微企业实际缴费负担的做法,避免造成企业生产经营困难。同时,合理调整 2019 年社保基金收入预算。

七、建立工作协调机制

省人民政府建立工作协调机制,由省政府分管领导召集,省人社厅、省财政厅、省税务局、省医疗保障局等部门主要负责同志参加,及时协调解决降低社保费率、社保费征收体制改革、推进企业职工基本养老保险省级统筹等工作中的重大问题,协调机制办公室设在省人社厅。

各市(州)、县(市、区)人民政府要相应建立工作协调机制,做好工作衔接,提出具体安排,确保各项工作顺利进行。

八、认真做好组织落实工作

各地各有关部门要高度重视,加强组织领导,精心推进实施。省人社厅、省财政厅、省税务局、省医疗保障局要加强指导和监督检查,及时研究解决工作中遇到的问题,确保各项政策措施落地落实。

29. 陕西省人民政府办公厅关于印发降低社会保险费率实施办法的通知

陕政办发〔2019〕18 号
2019 年 4 月 30 日

各设区市人民政府,省人民政府各工作部门、各直属机构:

《陕西省降低社会保险费率实施办法》已经省政府同意,现印发给你们,请认真贯彻执行。

陕西省人民政府办公厅
2019 年 4 月 30 日

陕西省降低社会保险费率实施办法

为减轻企业负担、优化提升营商环境、完善社会保险制度,根据《国务院办公厅关于印发降低社会保险费率综合方案的通知》(国办发〔2019〕13 号),结合我省实际,制定本实施办法。

一、降低社会保险缴费费率

自 2019 年 5 月 1 日起,城镇职工基本养老保险(包括企业和机关事业单位基本养老保险)单位缴费比例由 20%降至 16%。

失业保险费率继续执行 1%(单位 0.7%、个人 0.3%),延长阶段性降低费率期限至 2020 年 6 月 30 日。

自 2019 年 5 月 1 日起,继续实施阶段性降低工伤保险费率至 2020 年 6 月 30 日。基金累计结余可支付月数在 24 个月以上的市(区)以现行费率为基础下调 50%,可支付月数在 18 至 23 个月的下调 20%,可支付月数在 17 个月以下的执行我省浮动费率政策,可支付月数根据各市(区)2019 年 4 月 30 日累计结余基金计算。

二、调整社会保险缴费基数政策

自 2019 年 1 月 1 日起,调整社会保险缴费基数政策和就业人员平均工资计算口径。城镇职工基本养老保险、失业保险、工伤保险以全省上年度城镇非私营单位就业人员平均工资和城镇私营单位就业人员平均工资加权计算的全口径城镇单位就业人员平均工资,核定缴费基数上下限。城镇职工基本医疗保险、生育保险以各市(区)上年度全口径城镇单位就业人员平均工资,核定缴费基数上下限。

个体工商户和灵活就业人员参加企业职工基本养老保险,2019 年 1 月 1 日至 12 月 31 日,可在全省上年度全口径城镇单位就业人员平均工资的 50%至 300%之间选择适当的缴费基数;自 2020 年 1 月 1 日起,可在 60%至 300%之间选择适当的缴费基数。

省、市(区)全口径城镇单位就业人员平均工资,由人力资源社会保障部门会同统计部门发布。调整就业人员平均工资计算口径后,2019 年基本养老金计发办法暂时保持不变,今后的过渡办法由省人力资源社会保障厅、省财政厅按国家有关规定制定,确保退休人员待遇水平平稳衔接。

三、稳步推进社会保险费征收体制改革

企业职工基本养老保险和企业职工其他险种缴费,暂按现行征收体制继续征收,稳定缴费方式。机关事业单位、城乡居民社会保险费,由税务部门做好征收工作。人力资源社会保障、税务、财政、医保、统计部门要切实加强信息共建共享共用,确保征收工作有序衔接。要妥善处理好企业历史欠费问题,不得自行对企业历史欠费进行集中清缴,不得采取任何增加小微企业实际缴费负担的做法。同时,合理调整 2019 年社会保险基金收入预算。

四、完善养老保险省级统筹

结合企业职工基本养老保险基金中央调剂制度实施,进一步完善企业职工基本养老保险省级统筹制度,落实市、县两级政府责任分担机制,切实规范各地政策执行、参保扩面、基金征缴、待遇核定等工作,强化基金收支管理,维护政策的统一性、严肃性。

五、加强组织领导

省政府建立工作协调机制,人力资源社会保障、财政、税务、医保、统计等部门参加,统筹协调降低社会保险费率和社会保险费征收体制改革相关工作,切实加强指导和监督,强化政策宣传和舆论引导,动态监测分析,及时研究解决工作中遇到的问题。市、县两级政府也要建立相应的工作协调机制,认真做好各项工作。

各地各有关部门要加快工作进度,做好政策衔接等工作,确保5月1日执行到位。人力资源社会保障、医保部门要严格执行参保缴费和待遇支付政策,做好基金风险预警分析;财政部门要按时足额拨付各项社会保险基金,确保各类社会保险参保对象待遇落实;税务部门要完善征管系统,优化缴费服务,按照国家要求做好社会保险费征收工作;统计部门要及时提供相关统计数据,为确定缴费基数上下限提供依据。

30. 新疆维吾尔自治区人民政府办公厅关于印发《自治区降低社会保险费率实施方案》的通知

新政办发〔2019〕54号
2019年4月24日

伊犁哈萨克自治州,各州、市、县(市)人民政府,各行政公署,自治区人民政府各部门、各直属机构:

《自治区降低社会保险费率实施方案》已经自治区人民政府同意,现印发给你们,请结合实际,认真贯彻执行。

降低社会保险费率,是减轻企业负担、优化营商环境、完善社会保险制度的重要举措。各地、各有关部门要以习近平新时代中国特色社会主义思想为指导,全面贯彻党的十九大和十九届二中、三中全会精神,坚持稳中求进工作总基调,坚持新发展理念,聚焦社会稳定和长治久安总目标,统筹降低社会保险费率、完善社会保险制度、稳步推进社会保险费征收体制改革,密切协调配合,抓好工作落实,确保企业特别是小微企业社会保险缴费负担有实质性下降,确保职工各项社会保险待遇不受影响、按时足额支付。

新疆维吾尔自治区人民政府办公厅
2019年4月24日

自治区降低社会保险费率实施方案

为贯彻落实党中央、国务院决策部署,降低社会保险(以下简称社保)费率,完善社保制度,稳步推进社保费征收体制改革,根据《国务院办公厅关于印发降低社会保险费率综合方案的通知》(国办发〔2019〕13号)精神,结合我区实际,制定本实施方案。

一、降低养老保险单位缴费比例

自2019年5月1日起,自治区城镇职工基本养老保险(包括企业和机关事业单位基本养老保险,以下简称养老保险)单位缴费比例统一降至16%。

二、继续阶段性降低失业保险、工伤保险费率

自2019年5月1日起,阶段性降低失业保险费率、工伤保险费率的期限延长至2020年4月30日。工伤保险基金累计结余可支付月数在18至23个月的统筹地区可以现行费率为基础下调20%,累计结余可支付月数在24个月以上的统筹地区可以现行费率为基础下调50%。

三、统一社保缴费基数政策

统一自治区就业人员平均工资计算口径。我区以全区城镇非私营单位就业人员平均工资和城镇私营单位就业人员平均工资加权计算的全口径城镇单位就业人员平均工资核定社保个人缴费基数上下限。

完善个体工商户和灵活就业人员缴费基数政策。个体工商户和灵活就业人员参加企业职工基本养老保险,可以在自治区全口径城镇单位就业人员平均工资的60%至300%之间选择适当的缴费基数。

四、不断完善养老保险自治区级统筹

不断完善养老保险自治区级统筹,自2020年1月1日起,实现我区企业职工基本养老保险基金自治区级统收统支。

五、稳步推进社保费征收体制改革

企业职工基本养老保险和企业职工其他险种缴费,原则上暂按现行征收体制继续征收,稳定现行缴费方式。机关事业单位社保费和城乡居民社保费征管职责如期划转税务部门。人力资源社会保障、税务、财政、医保部门要抓紧推进信息共享平台建设等各项工作,切实加强信息共享,确保征收工作有序衔接。妥善处理好企业历史欠费问题,在征收体制改革过程中不得自行对企业历史欠费进行集中清缴,不得采取任何增加小微企业实际缴费负担的做法,避免造成企业生产经营困难。同时,合理调整2019年社保基金收入预算。

六、建立工作协调机制

自治区建立工作协调机制,统筹协调降低社保费率和社保费征收体制改革相关工作。地(州、市)、县(市、区)要建立由政府分管负责同志牵头,人力资源社会保障、财政、税务、医保、工信、国资、工商联等部门参加的工作协调机制,统筹协调降低社保费率以及征收体制改革过渡期间的工作衔接,提出具体安排,确保各项工作顺利进行。

七、坚决确保养老金按时足额发放

养老金是退休人员的"保命钱",要扎实做好资金保障和待遇落实工作,确保广大退休人员养老金按时足额发放。要深化基本养老保险制度改革,探索建立完善多缴多得、长缴多得机制,稳步提高养老保险待遇水平,不断提升养老保险制度的科学性和可持续性。

八、认真做好组织落实工作

各地、各有关部门要加强领导,精心组织实施。各级人力资源社会保障、财政、税务、医保、工信、国资、工商联等部门要加强指导和监督检查,及时研究解决工作中遇到的问题,确保各项政策措施落到实处。做好宣传引导工作,充分利用各种渠道,主动解读政策,积极回应关切,把好事办实,把实事办好,以优异成绩迎接中华人民共和国成立70周年。

31. 浙江省人力资源和社会保障厅等3部门关于降低社会保险费率有关问题的通知

浙人社发〔2019〕20号

2019年4月30日

各市、县(市、区)人民政府:

根据党中央、国务院决策部署,按《国务院办公厅关于印发降低社会保险费率综合方案

的通知》(国办发〔2019〕13号)要求省政府同意,结合浙江实际,就我省降低社会保险费率有关问题通知如下:

一、降低机关事业单位养老保险单位缴费比例

自2019年5月1日起(所属期),我省机关事业单位养老保险单位缴费比例从20%调整至16%。

二、继续阶段性降低失业保险和工伤保险费率

延长阶段性降低失业保险费率的期限至2020年4月30日。延长阶段性降低工伤保险费率的期限至2020年4月30日,工伤保险基金累计结余可支付月数在18至23个月的统筹地区可以现行费率为基础下调20%,累计结余可支付月数在24个月以上的统筹地区可以现行费率为基础下调50%。

三、调整个体工商户和灵活就业人员缴费基数

自2019年5月1日起,个体工商户和灵活就业人员参加企业职工基本养老保险的,可以在我省全口径城镇单位就业人员平均工资的60%至300%之间选择缴费基数。

各地要统一思想、提高站位,坚决落实好缴费比例和缴费基数上下限调整工作。要加强领导,密切协同配合,精心组织实施,确保各项工作顺利进行,具体实施中遇到的新情况、新问题,要及时向省人力社保厅、省财政厅、浙江省税务局报告。

浙江省人力资源和社会保障厅

浙江省财政厅

国家税务总局浙江省税务局

2019年4月30日

32. 深圳市人民政府办公厅关于印发深圳市降低社会保险费率实施方案的通知

深府办规〔2019〕5号

2019年5月9日

各区人民政府,市有关单位:

《深圳市降低社会保险费率实施方案》已经市政府同意,现印发给你们,请认真组织实施。实施过程中遇到的问题,请径向市人力资源保障局反映。

市政府办公厅

2019年5月9日

深圳市降低社会保险费率实施方案

根据《国务院办公厅关于印发降低社会保险费率综合方案的通知》(国办发〔2019〕13号)和《广东省人力资源和社会保障厅 广东省财政厅 国家税务总局广东省税务局关于印发广东省城镇职工基本养老保险单位缴费比例过渡方案的通知》(粤人社规〔2019〕11号),结合我市实际,制定本实施方案。

一、降低机关事业单位基本养老保险单位缴费比例自2019年5月1日起,我市机关事业单位基本养老保险单位缴费比例由20%统一下调为16%。

二、逐步调整企业职工基本养老保险单位缴费比例适时修订《深圳经济特区社会养保险条例》,将我市企业职工基本养老保险单位缴费比例逐步调整至16%。

三、调整缴费基数上下限自2019年5月1日起,我市机关事业单位基本养老保险和企业职工基本养老保险缴费基数上限调整为上年度全省全口径城镇单位就业人员月平均工资的300%;机关事业单位基本养老保险缴费基数下限调整为上年度全省全口径城镇单位就业人员月平均工资的60%。

适时修订《深圳经济特区社会养老保险条例》,调整我市企业职工基本养老保险单位缴费基数下限。

上述执行时间均为养老保险费对应的费款所属期。

四、继续阶段性降低失业保险、工伤保险费率2019年5月1日起至2020年12月31日,我市失业保险费总费率继续维持1%,其中用人单位缴费费率为0.7%;工伤保险在执行八类工伤保险行业基准费率和浮动费率政策的基础上,各参保单位现行缴费费率继续维持阶段性下调30%的规定。

五、稳步推进社保费征收机制改革机关事业单位社保费和城乡居民社保费征管职责如期划转。

继续推进信息共享平台建设等各项工作,切实加强信息共享,确保征收工作有序衔接。合理调整我市2019年社保基金收入预算。

六、保障措施。

(一)加强组织领导。成立市降低社会保险费率工作领导小组,统筹协调调整社保费率和社保费征收体制改革等工作。组成人员如下:

组长:艾学峰副市长

副组长:吴优市政府办公厅巡视员

成员:孙福金市人力资源保障局局长

蒋溪林市司法局局长

汤暑葵市财政局局长

吴红艳市医保局局长

张国钧国家税务总局深圳市税务局局长

领导小组不纳入市级议事协调机构管理。领导小组办公室设在市人力资源保障局,具体负责领导小组日常工作的联系和协调。

(二)强化责任落实。各有关部门要切实提高政治站位,增强整体意识和责任意识,严格按时限要求调整单位缴费比例和缴费基数上下限,及时研究解决工作中遇到的问题,确保各项政策措施落到实处。

附录 1

国家税务总局关于降低社会保险费率综合方案问题解答

1.《降低社会保险费率综合方案》的出台背景是什么？

答：党中央、国务院高度重视降低社保费率、减轻企业缴费负担工作。2015年以来先后5次降低或阶段性降低社保费率，涉及企业职工基本养老保险、失业保险、工伤保险和生育保险，预计2015年到今年4月30日现行阶段性降费率政策执行期满，共可减轻企业社保缴费负担近5 000亿元。随着我国经济发展出现一系列新形势新情况，企业对进一步降低社保费率的呼声较强，党中央、国务院提出新的要求。习近平总书记2018年11月在民营企业座谈会上强调，要根据实际情况，降低社保缴费名义费率，稳定缴费方式，确保企业社保缴费实际负担有实质性下降，在去年底的中央经济工作会议上对实施更大规模减税降费提出明确要求。李克强总理多次研究部署降低社保费率问题，在今年《政府工作报告》中明确提出各地可将养老保险单位缴费比例降至16%。按照党中央、国务院决策部署，四部门在深入研究论证，广泛听取各方面意见的基础上，起草了《降低社会保险费率综合方案》（以下简称《方案》），经3月26日国务院第42次常务会议审议通过，已由国务院办公厅正式印发。4月3日，韩正副总理、胡春华副总理出席降低社会保险费率工作会议，对实施工作进行了部署，要求把降低社保费率的好事办实、实事办好。

2.《方案》的总体考虑是什么？具体包括哪些内容？

答：《方案》的总体考虑是，统筹考虑降低社会保险费率、完善社会保险制度、稳步推进社会保险费征收体制改革，综合施策，确保企业社会保险缴费实际负担有实质性下降，确保各项社会保险待遇按时足额支付。

《方案》共分八个部分，具体包括：一是降低城镇职工基本养老保险单位缴费比例，高于16%的省份，可降至16%。二是继续阶段性降低失业保险和工伤保险费率，现行的阶段性降费率政策到期后再延长一年至2020年4月30日。三是调整社保缴费基数政策。将城镇非私营单位和城镇私营单位就业人员平均工资加权计算的全口径城镇单位就业人员平均工资作为核定职工缴费基数上下限的指标，个体工商户和灵活就业人员可在一定范围内自愿选择适当的缴费基数。四是加快推进养老保险省级统筹，逐步统一养老保险政策，2020年年底前实现基金省级统收统支。五是提高养老保险基金中央调剂比例，今年调剂比例提高至3.5%。六是稳步推进社保费征收体制改革。企业职工各险种原则上暂按现行征收体制继续征收，"成熟一省、移交一省"。在征收体制改革过程中不得自行对企业历史欠费进行集中清缴，不得采取任何增加小微企业实际缴费负担的做法。七是建立工作协调机制。在国务院层面和县级以上各级政府建立由政府有关负责同志牵头，相关部门参加的工作协调机制。八是认真做好组织落实工作。

《方案》实施到位后,预计 2019 年全年可减轻社保缴费负担 3 000 多亿元。

3.《方案》提出城镇职工基本养老保险单位缴费比例可降至 16%,这项措施会有什么效果?

答:目前,各省份(含新疆生产建设兵团)企业缴费比例不统一,高的省份 20%,多数省份阶段性降至 19%,还有个别省份 14%左右。单位缴费比例总体较高,有一定下调空间;且地区之间差异大,不同地区企业缴费负担不同,竞争不公平,也不利于养老保险制度的长远发展。

根据《方案》,各省单位缴费比例可降至 16%,一是单位缴费比例最多可降低 4 个百分点,不设条件,也不是阶段性政策,而是长期性制度安排,政策力度大,普惠性强,减负效果明显,彰显了中央减轻企业社保缴费负担的鲜明态度和坚定决心。二是各地降费率后,全国费率差异缩小,有利于均衡企业缴费负担,促进形成公平的市场竞争环境,也有利于全国费率逐步统一,促进实现养老保险全国统筹。三是降低费率后,参保缴费"门槛"下降,有利于提高企业和职工的参保积极性,将更多的职工纳入职工养老保险制度中来,形成企业发展与养老保险制度发展的良性循环。

4.《方案》对缴费基数政策也进行了调整,与之前政策相比有什么变化?

答:缴费基数也是影响企业和个人社保缴费负担的重要参数。根据《方案》,缴费基数政策也要进行调整:一是明确将城镇非私营单位和城镇私营单位就业人员平均工资加权计算的全口径城镇单位就业人员平均工资作为核定职工缴费基数上下限的指标。二是个体工商户和灵活就业人员参加养老保险,可在全口径城镇单位就业人员平均工资的 60%至 300%范围内选择适当的缴费基数。

主要考虑,全口径城镇单位就业人员平均工资,比原政策规定的非私营单位在岗职工平均工资,能够更合理地反映参保人员实际平均工资水平,以此来核定个人缴费基数上下限,工资水平较低的职工缴费基数可相应降低,缴费负担减轻。部分企业,特别是部分小微企业或劳动密集型企业,不少职工按照缴费基数下限缴费,企业缴费负担也可进一步减轻,能更多受益。举个例子,假设某地区非私营单位在岗职工平均工资为 6 000 元,则原个人缴费基数下限为 3 600 元,如某职工月工资水平为 3 000 元,需按缴费基数下限 3 600 元计算缴费金额;计算口径调整后,全口径城镇单位就业人员平均工资为 5 000 元,则个人缴费基数下限相应降低到 3 000 元,该职工就可按 3 000 元计算缴费金额,前后对比,月缴费基数减少 600 元,个人缴费比例 8%,月缴费负担相应减轻 48 元,如其所在企业以个人缴费基数之和确定单位缴费基数,则企业每月缴费基数也相应减少 600 元,缴费负担可进一步减轻。对个体工商户和灵活就业人员而言,政策调整后,不仅平均工资口径调整、标准降低,选择范围也变大,选择低基数的可以进一步减轻缴费负担,收入较高的人员也可以选择较高的缴费基数,来提高自己退休后的养老金水平。比如,按上例,如为灵活就业人员,月缴费基数可从 6 000 元改为以 3 000 元下限缴费,则月缴费基数减少 3 000 元,按 20%比例缴费,月缴费负担相应减轻 600 元。

5.《方案》实施后,社保费征收工作将如何开展?

答:根据《方案》,企业职工基本养老保险和企业职工其他险种缴费,原则上暂按现行征收体制继续征收,即原由社保征收的继续由社保征收,原由税务征收的继续由税务征收,稳定缴费方式,"成熟一省、移交一省"。机关事业单位社保费和城乡居民社保费征管职责如期划转至税务部门。

附录 2
部分省份社会保险费率热点问题

解答降低社会保险费率热点问题(江苏省)

访谈时间:2019年5月9日 09:00~10:00
主题嘉宾:
国家税务总局江苏省税务局社会保险费处　刘德维
国家税务总局南京市税务局社保费和非税收入处　王冬

【主持人】　各位网友,大家上午好!欢迎大家参加本次以"降低社会保险费率热点问题聚焦"为主题的政策答疑在线访谈活动,今天我们邀请到了国家税务总局江苏省税务局社会保险费处刘德维、国家税务总局南京市税务局社保费和非税收入处王冬,来给我们解答社保费降率有关热点问题,欢迎两位!

【刘德维】　谢谢主持人!各位网友大家上午好!

【王冬】　各位网友大家好!

【主持人】　首先,请我们的嘉宾给大家简单介绍一下《江苏省降低社会保险费率实施方案》的出台背景。

【王冬】　降低社会保险费率是党中央、国务院作出的重大决策部署,是减轻企业负担、优化营商环境、完善社会保险制度的重要举措。省委、省政府高度重视降低社保费率、减轻企业缴费负担工作。省委、省政府领导多次听取汇报,作出指示,召开会议进行研究部署。根据《国务院办公厅关于印发降低社会保险费率综合方案的通知》(国办发〔2019〕13号)和国务院降低社会保险费率工作会议精神,按照省委、省政府的工作部署,结合江苏实际,在深入研究测算的基础上,省政府办公厅印发了《江苏省降低社会保险费率实施方案》。

【主持人】　下面我们一起来看看网友们提出了什么问题?

问题一:社保费降率主要降的是什么率?

【刘德维】　根据我省降低社会保险费率实施方案,一是降低职工基本养老保险单位缴费比例。自2019年5月1日起,将全省企业职工基本养老保险和机关事业单位基本养老保险单位缴费比例统一降至16%。二是继续阶段性降低职工基本医疗保险、失业保险、工伤保险费率。职工基本医疗保险统筹基金累计结余可支付月数超过15个月的统筹地区,可阶段性降低职工基本医疗保险单位缴费比例0.5~1个百分点,执行期限至2019年11月30日。自2019年5月1日起,继续执行用人单位和职工失业保险缴费比例总和阶段性降至1%的现行政策,执行期限至2020年4月30日。自2019年5月1日起,延长阶段性降低工伤保险费率的期限至2020年4月30日,工伤保险基金累计结余可支付月数(截至2018年底,下同)在18至23个月的统筹地区,可继续在规定费率基础上,下调20%;累计结余可支付月数在24个月以上(含24个月)的统筹地区,可继续在规定费率基础上,下调50%;下调费率期间,统筹地区工伤保险基金累计结余可支付月数下降到18个月以下的,可停止下调。

问题二：此次降率对缴费基数政策也进行了调整,与之前政策相比有什么变化?

【王冬】 按照国办降低社会保险费率综合方案要求,各省应以全省上年度城镇非私营单位就业人员平均工资和上年度城镇私营单位就业人员平均工资加权计算的上年度全口径城镇单位就业人员平均工资,核定社保个人缴费基数上下限,合理降低部分参保人员和企业的缴费基数。目前我省企业职工社保缴费基数下限已经按照全省全口径单位就业人员平均工资标准来确定。根据实施方案,缴费基数上限自2019年7月1日起调整为全省全口径城镇单位就业人员平均工资的300%,实现统一按全省就业人员平均工资核定缴费工资上下限,进一步降低企业和职工参保缴费负担。此外,《江苏省降低社会保险费率实施方案》提出,个体工商户和灵活就业人员参加企业职工基本养老保险,可在全省全口径城镇单位就业人员平均工资的60%至300%之间选择适当的缴费基数。

问题三：养老保险单位缴费比例下调至16%,那么请问个人缴费比例部分是否会同步下调?

【王冬】 根据我省降低社会保险费率实施方案,基本养老保险单位缴费比例降至16%,对于企业职工基本养老保险和机关事业单位基本养老保险个人缴费比率不做调整。

问题四：我省个体工商户和灵活就业人员缴费比例是否也同步下降?

【刘德维】 根据我省降低社会保险费率实施方案,个体工商户和灵活就业人员参加企业职工基本养老保险缴费比例保持不变。

问题五：我是一个个体工商户,在按照企业职工养老保险方式缴纳社保,请问这次降率对我缴纳社保的上下限是否有所影响?

【王冬】 根据我省降低社会保险费率实施方案,个体工商户和灵活就业人员参加企业职工基本养老保险,可在全省全口径城镇单位就业人员平均工资的60%至300%之间选择适当的缴费基数。

问题六：目前税务部门正在推进社保费征收体制改革,是否会改变企业社保费当前的征缴模式?

【刘德维】 根据我省降低社会保险费率实施方案,企业职工基本养老保险和企业职工其他险种缴费,暂按现行征收体制继续征收,稳定缴费方式,即继续维持人社核定税务征收的征收模式。

问题七：我是一家私营公司,那么我们公司在享受社会保险费降率政策是否需要办理相关手续?

【刘德维】 不需要!根据我省企业社保费现行征收体制,税务部门根据人社部门传递的应征计划数据征收企业社保费,本次降率的有关政策,在人社部门核定应征计划时已经进行了处理,企业自动可以享受优惠政策,不需要再到税务部门或人社部门办理相关手续。

问题八：社保降费政策执行后,担心因为申报错误导致不能享受到优惠政策,税务部门能否加强对缴费人申报方面的辅导?

【王冬】 围绕着社保费降率后申报的准确性,税务部门对于自行申报的机关事业单位,主要是通过在线辅导、缴费人自查自检、后台数据校验等措施,努力降低申报失误率。同时加强申报数据监控,窗口人员或税(费)源管理人员发现填报不准确的可疑数据时,及时提示提醒缴费人。对填报错误率较高的单位,我们要求各级税务部门耐心指导缴费人修改完善申报表。对于人社部门核定征收的企业单位,税务部门将配合人社、医保等部门做好申报核定数据的分析,避免缴费人因核定数据错误导致缴费负担增加。

问题九: 如果我社保费交错了,交多了,请问是否可以退费?

【王冬】 对于多交的或者交错的社保费,您可以向税务部门提出退费申请。税务部门核实无误后,将按照规定流程办理相应退费手续。税务部门将按照方便缴费人的原则,进一步细化退抵费规程,缩短业务办理时间,保障缴费人权益。

问题十: 如果我想更详细地了解社保费降率相关政策,请问有哪些途径?

【刘德维】 对于社保费降率相关政策,您可以直接拨打人社部门的咨询热线12333,对于社保费相关征收方面的问题,您可以拨打税务部门的咨询热线电话12366。为了方便缴费人咨询,税务部门的咨询热线与人社部门咨询热线也同步开通了一键互转,确保您的咨询得到可靠的解答。另外,我们在办税服务厅设置了社保费咨询引导专窗专岗,并配足人力资源,为缴费人咨询降低社保费降率政策提供专门服务,您也可以到咨询窗口咨询您想了解的问题。

【主持人】 好的,感谢两位的专业解答,感谢广大网友的参与,本次访谈到此结束,再见!

落实降低社会保险费率政策专题在线访谈(湖南省)

主题:落实降低社会保险费率政策专题在线访谈

时间:2019年5月14日 15:00

嘉宾:国家税务总局湖南省税务局社会保险费处副处长 马玉霞(正处长级)

简介:2019年5月14日15:00,国家税务总局湖南省税务局以"落实降低社会保险费率政策"为主题开展在线访谈活动,国家税务总局湖南省税务局社会保险费处副处长马玉霞就落实降低社会保险费率政策有关问题与网友在线交流。欢迎广大网友踊跃提问,积极参与!

【主持人】 落实减税降费,促进经济高质量发展。各位网友大家好,欢迎参加湖南税务在线访谈,我是主持人贺巍。根据党中央、国务院决策部署,自2019年5月1日起,包括降低城镇职工基本养老保险单位缴费比例在内的一系列社保降费措施正式实施,为保证降费政策落实到位,更好地服务缴费人,我们有幸邀请到国家税务总局湖南省税务局社会保险费处马玉霞副处长(正处长级)与广大缴费人围绕"落实社会保险费降费政策"进行在线交流,欢迎马处长。

【马玉霞】 主持人好,各位网友好,很高兴能有机会和大家交流!

【主持人】 国务院办公厅印发的《降低社会保险费率综合方案》已自5月1日起实施,我省也按照要求出台了实施方案。马处长,能否请您简单介绍下《湖南省降低社会保险费率实施方案》的出台背景?

【马玉霞】 好的。党中央、国务院高度重视降低社会保险费率工作。习近平总书记2018年11月在民营企业座谈会上强调,要根据实际情况,降低社保缴费名义费率,稳定缴费方式,确保企业社保缴费实际负担有实质性下降,在去年底的中央经济工作会议上也对实施更大规模减税降费提出了明确要求。李克强总理在今年《政府工作报告》中提出明显降低企业社保缴费负担,下调城镇职工基本养老保险单位缴费比例,各地可降至16%,并多次强调各地在征收体制改革过程中不得采取任何增加小微企业实际缴费负担的做法,不得自行对历史欠费进行集中清缴,确保职工社保待遇不受影响。按照党中央、国务院决策部署,《降低社会保险费率综合方案》出台后,我省迅速行动,在深入研究论证、广泛听取各方面意见的基础上,起草了我省的实施方案,经4月9日省政府第32次常务会议和4月12日省委第11次常委会议审议,并报人力资源和社会保障部、财政部备案通过,4月23日,省政府办公厅正式印发了《湖南省降低社会保险费率实施方案》。

【主持人】 马处长,我想问个我身边的朋友最关心的问题,本次降低社保费率具体怎么降?

【马玉霞】 按照国务院出台的《降低社会保险费率综合方案》和我省的实施方案,直接降低社保费率的措施主要有两项:一是降低养老保险单位缴费比例。从2019年5月1日起,将城镇职工基本养老保险(包括企业和机关事业单位)单位缴费比例降至16%。原已经审批备案实施费率过渡试点的企业,单位费率低于16%的,仍按费率过渡试点政策执行;单位费率高于16%的,一律降至16%。从2022年起,所有企业一律按16%的单位费率执行。二是继续阶段性降低失业保险、工伤保险费率。阶段性降低失业保险费率政策于2019年4月30日到期后再延期1年,即从2019年5月1日起至2020年4月30日,全省失业保险总费率按1%执行(其中单位费率0.7%,个人费率0.3%)。阶段性降低工伤保险费率政策于2019年4月30日到期后再延期1年,即从2019年5月1日起至2020年4月30日,工伤保险基金累计结余可支付月数在18至23个月的统筹地区,可以现行费率为基础下调20%,累计结余可支付月数在24个月以上的统筹地区,可以现行费率为基础下调50%。

【主持人】 感谢马处长,基本养老保险、失业保险、工伤保险费都有不同程度的降低,这对企业来说,真是一大利好消息。

【主持人】 听说社保费降费方案对缴费基数政策也进行了调整,请问主要有哪些变化,有什么影响?

【马玉霞】 一是调整职工缴费基数上下限指标口径。2019年起,按照本省上年度城镇非私营单位就业人员平均工资和城镇私营单位就业人员平均工资加权计算的全口径城镇单位就业人员平均工资(以下简称"全口径平均工资"),作为核定职工个人缴费基数上下限的基准值。2018年全口径平均工资发布前,2019年企业社保缴费按2017年全省全口径平均工资作为基准值;2018年全口径平均工资发布后,按2018年全口径平均工资作为基准值。二是完善灵活就业人员缴费基数政策。2019年起,参加企业职工基本养老保险无雇工的个体工商户和灵活就业人员,在本省上年度全口径平均工资的60%至300%之间选择适当的缴费基数缴费。缴费基数政策这样调整后,全口径城镇单位就业人员平均工资,比原政策规定的非私营单位在岗职工平均工资,能够更合理地反映参保人员实际平均工资水平,以此来核定个人缴费基数上下限,工资水平较低的职工缴费基数可相应降低,从而减轻缴费负担。举个例子,假设全省非私营单位在岗职工平均工资为6 000元,则原个人缴费基数下限为3 600元,如某职工月工资水平为3 000元,需按缴费基数下限3 600元计算缴费金额;计算口径调整后,全口径城镇单位就业人员平均工资为5 000元,则个人缴费基数下限相应降低到3 000元,该职工就可按3 000元计算缴费金额,前后对比,月缴费基数减少600元,个人缴费比例8%,月缴费负担相应减轻48元,如其所在企业以个人缴费基数之和确定单位缴费基数,则企业每月缴费基数也相应减少600元,缴费负担可进一步减轻。

【主持人】 听了马处长的介绍,我们对降低社保费率政策有了大致了解,请问马处长,税务部门在征管服务上采取了哪些措施,确保降低社保费率政策落实到位?

【马玉霞】 降低社保费率是党中央、国务院应对当前经济下行压力、减轻企业负担、优化营商环境、完善社会保险制度的重要举措。落实好《降低社会保险费率综合方案》,确保社保费降率降费政策落地、落实、落细,是我们税务部门义不容辞的责任,我们深感责任重大。我省税务部门按照国家税务总局和省委、省政府的总体安排,牢固树立落实减税降费是政治任务、硬任务的理念,在征管服务上采取一系列措施,确保各项政策落地生根。一是将社保费降率纳入减税降费"总盘子"。全省各级税务部门成立了减税降费工作领导小组,其中专门设立了社保费工作组,建立起"一竿子到底"的指挥体系,将落实降低社保费率政策纳入减税降费"总盘子",同时对照降率方案细化梳理了 11 类 31 项落实降低社保费率的重点任务清单,明确了责任单位和完成时限,层层压实责任,确保各项工作高效统一落实,实现降费与减税工作一起部署、一起落实。二是全面开展政策培训辅导。全省各级税务部门近期组织了一系列社保降费业务培训,使税务相关人员熟知降低社会保险费率政策内容、熟悉业务流程、熟练系统操作。另外,我们还加强了 12366 纳税服务热线业务人员培训,及时准确回答缴费人咨询;各地在开展对内培训的同时,对缴费单位全面开展政策辅导,进一步拓展宣传辅导方式,通过集中辅导、网站专栏、在线访谈、纳税人学堂、电子税务局、"两微一端"、印发宣传手册等方式,向缴费人推送降低社会保险费率政策,让适用政策的缴费人应享尽享、有知有感。三是简流程优服务。我省税务部门将根据征收模式、征收系统的不断完善,进一步简化具体征缴流程,切实提升申报征收工作效率,使缴费人少跑路甚至不跑路。四是细核算求实效。我省税务部门正在按照国家税务总局的统一安排和降费核算工作需要,算好减负增效账,真实、准确反映降低社保费率政策实施成效。

【主持人】 谢谢马处长!网友们十分关注社保费相关政策,提问十分积极,下面我们一起来看网友们提出了什么问题?

问题一:马处长,您好!我是长沙某园区企业的财务人员,我公司基本养老保险单位缴费比例原来就低于 16%,社保新政实施后是否也要按 16% 缴纳?

【马玉霞】 谢谢您的提问。按照我省降低社会保险费率实施方案,从 2019 年 5 月 1 日起,城镇职工基本养老保险(包括企业和机关事业单位)单位缴费比例降至 16%。原已经审批备案实施费率过渡试点的企业,单位费率低于 16% 的,仍按费率过渡试点政策执行;单位费率高于 16% 的,一律降至 16%。从 2022 年起,所有企业一律按 16% 的单位费率执行。

问题二:您好,城镇职工基本养老保险单位缴费比例下调至 16%,那么请问个人缴费比例部分是否会同步下调?

【马玉霞】

您好,感谢您的提问,这是大家比较关心的问题。根据我省《降低社会保险费率实施方案》,基本养老保险单位缴费比例降至 16%,对于企业职工基本养老保险和机关事业单位基本养老保险个人缴费比率不做调整,仍维持 8% 不变。

问题三:领导好,请问这次城乡居民社保费也会下降吗?

【马玉霞】《降低社会保险费率综合方案》主要是针对职工社会保险实施的降费政策,不涉及城乡居民基本养老保险、居民社会医疗保险费额的调整,城乡居民缴费人仍应按我省现行政策缴费。

问题四：马处长，您好。我是湖南湘中某省级企业会计，请问降低社会保险费率后，企业社保就要到税务部门缴纳了吗？

【马玉霞】 国务院办公厅印发的《降低社会保险费率综合方案》以及我省出台的《湖南省降低社会保险费率实施方案》都明确，企业职工基本养老保险和企业职工其他险种缴费，原则上暂按现行征收体制继续征收，稳定缴费方式；机关事业单位社保费和城乡居民社保费征管职责如期划转。从我省情况看，全省各级税务部门认真贯彻国务院关于社保费征管职责划转改革的重大决策，按照国家税务总局和省政府的部署要求，在人社、医保、财政等部门的大力支持下，自2019年1月1日起，机关事业单位社保费和城乡居民社保费征管职责已顺利划转，相关工作平稳有序，开局良好。因此，降低社会保险费率政策实施后，我省企业职工基本养老保险和企业职工其他险种，仍按现行征收体制由人社、医保部门继续征收。

问题五：您好，我是一名自由职业者，参加的是灵活就业人员养老保险，我想问一下，这次社保降费政策，我可以享受到吗？

【马玉霞】 您好。灵活就业人员也属于本次降低社会保险费率的范围。过去，个体灵活就业人员参加企业养老保险，是在"小口径平均工资"的60%、100%两档选择，今后可在"全口径平均工资"的60%~300%之间，选择适当缴费基数。这次政策调整，不仅调整了平均工资口径，降低了缴费标准，而且参保人员自主选择权也更大，收入较低人员可以选择较低的缴费标准，减轻缴费负担，收入较高人员可以选择较高的缴费标准，提高退休后的养老金水平，体现"多缴多得"。

问题六：我单位是一家小微企业，我们担心，这次降低社保费率会不会是临时性的？

【马玉霞】 不用担心，这次降低社会保险费率不是临时性、阶段性的，而是长期性制度安排，而且不设条件，不限范围，各类用人单位特别是民营企业、小微企业都能从降费率中得到实惠，给用人单位带来的感受更公平、更有效。

问题七：老师好，我有一个问题想请教，个体工商户和灵活就业人员缴费基数可以在平均工资的60%~300%选择，企业员工的基数也可以这样选择吗？

【马玉霞】 根据国务院办公厅印发的《降低社会保险费率综合方案》，个体工商户和灵活就业人员参加企业职工基本养老保险，可以在本省全口径城镇单位就业人员平均工资的60%至300%之间选择适当的缴费基数。而根据《社会保险法》规定，用人单位应当按照国家规定的本单位职工工资总额的比例缴纳基本养老保险费，职工应当按照国家规定的本人工资的比例缴纳基本养老保险费。有关部门和政府还有一些具体规定。但是总体来说，企业员工的缴费基数的确定与灵活就业人员不一样。

问题八：《降低社会保险费率综合方案》要求稳定缴费方式，该如何理解？

【马玉霞】 应从以下方面理解：一是涉企社会保险费，稳定现有缴费方式不变，征收主体不变，即现由谁征收的继续由谁征收，保持现有征缴方式不变。二是机关事业单位和城乡居民社保费征管职责划转至税务部门征收。城乡居民社保费征收职责目前已划转税务部门，继续采取"政府统一组织、多方协作配合、集中征收或委托村（社区）学校等集中代收"等方式，保持原有缴费渠道不变、缴费人体验不变。

问题九：我如果想了解一些社保降费的政策，可以通过什么方式咨询？

【马玉霞】 您好，您对社保降费政策如有疑问，可随时拨打12366纳税服务热线或

12333 民生服务热线,或到税务各办税服务厅、人社部门社保服务大厅咨询。另外,您也可以通过网站、微信微博、宣传手册等学习了解相关内容。

【主持人】 谢谢马处长为我们详细解答了落实降低社会保险费率政策相关问题,也很感谢广大网友踊跃参与到我们的访谈活动中,再次感谢大家对税务工作的关心和支持,今天的在线访谈节目到此结束。如果您还有问题,欢迎访问国家税务总局湖南省税务局网站(hunan.chinatax.gov.cn),或者拨打 12366 纳税服务热线进行咨询。再次感谢各位网友,再见!

【马玉霞】 感谢主持人,感谢网友们的积极参与。祝大家工作顺利,阖家幸福。再见!

《陕西省降低社会保险费率实施办法》在线访谈解读

时间:2019 年 5 月 10 日

上午 10:00—11:00

嘉宾:

国家税务总局陕西省税务局社会保险费处处长　周治英

陕西省社会保障局综合处处长　贾海员

陕西省社会保障局　孙忠奎

【主持人】 各位网友,上午好!这里是正在为您直播的陕西税务在线访谈节目,我是主持人段强生。近日,陕西省人民政府办公厅印发了《陕西省降低社会保险费率实施办法》,此次社保费降费政策包括降低城镇职工基本养老保险费单位缴费比例,继续执行失业保险、工伤保险阶段性降费政策,调整社会保险缴费基数政策和就业人员平均工资计算口径等方面内容,涉及社会保险费所有险种。为及时把一系列降费政策送达缴费人,确保缴费人应知尽知,对红利应享尽享,今天,我们邀请到国家税务总局陕西省税务局社会保险费处处长周治英、陕西省社会保障局综合处处长贾海员和陕西省社会保障局孙忠奎同志对我省社会保险费降费政策和缴费人享受降费政策的方式进行介绍,并就缴费人关心的问题与网友进行在线交流。首先请几位嘉宾先跟广大网友打个招呼。

【贾海员】 主持人好!各位网友大家好!很高兴来到这里通过在线访谈的形式与大家进行交流。

【周治英】 主持人好!各位网友大家好!

【孙忠奎】 大家好!我是孙忠奎。

【主持人】 今年,国务院出台了《降低社会保险费率综合方案》,请问这个方案是在什么样的背景下出台的?

【贾海员】 党中央、国务院高度重视降低社保费率、减轻企业缴费负担工作。2015 年以来先后 5 次降低或阶段性降低社保费率,涉及企业职工基本养老保险、失业保险、工伤保险和生育保险,预计 2015 年到今年 4 月 30 日现行阶段性降费率政策执行期满,共可减轻企业社保缴费负担近 5 000 亿元。随着我国经济发展出现一系列新形势新情况,企业对进一步降低社保费率的呼声较强,党中央、国务院提出新的要求。习近平总书记 2018 年 11 月在民营企业座谈会上强调,要根据实际情况,降低社保缴费名义费率,稳定缴费方式,确保企业社保缴费实际负担有实质性下降。李克强总理多次研究部署降低社保费率问题,在今年《政府工作报告》中明确提出各地可将养老保险单位缴费比例降至 16%。按照党中央、国务院决策部署,人社部等四部门在深入研究论证、广泛听取各方面意见的基础上,起草了《降低社会保险费率综合方案》,经3月26日国务院第42次常务会议审议通过,已由国务院办公厅正式印发。4月3日,韩正副总理、胡春华副总理出席全国降低社会保险费率工作会议,对实施工作进行了部署,要求把降低社保费率的好事办实、实事办好。

【主持人】 请给我们大家介绍一下我省在落实降低社会保险费率负担方面做了哪些工作?

【贾海员】 省委、省政府历来高度重视降低社保费率、减轻企业缴费负担。我省从2014年7月起就实施了阶段性降低社会保险费率政策,主要涉及失业保险、工伤保险和生育保险,已先后执行三轮,第三轮今年6月30日到期。阶段性降低社会保险费率政策实施以来,对减轻企业负担、促进企业发展发挥了积极作用。国务院办公厅《降低社会保险费率综合方案》印发后,国中省长作出重要批示,坚决按照中央要求办。梁桂副省长多次听取汇报,安排部署我省降费率工作。根据国家方案精神及省委省政府要求,省人力资源社会保障厅、省财政厅、省税务局、省医疗保障局等部门研究起草《陕西省降低社会保险费率实施办法》(以下简称《实施办法》),经人力资源社会保障部、财政部批准,省政府常务会审议通过,4月30日,省政府办公厅印发了《关于印发降低社会保险费率实施办法的通知》(陕政办发〔2019〕18号)。

本次降低社会保险费率是省委省政府坚决贯彻落实党中央、国务院重大决策的实际行动,是减轻企业负担、优化营商环境、完善社会保险制度的重大举措,将对更好地激发企业活力,助推我省经济高质量发展产生积极深远的影响。

【主持人】 请问,我省降低社会保险费率《实施办法》包含的主要内容有哪些?

【贾海员】 我省《实施办法》严格对标对表国家要求,充分结合省情实际,统筹考虑了降低社会保险费率、完善社会保险制度、稳步推进社会保险费征收体制改革,综合施策,确保我省参保企业社会保险缴费实际负担有实质性下降,确保各项社会保险待遇按时足额支付。

我省《实施办法》共五部分内容:一是降低社会保险缴费费率;二是调整社会保险缴费基数政策;三是推进社会保险费征收体制改革;四是完善养老保险省级统筹;五是建立政府各部门间工作协调机制。

【主持人】 我省《实施办法》对降低社会保险费率是如何规定的?

【孙忠奎】 我省《实施办法》规定,自2019年5月1日起,城镇职工基本养老保险(包括企业和机关事业单位基本养老保险)单位缴费比例由20%降至16%。失业保险费率继续执行1%,延长阶段性降低费率期限至2020年6月30日。继续实施阶段性降低工伤保险费率至2020年6月30日(基金累计结余可支付月数24个月以上的市可下调50%,18~23个月的可下调20%,17个月以下的执行我省浮动费率政策)。其中,养老保险单位缴费比例降低幅度比较大,是关键性的举措。我省企业职工基本养老保险单位缴费比例一直执行20%,这次一次性降低4个百分点,相当于降低1/5,并将作为一项长期的制度安排坚持下去。而且不设任何条件,各类用人单位,特别是民营单位、小微企业都将从中受益。政策力度大,普惠性强,彰显了省委省政府减轻企业社保负担的鲜明态度和坚定决心。

【主持人】 本次我省降费,对调整社会保险缴费基数政策是怎么规定的?

【孙忠奎】 自2019年1月1日起,以全省上年度全口径城镇单位就业人员平均工资为依据核定基本养老保险、失业保险、工伤保险缴费基数上下限。以各市(区)上年度全口径城镇单位就业人员平均工资,核定城镇职工基本医疗保险、生育保险缴费基数上下限。同时调整我省个体工商户和灵活就业人员参加企业职工基本养老保险缴费政策。

【主持人】 我省《实施办法》中调整缴费基数政策,将对企业和参保人会带来哪些实惠?

【孙忠奎】 为了让参保单位和个人享受到更多的政策红利,《实施办法》结合我省实际,对调整缴费基数政策进行了明确。

一是调整就业人员平均工资计算口径。我省《实施办法》明确城镇职工基本养老保险、失业保险、工伤保险以全省上年度城镇非私营单位就业人员平均工资和城镇私营单位就业人员平均工资加权计算的全口径城镇单位就业人员平均工资,核定缴费基数上下限。经初步测算,2018年全省城镇单位就业人员平均工资为62 412元,月均5 201元,较2017年全省在岗职工平均工资67 433元下降了7.45%。医疗保险、生育保险按各市(区)上年度全口径城镇单位就业人员平均工资核定缴费基数上下限。

我省《实施办法》改由全口径城镇就业人员平均工资来核定缴费基数下限缴费,对于符合按下限缴费条件的职工,能够减轻他们的缴费负担;部分企业,特别是部分小微企业和劳动密集型企业,不少职工按照缴费基数下限缴费,企业负担也可进一步减轻,收益将更加明显。

二是完善个体工商户和灵活就业人员缴费基数政策。国家要求灵活就业人员按全口径就业人员平均工资的60%~300%缴费。过去,我省执行的缴费基数下限还有全省上年度在岗职工平均工资40%、50%两个缴费档次,上限为100%。考虑到我省灵活就业人员参保缴费实际,为了避免他们的缴费负担陡增,我省采取两步走的过渡办法进行规范。即2019年将缴费基数下限调整为全口径就业人员平均工资的50%,灵活就业人员可在全口径就业人员平均工资的50%~300%之间选择适当缴费基数;2020年起在60%~300%之间选择。收入较低人员可以选择较低的缴费标准,减轻缴费负担,收入较高人员可以选择较高的缴费标准,提高退休后的养老金水平,体现"多缴多得"。

三是降低费率和调整缴费基数,企业和参保人所得的实惠。城镇企业职工基本养老保险降低费率后,经我们测算,全省每降低一个百分点,全省参保企业可减轻23~24个亿的养老保险费的缴费负担,我省城镇企业职工基本养老保险费率降低至16%后,全年可减轻参保单位社保缴费负担80多亿元。

缴费基数调整后,也减轻了参保人的缴费负担。举个例子,假设某地区非私营单位在岗职工平均工资为6 000元,则原个人缴费基数下限为3 600元,如某职工月工资水平为3 000元,需按缴费基数下限3 600元计算缴费金额;计算口径调整后,全口径城镇单位就业人员平均工资为5 000元,则个人缴费基数下限相应降低到3 000元,该职工就可按3 000元计算缴费金额,前后对比,月缴费基数减少600元,个人缴费比例8%,月缴费负担相应减轻48元,如其所在企业以个人缴费基数之和确定单位缴费基数,则企业每月缴费基数也相应减少600元,月缴费负担相应减轻120元,缴费负担可进一步减轻。对个体工商户和灵活就业人员而言,政策调整后,不仅平均工资口径调整、标准降低,选择范围也变大,选择低基数的可以进一步减轻缴费负担,收入较高的人员也可以选择较高的缴费基数,来提高自己退休后的养老金水平。比如,按上例,如为灵活就业人员,月缴费基数可从6 000元改为以3 000元下限缴费,则月缴费基数减少3 000元,按20%比例缴费,月缴费负担相应减轻600元。

这里有两点说明,一是关于调整缴费基数上下限政策实施时间。国家要求不晚于5月

1日,我省明确从1月1日起执行,既保持了年度缴费政策的统一性、规范性,也能更好地减轻低收入群体的缴费负担。省、市(区)全口径城镇单位就业人员平均工资,由人力资源社会保障部门会同统计部门进行发布。省上近期就将发布。二是调整就业人员平均工资计算口径后,2019年基本养老金计发办法暂时保持不变,今后的过渡办法由省人力资源社会保障厅、省财政厅按国家有关规定制定,确保退休人员待遇水平平稳衔接。

【主持人】 我们关注到,从5月1日起,降低社会保险费率政策已经正式实施,请问:对这项工作,税务机关作了哪些部署?

【周治英】 降低社会保险费率,是党中央、国务院做出的一项重大决策,是减轻企业负担、激发市场活力的重大举措,抓好政策的贯彻落实,是全省税务系统一项重要的政治任务。

为确保缴费人及时享受到政策红利,我们省税务局作了周密部署、精心准备。截至目前,做到了"四个到位"。一是组织到位。在省、市、县各级税务机关全面成立了减税降费领导小组,把减税降费作为今年"一号落实工程、一号督查事项、一号考核任务"来抓,确保了各项工作有序推进。二是部门协作到位。省税务局与省人社厅等部门紧密配合开展企业降费减负测算,积极参与省政府降低社会保险费率实施办法的制定工作,与相关部门实现了各项业务的无缝衔接。三是内部培训到位。国务院办公厅《降低社会保险费率综合方案》发布后,各级税务机关采取专题培训等方式,对降低社保费率政策进行了全面学习培训,为精准执行降率政策打下了坚实的基础。四是征收准备到位。省税务局精心筹备调整征管系统参数配置,各级税务机关开展了系统参数配置验证和缴费服务演练。4月30日我省降低社会保险费率实施办法出台后,我们加班加点已将征管信息系统部署到位,确保了从5月1日起,降费率政策顺利落地、各类缴费渠道正常缴费。

【主持人】 税务机关将采取哪些措施确保降低社会保险费率政策落地生根?

【周治英】 从5月1日起,全省税务系统将紧紧围绕社会各界缴费人最迫切的现实需求,以最强宣传、最优服务、最严纪律、最大力度,把降低社会保险费率的红包实打实送到千家万户:一是实施最贴心的政策辅导。深入开展税收宣传月活动,强化12366热线宣传咨询,突出办税服务厅宣传辅导,开展税务干部上门培训,为缴费人把政策送到家、送到心坎上,确保缴费人对降费率政策应知尽知。二是提供最便捷的缴费服务。深入开展便民办税春风行动,在各级办税服务厅派驻专业咨询辅导人员,开设专门缴费服务窗口,精简资料,优化流程,确保广大缴费人对降费率政策应享尽享,而且按原有缴费习惯申报缴费不受影响,确保缴费服务质量只升不降。三是执行最严格的工作纪律。在全省税务系统推行"一线工作法",严令不得增加企业实际缴费负担、不得对历史欠费进行集中清缴,将降低社会保险费率政策落实情况纳入绩效管理进行专项考核,以优良的作风纪律派发好党中央、国务院降低社会保险费率的红利。四是开展最有力的督导检查。采取领导督导、纪检检查、执法督察、巡视巡察等方式,不断强化内部监督,主动配合外部监督,对落实不到位的严肃问责,以实打实的硬举措,确保企业特别是小微企业社保缴费负担有实质性下降。

【主持人】 本次社保费率调整后,缴费人的申报缴费方式和渠道有无变化?

【周治英】 按照国务院对社保费的征缴"要稳定缴费方式"的要求,企业职工基本养老保险和企业职工其他险种缴费,暂按现行征收体制继续征收。申报缴费使用电子税务局、客户端、办税厅等渠道不变。缴费人申报缴费时,选择费款所属期(费款属期为2019年5月及以后月份)后,系统将自动执行16%的费率,确保降费政策准确落地。这里需要说明的是,我们征管信息系统的调整维护,主要是落实社保费降率政策,没有改变缴费方式,广大缴费人可以放心地按照原有的缴费渠道进行缴费。

【主持人】 本次社保费降费政策实施后,税务部门围绕降低社会保险费率政策在征管方面带来的变化,如何为缴费人提供更加优质的服务?

【周治英】 除了在办税服务厅设置政策咨询服务岗外,我们还将合理调配12366远程座席,通过电子税务局及客户端在缴费人申报环节提供政策推送和事项提示等,在线上线下对缴费人进行办费流程、表单填写、征收期限、缴费基数等内容的政策辅导。此外,我们将做好窗口服务,缴费人在办税服务厅办理缴费申报业务时,窗口人员会将信息系统提示信息及时告知缴费人,并且做好咨询服务工作。同时,我们将加强申报数据监控,发现填报不准确的可疑数据时,及时提示提醒缴费人。对填报错误率较高的缴费人,耐心指导其修改完善申报表,确保缴费人应享尽享改革红利。

【主持人】 本次降费政策实施后,税务部门可能面对业务量激增的情况,将如何应对?

【周治英】 我们将采取多种措施进一步提高办费效率,提升缴费人的获得感。降费政策实施后,与原来相比,缴费方式和渠道并没有变化。面对缴费业务激增的情况,我们将进一步优化完善错峰申报措施,安排人员负责引导缴费人正确办理缴费事宜,按单位类型、办理业务等不同类别引导办费。

【主持人】 我们本期的访谈就到这里,对网友提出的问题,嘉宾随后会一一作出解答。非常感谢三位嘉宾来到我们的访谈直播间,同时也感谢广大网友的参与!如果你在社会保险费率方面还有什么疑问,可拨打社保服务热线12333或者纳税服务热线12366具体咨询,我们下期再见!

天津市关于机关事业单位社会保险降率减费等问题在线访谈

【主持人】 各位网友大家好。社会保险费征管职责划转关系百姓切身利益,事关社会民生福祉。按照国税地税征管体制改革工作总体部署,2019年1月1日起,将由税务机关负责社会保险费的征缴工作。税务部门在党中央、国务院的坚强领导下,改革任务按时保质高标准向前推进,取得了阶段性成效。今天,我们有幸邀请到国家税务总局天津市税务局社会保险费处王俊玲处长和陈波副处长,就大家关心的机关事业单位社会保险降率减费问题解答与在线网友互动交流,欢迎广大网友的关注和参与。

【主持人】 欢迎王俊玲处长和陈波副处长的到来。

【王俊玲】 谢谢主持人,各位网友大家好,非常愿意就机关事业单位社会保险降率减费问题与在线网友互动交流。

【陈波】 各位网友大家好。

【主持人】 下面我们看看网友们都有哪些问题。

【网友】 请问社保已经归税务征收了吗?目前由税务机关负责征收社会保险费的范围有何规定?

【王俊玲】 您好,根据《关于城乡居民社会保险费交由税务机关征收的公告》(国家税务总局天津市税务局公告2018年第29号,以下简称29号文件)第一条规定,自2019年1月1日起,本市城乡居民基本养老保险费交由我市税务机关负责征收。对征期跨年的城乡居民基本医疗保险费由市人力社保部门完成征收任务后,自2019年4月1日起交由税务机关统一征收。城乡居民基本医疗保险费具体征缴办法另行公告。29号文件第二条规定,具有本市户籍,年满16周岁(不含在校学生)不满60周岁,非国家机关、事业单位工作人员和不属于城镇企业职工基本养老保险制度覆盖范围的城乡居民,可以在户籍所在地参加城乡居民基本养老保险。同时,根据《国家税务总局天津市税务局 天津市人力资源和社会保障局 天津市医疗保障局关于机关事业单位社会保险费交由税务机关征收的公告》(国家税务总局天津市税务局公告2019年第3号)第二条征收范围:本市机关事业单位和在本市参保的中央所属机关事业单位及其全部在职工作人员和退休人员。29号文件第三条规定,机关事业单位基本养老保险费,机关事业单位编外人员城镇职工基本养老保险费,城镇职工基本医疗保险费(含门急诊大额),工伤保险费,生育保险费,失业保险费,大额医疗费救助(养老金中扣缴部分除外),残疾军人医疗补助,公务员医疗补助,机关事业单位职业年金。同时,根据《国家税务总局天津市税务局 天津市人力资源和社会保障局 天津市医疗保障局关于城乡居民基本医疗保险费征收问题的公告》(国家税务总局天津市税务局公告2019年第8号),对于我市跨年度征收的城乡居民基本医疗保险费,由市人力社保部门完成2019年度征收工作任务后,自2019年4月1日起由税务部门负责征收,2020年度我市城乡居民基本医疗保险费征期自2019年9月1日开始。

【网友】 单位社保费管理客户端中的申报密码是什么?

【王俊玲】 在单位社保费管理客户端中的申报密码,其初始化申报密码为单位编号后6位(这个单位编号应该是缴费人社部门获取的,如果有多个编号的,优先使用参保医疗的单位编号,若验证不通过请缴费人依次尝试其他单位编号)。如果缴费人尝试多次单位编号后6位不正确或者缴费人明确表示没有从社保部门获取到相关的编号的,可以建议纳税人咨询所属区的社保分中心,查询其单位社保编码。同时,缴费人还可以到办税服务厅进行重置密码。

【网友】 机关事业单位社保费如何申报?

【王俊玲】 本市机关事业单位、在本市参保的中央所属机关事业单位应到所属区社会保险经办机构办理参保登记,包括:单位参保登记,单位变更登记,单位注销登记,工伤浮动费率管理,参保人员登记、变动,参保人员信息变更等。

每月征期内,本市机关事业单位、在本市参保的中央所属机关事业单位由所属区社会保险经办机构审核应缴费信息后,到主管税务局办税服务厅办理申报手续,通过自主选择签订三方协议、银行临柜、办税服务厅刷卡等方式缴费。

【网友】 请问,2019年4月1日起是开始缴纳城乡居民基本医疗保险费吗?2019年9月1日起是开始缴纳2020年城乡居民基本医疗保险费吗?

【王俊玲】 我市跨年度征收的2019年度城乡居民基本医疗保险费由市人力社保部门于2019年6月30日完成征收任务;按照税务总局要求,2019年4月1日起我市税务部门承接城乡居民基本医疗保险费征管职责;我市2020年度城乡居民基本医疗保险费由税务部门自2019年9月1日起开始征收;2019年7月1日至8月31日期间新生儿、城职接续城乡保险人员补缴2019年度城乡居民基本医疗保险费有关工作另行通知。

【网友】 单位社保费缴费基数如何查询?

【陈波】 按照目前天津市社保费征收职责划分,缴费基数是由人力社保部门进行确定,建议您拨打12333电话咨询人力社保部门。

【网友】 机关事业单位的社保费缴费期限如何规定?

【陈波】 根据《国家税务总局天津市税务局 天津市人力资源和社会保障局 天津市医疗保障局关于机关事业单位社会保险费交由税务机关征收的公告》(国家税务总局天津市税务局公告2019年第3号)第4条规定:"每月26日至次月15日,缴费人缴纳机关事业单位社会保险费及职业年金。"

【网友】 城乡居民的基本养老保险费缴费每月的征期是什么时间?

【陈波】 根据《关于城乡居民社会保险费交由税务机关征收的公告》(国家税务总局天津市税务局公告2018年第29号)第3条规定:"每月26日至次月15日,缴费人缴纳城乡居民基本养老保险费。"

根据《国家税务总局天津市税务局 天津市人力资源和社会保障局 天津市医疗保障局关于城乡居民基本医疗保险费征收问题的公告》(国家税务总局天津市税务局公告2019年第8号)文件规定:"自2019年4月1日起由税务部门负责征收,2020年度我市城乡居民基本医疗保险费征期自2019年9月1日开始。"

【网友】 兼职人员或临时工所在单位需要为其申报缴纳社会保险费吗?

【陈波】 按照目前天津市社保费征收职责划分,此问题的准确答复建议您咨询人力社保部门。

【网友】 我单位为机关事业单位,在使用单位社保费管理客户端申报缴纳社保费时,客户端中为什么没有人员信息?

【陈波】 目前在单位社保费管理客户端内,在特殊缴费界面只显示单位的缴费人数、缴费总数等数据,不能显示人员信息明细。

【网友】 我单位为机关事业单位,在使用单位社保费管理客户端申报缴纳社保费时,客户端显示多个"征集通知流水号",是否可正常申报缴费?

【陈波】 可正常缴费。经确认,该问题原因为:一个税务登记关联多个社保登记户,社保部门对多个社保登记户进行核定了特殊缴费。缴费人核对无误后,对同一"征集通知流水号"进行勾选并确认申报即可。

【网友】 我是低保非重残城乡居民养老保险缴费人,是否可跨区办理城乡养老保险缴费业务?

【王俊玲】 低保重残、低保非重残、非低保重残人员人群为民政补贴对象,需在户籍所在地行政区下的经办机构办理申报缴费业务。

【网友】 请问,我去年的城乡居民养老保险费忘了缴,我今年是否可以补间断?

【王俊玲】 对以前年度出现断缴的未满60岁城乡居民,只能申报当年的养老保险。若您欲补缴断缴期间城乡养老保险,则需在到龄满60岁时,前往街镇服务机构办理到龄一次性趸交业务。

【网友】 我是城乡居民养老保险缴费人,想缴纳社保费,可以在哪里缴纳社保费?

【王俊玲】 您好,您可以在区街镇服务机构办理城乡养老保险缴费业务。

【网友】 我单位是本市机关事业单位,可通过什么方式申报缴费?

【王俊玲】 您好,您可以前往主管税务局办税服务厅申报缴费,也可以通过申请客户端,足不出户完成申报缴费。

【网友】 我单位是本市机关事业单位,因上个月工作疏忽,忘了缴纳上个月社保费,本月想补缴上个月的费款,应如何办理?

【王俊玲】 您好,您需前往所属社保经办机构审核应补缴费信息后,到主管税务局办税服务厅办理申报补缴手续。

【网友】 机关事业单位欲退费,应如何办理?

【王俊玲】 您好,机关事业单位缴费人到主管税务局申请退费,由主管税务局受理、核验,由所属社保经办机构会同有关部门依据退费申请审核退费。

【网友】 我想了解一下城乡居民基本养老保险的个人缴费标准为多少?

【陈波】 您好,城乡居民养老保险的个人缴费标准为600～3 300元共十档,缴费人可自主选择缴费档次。

【网友】 享受50%补贴城乡居民养老保险缴费人办理城乡居民养老保险缴费业务,需持什么材料在哪里办理?

【陈波】 您好,经区残疾人联合会认定低保非重残人员、非低保重残人员自愿参加城乡居民基本养老保险的缴费人,持本人身份证(户口簿)及《残疾人城乡居民基本养老保险费补贴审核表》到街镇服务机构申报缴纳个人负担部分的费款。

【网友】 我是低保重残人员,想要缴纳今年的城乡居民养老保险费,需持什么资料在哪里办理?

【陈波】 您好,经区残疾人联合会认定低保重残人员自愿参加城乡居民基本养老保险的缴费人,持本人身份证(户口簿)及《残疾人城乡居民基本养老保险费补贴审核表》到街镇服务机构办理申报手续,缴费人不缴费。

【网友】 我是城乡居民养老保险缴费人,年初已按照600元档次缴费,现在想按照3 300元档次重新缴费,需如何办理?

【陈波】 您好,您可以在申请退费完成后,重新按照3 300元档次缴费。对符合条件需办理退费手续的缴费人持缴费人本人身份证原件及复印件、缴费凭证原件及复印件到主管税务局办税服务厅办理退费手续,由主管税务局受理、核验,由所属社保经办机构会同有关部门依据退费申请审核退费。

【网友】 我今年年满60岁,但是养老保险未缴足15年,现在想办理到龄趸交业务,应如何办理?

【陈波】 您好,您需向街镇服务机构申请后,持出具的《社会保险费综合业务处理单》前往办税服务厅缴费即可。

【网友】 我是城乡居民,想缴纳城乡养老保险,需持什么资料?

【陈波】 您好,您需持本人身份证(户口簿)即可办理。

【网友】 请问社保什么时候由税务系统接收呢,接收以后是由金三系统自动比对社保缴费基数吗?

【陈波】 您好!目前,税务系统征收的是机关事业单位的社保费和城乡居民的基本养老保险费,征收方式是采用特殊缴费方式,金三社保子系统不会自动比对缴费基数。企业和灵活就业目前还是由社保部门征收,具体什么时候划转税务部门征收请大家关注我们局的公告。

【主持人】 由于时间关系,本次在线访谈活动就要结束了,对于一些来不及回答的网友留言,我们会组织有关处室认真解答,然后以文字形式在本网站公布,敬请各位网友关注。

再次感谢广大网友对我们活动的热情关注和参与,同时,也非常感谢王俊玲处长和陈波副处长的支持和配合。

再见!

甘肃省税务局开展降低社会保险费率政策在线访谈

为进一步认真贯彻落实党中央、国务院减税降费的决策部署,及时回应广大缴费人关切的热点问题,5月10日,国家税务总局甘肃省税务局社会保险费处在甘肃省税务局门户网站开展了降低社保费率"在线访谈"活动,围绕降低社会保险费率政策出台的背景、甘肃省降低社会保险费率相关政策、措施和服务流程等进行了解读,并在线回答了缴费人提出的"我省社保缴费基数口径调整""机关事业单位和企业单位社保费政策如何享受""工伤保险、失业保险阶段性减费政策延续""享受降费政策的方式""服务咨询途径"等7类问题,为赢得缴费人支持推进政策落地,营造了良好的社会氛围。

主题:降低社会保险费率政策解读

时间:2019年5月10日上午9:00—10:00

嘉宾:甘肃省税务局社会保险费处处长　　魏　欢
　　　甘肃省税务局社会保险费处副处长　宁雪琴

【主持人】　各位网友,大家早上好!欢迎来到国家税务总局甘肃省税务局在线访谈直播间,今天我们很荣幸邀请到了国家税务总局甘肃省税务局社会保险费处魏欢处长、宁雪琴副处长和孙勇智、刘锐两位同志来到直播现场,欢迎你们!此次访谈,魏处长一行将围绕我省落实《降低社会保险费率综合方案》专题对各位网友和纳税人朋友提出的问题进行详细解答。首先我们请魏欢处长、宁雪琴副处长和两位专家给大家打声招呼。

【魏欢】　主持人好!各位网友大家好!很高兴来到这里通过在线访谈的形式与大家进行交流。

【宁雪琴】　各位网友、主持人!大家好!

【孙勇智】　大家好!我是孙勇智。

【刘锐】　大家好!我是刘锐。

【主持人】　魏处长,您好!首先,请您给我们介绍一下《降低社会保险费率综合方案》的出台背景和咱们甘肃省的相关配套方案好吗?

【魏欢】　好的。党中央、国务院高度重视降低社保费率、减轻企业缴费负担工作。2015年以来先后5次降低或阶段性降低社保费率,涉及企业职工基本养老保险、失业保险、工伤保险和生育保险,据测算,从2015年到今年4月30日现行阶段性降费率政策执行期满,共可减轻企业社保缴费负担近5 000亿元。随着我国经济发展出现一系列新形势新情况,企业对进一步降低社保费率的呼声较强,党中央、国务院也提出了新的要求,习近平总书记2018年11月在民营企业座谈会上强调,要根据实际情况,降低社保缴费名义费率,稳定缴费方式,确保企业社保缴费实际负担有实质性下降,在去年底的中央经济工作会议上对实施更大规模减税降费提出明确要求。李克强总理多次研究部署降低社保费率问题,在今年《政府工作报告》中明确提出,各地可将养老保险单位缴费比例降至16%。按照党中央、国务院的决策部署,四部门在深入研究论证,广泛听取各方面意见的基础上,起草了《降低社会保险费率综合方案》(以下简称《方案》),经3月26日国务院第42次常务会议审议通过,已由国务院办公厅正式印发。4月3日,韩正副总理、胡春华副总理出席降低社会保险费率工作会议,对实施工作进行了部署,要求把降低社保费率的好事办实、实事办好。

为贯彻落实党中央、国务院决策部署,降低社会保险费率,完善社会保险制度,切实降低企业负担,甘肃省人民政府办公厅印发了《甘肃省降低社会保险费率综合实施方案》。

【主持人】 魏处长,此次降率对缴费基数政策也进行了调整,与之前政策相比有什么变化?

【魏欢】 这个问题我想请咱们宁处给大家介绍一下。

【主持人】 好的,那请宁处长给咱们介绍一下。

【宁雪琴】 缴费基数也是影响企业和个人社保缴费负担的重要参数。根据《方案》,缴费基数政策也要进行调整:一是明确将城镇非私营单位和城镇私营单位就业人员平均工资加权计算的全口径城镇单位就业人员平均工资作为核定职工缴费基数上下限的指标。二是个体工商户和灵活就业人员参加养老保险,可在全口径城镇单位就业人员平均工资的60%至300%范围内选择适当的缴费基数。主要考虑,全口径城镇单位就业人员平均工资,比原政策规定的非私营单位在岗职工平均工资,能够更合理地反映参保人员实际平均工资水平,以此来核定个人缴费基数上下限,工资水平较低的职工缴费基数可相应降低,缴费负担减轻。部分企业,特别是部分小微企业或劳动密集型企业,不少职工按照缴费基数下限缴费,企业缴费负担也可进一步减轻,能更多受益。举个例子,假设某地区非私营单位在岗职工平均工资为6 000元,则原个人缴费基数下限为3 600元,如某职工月工资水平为3 000元,需按缴费基数下限3 600元计算缴费金额;计算口径调整后,全口径城镇单位就业人员平均工资为5 000元,则个人缴费基数下限相应降低到3 000元,该职工就可按3 000元计算缴费金额,前后对比,月缴费基数减少600元,个人缴费比例8%,月缴费负担相应减轻48元,如其所在企业以个人缴费基数之和确定单位缴费基数,则企业每月缴费基数也相应减少600元,缴费负担可进一步减轻。对个体工商户和灵活就业人员而言,政策调整后,不仅平均工资口径调整、标准降低,选择范围也变大,选择低基数的可以进一步减轻缴费负担,收入较高的人员也可以选择较高的缴费基数,来提高自己退休后的养老金水平。比如,按上例,如为灵活就业人员,月缴费基数可从6 000元改为以3 000元下限缴费,则月缴费基数减少3 000元,按20%比例缴费,月缴费负担相应减轻600元。

《甘肃省降低社会保险费率综合实施方案》中明确,调整就业人员平均工资计算口径。全省以本省城镇非私营单位就业人员平均工资和城镇私营单位就业人员平均工资加权计算的全口径城镇单位就业人员平均工资,核定社保个人缴费基数上下限,合理降低部分参保人员和企业的社保缴费基数。从2019年1月1日开始按照公布的全口径城镇单位就业人员平均工资执行。个体工商户和灵活就业人员参加企业职工基本养老保险,可以在本省全口径城镇单位就业人员平均工资的60%至300%之间选择适当的缴费基数。

【主持人】 好的,谢谢宁处长,现在已经有网友提问了,这位叫糖豆的网友提出的问题"养老保险单位缴费比例下调至16%,那么请问个人缴费比例部分是否会同步下调?"

【孙勇智】 我来回答这个问题,根据我省降低社会保险费率实施方案,基本养老保险单位缴费比例降至16%,对于企业职工基本养老保险和机关事业单位基本养老保险个人缴费比率不做调整。

【主持人】 好的,谢谢孙主任,那孙主任还能给咱们介绍一下咱们省延长阶段性降低失业保险和工伤保险费率 5 月 1 日怎么执行吗?

【孙勇智】 好的,我省 5 月 1 日起继续阶段性降低失业保险和工伤保险费率。具体为:自 2019 年 5 月 1 日起,全省失业保险阶段性降低费率的期限延长至 2020 年 4 月 30 日,继续执行 1%(单位缴费 0.7%,个人缴费 0.3%)的缴费比例。自 2019 年 5 月 1 日起,延长阶段性降低工伤保险费率的期限至 2020 年 4 月 30 日。截至 2018 年底,工伤保险基金累计结余可支付月数在 24 个月以上的省本级、甘南、陇南、定西、临夏、平凉、天水、白银和甘肃矿区 9 个统筹地区可以现行费率为基础下调 50%;累计结余可支付月数在 18 至 23 个月的兰州市可以现行费率为基础下调 20%。

【主持人】 好的,又有网友提问了,这位叫作心灵鸡汤的网友提问:"我是一个体户,我的养老费这个月交的时候有啥变化吗,降不降?"

【刘锐】 这个问题我来回答。这位网友,您是从事个体经营的,养老保险应该是按照个体工商户和灵活就业人员参保的,根据我省降低社会保险费率实施方案,个体工商户和灵活就业人员参加企业职工基本养老保险缴费比例保持不变。但是缴费基数上有变化,根据我省降低社会保险费率实施方案,全省社保缴费基数上下限从 2019 年 1 月 1 日开始按照公布的全口径城镇单位就业人员平均工资执行。

个体工商户和灵活就业人员参加企业职工基本养老保险,可以在本省全口径城镇单位就业人员平均工资的 60% 至 300% 之间选择适当的缴费基数。

【主持人】 好的,谢谢您。魏处长,就我所知,目前税务部门正在推进社保费征收体制改革,是否会改变企业社保费当前的征缴模式?

【魏欢】 根据我省降低社会保险费率实施方案,企业职工基本养老保险和企业职工其他险种缴费,暂按现行征收体制继续征收,稳定缴费方式,即继续维持人社核定税务征收的征收模式。

【主持人】 这样就不影响咱们缴费人正常缴费了,这位叫"巴菲特"的网友提出这样一个问题:社保降费政策执行后,担心因为申报错误导致不能享受到优惠政策,税务部门能否加强对缴费人申报方面的辅导?

【宁雪琴】 这个问题我来回答,税务部门将配合人社、医保等部门做好申报核定数据的分析比对,避免缴费人因核定数据错误导致缴费负担增加。

【主持人】 好的,谢谢宁处长,现在网友的提问慢慢多了,已经有好几位网友提问了,下面我们先看一下这位叫作"上善若水"的网友提问说,**现在对我们私人企业在享受社会保险费降率政策要办啥手续?**

【孙勇智】 不需要!根据我省企业社保费现行征收体制,税务部门根据人社部门传递的应征数据征收企业社保费,本次降率的有关政策,在人社部门核定应征数据时已经进行了调整,企业可以享受优惠政策,不需要再到税务部门办理相关手续。

【主持人】 由于时间关系,今天的访谈活动就要结束了,如果咱们缴费人想更详细地了解社保费降率相关政策,魏处长,**请问咱们税务机关还能提供有哪些咨询途径?**

【魏欢】 对于社保费降率相关政策,咱们可以直接拨打人社部门的咨询热线 12333,对于社保费征收方面相关的问题,您可以拨打税务部门的咨询热线电话 12366。为了方便缴费人咨询,税务部门的咨询热线与人社部门咨询热线也同步开通了一键互转,确保您的咨询得到及时的解答。另外,我们在办税服务厅设置了社保费咨询引导专窗专岗,并配足人力资源,为缴费人咨询降低社保费降率政策提供专门服务,您也可以到咨询窗口咨询您想了解的问题。

【主持人】 好的,今天咱们的在线访谈就到这里,感谢魏处长、宁处长和两位专家对落实《降低社会保险费率综合方案》专题的精彩讲解,感谢各位网友的热情参与。谢谢大家,我们下次再见!

【魏欢】 谢谢大家,再见!

东莞市社会保险费降费减负政策问答

一、国务院《降低社会保险费率综合方案》对我市社保费的征缴政策有哪些影响?

答:国务院方案出台后,我省印发了《广东省城镇职工基本养老保险单位缴费比例过渡方案》(粤人社规〔2019〕11号),根据文件规定,此次国务院降低社会保险费率的部署对我市社保费征缴政策的影响主要体现在"三个下调",包括下调企业职工养老保险缴费基数上限、下调机关事业单位养老保险单位缴费比例和下调机关事业单位养老保险缴费基数上下限。

二、国务院《降低社会保险费率综合方案》要求各省企业职工养老保险缴费比例低于16%的,要研究提出过渡办法,我省如何规定?我市有哪些影响?

答:根据《广东省城镇职工基本养老保险单位缴费比例过渡方案》规定,单位缴费比例为13%的市,2020年底前将单位缴费比例调整为14%,具体的过渡计划由各市人力资源社会保障、财政、税务部门制定。今后再根据国家统一部署,将单位缴费比例逐步过渡到全国统一标准。我市目前企业职工养老保险单位缴费比例为13%,在2020年底前将调整为14%,今后再根据国家统一部署,将单位缴费比例逐步过渡到全国统一标准。

三、我市企业职工基本养老保险缴费基数上限如何下调?

答:2019年5月1日至2019年6月30日,我市企业职工基本养老保险缴费基数上限由20 004元(即2017年全省城镇非私营单位在岗职工月平均工资的300%,下同)下调至17 346元(即2017年全省全口径在岗职工月平均工资的300%,下同)。2019年7月1日起,我市将根据统计部门新公布的我省2018年社会平均工资数据计算确定2019社会保险年度(2019年7月1日至2020年6月30日)基本养老保险的缴费基数上下限。上述执行时间为企业职工基本养老保险费对应的费款所属期。

四、我市企业职工基本养老保险缴费基数下限如何规定?

答:我市2018社会保险年度(2018年7月1日至2019年6月30日)企业职工基本养老保险缴费基数下限为3 100元(即2017年广东省第二类片区全口径在岗职工月平均工资的60%)。

五、国务院《降低社会保险费率综合方案》要求要调整个体工商户和灵活就业人员参加企业职工基本养老保险缴费基数政策,我省如何规定?

答:自2016年3月起,我省无雇工的个体工商户和灵活就业人员可在所在地级以上市企业职工基本养老保险的缴费工资基数上下限范围内确定其缴费基数。根据《广东省城镇职工基本养老保险单位缴费比例过渡方案》,2019年5月1日至2019年6月30日,灵活就业人员参加我省企业职工基本养老保险的缴费基数上限由20 004元下调至17 346元。2019年7月1日起,我省将根据统计部门新公布的2018年社会平均工资数据计算确定2019社会保险年度(2019年7月1日至2020年6月30日)基本养老保险的缴费基数上下限。上述执行时间为企业职工基本养老保险费对应的费款所属期。

六、从 2019 年 5 月 1 日起,我市机关事业单位养老保险单位缴费比例如何下调?

答:从 2019 年 5 月 1 日(费款所属期)起,我市机关事业单位养老保险单位缴费比例从 20% 下调为 16%。

七、从 2019 年 5 月 1 日起,我市机关事业单位养老保险缴费基数上下限如何变化?

答:2019 年 5 月 1 日至 2019 年 6 月 30 日,我市机关事业单位基本养老保险缴费基数上限暂由 20 004 元下调至 17 346 元,缴费基数下限暂由 4 000.8 元(即 2017 年全省城镇非私营单位在岗职工月平均工资的 60%)下调至 3 469 元(即 2017 年全省全口径在岗职工月平均工资的 60%)。我市将根据统计部门新公布的我省 2018 年度社会平均数据后计算确定 2019 年度(2019 年 1 月至 2019 年 12 月)基本养老保险的上下限。上述执行时间为机关事业单位基本养老保险费对应的费款所属期。

八、国务院《降低社会保险费率综合方案》规定要继续阶段性降低失业保险费率,为什么我市没有变化?

答:我市早期已落实国务院降低失业保险费率的要求。广东省自 2016 年 3 月 1 日起,将失业保险费率由 2% 降至 1%,其中用人单位缴费费率降至 0.8%,个人费率降至 0.2%。在当时国家和省积极为企业减负的背景下,我市将失业保险费率由原来的 1.5% 进一步下调至 0.7%,其中单位费率降至 0.5%,个人费率降至 0.2%,政策执行至 2018 年 2 月底。从 2018 年 3 月 1 日起实施用人单位失业保险浮动费率制度,对一定时期内不减员或少减员的用人单位,适当下浮费率,按浮动费率方法计算得出的失业保险单位费率最低为 0.48%,对计算得出的单位费率高于 0.5% 的,继续按 0.5% 费率缴费,政策执行期到 2020 年底。

九、国务院《降低社会保险费率综合方案》规定要继续阶段性降低工伤保险费率,为什么我市没有变化?

答:我市已全面落实国务院的要求。我市于 2015 年 10 月 1 日起实施阶段下调工伤保险费率措施,根据按照八类工伤风险行业类别确定行业基准费率,并执行浮动费率,最低费率仅为 0.2%。2019 年 1 月 1 日起,我市工伤保险缴费费率在当前阶段性下调 30% 的基础上再下调 20%,累计下调幅度为 44%,阶段性降低工伤保险费率优惠政策执行期延至 2020 年 12 月 31 日。

十、除了养老保险、失业保险和工伤保险有降费减负政策外,我市还有其他社保费降费减负政策吗?

答:还有基本医疗保险和生育保险的降费减负政策。我市对社会基本医疗保险和生育保险费率进行结构性调整,企业社会基本医疗保险费率从 1.8% 降至 1.6%,生育保险执行 0.7% 的费率标准。详情可咨询当地医保部门、税务部门。

十一、缴费单位和缴费个人如何享受社保费降费减负政策,是否需要申请办理?

答:不需要。社保费降费减负政策的享受通过社保和税务机关直接调整征收系统实现,缴费单位和缴费个人在申报缴纳社保费时即可享受降费减负政策,无须申请办理。

附录3

关于全面推开划转部分国有资本充实社保基金工作的通知

财资〔2019〕49号

各省、自治区、直辖市人民政府,国务院各部委、各直属机构,新疆生产建设兵团,各中央管理企业,中国证券登记结算有限责任公司:

为全面推开中央和地方划转部分国有资本充实社保基金工作,经国务院同意,现就有关事项通知如下:

一、中央和地方划转部分国有资本充实社保基金工作于2019年全面推开。其中:中央层面,具备条件的企业于2019年底前基本完成,确有难度的企业可于2020年底前完成,中央行政事业单位所办企业待集中统一监管改革完成后予以划转;地方层面,于2020年底前基本完成划转工作。

二、国有股东应做好相关企业股权划出工作,督促企业及时办理相关手续。承接主体应扎实做好企业股权接收工作,保证接收股权的集中持有和单独核算,接受考核监督。划转的地方企业国有股权,统一由各省级人民政府设立的一家国有独资公司集中持有、管理和运营,或委托一家具有国有资本投资运营功能的公司专户管理。

三、各省(自治区、直辖市)人民政府要对本地区划转工作负总责,加强组织领导,结合实际制定具体落实办法,确保按要求完成划转任务。同时,要加强对承接主体的监督和管理,确保划转的国有资本专项用于弥补企业职工基本养老保险基金缺口。各级财政、人力资源社会保障、国资监管等有关部门要加强协作配合,切实履行职责。

四、为积极稳妥、规范有序推进划转工作,结合试点工作情况,制定了《关于划转部分国有资本充实社保基金有关事项的操作办法》,自本通知印发之日起生效,请遵照执行。

附:关于划转部分国有资本充实社保基金有关事项的操作办法

财政部
人力资源社会保障部
国资委
税务总局
证监会
2019年9月10日

附件:

关于划转部分国有资本充实社保基金有关事项的操作办法

为积极稳妥、规范有序做好划转部分国有资本充实社保基金工作,根据《国务院关于印发划转部分国有资本充实社保基金实施方案的通知》(国发〔2017〕49号)(以下简称《实施方案》),制定本操作办法。

一、关于划转范围和划转对象的确定

(一)以《实施方案》印发日确定划转范围和划转对象。纳入划转范围的企业,对其由国家直接出资形成的国有资本实施划转。

（二）大中型企业的划型标准，按照《国家统计局关于印发〈统计上大中小微型企业划分办法（2017）〉的通知》（国统字〔2017〕213 号）等有关规定执行。

（三）大中型金融机构的划型标准，按照《中国人民银行 中国银行业监督管理委员会 中国证券监督管理委员会 中国保险监督管理委员会 国家统计局关于印发〈金融业企业划型标准规定〉的通知》（银发〔2015〕309 号）有关规定执行。

（四）企业规模的认定及划转口径以合并财务报表为准。

（五）公益类企业的确定按照《国资委 财政部 发展改革委关于印发〈关于国有企业功能界定与分类的指导意见〉的通知》（国资发研究〔2015〕170 号）予以明确。

（六）文化企业是指由各级政府和文化部门出资设立的文化企业。

（七）政策性和开发性金融机构包括国家开发银行股份有限公司、中国进出口银行、中国农业发展银行和中国出口信用保险公司。

（八）国有资本投资、运营公司或具有持股平台性质的企业，应按照《实施方案》的要求履行划转义务。可直接划转国有资本投资、运营公司或持股平台自身的国有股权，也可划转国有资本投资、运营公司或持股平台所属一级子公司国有股权。

（九）《实施方案》印发日至划转实施日，企业因实施重组改制等改革事项，导致划转范围和划转规模发生变化的，需追溯划转。确实无法追溯的，可按《实施方案》印发前一年度末，即 2016 年末测算应划转的权益，并以上缴资金等方式替代或补足。

（十）因企业集团未完成公司制改制划转子公司股权的，划转企业集团股权时，已划转子公司国有股权不再划转；已完成划转的企业集团开展重组的，已划转的国有股权不再重复划转。已完成划转的企业集团，由国家新增投入形成的国有资本不再转。

二、关于多元持股企业的划转方式

（十一）划转对象涉及多个国有股东的，须分别划转各国有股东所持国有股权的 10%，并由第一大股东牵头实施。原则上多个国有股东中持股比例最大者为第一大股东，国有股东持股比例相同的，由具有实际控制权的国有股东牵头实施划转。

（十二）由牵头实施划转的国有股东对企业各国有股东身份和应划转股权进行初审，并征求其他国有股东意见。相关国有股东应在 15 个工作日内回复。

（十三）按照第一大股东的产权隶属关系，将各国有股东应划转的国有股权统一划转至社保基金会或各省（自治区、直辖市）国有独资公司等承接主体。

（十四）第一大股东根据有关规定不需划转所持国有股权的，其他符合条件的国有股东仍需实施划转，牵头实施单位应顺次确定，并将应划转国有股权划转至牵头实施单位相应的承接主体。

三、关于划转工作办理

（十五）各级财政部门会同有关部门向划转对象下达国有股划转通知，并抄送各国有股东及承接主体。涉及划转境内上市公司、全国中小企业股份转让系统挂牌公司以及境外上市公司非境外上市股份国有股权的，应同时向中国证券登记结算有限责任公司抄送国有股划转通知，在国有股划转通知中明确划转对象的证券代码、划转数量、是否限售、联系方式等具体信息。划转对象相关国有股东须积极配合做好划转工作，确保按国有股划转通知要求，在规定时间将股权划转到位。

（十六）划转非上市企业国有股权的，划转对象应在收到国有股划转通知后 20 个工作日内，申请办理国有产权变更登记，并根据工商变更登记的相关规定，及时完成工商变更登记手续。相关国有产权登记机构应在接到申请 10 个工作日内，完成国有产权变更登记。

（十七）划转上市公司国有股权的，中国证券登记结算有限责任公司在收到国有股划转通知后 15 个工作日内完成国有股权变更登记，并将变更登记情况反馈相关国有股东，同时抄送相关承接主体。

（十八）国有股权划转原则上以上一年度最后一日作为划转基准日。若上一年度最后一日至国有股划转通知下达前,划转对象因相关经济活动开展审计、资产评估等并相应进行账务调整的,以财务报告的最新变更时点作为划转基准日。

(十九)国有股东划转的国有股权应当权属清晰,因担保、质押、司法冻结等原因导致国有股东所持股权受限的,优先划转不受限股权;不受限股权不足的,国有股东应尽快解除限制并及时完成划转;暂时无法解除的,国有股东应说明限制解除的具体时间,待限制解除后的15个工作日内,完成划转工作。

四、关于划转国有资本的管理

(二十)企业国有股权变更登记完成后,社保基金会等承接主体应按照划转基准日账面值入账,股权变更登记完成后产生的股权分红由承接主体持有。

(二十一)社保基金会等承接主体作为财务投资者,享有所划入国有股权的收益权、处置权和知情权,划转对象不改变现行国有资产管理体制。社保基金会等承接主体和企业原有股东可通过协议等方式明确股东权利的行使方式。

(二十二)划转国有资本运作管理办法出台前,划转国有资本产生的现金收益可由承接主体进行投资,投资范围限定为银行存款、一级市场购买国债和对划转对象的增资。

(二十三)对于承接主体的相关管理费用,由各省级人民政府根据实际情况确定。

五、关于税费处理问题

(二十四)在国有股权划转和接收过程中,划转非上市公司股份的,对划出方与划入方签订的产权转移书据免征印花税;划转上市公司股份和全国中小企业股份转让系统挂牌公司股份的,免征证券交易印花税;对划入方因承接划转股权而增加的实收资本和资本公积,免征印花税;涉及境内上市公司、全国中小企业股份转让系统挂牌的公司和境外上市公司非境外上市股份的,免收过户费。本办法印发前,划转双方已缴纳的上述税费由征收单位予以退还。

(二十五)国有股权划出方和划入方均不确认所得,不征收企业所得税,划入方取得已划入股权的企业所得税计税基础以划入股权的原计税基础确定。

六、关于与原国有股转(减)持政策的衔接

(二十六)《实施方案》印发前,企业已完成境内首次公开发行股票并上市或境外首次公开发行和增发股票的,相关单位和部门须继续履行原国有股转(减)持政策。

(二十七)自《实施方案》印发之日起,企业在境内首次公开发行股票并上市或境外首次公开发行和增发股票的,相关单位和部门停止执行原国有股转(减)持政策,国有股转(减)持批复文件不再作为证券监管部门的审查要件。

(二十八)自《实施方案》印发之日起,企业完成境内首次公开发行股票并上市或境外首次公开发行和增发股票,并按原政策规定履行国有股转(减)持义务的,由企业直接向财政部提出申请,经财政部会同有关国有资产监督管理机构及社保基金会审核,符合条件的,可实行回拨处理。

(二十九)按照《实施方案》划转部分国有资本充实社保基金的上市公司,已履行国有股转(减)持义务的,已划转股份或缴纳的减持资金不作为划转抵扣因素。

(三十)自《实施方案》印发之日起,《财政部关于金融资产管理公司和国有银行国有股减持有关问题的通知》(财金函〔2004〕21号)、《财政部 国资委 证监会 社保基金会关于进一步明确金融企业国有股转持有关问题的通知》(财金〔2013〕78号)、《财政部关于取消国有创业投资机构和国有创业投资引导基金国有股转持义务审批事项后有关管理工作的通知》(财资〔2015〕39号)停止执行。

七、其他事项

(三十一)新疆生产建设兵团所属企业的划转工作,由新疆生产建设兵团负责实施。

附录 4

《税收征管规范 2.0》中有关社会保险费的表单

1.《社会保险费缴费人身份信息报告表(适用单位缴费人)》

➢ 表单类型

纳税人填报

➢ 设置依据(表单来源)

征管规范自制表单

《社会保险费缴费人身份信息报告表(适用单位缴费人)》

纳税人识别号：

缴费人名称			统一社会信用代码			
单位地址			行业			
登记注册类型		法定代表(负责人)			联系电话	
身份证件种类		身份证件号码				
缴费银行			缴费账号			
隶属关系						
行业统筹或汇总缴费费种	无□	养老保险费□	医疗保险费□	失业保险费□	工伤保险费□	生育保险费□
统筹或汇总缴费单位识别号			统筹或汇总缴费单位名称			
社保经办机构	单位社保编号	参保类型	参保费种	征收品目	子目	费率
申明： 本缴费单位填报的社会保险缴费登记信息真实、准确，如有虚假内容，愿承担法律责任。						
单位签章：		填写人：			年 月 日	
以下由税务机关填写						
主管税务机关		受理人		受理税务机关：		
				受理日期：	年 月 日	
本表由计算机产生，税务机关打印一式两份交缴费人确认，一份交缴费人，一份由主管税务机关存档。						

2.《社会保险费缴费人身份信息报告表(适用灵活就业人员)》

> 表单类型

纳税人填报

> 设置依据(表单来源)

征管规范自制表单

《社会保险费缴费人身份信息报告表(适用灵活就业人员)》

纳税人识别号：

姓名		性别		身份证件种类		身份证件号码	
出生日期		国籍		个人社保编号		文化程度	
户籍所在地				人员状态		个人身份	
特殊人群				归集类别		参保类型	
参保日期				离退休日期		联系电话	
缴费银行				缴费账号		参保状态	
社保经办机构	社保编码		参保费种	征收品目	子目	费率	险种状态

申明：
本缴费人填报的社会保险缴费登记信息真实、准确，如有虚假内容，愿承担法律责任。

填写人：   填写日期：   年 月 日

| 受理税务机关： | 受理人： | 受理日期： 年 月 日 |

本表由计算机产生，税务机关打印一式两份交缴费人确认，一份交缴费人，一份由主管税务机关存档。

3.《社会保险费缴费信息报告变更表》

> 表单类型

纳税人填报

> 设置依据(表单来源)

政策规定表单

【政策依据】

《国家税务总局关于印发税务机关征收社会保险费表证单书(样式)的通知》(国税函〔2005〕891号)

社会保险费缴费信息报告变更表

缴费人名称			纳税人识别号	
变更登记事项				
序号	变更项目	变更前内容	变更后内容	变更日期
办费人			受理人	
申请日期			受理日期	

【表单说明】

1. 单位缴费登记和个人缴费登记内容发生变更的使用此表。
2. 此表一式一份，由税务机关留存，并纳入微机管理。
3. 纸型为 A4 型，竖排。

4.《注销社会保险费缴费信息报告申请表》

➢ 表单类型

纳税人填报

➢ 设置依据（表单来源）

政策规定表单

【政策依据】

《国家税务总局关于印发税务机关征收社会保险费表证单书（样式）的通知》（国税函〔2005〕891号）

注销社会保险费缴费信息报告申请表

缴费人名称		纳税人识别号	
终止日期			
注销原因			
办费人		申报日期	
受理人		受理日期	
受理税务机关			

【表单说明】
1. "注销原因"是指注销社会保险费缴费登记的具体原因。
2. 注销登记时间以县(区)以上税务局(分局)审核的时间为准。
3. 此表一式一份,由税务机关填写留存,并纳入微机管理。
4. 纸型为 A4 型,竖排。

5.《社会保险费参保职工个人信息变更表》

➢ 表单类型

纳税人填报

➢ 设置依据(表单来源)

征管规范自制表单

社会保险费参保职工个人信息变更表

纳税人识别号		缴费人名称	
自然人中文姓名		自然人英文姓名	
身份证件种类		身份证件号码	
变更项目	变更前内容		变更后内容
申请人		申请日期	
受理人		受理日期	

【表单说明】
1. 本表适用于实行社保费明细管理的地区;
2. 本表作为《社会保险费缴费信息报告变更表》的附表。

6.《社会保险费缴费证明》

➢ 表单类型

税务机关开具

➢ 设置依据(表单来源)

征管规范自制表单

社会保险费缴费证明

兹证明＊＊＊（缴费人名称），纳税人识别号＊＊＊＊，个人社保编号＊＊＊＊，在____（全国、＊省、＊市、＊县）开具范围内，在税务机关缴纳社会保险费情况如下：

税务征收机关	社保经办机构	单位社保编号	费种	征收品目	费款属期	缴费金额
					年月至年月	
					年月至年月	
					年月至年月	
					年月至年月	
合计				—		

特此证明

税务机关名称（盖章）

年　月　日

7.《开具社会保险费缴费证明申请表（补录明细信息）》

➢ 表单类型

纳税人填报

➢ 设置依据（表单来源）

征管规范自制表单

开具社会保险费缴费证明申请表（补录明细信息）

缴费人名称		缴费人识别号	
缴费人身份证件种类		缴费人身份证件号码	
国籍		个人社保编码	
缴费人有效联系地址		代理人姓名	
代理人身份证件种类		代理人身份证件号码	
费种	征收品目	缴费期限起	缴费期限止	缴费金额
...				
合计	—	—	—	

申请理由：

缴费人或代理人（签章）：

年　月　日

8.《开具社会保险费缴费证明申请表》

➢ 表单类型

纳税人填报

> 设置依据(表单来源)
征管规范自制表单

开具社会保险费缴费证明申请表

缴费人姓名		国籍	
缴费人身份证件种类		缴费人身份证件号码	
费款所属期起		费款所属期止	
申请理由:			

缴费人(签章):
年 月 日

9.《社会保险费缴费申报表(适用单位缴费人)》

> 表单类型
纳税人填报
> 设置依据(表单来源)
政策规定表单

【政策依据】
《国家税务总局关于印发税务机关征收社会保险费表证单书(样式)的通知》(国税函〔2005〕891号)

社会保险费缴费申报表(适用单位缴费人)

*用人单位名称: *纳税人识别号: 申报性质:

序号	*社会保险经办机构	*单位社保编号	*参保费种	*征收品目	*征收子目	*费款所属日期起	*费款所属日期止	缴费人数	职工工资总额	缴费基数	*费率	*本期应缴费额
1	2	3	4	5	6	7	8	9	10	11	12	13=11×12
......												
*合计	—	—	—	—	—							

*缴费人申明	本单位所申报的社会保险费真实、准确并完整,与事实相符。 法定代表人(负责人)签名: 年 月 日	*授权人申明	我单位授权_____ 为本单位代理申报人,任何与申报有关的往来文件,都可寄此代理机构。 委托代理合同号: 授权人: 年 月 日	*代理人申明	本申报表是按照社会保险费有关规定填报,我确认其真实、完整并合法。 代理人(签章): 经办人: 年 月 日
*税务机关受理人:		*受理税务机关:	*受理日期: 年 月 日	备注:	

【表单说明】

1. "用人单位名称"指《营业执照》《组织机构代码证》或其他核准证照上的"名称"。
2. 有多个险种分行填写各项信息。
3. "缴费人数":分险种填写申报当月实际缴费人数。
4. "缴费基数":填写申报当月实际缴费工资总额。
5. "职工工资总额":填写本期职工申报的本人工资总额。
6. 表中所有金额单位:元(列至角分)。
7. 如本页不够,可另附续表。
8. 本表一式两份,一份缴费用人单位留存,一份税务机关留存。

10.《社会保险费结算申报表》

➢ 表单类型

纳税人填报

➢ 设置依据(表单来源)

政策规定表单

社会保险费结算申报表

纳税人识别号:　　　　　　　　用人单位名称(姓名):　　　　　　　　单位:元列至角分

单位社保编号	社会保险经办机构编号	参保费种	征收品目	征收子目	结算所属日期起	结算所属日期止	结算所属期工资总额	可扣减项目金额	结算所属期缴费基数	结算所属期已申报缴费基数	结算所属期应补报缴费基数	费率	结算所属期应补缴费额
1	2	3	4	5	6	7	8	9	10＝8－9	11	12＝10－11	13	14＝12×13

申报人:　　　　　　申报日期:　　　　　　受理人:　　　　　　受理日期:

【表单说明】

1. 有多个参保费种的,分行填写各项信息。
2. "用人单位名称"指《营业执照》《组织机构代码证》或其他核准证照上的"名称"。
3. "登记注册类型"栏即经济类型,按营业执照的内容填写;不需要领取营业执照的,填写"非企业单位"或"港、澳、台商企业常驻代表机构及其他""外国企业",如为分支机构,按总机构的经济类型填写。
4. 表中可扣减项目金额＝调减项目小计－调增项目小计(见附表《社会保险费工资总额调整项目汇总表》)。

5. 表中所有金额单位：元(列至角分)。

6. 本表一式两份，一份缴费人留存，一份税务机关留存。

11.《社会保险费工资总额调整项目汇总表》

➢ 表单类型

纳税人填报

➢ 设置依据(表单来源)

政策规定表单

《社会保险费工资总额调整项目汇总表》

纳税人识别号：　　　　　　用人单位名称(姓名)：　　　　　　单位金额：元列至角分

单位社保编号	社保经办机构编号	参保费种	征收品目	征收子目	费率	结算所属日期起	结算所属日期止	调增项目		调减项目		可扣减项目金额
								项目	额度	项目	额度	
1	2	3	4	5	6	7	8	9	10	11	12	13＝12－10
合计			—	—		—	—		—		—	

【表单说明】

1. 本表为《社会保险费结算申报表》的附表，与主表同时报送。

2. "用人单位名称"指《营业执照》《组织机构代码证》或其他核准证照上的"名称"。

3. "登记注册类型"栏即经济类型，按营业执照的内容填写；不需要领取营业执照的，填写"非企业单位"或"港、澳、台商企业常驻代表机构及其他""外国企业"，如为分支机构，按总机构的经济类型填写。

4. 表中所有金额单位：元(列至角分)。

5.《社会保险费结算申报表》中可扣减项目金额＝调减项目小计－调增项目小计。

6. 表中"调增项目""调减项目"内容按各地规定内容填写。

12.《社会保险费缴费申报表(适用灵活就业人员)》

➢ 表单类型

纳税人填报

➢ 设置依据(表单来源)

征管规范自制表单

社会保险费缴费申报表（适用灵活就业人员）

纳税人识别号：　　　　　　　　　姓名：　　　　　　　　

身份证件类型：　　　　　　　　　身份证件号码：　　　　　　　　申报性质：

*序号	*社保经办机构	*个人社保编号	*参保费种	*征收品目	*征收子目	*费款所属日期起	*费款所属日期止	缴费基数	*费率	*本期应缴费额
1	2	3	4	5	6	7	8	9	10	11
*合计	—	—	—	—	—	—	—		—	

缴费档次		是否允许银行自动扣款	□允许　□不允许
缴费人声明	本人已阅读相关社保费政策文件，确认以上申报信息准确无误。 本人声明（□同意/□不同意）税务机关定期由本人授权银行按本表填列的缴费基数或选定缴费档次所对应的应缴费额，从本人账户中自动扣社会保险费款，自动扣款从年月开始。本人已知晓当社平工资或缴费档次对应的应缴费额调整时，本人的应缴费额按规定同期调整。 　　　　　　　　　　　　　　　　　　　　缴费人（签章）： 　　　　　　　　　　　　　　　　　　　　　　　　年　月　日
*受理税务机关：		受理人：	*受理日期：　年　月　日

13.《社会保险费缴费明细申报表（适用职工个人）》

➢ 表单类型

纳税人填报

➢ 设置依据（表单来源）

政策规定表单

社会保险费缴费明细申报表（适用职工个人）

纳税人识别号：　　　　　　　　　用人单位名称：

序号	姓名	身份证件类型	身份证件号码	社保经办机构代码	单位编号	个人社保编号	参保费种	征收品目	征收子目	所属日期起	所属日期止	本人工资	缴费基数	费率	本期应缴费额
1	2	3	4	5	6	7	8	9	10	11	12	13	14	15	16＝14×15
		……													
合计		—													
受理税务机关：					受理人						受理日期：	年月日			

【表单说明】

1. 本表可作为《社会保险费缴费申报表(适用单位缴费人)》的附表。
2. "用人单位名称"指《营业执照》《组织机构代码证》或其他核准证照上的"名称"。
3. 同一职工有多个参保费种的,分行填写各项信息。
4. "证件类型"栏一般填写"居民身份证",如无居民身份证,则填写"军官证""士兵证""护照"等有效身份证件。
5. "本人工资":填写申报当月本人工资额。
6. "缴费基数":不需填写,由税务机关根据缴费基数上限规则判断后产生。
7. 表中所有金额单位:元(列至角分)。
8. 本表一式两份,一份缴费用人单位留存,一份税务机关留存。

14.《社会保险费缴费申报表(适用城乡居民个人)》

➢ 表单类型

纳税人填报

➢ 设置依据(表单来源)

政策规定表单

社会保险费缴费申报表(适用城乡居民个人)

纳税人识别号: 　　　　　　　姓名:

身份证件类型: 　　　　　　　身份证件号码: 　　　　　　　申报性质:

*序号	*社保经办机构	*个人社保编号	*参保费种	*征收品目	*征收子目	*费款所属日期起	*费款所属日期止	缴费档次	*本期应缴费额	补助金额	实缴金额
1	2	3	4	5	6	7	8	9	10	11	12=10-11
*合计	—	—	—	—	—						
是否允许银行自动扣款					□允许 □不允许						
缴费人声明	本人已阅读相关社保费政策文件,确认以上申报信息准确无误。 本人声明(□同意/□不同意)税务机关定期由本人授权银行按本表列的本期应缴费额或选定缴费档次所对应的应缴费额,从本人账户中自动扣社会保险费款,自动扣款从年月开始。本人已知晓当社平工资或缴费档次对应的应缴费额调整时,本人的应缴费额按规定同期调整。 　　　　　　　　　　　　　　　　　　　　　缴费人(签章): 　　　　　　　　　　　　　　　　　　　　　　　　　年 月 日										
*受理税务机关:		*受理人:				*受理日期:			年 月 日		

15.《社会保险费缴费申报表(适用城乡居民虚拟户汇总申报)》

➢ 表单类型

纳税人填报

➢ 设置依据(表单来源)

政策规定表单

社会保险费缴费申报表(适用城乡居民虚拟户汇总申报)

*城乡居民虚拟户名称：　　　　　　*纳税人识别号：　　　　　　　　　　　　申报性质：

序号	*社会保险经办机构	*单位社保编号	*参保费种	*征收品目	*征收子目	*费款所属日期起	*费款所属日期止	缴费人数	*本期应缴费额	补助金额	实缴金额
1	2	3	4	5	6	7	8	9	10	11	12＝10－11
	……										
*合计	—										
代办组织：		代办人：		*受理税务机关：			*受理人：		*受理日期：		年月日

16.《社会保险费缴费申报表(适用城乡居民虚拟户明细申报)》

➢ 表单类型

纳税人填报

➢ 设置依据(表单来源)

政策规定表单

社会保险费缴费申报表(适用城乡居民虚拟户明细申报)

*城乡居民虚拟户名称：　　　　　　*纳税人识别号：

序号	姓名	*个人社保编号	身份证件种类	身份证件号码	*社保经办机构	*参保费种	*征收品目	*征收子目	*费款所属日期起	*费款所属日期止	缴费档次	*本期应缴费额	补助金额	实缴金额
1	2	3	4	5	6	7	8	9	10	11	12	13	14	15＝13－14
		……												
*合计		—	—						—					

17.《社会保险费缴费申报表(适用工程项目工伤保险)》

➢ 表单类型

纳税人填报

➢ 设置依据(表单来源)

政策规定表单

社会保险费缴费申报表(适用工程项目工伤保险)

* 施工单位名称:　　　　　　　* 纳税人识别号:　　　　　　　申报性质:

序号	*社会保险经办机构	*单位社保编码	*参保费种	*征收品目	*征收子目	*费款所属日期起	*费款所属日期止	工程(项目)合同金额	工伤保险缴费比例	*本期应缴费额
1	2	3	4	5	6	7	8	9	10	11
	……									
*合计	—	—	—	—	—	—	—	—	—	

工程项目名称		工程项目编号		工程项目地址	
计划开工日期		计划竣工日期		项目施工时长	

*缴费人申明	本单位所申报的社会保险费真实、准确并完整,与事实相符。 法定代表人(负责人)签名: 　　年 月 日	*授权人申明	我单位授权＿＿＿＿为本单位代理申报人,任何与申报有关的往来文件,都可寄此代理机构。 委托代理合同号: 授权人: 　　年 月 日	*代理人申明	本申报表是按照社会保险费有关规定填报,我确认其真实、完整并合法。 代理人(签章) 经办人: 　　年 月 日
*税务机关受理人:		*受理税务机关:		*受理日期:　年 月 日	备注:

【表单说明】

本表一式两份,一份缴费用人单位留存,一份税务机关留存。

18.《延期缴纳社保费申请审批表》

➢ 表单类型

纳税人填报

➢ 设置依据(表单来源)

征管规范自制表单

延期缴纳社保费申请审批表

金额单位：元(列至角分)

纳税人识别号					单位名称		
申请延期缴纳社保费情况	征收项目	征收品目	税款所属时期	申请延期缴纳社保费基数	申请延期缴纳费额		申请延期缴纳社保费期限
当期货币资金余额	人民币(大写)		¥				
申请延期缴纳社保费理由	经办人： 年 月 日		法定代表人(负责人)： 年 月 日			纳税人(签章) 年 月 日	
税务机关审批意见							
管理部门意见				县(区)税务机关意见			
征收项目	征收品目	延期缴纳费额	延期缴纳期限	征收项目	征收品目	延期缴纳费额	延期缴纳期限
经办人： 年 月 日	负责人： 年 月 日	税务机关(签章) 年 月 日		经办人： 年 月 日	负责人： 年 月 日	税务机关(签章) 年 月 日	
(地)市级税务机关审核意见				省级税务机关批准意见			
征收项目	征收品目	延期缴纳费额	延期缴纳期限	征收项目	征收品目	延期缴纳费额	延期缴纳期限
经办人： 年 月 日	负责人： 年 月 日	税务机关(签章) 年 月 日		经办人： 年 月 日	负责人： 年 月 日	税务机关(签章) 年 月 日	

19.《社会保险费退费申请表》

➢ 表单类型

纳税人填报

➢ 设置依据(表单来源)

政策规定表单

社会保险费退费申请表

申请人名称			类别		☐缴费人	☐扣缴义务人	联系人姓名	
纳税人识别号			单位(个人)编号				联系电话	
申请退费类型		☐汇算结算退费		☐误收退费				

序号	费种	品目	子目	费款所属期起	费款所属期止	税票号码	实缴费额	申请退(抵)费金额
合计(小写)		—	—	—	—	—		
合计(大写)		—	—	—	—	—		

退费申请理由	申请人：　　　(签章) 　　　　　　　年 月 日

审核意见： 经办人： 社保经办机构(公章) 年 月 日	审核意见： 经办人： 医疗保障经办机构(公章) 年 月 日	审核意见： 经办人： 税务机关(公章) 年 月 日

【表单说明】

本表适用于缴费人办理退费。

"扣缴义务人"不包括社保费虚拟户。

表中所有金额单位：元(列至角分)。

本表一式四份，缴费人、税务机关、社保经办机构(或医疗保障局)各一留存份，税务机关备存一份。

20.《社会保险费征缴事项通知书》

➢ 表单类型

税务机关开具

➢ 设置依据(表单来源)

征管规范自制表单

_____税务局
社会保险费征缴事项通知书

_____税费通〔   〕   号

_____：

事由：

_____

依据：

_____

通知内容：

_____

_____

税务机关（签章）

年   月   日

使　用　说　明

1. 法律依据：本通知书依据《中华人民共和国社会保险法》的有关规定设置。

2. 适用范围：除专门用途的通知书外，税务机关通知用人单位办理社会保险费征缴事项、要求用人单位提供担保和告知用人单位社会保险费征缴政策时使用。

3. 填写说明：

（1）抬头：填写用人单位的具体名称；

（2）事由：简要填写通知事项的名称或者实质内容；

（3）依据：填写有关法律法规的具体内容；

（4）通知内容：填写通知办理事项的时限、地点、资料种类等具体内容。

要求用人单位提供担保的，通知内容中应列明：用人单位何年何月何日前向税务机关提供缴费担保的金额。同时，告知用人单位，未足额缴纳社会保险费且逾期未提供担保的，税务机关可以申请人民法院扣押、查封、拍卖其价值相当于应当缴纳社会保险费的财产，以拍卖所得抵缴社会保险费。

4. 本通知书一式两份，一份送达用人单位，一份税务机关按规定存档；随同《文书送达回证》一并使用。

21.《基金规费缴费评估（检查）实地核查记录》

➢ 表单类型

税务机关开具

➢ 设置依据（表单来源）

政策规定表单

×××税务局
基金规费缴费评估(检查)实地核查记录

纳税人识别号:　　　　　　　　社会保险费管理码:

用人单位名称			
核查项目		核查时间	
		核查人	
		记录人	

实地核查记录

被核查单位意见:以上记录属实。　　　被核查单位负责人:　　　　　(公章)
　　　　　　　　　　　　　　　　　　　　　　　　　　　　　　　　年　月　日

共　　页　此第　　页

【表单说明】
1. 本文书适用于开展基金规费缴费评估(检查)相关省份进行评估、检查时使用。
2. 本页不够,可另附页。

22.《查询单位存款账户通知书》

➢ 表单类型
税务机关开具
➢ 设置依据(表单来源)
政策规定表单

查询单位存款账户通知书(存根)
税费查存〔　　〕　　号

送达单位:　　　　　　　　　　　　　送达地点:
邮政编码:
送达时间:　　年　月　日
送达单位收件人:　　　　　　　　　　　　　　　　　　经办人:

查询单位存款账户通知书
　　　税费查存〔　　〕　　号

×××(开户银行或其他金融机构):
　　(用人单位全称)欠缴社会保险费人民币(大写)¥元。根据《中华人民共和国社会保险法》第六十三条第二款规定,请协助查询该单位存款账户情况,并于年月日前书面提供账户存款余额、资金流转等相关信息,请予以配合。

用人单位账户名称:

账号:

联系人:　　　　　　　　　　联系电话:

通讯地址:　　　　　　　　　邮政编码:

税务机关(公章)

年　月　日

【表单说明】

1. 本通知书依据《国家税务总局关于发布〈社会保险费及其他基金规费文书式样〉的公告》设置。

2. 适用范围:查询用人单位存款账户时使用。

23.《社会保险费征收决定书》(通用)

➢ 表单类型

税务机关开具

➢ 设置依据(表单来源)

政策规定表单

×××税务局
社会保险费征收决定书

____税费征决〔　　〕__号

纳税人识别号:　　　　　　　单位社保号:

用人单位全称:_____

法定代表人(负责人):　　　　身份证件类型及号码:

单位地址:

　　你单位应缴未缴年月至年月的基本养老保险费¥元,基本医疗保险费¥元,工伤保险费¥元,失业保险费¥元,生育保险费¥元,以上累计欠缴社会保险费¥元。

　　年月日,我(分)局依法作出《社会保险费限期缴纳通知书》(税费限缴通〔　　〕号),并依法送达,你单位逾期仍未缴纳。根据《中华人民共和国社会保险法》第八十六条,现作出如下征收决定:

　　请你单位收到本决定后15日内到税务局分局缴纳欠缴的社会保险费人民币(大写)¥元和自欠缴之日起至缴纳之日止按日加收的滞纳金(2011年7月1日前欠缴社会保险费按日加收千分之二滞纳金,2011年7月1日后欠缴社会保险费按日加收万分之五滞纳金)。

　　如对本决定不服,可以自收到本决定之日起60日内依法向上一级税务机关申请行政复议,或自收到本决定之日起6个月内依法向人民法院起诉。如对本决定逾期既不申请复议也不向法院起诉,我局将依照《中华人民共和国社会保险法》相关规定申请人民法院依法强制执行。

税务机关(公章)

年　月　日

【表单说明】

1. 本通知书依据《国家税务总局关于发布〈社会保险费及其他基金规费文书式样〉的公告》设置。

2. 法律依据:《中华人民共和国社会保险法》第六十三条和第八十三条、《中华人民共和国行政复议法》第九条和《中华人民共和国行政诉讼法》第三十七条。

3. 税务机关依法作出《社会保险费限期缴纳通知书》(税费限缴通〔　〕号),并依法送达,用人单位逾期仍未缴纳时使用。

24.《社会保险费担保书》

➤ 表单类型

纳税人填报

➤ 设置依据(表单来源)

政策规定表单

社会保险费担保书

担保书编号:

用人单位	名称		纳税人识别号	
	地址		单位编号	
担保人	名称		登记注册类型	
	地址		纳税人识别号	
	开户银行		开户账号	
	固定电话		移动电话	
担保形式				
担保范围	所属期起_____至所属期止_____所欠的社会保险费(大写)____¥_____元以及实现社会保险费缴入财政专户的费用。			
担保期限和担保责任	用人单位未按延期缴费协议约定的期限(　年　月　日前)缴清应缴社会保险费的,税务机关依法处理担保人提供的担保财产后的所得抵缴社会保险费。			
担保财产	用于纳税担保的财产名称		用于担保的财产数量	
	附:用于担保的财产证明		用于担保的财产证明份数	
	不动产价值(估价)	人民币(大写)　　　¥　　元		
	动产价值(估价)	人民币(大写)　　　¥　　元		
	其他财产价值(估价)	人民币(大写)　　　¥　　元		
	担保财产总价值(估价)	人民币(大写)　　　¥　　元		
担保人签字: 证件类型: 证件号码: 担保人(签章) 年　月　日		用人单位签字: 用人单位(章) 年　月　日		经办人签字: 税务机关(公章) 年　月　日

【表单说明】

1. "名称"指《营业执照》《组织机构代码证》或其他核准证照上的"名称"。

2. 可用于担保的财产范围参照《纳税担保试行办法》中相关条款执行,用于担保的财产价值估价应提供具有合法资质评估机构出具的书面评估报告。

3. 表中所有金额单位：元(列至角分)。

4. 本表一式三份，社会保险费担保人、用人单位和税务机关各留存一份。

25.《行政处罚决定书》

➢ 表单类型

税务机关开具

➢ 设置依据(表单来源)

政策规定表单

行政处罚决定书

____税费罚决〔　〕__号

×××(被处罚单位全称)：

经我局，你单位存在违法事实及处罚决定如下：

一、违法事实

_____
_____
_____
_____

二、处罚决定

_____
_____
_____

以上应缴款项共计人民币(大写)_____¥_____元。限你单位自本决定书送达之日起_____日内缴纳入库(账号：_____)。到期不缴纳罚款，我局(所)可以依照《中华人民共和国行政处罚法》第五十一条第一款规定，自缴款期限届满次日起每日按罚款数额的百分之三加处罚款。

如对本决定不服，可以自收到本决定书之日起60日内依法向_____申请行政复议，或自收到本决定书之日起6个月内依法向人民法院起诉。如对处罚决定逾期不申请复议也不向人民法院起诉、又不履行的，我局(所)将依据《中华人民共和国行政处罚法》的规定申请人民法院强制执行。

税务机关(公章)

年　月　日

【表单说明】

1. 本决定书依据《中华人民共和国社会保险法》《中华人民共和国行政处罚法》设置。

2. 适用范围：税务机关在对缴费人作出税务行政处罚决定时使用。

3. "经我局(所)_____"：横线处填写"于年月日至年月日对你(单位)年月至年月日

_____情况进行检查",或者"对你单位_____情况进行检查核实"。

4. 本决定书与《税务文书送达回证》一并使用。

5. 本决定书一式三份,一份送缴费人,一份送征管部门,一份装入卷宗。

26.《社会保险费行政处罚审查报告》

➢ 表单类型

内部流转

➢ 设置依据(表单来源)

政策规定表单

【政策依据】

《国家税务总局关于印发〈税务机关征收社会保险费及其他基金规费管理类文书式样〉的通知》(税总发〔2015〕160号)

识别号 □□□□□□□□□□□□□□□

社会保险费行政处罚审查报告

违法行为编号: 　　　　　　　案件名称:

用人单位名称	
欠缴社会保险费	(大写):_____ (小写金额:_____)
责令限期缴纳日期	
当事人陈述申辩情况	
听证情况	
处罚依据	
处罚建议	
其他情况说明	
审查结论	

审查人员: 　　　　　　　　　　　　　　审查日期:　年　月　日

27.《划拨社会保险费决定书》

➢ 表单类型

税务机关开具

➢ 设置依据(表单来源)

政策规定表单

划拨社会保险费决定书

_____税费划决〔　〕__号

纳税人识别号：_____　　单位社保号：_____

用人单位全称：_____

　　因你单位未按时足额缴纳社会保险费,经我局责令限期缴纳（____税社____字〔　〕号）后逾期仍未缴纳,现根据《中华人民共和国社会保险法》第六十三条规定,经×××税务局局长批准,作出以下决定：从你单位在银行或其他金融机构的存款账户划拨所欠的社会保险费人民币（大写）

_____￥____元和滞纳金（大写）_____￥____元。

　　用人单位开户银行或其他金融机构名称：_____

　　用人单位开户银行或其他金融机构存款账号：_____

　　如你单位账户存款余额少于应当缴纳的社会保险费的,限你单位于____年__月__日前向我局（地址：_____）提供金额人民币（大写）____￥_____元的缴费担保,逾期未提供社会保险费缴费担保的,我局将依法申请人民法院采取强制措施。

　　如对本决定不服,可以自收到本决定之日起 60 日内依法向上一级税务机关申请行政复议,或自收到本决定之日起 6 个月内依法向人民法院起诉。如对本决定逾期既不申请复议也不向人民法院起诉,我局将依照《中华人民共和国社会保险法》相关规定申请人民法院依法强制执行。

联系人：　　　　　　　　　　　联系电话：

税务机关（公章）

年　月　日

【表单说明】

1. 本通知书依据《国家税务总局关于发布〈社会保险费及其他基金规费文书式样〉的公告》设置。

2. 法律依据：《中华人民共和国社会保险法》第六十三条第二款和第八十三条、《中华人民共和国行政复议法》第九条第一款和《中华人民共和国行政诉讼法》第三十七条第一款。

3. 适用范围：税务机关查询用人单位存款账户后,依法作出划拨社会保险费决定时使用。

4. 本决定书一式两份,一份送达用人单位,一份税务机关存档；随同《文书送达回证》一并使用。

28.《划拨银行存款通知书》

➢ 表单类型

税务机关开具

➢ 设置依据（表单来源）

政策规定表单

划拨银行存款通知书

税费划通〔　　〕　　号

×××（开户银行或其他金融机构名称）：

＿＿＿＿＿＿＿＿＿＿（欠费用人单位全称）欠缴社会保险费及滞纳金人民币（大写）￥＿＿元。根据《中华人民共和国社会保险法》第六十三条的规定，经＿＿批准，请从＿＿＿＿＿（欠费用人单位全称）的存款账户中划拨所欠的社会保险费及滞纳金人民币（大写）：＿＿＿＿＿￥＿＿元。

用人单位账户名称：＿＿＿＿＿＿＿＿＿＿＿＿＿

账号：＿＿＿＿＿＿＿＿＿＿＿＿＿＿＿＿＿＿＿

划入账户名称：＿＿＿＿＿＿＿＿＿＿＿＿＿＿＿

划入银行：＿＿＿＿＿＿＿＿＿＿＿＿＿＿＿＿＿

划入账号：＿＿＿＿＿＿＿＿＿＿＿＿＿＿＿＿＿

税务机关（公章）
年　月　日

【表单说明】

1. 本通知书依据《国家税务总局关于发布〈社会保险费及其他基金规费文书式样〉的公告》设置。

2. 法律依据：《中华人民共和国社会保险法》第六十三条第二款。

3. 适用范围：税务机关查询用人单位存款账户后，依法通知银行和其他金融机构划拨社会保险费时使用。

4. "欠缴社会保险费及滞纳金""请从的存款账户中"两项横线中填写欠费用人单位全称。

5. 本决定书一式两份，一份送达用人单位的开户银行或其他金融机构，一份税务机关存档；随同《文书送达回证》一并使用。

29.《社会保险费行政处罚听证通知书》

➢ 表单类型

税务机关开具

➢ 设置依据（表单来源）

政策规定表单

＿＿＿＿＿＿＿税务局
社会保险费行政处罚听证通知书

＿＿税费罚听〔　　〕＿＿号

＿＿＿＿＿＿＿：

根据你单位提出的听证要求，决定于＿＿年＿月＿日＿＿＿时在＿＿＿＿＿＿＿＿＿举行听证，请准时参加。无正当理由不参加听证的，视为放弃听证权利。

本次听证由＿＿＿＿＿主持，如你单位认为主持人与本案有直接利害关系需要申请回避的，请在举行听证的 3 日前提出,并说明理由。

税务机关(签章)
年　月　日

【表单说明】

1. 法律依据:本通知书依据《中华人民共和国行政处罚法》第四十二条的有关规定设置。

2. 适用范围:用人单位提出听证申请,税务机关依法通知参加听证时使用。

3. 填写说明:抬头填写用人单位的具体名称。

4. 本通知应在举行听证的 7 日前送达当事人。

5. 本通知由区县(自治县)税务局作出,"税务机关(签章)"盖区县(自治县)税务局印章。

6. 本通知书一式两份,一份送达用人单位,一份税务机关按规定存档;随同《文书送达回证》一并使用。

30.《解除社会保险费缴费担保通知书》

➢ 表单类型

税务机关开具

➢ 设置依据(表单来源)

政策规定表单

×××税务局
解除社会保险费缴费担保通知书

_____税费解担通〔　　〕__号

×××(担保人):

鉴于_____(用人单位全称)在限期内缴纳了应缴社会保险费,根据《中华人民共和国社会保险法》第六十三条和《中华人民共和国担保法》相关规定,决定解除你单位提供的缴费担保。

请于____年__月__日前持《×××税务局划拨银行存款通知书》及_____(相关材料),到我局办理解除缴费担保手续。

税务机关(公章)
年　月　日

【表单说明】

1. 本通知书依据《国家税务总局关于发布〈社会保险费及其他基金规费文书式样〉的公告》设置。

2. 法律依据:《中华人民共和国社会保险法》第六十三条、《中华人民共和国担保法》。

3. 适用范围:用人单位按照延期缴费协议约定的期限缴纳社会保险费后,税务机关通知担保人解除担保时使用。

4. 填写说明：

（1）"持，前来办理解除缴费担保手续"横线处应根据以下情况分别填写：

① 对于用人单位以其所拥有的未设置或者未全部设置担保物权的财产提供缴费担保的，应填写《缴费担保财产清单》；

② 对于由第三人以其所拥有的未设置或者未全部设置担保物权的财产提供缴费担保的，应填写《缴费担保书》及《缴费担保财产清单》。

（2）由第三人提供缴费担保的，应当同时抄送用人单位。

5. 用人单位提供担保的，本通知一式两份，一份送达用人单位，一份税务机关按规定存档；第三人提供担保的，本通知一式三份，一份送达用人单位，一份送达第三人担保人，一份税务机关存档；随同《文书送达回证》一并使用。

31.《社会保险费限期缴纳通知书》

➢ 表单类型

税务机关开具

➢ 设置依据（表单来源）

政策规定表单

×××税务局（×××）
社会保险费限期缴纳通知书

____税费限缴通〔   〕__号

×××：（纳税人识别号：   社会保险费管理码：   ）

事由：责令限期缴纳社会保险费。

依据：《中华人民共和国社会保险法》第六十三条、第八十六条。

内容：_____

_____

_____

_____

逾期仍未缴纳，我局将依据《中华人民共和国社会保险法》相关规定依法强制执行。

告知事项：如对本通知有异议，可以自收到本通知之日起60日内依法向申请行政复议，或自收到本通知之日起6个月内依法向人民法院起诉。

税务机关（公章）
年　月　日

32.《责令提供社会保险费缴费担保通知书》

➢ 表单类型

税务机关开具

➢ 设置依据（表单来源）
政策规定表单

责令提供社会保险费缴费担保通知书

_____税费责担通〔   〕____号

×××：（纳税人识别号：   单位编号：   ）

　　根据《中华人民共和国社会保险法》第六十三条规定，限你单位于____年__月__日前向我局（地址：_____）提供金额人民币（大写）¥_____元的缴费担保，逾期未能提供社会保险费缴费担保的，将依法申请人民法院采取强制措施。

　　如对本通知有异议，可以自收到本通知之日起60日内依法向_____申请行政复议，或自收到本通知之日起6个月内依法向_____人民法院起诉。

税务机关（公章）
年　月　日

【表单说明】

1. 本通知书依据《国家税务总局关于发布〈社会保险费及其他基金规费文书式样〉的公告》设置。

2. 法律依据：《中华人民共和国社会保险法》第六十三条和第八十三条、《中华人民共和国行政复议法》第九条和《中华人民共和国行政诉讼法》第三十七条。

3. 适用范围：税务机关查询用人单位存款账户后，用人单位账户余额少于应当缴纳的社会保险费的，责令该用人单位提供担保时使用。

4. 本决定书一式两份，一份送达用人单位，一份税务机关存档；随同《文书送达回证》一并使用。

33.《行政处罚事项告知书》

➢ 表单类型
税务机关开具
➢ 设置依据（表单来源）
政策规定表单

行政处罚事项告知书

____税费罚告〔   〕__号

×××：（纳税人识别号：   单位编号：   ）

　　根据《中华人民共和国社会保险法》第八十六条、《中华人民共和国行政处罚法》第三十一条规定，拟对你单位的违法行为作出行政处罚决定，现将相关事项告知如下：

一、行政处罚内容

（一）行政处罚事实依据：

_____

_____

（二）行政处罚法律依据：

（三）拟作出行政处罚决定：

二、你单位有陈述、申辩权利，请自收到本告知书之日起 5 个工作日内，到（_____税务局）进行陈述、申辩，并提供相关证据材料；逾期不进行陈述、申辩或提供相关证据材料的，视同放弃权利。

三、对单位罚款 10 000 元（含 10 000 元）以上，当事人有要求听证的权利，可自收到本通知书之日起 3 日内向本局书面提出听证申请；逾期不提出，视为放弃听证权利。

税务机关（公章）
年　月　日

34.《社会保险费行政处罚决定书（简易）》

➢ 表单类型
税务机关开具

➢ 设置依据（表单来源）
政策规定表单

社会保险费行政处罚决定书（简易）

____税费简罚〔　　〕__号

被处罚单位名称			
纳税人识别码		单位编号	
处罚地点		处罚时间	
违法事实及处罚依据			
缴纳方式	□1. 限 15 日内到缴纳； □2. 当场缴纳。		
罚款金额	人民币（大写）¥_____元		
告知事项	1. 当事人应终止违法行为并予以纠正； 2. 如对本决定不服，可以自收到本决定书之日起 60 日内依法申请行政复议，或自收到本决定书之日起 6 个月内依法向人民法院起诉； 3. 到期不缴纳罚款的，自缴款期限届满次日起每日按罚款数额的百分之三加处罚款； 4. 对处罚决定逾期不申请行政复议也不向人民法院起诉，又不履行的，税务机关将依法采取强制执行措施或申请人民法院强制执行。		
执法人员已告知我享有陈述、申辩权利，我陈述、申辩如下： 当事人签字： 年　月　日			
经办人： 年　月　日		税务机关（公章） 年　月　日	

【表单说明】

1. 本决定书依据《中华人民共和国社会保险法》《中华人民共和国行政处罚法》第三十三条设置。

2. 适用范围：在对公民处以 50 元（含 50 元）以下、对法人或者其他组织处以 1 000 元（含 1 000 元）以下罚款，当场作出税务行政处罚时使用。

3. 本表一式三份，当事人一份，作出处罚决定的部门一份，征收部门一份。

35.《社会保险费缴费评估（检查）约谈通知书》

➢ 表单类型

税务机关开具

➢ 设置依据（表单来源）

政策规定表单

×××税务局
社会保险费缴费评估（检查）约谈通知书

_____税费约通〔   〕__号

×××：（纳税人识别号：   单位编号：   ）

经对你单位社会保险费缴纳情况评估，发现   等疑点问题，需要你单位作进一步说明，请你单位派同志于年月日时携带相关资料到接受我局询问。

需携带资料：

1. _____

2. _____

3. _____

联 系 人：

联系电话：

约谈地址：

税务机关（公章）
年 月 日

36.《社会保险费缴费评估（检查）约谈记录》

➢ 表单类型

税务机关开具

➢ 设置依据（表单来源）

政策规定表单

×××税务局
社会保险费缴费评估(检查)约谈记录

纳税人识别号：　　　　　　　单位编号：

用人单位名称			
用人单位约谈代表		职务	
		联系电话	
税务机关约谈人		税务机关记录人	
约谈时间	年　月　日　时到　时		约谈地点
约谈记录			

税务机关约谈人(签字)：　　　税务机关记录人(签字)：

被约谈单位代表就约谈记录内容核对：以上记录属实。

　　　　　　　　　　　　　　　　　　　　被约谈单位代表(签字)：
　　　　　　　　　　　　　　　　　　　　　　　　　　　年　月　日

共　　页　此第　　页

【表单说明】
1. 本文书适用于开展社会保险费缴费评估(检查)相关省份进行评估、检查时使用。
2. 本页不够，可另附页。

37.《社会保险费履行义务催告书》(税务机关强制执行前适用)

➢ 表单类型

税务机关开具

➢ 设置依据(表单来源)

政策规定表单

社会保险费履行义务催告书

（税务机关强制执行前适用）

　　　　税费催〔　　〕　号

纳税人识别号：＿＿＿＿＿＿　单位编号：＿＿＿＿＿＿

用人单位全称：＿＿＿＿＿＿＿＿＿＿＿＿＿＿

法定代表人(负责人)：＿＿＿＿＿　身份证件类型及号码：＿＿＿＿＿

单位地址：＿＿＿＿＿＿＿＿＿＿＿＿＿＿＿

　　你单位逾期未履行我局于＿＿年＿月＿日作出的《社会保险费限期缴纳通知书》(＿＿税社＿字〔　　〕＿号)。根据《中华人民共和国行政强制法》第五十四条的规定，现就相关事项催告如下：

限你单位收到本催告书后10日内到_____税务局_____分局缴纳欠缴的社会保险费人民币（大写）_____￥_____元和自欠缴之日起至缴纳之日止按日加收的滞纳金（2011年7月1日后欠缴社会保险费按日加收万分之五滞纳金）。逾期仍未履行义务的，根据《中华人民共和国社会保险法》第六十三条和《中华人民共和国行政强制法》第四十六条、第五十三条规定强制执行。

你单位收到本催告书之日起日内，可以向我局提出陈述和申辩意见；逾期未提出的，视为放弃陈述、申辩权利。

联系人：
联系电话：

税务机关（公章）
年　月　日

【表单说明】

1. 本通知书依据《国家税务总局关于发布〈社会保险费及其他基金规费文书式样〉的公告》设置。

2. 法律依据：《中华人民共和国社会保险法》第六十三条《中华人民共和国行政强制法》第四十六条、第五十三条、第五十四条

3. 税务机关依法作出《社会保险费限期缴纳通知书》(　　税社字〔　　〕号)，并依法送达，用人单位逾期仍未缴纳时使用。

4. 本催告书一式两份，一份送用人单位，一份税务机关留存。

38.《社会保险费担保财产清单》

➢ 表单类型

纳税人填报

➢ 设置依据（表单来源）

政策规定表单

社会保险费担保财产清单

用人单位	名称		纳税人识别号			
	地址		单位社保号			
担保人	名称		证件类型			
	地址		证件号码			
欠费金额			附：担保财产证明份数			
担保财产名称	担保财产权属		规格	数量	单价	金额
不动产						
合计	人民币（大写）				￥　　　元	

(续表)

担保财产名称	担保财产权属	规格	数量	单价	金额
不动产					
合计	人民币(大写)			¥	元
担保财产名称	担保财产权属	规格	数量	单价	金额
不动产					
合计	人民币(大写)			¥	元
担保财产总价值	人民币(大写)			¥	元

担保人签字: 证件类型: 证件号码: 担保人(签章) 年 月 日	用人单位签字: 用人单位(公章) 年 月 日	经办人签字: 税务机关(公章) 年 月 日

【表单说明】

1. 表中所有金额单位:元(列至角分)。

2. 可用于担保的财产范围参照《纳税担保试行办法》中相关条款执行,用于担保的财产价值估价应提供具有合法资质评估机构出具的书面评估报告。

3. "证件类型"栏一般填写"居民身份证"如无"居民身份证",则填写"军官证""士兵证""护照"等有效身份证件。

4. 本表一式三份,社会保险费担保人、用人单位和税务机关各留存一份。

39.《延期缴纳社会保险费协议》

➤ 表单类型

纳税人填报

➤ 设置依据(表单来源)

政策规定表单

延期缴纳社会保险费协议

税费延协〔　〕号

甲方:×××税务局　　　　　　　　法定代表人:_____

乙方:×××(用人单位名称)　　　　法定代表人(负责人):_____

根据《中华人民共和国社会保险法》第六十三条规定,鉴于乙方暂时无力按时足额缴纳社会保险费,且已按甲方要求提供担保,双方就延期缴纳社会保险费达成如下协议:

一、甲方同意乙方自____年__月__日至____年__月__日,延期缴纳社会保险费,共____个月,延期缴纳社会保险费总金额人民币(大写)_____ ¥_____元。

二、为确保延缴期满后足额补缴社会保险费,乙方以(□质押　□抵押)方式提供价值人民币(大写)_____￥_____元的担保。

三、乙方应当于____年__月__日前,足额补缴本协议第一条约定的社会保险费。

四、乙方按期足额补缴社会保险费后,甲方应积极配合乙方撤销担保。

五、乙方如未能按本协议第三条的约定足额补缴社会保险费,甲方可以参照协议期满时的市场价格,以抵押财产、质押财产折价或者以拍卖、变卖所得抵缴社会保险费。

六、本协议一式二份,具同等法律效力,甲方、乙方各执一份。

七、其他补充约定条款
_____
_____

甲方: 乙方:
法定代表人(负责人):   法定代表人(负责人):
　　　(公章)   　　　(公章)
　　　年　月　日   　　　年　月　日

【表单说明】

1. 本通知书依据《国家税务总局关于发布〈社会保险费及其他基金规费文书式样〉的公告》设置。

2. 法律依据:《中华人民共和国社会保险法》第六十三条、《中华人民共和国担保法》。

3. 适用范围:第三人(指以财产为用人单位提供缴费担保的自然人、法人或者其他经济组织)以其所拥有的未设置或者未全部设置担保物权的财产提供担保后使用。

40.《社会保险费核定通知单》(适用特殊缴费)

➢ 表单类型

纳税人填报

➢ 设置依据(表单来源)

政策规定表单

社会保险费核定通知单(适用特殊缴费)

社保业务系统编号	UUID	社保经办机构编号	统筹区编码	行政区划代码	征集通知流水号	个人社保编号	姓名	社会保障号码	单位社保编号	单位名称	统一社会信用代码	组织机构代码	身份证件类型	证件号码	缴费类别	险种类型	单位应缴金额	个人应缴金额	应缴滞纳金	应缴利息	缴费信息生成日期	社保上传操作员	特殊缴费类型	数据传输类型	传输批次号	传输时间戳
1	2	3	4	5	6	7	8	9	10	11	12	13	14	15	16	17	18	19	20	21	22	23	24	25	26	27